戊戌时期康有为、梁启超的思想

茅海建 著

生活·讀書·新知 三联书店

Copyright © 2021 by SDX Joint Publishing Company.
All Rights Reserved.

本作品版权由生活・读书・新知三联书店所有。
未经许可，不得翻印。

图书在版编目（CIP）数据

戊戌时期康有为、梁启超的思想／茅海建著．—北京：
生活・读书・新知三联书店，2021.4（2023.8 重印）
（茅海建戊戌变法研究）
ISBN 978－7－108－07067－8

Ⅰ.①戊… Ⅱ.①茅… Ⅲ.①康有为（1858-1927）－思想评论
②梁启超（1873-1929）－思想评论 Ⅳ.①B258.5 ②B259.15

中国版本图书馆 CIP 数据核字（2021）第 025767 号

本项研究获国家社会科学基金项目与
中央高校基本业务费华东师范大学精品力作项目的资助

特邀编辑	孙晓林
责任编辑	冯金红
装帧设计	蔡立国
责任印制	李思佳
出版发行	生活・讀書・新知 三联书店
	（北京市东城区美术馆东街 22 号 100010）
网　址	www.sdxjpc.com
经　销	新华书店
印　刷	天津图文方嘉印刷有限公司
版　次	2021 年 4 月北京第 1 版
	2023 年 8 月北京第 3 次印刷
开　本	635 毫米×965 毫米 1/16 印张 35.25
字　数	539 千字
印　数	09,001－12,000 册
定　价	98.00 元

（印装查询：01064002715；邮购查询：01084010542）

目　录

自　序　　*1*

上　编

论戊戌变法期间康有为、梁启超的政治思想
与政策设计　　*3*

  一、问题的提出　　*3*

  二、康有为早期学术思想与政治思想（光绪十五年之前）　　*15*

    《教学通义》19　《民功篇》23　《康子内外篇》28
    《实理公法全书》31　《上清帝第一书》与《论时务》37

  三、康有为、梁启超戊戌前的学术思想与政治思想　　*45*

    新学伪经说 46　孔子改制说 50　大同三世说 57

  四、光绪二十一年康有为三次上书、强学会与梁启超《变法通议》　　*71*

    三条建策——求人才、慎左右、通下情 72　政府机构与官员
    （国政）81　经济与财政（富国）86　社会与经济（养民）90
    社会与文化教育（教民）93　军事（练兵）96　强学会及其欲
    办诸事 100　梁启超的《变法通议》及其他政论文章 102

五、戊戌变法期间康有为、梁启超的政治思想、政策设计及其被
　采纳、实施的情况　　　　　　　　　　　　　　　　　　　109

《上清帝第五书》《第六书》——总体改革思想　112　"制度局"
的变种与"懋勤殿"的人选　123　发行纸币与大借洋款　137
政府经济机构、专利权、删减《则例》、京师道路整治　143
科举、学堂、译书　154　出洋游历、报馆与报律、禁缠足、
孔教会、保国会　173　联英联日的外交策略　182

六、结　语　　　　　　　　　　　　　　　　　　　　　　　193

下　编

第一章　论戊戌时期梁启超的民主思想　　　　　　　　　209

一、《古议院考》及其思想资料的辨识　　　　　　　　　　210
二、《论君政民政相嬗之理》："大同三世说"中的"民主"　217
三、《湖南时务学堂初集》："开民智"的方向　　　　　　　226
四、《论湖南应办之事》：通往议会的道路　　　　　　　　245
五、结　语　　　　　　　　　　　　　　　　　　　　　252

第二章　康有为与进化论　　　　　　　　　　　　　　　260

一、康有为、梁启超回拒严复　　　　　　　　　　　　　261
二、康有为最初接触与言及"进化"　　　　　　　　　　271
三、"大同三世说"与进化论　　　　　　　　　　　　　277

《〈礼运〉注》279　《〈孟子〉微》284　《〈中庸〉注》290
《〈春秋〉笔削大义微言考》等著述　294

四、"发明"与"暗合"：梁启超与康有为的说法　　　　　300
五、《大同书》：进化与天演的背离　　　　　　　　　　307
六、结　语　　　　　　　　　　　　　　　　　　　　　320

第三章　戊戌时期康有为"大同三世说"思想的再确认　*323*
——兼论康有为一派在百日维新前后的政治策略

一、问题的提出　*323*
二、康有为弟子的言说　*325*

　　徐勤 326　刘桢麟 331　王觉任 337　黎祖健 341　欧榘甲 348
　　麦孟华 352　韩文举、何树龄、孔昭焱、陈继俨的言说 355
　　一般性的结论与梁鼎芬、梁启超的评论 360

三、"保中国不保大清"与"自上""自下"的变法方案　*364*
四、梁启超"自下"进行的思想革命　*377*
五、康有为的"自上"之路及其策略调整　*385*
六、结　语　*391*

第四章　中学或西学？　*396*
——戊戌时期康有为、梁启超学术思想与政治思想之底色

一、问题的提出　*396*
二、"宋学义理之体"与"西学政艺之用"　*398*

　　早期著述的检视 400　《日本书目志》按语 404
　　康有为的"体""用"说 414

三、康有为在万木草堂及桂林讲学内容的中、西学比例关系　*416*

　　《长兴学记》416　《万木草堂口说》等记录 417　《桂学答问》430

四、梁启超的说法："中学西学""折中孔子"　*439*

　　《学要十五则》439　《西书书目表》《读西学书法》与"中本西
　　用说" 441　"政治学院"的设计 448　湖南时务学堂的《学约》
　　《功课详细章程》450

3

五、结　语　　　　　　　　　　　　　　　　　　　456

第五章　戊戌时期康有为的"洪水说""地顶说""地运说"　　462
　　　　——兼论《康子内外篇》的写作与完成时间

一、万木草堂中的口说："洪水说""地顶说"　　462
二、《康子内外篇》中的说法："地势说"　　473
三、康门弟子的解读："地运说"　　492
　　徐勤的说法　493　　刘桢麟的说法　496　　梁启超的说法　499

四、结　语　　　　　　　　　　　　　　　　　　　502

附　编

第一章　梁启超《变法通议》的写作计划、发表与结集　　507

一、《时务报》时期　　507
二、《清议报》时期　　511
三、结集的过程与误读的产生　　514

第二章　梁启超《变法通议》进呈本阅读报告　　521

一、收藏的情况　　522
二、进呈本与抄本的内容核查及做出相关判断的理由　　524
三、梁启超的意图　　529

征引文献　　538

自 序

这本书的到来,完全是出自"计划"之外。

先是在2013年,我大体完成对"张之洞档案"的研究,准备回到宏观叙事的阳光大道上来,即对戊戌变法进行总体叙述。然尚有一项前期工作未进行,即对戊戌时期康有为以及梁启超的政治思想与政策设计作一番清理。我准备为此花费一年或稍多一点的时间。

然而,这项工作进行了一年多,不但没有能完成,反而是被迫中止了。我遇到了两个问题。

其一,康有为在戊戌时期所上条陈与奏折,提出的改革建策(即政策设计),看起来都是非常西方化的;但若涉及其政治思想,就不那么西方化,若再进入其学术思想,就会发现基本上没有西方化的内容,甚至是轻视、反对西方的。这就形成了巨大的反差。从康基本"中式"的学术思想到有小部分"西式"内容的政治思想,再到看起来非常"西式"的政策设计,如此迂回反转的思想流变,又该如何理解并解释?

其二,康有为在戊戌时期完成并出版了两部学术著作《新学伪经考》《孔子改制考》,其学说也为后来的研究者所熟知。但是,两书的内容只表明了康的思考过程,而不是最后的结论;只会使康成为比廖平更极端的学者,而不会直接介入政治,尤其是高层政治。那么,康有为这般学术思考后所得到的最终结论又是什么?他不甘心于书斋与讲堂,致使他舞剑于政坛的原因又是什么?

以上的问题都属于思想史的范畴,我查阅了相关的研究,仍不能解决我的困惑。我的研究陷于瓶颈。

我长期研究政治史,对经济史与社会史虽有兴趣,但从未真正涉足。我从来也不去碰思想史,自以为"经学"与"西学"功力皆不足,尚不可去治晚清的思想史。然前路已到了尽头，不得不拐弯。我只能从政治史的老路上转过身来，脱鞋趟水过河，从头学习相关的基础知识，开始研究思想史。数年间也颇有"老来学吹打"之感受。

说起来也算是幸运。当我在瓶颈中不能转身时，看到了梁启超《变法通议》进呈本的图片。于是我到北京故宫博物院图书馆，查阅该进呈本，先后完成了《梁启超〈变法通议〉的写作计划、发表与结集》《梁启超〈变法通议〉进呈本阅读报告》两文，也就是本书的附编。为准确说明《变法通议》进呈本的内容与意义，我又将戊戌政变前梁启超的全部著述重读一遍。虽说是重读，但心中已经有了疑问，结果是大不一样。让我感到振奋的是，我从梁的著述中看到了康此期的重要思想"大同三世说"。

康有为在《孔子改制考》《春秋董氏学》中初步揭示其"大同三世说"的思想，我仔细查阅了一下，一共是十一条，语焉不详。梁启超在后来的著述，如《南海康先生传》(1901)、《清代学术概论》(1921)中皆清楚肯定地说明康在戊戌时期已有"大同"思想，并称康亦有其著述；但因康在《大同书》的著书日期上"倒填日期"，人们对于梁的这些说法也是将信将疑。然而，从梁启超的《论君政民政相嬗之理》《湖南时务学堂初集》等著述中，可以清晰无误地看到"大同三世说"的思想。由梁渡康，正好合璧。我由此写了《论戊戌时期梁启超的民主思想》，即本书下编第一章。

学术界称康有为受西方思想之影响，大多举"进化论"为最主要的论据，此中也牵涉到严复所译《天演论》的传播。我为此将康有为著述中的"天演""进化""竞争"的概念及其与"大同"思想的关联，大体查阅一遍，发现康本人并不了解西方"进化论"的真实含义，在许多地方更是望文生义。我由此写了《康有为与进化论》，即本书下编第二章。

完成以上两章后，大体可以解开我的困惑，我接手继续完成先前中断的研究——《戊戌时期康有为、梁启超的政治思想与政策设计》，内容也大为扩张，即本书的上编。

此后的工作则是收尾性的。为了坐实康有为的"大同三世说"，我又将《知新报》《时务报》翻阅一遍，从康有为诸多弟子的言说中再次看到了"大同三世说"，并理解了康党在戊戌时期"从上""从下"两套策略及其具体操作。由此我写了《戊戌时期康有为"大同三世说"思想的再确认——兼论康有为一派在百日维新前后的政治策略》,即本书下编第三章。

康有为、梁启超的思想自然有着两个面相,一个方面是"中学",另一个方面是"西学";学术界言其"西学"者不太重视其"中学"的主体(尤其是对梁启超),言其"中学"者也不注视其"西学"的真相。若将两者相较,又是以何为主?且康、梁的"西学"内容究竟为何?由此我写了《中学或西学?——戊戌时期康有为、梁启超学术思想与政治思想之底色》,即本书下编第四章。我对康有为早期著作的完成时间颇有困惑,疑康后来多有修改,更兼我在康有为的讲授记录中发现了一些奇特的学说,更能说明康在戊戌时期的知识水准与精神状态。由此我写了《戊戌时期康有为的"洪水说""地顶说""地运说"——兼论〈康子内外篇〉的写作与完成时间》,即本书下编第五章。

从上可见,我的研究或陷于瓶颈或临于突破,跌宕起伏不定;写作时更无计划,走一步是一步,全无章法可言——"山一程,水一程""风一更,雪一更"——山水间光脚行走,思想的挣扎处处可见。到了最后结集时,我面对的是一堆各自独立的论文,并无严格的前后次序和融洽的逻辑关系,且叙说的内容多有重复。我也无法将之完全打散,重写一遍,于是分了上编、下编和附编,只是作了必要的文字调整。为了帮助读者之理解,我将本书的主要内容与思路,撮述于下:

一、康有为在戊戌时期已经形成了"大同三世说"思想。根据康的说法,这一思想是由孔子创立的,藏于《春秋》《易》等经、传、史籍之中,以待"后圣"之解开。康正是"后圣",凭借孔子学说之精神传受而有意于"创制立教"。

二、"大同三世说"的基本内容为"三世六别":"据乱世"以"力",多君制,又可分"酋长之世"和"封建及世卿之世";"升平世"以"智",一君制,又可分"君主之世"和"君民共主之世";"太平世"以"仁",民主制,又可分"有总统之世"和"无总统之世"(世界大同)。根据这一学说,清朝正处于"升平世"的"君主之世"向"君民共主之世"的过渡阶段;根据这一学说,"君主之世"的清朝必将灭亡,而成为民主国("有总统之世");中国也必将消亡,而实现世界大同("无总统之世")。

三、康有为一派在戊戌时期的基本策略分为两途：其一为"从上"，即通过上书来影响光绪帝，建立"制度局""懋勤殿"之类的机构，康本人将通过这类机构来操控变法。这也是康从《上清帝第一书》至"百日维新"期间诸多上书所采用的策略。其二为"从下"，即通过办刊物、讲学、办学会等活动向士子们宣传其学说（"康学"），以图扩大其思想影响力，为"创制立教"建立基石。梁启超等人的著述以及湖南时务学堂中的活动，可视为该策略的运用。

四、康有为、梁启超在戊戌时期所接触到的"西学"，主要是江南制造局、同文馆或传教士所译的西书及《万国公报》之类的刊物。他们对西方文艺复兴以来的政治、经济、社会诸学说是不知情、不了解的。他们用中国传统的思想去解读、去理解西方政治学说的核心观念，如"议院""民主"等等。他们认定孔子的学说是高于一切的，已经包括了西学的全部精髓。康有为本人始终没有理解达尔文的"进化论"。他在各次上书中看起来相当"西方化"的改革建策，也只有形似。

五、康有为在"孔子改制说""大同三世说"中特别强调孔子"口说"的意义，康本人也确实将其学说以"口说"传授其弟子。由于康有为在戊戌时期的许多著述今已不存世，而存世者或多有康后来的修改。若要了解戊戌时期的康有为，须得解读其弟子当时的著述，须得细究其弟子的听讲笔记，须得参考其弟子的再传授。我从康门弟子黎祖健所录《万木草堂口说》和记录梁启超等人活动的《湖南时务学堂初集》中所获甚多，以致我在解读康的"洪水说""地顶说""地运说"时，基本没有引用康的直接著述，而是主要依靠康门弟子的笔记与言说。

啰啰嗦嗦写了以上的话，目的是自揭其短。本书之所言，我以为，尚不可以作为定论。

本书原拟题为《戊戌变法史事考三集》，以示我研究的连续性。就研究方法而言，自然是考证，但所叙内容是否为"史事"？想来想去仍无把握。（思想自然能成"史"，但能否称为"事"？）由此而改题《戊戌时期康有为、梁启超的思想》。我这里所称的"戊戌时期"，以戊戌年（光绪二十四年，1898）为主，向前延伸到甲午战争之后，即战败后的中国朝野开始倡言"变法"之时。当然，对康有为本人的思想不免还须从头说起。我这里所称的"思想"，也有一些仍属于事功。本书引用清朝史料甚多，为避免纪年转换而造成的错误及行文混杂而引起的阅读不便，书中所言内容在清朝时期使用中国传统纪年，并在必要处夹注公元纪年；在中华民国时期使用公元纪年，外国亦使用公元纪年。

  从 2013 年年底起，我做了六年的思想史。目标似已达到，我也将回过头去重做政治史。六年中的顿挫顿进，又顿悟顿失，回旋转折反复，我个人的心态绝非可臻于"平常"，不免在行事与言辞上多有乖戾之处。由此敬请我的亲人、朋友、学生、同事与领导予以理解并原谅！也正是这段长达六年的生活中不显波澜、内心中颇多升降的日子，让我多次暗暗自问，历史是什么，历史研究的意义又在哪里？

茅海建

2019 年 12 月于横琴

上 编

论戊戌变法期间康有为、梁启超的政治思想与政策设计

一、问题的提出

宣统三年（1911）五月，辛亥革命前夕，康有为在日本出版了由其女婿麦仲华、女儿康同薇搜集、编辑的《戊戌奏稿》。康门大弟子徐勤作序，谈到戊戌变法期间光绪帝、康有为"圣主贤臣"大行变法之举，极力称赞康在此中所起到的主导作用：

> ……定国是、请立宪、大译书、派游学、奖创新、裁绿营、放旗兵、易官制，及后此百凡新制，甚至剪发易服，皆自先生而始开之，系中国数千年政治之变、得失存亡之局，二千年来，未有若先生关系之大者也！
>
> ……中国岌岌，危于累卵。及资政院既开，议员群请开党禁而未获，岂天之不祐中国耶？读斯文者，念天地之悠悠，能不怆然而泪下也。[1]

前一条引文值得注意的是"请立宪"一句，后一条引文值得注意的是

---

[1] 康有为：《戊戌奏稿》，刊本，辛亥五月印行，序言第1—2页。该《序言》署日期为宣统三年三月。

"资政院""议员"两词。戊戌政变十多年后,清政府终于在此时设立了资政院、咨议局等类似议会的机构,也有"议员"之设立。康有为等人似乎在说明,此时纷纷扬扬的"立宪""国会"运动,本是戊戌年间(光绪二十四年,1898)康的正式提议。

辛亥年出版的《戊戌奏稿》,多处提到"立宪""国会"和"三权鼎立",其中最为清晰且集中的叙述,可见于《请定立宪开国会折(代)》《请君民合治满汉不分折》两篇奏折。在《请定立宪开国会折(代)》中,康有为称言:

> 奏为请定立宪、开国会,以安中国恭折仰祈圣鉴事……臣窃闻东西各国之强,皆以立宪法开国会之故。国会者,君与国民共议一国之政法也,盖自三权鼎立之说出。以国会立法,以法官司法,以政府行政,而人主总之。立定宪法,同受治焉。人主尊为神圣,不受责任,而政府代之。东西各国皆行此政体,故人君与千百万之国民,合为一体,国安得不强。吾国行专制政体,一君与大臣数人共治其国,国安得不弱?
>
> ……伏乞上师尧舜三代,外采东西强国,立行宪法,大开国会,以庶政与国民共之,行三权鼎立之制,则中国之治强,可计日待也。若臣言可采,乞下廷议施行。若其宪法纲目、议院条例、选举章程,东西各国成规具存,在一采酌行之耳。[1]

该折标日期为"六月",即光绪二十四年六月;又称"代",即为内阁学士阔普通武代拟的。[2]从以上引文可见,康提出了"定立宪、开国会"

---

[1]《请定立宪开国会折(代)》,《戊戌奏稿》,辛亥刊本,第32—34页。
[2] 此处称康有为代阔普通武拟折,有三条证据:一、下引《请君民合治满汉不分折》中,康称:"窃臣顷闻内阁学士阔普通武奏请行宪法而开国会,廷议不以为然。"二、《谢赏编书银两乞预定开国会期并先选才议政许民上书事折》中,康称:"臣窃闻礼部侍郎阔普通武奏请开国会,皇上欲毅然许之。"(《戊戌奏稿》,辛亥刊本,第40页)三、康在《我史》(《康南海自编年谱》)中称:"内阁学士阔普通武尝上疏请开议院……"(翦伯赞等编:《中国近代史资料丛刊·戊戌变法》,上海,神州国光社,1953年,第4册,第158页;以下简称《丛刊·戊戌变法》)。

的建策。"以国会立法,以法官司法,以政府行政","人主尊为神圣,不受责任,而政府代之"等言语,清晰地表明,康的目标是建立"君主立宪制"的国家。在《请君民合治满汉不分折》中,康又称言:

> 窃臣顷闻内阁学士阔普通武奏请行宪法而开国会,廷议不以为然,皇上决欲行之。大学士孙家鼐谏曰:"若开议院,民有权而君无权矣。"皇上曰:"朕但欲救中国耳,若能救民,则朕虽无权何碍?"大哉王言!
>
> 窃惟东西各国之所以致强者,非其政治之善,军兵炮械之精也。在其举国君民,合为一体,无有二心也。夫合数千百万之人为一身,合数千百万人心为一心,其强大至矣。不必大国,虽比利时、荷兰、丹麦、瑞典之小,而亦治强也。近者欧美,尤留意于民族之治,凡语言政俗,同为国民,务合一之。近者日本以之。日本地与民数,仅比吾四川一省,而今强盛若彼矣。盖民合于一,而立宪法以同受其治,有国会以会合其议,有司法以保护其民,有责任政府以推行其政故也。吾国人主,抚有其国,仅与数大臣共治之,或十数疆臣分治之。虽有多民,仅供租税,不得预政事焉。
>
> ……今吾国有四万万之民众,大地莫多焉。而不开国会,虽有四万万人,而不预政事,视国事如秦越,是有众民而弃之。
>
> 若圣意既定,立裁满汉之名,行同民之实,则所以考定立宪国会之法,三权鼎立之义,凡司法独立、责任政府之例、议院选举之法,各国通例具存,但命议官遍采而慎择之,在皇上一转移间耳。合举国四万万人之身为一体,合四万万人之心为一心,其谁与吾敌? [1]

从以上引文可见,光绪帝将阔普通武"定立宪、开国会"的奏折发交"廷议",虽遭到反对,仍有意行之。也就是说,康的建立"君主立宪制"国家的政治主张,得到了光绪帝的认可。该折的其他内容,与《请定立宪开国会折(代)》是相同的。除此之外,《戊戌奏稿》中还有一些言论,

---

[1]《请君民合治满汉不分折》,《戊戌奏稿》,辛亥刊本,第34—38页。

亦言及于此。[1]

然《戊戌奏稿》出版时，国外革命势力强盛，国内立宪运动高涨，革命、立宪两党风头正健，清朝已处于"危于累卵"之局；该书的出版，似乎没有引起太大的关注，很少人会注目已经"过气"的保皇党人。民国建立之初，政坛风云变幻，政界矛盾丛生，《戊戌奏稿》中许多奏折，又在康有为主持的《不忍》杂志上再次发表，关注者仍是很少，前清的变法及其历史经验似乎已失去其价值。至1917年张勋复辟，康已成为负面人物，在政治舞台上渐渐退隐。

以后的情况，渐起变化。

20世纪30年代，由于大学制度的建立，一批知识分子开始从学术的角度来研究中国近代政治史。李剑农、陈恭禄、蒋廷黻的著作，叙及戊戌变法，主要材料是梁启超的《戊戌政变记》，未对《戊戌奏稿》进行讨论。[2] 然梁亦自承其著《戊戌政变记》"将真迹放大"，不是完全可

---

[1] 康有为在《请告天祖誓群臣以变法定国是折》中称："……采万国之良规，行宪法之公议，御门誓众，决定国是。"（《戊戌奏稿》，辛亥刊本，第3页）在《谢赏编书银两乞预定开国会期并先选才议政许民上书事折》中称："今欧日之强，皆以开国会行立宪之故，皇上禽受嘉谟，毅然断行，此中国之福也，生民之幸也。请即定立宪为国体，预定国会之期，明诏布告天下。然宪法国会条例至繁，尚待选集，取资各国。今未开国会之先，请采用国会之意……特下明诏：令群臣各荐才俊，府必一人，不问己仕未仕，概行征集阙下，大开懋勤殿，令入值行走……"（同上书，第40—41页）在《请开制度局议行新政折》中称："……伏乞皇上躬秉乾断，立开制度局，选一国之才，而公议定之，统筹全局，乃次第施行……且吾旧律，民法与刑法不分，商律与海律未备，尤非所以与万国交通也。今国会未开，宜早派大臣及专门之士妥为辑定。"（同上书，第48页）在《进呈〈波兰分灭记〉序》中称：波兰"国民性懦，不早事力争，及经万变，流血无数，获开议院，而俄人环兵三千，陈炮对院，以监困诸议员……使其民早同心竭力，以与君相争国会，不二心，不易虑，不畏囚死，波王亦宽柔爱民之主，未尝不可得也，徒惑于其大臣耳……若其君主，既上制于椒房之太后，下制于贵族之大臣，不能自奋矣。与其分灭于外，惨为亡国之戮囚，孰若付权于民，犹得守府而安荣。乃逡遁避终，徘徊不决，至于国势濒危，大势尽去，乃始开国会而听之民献，则已为强邻所制。"（《戊戌奏稿》，辛亥刊本，《进呈编书序目附》，第11—12页）

[2] 参见李剑农：《最近三十年中国政治史》，太平洋书店（上海），1930年；陈恭禄：《中国近代史》，商务印书馆（上海），1935年。蒋廷黻：《中国近代史》，该书作于1938年，我使用的版本是沈渭滨导读、上海古籍出版社1999年版。蒋著对戊戌变法的叙述，受李剑农著作的影响较大。蒋著除学术意义外亦具政治意义。又，尽管《戊戌奏稿》已出版，且在《不忍》杂志上再次刊出，但发行量有限，收藏者不多；对当时的研究者来说，使用时不如梁启超著作那么方便。梁著发行量大，且易读。

靠的。[1]

1945年，时在延安的范文澜撰写《中国近代史》上编第一分册，称戊戌变法为"第一次改良主义运动"。范认为："康梁系代表开明的地主富商要求转化为资本家，要在政治上取得必需的保障，就是说要取得有限度的民主权利。"范还认为："康梁系政策的大宗旨是'满汉不分，君民同治'。"[2] 从分析材料来看，范引用了《戊戌奏稿》，但最主要材料，却是梁启超《变法通议》中《论变法必自平满汉之界始》一文。该文梁写于戊戌政变之后，发表在日本出版的《清议报》上，属事后的辩词，须谨慎使用。[3] 范文澜的这一著作具有巨大且久远的影响力，书中表达的许多思想，与他此时从事的革命事业相关联。

1950年代初，中国史学会编辑《中国近代史资料丛刊》，《戊戌变法》为其计划中的第八种，由翦伯赞主编。该资料书为4册，1953年由神州国光社出版，收录了包括《戊戌奏稿》《康南海自编年谱》(《我史》)等重要史料。翦在《序言》中称：

> ……为了逃脱危机，并进而谋中国的独立自强，以康有为、梁启超等为代表的中国一部分受到西方资本主义思想影响的上层知识分子，继承了他们前辈的改良主义的政治主张，发动了变法维新的运动。他们曾运用学会、学堂、报纸等工具，向当时的知识分子群众，进行了宣传教育和组织的工作，他们企图运用政权力量，自上而下地实行他们所想望的君主立宪的政治主张，并从而使中国走上资本主义的道路。[4]

---

[1] 《中国历史研究法》，《饮冰室合集》，中华书局影印本，1989年，第10册，专集之七十三，第91页。
[2] 范文澜：《中国近代史》上编第一分册，1945年初版，1947年修改，我使用的是东北书店1948年11月版，见该书第276—279页。
[3] 梁启超《变法通议》未写完，后将已写成的部分合编，辑入《饮冰室文集》各版本，其中两篇即《论变法必自平满汉之界始》《论变法后安置守旧大臣之法》，是梁到日本之后所写，刊于《清议报》第1、2、4册（光绪二十四年十一月十一日、二十一日、十二月十一日），是对其戊戌政策的自辩。（参见本书附编第一章第二节"《清议报》时期"）范文澜误将梁政变之后的言论当作其变法期间的政策。
[4] 《丛刊·戊戌变法》，第1册，《序言》第1页。翦伯赞的《序言》署日期为1953年7月18日。

这是一段定性式的叙述。翦虽然没有具体说明其史料来源，但我以为，其根据是康有为的《戊戌奏稿》。翦伯赞等人所编的这部资料书，是戊戌变法史研究中的里程碑，此后的研究，史料上大多取材于此，康的《戊戌奏稿》由此得到了广泛的采用。而上引翦伯赞的这一段表述，极大影响了后来的研究者，并影响到政治层面。[1]

1958年，戊戌变法六十周年，北京召开了"戊戌变法六十周年学术讨论会"，发表了吴玉章等人的论文，后由中华书局结集。[2]该年科学出版社还出版了侯外庐主编、中国科学院历史研究所第二所"青年研究人员"合写的《戊戌变法六十周年纪念集》，由六篇论文组成。[3]这批论文最主要的观点是在政治上认定康有为、梁启超属"资产阶级改良派（维新派）"，其目的是要建立"君主立宪制"的资本主义国家。刘仁达的论文《戊戌变法运动中康有为所提出的政治纲领》指出：

……直到1898年他才明确地提出立法、司法、行政三权分立的主张，并说明国会是"君与国民共议一国之政法"的立法机构，司

---

[1] 值得注意是谢兴尧的论文《论戊戌变法与立宪》(《新建设》1953年第11期)。该文引用了康有为《戊戌奏稿》，称言："设议院、定宪法、开国会，是立宪政体的主要形式，在戊戌变法运动中，都提出来了，并且还请求定期开国会，实是我国近代宪政史上的一件重要的事情。"该文写作时间与翦伯赞的《序言》，大约是同期的。1954年9月15日，中央人民政府副主席刘少奇作《关于中华人民共和国宪法草案的报告》："许多的先进人物，为了救中国，为了改变自己国家的命运，努力去寻找真理。他们努力学习西方资产阶级的政治和文化，以为西方资产阶级的那些东西很可以救中国。他们在学了这些东西之后，就企图按照西方资产阶级国家的模型来改变中国的国家制度和社会制度。在甲午战争中中国被日本战败以后，以康有为为首的改良派的变法运动，就是这种企图的一次尝试。他们希望中国有一个不要根本改变封建制度而可以发展资本主义的宪法……"(《建国以来刘少奇文稿》，中央文献出版社，2008年，第6册，第356页)刘认为康在戊戌变法期间有立宪法的主张。
[2] 《戊戌变法六十周年纪念论文集》，中华书局，1958年，收入吴玉章、范文澜、刘大年、戴逸、邵循正、刘仁达、徐绪典、张卒、张岂之等人的9篇论文。其中一些论文刊于《人民日报》《光明日报》《历史研究》。
[3] 《戊戌变法六十周年纪念集》，科学出版社，1958年。该书由六篇论文编成，由张岂之、李学勤、杨超、林英、胡一雅、祝瑞开、冒怀辛集体写作。侯外庐在《序》中称："他们的集体写作是在整风补课中抽出时间，以跃进的步伐来完成任务，作为建国九周年国庆的献礼。"

法独立由法官负责,而行政权则属于责任政府,皇帝不负责任。他要求以这种精神来制定宪法,皇帝和人民同样受这个宪法的限制。[1]

该文虽未注明其根据,但其简短的引文来自康《戊戌奏稿》中《请定立宪开国会折(代)》,主要言说也是依据该折转写。由张岂之等人集体写作的论文《康有为的变法思想》,直接引用《戊戌奏稿》中《请定立宪开国会折(代)》,称言:"在政治上他(康有为)主张君主立宪,建议实行三权分立的资产阶级法制。"[2]1958年的戊戌变法六十周年纪念活动,在政治上、学术上的影响很大,至1961年辛亥革命五十周纪念活动,确定其资产阶级革命的性质。此后,中国大陆学术界以此为基点来评述戊戌变法和以后的辛亥革命,将之称为"资产阶级改良主义运动"和"资产阶级民主革命运动",显示了从"君主立宪"到"民主共和"的嬗变。

也就在1958年,国家档案局明清档案部(中国第一历史档案馆的前身)编辑《戊戌变法档案史料》,由中华书局出版。该书录有内阁学士阔普通武光绪二十四年七月初三日《变法自强宜仿泰西设议院折》,称言:

> 奴才窃思欲除壅蔽,莫如仿照泰西设立议院。考议院之义,古人虽无其制,而实有其意。其在《易》曰:上下交,泰,上下不交,否。其在《书》曰:询谋佥同。又曰:谋及卿士,谋及庶人。其在《周官》曰:询事之朝小司冠(寇)掌其政,以致万人而询焉。其在《孟子》曰:国人皆曰贤,然后察之;国人皆曰可杀,然后杀之……拟请设立上、下议院,无事讲求时务,有事集群会议,议妥由总理衙门代奏,外省由督抚代奏。可行者酌用,不可行者置之。事虽议于下,而可否之权仍操之自上,庶免泰西君民争权之弊……且下议院之有益尤多,如遇各国要求,总署亦有展转。若索我口岸,侵我疆界,某省则告以交某省议院公议,先缓时日作准备,要求不已,则告以该省下议院不准。洋人最重民权,且深惧我中国之百性(姓),恐激众怒,自息狡谋……惟议院之人实难其选,必须品端心

---

[1]《戊戌变法六十周年纪念论文集》,第60—61页。
[2]《戊戌变法六十周年纪念集》,第4页。

正,博古通今,方能识大礼,建高议。此泰西议员,必由学堂出身者,一取其学贯中西,一信其风有操守,亦防弊之深意也。如蒙俞允,即可向驻京公使借各国章程,以资取法。[1]

这与康有为《戊戌奏稿》中的奏折内容大相异趣。阔普通武提议的"依照泰西"的上、下议院,是建立在中国传统经典中"上下交泰""谋询""国人皆曰"的基础之上;设在北京的"议院","议妥"之案由总理衙门代奏,设在各省的"议院","议妥"之案由督抚代奏。它们只是政策咨询部门,供皇帝在决策中参考,与西方"三权分立"的议会制度大不相同。阔普通武的这篇奏折,是康有为代拟的,是康、梁在戊戌变法中的重要举措之一。[2]

阔普通武奏折原件的发现,说明了康有为在《戊戌奏稿》中作伪,所刊出的奏折是康在辛亥革命前夕的另作。《戊戌奏稿》中《请君民合治满汉不分折》,在档案中没有找到;再查档案,光绪帝对阔普通武奏折仅下旨"存",没有发交"廷议",康在该折中称"窃臣顷闻内阁学士阔普通武奏请行宪法而开国会,廷议不以为然,皇上决欲行之"云云,自是子虚乌有之事,也说明该折作伪。[3]这就提出了一个大问题:康在戊戌变法期间究竟有没有提出"宪法""国会""司法独立""责任政府""三权鼎立"等"君主立宪制"的建策?

由于《戊戌变法档案史料》的出版稍晚,与戊戌变法六十周年纪念活动基本同步,前引那一批研究论文还没有来得及引用新发表的档案资料。翦伯赞作为最重要的历史学家,在编辑《中国近代史资料丛刊·戊戌变法》时,已注意到该档案机构搜集"奏议原稿",但因"整理工作"而未录成。[4]国家档案局明清档案部在编辑档案时也发现了问题,在该

---

[1] 国家档案局明清档案部编:《戊戌变法档案史料》,中华书局,1958年,第172—173页。"小司冠"是小司寇之误,"百性"是百姓之误,已改。关于"上、下议院"的具体设置,阔普通武没有具体说明,然从言词来看,似为"上议院"设在北京,"下议院"设在各省。
[2] 相关的叙述与分析,可参见本书上编第五节之"'制度局'的变种与'懋勤殿'的人选"。
[3] 据光绪二十四年七月初三日军机处《随手档》《上谕档》,光绪帝对阔普通武该折下旨"存",并呈慈禧太后。
[4] 翦伯赞称:"故宫博物院所藏有关戊戌变法的奏议原稿,本应选入,但因该馆(转下页)

书《前言》中称：

> ……但是这个运动的主角——康有为的条陈却很少，仅存他建议办报的二件。查军机处《随手登记档》中记载：康有为在光绪二十四年三、五、六、七等月，先后上书四次，全是总理衙门代递的，只有三月二十三日递进的有摘由为"译纂日本变法政考等书"及"请照经济科例推行各省岁科"。其余的仅登记"条陈"二字，下注"递上"或"随事递上"等字样。不仅康折如此，七月十六日礼部代递主事王照的呈文二件，情形也是一样。这些文件当时递上去却没发下来，或即所谓"留中"了。然而今天在故宫的档案中，也没发见他们的文件。[1]

编者的这一说法，已经接近到问题的核心，即不管康有为在《戊戌奏稿》中如何自吹，根据当时的政治体制，他没有直接上奏权，他所上的文件只是"条陈"（上书），只能由相应的机构（总理衙门）代奏或光绪帝指定的官员（军机大臣廖寿恒）代递。然而，编者对上奏制度与军机章京的档案用语不熟[2]，虽已经注意到《戊戌奏稿》的编者麦仲华的说法和该书收录情况，但未作出合理的解释，更没有发现《戊戌奏稿》中《请定立宪开国会折（代）》与他们录入的阔普通武《变法自强宜仿泰西设议院折》之间关系。[3] 也因为如此，他们没有将《中国近代史资料丛刊·戊

（接上页）正在进行整理工作，未能抄出。为了弥补这一缺陷，我们将这些奏议原稿的目录，刊印在本书奏议类后。"（《丛刊·戊戌变法》，第1册，《序言》第4页）国家档案局明清档案部的编者，有相同的说法。（见《戊戌变法档案史料》，《前言》第1页）

[1] 《戊戌变法档案史料》，《前言》第1—2页。
[2] 按照当时军机章京在《随手登记档》中的用语，"递上"指军机处收到该件后再递交给光绪帝；"随事递上"指该文件随着《朱批折件事由单》《早事传旨事由单》递交给慈禧太后；"留中"指皇帝将收到的奏折留在宫中而未发下军机处，被留中的奏折军机处应是没有记录的。
[3] 《戊戌变法档案史料》编者在上引文后作注："按麦孟（仲）华辑印的南海先生《戊戌奏稿·凡例》说：戊戌数月间先生手撰奏折都六十三首。《戊戌奏稿》钞存二十篇。《戊戌变法》（指《中国近代史资料丛刊·戊戌变法》）复从《知新报》中辑录三篇。"（《戊戌变法档案史料》，《前言》第2页）这说明编者已经注意到《戊戌奏稿》，但以"递上""留中"为由，而未进一步找到康有为所拟、代拟的奏折。这是很可惜的。

戌变法》根据各种刊本选录的各件奏折与档案原件相核对,发现文字上的差异,反而轻率地将"其中凡《戊戌变法》中已采用过的资料,则均行剔除,以免重复"。[1]编者这一说法和做法,也使得翦伯赞失去了发现差异、重校旧文的机会。[2]

1958年是火红的"大跃进"之年,此时及此后的多种情况,使得中国大陆学者没有充分利用在北京出版的《戊戌变法档案史料》,引出对康有为《戊戌奏稿》的怀疑。这就给了在台北的中研院历史语言研究所研究员黄彰健院士一个机会。

黄彰健的论文《康有为〈戊戌奏稿〉辨伪并论今传康戊戌以前各次上书是否与当时递呈原件内容相合》,根据《戊戌变法档案史料》《日本变政考》(未刊本)和《康南海自编年谱》(《我史》)等材料,提出并成功证明了康有为《戊戌奏稿》所录20篇奏折,其中19篇作伪;所录进呈书籍5篇序言,其中4篇作伪。对于阔普通武的《变法自强宜仿泰西设议院折》,黄认为"仍系阔本人的意见,非康代拟。《戊戌奏稿》所收代阔普通武《请定立宪开国会折》全系无中生有,不可信"。对于《戊戌奏稿》中《请君民合治满汉不分折》,黄认为"系康伪作"。[3]黄的这篇论文与他此期所写的11篇论文,合编为《戊戌变法研究》,于1970年在台北出版。该著作最基本的论点之一,是康有为在戊戌变法期间根本没有提出过"君主立宪"的建策,而是主张以君权来推行其改革举措。[4]为了证明这一点,黄还自编《康有为戊戌真

---

[1]《戊戌变法档案史料》,《前言》第1页。

[2] 翦伯赞编辑《丛刊·戊戌变法》,态度是极其认真的。他编辑张元济稿件时,发现其记忆中光绪帝召见的地点与康有为所言不同,还专门写信去问。(参见张树年、张人凤编:《张元济书札》增订本,商务印书馆,1997年,下册,第1284页)若《戊戌变法档案史料》编辑时发现问题,以翦之才华,很有可能最早发现康有为在《戊戌奏稿》中作伪。

[3] 黄彰健:《戊戌变法史研究》,台北中研院历史语言研究所专刊第五十四,1970年,第539—601页。黄认为,《戊戌奏稿》中仅第19篇《呈请代奏皇帝第七书》为真,所附进呈书籍序言中仅第1篇《进呈俄大彼得变法考序》为真,主要理由是曾刊于大同译书局《南海先生七上书记》。对于《戊戌奏稿》中《请君民合治满汉不分折》,黄认为:"此折言立宪开国会,与《戊戌奏稿》所收代阔普通武拟《请定立宪开国会》伪折相合,与康《自编年谱》及《日本变政考》抵触,故知此折亦系康伪作。"

[4] 该书已出大陆版,《戊戌变法史研究》,上海书店出版社,2007年。是该书台北版另加论文4篇组成。

奏议》，于 1974 年在台北出版。[1]黄的这些发现，对"资产阶级改良主义运动"说，无疑是在基本论据上釜底抽薪。

　　黄彰健的研究著作发表时，大陆正值"文革"，未能引起学界的注意，许多重要的图书馆也未收藏。"文革"结束后，大陆学者在北京故宫博物院图书馆发现，康有为在戊戌变法期间历次上书另由内府抄录，辑成《杰士上书汇录》，共三卷，收入康的折片 18 件，文字及内容与《戊戌奏稿》大不相同。[2]由此坐实了黄的论点——康在戊戌变法期间没有提出"君主立宪"的建策。

　　中国人民大学孔祥吉教授在中国第一历史档案馆也有重大收获，找到康有为《上清帝第三书》，证实了光绪二十一年（1895）康确有设置"议郎"的提议。孔还找到了戊戌变法期间康代杨深秀等人所拟的奏折，两次编辑了康的变法奏议和进呈书籍序言。[3]

　　与此同时，各类康有为著述的搜集、整理工作也有了很大的进展，其中最重要的是康同璧、汤志钧、蒋贵麟、上海市文物保管委员会、楼宇烈、朱维铮、姜义华、吴根樑、张荣华等人的工作。[4]由此似可以认

---

[1] 台北中研院历史语言研究所史料丛书《康有为戊戌真奏议》，1974 年，该书收入黄彰健所认定的真奏议共 35 件。

[2] 参见陈凤鸣：《康有为戊戌条陈汇录：故宫藏清光绪二十四年内府抄本〈杰士上书汇录〉简介》，《故宫博物院院刊》1981 年第 1 期；孔祥吉：《〈戊戌奏稿〉的改篡及其原因》，《晋阳学刊》1982 年第 2 期。

[3] 孔祥吉编著：《救亡图存的蓝图：康有为变法奏议辑证》，台北联合报系文化基金会，1998 年；孔祥吉编著：《康有为变法奏章辑考》，北京图书馆出版社，2008 年。此外还应注意的是孔祥吉两部研究著作：《康有为变法奏议研究》，辽宁教育出版社，1988 年；《戊戌维新运动新探》，湖南人民出版社，1988 年。

[4] 康同璧（文珮）编：《万木草堂遗稿》，油印本，后由蒋贵麟出版，（台北）成文出版社，1978。汤志钧：《康有为政论集》，中华书局，1981 年。蒋贵麟编：《万木草堂遗稿外编》（上下册），（台北）成文出版社，1978；蒋贵麟主编：《康南海先生遗著汇刊》（22 册），宏业书局（台北），1976 年。上海市文物保管委员会编：《康有为与保皇会》《康有为遗稿·戊戌变法前后》《康有为遗稿·列国游记》《康有为遗稿·万木草堂诗集》，上海人民出版社，1982、1986、1995、1996 年。楼宇烈等人编：《康有为学术著作选》，共 10 册，中华书局，其中《大同书》由周振甫、方渊校点，初版于 1956 年，《新学伪经考》《孔子改制考》由中华书局整理，初版于 1956、1958 年；其余各册由楼宇烈校点，初版于 1984—1992 年。朱维铮编：《中国现代学术经典·康有为卷》，河北教育出版社，1996 年；《康有为大同论二种》，香港三联书店，1998 年；朱维铮、廖梅编：《孔子改制考》，生活·读书·新知三联书店，1998 年。姜义华、吴根樑编：《康有为全集》，（转下页）

定,今天的研究者已能站在可靠的史料基础上,对康有为、梁启超在戊戌变法期间的政治思想与政策设计,进行充分的研究与分析,拨开康、梁所施的迷雾,还原历史的真实。

然而,最近二三十年学术界的研究状况却远未能止于至善。一方面,许多学者对康有为戊戌变法期间的政治思想与政策设计的研究,已取得了众多的学术成就,但在最为关键的"议院"诸方面,还存在着不同意见;另一方面,这些分散的、意见尚未统一的研究成果似乎没有被宏观历史学家或社会科学著作家关注,予以采用或采信,许多中国近代史著作或政治学、宪法学、社会学著作,涉及戊戌变法,依旧使用不可靠的史料,沿用康、梁的旧说,称戊戌变法是一场试图建立"君主立宪制"国家的政治运动。由此,我以为,研究发展到这一阶段,须得进行全盘的检讨,做一番正本清源的工作,将康有为、梁启超在戊戌变法期间的政治思想与政策设计,从史料到论点,一一爬梳,予以说明。而要能真正做到这一点,就不能仅限于戊戌变法期间,须从最远端开始,重新检阅戊戌之前康、梁的全部文本,以摸清其思想之渊源,看清其发展之脉络。

本编的文字就是由此而产生。

在正式的叙述开始之前,我还须说明,康有为在《戊戌奏稿》中的作伪,目的还是为了当时的政治斗争之需要。到了辛亥年(宣统三年,1911),他已不站在政治舞台的中央,他炮制所谓的"戊戌奏稿",以证明自己当年的政治正确,以能介入当时的立宪运动。他希望清王朝"开放党禁"而开复其官位,恢复名誉,由此重新出山。他可能没有想到,他这本作伪的著作后来会引出那么多的评论、研究和追根刨底、毫发毕现的辨伪工作。[1] 梁启超在日本所写的《戊戌政变记》及《论变法必自

(接上页)第1、2、3集,上海古籍出版社,1987、1990年;姜义华、张荣华编:《康有为全集》,共12集,中国人民大学出版社,2007年,是目前最全的版本。张荣华编:《康有为往来书信集》,中国人民大学出版社,2012年。

[1] 应当说,康有为这次造假活动是颇用心机的。他让女婿、学生麦仲华出面,让学生徐勤唱赞词,其中还有麦仲华的注语。最为出色的表演是,康在《请断发易服改元折》之后,还加有一大篇数千言的按语,说明"断发固在必行,而易服则实有未可",表示"甚悔于前议之过勇,而未尽当也"。(《戊戌奏稿》,辛亥刊本,第64—73页)(转下页)

平满汉之界始》等文，亦有现实的用意。这些都是政治家们经常使用的手法，只是增加了今日历史学家的工作难度；对此虽可以用道德观念来非难之，似还不应以人格贬低而轻易否定之。

二、康有为早期学术思想与政治思想（光绪十五年之前）

康有为以书生走向政坛，其政治思想一开始表现为学术思想，在当时，主要是经学思想。当时的经学思想同时就是政治思想。康所走的道路，虽有学术之外形，然与政治是不那么分得开的。[1]要分析康早期学术思想与政治思想，基本材料是他在那个时期的个人经历与著述。

康有为（1858—1927），广东南海人，曾名祖诒，字广厦。早年学习中国传统经典，与当时的读书人一样，走的是科举入仕的道路。[2]同治十年（1871），虚岁十四岁，参加童子试，未中式。次年再试，亦未果。同治十二年、光绪二年（1876），以捐生资格参加广东乡试，未中式。[3]

（接上页）他用自悔的方式来显示该伪折之"真"。康从未进入政治决策中心，不了解军机处的实际操作程序，更不了解清朝档案收藏与保管制度，故敢大胆造假。

〔1〕 康有为称："治血气，治觉知，治形体，推以治天下；人之觉知、血气、形体，通治之术。古人先圣之道，有在于是。""先生（朱次琦）神明绝人，强识群书，而能综古今沿革损益之故，悉折之于经义。"（《南海朱先生墓表》，姜义华、吴根樑编校：《康有为全集》，第1集，第1页）此是康的早期文章，特别强调修行与学术所包含的政治意义。

〔2〕 关于康有为的早期学术经历，最重要的史料是康的《我史》，最初被编入《中国近代史资料丛刊·戊戌变法》出版，由编者题名为《康南海自编年谱》。其手稿本藏于中国国家博物馆，我曾仔细阅读。（相关的研究，可参见拙著：《"康有为自写年谱手稿本"阅读报告》，《近代史研究》2007年第4期，亦见《戊戌变法史事考二集》，生活·读书·新知三联书店，2011年，第428—468页；《从甲午到戊戌：康有为〈我史〉鉴注》，生活·读书·新知三联书店，2009年）本书除特别需要引手稿本外，其余的出处皆注最早的刊本，即《丛刊·戊戌变法》本。

〔3〕 康有为在《我史》手稿本中记："同治十二年……仍从杨先生学为文，将应乡试，以病不克，中岁而散。""将应乡试，以病不克"八字补在行间，后圈去。刊本未录。可见康于同治十二年曾准备应乡试。

是年，师从岭南大儒朱次琦，入礼山草堂，大约有两年多的光景。[1] 光绪五年，结交翰林院编修张鼎华，同年游香港。光绪八年，第一次去北京，应顺天府乡试，未中式，归途经扬州、镇江、上海等地。光绪十一年，应广东乡试，亦未果。光绪十四年，第二次赴京，在北京居住了一年多，初次涉及高层政治，上书光绪帝（即"上清帝第一书"）。次年参加顺天府乡试，未中式，九月，离开北京，赴杭州、苏州、武昌等地，至年底回乡。本节所分析的，就是这一时期即光绪十五年之前康有为学术思想与政治思想。

从康有为以上经历来看，光绪四年底离开朱次琦礼山草堂之前，主要是觅师学习，其祖父康赞修对其影响甚大。[2] 光绪五年之后，康基本上是自我研习，不再求师了。其中的原委，我以为是康生了一场大病。从《我史》可见，光绪四年，康对朱次琦所推崇的韩愈，不再感兴趣，称言："昌黎道术浅薄，以至宋、明、国朝文章大家巨名，探其实际，皆空疏无有……即《原道》亦极肤浅，而浪有大名。千年来文家颉颃作势自负，实无有知道者。"朱次琦"笑责其狂"。康对此写道：

> ……从此折节焉，然同学渐骇其不逊。至秋冬时，四库要书大义，略知其概，以日埋故纸堆中，汩其灵明，渐厌之。日有新思，思考据家著书满家，如戴东原，究复何用？因弃之而私心好求安心立命之所。忽绝学捐书，闭户谢友朋，静坐养心，同学大怪之。以先生尚躬行，恶禅学，无有为之者。静坐时忽见天地万物皆我一体，大放光明，自以为圣人，则欣喜而笑，忽思苍生困苦，则闷然而哭，忽思有亲不事，何学为？则即束装归庐先墓上。同门见歌哭无常，以为狂而有心疾矣。至冬，辞九江先生，决归

---

[1] 根据康有为《我史》，他于光绪二年至四年底在九江礼山草堂从朱次琦学。但当时的"从学"，并非日日在堂，他也经常不在礼山草堂。光绪三年，其祖父去世，他有较长的时间不在礼山草堂。

[2] 据《我史》，康有为从虚岁六岁开始学习，先后师从番禺简凤仪（侣琴）、陈鹤侨、梁健修（舜门）、陈奉元、杨学华（仁山）、张公辅（赉臣）、吕拔湖等人学文，对他影响最大的，还是其祖父康赞修。康赞修（1806—1877），号述之，举人，曾任广东连州训导。康虚岁十一岁，父亲康达实去世，便长期在其祖父身边生活。

静坐焉。[1]

这一段自我放大的言论，已经是相当地惊世骇俗；若再查《我史》手稿本，则更让人惊心动魄——"忽思孔子则自以为孔子焉"！[2] 从朱的礼山草堂退出后，光绪五年，康有为居住在家乡名胜西樵山。康对此又写道：

> 以西樵山水幽胜可习静，正月，遂入樵山，居白云洞，专讲道佛之书，养神明，弃渣滓。时或啸歌为诗文，徘徊散发，枕卧石窟瀑泉之间，席芳草，临清流，修柯遮云，清泉满听，常夜坐弥月不睡，恣意游思，天上人间，极苦极乐，皆现身试之。始则诸魔杂沓，继则诸梦皆息，神明超胜，欣然自得。习五胜道，见身外有我，又令我入身中，视身如骸，视人如豕。[3]

由此再与手稿本核对，亦有多处之修改。[4] 此时正值康有为虚岁二十一岁，进入了一个身体的癫狂期。这对他一生的性格成长，有着很大的影响。与此相近的说法，康在公开的著述中还有一些，自称是"梦执礼器而西行"，见到了"广乐钧天"和"宗庙百官之美富"，"非复人间世矣"。[5]

---

[1] 《我史》（《康南海自编年谱》），《丛刊·戊戌变法》，第 4 册，第 113—114 页。

[2] 从《我史》手稿本来看，这一段话有多处多次修改，其最初的文字已无法完全复原，我推测此段最早之文字为："……然自是也，日有新思，咸同门（感）骇其不逊，时日有新思，忽思孔子则自以为孔子焉，忽思考据学感（无用）何用，因弃之。（先生尚躬行、恶禅学）而私心好阳明。忽绝学捐书，闭户（静坐养心），谢弃友朋，静坐养心，同学大怪。以先生尚躬行，恶禅学，无有为之者。（忽思祖父则拟）忽自以为孔子则（笑）欣（笑自）喜而笑，忽思苍生困苦则闷然。"括号内为康有为原删文字，从笔锋、墨迹来看，此为写作时的随时修改。康在此处的修改，抹去了他心中的大秘密，即他自以为是"孔子"之再世！

[3] 《我史》（《康南海自编年谱》），《丛刊·戊戌变法》，第 4 册，第 114 页。

[4] 我推测其最初的原稿可能为："以□人慕西樵山水幽胜可习静，正月，遂入樵山，居白云洞，历讲道佛之书，养神明，弃渣滓。时或啸歌为诗文，静坐堂，经徘徊石窟瀑泉之间，起坐无□，席芳草，临清流，修柯遮云，清泉满听，□常静坐，弥月不睡，始则诸魔杂沓，继则魂梦皆息，欣然自得。"中间有多处添加。而"习五胜道，见身外有我，又令我入身中，视身如骸，视人如豕。既而以事出城，遂断此学"一段为添加，补在页眉，并在其后删"复以民生多艰，□□我才力聪明，当往拯之"一句。

[5] 姜义华、张荣华编校：《康有为全集》，第 3 集，第 3 页。又，康有为于光绪（转下页）

康有为弃师自修,思绪飞扬,阅读庞杂,由此进入了学问的初创期。光绪十五年秋,康离开北京之前,曾写信给新结交的朋友刑部主事沈曾植,总结这一时期的学术道路,称言:

> 仆受质甚热,得痼點之半。十一龄知属文,读《会典》《通鉴》《明史》。十五后涉说部、集部、兵家书,于时瞢不知学,而时有奇特之想。将近冠年,从九江朱先生游,乃知学术之大,于是约己肆学,始研经穷史,及为骈散文词,博采纵涉,渔猎不休,如是者六七年。二十四五乃翻然于记诵之学,近于搜闻,乃弃小学、考据、诗词、骈体不为。于是内返之躬行心得,外求之经纬世务,研辨宋元以来诸儒义理之说,及古今掌故之得失,以及外夷政事学术之异,乐律天文算术之琐,深思造化之故,而悟天地人物生生之理,及治教之宜,阴阖阳辟,变化错综,独立远游。至乙酉之年而学大定,不复有进矣。〔1〕

这里面有一些自夸,不完全属实,其中最明显的是"学大定"的时间。"二十四五"(虚岁),即光绪七八年(1881、1882),"乙酉之年",即光绪十一年(1885),康28岁(虚岁);康的思想至此显然没有定型。〔2〕然而,在此之后,康有了一些著述,今存《教学通义》《民功篇》《康子内外篇》《实理公法全书》等,比较集中地撰写于光绪十二三年(最终完成时间尚不能确定)。这些著述可以揭示康早期学术思想与政治思想。光绪

(接上页)二十七年六月二十三日在南洋槟榔屿完成《〈春秋〉笔削大义微言考》写作之后,作题记,并题诗:"……大义微言掇十一,幸留口说演心传。执器西行曾有梦,抱书东走竟遭焚。"(《康有为手稿·四·〈春秋〉笔削大义微言考》,大象出版社,2014年,上册,第1页)再次强调"执器西行"的"梦"境。进一步的叙述与分析,可参见本编第三节"大同三世说"。

〔1〕《与沈刑部子培书》,上海市文物保管委员会编:《康有为遗稿·戊戌变法前后》,上海人民出版社,1986年,第207页。

〔2〕与"至乙酉之年而学大定"相同的说法,又见于梁启超:"有为常言'吾学三十岁已成,此后不复有进,亦不必求进'。"(《清代学术概论》,朱维铮校注:《梁启超论清学史二种》,复旦大学出版社,1985年,第73页)康有为三十岁(虚岁)为光绪十三年(1887),即其第二次进京之前。

十四五年，康在北京居住了一年多，写有《上清帝第一书》，并代拟一些奏折，也显示其早期政治思想与政策设计。

以下对康有为此期的主要著述逐项进行叙述与分析。

《教学通义》

《教学通义》是康有为的早期著作，生前没有发表，其原稿本由康有为第四子康同凝收藏。其最初写作时间很可能是光绪十二年（1886），后来又有所增改。[1]

今存《教学通义》原稿本是一残本，内容不全。其主要内容为：在

---

[1]《教学通义》同时出版了两个版本。其一是由复旦大学历史系中国思想文化史研究室编：《中国文化研究集刊》第3辑（复旦大学出版社，1986年），名《教学通义》，朱维铮撰写编者按称："今承上海市文物保管委员会鼎力相助，清理出这部埋没近一个世纪的康有为佚著，并惠允本集刊全文刊布"，"据康有为自述，《教学通议》撰于一八八六年。据内容考证，此稿也许是此年所撰，但以后又有修改，修改的下限不会早于一八九一年即《新学伪经考》撰成那年。""一方面，本稿探究古代中国的文化教育，于周制主要依据《周礼》，而且屡次断言《周礼》乃周公所作，这正是标准的古文家说；另一方面，本稿说到古制，特别在后半部，又指责刘歆伪作，而强调'孔子改制之说'，这也正是典型的今文家说。假如本稿是一气呵成的，就是说没有在康有为于一八九〇年会晤廖平以后再加修改的，那末同一篇著作内论点如此前后抵牾，将无法得到合理解释。"（该书第343—344页）其二是由上海文物保管委员会编：《康有为遗稿·戊戌变法前后》亦收入，名《教学通义》，在该标题下注明："光绪十二年正月缉定，广厦"（该书第67页）。"广厦"是康有为的字。该书《出版说明》称："一九六一年，康有为家属康同凝、康保庄、康保娥等所藏康有为遗稿、函札、电稿以及书籍、图片等捐赠上海市文物保管委员会。这些材料中有很大一部分为未刊手稿，是研究中国近代史的重要资料，现经整理编为一套《康有为遗稿》，分辑出版。"康同凝（1909—1978），由何旃理夫人生于香港。该书《编者的话》称："其中初刊的有《教学通义》……均据手稿整理。"由此可见，两处所据为同一底本，且为康有为的亲笔手稿。姜义华、张荣华编校：《康有为全集》第1集亦收录，名《教学通义》，称言"手稿今被发现，现据手稿校点付印"。在该书导言"祖诒记"之后有一段文字："光绪十一年正月缉定。广厦"，编校者据此将写作时间定为1885年。（见该书第1集第18、19页）此处的"光绪十一年正月"未说明根据。查《康有为遗稿·戊戌变法前后》、姜义华、吴根樑编校：《康有为全集》第1集，皆有原稿照片，但原印网点较粗，无法细辨，其中"十二年"的"二"字为一黑团，"正"字后面并无"月"字；且写明为"教学通义"，而康有为在《我史》及梁启超所言，皆为"通议"。该书的写作时间，最重要的证据是康有为《我史》手稿本，在"光绪十二年"中写道："是岁著《教学通议》，成。"康后又添加一段内容。

中国的早期国家中，实行着一种全民教育的制度，从黄帝发端，经尧、舜光大，至周公完备。所有男子在六岁时都要接受国家的教育，学习"六德""六行""六艺"以及本朝的政治制度。此是"公学"。至二十岁时，根据其才能和志向，分别由官来授"礼学""乐学""兵学""御学"等项，学成后，即以此为业，成为专门的官吏，"终身迁转不改"；此外的民人，仍由官来授农、林、牧、渔、商、工、医、筮、卜等专业知识，成为专门的职业人员，"终身迁转不改"；至于地舆、民官、教化、刑法、出使、会计等学，亦以官为师，专门培养，"终身迁转不改"。此是"私学"，即"百官之专学"。民众由"公学"养成其德行与政治观念，由"私学"进行职业训练，终生只执一业。至于国君与王公贵族的子弟，则入"国学"，国学分小学与大学，大学中除了"王子"等世家外，还有"俊秀"，即乡学中选出的优秀者，"此真王、公、卿、士、师、儒之大学"。康有为对此称言：

> 古者道与器合，治与教合，士与民合，公学务于有用，则凡民皆遍习而不限。以员专学，以吏为师，则入官有所专习，而世守其业。大学则世家名士所游，惟执礼学乐以养其和容，此才智所以盛、民治所以兴也。[1]

从今天的教育学观念来看，康有为所称的"公学"是通识教育，"私学"是专科教育，"国学"是贵族教育及高深的儒学教育，即政治统治学问的教育。"公学""私学""国学"构成了国家教育体系，并由此再化作国家政治体系。从现有的史料与知识来看，在中国早期国家中并不存在这种完备的全民性的政府主导型的教育制度。康非凡地放大了早期典籍（如《周礼》等）中的相关内容，加上了许多自我的理解与想象。这与康后来的学术路径是一脉相承的。

康有为又称，中国早期国家的这一教育体系，到了周穆王时尚未废，周共王、周懿王时开始衰败，先是失官，其后亡学，其后亡经，至孔子时，周公的"百官之学"（私学）已失传，于是便有了"改制"。到了宋明，又行科举选士，专学数经，专习诗文，更失去了古代全民教育"立

---

[1]《教学通义》，《康有为遗稿·戊戌变法前后》，第102页。

国牧民"之宗旨。康对此称言：

> 故今日朝廷，公、卿、大夫、士犹时有才，未遽为患。患专官无才吏，专学无才士；患田无才农，城无才工，市无才商，山无才虞，百艺技巧无才奸，国家无所借以为治。此今日之学之大患也。[1]

康虽然承认统一的、普遍性的、不区分受教育者未来职业的"六经"或"四书"的教育（相当于公学），使国家还能生产部分政治人才，但特别强调失去"百官之学"（私学）后带来的全社会各行各业的人才匮乏。

由于《教学通义》是一残本，还不能看出康有为对此的全面改革方案，但仍可以看出：他希望以本朝的法令、典章和礼法作为教学内容，以当下的技艺为教学内容，如枪炮为"射艺"、车船为"御艺"；他要求恢复对下层民众施行伦理德行的敷教，统一语音，规范言词，设立能正色立朝、匡正君王的师保……总之，他希望以周公之制的精神，来重建统一的全民的教育制度。

《教学通义》的基本观念，康有为后来放弃了。其中最重要的原因，是康将三代想象成了完美世界，这与他后来在《孔子改制考》中将三代描绘成蛮荒世界恰好相反。[2] 而在他同时期的著作《民功篇》中，这一思想已稍有变化（后将叙述）。另一个重要原因是，当他完全转向今文经之后，作为古文经最重要经典之一的《周礼》，也成为其思想上的巨大障碍。[3] 尽管如此，他对这本著作还是相当重视的，在《我史》中提到过

---

[1] 《教学通义》，《康有为遗稿·戊戌变法前后》，第108页。"才吏""才士"之类的言辞，康在《教学通义》起首便言之。这些与龚自珍在《乙丙之际箸议》中的说法有相似性。（见《龚自珍全集》，中华书局，1959年，上册，第6—7页）

[2] 康有为在《万木草堂口说》中称："南洋诸小岛无学校，何疑于三代无学校，汉文、景尚无学校。"（楼宇烈整理：《康有为学术著作选·长兴学记·桂学答问·万木草堂口说》，中华书局，1988年，第96页；以下简称《长兴学记·桂学答问·万木草堂口说》）

[3] 本小节对《教学通义》的分析，出于对康有为政治思想及其政策设计的考察，主要考虑该书内容对康在戊戌前后的政治行动有无作用。如果从文化观念或经学发展的角度来分析，可以得出不同的结论。相关的研究可参阅：刘巍：《〈教学通义〉与康有为的早期经学路向及其转向——兼及康氏与廖平的学术纠葛》（《历史研究》2005年第4期）；黄开国、唐赤蓉：《从〈教学通义〉看康有为早年思想》（《四川大学学报》哲学社会科学版2009年第4期），《〈教学通义〉中所杂糅的康有为后来的经学思想》（转下页）

这部书,又在其审定的《万木草堂丛书目录》中存目。梁启超后来亦两次谈到该书。[1]从另一方面来看,康有为的全民性分科教育思想并没有完全放弃:他在《上清帝第二书》和《第三书》中提议"考工院""艺学科""武备学堂",可以看到这种思想的延伸;他设堂讲学,兴办学会,皆有多学科的设计。[2]康也极其重视这种以"教学"伸展至政治统治的

(接上页)《近代史研究》2010年第1期);房德邻:《论康有为从经古文学向经今文学的转变——兼答黄开国、唐赤蓉先生》(《近代史研究》2012年第2期);宋德华:《岭南维新思想述论:以康有为、梁启超为中心》,中华书局,2002年,第160—183页。此外,於梅舫的两篇论文:《康有为撰写〈教学通义〉之渊源、本事及旨趣》("康有为与近代中国:第七届中国近代思想史国际学术研讨会"会议论文)、《朱子学与康有为成学立教之理路》(未刊),对此亦有讨论,探赜索隐,颇有见地。

[1] 梁启超称:"先生所著书,关于孔教者,尚有《教学通义》一书,为少年之作,今已弃去。"(《南海康先生传》,《清议报》第100册,光绪二十七年十一月十一日,中华书局影印本,1991年,第6册,第6314页)梁又称:"有为早年,酷好《周礼》,尝贯穴之著《政学通议》,后见廖平所著书,乃尽弃其旧说。"(《清代学术概论》,朱维铮校注:《梁启超论清学史二种》,第63页)梁的这些说法,自然得自于康。

[2] 光绪十四年十二月,康有为在日记中大谈英国学制,有普通科与专门科,设立了各种学院,并称:"古有官师合一,有一学必立一官。秦人以吏为师,不为过也。"(姜义华、张荣华编校:《康有为全集》,第5集,第75—76页;又见《近代史资料》,总119号,中国社会科学出版社,2009年,第45—47页)光绪十六年,康在《长兴学记》中称:"周人有'六艺'之学,为公学;有专官之学,为私学,皆经世之学也。"(楼宇烈整理:《长兴学记·桂学答问·万木草堂口说》,第12页)该书关于"六艺"之学的许多言论与《教学通义》是相通相近的。光绪二十一年(1895),康作《上海强学会章程》,称言:"入会诸子,原为讲求学问。圣门分科,听性所近。今为分别门类,皆以孔子经学为本。自中国史学、历代制度、各种考据、各种词章、各省政俗利弊、万国史学、万国公法、万国律例、万国政教礼法、古今万国语言文字、天文、地舆、化、重、光、声、物理、性理、生物、地质、医药、金石、动植、气力、治术、师范、测量、书画、文字减笔、农务、牧畜、商务、机器制造、营建、轮船、铁路、电线、电器制造、矿学、水陆军学,以及一技一艺,皆听人自认,与众讲习。如新得之学、新得之理,告知本会,以便登报。将来设立学堂,亦分教门士,人才自盛。"(《强学报·时务报》,中华书局影印本,1991年,第1册,第12—13页)"孔子经学为本"似为"公学",其余各目似属"私学"。如此详细地抄录学科细目,意在说明康此时的学术分科观念。"文字减笔"一目,似为"简化字"。光绪二十三年,康在广西创办圣学会,其拟定的章程,再次重复了上述学科分类。(同上书,第3册,第2082—2083页。关于圣学会的研究,参见汤志钧:《戊戌时期的学会与报刊》,台湾商务印书馆,1993年,第676—689页)又,康有为的学生王觉任作《增广同文馆章程议》,称言:"汉儒传经,咸有专家,安定学斋,亦立分门。盖人生有涯,好一则博。故西人自十五岁以上,皆各占一学,白首不迁。艺学之盛,实由于此。今宜上依古义,旁采西例,分立诸学,庶易讲求。"(转下页)

方式,戊戌变法时,他图谋京师大学堂总教习一缺,以能掌控全国的教育方向,占据学术与政治思想的主导地位。[1]梁启超的名著《变法通议》对此亦有某些继承,赞美了古代的教育制度,谈到了普通教育,也谈到了专科教育。(后将详述)

《民功篇》

《民功篇》是康有为生前没有发表的著作,是康有为次女康同璧的家藏,抄本,由蒋贵麟首刊于《万木草堂遗稿外编》。[2]从其内容来看,当属其早期作品,与撰写《教学通义》大约为同一时期,或稍晚一些,很

(接上页)又称:"王制称王太子、王子、群后之太子、卿、大夫、元士之适子,皆与国之俊选,同造太学……今欧洲诸国其君后之子,入学与庶民等,犹存三代遗意。今请上法王制,令宗室王公、贝勒、贝子、公、将军及其子弟,凡年三十以下,皆入同文馆。"该文还谈到各科分立。(《知新报》第35册,光绪二十三年十月初一日,第36册,光绪二十三年十月十一日,上海社会科学院出版社影印本,1996年,上册,第394—395、411—413页)王觉任提到了"古义""王制",也提到了"西例""欧洲",这些内容与《教学通义》有相似性。

[1] 关于康有为试图掌控京师大学堂的努力,可参见拙文《京师大学堂的初建:论康有为派与孙家鼐派之争》,《北大史学》(北京大学出版社,2008年)第13辑,又见《戊戌变法史事考二集》,第209—283页。

[2] 康有为去世后,大量的文稿由其二女儿康同璧收藏。康同璧(1883—1969),字文珮,其母为康原配夫人张玉珠。丈夫为罗昌,曾任北京大学教授。1947年,美国汉学家芮沃寿(Arthur F. Wright,1913—1976)在康同璧家中将这些文稿拍成四个胶卷。该胶卷存于斯坦福大学胡佛研究所图书馆,后又复制多份,分藏于世界各大图书馆。台北中研院近代史研究所图书馆亦藏有四个胶卷的复制本。芮沃寿后任耶鲁大学汉学讲座教授,其妻芮玛丽(Mary C. Wright),亦是耶鲁大学教授,中国近代史学者。蒋贵麟刊布《民功篇》时,没有说明出处和收藏处,但可以肯定,是从台北近代史所图书馆所藏胶卷中抄录的。查对胶卷,《民功篇》为抄本。第一页上有"专著""杂著·卯""民功篇""郎谱田抄完""杨叔澄首校"字样。第二页边上有"十六页以前为刘文义抄,后郎谱田完成"字样。第十六页边上有"此篇另页"字样。第十九页边上有"谱田从此起始"字样。杨叔澄所校错字,写页眉上。第三十七页录《禹贡》"扬州",页眉有"此下落抄一大段"字样,当属杨叔澄所写;与《禹贡》对照,从"扬州"的"厥贡惟金三品"直接连接到"荆州"的"惟金三品"。可见该抄稿尚未改正。《民功篇》的抄录时间还不清楚,但从抄者郎谱田、刘文义和初校者杨叔澄来看,当属民国年间,亦有可能是康有为去世之后。从第一页"专著""杂著·卯"字样来看,抄录的目的,是准备出版。

可能为光绪十三年（1887）。此后康又有增改。[1]

在《民功篇》中，康有为根据当时已编和未编的史料，摘录了中国早期文献中关于伏羲、燧人、女娲、神农、黄帝、颛顼、尧、舜、禹等人的事功记载，并加以按语，以说明自己的观念。似未完稿。[2]他认为，中国的早期历史是从蛮荒走向文明的过程（这与《教学通义》中的说法稍有不同），在此过程中，有功于民的统治者，建立起文明的秩序，同时也建立起自己的统治。他称言：

> 三朝六纪，民人但知其母不知其父，能覆前而不能覆后，卧之法法，起之吁吁，饥即求食，饱即弃余，茹毛饮血，而衣皮羽。于

---

[1] 康有为在《教学通义》中提到过《民功篇》："黄帝至尧、舜仅百年，制作为人道之极美。余别有说，详《民功篇》。"（《康有为遗稿·戊戌变法前后》，第69页）又据《我史》手稿本"光绪十三年"，康有为最初的文字是："春居花埭伍氏花园。（既而）三月还，居乡之澹如楼。十月游七星岩，与梁星海刻石题岩焉。是岁草《民功篇》。"康后对此有多次修改，将《民功篇》等内容删去，而增加了"编人类公理"的内容。（可参见拙文：《"康有为自写年谱手稿本"阅读报告》，《近代史研究》2007年第4期）《民功篇》的内容与《教学通义》亦有相通者："古者司徒总教于上，司谏、司救，督之于下"；"若夫名物度数之繁，王制、圣道、鬼神、星卜、医药、物怪、蚰虫、草木，各有专官，咸世其业。书存于府，吏为其师……"；"唐、虞之时，治水、教稼，典乐，掌礼，及为共虞而象，皆终其身。士不易业，官不易人。专业则讲求精，久任则有成功，疑此为黄帝以来相传之法。"（《民功篇》，《万木草堂遗稿外编》，上册，第95、113页）又，《民功篇》后来康又有增改，其中可识别时间的有以下几条：一、"争区区边远之伊犁，而忘逼近数千里之蟠木，不早为计，而待俄人铁路纵横于蟠木之间，恐蟠木之区，动静之物，小大之神，不独非我有，并非我所能望见也。"（同上书，第85页）此处谈到曾纪泽收回伊犁谈判（光绪七年，1881）和俄国兴建西伯利亚大铁路（始于1890年，光绪十六年），而李鸿章签订《中俄密约》、允俄国借道修路为光绪二十二年。二、"东三省之老林窝集，奥大亚之内地，皆为草木、鸟兽宅处其间，莫能知其远近险易也。"（同上书，第89页）"奥大亚"虽不详其地，但"东三省"却源于始建于光绪三十三年之"东三省总督"。三、"闻英人遏徒烈克以印度壤地广漠，深林密箐，多毒蛇猛虎，行旅阻塞，岁毙六万人，而野兽山禽之伤人者不可数，请申驱兽之赏，独用先圣之政。"（同上书，第89页）此处所言为英属印度政府悬赏驱兽以护民人，还真不知康于何时获此知识，很可能是其到达印度之后。

[2] 《民功篇》至论及禹时而突然中止。姜义华、吴根樑在按语中称：《民功篇》"其中辑集的各条资料，大都依据马骕《绎史》。原刊多有讹误，今据《绎史》及有关古籍略校正之"。（姜义华、吴根樑编校：《康有为全集》，第1集，上海古籍出版社，1987年，第11页）相关的研究，可参见何若铃：《〈民功篇〉的思想境界》，《广东社会科学》1988年第3期；宋德华：《岭南维新思想述论》，第149—160页。

> 是，伏羲仰观象于天，俯察法于地，因夫妇，正五行，始定人道，画八卦，以治天下。天下伏而化之，故谓之伏羲也。
>
> ……伏羲以前，皆野合野生，无宗族之叙；伏羲以后，则宗族立而礼义起矣……伏羲为风姓，此后宗谱必兴矣，但尊男抑女不审始于何王。考伏羲之后，继以女娲，其以圣女王天下无疑。[1]

今天的人们已具有人类学、考古学之知识，看到康的这些说法，自然感到肤浅；然对康而言，却是在思考君主制的起源，思考君主与人民的关系。他又称言：

> 凡古王者皆有功于民，以为民主，以嬗鸣号，惟神农功至大，迹至奇。凡民患无食，悉材用器赌不备悉疾病。神农备民材用，备民疾病，一身为帝、为农、为工、为商、为医，于是为神。
>
> 人道求美，人道求乐。宫室舟车、衣服文字、历数伎乐、什器礼治，皆以乐民。宫室舟车、衣服文字、历数伎乐、什器礼治，皆创于黄帝。其佐臣皆神灵，统一中国自黄帝。中国有人民四千年，皆用黄帝制度，乐利实万王民功之魁。[2]

以今天的历史知识而论，康的见解无疑是错误的，从蛮荒走向文明是一个漫长的过程，而绝非神农、黄帝之功；但康在此所思考的，却是统治者合法性的理由，即"有功于民"方可以成为"民主"（民之主）。他还认为，黄帝之时，"并帝者数人，分国者万土"，即天下分为众多国家，黄帝"以舟车、文字创出"，致使"万国合于一统"。[3] 黄帝个人创造的文明是中国走向统一的原因。正是如此，当时君臣之间，礼仪甚为简单，没有一道鸿沟，上朝之时，只是区分南北而已，"君南面而立，臣北面而

---

[1] 《民功篇》，《万木草堂遗稿外编》，上册，第67、69页。标点稍有异，以下不再注明。对于女娲，康有为称："补天立极说虽近诞，然上古人稀力弱，猛兽食颛民，鸷鸟攫老弱，则实事矣……女娲者，必尝捍大灾者也。"（同上书，第71页）

[2] 同上书，第73、75页。又，"悉材用器赌不备悉疾病"一句，未解，查胶片，原文如此。

[3] 同上书，第80—81页。

朝之；臣北面而拜，君答拜之"；"此所以下情罔伏，无有郁怨闭阏之患，唐、虞所以致治也。垂及商、周，此义未忘。"[1]沿着这一条思路，康继续思索统治权的继承：

> 官天下者，以天下为公器，惟贤是择。少昊之后，无足嗣帝位者，而颛顼有至德。颛顼之后，无足嗣帝位者，而喾有至德。有至德者登大位，以其贤也，非以其亲也。故近不嫌于传子，黄帝、少昊是已；外不妨于异姓，尧、舜是也。
>
> 尧之任舜，以孝举之，知之于桑阴之顷，即引以帝□之亲，其在今官制，立授礼部尚书为军机大臣兼总署大臣出办开垦事。[2]

康有为从"民功"的角度，对君主世袭制进行了批判。圣君选"德"择"贤"以继位，标准乃是"民功"，即有功于民。康认为，古代有功于民者得之高位，得以民尊，而到了秦代以后，情况发生了根本性的逆转，以"军功"进封，"以杀人为得爵之质，此盗贼夷狄之行也"，此后两千年"军功"大兴。"军功"盛而"民功"绝。那些由"军功"而得大封赏者，"今之所谓良臣，古之所谓民贼也"。[3]

《民功篇》是康有为早期的重要著作，对他后来的思想发展起到了重要的作用。其一，引用古典、另加按语的方式，成为他后来著述的主要方式之一，《新学伪经考》《孔子改制考》《春秋董氏学》等重要著述，皆用此体例。其二，他对古代历史从蛮荒走向文明的认识，影响了他的历史观，形成了他的"疑古"观念。他此时虽仍然还在歌颂远古时代，由此出发，很容易对"三代圣迹"发生怀疑，而这些又是"孔子改制说"

---

[1]《民功篇》，《万木草堂遗稿外编》，上册，第99页。
[2] 同上书，第83、90页。标点稍调整。"总署大臣"，总理衙门大臣。
[3] 同上书，第112—113页。康有为称："考古经义，禹以平水土而天子，稷以稼封，皋陶以刑封，伯夷以礼封，益以工封，夔以乐封，契以教封。垂及周，陈胡公以陶封，非子以养马封，鬻子以师封。若此者，皆以有功于民封，而三古数千年未闻以军功封者……此义甚明，经文至详，可按也。而后世舍四代不师，而乐于师暴秦盗贼之行……大道不明，青黄颠倒，以杀人为贤，而置人生于不论不议之间，使二千年民功不兴，日即于偷，民日以艰，皆经义不明之咎也。"（出处同上）

的基础。[1] 他对历史的观察与思考中，也隐隐得出了变法的结论。[2] 其三，他对君主权力来源的考察，对君主专制的怀疑，与黄宗羲的《明夷待访录》有相似之处，与他后来的"大同三世说"的萌生也有很大的关系。

此外，康有为还认为："尊君抑臣"是秦朝大变先王之制；然在汉朝，"皇帝见丞相坐为之起，乘车为之下舆"；隋、唐"君臣犹得共坐以谋事"；宋朝"犹得立侍，故宋大臣多能力争天子之庭"；到了元代之后再大变，"群臣皆长诡（跪）白事。于是臣下见上，战慄畏谨，不敢一言，有对而无论，有唯而无议。大臣如是，小臣可知，于是下情大有壅隔之患"。[3] 从这一思想出发，康一直谋求建立君臣共商的政治制度。他在《上清帝第一书》《第二书》《第三书》中的"通下情"，在《第四书》中"辟馆顾问"，皆言及于此；到了戊戌变法时期，要求建立设在宫中的"制度局"。（后将详述）

康有为此时对清朝本身尚无推翻之志，在《民功篇》中称：

> 我朝圣祖仁皇帝（康熙帝玄烨），神武睿知，以尧、舜之圣德，兼周公之才艺，若变法图治，可以驾乎三代之上。而当时大臣无风后、力牧之神灵，亦无稷、契、伊、周之才气，仅有庸佞之李光地托身义理者，立于其间。其心思非有负荷罪生迫切之念，其常识非有开辟宇宙恢廓之量，婟嫪于身家爵位之私，步趋于宋儒时下之见，灶下之婢，穷乡之学，井中之蛙，床下之木，卑污愚陋，岂足与论

---

[1] 康有为称："至于春秋，列侯并争，民日事兵，暴骨如莽，盖军功、民功之进退消长，在此时矣。孔子有元宗之才，尝损益四代之礼乐，于《王制》立选举，于《春秋》尹氏卒讥世卿，又追想大同之世，其有意于变周公之制而光大之矣。"（《民功篇》，《万木草堂遗稿外编》，上册，第106页）

[2] 康有为称："……故《易》特有通变、宜民之美，以炎、黄、尧、舜皆出一家，而能变政以利民，故可美也。若更性移代，则改朔易色，乃有国之常，何足异而美之？夫法久则弊必生，令久则情必起，若代逾百年，时代贸迁，人皆知非而必泥祖宗之成法，不通变以宜民，百政壅阏，民气郁塞，下不蒙德，国受其灾，必待易姓者改纪其政，而祖宗实不血食。"（《民功篇》，《万木草堂遗稿外编》，上册，第75页）康提出了"通变"的命题。

[3] 《民功篇》，《万木草堂遗稿外编》，上册，第99页。

生民所托命哉？有君无臣，自古所叹。嗟夫！[1]

《民功篇》一文，康并未准备发表，如此颂圣，自是他心中之言。他所哀叹者，仅是未有合适的辅臣，即"有君无臣"。这里面或许也有隐隐的自我期许？[2]

《康子内外篇》

康有为的早期著作《康子内外篇》，其写作时间不能完全确定，其最初的写作时间大约在光绪十二年至十三年（1886—1887），甚至可能是光绪三年之前，但其最终完成时间应在戊戌变法之后。今存《康子内外篇》共计15篇：《阖辟》《未济》《理学》《爱恶》《性学》《不忍》《知言》《湿热》《觉识》《人我》《仁智》《势祖》《地势》《理气》《肇域》。前9篇刊于《清议报》光绪二十五年第11、13、15、17、18各册，没有说明属于《康子内外篇》；后六篇录自康有为次女康同璧的家藏。[3] 其内容除儒学外，还多谈佛学和其他各门类知识，可见康的志趣多向与才华毕露。康在其中《人我篇》称言：

吾谓百年之后必变三者：君不专，臣不卑，男女轻重同，良贱

---

[1] 《民功篇》，《万木草堂遗稿外编》，上册，第107页。
[2] 康有为称："……夫后世即有贤圣拔出，科举格之，冗散滞之，年劳绌之，若无彭祖之寿，太公之年，而望预闻政事，不可得也。使舜生其间，其不以田间老也几希。而有国者号曰：无才，无才。其然岂然乎？不变敝法，而望希尧、舜之治，犹却行而求进，北辕而之楚也。"(《民功篇》，《万木草堂遗稿外编》，上册，第90—91页）康此时为萌生，未中举，"不变敝法"一语，似为戊戌变法期间废八股改策论之先声，"望预闻政事"，又似设"待诏所"、许司员士民上书之先声。"策论"与"上书"，又是可以崭露头角的方式。
[3] 《康子内外篇》的写作与完成时间，参见本书下编第五章第二节"《康子内外篇》中的说法：'地势说'"。对《康子内外篇》内容的研究，可参见李三宝：《〈康子内外篇〉初步分析——康南海现存最早作品》，新竹《清华学报》第11卷第1、2期；何建安：《中国近代资产阶级哲学变革的开端：〈康子内外篇〉评介》，《康有为早期遗稿述评》，中山大学出版社，1988年，第1—14页；宋德华：《崇尚新知的哲理思想》，见《岭南维新思想论述》，第20—44页。

齐一。呜呼！是佛氏平等之学矣！[1]

对于《康子内外篇》中如此多的命题，须得用长篇大论，很难简要概括，此处因主旨所限而只能省略之。

我读《康子内外篇》时，印象最为深刻的是，康有为非常强调君主的权力，非常注重君主的权力对政治、社会诸方面的影响力。该书第一篇也是最长的一篇《阖辟篇》，集中地提到君主的阖辟之术：

> ……以天子之尊，独任之权，一颦笑若日月之照临焉，一喜怒若雷雨之震动焉，卷舒开合，抚天下于股掌之上！但精神能运之，气魄能镇之，则意指所属，顾盼自定。故居今日地球各国之中，惟中国之势独能之。非以其地大也，非以其民众也，非以其物产之丰也，以其君权独尊也。其权之尊，又非势劫之，利诱之，积于二帝、三王之仁，汉、唐、宋、明之义，先圣群贤百千万人、百千万年讲求崇奖激励而成之。故民怀旧俗而无外思，臣慕忠义而无异论，故惟所使也。故挟独尊之权，诚如阖辟之术，则人材之乏不足患，风俗之失不足患，兵力之弱不足患。一二人谋之，天下率从之，以中国治强，犹反掌也，惟此时之势为然。

此处值得注意的是"一二人谋之"一句，"一二人"不是君主本人，而是君主之侧的谋士，由他们"谋之"而通过"君权独尊"而推行，由此"阖辟"，使世风（即政治与社会）为之一变，以能"中国治强"。不仅是君主，即便是"圣人"，亦用此术：

> ……圣人妙于开塞之术，塞淫邪之径，杜枉奸之门，而为礼以束之，为乐以乐之，开人于为善之途，使天下之民，鼓舞轩鼚而不自知。故曰"民可使由之，不可使知之"也。民不可使知，故圣人之为治，常有苦心不能语天下之隐焉……

---

[1]《康子内外篇·人我篇》，《万木草堂遗稿外编》，上册，第24页。标点稍有变动，以下不再注明。

由此，康引中外历史来作证：

> 康熙十七年，吴三桂叛逆半天下，而圣祖开鸿博之科，明之耆宿，既尽网之，则天下之民归心矣。雍正中，世宗诏举技勇之士，开二十石弓、举刀千斤者得数千人，号"勇健军"，于时盗贼无警。是故人主挟富贵之权，临亿兆之众，苟或好之，必有以应之，况用意深远，有折冲于庙堂者哉？视其开塞之道何如耳。魏文帝将迁洛阳，而云伐宋，以开塞之术行之也；勾践将灭吴，而俯首事之，以开塞之术行之也。日本明治皇之变西法也，并其无关政事之衣冠正朔而亦变之，所以示民有所重也，所以示泰西有所亲也，以开塞之术行之也。[1]

需要注意的是，康此处并非完全赞赏"君权独尊"、主张绝对皇权。绝对皇权的思想与他在《民功篇》中的表述不合，与后面将分析的《实理公法全书》的思想完全对立。康要利用皇帝的"独尊"，以"开塞之术"行变法，即利用皇权来实现自己的主张。这是他后来在戊戌变法中的诉求，是其欲操纵政治权柄的手法。康对此篇也最为重视，光绪十六年将之呈送主持广雅书院的朱一新。[2]朱维铮对《阖辟篇》亦有非常独到的分析。[3]

在《康子内外篇》中，还可以看到康有为最初形态的孔教思想，并认为孔教与佛教是可以并存的。这在其《性学篇》有着比较清晰的表述。[4]

---

[1] 《康子内外篇·阖辟篇》，《万木草堂遗稿外编》，上册，第5—9页。

[2] 康有为致朱一新（第一札），光绪十六年，《义乌朱氏论学遗札》，光绪乙未年菁华阁刻本，第27页。康有为称："今进昔年拟上之折及代屠侍御所草折稿已上者四事，又《与沈刑部子培书》一首、《阖辟篇》一首，令意事小吏讽之，亦足以知其畴昔之所存。其它文稿固多，未敢遽上。"该件是吴仰湘提供的。由此亦可知，至少在光绪十六年，《阖辟篇》已成稿。

[3] 朱维铮称："它就是此人年及而立便已参透权力哲学奥妙的确证"，"这一篇不仅是了解《康子内外篇》十五说的关键，也是了解康有为的哲学及其变异的入门。"（参见《康有为在十九世纪》，《求索真文明：晚清学术史论》，上海古籍出版社，1996年，第183—186页）

[4] 《康子内外篇·性学篇》，《万木草堂遗稿外编》，上册，第14—16页。

《实理公法全书》

《实理公法全书》是康有为生前没有出版的著作,是康有为次女康同璧的家藏,抄本。最初的文字版分别于1978年、1984年在台北和上海出版。[1]《实理公法全书》的写作时间很可能起始于光绪十一年(1885),成稿时期不早于19世纪90年代初期,应是戊戌之前的著作。[2]

---

[1] 前已注明,美国汉学家芮沃寿于1947年在康同璧家中将其收藏的康有为文稿拍成四个胶卷。《实理公法全书》最初由蒋贵麟从台北近代史所图书馆所藏芮沃寿所拍胶卷的复制品中录出,刊于《万木草堂遗稿外编》。朱维铮利用汪荣祖提供的胶卷影印本,刊于《中国文化研究集刊》第1辑(复旦大学出版社,1984年)。上海市文物保管委员会编:《康有为遗稿·戊戌变法前后》亦刊出《实理公法全书》,但称"此件藏美国国会图书馆,现据复印件排印"。(见该书,第41页)由此可见,三处为同一底本。还需说明的是,康有为拟撰的是一大套书,包括《万身公法全书》《实理公法全书》《公法会通》《祸福实理全书》《地球正史》《地球学案》;除《实理公法全书》外,皆是题目或提要,未完成。查对胶卷,这些内容有抄为一册,封面页有"第六卷""杨叔澄首校"和"此稿只第一全,将来可刊入集著,仍须请高明审阅,似可缓印。普谨识。七月十二日"。既称"第六卷",属已编集,抄录的目的是出版。"普"似为康有为学生罗普(孝高),"第一全"指《实理公法全书》为全本,"高明"指康门高徒,"普"的意见是"缓印",即有所保留。从文字内容来看,"普"的这段话当写于康有为去世之后。对《实理公法全书》内容的研究,可参见朱维铮:《从实理公法全书到大同书》,《求索真文明:晚清学术史论》;吴熙钊:《从"几何定理"到"人类公理"的推演:〈实理公法全书〉简介》,《康有为早期遗稿述评》,第43—57页;宋德华:《注重人道的行为准则》,《岭南维新思想述论》,第44—74页;马永康:《康有为与"公理"》,《中山大学学报》2009年第3期。

[2] 朱维铮作《实理公法全书》"编者按":"据《康南海自编年谱》,他曾于1885年,'手定大同之制,名曰《人类公理》';1886年,'又作《公理书》,依几何为之者'。这份佚稿,可能即在综合以上二稿的基础上撰成。从其中曾引用1891年刊布的法国人口统计材料来看,成稿时间不会早于上世纪90年代初期。"(《中国文化研究集刊》第1辑,第324页)又,据康有为《我史》手稿本"光绪十一年":"以几何理著人类公理"一句为添加,添在页下侧;"乃手定大同之制,名曰人类公理,以为吾既闻道,既定大同,可以死矣"一句为添加,添在页眉。据《我史》手稿本"光绪十二年":"又作公理书,依几何为之者"一句为添加,添在页眉。据《我史》手稿本"光绪十三年",原稿为:"是岁草民功篇、公理□□游思诸天界……",后改为"是岁编人类公理,游思诸天界……",删去了"草民功篇"四字,增加了"编人类"。(可参见拙文:《康有为自写年谱手稿本》阅读报告,《近代史研究》2007年第4期,又见《戊戌变法史事考二集》,第428—468页)如果用康有为《我史》来确定该书的写作时间,还真不太好确定。

《实理公法全书》的写作方式,仿欧几里得《几何原本》,有"实理""公法""比例"等名目,并加"按"语进行解释。[1]此时的康有为认为,人类社会的法则与自然界的法则是相通的,是可以用"几何公理"(实理)的形式来表现的。[2]该书《人类门》称:

> 公法:……人有自主之权。按:此为几何公理所出之法,与人各分原质以为人,及各具一魂之实理全合,最有益于人道。
> 以平等之意,用人立之法。按:人类平等是几何公理。但人立之法,万不能用,惟以平等之意,用之可矣。
> 以互相逆制立法。凡地球古今之人,无一人不在互相逆制之内。
> 按:此为几何公理所出之法,最有益于人道。[3]

康有为在此强调了"自主"(自由)、"平等"和"互相逆制"(制约),这些与西方近代政治学的基点是相似的;康反对"人立之法",即不是根据人为的原则而立法,而主张以符合几何公理的原则来立法,并称"其

---

[1] 利玛窦在《译几何原本引》称言:"夫儒者之学,亟致其知,致其知,当由明达物理耳。""彼士立论宗旨,惟尚理之所据,弗取人之所意。盖曰理之审,乃令我知,若夫人之意,又令我意耳。知之谓,谓无疑焉,而意犹兼疑也。然虚理、隐理之论,虽据有真指而释疑不尽者,尚可以他理驳焉;能引人以是之,而不能使人信其无或非也。独实理者、明理者,剖散心疑,能强人不得不是之,不复有理以疵之。其所致之知且深且固,则无有若几何一家者矣。"(《几何原本》,《明清之际西方传教士汉籍丛刊》第一辑,凤凰出版社,2013年,第4册,第496页)此即康有为"实理"之由来。利玛窦、徐光启译《几何原本》第五、六卷为比例,此亦是康"比例"之由来。

[2] 与康有为同时代的孙宝瑄,得出与康接近的结论:"览《几何原本》。余谓天下万事万物,莫不有自然之理,欲显其事,而印诸吾心,则有法,文与算等法也。"(光绪二十三年五月初三日日记,童扬编校:《孙宝瑄日记》,中华书局,2015年,上册,第112页)朱维铮称:"在他(康有为)看来,由欧几里德《几何原本》所概括的数学公理,体现了包括人类社会在内的自然界的最高法则。"(《从实理公法全书到大同书》,《求索真文明:晚清学术史论》,第232—233页)

[3] 《实理公法全书》,《中国文化研究集刊》,第1辑,第329页。光绪二十七年,康有为著《〈孟子〉微》,将"万物皆备于我"一段,解释为:"人人独立,人人平等,人人自主,人人不相侵犯,人人交相亲爱,此为人类之公理,而进化之至平者乎!"(姜义华、张荣华编校:《康有为全集》,第5集,第422—423页)康在该书中多次言及"公理"。

所用诸凡人立之法，亦必鲜精者"。[1] 如果只是用近似而不是绝对准确的标准，来看待康的"人类平等是几何公理"一语，颇有"自然法"的意味；而"人立之法，万不能用"一语，又颇有"实在法（罗马法）"的意味。康所称以"平等之意"行"人立之法"，是民主制或君主立宪制。该书"君臣门"称：

> 实理：民之立君者，以为己之保卫者也。盖又如两人有相交之事，而另觅一人以作中保也。故凡民皆臣，而一命之士以上，皆可统称为君。
>
> 公法：立一议院以行政，并民主亦不立。按：君臣一伦，亦全从人立之法而出，有人立之法，然后有君臣。今此法权归于众，所谓以平等之意用人立之法者也，最有益于人道矣。
>
> 比例：民主。按：此犹是以平等之意，用人立之法者，但不如上法之精。
>
> 比例：君民共主，威权有限。按：此失几何公理之本源。
>
> 比例：君主威权无限。按：此更大背几何公理者。[2]

康在此展现出其"大同"思想的最初形态。他认为：君臣关系只是一种特别的契约关系（"己之保卫者"）；而且"君"是多数，即"一命之士以上"，相当于官，并不是惟一的、至上至尊的统治者。康将政治体制分为四种：第一种是只设"议院"但不设"民主"（民选的统治者），是最好的形态，最有益于人道。第二种是设立"民主"（民选的统治者），仍是"以平等之意用人立之法"，但不如第一种，应视为当时美国、法国的总统制。第三种是"君民共主，威权有限"，应视为当时英国、日本等国的"君主立宪"制，康认为是失去了"自主"等几何公理的"本源"。[3]

---

[1] 《实理公法全书》，《中国文化研究集刊》，第1辑，第329页。
[2] 同上书，第335—336页。康有为此处所称"民主"，与"君主"相对立，即民选的统治者，即总统之意。
[3] 康有为光绪十三年日记称："英国虽为君民共治之国，而甚不平等。其上议院皆用爵绅为之，教主参用十余人而已。虽有君主择用下议院人员之例，而君主不敢□焉。下议院亦只用英三岛人为之，允属地及入籍者不预，则尚门族、□郡望甚矣。"（转下页）

第四种是"君主威权无限",即清朝现行的政治体制,康斥之为"大背几何公理"。以上四种体制,根据梁启超后来在《君政民政相嬗之理》中揭示的"大同三世说"的分类:第一种应属"太平世"(无君)的"大同"高阶段——无总统之世;第二种应属"太平世"(无君)的"大同"低阶段——有总统之世;第三种应属"升平世"(一君)的"小康"高阶段——君民共主之世;第四种应属"升平世"(一君)的"小康"低阶段——君主之世。[1] 该书《治事门·官制》又称:

实理:官者,民所共立者也,皆所谓君也。

公法:地球各国官制之最精者,其人皆从公举而后用者。按:此更当以其功效列表求之。

比例:官制之疏陋者,用人则以为君者一己之私见,选拔其人而用之。[2]

康说明了官即是"君",其最佳的产生方式是"公举";并指责"君者一己之私见,选拔其人",即清朝现行的政治制度,是"疏陋"。

从上引三部分的内容,可以看出,康有为此期的政治思想与西方当时的政治制度和政治思想极其相似。他从人的"自主"(自由)、"平等"出发,推导出"君"(官)与民之间的关系是一种契约关系,而官员的选拔应通过"公举",也提出"互相逆制"(制约)的方式来立法。然而,我在这里特别关心的是,康此类思想的来源,这种与西方民主制度十分相似的政治思想,当时有没有西学的来源?

康有为在《我史》中宣称:光绪五年(1879)游香港,"乃知西人治国有法度","购地球图,渐收西学之书,为讲西学之基矣";光绪八年进京参加顺天府乡试,道经上海,"大购西书以归讲求焉";光绪九年,"购

(接上页)(姜义华、张荣华编校:《康有为全集》,第5集,第69页;《近代史资料》,总119号,第37页。标点稍所调整)"教主",似指高级神职人员。康此时亦用"平等"来批评英国政治体制。

[1] 参见本书上编第三节之"大同三世说"及下编第一章第二节《论君政民政相嬗之理》——'大同三世说'中的'民主'"。
[2]《实理公法全书》,《中国文化研究集刊》,第1辑,第342页。

《万国公报》,大攻西学书"。这些都是康戊戌政变后流亡日本时的说法,或许不太准确,其中最明显的证据是,《万国公报》于光绪九年停刊,至1889年复刊成为广学会的刊物时,才发挥出巨大的影响力。[1] 梁启超后来称此期的西学、新学:

> ……惟制造局中尚译有科学书二三十种……而教会之在中国者,亦颇有译书。光绪间所为"新学家"者,欲求知识于域外,则以此为枕中鸿秘。盖"学问饥饿",至是而极矣……康有为、梁启超、谭嗣同辈,即生育于此种"学问饥荒"之环境中,冥思枯索……[2]

由此可见,不懂任何一种外国语的康有为,"收西学之书""大购西书""大攻西学书",只是或只能是江南制造局和教会所译之书以及《万国公报》之类的报刊,其中一部分是科学书籍,即伟烈亚力等人的著述。直至光绪二十年,康在广西讲学,谈到西学书目,西史西政之书仍是很少。[3] 正是在这种"学问饥荒"中,"冥思枯索"的康有为,以他富有穿

---

[1] 查康有为《我史》手稿本,其光绪五年、八年皆写于正文,光绪九年"购《万国公报》,大攻西学书……"一段是删去原文"及西学书"四字后的添加,补在行间。具体的分析,可参见本书下编第四章第二节"'宋学义理之体'与'西学政艺之用'"。又,从现存康有为光绪十二年、十三年日记来看,没有西学书籍的资料,仅提到《广报》《新报》《格致汇编》。日记中与《实理公法全书》相吻合的内容,除前引对英国"君民共治"的批评外,还有地球一统(大同)的思想:"列国并峙,是以有争。若合于一,何争之有?各私其国,是以有争。若废其君,何争之有?今天下君有三,若民主之国,诚无利于为君矣。诚令法、美二伯理玺天德相约,尽废天下之君,合地球为一国,设一公议院,议政事之得失;列国之君充议院人员,其有不从者,地球诸国共攻之。斯真以天下为一家,中国为一人,兵军永息,太平可睹矣。美民主可不务哉!非是举,虽华盛顿之功德,不足称矣。""凡治地球,尽废郡县,以三百六十度经纬线为界。""凡为其度之人,其衣上皆绣经纬线,使可望而知也。则政易成矣。"(姜义华、张荣华编校:《康有为全集》,第5集,第71页;《近代史资料》,总119号,第37、41—42页)另有女学、夫妇、父子等简短内容。康的上述思想极为分散,与《实理公法全书》的完整性尚不能相比。

[2] 《清代学术概论》,《梁启超论清学史二种》,第79页。具体的叙述与分析,可参见本书下编第四章第四节"梁启超的说法:'中学西学''折中孔子'"。

[3] 具体的叙述与分析,可参见本书下编第四章第三节"康有为在万木草堂及桂林讲学内容的中、西学比例关系"。

透力的想象和思索，才有可能将几何公理与民主政治捆绑在一起。[1]这是康的误读，也是康的创造。康不是从西方政治学说中得出以上的结论。特别需要指出的是，《实理公法全书》中对"夫妇""父子""师生""长幼""朋友"之类儒家的"五伦八德"的观念，全面颠覆，完全否定，毁家庭、毁孝道，主张师生平等、长幼平等、朋友平等……这与康后来的"大同"思想也是相符合的。[2]

梁启超似应读过康有为的《实理公法全书》（"公理书"）。光绪二十三年，他在《时务报》第41册上发表《论君政民政相嬗之理》，文中提到"公理""几何之学者"。[3]梁在湖南办时务学堂时，制定《时务学堂功课详细章程》："……三曰公理学（此种学大约原本'圣经'，参合算理、公法、格物诸学而成。中国向未有此学，其详别见）。"[4]此处的"圣经"，为包括《春秋》《孟子》在内的儒学经典；此处的"算理"，自然包含几何；梁还提到了"公法、格物诸学"。由此推断，梁所称的"公理学"很可能与《实理公法全书》有相同或相通之处。梁又拟时务学堂《第一年读书分月课程表》，从第二个月的"溥通学"（普通学）"专精之书"即为《春秋公羊传》《公理学》，并注明"其书按次印入学校报中。

[1] 康有为在《春秋董氏学》中称："言《春秋》以董子（仲舒）为宗，则学《春秋》例亦以董子为宗。董子之于《春秋》例，亦如欧几里得之于几何也。"（姜义华、吴根樑编校：《康有为全集》，第2集，第668页）可见康将欧几里得的几何与董仲舒的学说拼接在一起。张伯桢记，康在光绪二十二年（1896）五月在万木草堂讲数学一章："西人几何数起于三角，三角起于点，三角以下可推至于无穷矣。""近西人几何数即勾股，《周髀》所制之算经也。有点线面体之形学，皆并入数学中。《几何原本》一书，欧猎利得所著，近周灵王时人，与《周髀》同时。两书相较，几何过于勾股远矣。"（《南海师承记》，同上书，第473页）由此可见康曾在万木草堂讲授数学，并对《几何原本》有所评价。康又称："近见西人伟烈亚力称欧几里得、亚奇默德皆生于当周时，算术已精深如是，然自谓不解十进之数。"（《康子内外篇·肇域篇》，《万木草堂遗稿外编》，上册，第30页）伟烈亚力（Alexander Wylie, 1815—1887），英国传教士，与李善兰合作将《几何原本》后九卷译成中文。"亚奇默德"，即阿基米德。可知，康读过伟烈亚力的著作。

[2] 参见朱维铮：《从〈实理公法全书〉到〈大同书〉》，《求索真文明：晚清学术史论》，第231—258页。

[3] 《时务报》第41册，光绪二十三年九月十一日，中华书局影印本，第3册，第2771—2777页。

[4] 梁启超著、夏晓虹辑：《饮冰室合集集外文》，北京大学出版社，2005年，上册，第22—23页。

学者治《春秋》，即谙诸例，即当求公理，以互相印证"，要求将《公羊传》与《公理学》互相印证来学习。从第三个月到第十二月，专精书目多变，但《公理学》却始终不变，是连续十一个月的专精书！[1]令人遗憾的是，这一《公理学》今尚未见存本。[2]

《上清帝第一书》与《论时务》

光绪十四年（1888），康有为第二次赴京。根据其现存的日记，因为生病，他于六月初六日方从广州登船赴上海，七月八日到京。此行的目的，是参加顺天府乡试。[3]他在北京居住了一年多，初次涉及高层政治。从《我史》及其日记来看，他结交沈曾植、曾纪泽、黄绍箕、屠仁守、盛昱、王懿荣、王仁东、王颂蔚、黄绍宪等人[4]；并上书翁同龢、徐桐、潘祖荫、祁世长等高官。而他此期最重要的一件事，是上书光绪帝，即《上清帝第一书》。他作为一名荫生，上书皇帝并无渠道，由此想通过国子监或都察院代奏。盛昱是国子监祭酒，翁同龢为管理监事大臣，祁世长为都察院左都御史，康与他们联络多为上奏之事。而潘祖荫、徐桐为政坛高官兼士林领袖，康与他们联络亦有接近上层之意。[5]

---

[1] 梁启超：《第一年读书分月课程表》，《饮冰室合集集外文》，上册，第24—31页。专精书目由《公羊传》转换《中庸》《礼运》《大学》《论语》《古学案》《二戴记》《周礼》《荀子》《墨子》《管子》《老子》《庄子》《列子》《吕氏春秋》《淮南子》《左氏春秋》《商君书》《韩非子》，惟公理学不变。具体的叙述与分析，可参见本书下编第四章第四节"梁启超的说法：'中学西学''折中孔子'"。

[2] 还须注意的是，梁启超于光绪二十八年（1902）作《三十自述》，称其在万木草堂时，康有为"时著《公理通》《大同书》等书"。（《饮冰室合集》，中华书局版，第2册，第17页）此处的《公理通》，有可能是《实理公法全书》，亦有可能是康另外的著作。

[3] 康有为参加了光绪十五年顺天府乡试，但是否参加了光绪十四年顺天府乡试，不见记载。

[4] 康有为在《我史》中提到黄绍箕、沈曾植、屠仁守、盛昱，在日记中提及王仁东、黄绍宪，又称"王□隐户部""连生编修"，前者似为王颂蔚，后者似为"廉生"，即王懿荣。后两人是王雁告诉我的。（康光绪十四、十五年日记姜义华、张荣华编校：《康有为全集》，第5集，第74—81页；又见《近代史资料》，总119号，第43—50页）康致曾纪泽、黄绍箕、沈曾植、盛昱信，见《康有为遗稿·戊戌变法前后》，第183、198—199、204—211页；《万木草堂遗稿外编》，下册，第580—581页。

[5] 康有为致潘祖荫、祁世长信，见《康有为遗稿·戊戌变法前后》，第189—192、194—197、200—201、203页。其中致潘祖荫信三件，从信中可知，潘祖荫曾见过（转下页）

康有为《上清帝第一书》的主要内容是：清朝此时内忧外患而自不知觉，应下罪己诏，及时图治。他提出的三策分别是"变成法""通下情""慎左右"。所谓"变成法"，即是要变祖宗之法，康并没有说明要变哪些法，又如何变法，仅称：

> 皇太后、皇上知旧法之害，即知变法之利，于是酌古今之宜，求事理之实，变通尽利，裁制厥中，如欲采闻之，则农夫耕而君子食焉，臣愚愿尽言于后也。尤望妙选仁贤，及深通治术之士，与论治道，讲求变法之宜而次第行之，精神一变，岁月之间，纪纲已振，十年之内，富强可致，至二十年，久道化成，以恢属地而雪仇耻不难矣。

康有为在此称其"愿尽言于后"，又称"妙选仁贤，及深通治术之士，与论治道"，暗中稍有自荐之意。所谓"通下情"，即是要改变"上体太尊而下情不达"，康对此称言：

> 周有土训、诵训之官，掌道地图、地慝、方志、方慝，汉有光禄大夫、太中大夫、议郎，专主言议。今若增设训议之官，召置天下耆贤，以抒下情，则皇太后、皇上高坐法宫之中，远洞万里之外，何奸不照，何法不立哉？以皇太后、皇上明目达聪，宜通下情久矣。

尽管康提到了"古者君臣有坐论之礼"，要求"霁威严之尊，去堂陛之隔"，但解决方案仍是"增设训议之官，召置天下耆贤"。康也提到"汉有""议郎"之名称。这与前一条中"妙选仁贤"是相通的。所谓"慎左右"一条，指明年光绪帝大婚亲政后，须得注意身边之人，康对此称言：

> ……伏愿皇太后、皇上熟辨之，去谗慝而近忠良，妙选魁垒端

（接上页）一次，并在临行前送其"行资"。康致徐桐信，见后注。康联络翁同龢、盛昱，要求代奏上书的情况，见翁万戈编：《翁同龢日记》，光绪十四年十月十三日、二十七日，中西书局，2012年，第5卷，第2273、2275页。

方通知古今之士，日侍左右，兼预燕内以资启沃，则德不期修而自修矣。[1]

最后的方法，仍是"妙选"，且强调"日侍左右"。康此三策，到了光绪二十一年《上清帝第三书》中得以发挥，有了更加具体的表述。（后将详述）

康有为的《上清帝第一书》文词极其动人，揭示清朝时弊亦中要害，然其对策，仍是"用人"。从康的行文中可见，"妙选"与"召置"皆不是在原有的官僚集团中选贤用良，而是要发掘新人。康对此颇有自期，隐隐流露出自己是合适人选之意。这与《康子内外篇·阖辟篇》中的用意是相通的。

对于康有为的《上清帝第一书》，徐桐"以狂生见斥"[2]；翁同龢称"语太讦直，无益只生龃耳"，特别有意思的是，翁虽退回了上书，但仍摘抄部分内容，私下仍有赞许之意。[3]沈曾植等人对其婉劝，称"大道藏于房，小技鸣于堂"。[4]黄绍箕亦称："长素戊子游京师，遍上书贵人，无所遇，欲由国子监、都察院上封事，亦不得达，颇为多口所憎。余与子培劝其少干人，少发议论。"[5]"无所遇""多口所憎"，显示了康怀才不遇的处境与尴尬。康有为后来致信朱一新，对此亦称言：

---

[1] 《上清帝第一书》，《康有为变法奏章辑考》，第3—10页。"霁威严之尊，去堂陛之隔"，与《民功篇》中关于减削君臣礼仪的议论有相通之处。又，"周有土训、诵训之官"，见之于《周礼·地官》，属古文经。

[2] 康有为致徐桐信，见《康有为遗稿·戊戌变法前后》，第200—201页。从信中可知，康去徐桐处三次，皆未获见，徐派人至康处问"所欲言"，康致信徐并送"上清帝第一书"，请求代奏，被退回。康有为作注："此信于戊子年□月□日投之，越日原书发回，以狂生见斥也。"

[3] 翁同龢的评价，见翁万戈编：《翁同龢日记》，第5卷，第2275页。翁摘录康有为《上清帝第一书》，见翁万戈辑：《翁同龢文献丛编之一：新政·变法》，台北艺文印书馆，1998年，第287—289页。相关的研究，参见孔祥吉：《翁同龢与康有为上清帝第一书》，《晚清佚闻丛考：以戊戌维新为中心》，巴蜀书社，1998年，第142—151页。

[4] 《广艺舟双楫·自叙》，姜义华、吴根樑编校：《康有为全集》，第1集，第398页。

[5] 《鲜盦先生广艺舟双楫评语》，转引自许全胜：《沈曾植年谱长编》，中华书局，2007年，第100页。"子培"，沈曾植。

游京师时，不量愚贱，常发愤上书，冀一悟尧、舜之主。此诚草野之狂冒于行，迈为献曝之愚者也。不悟时风众势，遂为中朝大臣所见遏抑，呈监、呈察院，皆不得达。汕讥风起麻集，目为中风狂走，上不为公卿所容，下为乡人所逐。穷而还山……[1]

"中风狂走""穷而还山"，又显示了康当时窘困的状态与心态。

除了《上清帝第一书》，康有为参与的政治活动还有代御史屠仁守等人起草奏折。现能找到的有五篇：《请醇亲王归政折》《为报效一途急宜停止以存政体而遏乱原折》《请开清江浦铁路折》《门灾告警请行实政而答天戒折》《为宗社严重国势忧危乞赐面对以竭愚诚折》。[2]在自己上书未达的情况下，代拟奏折似乎给他另一种上书言事的新思路；他也在代拟的奏折中夹带了自己的思想。[3]

我个人认为，此期须重视的，还有康有为《论时务》一文。[4]康在

---

[1] 康有为致朱一新（第一札），光绪十六年，《义乌朱氏论学遗札》，第26—27页。康信写作时间的考证与内容评论，参见吴仰湘：《朱一新、康有为辩论〈新学伪经考〉若干史实考——基于被人遗忘的康氏两札所作的研究》，《文史哲》2010年第1期。

[2] 以上五篇奏折可见于《康有为遗稿·戊戌变法前后》，第1—20页；《万木草堂遗稿》，第199—200页。据孔祥吉研究，可以确定为屠仁守代拟的两篇：一、《请开清江浦铁路折》，屠仁守后将该折拆为两折，一折上奏，另折未奏。（《康有为变法奏议研究》，第24—31页）二、《为报效一途急宜停止以存政体而遏乱原折》（见孔祥吉同上书，第31页）。相关的研究，还可参见黄彰健：《论光绪十四年康有为代屠仁守草折事》，《戊戌变法史研究》，第603—626页；孔祥吉同上书，第40—56页。又，据康有为致朱一新的信（第一札）："今进昔年拟上之折及代屠侍御所草折稿已上者四事……"（《义乌朱氏论学遗札》，第27页）可知康所拟之折，已由屠仁守上奏者至少四件。

[3] 康有为代拟的《门灾告警请行实政而答天戒折》与《上清帝第一书》言词多有相合之处。该折提出三项对策为：一、光绪帝亲政后，"中外臣工有紧要章奏，仍达慈鉴"；二、"妙选方正耆艾、深通学术之士以充左右，备顾问，弼圣躬，论治道"；三、"请令枢辅诸臣虚己省愆，不能者止，无妨贤路，妙简公忠宏远之士以济艰难"。后两项与《第一书》同。该折又称："布衣下士，怀忠抱愤，上书陈事，又格而莫达。"显然是为自己鸣不平。（《康有为遗稿·戊戌变法前后》，第15—20页）

[4] 该文原系康同璧所藏，由蒋贵麟从当年芮沃寿所拍胶卷中录出，刊于《万木草堂遗稿外编》，上册，第347—354页。姜义华、张荣华以其文字与《钱币疏》"多有雷同"，将写作时间定于1888年10月（光绪十四年）。（姜义华、张荣华校：《康有为全集》，第1集，第164页）查该文称："近者洪钧出使德国……"，案洪钧于光绪十三年（1887）出任驻俄国公使兼任德国，时间上是接近的［中国第一历史档案馆、福建师范大学（转下页）

该文中提出"议院"的设计,很可能是他第一次明确的表述。康认为,清朝虽然可以不在朝廷(中央)设立议院,但在省和州、县两级,应设立议院,其主要目的是下情上达:

> 中国之俗,绅士入局及集明伦堂,已有下采民言之意,近欧洲议院矣;其在朝廷,每有大事,下王公、九卿、翰詹科道议,此则欧洲所谓上议院者也……中朝素尚国体,若朝廷设议院,则国体不尊;中朝素壅民情,若郡县不设议院,则民情不达,此中国之所宜也。今令州县设二议院,其上院以待贵人,内自京朝七品官、外至州县者得入焉;其下院则令各选举人公举之,以性术公和、行宜任睦、学问明道者为中式。凡丁口万人者,举一人焉,其禄由选举人公举之。凡取选举人,以其身家不清及恶迹素著者不许举,家富巨万者为中式(原注:田园产业生意,呈官注册,注册者金三百)。其及格而不报者,罚注册之金数,仍不准中式。其取中式者,榜之于县,匾之于其家,赐登仕郎阶,有司饮之酒而令举焉。其富加万者,又加此,比捐纳之途远矣。人慕其荣,略其罚,安有不趋者哉?其省之上议院,则以京朝官五品及翰詹科道、外官道府以上入焉。其选举人以家富十万者为中式,册金二千,赐七品阶,巡按饮之酒,榜之巡抚之署,匾之其家。凡丁口十万举一人焉,其科以性行公忠、才略明达、学问通博者为中式……藩臬既除,巡抚专千里而居,岂不患其专权?既有议院,则上议院巨绅,遇有大事,准其据下议院之情,递都察院,代奏朝廷。遇有大事,令巡抚下议院,或将诏询议院,令交通巡抚转奏。如此则民情不致下壅,而巡抚不致专制,

---

(接上页)历史系合编:《清季中外使领年表》,中华书局,1997年,第5、9页]。查该文又称:"余自壬午(光绪八年,1882)游京师,尚不用之(指银洋),近则亦行用矣",文气似在北京写的。又,康同璧(文珮)编《万木草堂遗稿》油印本,其第六册收入《笔记》46篇,其中《忠信》《逆流》《勤礼》《器物》《节制》《康熙上谕》《官制科举》《币制》《司马法》九篇与《论时务》相同,当是相同的收藏。因整理不同所致。(见姜义华、张荣华编校:《康有为全集》,第1集,第203—207页)由此可见,《论时务》主旨比较分散,很可能是多篇笔记所合成。

利可旋兴而害可立革矣。[1]

对于府一级的议院,康称:"府不设可也。若立法(议)院,则选家富五万者,注册千金,凡五万口举一人焉。"这是一个由官员、富人和所谓"乡贤"组成的议会。对此,康解释道:

> 天下之有权力者,贵也、贤也、富也,三者用,则天下可运诸掌。举人以富者为之,则天下之富者,为我用矣,富者用则捐需无不获意矣;被举人用贤者,则才能无不为我谋矣;上院用贵者,则士夫气得伸矣。故曰:三者用,天下可运诸掌。[2]

康有为设计的议院,"上院"由"贵人"(即七品或五品以上同乡官员)组成,"下院"由"富人"(即"家富巨万"或"家富十万")来选举"贤人"(即"性术公和、行宜任睦、学问明道者"或"性行公忠、才略明达、学问通博者");然其权力仅仅是上奏权,即下情上达,若从地方议会提出事项,通过都察院代奏,若从朝廷交议事项,通过巡抚代奏,并无立法、财政、官员任免与问责等权力。这与《上清帝第一书》中的"通下情"是相通的,与西方代议制议会的职能是不同的。

关于设立议院的思想来源,康有为提到了"欧洲",但没有细说,强调的是本国的思想资源。他称言:

> 或曰:议院于今诚宜行矣,如于古无征何?诘之曰:《洪范》言"谋及卿士"者,上议院也;"谋及庶人"者,下议院也。盘庚

---

[1]《万木草堂遗稿外编》,上册,第350—351页。"藩臬既除"一语,"藩"为藩司,布政使;"臬"为臬司,按察使。"既除"为裁去以上两官缺,但《论时务》一文中未涉及此事,可见康在他处又有裁去该两官缺的言论。康在《上清帝第二书》中有"道设巡抚",即废省论,后将详述。括号内"原注"以下为原文小字注。全书同。

[2]《万木草堂遗稿外编》,上册,第351页。康有为对此还称:"凡举不称者,罚其选举人,有司得革退之。凡选举人、被举人皆得挂名于乡。凡已举充议员者,一年退出,不得再举,三年之后,乃得再举也。"(同上书,第352页)这段话暴露出康思维不细密处,按其设计,上院本是官员组成,没有选举人;下院是由富人为选举人,未必是官员。"有司得革退之",似乎是官员因选举不当而受罚。

进众于庭，吕郤宁武入民而誓，大司徒之询国危、询国安、询国迁是也。[1]

这些中国经典的思想资源，康有为在《上清帝第二书》《第三书》"通下情""设议郎"的叙述中，梁启超在《古议院考》等政论文中，还有着更多的引述。[2]

也就在这一时期，康有为写信给从欧洲回来的曾纪泽，对西方的地方政治制度多有请教，称言：

> 今泰西之言治道，可谓盛矣。其美处在下情能达。不知其乡邑之制如何？……其乡邑之里数大小有几？……令长之下，属官几何？……得无有议院绅以制令长耶？如此则事又难行。且一邑之中，人才有限，其议绅未必皆贤。仆观于吾乡团练之局，推举各绅督董乡事，甚类泰西议院之制。然偏私不公，立党相倾排者，比比皆是，则亦岂能为治耶？其令长之选，由君长选之，抑由民举之？若由民举，得无有结党之弊耶？……其令长之上有几重耶？抑能直达其君相也？若上有道府，则事权阻挠甚矣。若能直达，则英、法之大，属地又多，奏折至繁，岂能尽览而一一批行之？……其令长以下之官几何？……选之自君相，抑令长自辟之，抑由民举之耶？……又英国之政不在君而在相，英国属地四十岛埠，如令人人能自达于议院而英相揽其成，则一日之间，条陈奏议，岂可胜数，如何而览之决之？不览则下情塞，览之则日力、目力、精神俱有限也，岂能给本国之臣僚、属岛之政事，外国之

---

[1] "谋及卿士""谋及庶人"，见《尚书·洪范》。"盘庚进众于庭"，见《尚书·盘庚篇》。"吕、郤、宁武入民而誓"一句，"吕"为吕甥，"郤"为郤乞，皆晋国大夫，此处指两人拥梁惠王回国之事；"宁武"，宁俞，卫国大夫，此处指宁俞拥卫成公复国事。两事见于《左传》僖公十五年、二十八年。且《左传》为古文经，康有为以后不再引用此典。"大司徒之询国危、询国安、询国迁"，见《周礼·秋官·小司寇》。"大司徒"是康误，"询国安"是"询立君"之讳。

[2] 相关的叙述与分析，参见本书上编第四节之"三条建策——求人才、慎左右、通下情"，本书下编第一章第一节《古议院考》及其思想资料的辨识"。

交涉哉？……生平所见西书，无言及此者，若君侯有书论此者，发来一读，尤幸。[1]

此信对于了解康的政治思想及西学程度，甚为重要。康对地方自治不了解，以为西方各国如同当时的清朝，是高度的中央集权；对地方议会也不了解，以为如同其家乡的"团练之局"（《论时务》中称"明伦堂"，《我史》中称"同人局"），不知道"党争"是议会政治的基本特点；对于地方财政、教育等项，也提出了许多疑问。康的这些误解和疑问，与《论时务》一文中的地方议院是有关联的，他对西方政治制度的赞美，也仅是"下情能达"。该信可以说明《论时务》一文是此期所写，也可以证明康对西方政治制度的隔膜。

还需注意的是，《论时务》一文中还有鼓励士人游历外国、设立女学、铸银币等建策，康、梁后来还多次提出过。

《论时务》是康氏家人所藏一抄件，但从内容来看，并非康有为留给自己查阅的思想总结，亦非准备刊印的文章，而像是送给朋友或权贵的建策，尽管在文字上还不像是一个定稿。当时康欲送何人，今已不可考。康在该文中的"议院"思想，后来在《上清帝第二书》《第三书》中有所发挥，也有所变化。

综上所述，略作数语作为本节的小结。

康有为是一个天资极其聪慧的人。早年同当时大多数人一样，从师学习，走科举之途。光绪五年（1879，21周岁）起，独自研习，思考的对象也逐渐从经史之学转向社会与政治；至光绪十一年（27周岁）起，开始有了自己的著述；光绪十四年至十五年，到北京参加顺天府乡试，开始接触政治高层，并上书光绪帝。他不是仅仅满足于书斋的学者，同时又是有意于政坛的剑客。

---

[1] 手稿，康保延藏，《万木草堂遗稿外编》，下册，第580—581页。"令长"，指地方政府长官。"议院绅""议绅"，指议员。"君侯"，指曾纪泽。曾纪泽回信未见。康有为此期的思想，还可参见其光绪十三年、十四年日记。（姜义华、张荣华编校：《康有为全集》，第5集，第74—76页；又见《近代史资料》，总119号，第43—47页）

此期康有为的思想表现出现两途：一是根据中国历史与传统文献所著《教学通义》《民功篇》《康子内外篇》，对当时的社会与政治有所批评；二是从几何等"西学"中得出的"公理"，即"自主"（自由）、"平等"和"互相逆制"（制约）。从他后来的思想发展来看，前者发展成"新学伪经说""孔子改制说"等学说，后者奠定其大同思想的基础，两者的交汇点是"大同三世说"。他的思想前后有过多次的变化，"至乙酉之年而学大定"或"吾学三十岁已成，此后不复有进"的说法，是靠不住的。

三、康有为、梁启超戊戌前的学术思想与政治思想

光绪十五年（1889）秋，康有为参加顺天府乡试，未中式，返回家乡。次年，陈千秋、梁启超、徐勤先后来学。光绪十七年，康在广州长兴里邱氏书屋开堂讲学，后迁至卫边街邝氏祠，至光绪十九年，再移于广州府学宫仰高祠，所办"万木草堂"，初具规模。也就在这一时期，康开始其理论建设，在众弟子的帮助下，写作《新学伪经考》《孔子改制考》《春秋董氏学》《日本书目志》等著作，对"大同三世说"亦有初步的叙说，进入其思想的成熟期。

光绪十九年，康有为参加广东乡试中式，为举人，年35周岁。光绪二十年，康进京参加该年恩科会试，未中式。是年秋，因《新学伪经考》一书被劾，赴广西桂林讲学。光绪二十一年，康进京再次参加会试。时值中日商订《马关条约》，消息传出，康有为、梁启超等人于四月初联合各省举人上书，即《上清帝第二书》；因听闻条约已用印，康等人未呈都察院，改在上海刊刻发行。此时，康会试中式，为进士，朝考后以主事发工部学习。五月初，康通过都察院上书光绪帝，即《上清帝第三书》，光绪帝将该上书与其他折片共9件下发各省将军督抚讨论。在此前后，康与其他京官组织强学会，发行《万国公报》，并于六月再次上书光绪帝，即《上清帝第四书》，未上达。在张之洞的支持下，康在上海办《强学报》。光绪二十二年秋，康赴澳门，办《知新报》。光绪二十三年康再

赴广西讲学，是年十月去北京。

光绪二十二年，梁启超到上海，参与创办《时务报》。梁是康的门生，其学术思想与政治思想来源于康。梁在《时务报》上发表的大量政论文，有康学的根基，也有梁的发挥，应一并予以叙述和分析。

以下根据康有为和梁启超著述，叙述其学术思想与政治思想，并加以简要的分析，重点是"新学伪经说""孔子改制说""大同三世说"。至于光绪二十一年康有为三次上书（《上清帝第二书》《第三书》《第四书》）和强学会的活动以及梁启超的《变法通议》等著述，因涉及的内容甚多且杂，则另辟专节进行介绍与分析。

新学伪经说

康有为在广州开堂讲学后，由弟子陈千秋、梁启超等人帮助，约于光绪十六年（1890）完成了他最重要的学术著作之一——《新学伪经考》，刊刻于光绪十七年七月。[1]该书的内容虽然庞杂，然叙述颇有条理。若将其主旨作最为简要的概括，可称为：儒家的《六经》皆存世，即"今文经"，秦始皇并未焚尽；所谓"古文经"，皆是伪经，是西汉时领校"中秘书"（皇家藏书）的官员刘歆（公元前50—公元23）所伪造，目的是为王莽的"新朝"服务。按照这一说法，《古文尚书》《毛诗》《周礼》《费氏易》（《古文易》)、《春秋左氏传》《国语》《尔雅》等一大批儒家的经典，是刘歆为王莽新朝服务而伪造的"新学"。

今、古文之争始于西汉，至东汉马融（79—166）、郑玄（127—200）融合古、今后，今、古文皆作为儒家学说的经典，近两千年来没有太大的争端。至清代考据学兴起，阎若璩（1636—1704）著《尚书古文疏证》，刘逢禄（1776—1829）著《左氏春秋考证》，皆是对古文经的致命打击。与康有为同时代的廖平亦有重要的著述。[2]光绪二十九年，返京

---

[1] 该书完成时间，参见於梅舫：《以董生正宋儒：朱一新品析〈新学伪经考〉旨趣》，《广东社会科学》2014年第1期；陈占标：《〈新学伪经考〉初刊年月考》，《近代史研究》1989年第1期。朱维铮、廖梅曾合校《新学伪经考》，朱作导言，后以《重评〈新学伪经考〉》为题，收入《求索真文明：晚清学术史论》。

[2] 廖平此时著有《今古学考》《古学考》（《辟刘篇》）和《知圣篇》，后两书初成于（转下页）

小住的湖广总督张之洞称：

> 二十年来，都下经学讲公羊，文章讲龚定菴，经济讲王安石，皆余出都以后风气也。遂有今日，伤哉。[1]

（接上页）光绪十四年，刊刻于光绪二十三、二十八年。康有为思想是否受到廖平影响，已成学术公案。相关的研究，参见李耀仙：《廖季平的〈古学考〉与康有为的〈新学伪经考〉》，《社会科学研究》（成都）1983年第5期；朱维铮：《重评〈新学伪经考〉》，《求索真文明：晚清学术史论》，第214—230页；房德邻：《康有为和廖平的一桩学术公案》，《近代史研究》1990年第4期；黄开国：《评康有为与廖平的思想纠葛》，《社会科学辑刊》1990年第5期，《〈孔子改制考〉与〈知圣篇〉之比较》，《孔子研究》1992年第3期；汤志钧：《康有为和廖平、皮锡瑞》（该文是其著作《近代经学与政治》的第五章第三节，中华书局，2000年）。前引刘巍、黄开国、唐赤蓉、房德邻关于康有为《教学通义》的论文，对此亦有分析。近读吴仰湘论文《重论廖平、康有为的"学术公案"》（《中国社会科学》2020年第4期），考据严密，分析截断，说理甚详："康读过《今古学考》和《知圣篇》，肯定受到廖影响而转向今文经学，但不能由此证实廖、康学术存在渊源关系。"我对此论是赞同的。张之洞称："《湘学报》卷首即有'素王改制'云云，嗣后又复两见。此说乃近日公羊家新说，创始于四川廖平，而大盛于广东康有为。其说过奇，甚骇人听。窃思孔子新周、王鲁为汉制作，乃汉代经生附会增出之说，传文并无此语，先儒已多议之，然尤仅就《春秋》本经言。近日廖、康之说，乃竟谓六经皆孔子所自造，唐虞夏商周一切制度事实，皆孔子所定治世之法，托名于二帝三王，此所谓'素王改制'也。"（《致长沙江学台》，赵德馨主编：《张之洞全集》，武汉出版社，2008年，第9册，第244页）梁启超称："康先生之治公羊、治今文也，其渊源颇出自井研（廖平），不可诬也。"（《论中国学术思想变迁之大势》，《饮冰室合集》，中华书局版，第1册，文集之七，第99页）梁又称：康"后见廖平所著书，乃尽弃其旧说"。（《清代学术概论》，《梁启超论清学史二种》，第63页）梁又称："康先生从廖氏一转手而归于醇正，著有《春秋董氏学》《孔子改制考》等书。"（《中国近三百年学术史》，同上书，第315页）我以为，一、如果仔细阅读康有为和廖平的著述，可以感觉到康、廖是两个思想体系，差异性极大。也就是说，从思想来说，从廖平出发，走不到康有为的结论。反过来说，从康有为出发，也不会有廖平之多变。两者若有重合，只是很小的部分。二、关于康有为受廖平影响一事，上引张之洞、梁启超的说法最为可靠，一是廖的师门，一是康的弟子，而且是比较熟悉者。张认识廖、康，梁不知是否与廖有过交集。他们说出来的话，大体靠谱。三、我由此而认为，康受廖的影响为事实，而康受过许多人的影响，过分夸大廖的影响是不必要的。

[1] 此是张之洞于光绪二十九年入京时所作《学术》一诗的注文。该诗称："理乱寻源学术乖，父雠子劫有由来。刘郎不叹多葵麦，只恨荆榛满路栽。"（《张之洞全集》，第12册，第489页）从诗及注文中可见，张对当时学术风气不满，认为这种风气是引发晚清政治变动的主因之一。又，张之洞于光绪七年（1881）离京赴外任，直至光绪三十三年回京任军机大臣。

而京中的大老,如翁同龢、潘祖荫等人,皆主今文经,《公羊传》渐成主流,但没有一个人像康有为那样走向极端,将古文经的一切,全数打翻在地。

从学术研究的角度来看,康有为的这些观点是站不住脚的。后人钱穆作《刘向歆父子年谱》,证明刘歆不可能伪造如此之多的经典。[1]时人朱一新写信给康有为论学,亦有规劝。[2]但在当时,康的这一著作被梁启超形容为"思想界一大飓风"。该书当时的销售情况似乎还不错,引发了许多人的新思绪,也引起了一些官员的警惕。光绪二十年七月初四日,给事中余联沅上奏弹劾,称之"非圣无法,惑世诬民",要求将该书"立

---

[1] 钱穆称康有为此说有"不可通者"28处。我以为其中最有力者两条:一、当时校书者有多人,知古文经者更多,何以无一人指责刘歆作伪。二、刘歆争立古文诸经时,王莽刚退职,由师丹等人当政,并无为王莽服务之可能。(《钱穆先生全集·两汉经学今古文平议》,九州出版社,2011年,第1—6、59—70页)相关的研究,参见刘巍:《刘向歆父子年谱的学术背景与初始反响》,《历史研究》2001年第3期。

[2] 朱一新与康有为当时有论辩,现存朱一新书信8通,康有为书信共5通。(参见吴仰湘:《朱一新、康有为辩论〈新学伪经考〉若干史实考——基于被人遗忘的康氏两札所作的研究》,《文史哲》2010年第1期)朱一新称:"伪《周官》《左传》可也,伪《毛诗》不可也;伪《左传》之羼乱者可也,伪其书不可也。"又称:"今学、古学行之几二千年,未有大失也。若《周官》,若《左氏传》,若《古文尚书》,疑之者代不乏人,然其书卒莫能废也。"(姜义华、张荣华编校:《康有为全集》,第1集,第317、319页)相关的研究,除吴仰湘论文外,还可参见朱维铮:《康有为与朱一新》,《中国文化》1991年第5期;张勇:《也谈〈新学伪经考〉的影响——兼及戊戌时期的"学术之争"》,《近代史研究》1999年,第3期;江中孝:《19世纪90年代初期岭南学术界的一次思想交锋——以朱一新和康有为对〈新学伪经考〉的论辩为中心》,《广东社会科学》2006年第5期;於梅舫:《以董生正宋儒:朱一新品析〈新学伪经考〉旨趣》,《广东社会科学》2014年第1期。又,朱一新思想对当时人亦有不可忽视的影响。陈寅恪说:"当时之言变法者,盖有不同之二源,未可混一论之也……至南海康先生治今文公羊之学,附会孔子改制以言变法。其与历验世务欲借镜西国以变神州旧法者,本自不同。故先祖先君见义乌朱鼎甫先生一新《无邪堂答问》驳斥南海公羊春秋之说,深以为然。据是可知余家之主变法,其思想源流之所在矣。"(《读吴其昌撰〈梁启超传〉书后》,《陈寅恪集·寒柳堂集》,生活·读书·新知三联书店,2001年,第167页)"先祖",湖南巡抚陈宝箴。"先君",吏部主事陈三立,戊戌时随侍陈宝箴,对湖南变法多有作用。朱一新《无邪堂答问》,是其主持广州广雅书院时的答疑,阐述其政治思想与学术思想,是其一生最重要的著作。(今有吕鸿儒、张长法点校本,中华书局,2000年)然该书中没有直接驳斥康的"公羊春秋之说",陈寅恪所言,应是朱、康论辩的书信。戊戌政变后,这些书信由湖南学者刊于《翼教丛编》,可见湖南学界、政界当时已阅,陈宝箴、陈三立亦应读过。陈寅恪此处记忆稍有误。

即销毁"。光绪帝为此下了一道严旨，命两广总督李瀚章彻查。梁启超此时在北京，亦为之周旋。此事最后由李瀚章下令将该书"自行销毁"而不了了之。[1]

若仅从学术角度来看，《新学伪经考》似无太大的意义，今天的学者亦认定康有为在学术外衣之下另有政治用心。然而，此种政治用心只有放到当时社会环境中才能显现出来——儒家经典是王朝政治思想和统治方式的标准，是整个社会都已涉及或卷入的科举考试的内容，也是士林学子（读书人）最为重要的思想养分。《新学伪经考》对儒家经典的整体进行了破坏性的打击，其影响力和作用力究竟有多大？房德邻称：

> 梁启超在论述《伪经考》和《改制考》发表后的影响时，用"飓风"和"火山大喷火"作比喻。而胡思敬，这位身历过戊戌变法而政治态度比较保守的人，却说这两部书"未足倾动士林"。这两种说法很不相同，却都有道理。梁启超是从社会反响的角度讲的，胡思敬则是从社会接受的角度讲的。[2]

这是有分析力的解释，说明了康有为思想的破坏性（社会反响）与建设性（社会接受）。从现有的研究来看，《新学伪经考》和后来的《孔子改制考》引起了士林学子的广泛关注，但当时的重要学者和官员，甚至详细读过该书的人，如翁同龢、孙家鼐、俞樾、谭献、宋恕、皮锡瑞、严

---

[1] 余联沅上奏时间见军机处《随手档》，光绪二十年七月初四日；原片见《军机处档》，133658，台北故宫博物院文献馆藏。光绪帝上谕见军机处《上谕档》同年七月初四日。李瀚章奏折见中国第一历史档案馆编：《光绪朝朱批奏折》，中华书局，1995年，第32辑，"戊戌变法"，第525—526页，上奏时间为同年九月二十一日，光绪帝收到时间为十一月二十一日，朱批"知道了"。相关的研究，参见孔祥吉：《安维峻弹劾〈新学伪经考〉辨误》，《戊戌维新运动新探》，第310—314页；拙著《从甲午到戊戌：康有为〈我史〉鉴注》，2009年，第37—45页。此外，孟永林作《安维峻首请毁禁康有为新学伪经考补正》（《历史档案》2014年第3期），引用安维峻自述，认为安可能另有奏折，惜无档案可佐证。江中孝《19世纪90年代初期岭南学术界的一次思想交锋——以朱一新和康有为对〈新学伪经考〉的论辩为中心》（《广东社会科学》2006年第5期），引康《重刻〈新学伪经考〉后序》，称御史褚成博是该折的起草者。若真是如此，京城言官卷入此事人数甚多。

[2] 房德邻：《康有为的疑古思想及其影响》，《北京师范大学学报》（社会科学版）1994年第2期。

复、章太炎、张之洞、陈宝箴、黄遵宪、洪良品、孙宝瑄……都持反对态度。就我所见的材料来看，康的思想虽能影响万木草堂中的门徒和徐仁铸、谭嗣同、宋伯鲁等个别官员，但成熟的学者对此表示接受者，却是少有。[1]到了后来，崔适、钱玄同接受其思想，顾颉刚等人由此发展出疑古学派，则是另一回事了。

孔子改制说

《孔子改制考》是《新学伪经考》的姊妹篇。康有为在《新学伪经考》一书中已提及该书的思想，在万木草堂和广西的讲学中都陈述其基本内容，在其《我史》中亦数次言及，相关的思想也由其弟子传播出去。[2]然因《新学伪经考》被"自行销毁"，《孔子改制考》刊刻较晚。光绪二十四年（1898）年初，即百日维新之前，该书由上海大同译书局刊行。[3]

如果用最为简约的文字来介绍《孔子改制考》的内容，大体为：中国的早期历史"茫昧无稽"，尧、舜、文王等圣人之"文教之盛"，皆是

---

[1] 相关的论说，可参见江中孝：《关于康有为和戊戌维新的指导思想问题》，《社会科学战线》2009年第6期。

[2] 康有为在万木草堂的讲学，今存四篇笔记：《万木草堂讲义纲要》（《康有为遗稿·戊戌变法前后》，第133—166页）、《万木草堂口说》（楼宇烈整理：《长兴学记·桂学答问·万木草堂口说》，第63—290页）、《康南海先生讲学记》和《南海师承记》（姜义华、吴根樑编校：《康有为全集》，第2集，第209—252、437—558页）。康在广西的讲学，见《桂学答问》（楼宇烈整理：《长兴学记·桂学答问·万木草堂口说》，第27—60页）。康在《我史》（《康南海自编年谱》）中称：光绪十八年，"是时所编辑之书甚多，而《孔子改制考》体裁博大，选同学高才助编纂焉。""是书体裁博大，自丙戌年与陈庆笙议修改《五礼通考》，始属稿，及己丑在京师，既谢国事，又为之。"光绪二十年，"桂林山水极佳，山居舟行，著《春秋董氏学》及《孔子改制考》。"光绪二十三年，"是冬，幼博在上海大同译书局刻《孔子改制考》《春秋董氏学》《日本书目志》成。"（《丛刊·戊戌变法》，第4册，第125、129、139页）"丙戌"，光绪十二年（1886）。"己丑"，光绪十五年（1889）。康在《孔子改制考》序言称："……乃与门人数辈朝夕钩撢，八年于兹……"（姜义华、张荣华编校：《康有为全集》，第3集，第3页）"八年"从光绪十七年起，即《新学伪经考》刊刻之后。以上记录虽有矛盾，但可大体看出，从光绪十八年起，康组织门人编纂此书。此时其门人已有陈千秋、梁启超、徐勤、韩文举、梁朝杰、曹泰、王觉任、麦孟华等人。又，梁启超、韩文举等人在湖南时务学堂也大力宣传"孔子改制说"。（见《湖南时务学堂初集》，长沙戊戌刻本）

[3] 汤志钧：《戊戌维新与孔子改制》，《康有为与戊戌变法》，中华书局，1984年，第66页。

孔子"托古"的创造,其目的是以民间"素王"身份来"改制立教"。"儒教礼制义理,皆孔子所制",儒家的经典中不仅《春秋》为孔子所创,《诗》、《书》、《礼》(《仪礼》)、《乐》、《易》,也都是孔子自我创造出来的。对此,康称言:"布衣改制,事大骇人,故不如与之先王,既不惊人,自可避祸。"[1]儒家学说在孔子的创造和倡导下,由其弟子传播,先行于鲁国,盛行于战国、秦、汉,到了汉武帝时,成为政治思想上至尊的一统,孔子创造的政教礼仪制度得以实施。从这个意义上讲,孔子"托古改制"成功了。[2]相关的思想,康有为在万木草堂给其弟子演讲时,说得更为直白。据康的门徒黎砚治记录的《万木草堂口说》,康认为,人类的历史不过五千年,产生于大洪水之后,是一个从蛮荒到文明的发展过程,并没有三代之圣迹。[3]以尧、舜为例,康称言:

> 尧、舜如今之滇、黔土司头人也。宋、元、明土司传土司,至大者为都大鬼子,即古诸侯。
> 尧、舜皆孔子创议。
> 中国开于夏禹,《书》二十八篇惟《尧典》一篇言尧、舜,余只称夏、殷、周,亦不知有尧、舜,可知尧、舜乃孔子追王耳。
> 孔子最尊禅让,故特托尧、舜。
> 孔子改制皆托三代,故曰述而不作。

根据以上的说法,孔子通过创作《尧典》等文献,创造出了尧、舜的事迹,通过"禅让"的形式,表达了"孔子托尧、舜用其中于民,隐言改

---

[1] 《孔子改制考》,姜义华、张荣华编校:《康有为全集》,第3集,第141页。康有为又称:"孔子作《春秋》,托新王以改制,而其于世事,则欲人之法先王,岂不自相刺谬?不知改制者,孔子之隐志;法先王者,《春秋》之托词。"(同上书,第142页)康认为,"先王"本是孔子的创造,"法先王"只是遵循孔子之道而进行"改制"。

[2] 相关的研究,除前引汤志钧论文外,还可参见吴义雄:《重论康有为与"孔子改制论"》,《中山大学学报》(哲学社会科学版)1995年第1期;贾小叶:《戊戌时期的学术与政治:以康有为"两考"引发的不同反响为中心》,《近代史研究》2010年第6期。

[3] 关于康有为此期的"洪水说""地顶说",可参见本书下编第五章第一节"万木草堂中的口说:'洪水说''地顶说'"。

制"的思想。[1]"尧、舜"在康的"大同三世说"中还有更为重要的意义,即民主。(后将详述)

《孔子改制考》刊出时,已临"百日维新"很近了,康有为因御史高燮曾的保举,于光绪二十四年正月初三日由总理衙门大臣查看,并可经过总理衙门代奏其上书;又因翰林院侍读学士徐致靖的保举,于四月二十八日由光绪帝召见,并可经过军机大臣、总理衙门大臣廖寿恒代奏其上书。康已进入了政治的中心,成为变法的主导人物。这部被梁启超称为"火山大喷火"的著作,刚刚出版即引出了强烈的反弹。然康声势正炽,圣眷正隆,致使官员们投鼠忌器,不便于公开反对。光绪帝的师傅、军机大臣翁同龢称康"居心叵测"。[2]湖南巡抚陈宝箴婉言上奏,

---

[1] 楼宇烈整理:《长兴学记·桂学答问·万木草堂口说》,第88—89、91、106、108—109、148页。《万木草堂口说》现存两个本子,即广州中山图书馆藏本(丙_____ 戌本)、北京大学图书馆藏本(丁酉本),楼将两个本子互校刊出,加以说明。以上引用的文字,部分参考"丁酉本"。黎砚峯生平参见陈汉才:《康门弟子述略》,广东教育出版社,1991年,第149页。康的门徒张伯桢所录《康南海先生讲学记》,亦有相同相近的记载:"《史记·五帝》《三王本纪》皆各数百年,《韩非子》谓各千余年,《汉书·吾邱寿王传》谓唐虞三代六千余年,然三代上皆不可考。自孔子出,百人所称道,皆孔子之制度也。孔子未生之前,制度政教皆无定……孔子乃发愤而改制。"《春秋》为孔子改制之书,《易》为穷理大人之书。""天文学、历学皆出孔门。""六代之乐,皆孔子所托。《咸池》《韶》舞隔春秋时已二千余年,岂尚有存者?""魏文侯立博士,求六代之乐,即行孔教之第一人,然只行在一国。秦始皇亦甚尊孔子,立博士二百余人,二世尚立七十余人,是行至天下。至汉武帝崇尚经术,立'六经'于学官,孔教遂定一统,推行日盛,至后汉为极焉。""孔子以前,皆讲'三世'。洪水时,人与水争;周公时,人与兽争;孔子时,人与人争。"(姜义华、吴根樑编校:《康有为全集》,第2集,第210—213页)梁启超作《清代学术概论》,论及《孔子改制考》,称言:"尧舜者,孔子所托也,其人有无不可知;即有,亦至寻常;经典中尧舜之盛德大业,皆孔子理想上所构成也。"(朱维铮校注:《梁启超论清学史二种》,第65页)

[2] 光绪二十四年四月初七日,翁同龢在日记中称:"上命臣索康有为所进书,令再写一分递进,臣对与康不往来。上问何也,对以此人居心叵测。日前此何不说,对臣近见其《孔子改制考》知之。"次日日记又称:"上又问康书,臣对如昨。上发怒诘责,臣对传总署令进。上不允,必欲臣诣张荫桓传知。臣曰张某日日进见,何不面谕,上仍不允。退乃传知张君,张正在园寓也。"(翁万戈编:《翁同龢日记》,第7卷,第3177页)以此之前,光绪二十年五月初二日,翁在日记中称:"看康长素(祖诒,广东举人,名士)《新学伪经考》,以为刘歆古文无一不伪,窜乱六经,而郑康成以下皆为所惑云云,真说经家一野狐也,惊诧不已。"初五日日记又称:"答康长素,不见。"(同上书,第6卷,第2741—2742页)翁对康的态度有变化。他先是对《新学伪经考》不满,但还能容忍,当康受余联沅弹劾时,梁启超请张謇向翁说项,翁还施之援手。至光绪(转下页)

52 戊戌时期康有为、梁启超的思想

请旨命康"自行销毁"。光绪帝将之交其另一师傅孙家鼐复议,孙亦指出"康有为之为人、学术不端",然光绪帝仍未作任何表示。[1]湖广总督张之洞对此只能是哀叹而已。[2]光绪二十四年五月初四日（1898年6月22日）,康有为通过总理衙门进呈其《孔子改制考》删节本,共九卷（全书二十一卷）,其序言的内容与原刊本有着不小的差别。[3]

有论者谓,康有为创作《新学伪经考》《孔子改制考》,是为变法维新创建理论基础。此说似不恰当。从康的历史来看,他能在光绪二十四年变法运动中登上政治舞台,纯属历史的偶然。他在写作和刊刻《新学伪经考》时,仅是一名荫生,写作与刊刻《孔子改制考》时,虽先后中举人和进士,仍只是工部的候补主事,离政治中心甚远。他不可能事先预见后来的际遇。《新学伪经考》《孔子改制考》中的学理,也不可能直接运用于政治。[4]他写作这两部书,有"创制立教"之意。在万木草堂,

---

（接上页）二十四年初,翁曾向光绪帝保举过康,也曾会见过康,但看到《孔子改制考》后态度大变。至此时,光绪帝虽已发怒,翁仍不松口,但也不能主动出面弹劾康有为。

[1] 叶德辉:《觉迷要录》,光绪三十一年刻本,录一,第13—16页;陈同、宋钻友、承载点校:《翼教丛编》,上海书店出版社,2002年,第38—39页。

[2] 光绪二十四年四月三十日,张之洞幕僚陈庆年在日记中记:"南皮师知康学之为邪说,而不敢公发难端,作书与梁节庵云:'康学大兴,可谓狂悍!如何,如何!'梁答之云:'贼猖悍,则讨之,不当云如何也。'"（《戊戌己亥见闻录》,《近代史资料》,第81号,中国社会科学出版社,1992年,第113页）当日,张之洞幕中传闻徐致靖保举康有为,光绪帝召见之。

[3] 孔祥吉发表《孔子改制考》进呈本序言并作评论:"刊印本序言与进呈本比较,改动非常之大,前者言民权,后者言君权;前者倡大同,后者倡孔教。康氏将原刊本中开头与结尾的以孔子纪年,以及序文中多处出现的'太平之治''大同之乐'几乎全部删去,而增加了原刊本中没有的'以天统君,以君统民,正五伦,立三纲,而人人知君臣父子之义'等内容。"（《康有为变法奏章辑考》,第417—419页）张荣华称:进呈九卷为刊印本的卷一、七、八、九、十、十八、十九、二十、二十一（部分）,"刊本卷二至卷六、卷十一至卷十七,计十二卷,均被进呈本删去……但正文内容并无出入,两者差异主要见之于序文。"他不同意孔祥吉的看法,认为:"进呈本《改制考》隐然以章学诚的《文史通义》一书为论敌……"（《康有为〈孔子改制考〉进呈本的思想宗旨》,《复旦学报》社会科学版,2013年第1期）我个人比较倾向于孔祥吉的看法,康在进呈本序言中尽可能削弱"大同三世说"内容,尽管"后者倡孔教"一语未必完全得当。相关的研究还可参见拙著《从甲午到戊戌:康有为〈我史〉鉴注》,第447—452页。

[4] 相关的研究,可参见宋德华:《"两考"不是变法理论的代表作》,《近代岭南文化价值的演变》,中山大学出版社,2016年,第152—157页。

他对其门徒直白地说:

> 孔子谓:书不尽言,言不尽意。然则,圣人之意其可得见乎?书者,六经也;言者,口说也;意者,圣人所未著之经,未传诸口说者也。然则,圣人之意一层,犹待今日学者推补之。[1]

康有为多次说明,孔子最重要的著作是《春秋》和《易》。《春秋》记事,其主旨不在事而在于义,其义理由孔子当年的口说而由弟子相传,《公羊》是最主要的一支;但《春秋》中的许多义理,《公羊》未能明,甚至董仲舒、何休都未有相关注解。至于《易》,全是义理。此即"犹待今日学者推补之"。康此处所称"今日学者",即是康本人。这种不见于经、传,甚至不见于董说何注的孔子思想,可以说是康的自我理解、自我体会,也可以说是康的自我发挥。也就是说,康可以将其思想附在孔子的名下,"托孔改制"。他又对其门徒说:

> 地球数千年来,凡二大变,一为春秋时,一为今时,皆人才蔚起,创制立教。[2]

此处的"春秋时"主要是指孔子,而"今时"乃是康的自期,他要仿效孔子"创制立教"。康有为经常引用《中庸》"百世以俟圣人而不惑"、《公羊》"制《春秋》之义以俟后圣",颇有自许之意。[3]康还在《孔子改制考》的序言中称:

> 天哀生民,默牖其明,白日流光,焕炳莹晶。予小子梦执礼器而西行,乃睹此广乐钧天,复见宗庙百官之美富。门户既得,乃扫

---

[1] 《万木草堂口说》,楼宇烈整理:《长兴学记·桂学答问·万木草堂口说》,第71页。"书不尽言"一句,见之于《易·系辞上传》。
[2] 《康南海先生讲学记》,姜义华、吴根樑编校:《康有为全集》,第2集,第219页。
[3] 《〈中庸〉注》,姜义华、张荣华编校:《康有为全集》,第5集,第388页;《〈孟子〉微》,同上书,第425页。

荆榛而开途径，拨云雾而览日月，别有天地，非复人间世矣。[1]

这些话讲得很明白，他是受命于天的。余联沅弹劾《新学伪经考》时称："康祖诒自号长素，以为长于素王，而其徒亦遂各以超回、轶赐为号。"[2] 冯自由作《戊戌前孙康二派之关系》，又称：

> 康有为原名祖诒，号长素，少有创立新教、取孔子而代之志，其自号长素，即取凌驾素王之义。其门人陈千秋号超回，梁启超号轶赐，麦孟华号驾孟，曹泰号越伋，韩文举号乘参，均取此义。时人以康立论怪僻，自称圣人，咸以"颠康"呼之。[3]

如果说余联沅、冯自由的说法只是道听途说，不足为据，我还可以提供以下的证据。其一是前文已经引用的康有为在《我史》手稿本光绪四年中的最初文字："忽自以为孔子则（笑）欣（笑自）喜而笑，忽思苍生困苦则闷然。"他后来改为："自以为圣人，则欣喜而笑，忽思苍生困苦，则闷然而哭。""自以为孔子"是康的亲笔，时在光绪二十四年底流亡日本期间。其二是光绪二十三年章太炎被邀到上海《时务报》任撰述，因对康有为及其学说不恭而被康门弟子所殴。章事后写信给他的老师谭献：

> 康党诸大贤，以长素为教皇，又目为南海圣人，谓不及十年，当有符命。其人目光炯炯如岩下电。此病狂语，不值一笑，而好之

---

[1] 姜义华、张荣华编校：《康有为全集》，第3集，第3页。又，康有为于光绪二十七年六月二十三日在南洋槟榔屿完成《〈春秋〉笔削大义微言考》写作之后，作题记，并题诗："……大义微言掇十一，幸留口说演心传。执器西行曾有梦，抱书东走竟遭焚。"(《康有为手稿·四·〈春秋〉笔削大义微言考》，上册，第1页) 再次强调"执器西行"的"梦"境。

[2] 余联沅原片见《军机处档》，133658，台北故宫博物院藏。相关的文字可参见《翼教丛编》，上海书店版，第25页。

[3] 冯自由：《革命逸史》，中华书局，1981年，初集，第47页。"回"，颜回，子渊。"赐"，端木赐，子贡。"孟"，孟轲。"伋"，燕伋，子思。"参"，曾参，子舆。以上五人皆是孔门圣徒。

者乃如蛣蜣转丸，则不得不大声疾呼，直攻其妄。[1]

"符命"的说法，章自然是得自于康的门人，时在光绪二十三年二三月间。章后来亦谈起此事，称康有"设教"的思想。[2] 根据《孔子改制考》，孔子"创制立教"的工作主要是两项：一是创制经典，二是传教于门徒。《新学伪经考》《孔子改制考》自然还不是"康学"的最终经典，按照梁启超的说法，是萌生已久、且有初步表述的"大同三世说"。（后将详述）康主持的万木草堂，已经有了相当的规模，其弟子张伯桢称："同学凡百余人。"[3] 根据《孔子改制考》，从春秋到汉武，从孔子创制立教到改制成功，经历了数百年的时间，并规范了"百世之后"的政教礼仪。康此时若真心有意于"创制立教"，自然不会注重于当下，而会放眼于未来。由此，若从《新学伪经考》《孔子改制考》来推究康有为在戊戌变法中的政治思想与政策设计，是不完整的；事实上，康、梁在戊戌变法中的政治思想与政策设计，经常与"两考"无涉。

还需说明的是，如果从学术研究的角度来分析，"新学伪经"与"托古改制"的说法是一致的：在《新学伪经考》中，康有为指出古文经是刘歆的伪造，服务于王莽的新朝，并予以严厉的指责；而在《孔子改制考》中，康又指出今文经是孔子的伪造，以实现其"改制"的目的。如

---

[1] 范旭仑等整理，谭献：《复堂日记》，河北教育出版社，2001年，第415页。"蛣蜣"，俗称"屎壳郎"。

[2] 章太炎于1928年著《自订年谱》，称言：光绪二十三年，"春时在上海，梁卓如等倡言孔教，余甚非之。或言康有为字长素，自谓长于素王，其弟子或称超回、轶赐，狂悖滋甚。余拟以向栩，其徒大怄。"（见《章太炎先生自订年谱》，上海书店出版社，1986年）冯自由称：光绪二十三年，"章（太炎）、梁（启超）订交即此时。章尝叩梁以其师之宗旨，梁以变法维新及创立孔教对，章谓变法维新为当世之急务，惟尊孔设教，有煽动教祸之虞，不能轻于附和，是即章梁二人不能水乳之原因。戊戌春间，鄂督张之洞以其幕府夏曾佑、钱恂二氏之推荐，专电聘章（太炎）赴鄂……两湖书院山长梁鼎芬一日语章，谓闻康祖诒欲作皇帝，询以有所闻否？章答以'只闻康欲作教主，未闻欲作皇帝。实则人有帝王思想，本不足异；惟欲作教主，则未免祖入非非'云云。梁大骇曰：'吾辈食毛践土二百余年，何可出此狂语。'怫然不悦。"（《中华民国开国前革命史》，第十四章《壬寅支那亡国纪念会·章太炎略历》，广西师范大学出版社，2011年，第77页）冯自由该书，前有章太炎的序言，冯的以上说法，似应得自于章本人。

[3] 《康南海先生讲学记》，姜义华、吴根樑编校：《康有为全集》，第2集，第210页。

此这般，中国的传统经典皆是孔子和刘歆两人伪造出来的，中国的早期历史也是由他们两人伪造出来的。《孔子改制考》虽用最高等级的语言来赞美孔子，但从学术研究的意义来说，却是对孔子最严厉的指责。张之洞对此称言："自谓尊孔，适足诬圣。"[1]

大同三世说

若从康有为学术思想的脉络来看，"新学伪经说""孔子改制说"只是考证的过程，其结论应是"大同三世说"。在《孔子改制考》中，康有为隐隐约约地说明其"大同三世说"的思想，称言：

> 天既哀大地生人之多艰，黑帝乃降精而救民患，为神明，为圣王，为万世作师，为万民作保，为大地教主。生于乱世，乃据乱而立三世之法，而垂精太平，乃因其所生之国，而立三界之义，而注意于大地远近大小若一之大一统。乃立元以统天，以天为仁，以神气流行而教庶物，以不忍心而为仁政。
>
> 《春秋》言太平，远近大小如一，地球一统之后乃有。此时烦恼忧悲已无，不食土性盐类质，养生日精，此言必验。
>
> 《春秋》乱世讨大夫，升平世退诸侯，太平世贬天子。
>
> 孔子最尊禅让，故特托尧、舜，已详《孔子特尊尧舜篇》。
>
> 尧、舜为民主，为太平世，为人道之至，儒者举以为极者也……孔子拨乱升平，托文王以行君主之仁政，尤注意太平，托尧、舜以行民主之太平……借仇家之口以明事实，可知"六经"中之尧、

---

[1] 光绪二十三年七月十一日，张之洞幕僚陈庆年在日记中称："薄暮，南皮师招赴八旗会馆谈，宴散后，在小亭观月，同人围坐。南皮师说：康长素辈主张素王改制，自谓尊孔，适足诬圣。平等、平权，一万年做不到，一味呓语云云。反复详陈。三更始散。"（明光整理，陈庆年：《〈横山乡人日记〉选摘》，《近代史资料》，第76号，中国社会科学出版社，1989年，第201页）张之洞次日致湖南学政江标电报称："近日廖、康之说，乃谓六经皆孔子所自造，唐虞夏商周一切制度事实，皆孔子所定治世之法，托名于二帝三王，此所谓'素王改制'也。是圣人僭妄，而又作伪，似不近理。"（《张之洞全集》，第9册，第244页）

舜、文王，皆孔子民主、君主之所寄托……《春秋》始于文王，终于尧、舜。盖拨乱之治为文王，太平之治为尧、舜，孔子之圣意，改制之大义，《公羊》所传微言之第一义也。

《尧典》一字皆孔子作……《春秋》《诗》皆言君主，惟《尧典》特发民主义。自"钦若昊天"后，即舍嗣而异位，或四岳共和，或师锡在下，格文祖而集明堂，辟四门以开议院，六宗以祀，变生万物，象刑以期刑措，若斯之类，皆非常异义托焉。故《尧典》为孔子之微言。素王之巨制，莫过于此。[1]

"大同三世说"不是《孔子改制考》的主题，以上六条内容，是经由我特别地挑选。"远近大小如一"，为何休所言，康由此来说明"地球一统之后"的"大同"。《尚书·尧典》记载尧、舜之"禅让"，康以此来说明"民主"。与《孔子改制考》同期的著作《春秋董氏学》，康亦有相关的言论：

《春秋》义分三世：与贤不与子，是太平世。若据乱世，则与正而不与贤。宣公在据乱世时，而行太平世之义，不中乎法，故孔子不取。所谓王法，即素王据乱世之法。

三世为孔子非常大义，托之《春秋》以明之。所传闻世为据乱，所闻世托升平，所见世托太平。乱世者，文教未明也。升平者，渐有文教，小康也。太平者，大同之世，远近大小如一，文教全备也。大义多属小康，微言多属太平。

三统、三世皆孔子绝大之义，每一世中皆有三统。此三统者，

---

[1]《孔子改制考》，姜义华、张荣华编校：《康有为全集》，第3集，第3、96、110、147、149—150、152页。"黑帝乃降精"，见《春秋演孔图》："孔子母徵在梦感黑帝而生，故曰玄圣。"又称："孔子母颜氏徵在游大冢之陂，睡梦黑帝使请己，已往梦交，语曰：汝乳必于空桑之中。觉则若感，生丘于空桑之中。"（赵在翰辑，钟肇鹏、萧文郁点校：《七纬》，中华书局，2012年，下册，第367、369—370页）康引《纬书》言"黑帝降精"，否认孔子的人间生父，似有意模仿基督教的"圣诞说"。"远近大小如一"，见之何休《春秋公羊传解诂》"隐公元年""十有二月"："……至所见之世，著治太平，夷狄进至于爵，天下远近大小若一，用心尤深而详。"这段话是康有为"大同三世说"的重要论据。又，康提到的《孔子特尊尧舜篇》，今尚未见。

小康之时，升平之世也。太平之世别有三统，此篇略说，其详不可得闻也。

太平之世，大小远近若一。大同之治，不独亲其亲，子其子，老有所终，壮有所用，鳏寡孤独废疾者有养，则仁参天矣。

后世不通孔子三世之义，泥乱世、升平之文，反割放生为佛教，宜孔子之道日隘也。[1]

"大同三世说"也不是《春秋董氏学》的主题，以上五条内容，也是经过我特别地挑选。康特别提到了《礼记·礼运篇》中的内容，即"不独亲其亲，子其子，老有所终，壮有所用，鳏寡孤独废疾者有养"，由此来说明"太平之世"的美景。以上十一条言论虽极为简要，但可以大体看出"据乱""升平""太平"的三世观念及其相应的"君主""民主"的发展阶段。"大同三世说"承继着《实理公法全书》中"民主""平等"的理念，是康有为通向"大同"思想（《大同书》）的过渡期产物。康在《孔子改制考》序言中，还多次呼唤着"太平之治""大同之乐"！[2]

康有为在《孔子改制考》《春秋董氏学》中初步揭示的"大同三世说"，为什么未能详细言之？对此，可以看看康有为的头号门生梁启超（1873—1929）的说法。

光绪二十七年（1901），梁启超发表《南海康先生传》，称言：

先生之治春秋也，首发明改制之义……次则论三世之义。春秋之例，分十二公为三世，有据乱世，有升平世，有太平世。据乱升平，亦谓之小康，太平亦谓之大同，其义与《礼运》所传相表里焉。小康为国别主义，大同为世界主义；小康为督制主义，大同为平等主义。凡世界非经过小康之级，则不能进至大同，而既经过小康之级，又不可以不进至大同。孔子立小康义以治现在之世界，立大同

---

[1]《春秋董氏学》，姜义华、张荣华编校：《康有为全集》，第2集，第320、324、370、389、390页。

[2] 相关的研究，可参阅汤志钧：《康有为早期的大同思想》，《江海学刊》1963年10月号；《论康有为的"大同三世"说》，《中华文史论丛》1979年第2期。

义以治将来之世界,所谓六通四辟,小大精粗,其运无乎不在也。小康之义,门弟子皆受之。……大同之学,门弟子受之者盖寡。……先生乃著《春秋三世义》《大同学说》等书,以发明孔子之真意。[1]

光绪二十八年,梁启超又撰写《三十自述》,称言:

辛卯(光绪十七年),余年十九,南海先生始讲学于广东省城长兴里之万木草堂……先生时方著《公理通》《大同学》等书,每与通甫商榷,辨析入微,余辄侍末席,有听受,无问难,盖知其美而不能通其故也。[2]

梁启超又手抄康有为诗,大约于宣统三年(1911)出版《南海先生诗集》,并在《〈大同书〉成题词》后作了一个按语,称言:

启超谨案:先生演《礼运》大同之义,始终其条理,折衷群圣,立为教说,以拯浊世。二十年前,略授口说于门弟子。辛丑、壬寅间,避地印度,乃著为成书。启超屡乞付印,先生以今方为国竞之世,未许也。[3]

1921年,梁启超又出版《清代学术概论》,言及戊戌时期康有为的思想,

---

[1] 《南海康先生传》,《清议报》第100册,中华书局影印本,第6册,第6313—6314页。梁提到的《春秋三世义》《大同学说》两书,今尚未见。
[2] 《三十自述》,《饮冰室合集》,中华书局版,第2册,文集十一,第17页。"通甫",陈千秋。
[3] 我查阅了华东师范大学图书馆所收藏的两种版本《南海先生诗集》,皆未注明出版日期,图书馆原注出版时间,是根据康有为"自序""印前说明"属日期,将两个版本分别误记为光绪三十四年(1908)、宣统三年(1911)。康有为"印前说明"称:"右门人梁任公所写诗,凡四卷至明夷阁事止。事变日繁,必无暇毕写。门人请先以付印,以待续写焉。更生。辛亥五月。"据此,该《诗集》于宣统三年开印;由此推断,似无光绪三十四年版本。又据此,梁启超按语称"二十年前"为光绪十七年(1891),即梁入门就学的第二年。"辛丑",光绪二十七年(1901);"壬寅",光绪二十八年。"国竞",国家竞争,属梁启超作按语时的用语,并非康有为在戊戌时的语言(相关的分析,可参见本书下编第二章"康有为与进化论")。

称言:

> ……有为以《春秋》"三世"之义说《礼运》,谓"升平世"为"小康","太平世"为"大同"。……有为虽著此书,然秘不以示人,亦从不以此义教学者,谓今方为"据乱"之世,只能言小康,不能言大同,言则陷天下于洪水猛兽。其弟子最初得读此书者,惟陈千秋、梁启超,读则大乐,锐意欲宣传其一部分。有为弗善也,而亦不能禁其所为,后此万木草堂学徒多言大同矣。而有为始终谓当以小康之义救今世,对于政治问题、对于社会道德问题,皆以维持旧状为职志……启超屡请印布其《大同书》,久不许,辛乃印诸《不忍杂志》中,仅三之一,杂志停版,竟不继印。[1]

以上,梁启超一共说了四次,皆在戊戌变法之后。梁这四次说法的相同点是,梁入康门时,康的"大同三世说"思想已经成型且成熟,并向陈千秋、梁启超等少数弟子传授过。这是可以证明的,我在后文中将会叙述与分析。梁这四次说法的不同点是,康此期是否有著书,著书的书名是什么?梁第一次称已著有"《春秋三世义》《大同学说》";第二次称已著有"《公理通》《大同学》";第三次改称"略授口说",而"著为成书"的时间是"辛丑、壬寅间"(1901—1902);第四次称"虽著此书","秘不以示人",但没有说具体的书名。如果相信梁所言都是真的,那么比较合理的解释是,康在戊戌时已有著书,如同梁所说的《春秋三世义》《大同学说》《公理通》《大同学》之类,绝不是后来我们看到的《大同书》。由此来对照今存康有为的《大同书》的原稿,大体可以确认是"辛丑、壬寅间"所写,以后又多有修改。[2]而康有为在"大同三世说"重要著作《〈礼运〉注》叙文中,对其写作时间明显"倒填日期"。[3]实际

---

[1] 朱维铮校注:《梁启超论清学史二种》,第66—68页。
[2] 相关的叙述与分析,可参见本书下编第二章第五节"《大同书》:进化与天演的背离"。
[3] 康有为在《〈礼运〉注·叙》中称:"予小子六岁而受经,十二岁而尽读周世孔氏之遗文,乃受经说及宋儒先之言,二十七岁而尽读汉、魏、六朝、唐、宋、明及国朝人传注考据义理之说,所以考求孔子之道者……读至《礼运》,乃浩然而叹曰:孔子三世之变,大道之真,在是矣。大同小康之道,发之明而别之精,古今进化之故,(转下页)

上，最值得注意是，梁这四次回忆还有一个共同点，即康有为此时不愿公开传授或宣传"大同三世说"的理由：清朝此时只能行小康之道，不可用大同之学。对此，我也将在后文中予以证明。

康有为的"大同三世说"，是对人类社会发展进程的一种普世性解说。按照康的说法，这一学说是由孔子创制，口传其弟子，藏于儒家诸经典和相关史传之中，主要是《春秋》及《公羊传》《礼记》（尤其是《礼运篇》《中庸篇》《大学篇》）、《易》《孟子》《论语》等文献，以留待"后圣"之发现。泰西各国对此学说亦有所体会，亦有所施行。光绪二十六年七月起，康有为先后旅居南洋槟榔屿、印度大吉岭，至二十九年四月离开。在此两年多中，他遍注群经——《〈礼运〉注》《〈孟子〉微》《〈中庸〉注》《〈春秋〉笔削大义微言考》《〈论语〉注》《〈大学〉注》等，由此完成其"大同三世说"的著述。若用最简约的方式来说明"大同三世说"的基本概念，可谓：一、据乱世，多君世，尚无文明；二、升平世，一君世，小康之道，行礼运，削臣权；三、太平世，民主世，大同之道，行仁运，削君权。"大同"虽是孔子创造出来的理想世界，但其时不可行，只能以"小康"来治世，只能待之于后人来实现。对此，康在《〈礼运〉注》中称言：

（接上页）神圣悯世之深，在是矣；相时而推施，并行而不悖，时圣之变通尽利，在是矣。是书也，孔氏之微言真传，万国之无上宝典，而天下群生之起死神方哉！"（《〈礼运〉注》，姜义华、张荣华编校：《康有为全集》，第5集，第553—554页）从这篇《叙》文中，可以清晰地看到康"大同三世说"的思想源头；然该文署日期为"孔子二千四百三十五年，即光绪十年甲申冬至日"，即该年十一月初五日（1884年12月21日）。对于这一时间，楼宇烈、汤仁泽、姜义华、张荣华皆认为不可靠。现存《〈礼运〉注》手稿表明，是康在光绪二十七至二十九年居住南洋槟榔屿和印度大吉岭时所写（王刘纯等主编：《康有为手稿·五·〈礼运〉注稿》，大象出版社，2014年）。然我在《康有为手稿·六·〈孟子〉微稿》中意外地发现了一页，是康的亲笔："孔子生二千四百五十一年辛丑九月，即光绪廿七年，注于英属槟榔屿督署之大庇阁，未成而行，卒业于印度哲孟雄国之大吉岭，时孔子生二千四百五十二年壬寅正月廿四日。礼运注。康有为记。"（见该书第69页）这是康对《〈礼运〉注》所作的题记，而误入《〈孟子〉微稿》中，康写明了《〈礼运〉注》的撰写与完成时间。我个人以为，康很可能先前已有写本，但因政变流亡而失，康到南洋槟榔屿、印度大吉岭后再度重写。但反映出来的思想，已不是戊戌时而是戊戌之后的。

> 孔子以大同之道不行，乃至夏、殷、周三代之道皆无征而可伤。小康亦不可得，生民不被其泽，久积于心乃触绪大发，而生哀也。孔子于民主之治，祖述尧、舜，君主之治，宪章文、武……其志虽在大同，而其事只在小康也。[1]

然而，若用康有为在槟榔屿、大吉岭时期的著述，来说明戊戌之前康的"大同三世说"，也是不可能精确、不可能有说服力的。

虽说康有为在戊戌之前对"大同三世说"没有完整的成文的著述（或未能保存下来），然我以为，梁启超的上引四次说法还是可以证明的。康在万木草堂的讲授中，在桂林等处的讲学中，确实很少言及大同[2]；但确将"大同三世说"的思想口传给梁启超等人，就如《孔子改制考》所言孔学大义不在于文而在于口传一样。我们可以在梁启超戊戌政变之前的诸多著述中，找到"大同三世说"的基本思想。

梁启超对于"大同三世说"的最初阐述，见之于光绪二十三年四月十一日（1897年5月12日）在《时务报》第26册发表的《〈说群〉自序》，称言：

> 启超问治天下之道于南海先生，先生曰：以群为体，以变为用。斯二义立，虽治千万年之天下，可已……天下之有列国也，己群与

---

[1]《〈礼运〉注》，姜义华、张荣华编校：《康有为全集》，第5集，第554—557页。
[2] 康有为门人留下四部授课笔记，即黎祖健：《万木草堂口说》，张伯桢：《康南海先生讲学记》《南海师承记》，不著录人《万木草堂讲义纲要》（以上分见楼宇烈整理：《长兴学记·桂学答问·万木草堂口说》；《康有为遗稿·戊戌变法前后》；姜义华、吴根樑编校：《康有为全集》第2集）。康在广西讲学内容，刻有《桂学答问》。从这些记录来看，康在讲授中很少谈《礼运》，谈得较多的是《公羊》《王制》《中庸》以及《孟子》与《荀子》。《万木草堂口说》有《礼运》一篇，所言不多，且不深入："夫子之言礼，专言小康，不论大同。天下为家，言礼多而言仁少。天下为公，言仁多而言礼少。孟子多言仁，少言礼，大同也。荀子多言礼，少言仁，小康也。"（楼宇烈整理：《长兴学记·桂学答问·万木草堂口说》，第132页）《万木草堂讲义纲要》有三条："不必藏己为己，二三百年后孔子之义必行于天下。"《礼运》两条大义，一大同，一知气"。"孔子有大同、大平、大顺。"（《康有为遗稿·戊戌变法前后》，第153、155页）由此可以大体证明梁启超的说法，即"不以此义教学者"。而"二三百年后孔子之义必行于天下"一句，又是康有为对实现世界"大同"的预期。

他群所由分也。据乱世之治群多以独,太平世之治群必以群。以独术与独术相遇,犹可以自存,以独术与群术相遇,其亡可翘足而待也。彼泰西群术之善,直百年以来焉耳,而其浡兴也若此……抑吾闻之,有国群,有天下群。泰西之治,其以施之国群则至矣,其以施之天下群则犹未也。《易》曰:"见群龙无首,吉。"《春秋》曰:"太平之世,天下远近大小若一。"《记》曰:"大道之行也,天下为公,选贤与能。不独亲其亲,不独子其子。货恶其弃于地也,不必藏于己。力恶其不出于身也,不必为己。是谓大同。"其斯为天下群者哉?其斯为天下群者哉![1]

梁启超的这些话,说得比较隐晦,但可以看出以下内容:一、学说主要来自于康有为。二、其中以"独术"对应"据乱世",以"群术"对应"太平世"。三、"群"亦有"国群"与"天下群"之别,"国群"隐指"民主国","天下群"隐指"天下大同"。梁引用的三条经典,即《易》《春秋公羊传解诂》《礼记·礼运篇》,都是"大同三世说"的重要论据。其中"群龙无首"一句,梁还会多次提到。

此后,梁启超在同年七月二十一日(8月19日)出版的《时务报》第36册发表《〈春秋中国夷狄辨〉序》,称言:

> 孔子之作《春秋》,治天下也,非治一国也;治万世也,非治一时也。故首张三世之义,"所传闻世,治尚麤觕,则内其国而外诸夏";"所闻世,治进升平,则内诸夏而外夷狄";"所见世,治致太平,则天下远近大小若一,夷狄进至于爵。"故曰:"有教无类。"又曰:"洋溢乎中国,施及蛮貊";"凡有血气,莫不尊亲"。其治之也,有先后之殊。其视之也,无爱憎之异。故闻有用夏以变夷者矣,未

---

[1]《时务报》第26册,光绪二十三年四月十一日,中华书局影印本,第2册,第1729—1730页。该序言后记称:"《说群》全稿以次印入澳门《知新报》中。自记。"又,该《自序》又刊于《知新报》第18册,光绪二十三年四月十六日(1897年5月17日),上海社会科学院出版社影印本,上册,第137—138页,并刊出第一篇《说群一·群理一》。梁启超著《说群》除介绍康有为学说外,还注意介绍严复与谭嗣同的学说。可参见本书下编第二章第一节"康有为、梁启超回拒严复"。

闻其攘绝而弃之也。

《春秋中国夷狄辨》是康有为弟子徐勤的著作，梁启超在该序言说明，徐勤的思想来自于康有为。[1]梁此处虽未言及大同，然将"是以声名洋溢乎中国，施及蛮貊"之句，解释为孔子学说在全世界的通用性，即"治天下""治万世"，其意已存。

再后，梁启超在同年九月初一日（9月26日）出版的《知新报》第32册发表《〈新学伪经考〉叙》，再次谈到了大同三世说。梁否认了《新学伪经考》仅仅是一部考据学的著作，而称其是康有为"演孔之书四"中的首部，是"以清芜秽"之作。梁称言：

> ……启超闻《春秋》三世之义：据乱世，"内其国而外诸夏"；升平世，"内诸夏而外夷狄"；太平世，"天下远近大小若一"。尝试论之：秦以前，据乱世也，孔教行于齐鲁；秦后迄今，升平世也，孔教行于神州；自此以往，其将为太平世乎。《中庸》述圣祖之德，其言曰："洋溢乎中国，施及蛮貊"；"凡有血气者，莫不尊亲"。孔教之遍于大地，圣人其知之矣……

康有为的《新学伪经考》并没有言及"大同三世说"，梁却用"三世之义"来说明"新学伪经说"的最终意义。梁又称：

---

[1]《时务报》第36册，光绪二十三年七月二十一日（1897年8月19日），中华书局影印本，第3册，第2418—2420页。梁启超还称："徐君君勉既学于南海，治《春秋》经世之义，乃著《中国夷狄辨》三卷，一曰中国而夷狄之，二曰夷狄而中国之，三曰中国夷狄进退微旨。于以犁千年之谬论，抉大同之微言……"梁所称"所传闻世""所闻世""所见世"，即"三世说"，见之何休《春秋公羊传解诂》"隐公元年""十有二月"："于所传闻之世，见治起于衰乱之中，用心尚麤觕。故内其国而外诸夏，先详内而后治外……于所闻之世，见治升平，内诸夏而外夷狄……至所见之世，著治大平，夷狄进于爵，天下远近大小若一。"这是"大同三世说"的重要论据。康有为亦常言最后一段。"有教无类"，见之《论语·卫灵公》，梁此处强调不分"其国""诸夏""夷狄"的"无类"。"洋溢乎中国……"一句，见之《礼记·中庸》："唯天下至圣……是以声名洋溢乎中国，施及蛮貊，舟车所至，人力所通，天之所覆，地之所载，日月所照，霜露所坠，凡有血气者，莫不尊亲，故曰配天。"梁此处强调孔子的学说将会传遍到世界各地，包括"蛮貊"之地，即有世界"大同"之意。

> 演孔四书，启超所见者，曰《大义述》，曰《微言考》，并此而三。又闻之，孔子作《易》《春秋》，皆首著"以元统天"之义，所谓"智周万物""天且弗违"。呜呼，则非启超之愚所能及矣。[1]

此中"又闻之"的内容，应与"大同三世说"相关联，然梁从《易》《春秋》说起，又未加细说，颇为朦胧。

以上所引梁启超三文，虽然谈及"大同三世说"，但皆未能直言畅言。而在戊戌时期，梁启超宣传"大同三世说"最直白、最详细、最重要的政论文是《论君政民政相嬗之理》；而解说"大同三世说"最详细、最具体系感的，是梁为湖南时务学堂所制定的《读〈孟子〉界说》《读〈春秋〉界说》，是梁对时务学堂学生提问、札记的"批语"。对此，我在本书下编辟以专章，有着详细的解读。此处略举两例。

由于《古议院考》一文与严复之间的论争，梁启超在光绪二十三年九月十一日（1897年10月6日）出版的《时务报》第41册上发表《论君政民政相嬗之理》，开头即言：

---

[1]《知新报》第32册，光绪二十三年九月初一日，上海社会科学院出版社影印本，上册，第347—348页。该文梁启超署日期为"孔子卒后二千三百七十五年六月朔"，即光绪二十三年六月初一日。梁启超此处所言《大义述》《微言考》，在光绪二十三年三月初三日梁致康有为的信中曾提及："先生之著书，以博大庄严为主，其著者，则《伪经考》《改制考》《大义记》《微言记》，及其他言教精焉之书。"（丁文江、赵丰田编：《梁启超年谱长编》，上海人民出版社，1983年，第81页）由此可见《大义记》《微言记》确已成书。此两书似指康有为后来补著的《春秋笔削大义微言考》，康曾自述称："此书旧草于广州羊城之万木草堂及桂林之风洞。戊戌蒙难，东走日本，携以俱。后游欧美，留于日本。己亥九月二十二日，《清议报》被焚，此稿遂烬。今乃补成之，自庚子十一月朔冬至始，凡阅七月有二十三日，共一百九十七日书成。"（姜义华、张荣华编校：《康有为全集》，第6集，第4页）梁启超所引"以元统天"，见之《易·乾卦·彖》："大哉乾元，万物资始，乃统天。"又见之何休《解诂》隐公元年王正月："元者，气也。无形以起，有形以分，造起天地。天地之始也……《春秋》托新王受命于鲁，故因以录即位，明王者当继乎奉元，养成万物。"梁所引"智周万物"，见之于《易·系辞上传》："《易》与天地准，故能弥纶天地之道……知周乎万物而济天下，故不过……"梁所引"天且弗违"，见之《易·乾卦·文言》："夫'大人'者，与天地合其德，与日月合其明，与四时合其序，与鬼神合其吉凶。先天而天弗违，后天而奉天时。天且弗违，而况于人乎？况于鬼神乎？"梁由此说明包含"大同三世说"的孔子学说，居于绝对统治的地位。

博矣哉!《春秋》张三世之义也。治天下者有三世:一曰多君为政之世,二曰一君为政之世,三曰民为政之世。多君世之别又有二:一曰酋长之世,二曰封建及世卿之世。一君世之别又有二:一曰君主之世,二曰君民共主之世。民政世之别亦有二:一曰有总统之世,二曰无总统之世。多君者,据乱世之政也;一君者,升平世之政也;民者,太平世之政也。此三世六别者,与地球始有人类以来之年限有相关之理。未及其世,不能躐之;既及其世,不能阏之。

此是"三世六别说"。据此,第一世为"多君世",即"据乱世",分成两个阶段,中国与世界最初为由酋长统治的众多小国,然后进入封建国家,而封建国家内部又实行世卿制度。第二世为"一君世",即"升平世",也分成两个阶段,首先是君主专制阶段,然后再进入君主与"民"(精英)联合执政的阶段。第三世为"民政世",即"太平世",仍分成两个阶段,首先是"有总统之世",即清朝已经不存在了,但中国仍然存在,将是一个民主国;然后再进入"无总统之世",即中国已经不存在了,世界实现"大同"。

由此来对照康有为的《实理公法全书》:一、"立一议院以行政,并民主亦不立。"此处的"民主"即民选统治者,即"总统"之意。对照以上梁启超的说法,即"无总统之世",世界大同,全世界由一个议院来管理。康有为对此称:"君臣一伦,亦全从人立之法而出,有人立之法,然后有君臣。今此法权归于众,所谓以平等之意用人立之法者也,最有益于人道矣。"二、"民主。"此即梁所称的"有总统之世"。康对此称:"此犹是以平等之意用人立之法者,但不如上法之精。"三、"君民共主,威权有限。"此即梁所称"君民共主之世"。康对此称:"此失几何公理之本源者。"四、"君主威权无限。"此即梁所称"君主之世"。康对此称:"此更大背几何公理。"以上,康只称了"升平世""太平世"的四个阶段,而"据乱世"的两个阶段,即"酋长之世""封建及世卿之世",恰是康"孔子改制说"的主要内容。由此可见,梁的思想完全来源于康。

根据梁启超的"三世六别说",清朝属于"升平世",处于从"君主之世"到"君民共主之世"的过渡时期,君权将会受到限制。这样的学说,清朝的皇帝能接受吗?根据梁的"三世六别说",清朝到了"君民共主之世"后,仍将会灭亡,中国将进入"有总统之世":"中国则多君之运短,一君之运长(此专就三千年内言之)。至其自今以往,同归民政,所谓及其成功一也。"这样的学说,清朝的皇帝又怎么能不反感?梁还称:"此三世六别者,与地球始有人类以来之年限有相关之理",即为普世性的规律,中国必终将消亡,世界必然终将走向"大同"。[1]这样的学说,不仅清朝的皇帝会反感,恐怕当时大多数读书人都会反对。从本质上来看,"三世六别说"是要取消清朝的皇帝制度,消亡中国的国家形态。由此似可以理解,康有为何以不对外、甚至不愿对其普通弟子宣传此说。

除在《知新报》《时务报》上的论说外,光绪二十三年秋天起,梁启超主持湖南时务学堂,也以"大同三世说"为教授内容。湖南时务学堂学生李炳寰以《孟子》中"仁义"一义作札记,推及世界"大同",梁启超作批语称:

> 说得极好。利梁一国而天下不收其利六语,非通乎《孟子》者不能通。故吾常言,以小康之道治一国,以大同之道治天下也。故我辈今日立志,当两义并举。目前则以小康之道先救中国,他日则以大同之道兼救全球。救全球者,仁之极也。救全球而必先从中国起点者,义也。"仁者人也,义者我也。"大同近于仁,小康近于义。然言大同者固不能不言义,言小康者固不能不言仁。韩先生因汝问大同条理,而以"本诸身,征诸庶民"答者,正明以义辅仁之旨。由身以推诸民,由中国以推诸地球,一也。故今日亦先从强中国下手而已。至所谓大同之道与大同之法者,五百年以内,必遍行于地球。南海先生穷思极虑,渊渊入微以思之,其条理极详,至纤至悉,大约西人今日所行者十之一二,未行者十之八九。鄙人等侍先生数年,尚未能悉闻其说,非故秘之不告也。先生以为学者之于学也,必须穷思力索,触类旁通,自修自证,然后其所得始真。故事事皆

---

[1] 《论君政民政相嬗之理》,《时务报》第41册,光绪二十三年九月十一日,中华书局影印本,第3册,第2771—2777页。进一步的叙说与分析,参见本书下编第一章第二节《论君政民政相嬗之理》:'大同三世说'中的'民主'"。

略发其端倪,而令鄙人等熟思以对也。今鄙人与诸君言,亦如是而已,将以发心灵浚脑气,使事事皆从心得而来耳。不然,亦何必吞吐其辞乎?诸君幸勿误会此意。若欲有所凭藉,以为思索之基,先读西人富国学之书及《佐治刍言》等,以略增见地,再将《礼运》"大道之行也"一节熟读精思,一字不放过,亦可略得其概。[1]

由于是时务学堂内部的批语,梁启超此处也说得十分明白。梁宣称:"小康"属于"义",所"救"者为"一国",即"中国",用来"治一国";"大同"属于"仁",所"救"者为"全球",也就是用来"治天下"。康有为一派的政治策略是分成两步走:"目前则以小康之道先救中国,他日则以大同之道兼救全球。"梁由此充满信心地宣布:一、"大同之道与大同之法者,五百年以内,必遍行于地球。"即对实现世界"大同"的最终目标,已经有了大体的时间表。二、"南海先生穷思极虑,渊渊入微以思之,其条理极详,至纤至悉,大约西人今日所行者十之一二,未行者十之八九。"即康有为"大同"理论建设已经完成,西方人所能达到的政治成绩,只是康"大同"理论的"十之一二"。梁还说明,康"大同"理论最重要的部分,是《礼记·礼运篇》中"大道之行也"的内容,须得"一字也不放过"。

梁启超及康有为其他弟子关于"大同三世说"的言说,是我在研究康有为政治思想时所找到的重要途径。正是由此途径,我证实了康在戊戌时期"大同三世说"思想的基本内容。对此,我在本书下编的各专章中有着更多的评述,此处不再赘言。[2] 回头可再看看康本人的言论。戊戌变法失败后,康于光绪二十四年冬在日本写《我史》。他宣称在百日维新的关键时刻,其弟康广仁劝其"不如归去",回乡授学,并用康广仁的话来言其志:

---

[1]《湖南时务学堂初集》,长沙戊戌刊本,第2册,《札记》卷一,第2—3页。"韩先生",时务学堂教习韩文举。梁启超在时务学堂宣传"大同三世说",可参本书下编第一章第三节《湖南时务学堂初集》:'开民智'的方向"、下编第三章第四节"梁启超'自下'进行的思想革命"。

[2] 参见本书下编第一章"论戊戌时期梁启超的民主思想"、第三章"戊戌时期康有为'大同三世说'思想的再确认"。

> 伯兄生平言教，以救地球，区区中国，杀身无益。

此中的"中国"为"小康"，此中的"救地球"为"大同"。康又称戊戌政变前他从北京到天津、烟台至上海，一路上多次逢救。大难不死，必有其因：

> ……凡此十一死，得救其一二，亦无所济。而曲线巧奇，曲曲生之，留吾身以有待其兹。中国不亡，而大道未绝耶？"聚散成毁，皆客感客形"，深阅死生，顺天俟命，但行吾"不忍"之心，以救此方民耳……此四十年乎，当地球文明之运、中外相通之时，诸教并出，新理大发之日，吾以一身备中原师友之传，当中国政变之事，为四千年未有之会，而穷理创义，立事变法，吾皆遭逢其会，而自为之。学道爱人，足为一世，生本无涯，道终未济……[1]

我以前每读至此，总觉得康在造作；然读到梁启超的诸多言说，尤其是前引梁的批语，才隐约地感到，康也未必矫情，或真以为自己天降大任、使命在身呢。

综上所述，略作数语作为本节的小结。

从"新学伪经说"到"孔子改制说"，再到"大同三世说"，康有为大体上走完了其政治理论建设的路途，只是"大同三世说"尚未从思想落实到文字，尚未完成其实证性的著作。根据梁启超的政论文，清朝正处于从"君主之世"到"君民共主之世"的过渡时期。然而，何谓"君民共主"，何谓"议院"，康的"大同三世说"对此有着自我的解释。（后将详述）

康有为此时的政治目的是取法于孔子，"创制"且"立教"。所谓"创制"，即是"大同""小康"之制，康似已经完成其大部分的内容。所

---

[1]《我史》(《康南海自编年谱》),《丛刊·戊戌变法》，第4册，第152、169页。"不忍"，典出于《孟子·公孙丑》，是康有为"大同三世说"的重要概念。"聚散成毁，皆客感客形"一语，见于张载《正蒙·太和》。(《张载集》，中华书局，1978年，第7页)"未济"，《易经》中的卦名，康也经常引用此卦，《康子内外篇》有《未济篇》。

谓"立教",康似要仿效基督教,建立相应的组织体系。基督以十二使徒传教于天下,孔门有十哲七十二贤人。康亦从此着手,即创办"万木草堂",到广西去讲学;梁启超等人去湖南主办时务学堂,亦可视之为"立教"的工作。若详细考察"新学伪经说""孔子改制说""大同三世说",还可以看出,康的学术思想与政治思想的主体仍是"中学","西学"只是用于补充,对此,我也在下编辟以专章来加以说明。[1]

四、光绪二十一年康有为三次上书、强学会与梁启超《变法通议》

《新学伪经考》《孔子改制考》与已经大体成形尚未有完整著述的"大同三世说",是康有为光绪十五年(1889)至二十四年(戊戌)的学术发展脉络和政治理念;而此期更能代表康的政治思想与政策设计的,是他在光绪二十一年会试期间给光绪帝的三次上书,即《上清帝第二书》《第三书》《第四书》。

前已叙及,光绪二十一年康有为、梁启超等人进京参加会试,正值清朝战败、签订马关条约之际,康有为于四月初起草《联省公车上书》,即《上清帝第二书》,五月初起草"为安危大计乞及时变法呈",即《上清帝第三书》,闰五月初又起草"变通善后讲求体要以图自强呈",即《上清帝第四书》。三次上书,时间很接近,内容也有重复性。《第二书》的主旨是"拒约再战",言及战时或战后的改革;《第三书》的主旨是战后的改革;《第四书》的主旨,康称是"变法次第曲折",仍是战后的改革。虽说三次上书只有《第三书》上达光绪帝,但未能上达的《第二书》《第四书》亦已刊印,颇有反响。[2] 若要说明康的政治思想与政策设计,

---

[1] 参见本书下编第四章《中学或西学?——戊戌时期康有为、梁启超学术思想与政治思想之底色》。
[2] 康有为《上清帝第二书》虽未上达,但在上海刊刻,有着很大的影响力。《第四书》曾在广东刊刻。光绪二十二年(1896),梁启超在《时务报》馆代印了《南海先生四上书记》。

需将三次上书综合分析。

康有为在光绪二十一年上书的同时，还参与发起强学会，并提出相应的主张。梁启超在《时务报》上发表了大量政论文章，其中最著名的是《变法通议》。这些都可以视作是他们的改革方案，我也放在本节一并叙述。

先来看康有为的三次上书，分项而叙之。

三条建策——求人才、慎左右、通下情

康有为《上清帝第三书》最重要内容是三条建策：一、"求人才而擢不次"；二、"慎左右而广其选"；三、"通下情而合其力"。康称其是"审端致力者"。这些都是对《上清帝第一书》《第二书》相关内容的继承与发展。[1]

所谓"求人才"，指不循资格，破格擢用。康称言：

> ……伏惟皇上垂意旁求，日夜钩访，某某有才，某某未用。《（载）[戴]记》谓：尽知天下之名士，尽知其数，尽知其所在。悉令引见，询以时事，破除常格，不次擢用。或令翰林诸曹轮班顾问，或见下僚末秩，温颜咨询；或令九卿、翰詹、科道、督抚、司道荐举，专求草泽，禁荐显僚。天下之士必踊跃奋发，冀酬知遇，必有豪俊出济艰难者。

由此可见，康主张在高层官僚之外去求人才，在光绪帝平时所见者之外去求人才。皇帝或亲自询访，或召见下层官员，或由各级官员荐举"草泽"，一旦发现后，直接升至高位。[2] 这样做的结果，将是重要官职的大

---

[1] 前已叙及，康有为《第一书》提出"变成法""通下情""慎左右"三项建策，与《第三书》相比，内容有相通之处，次序稍有变化。康《第二书》提出"下诏求才""通下情"两项主张，然是分开来说的，《第三书》将之集中，并增加"慎左右"一项。

[2] 《上清帝第三书》，《康有为变法奏章辑考》，第64—65页，标点稍有改动。《第二书》也有大体相同的内容，但没有说得这么透彻。（同上书，第22—23页）《第一书》"变成法"中所言"尤望妙选仁贤，及深通治术之士，与论治道"，意思与此相近。（转下页）

换班。

所谓"慎左右",是指须慎重安置皇帝身边的近臣。康有为谈到了此事的重要性,提出其具体方法:

> ……今翰林百数、郎曹千数,皆人才所聚,淹滞冗散,若用周、汉之制,或增广南书房员数,或调入侍卫,其于辅圣德而广圣聪,必有裨补。

按照清朝制度,光绪帝此时的"左右",是军机大臣和翁同龢、孙家鼐两位帝师,皆为耆耋。康则要求选翰林院编修、检讨入南书房,选六部及京中各衙门司官(主事、员外郎、郎中)充侍卫,即将这一批年轻有才的小臣置于皇帝身边而影响朝政,即康称"程子言:日亲学士大夫则治"。[1]

所谓"通下情",指设"议郎"。康有为指出当时政治下情不达的弊端,引经据典,说明"集思广益""同忧共患"之意:

> ……夫先王之治天下,无不与民共之。《洪范》之大疑大事,谋及庶人为大同。《孟子》称进贤、杀人,待于国人之皆可。盘庚则命

(接上页)(同上书,第8—9页)又,"载记"为"戴记"之误。《大戴礼记·主言三十九》称:"孔子曰:昔者明主以尽知天下良士之名,既知其名,又知其数,既知其数,又知其所在。明主因天下之爵以尊天下之士,此之谓至礼不让而天下治;因天下之禄以富天下之士,此之谓至赏不费而天下之士说。天下之士说,则天下之明誉兴,此之谓至乐无声而天下之民和。故曰:所谓天下之至仁者,能合天下之至亲者也;所谓天下之至知者,能用天下之至和者也;所谓天下之至明者,能选天下之至良者也。此三者咸通,然后可以征。"康想让光绪帝能"知天下良士之名""其数""其所在",由此达到"合""用""选"的目的。

[1] 《上清帝第三书》,《康有为变法奏章辑考》,第65—66页。所谓"周、汉之制",康称:"《周礼》有土训、诵训、匡人、撢人之官,皆诵四方之故以广耳目。汉世郎官,若东方朔、扬雄,阶下执戟,袁盎入内移席,孔光执唾壶、虎子,皆妙选名儒为之。"《第一书》中"慎左右",意思更明确,即"妙选魁垒端方通知古今之士,日侍左右"。(同上书,第10页)又,康有为拟《第三书》时,已中进士,并过朝考,尚未引见分派。查光绪二十一年五月初六日,康向都察院进呈《第三书》,十一日该书由都察院代奏;五月初十日,光绪帝引见该科最后一批进士(包括康),当日发下,康被圈为分部学习,后由吏部派为工部学习主事。由此,康上书时的命运或为翰林,可选入南书房,或为部曹,可选为侍卫。又,程子之言,又见于朱熹《四书章句集注·孟子·告子篇上》。

众至庭,文王则与国人交。《尚书》之四目四聪,皆由辟门。《周礼》之询谋询迁,皆合大众。尝推先王之意,非徒集思广益,通达民情,实以同忧共患,结合民志。昔汉有征辟有道之制,宋有给事封驳之条。伏乞特诏颁行海内,令士民公举博古今、通中外、明政体、方正直言之士,略分府、县,约十万户而举一人,不论已仕未仕,皆得充选,因用汉制,名曰"议郎"。皇上开武英殿,广悬图书,俾轮班入直,以备顾问。并准其随时请对,上驳诏书,下达民词。凡内外兴革大政,筹饷事宜,皆令会议,三占从二,下部施行。所有人员,岁一更换。若民心推服,留者领班,著为定例,宣示天下。[1]

康的这段话,经常为研究者引用,以说明其"议院"思想,以能与西方的议会制度相连接,尽管研究者的意见也有分歧。[2]然而,若从康的思想资源进行分析,可以看出两者之间的差别:

一、"大疑大事"一句,见于《尚书·洪范》:"汝则有大疑,谋及乃心,谋及卿士,谋及庶人,谋及卜筮。汝则从,龟从,筮从,卿士从,庶民从,是之谓大同。身其康强,子孙其逢吉。汝则从,龟从,筮从,卿士逆,庶民逆,吉。卿士从,龟从,筮从,汝则逆,庶民逆,吉。庶民从,龟从,筮从,汝则逆,卿士逆,吉。汝则从,龟从,筮逆,卿士逆,

---

[1]《上清帝第三书》,《康有为变法奏章辑考》,第66—67页。这一段话,《第二书》与之完全相同。(同上书,第39页)在《第一书》中,康的说法是"增设训议之官,召集天下耆贤,以抒下情"。(同上书,第9页)前述康在光绪十四年《论时务》一文中,亦有相关的内容。由此可见康思想的连续性及其变化。又,"三占从二",典出于《尚书·洪范》:"三人占,从二人之言。"

[2] 涉及这一方面的论著较多,我以为其中论旨集中且重要的有,孔祥吉:《〈上清帝第三书〉进呈本的发现及意义》《关于康有为的一篇重要佚文》,见《戊戌维新运动新探》,第41—63页;宋德华:《戊戌维新派政治纲领的再探讨》,《历史研究》1985年第5期;房德邻:《维新派政治纲领之演变》,《历史研究》1989年第6期;宋德华:《维新派的政治纲领及其他——与房德邻同志商榷》,《华南师范大学学报》(社会科学版)1990年第4期,《早期维新派议院观若干问题辨析》,《暨南学报》(哲学社会科学)1991年第2期;佐々木扬:「戊戌变法期の「宪法」:康有為『日本变政考』を中心として」,《东洋学报》第88卷第2号,2006年9月,「康有為と梁啓超の宪法観:戊戌前夜から義和团事件まで」,《经济史研究》第16号,2012年;李春馥:《戊戌时期康有为议会思想研究》,人民出版社,2010年。关于李春馥的研究成果,我在后面还会评论。

庶民逆,作内吉,作外凶。龟筮共违于人,用静吉,用作凶。"其中提到了君主、卿士、庶人、龟、筮五个要素。康有为挑出其中的一项,便称"谋及庶人为大同"。前已言及,康在光绪十四年《论时务》一文中称:"《洪范》言'谋及卿士'者,上议院也;'谋及庶人'者,下议院也。"

二、"进贤、杀人"一句,见于《孟子·梁惠王》:"王曰:吾何以识其不才而舍之?曰:国君进贤,如不得已,将使卑逾尊,疏逾戚,可不慎与?左右皆曰贤,未可也;诸大夫皆曰贤,未可也;国人皆曰贤,然后察之;见贤焉,然后用之。左右皆曰不可,勿听;诸大夫皆曰不可,勿听;国人皆曰不可,然后察之,见不可焉,然后去之。左右皆曰可杀,勿听;诸大夫皆曰可杀,勿听;国人皆曰可杀,然后察之,见可杀焉,然后杀之。故曰:国人杀之也。如此,然后可以为民父母。"孟子指出,君主为了避免用错人,在晋升、罢免、惩治时要征询左右、诸大夫、国人三方面的意见。康有为对《孟子》中的这段话极其重视,也是其"大同三世说"中的支柱之一。

三、"盘庚则命众至庭"一句,见《尚书·盘庚篇》:"王命众,悉至于庭。"《盘庚》三篇,皆是盘庚对贵族、臣民的当面训词,康有为重视的是盘庚与贵族、臣民之间的直接交流。前已言及,康在《论时务》中也用过此典。

四、"文王则与国人交"一句,见于《礼记·大学》:"诗云:'穆穆文王,於,缉熙敬止!'为人君止于仁,为人臣止于敬,为人子止于孝,为人父止于慈,与国人交止于信。"原文讲的是仁、敬、孝、慈、信五个儒家治国的要义,康有为却突出了文王与国人的直接交往。

五、"四目四聪"一句,见于《尚书·尧典》:"月正元日,舜格于文祖,询于四岳,辟四门,明四目,达四聪。"其大意是舜宣告正式即位后,问询于四方的诸侯领袖,打开四方的大门,以能够看到四方,听到四方。康有为在《孔子改制考》再引此典,称"辟四门以开议院"。[1]

六、"询谋询迁"一句,见于《周礼·秋官·小司寇》:"小司寇之职,掌外朝之政,以致万民而询焉:一曰询国危,二曰询国迁,三曰询立君。其位,王南乡〔向〕,三公及州长、百姓北面,群臣西面,群吏东

---

〔1〕《孔子改制考》,姜义华、张荣华编校:《康有为全集》,第3集,第152页。

面。小司寇摈以叙进而问焉，以众辅志而弊谋。"小司寇是一小官，其职是负责在朝中乃至"万民"征询意见。前已言及，康有为在《论时务》中称："大司徒之询国危、询国安、询国迁是也。"

七、"汉有征辟有道之制"，说的是汉代官员的一种选拔方式，主要是征召有名望、有才华的人士到朝廷做官；"宋有给事封驳之条"，说的是宋代官员给事中的职权，其中包括对皇帝谕旨的封驳权。

以上这些思想资源，基于儒家经典和中国历史。梁启超后来亦将这些思想资源发挥、补充，在《时务报》上发表《古议院考》。（后将详述）[1] 正是这些思想资源，说明康有为提出的"议郎"，属于"大同三世说"中的"君主制"向"君民共主制"过渡的形态，与西方代议制性质的议会是不相关联的。尽管人们大可怀疑前六项中国经典中的记载是否属于事实、是否在历史上真实存在过；但按照"孔子改制说"和"大同三世说"，这些都是孔子为"改制"而自我创造，其是否属实并不重要，重要的是因孔子的口传而藏于各种经典中所表达的"大义"，留待于"后圣"之发现。正因为如此，"辟门"可被康直接解读为"议院"；"谋及卿士"亦可被康直接解读为"上议院"……

康有为不是从西方的政治学说来理解西方的议会制度，而是从中国传统经典来解释西方的议会制度，以今天的标准而言，当然是康的误读误解；但若按照"大同三世说"，恰恰相反，是西方人发现了孔子的创造，采用了孔子的制度。由于"大同三世说"的主要著作是康流亡海外后居槟榔屿、大吉岭时所著，康对其思想有所修正，相关的说法已不多见。而在之前，光绪二十二、三年（1896、1897），康在万木草堂讲授时却多有流露，其中一些内容也被康门弟子记录下来。康有为弟子黎祖健录《万木草堂口说》中称：

> 后世不行"谋及庶人"之制。"与众共之"，"与众弃之"，国人皆曰可，然后可，皆"谋及庶人"之意。今西人有上议院、下议院，即孔子之制。

---

[1] 梁启超《古议院考》的内容介绍与分析，可参见本书下编第一章第一节《古议院考》及其思想资料的辨识》。

孟子用贤用杀皆听"国人曰可",亦"与众共之"义也。西人议院即是。

外国有十二绅士曰"遭利",必俟画押然后定。即"疑狱,汎〔泛〕与众共之"也。外国亦何能出孔教外耶?

外国国用,亦由议院年计,亦是"冢宰制国用"之法。

孟子言治天下,皆由与民同之。此真孟子非常异义,全与西人议院民主之制同。[1]

除了前已说明《尚书·洪范》"谋及庶人"和《孟子·梁惠王》"国人皆可"外,"与众共之""与众弃之""疑狱,汎与众共之""冢宰制国用",皆是典出于《礼记·王制》。康弟子张伯桢录《南海师承记》中称:

蔡侯郑伯会于(邧)〔邓〕,何注:"(云)〔三〕国以上言会。会者,以其能决事,定是非,立善恶。"合外国立议院对待之外,必要多一人,即孔子"三人议则从二人言"之义。

孔子定制,各官各司一职,如皋陶、稷、契终身一官是也。外国行之,故能致强,中国不行之,是以倾败。读书当上下古今,教与政当知也。[2]

---

[1] 《万木草堂口说》,楼宇烈整理:《长兴学记·桂学答问·万木草堂口说》,第116、141、146、184页,部分引文据丁酉本。关于黎祖健及其《万木草堂口说》的介绍,参见本书下编第五章第一节"万木草堂中的口说:'洪水说''地顶说'"。又,"遭利",即jury,陪审团。

[2] 《南海师承记》,姜义华、吴根樑编校:《康有为全集》,第2集,第484、491—492页,标点稍有改动。"邧"是"邓"之误。(《春秋·恒公二年》记"蔡侯、郑伯会于邓。")"云"是"三"之误,据何休《春秋公羊经传解诂》桓公二年称:"二国会曰'离',二人议各是其所是,非其所非,所道不同,不能决事,定是非,立善恶,不足采取,故谓之'离会'。"又称:"时因邓都,得与邓会。自三国以上言'会'者,重其少从多也。能决事,定是非,立善恶。《尚书》曰:'三人议则从二人之言',盖取诸此。"《尚书》的原文,见《洪范》:"三人占,从二人之言。"何休将"占"改为"议"。《解诂》,应是"三国以上言会",见下注。又,"合外国立议院对待"之"对待",是对立、对等之意。引文中( )内为原文误字,[ ]内为作者校订改字,或补字。全书同。

"何注",指何休《春秋公羊经传解诂》。"皋陶、稷、契"之职,见《尚书·尧典》。不著录人的《万木草堂讲义纲要》中称:

> 外国制国,用孔子之制也。"司会以岁之成质",今英、法各国行之。
> "作纳言",出入帝命,是议院所起。[1]

"司会以岁之成质",典出于《礼记·王制》。"作纳言",典出于《尚书·尧典》;《汉书·百官公卿表》又有"龙作纳言,出入帝命"一句。以上康门弟子的记录,涉及西方各国议会的性质、陪审团制度、政府的预算与议会的职权、议会的多数原则和官员的专业分工,按照具有普世意义的"大同三世说""远近大小如一",都是西方采用孔子制度的明证。[2] 康有为在《上清帝第四书》中充满信心地指出:泰西诸国"设议院以通下情","则彼族实暗合经义之精,非能为新创之治也"。[3] 此中的"经义",是儒学经典中的大义。

正因为如此,用西方的议会制度来理解、来比附康有为提出的"议郎"是不正确的,也是说不通的。西方各国的民主思想有其发展阶段,西方各国的议会制度有着多种形态且有其变化,但到了康有为的时代,

---

[1]《万木草堂讲义纲要》,《康有为遗稿·戊戌变法前后》,第158、166页。

[2] 关于康有为在万木草堂的讲授,进一步的叙说与分析,可参见本书下编第四章第三节"康有为在万木草堂及桂林讲学内容的中、西学比例关系"。

[3]《上清帝第四书》,《康有为变法奏章辑考》,第75—76页。对此,康有为继续引用中国经典:"……然孟子云:国家闲暇,明其政刑,尊贤使能,大国必畏。《易》称:开物成务,利用前民,作成器以为天下利。《洪范》称:大同逢吉,决从于卿士、庶人。《孟子》称:进贤杀人,待于国人大夫。"此处的《洪范》《孟子·梁惠王》两条,前文已说明。"国家闲暇"一句,见之于《孟子·公孙丑》:"……莫如贵德而尊士,贤者在位,能者在职;国家闲暇,及是时,明其政刑。虽大国,必畏之矣。"康认为泰西的议会制度是使"贤者在位,能者在职"。"开物成务"一句,分见之于《易·系辞》:"子曰:夫《易》何为者孔?夫《易》开物成务,冒天下之道,如斯而已者也……以是明于天之道,而察于民之故,是兴神物以前民用……备物致用,立成器以为天下利,莫大乎圣人……"康在其中挑出几个意思连缀,大意是:《易》是圣人用来开启物智、成就事务,包含着天下的道理;如果能明了天的意图,察知百姓的情况,即可据占来引导人民;备置物品以让人使用,创造成器以便利天下,没有比圣人更伟大的。康所强调的是,天下一切有利的事物和制度,包括议会在内,都是由圣人创造,用来引导人民的。

我以为，其最为重要的核心内容，就是卢梭的"人民主权论"，强调人民自身的政治权利。康强调的是"通下情"，其本意是打通官僚机构的层层堵塞，使得下层的民情、民意能够上达天听。康认定的"议郎"资格，须具有较高的才智与品德；产生的方式是"公举""举""推"，康亦说明"用汉制"，当由乡贤与官员进行推选，而不是投票形式的民选。"议郎"的工作地点在皇宫内的"武英殿""轮流入直，以备顾问""随时应对，上驳诏书，下达民词"等语，属皇帝的政务咨询顾问。至于"内外兴革大政，筹饷事宜，皆令会议，三占从二，下部施行"，从表面看，与西方的议会权力比较接近，然皇帝仍是其中的指导者。若用今天的西方政治学概念来概括，康提出的"议郎"，不属民主政治，而是君主与精英的联合政治，即君主向精英们开放一部分政治权力。这正是康的"大同三世说"中"君民共主"的一种政治统治方式。

由于《上清帝第三书》上达天听，康有为立即上呈其《第四书》，提出了"下诏求言""开门集议""辟馆顾问""设报达聪""开府辟士"五条建议，这实际上是对"求人才""慎左右""通下情"三条建策的具体化，并增加了相应的新内容。所谓"下诏求言"，即"许天下言事之人到午门递折，令御史轮值监收"，康称之为"上书处"，并称"若言有可采，温旨褒嘉，或令召对"。此即后来《上清帝第六书》中的"待诏所"。所谓"开门集议"，康称言：

> 令天下郡邑十万户而推一人，凡有政事，皇上御门，令之会议，三占从二，立即施行。其省、府、州、县咸令开设，并许受条陈，以通下情。

这与《第三书》中"通下情"、设"议郎"是相通的；而"省、府、州、县咸令开设"，又可联系到前叙《论时务》一文。所谓"辟馆顾问"，康称言：

> 请皇上大开便殿，广陈图书，每日办事之暇，以一时许亲临燕坐，顾问之员，轮二十员分班侍值。皇上翻阅图书，随宜咨问，访以中外之故，古今之宜，经义之精，民间之苦，吏治之弊，地方之

情。或霁威赐坐，或茶果颁食，令尽所知，能无有讳避。上以启圣聪，既广所未闻；下以观人才，即励其未学。

此处的描写，很可能就是康心中的"左右"（即《第一书》《第三书》中的"慎左右"），在相对平等、平常的情景中，君臣之间的共同讨论政策。康称，这些"顾问之员"的产生方式为四种：一、"取于翰林"，由翰林院派出；二、"取于荐举"，由各级官员荐举；三、"取于上书"，从上书中发现人才；四、"取于公推"，由"郡县分举"。以上产生的"顾问之员"，都是"轮值"，"其不称旨者，随时罢去"。此即后来《上清帝第六书》中"制度局"的雏形。所谓"设报达聪"，即广设报馆，属社会改革，康在《第二书》《第三书》亦有相关的建策。（后将述及）所谓"开府辟士"，即允许朝廷高官及地方官"开设幕府"，设立相应的官级，以能辟士进贤，参与各级决策。[1]

如果具体地思考《第三书》中"求人才""慎左右""通下情"三策和《第四书》中"下诏求言""开门集议""辟馆顾问""开府辟士"四策，就会发现，康有为实际上讲的是同一个问题，即如何能使社会精英登上政治舞台，尤其是进入高层政治核心。从康上书的具体内容来看，"慎左右"即"辟馆顾问"中的"大开便殿"与"通下情"即"开门集议"中的武英殿，两者之间极其相似，很可能在康的心目中也没有什么区别。两者都是让光绪帝选择人才，放在身边，加以重用。君主的权力没有发生改变，但新选出的人才却可以利用君主的权力来发挥作用。这是康自我设计的进入高层政治核心的方式，也是他从《康子内外篇·阖辟篇》以来，多次上书的核心内容。[2]在清朝的政治体制下，若要在政治上有所作为，必须进入高层政治核心。康的这种想法也是无可指责的。

还须说明的是，康有为在《上清帝第三书》中提出了"通下情"、设"议郎"，在《第四书》中提出了"开门集议"等项，他恐怕这些内容会

---

[1] 《上清帝第四书》，《康有为变法奏章辑考》，第83—84页。

[2] 康有为在《上清帝第四书》最后称言："……今将南归，感激圣明，瞻望宫阙，眷恋徘徊……其推行之节目，经理之章程，琐细繁重，不及详及。如蒙垂采，或赐召对，当别辑书进呈。"（《康有为变法奏章辑考》，第86页）康希望光绪帝能召见他，而能一展其治国大略。

遭到反对,在《第四书》中自我设难设问,称言:

> ……然今左右贵近,率以资格致大位,多以安静为良图。或年已耆耋,精神渐短,畏言兴革,多事阻挠,必谓天泽当严,官制难改,求言求才,徒增干进之士,开院集议,有损君上之权……

对此,康辩解道:

> 至会议之士,仍取上裁,不过达聪明目,集思广益,稍输下情,以便筹饷。用人之权,本不属是。乃使上德之宣,何有上权之损哉?[1]

由此可见,"议郎"被推举后,仍由皇帝决定最终的人选,"输下情""便筹饷"是他们的职责。[2] 至于"用人之权",即政府官员的任免与问责——这在西方各国议会中是最重要的权力——不属于"议郎"的权力范围。他们可以彰显皇帝的德行,而不会减损皇帝的权力。

政府机构与官员(国政)

康有为在《上清帝第二书》中非常简要地谈到了政府机构与官员的改革,用他的说法是"国政"。他称言:"今官制太冗,俸禄太薄,外之则使才未养,内之则民情不达,若不变通,无以为教养之本也。"[3] 他的改革举措有以下七项:道设巡抚、知县升格、京中闲散衙门裁撤、京官转变职责、增加俸禄、设立"使才馆"和大员子弟出洋游历。

一、关于道设巡抚,康有为称言:

---

[1]《上清帝第四书》,《康有为变法奏章辑考》,第85页。
[2] 康有为在《上清帝第四书》中,特别强调了西方议院输下情、便筹饷的功能:"一在设议院以通下情也。筹饷为最难之事,民信上则巨款可筹。赋税无一定之规,费出公则每岁摊派。人皆来自四方,故疾苦无不上闻;政皆出于一堂,故德意无不下达。""征议郎则易于筹饷,而借民行钞皆可图"。(《康有为变法奏章辑考》,第75—76、84页)
[3]《上清帝第二书》,《康有为变法奏议辑考》,第37页。

> 因汉世太守领令长之制，唐代节度兼观察之条，每道设一巡抚，上通章奏，下领知县，以四五品京堂及藩、臬之才望者充之……其巡抚之下，增置参议、参军、支判，凡道、府、同、通改授此官……其上总督，皆由巡抚兼管，各因都会，以为重镇……[1]

很可能因上书字数所限，康讲得不太清楚。但从以上有限的文字来看，康要求改变地方行政体系，由原来的省、府、县三级制，改为道、县两级制，即废除省一级，改以道为一级行政区，设巡抚，并有下属官员。清代此时的"道"设在府之上，省之下，由布政使、按察使派出官员即道员领之，是清代行政区划中非正式的一级。康上书时，全国有19个行省，约90余道。康提出废省改道的用意是什么？他只是简单说明"裁冗员"。[2]

二、关于知县升格，康有为称言：

> 天下之治，必自乡始。而今知县，选之既不择人望，任之兼责以六曹。下则巡检、典史一二人，皆出杂流，岂任民牧？……其知县升为四品，以给、御、编、检、郎、员及道府之爱民者授之……其知县之下分设功曹、决曹、贼曹、金曹，以州县进士分补其缺。其余诸吏皆听诸生考充，渐拔曹长，行取郎官……使胥吏之积弊，化为士人；三老之乡官，各由民举。整顿疏通，乃可为治。[3]

---

[1]《康有为变法奏章辑考》，第37—38页。"四五品京堂"，即中央卿寺的堂官，如太常寺少卿（正四品）、光禄寺少卿（正五品）、鸿胪寺卿（正四品）、太仆寺少卿（正四品）、国子监祭酒（从四品）等等。"藩、臬"，布政使与按察使。"道、府、同、通"，即原来道员、知府、同知、通判，改为"道巡抚"的属官"参议"之类。"其上总督，皆由巡抚兼管，各因都会，以为重镇"一句，我以为，原设在省城的道，由道巡抚兼管总督职责，只是名分上的加重，以能管理"都会"，不再是管理省一级的总督。

[2] 康在《第二书》中称："上则藩、臬、道、府，徒增冗员，何关吏治？"（《康有为变法奏章辑考》，第37页）康有为可能很早就有撤销布政使、按察使的想法，前引写于光绪十四年《论时务》中，有无头无脑的"藩臬既除"一语。（姜义华、张荣华编校：《康有为全集》，第1集，第166页）

[3]《上清帝第二书》，《康有为变法奏章辑考》，第37—38页。

这一段文字虽然不长，但须改革的内容甚多：一、知县原为七品，是较为低级的官员；康提议升为四品，由中央都察院给事中和御史、翰林院编修和检讨、六部及理藩院郎中和员外郎以及原来地方的道员、知府来选授。这将极大地提升知县的权力和行政能力。二、县一级很少经制的官员，如巡检、典史；由胥吏组成的"六曹"（"六房"）等部门来维持行政运作；康提议设立"功曹"等四个部门，其曹长由进士来担任，至于更低一级的"诸吏"，由生员（秀才）来考补。这将使县衙门的胥吏完全失去其位，由进士、举人、生员之类的士人来管理，即"使胥吏之积弊，化为士人"。三、县以下的"乡官"，由民来举，虽没有说明具体的"民举"方式，然从前文所述康对其家乡"明伦堂""团练之局""同人局"的描述中，可知其大略。[1]

康有为对地方政制的改革，在后来的《上清帝第六书》中要求在道、县两级设立新政部门（后将详述）；在更后的著作中则阐述更明确：写作于光绪二十九年（1903）的《官制议》，主张道、县两级制；写作于民国元年（1912）的《废省论》，主张府、县两级制。[2]

三、关于京中闲散衙门裁撤，康有为称言：

> 其京官则太常、光禄、鸿胪可统于礼部，大理可并于刑部，太仆可并于兵部，通政可并于察院。其余额外冗官，皆可裁汰。各营一职，不得兼官。

康提出了裁撤太常寺、光禄寺、鸿胪寺、大理寺、太仆寺、通政使司六个衙门，就他的思想而言，更为极端，"若京官则自枢垣、台谏以外，皆为闲散"。至于"各营一职，不得兼官"，是指高官不得兼任多职，康称"堂官则每署数四，而兼差反多"。[3] 康此时尚未发现此事的难度，到了

---

[1] 可参见本书上编第二节之《上清帝第一书》与《论时务》。
[2] 《官制议》，姜义华、张荣华编校：《康有为全集》，第7集，第231—341页；《废省论》，同上书，第9集，第358—381页。当时全国有二百余府。康还在《废省论》中提出设立地域的九部。
[3] 《上清帝第二书》，《康有为变法奏章辑考》，第37—38页。当时京中衙门，堂官确实是有多位，如六部各有尚书、侍郎及管部大臣等，共计7位；当时高官确实兼任多职，如甲午战后的翁同龢，任军机大臣、总理衙门大臣、户部尚书等要职。

戊戌变法期间，康只提议新设而不再言裁撤；光绪帝根据岑春煊等人的提议，撤裁了太常寺、光禄寺、鸿胪寺、太仆寺等机构和部分地方官员，结果引起了极大的震动。

四、关于京官转变职责，康有为称言：

> 章京领天下之事，宜分以诸曹；翰林为近侍之臣，宜轮班顾问。部吏皆听举贡学习，以升郎曹。通政准百僚奏事，以开言路。

"章京"，满语，此时有军机处章京、总理衙门章京，协助军机大臣、总理衙门大臣办理各事，地位重要。然该职位是差不是缺，从六部等机构调任，迁转也在原衙门。康称"宜分以诸曹"，似为改差为缺。翰林院编修、检讨各官，本无固定事务，"轮班顾问"指分班担任皇帝的咨询顾问，至百日维新期间也确实选了一些人来轮值。（后将详述）[1]"部吏"指六部等衙门的吏员，多为一批专门人员把持，也不可以升为司官（"郎曹"，即主事、员外郎、郎中）。康要求将吏员的职位开放给举人、贡生，这些人将来可以升为司官。"通政"指"通政使司"，原来是接受题本的衙门，改题为奏后，其职能下降；然该衙门还有一个功能，是接受"京控"。康前称"通政可并于察院"，意在裁撤；此处又称"准百僚奏事"，意在改变功能——与《上清帝第四书》中"上书处"、《第六书》中"待诏所"，功能是相近的。

五、关于官员增加俸禄，康有为称言：

> 骈枝既去，宦途甚清，以彼冗（糜）[糜]，增此廪禄。令其达官有以为舆马仆从之费，而后可望以任事；其小吏有以为仰事俯畜之用，而后可责以守廉。若用魏、隋之制，予以世禄之田，既体群臣，庶多廉吏。[2]

由此可见，加薪的资金来源于裁员省下的靡费。这是康主观想象下的设

---

[1] 可参见本书上编第五节之"《上清帝第五书》《第六书》——总体改革思想"的最后部分。
[2] 《上清帝第二书》，《康有为变法奏章辑考》，第38页。

计,与实际政治背离——从长期来看,裁员会省费,从短期来看,裁员须先支付大笔裁退赡养的费用;且被裁者多是中层官员,将引发清朝政治根基的动摇。至于世禄之田,在当时的人口数量与土地制度下此举将会引起更大的社会动荡。

六、关于"使才馆",康有为称言:

> ……今使才未养,不谙外务,重辱国体,为夷姗笑。今宜立使才馆,选举贡生监之明敏辨才者,入馆学习,其翰林部曹愿入者听。各国语言、文字、政教、律法、风俗、约章,皆令学习。学成或为游历,或充随员,出为领事,擢为公使,庶几通晓外务,可以折冲。[1]

康这一建议在理论上是正确的,但没有考虑到操作层面的问题,其中最重要的是教员与教材。十多年后,光绪三十二年,清朝外务部设立了储才馆。

七、关于出洋游历,康有为称赞了俄国、日本派员出洋游历取得的成就,尤其是彼得大帝亲自出游,称言:

> 我亲藩世爵大臣,与国休戚……宜选令游历三年,讲求诸学,归能著书,始授政事。其余分遣品官,激厉士庶,出洋学习,或资游历,并给凭照,能著新书,皆为优奖,归授教习,庶开新学。[2]

派员出洋游历,是康有为重要的改革主张。光绪十四年作《论时务》,康就提出了这一想法,要求在总理衙门"专设一游历司,派章京四人管之"。[3]百日维新期间,康还代御史杨深秀拟奏,要求总理衙门议派举贡生监游学日本、派近支王公出洋游历。(后将详述)[4]

---

[1]《上清帝第二书》,《康有为变法奏章辑考》,第38页。
[2] 同上。
[3]《论时务》,姜义华、张荣华编校:《康有为全集》,第1集,第166—167页。
[4] 可参见本书上编第五节之"出洋游历、报馆与报律、禁缠足、孔教会、保国会"的最初部分。

以上七项改革措施，每一项内容都很庞大，做起来都很困难，然康有为在《上清帝第二书》中仅用了数百字来陈述。这恰恰是康的特点，所言甚为轻率。很可能康也意识到了这一点，在《上清帝第三书》中，只保留"使才馆"、派游历两项；不再提道设巡抚、知县升格、裁撤闲散衙门、京官转变职能、增加俸禄五项举措；而在《第四书》中，相关的言论更加简单，完全没有操作的细节。[1]

经济与财政（富国）

康有为在《上清帝第二书》中提出其经济与财政政策，用他的说法是"富国"。《第三书》再次抄录。其内容共有六项：钞法、铁路、机器轮舟、开矿、铸银币、邮政。

一、关于钞法，康有为指出了清朝财政困境，需"急筹巨款"，由此提议：

> ……令天下银号报明赀本，皆存现银于户部与各省藩库，户部用精工制钞，自一至百，量其多少，皆给现银之数，而加其半，许供赋税禄饷。其大者户部皆助赀本，其亏者户部皆代摊偿，助其流通，昭彰大信……以十八行省计之，可得万万……[2]

中国是最早实行钞法的国家，但却失败了。失败的原因很多，最重要的为两条：一、国家没有建立信用体系；二、也没有与钞法相适应的金融体系与财政体系。清朝若抱着解脱财政困难的目的而实行钞法，即"可得万万"，无疑是掠夺；清朝若不建立近代样式的中央银行，不改革财政制度与库藏体系，仅以政府手段行钞法，即"户部用精工制钞"，也难以

---

[1] 康有为在《第四书》中称："……吾土地辽阔，知县太多，纵不能如日本直隶国家，亦当如汉制领以巡抚，崇其品秩，任以从臣，上汰藩臬、道府之冗员，下增六曹、三老之乡秩"；"其余文书繁密之当删，卿寺冗闲之宜汰，堂官数人之当并，兼差数四之宜专，吏胥之宜易用士人，百官之宜终身专职，必使尽去具文，乃可施行实政"。《康有为变法奏章辑考》，第81页）康没有展开。

[2] 《上清帝第二书》《第三书》，《康有为变法奏章辑考》，第28、51页。

奏效。康提议用户部钞票兑换银号现银的做法,将会引发银号、钱庄的信用恐慌,造成金融市场的混乱;而"其大者户部皆助赀本,其亏者户部皆代摊偿",又可能会将发钞的户部卷入银号与钱庄的债务危机之中。戊戌变法期间,康在《上清帝第六书》中提议仿行"日本纸币",其进呈的《日本变政考》中也有相关的内容。(后将详述)[1]

二、关于铁路,康有为称赞了铁路功能,指出中国未能推行,在于巨额资金难以筹集,由此提议:

> 若一付于民,出费给牌,听其分筑,官选通于铁路工程者,画定行省郡县官路,明定章程,为之弹压保护……吾民集款,力自能举,无使外国收我利权。天下铁路牌费,西人计之,以为可得七千万……且可裁漕运,而省千万之需,去驿铺,而溢三百万之项。[2]

对于铁路的资金困难,康的对策是向民间资本开放。然而,当时中国的民间资本很小,又无近代样式的金融体系为之运作,而外国资本却在伺机冒用民间的名义潜入。康上书后不久,清朝一度将芦汉铁路(京汉路)的建设向民间开放,允许商款商办。有许应锵、方培垚、刘鹗、吕庆麟号称已集银上千万两,要求承办。然经过查验,全是骗局,芦汉铁路最后借比利时商款建设。容闳更是宣称能集资开办苏沪铁路和津浦铁路,连张之洞与总理衙门都受其骗。[3]在清末的路权之争中,民间士绅联合同乡官员而声势极大,但在资金上经常不能到位。川汉铁路即为典型,川路在"租股"等名义下摊派,有着很大的资金空洞。当盛宣怀改为铁路国有后,引发了保路运动,是清朝垮台的重要原因。在清末民初的铁路建设史上,利用民间资本建设起来的极少,主要是利用外国资本。中

---

[1] 参见本书上编第五节之"发行纸币与大借洋款"。
[2] 《上清帝第二书》《第三书》,《康有为变法奏章辑考》,第28—29、51页。
[3] 可参见张海荣:《津镇铁路与芦汉铁路之争:甲午战后中国政治的个案研究》,北京大学硕士论文,2008年;拙著《从甲午到戊戌:康有为〈我史〉鉴注》,第349—355页;拙著《戊戌变法的另面:"张之洞档案"阅读笔记》,上海古籍出版社,2014年,第446—448、467—476页。

国人不是没有钱，缺乏的是法制健全的金融体系。大量的民间资本是小额的，没有办法通过近代样式的资本市场，如银行存款、债券、股票等方式将之集中起来，且没有安全的退出机制。在中国当时并无信用体系的情况下，铁路商办只是一个良好的设想，真要落实还有很长的路要走。康没有认真思考其中的任何一个细节，却提出了铁路牌照费可获银7000万两的美景，并进一步地推导出，由此还可以省去每年漕运费用银1000万两和驿递费用银300万两（当时清朝中央政府财政收入一年约银8000万两）。康在《上清帝第六书》中提议设立政府铁路机构，清政府成立了铁路矿务总局。（后将详述）[1]

三、关于机器轮舟，康有为批评了官办船厂（当时有江南制造局和正在恢复中的福建船政局）："官中作厂，率多偷减，敷衍欺饰，难望致精，则吾军械安有起色？"指出英、德两国军事工业皆是民厂，要求"纵民为之，并加保护"，由此提议：

> 凡作机器厂者，出费领牌，听其创造。轮舟之利，与铁路同，官民商贾，交收其益，亦宜纵民行之，出费领牌，听其拖驶，可得巨款。[2]

此处的内容有两项，一是机器厂（包括造船厂），另一项是航运公司。甲午战败后，由于《马关条约》及其附约，清政府开放了制造业和航运业，民族资本有了较大发展，但其中的曲折难以尽言。对于这些新企业，政府的做法是重在扶持或是意在税收，效果会有很大的差别。对于落后国家的制造业与航运业而言，资金、技术、市场的条件都很差，尚不能指望"可得巨款"。

四、关于开矿，康有为认为中国是矿产丰富的国家，云南、开平等处采矿业"未见大利"，主要原因是"矿学之未开，采办非人也"。他认为"矿学以比国为最"，由此提议：

---

[1] 可参见本书上编第五节之"《上清帝第五书》《第六书》——总体改革思想"。
[2] 《上清帝第二书》《第三书》，《康有为变法奏章辑考》，第29、51—52页。

> 宜开矿学，专延比人教之，且为踏勘。购机器以省人工，筑铁路以省转运，二十取一而无定额税，选才督办而无滥私人，则吾金、银、煤、铁之富，可甲地球。[1]

这一段话，我看了几次都未能全解，想找到其中的责任主体。"宜开矿学"，应是政府行为；"选才督办"，似为政府选人来管理此事，很可能采用官督商办的方式。开矿是极难之事，当时的矿权经常在不清不楚之际而落于外国人之手，但在康的言词中，显得十分容易。康在《上清帝第六书》中提议设立政府矿务机构，清政府也成立了铁路矿务总局。

五、关于铸银币，康有为指出了清朝尚无本位货币的缺陷，说明西方银圆大量流入中国造成的损失，要求各省铸造银圆，由此提议：

> 请饬下户部，预筹巨款，并令各行省皆开铸银局，其花纹年号，式样成色，皆照广东铸造，增置大圆。由督抚选（廉吏精明）[精明廉吏]专司此局，厚其薪水，严其刑罚，督抚以时月抽提，户部以化学核验。他日矿产既盛，增铸金钱……[2]

清朝此时的商业活动已有规模，但没有结算方便的货币体系。当时实行银两、铜钱双轨制，银的重量和成色两个要素，使得结算很不方便。铸银币是正确的方向。至清末，各省普设铸币局，大量铸银币，其动因不是康的提议，而是利益趋动，铸币可以获利。然在利益趋动下的各省铸

---

[1] 《上清帝第二书》《第三书》，《康有为变法奏章辑考》，第29—30、52页。比较奇怪的是，康有为从何处得知"比国"（比利时）擅长矿学，而比利时的矿业并不发达；康称"吾金、银、煤、铁之富，可甲地球"，亦不正确，中国的金、银藏量不大，富铁矿也少，煤的蕴藏量较大。

[2] 《上清帝第二书》《第三书》，《康有为变法奏章辑考》，第30、52—53页。康有为指出："吾元宝及锭，形体既难握携，分两又无一定，有加耗、减水、折色、贴费之殊，有库平、规平、湘平、漕平之异，轻重难定，亏耗滋多。"这是合乎当时情况的，时人亦有较多抱怨。银两制使大宗交易非常麻烦，也使小额结算十分困难。一部分人为方便而用洋圆交易。清末国内外商业贸易规模有了较大增加，国家货币和国家货币政策成为一大障碍，尤其是国际上通行金本位的情况下，损失更多。又，康在光绪十四年《论时务》中即有铸币的言论，亦可参阅。（姜义华、张荣华编校：《康有为全集》，第1集，第167页）

币，不能也不利于形成国家的统一货币体系和货币政策。康在《上清帝第六书》中提出设立十二局，其中有"铸币局"。

六、关于邮政，康有为认为原有的驿递系统耗费太大，民间书信也不能利用，而英国邮政公私皆寄，"岁入一千六百多万"，由此提议：

> 我中国人四万万，书信更多，若设邮政局以官领之，递及私书，给以凭样，与铁路相辅而行，消息易通，见闻易广，而进坐收千余万之款，退可省三百万之驿，上之利国，下之便民。[1]

康的建立国家邮政的设想是正确的，然从中国邮政史可知，这需要很长的时间，花费很大的力气。不仅仅是网点和信誉建立，且依赖于铁路、轮船等新兴交通的发展。

以上六项，皆是康有为根据西方经验而提出，总体方向都是正确的；但康没有相应的经济学、历史学知识，也没有相应的实践经验，不知其难，所言亦为轻率。比如由国家来铸银币并发行附币，一直到了北洋政府时期才大体解决；又如国家邮政，也是到了北洋政府时期，才成为具有盈利能力的国家机构；再如纸币，此后过了四十年，1935年，国民党政府才发行法币。此中的困难都是康没有想过的。

社会与经济（养民）

康有为在《上清帝第二书》中提出了社会与经济的改革方案，用他的说法是"养民"。《第三书》再次抄录。其内容一共有四项：务农、劝工、惠商、恤穷。

一、关于务农，康有为指出了西方农学与农业的优长：

> 外国讲求树畜，城邑聚落，皆有农学会，察土质，辨物宜。入会则自百谷、花木、果蔬、牛羊牧畜，皆比其优劣，而旌其异等。田样各等，机车各式，农夫人人可以讲求。鸟粪可以肥培壅，电气

---

[1]《上清帝第二书》《第三书》，《康有为变法奏章辑考》，第30—31、53页。

可以速长成，沸汤可以暖地脉，玻罩可以御寒气，刈禾则一人可兼数百工，播种则一日可以三百亩。择种一粒，可收一万八百粒，千粒可食人一岁，二亩可养人一家。瘠壤变为腴壤，小种变为大种，一熟可为数熟。

如此大段引用康的原文，是说明其思维与推理的基础。我还真不知道康从何处得知这些西方农业"奇迹"，许多内容至今仍属科幻，但他却确信不疑，后来还多次说过。康由此提议：

宜命使者译其农书，遍于城镇，设为农会，督以农官。农人力薄，国家助之。

"使者"指清朝驻西方各国的外交官，"农会"指"农学会"，为社会组织，"农官"应是国家官员。康的这些说法是正确的，但问题是，清朝外交官当时并无翻译农学著作的能力——这一方面是他们的英文水平较低和近代农学知识缺乏，另一方面是还没有专业名词的标准及其相应科学概念，也没有辞典或其他工具书；在缺乏知识与人才的条件下，"农会"与"农官"也难以达到"遍于城镇"的规模。此外，康还提议"设丝茶局，开丝茶学会"。[1] 戊戌变法期间，康提议设立"农商局"，清朝为此成立了农工商总局。（后将详述）[2]

二、关于劝工，康有为说明了西方工业成就，指出清朝此时"机器局"成绩不彰，由此提出两项建议。其一：

宜令各州县咸设考工院，译外国制造之书，选通测算学童，分门肄习，入制造厂阅历数年。

---

[1] 《上清帝第二书》《第三书》，《康有为变法奏章辑考》，第31、53—54页。康有为称：意大利、法国、日本"讲蚕桑"，印度、锡兰"茶叶与吾敌"，由此而建立丝茶局、开丝茶学会。丝茶学会应是社会组织，丝茶局属政府部门或是行业协会，我从文字上还看不出来。

[2] 可参见本书上编第五节之《上清帝第五书》《第六书》——总体改革思想"。

此是建立技术学校("考工院"),培养技术工人与工程师。如同前述,康的方向是正确的,但没有考虑到建立此类学校所需的人才与资金;更重要的是,此时清朝尚未建立近代普通教育体系,又如何设立此类技术教育?康在上书中还提到了"艺学书院""艺学科",未说明其与"考工院"之间的差别与联系。其二:

> 工院既多,图器渐广,见闻日辟,制造日精。凡有新制绘图贴说,呈之有司,验其有用,给以执照,旌以功牌,许其专利。[1]

这是要求设立专利制度。戊戌变法期间,康专门上书,得到光绪帝的批准,清朝拟定了中国第一部专利章程。(后将详述)[2]

三、关于惠商,康有为谈到了洋货的大举入侵和土货的出口能力不足,由此提议:

> ……似宜特设通商院,派廉洁大臣长于理财者,经营其事。令各直省设立商会、商学、比较厂,而以商务大臣统之,上下通气,通同商办,庶几振兴。

"通商院",似为政府机构;"商会",是商人的组织;"商学",似为商业学校;"比较厂",即商品展览会,用展出比较的方式来扩大市场销路,提高产品质量。康有为以此来改善商业活动的环境和培养商人的经营能力,应当说是很有见地的。但他没有意识到,由政府来推动商会、商学、商品展览会的作用是有限的,社会本身还要有相应的机制。康还提出,当商业规模扩大后,"蠲厘金之害,以慰民心,减出口之税,以扩商务"。[3]厘金与出口税是当时清朝政府最重要的财政收入,减税符合商人的利益,但康没有考虑到国家财政的维持。戊戌变法期间,康对此亦有上奏,清政府在京设立农工商总局,命各省设立分局,并在上海、汉口

---

[1] 《上清帝第二书》《第三书》,《康有为变法奏章辑考》,第32、54—55页。
[2] 可参见本书上编第五节之"政府经济机构、专利权、删减《则例》、京师道路整治"。
[3] 《上清帝第二书》《第三书》,《康有为变法奏章辑考》,第32—33、55—56页。

设立由绅商主持的商务局。(后将详述)[1]

四、关于恤穷，康有为提出了三项建议：其一是移民，将民众移往西北、东北、蒙古等地，并等到铁路建成后，"专派大臣以任此事"。其二是"教工"，州县设立"警惰院"，"选善堂绅董司之"，凡无业游民皆入其中，限禁出入，"择其所能，教以艺业"，有大小工程时，"以军法部署，俾充役作"，只有他们改过时，才能取保放出，"再犯不赦"。其三是养穷，各地设立相关的机构，收养鳏寡孤独及残疾人，"令有司会同善堂，劝筹巨款，妥为经理"。[2]他以极其简单的文字来叙述其极其庞大的计划，也没有相应的实施细则。

康有为的"养民"政策是非常广泛的，也是非常难行的，除了政府的作用外，更应在社会中培育出相应的机制。如前所述，康无经验，不知其难，却显得极有把握，信心十足，所言亦为轻率。

社会与文化教育（教民）

康有为在《上清帝第二书》中提出了社会与文化教育的改革方案，用他的说法是"教民"。《第三书》再次抄录。其内容一共有三项：艺学科、报馆、道学科。

一、关于艺学科，康有为时代所称的"艺学"，指科学、技术和制造。康指出清朝此期科举的弊端，尤其是以"弓刀步石"为主的武科举完全不适用，说明英、美等国在教育、学术著述及图书馆等方面的成就，提议将"改武科为艺科"，先设立书院：

> 令各省、州、县遍开艺学书院。凡天文、地、矿、医、律、光、重、化、电、机器、武备、驾驶，分立学堂，而测量、图绘、语言、文字皆学之。选学童十五岁以上入堂学习，仍专一经，以为根本；

---

[1] 可参见本书上编第五节之"政府经济机构、专利权、删减《则例》、京师道路整治"。
[2]《上清帝第二书》《第三书》，《康有为变法奏章辑考》，第33—34、56—57页。康有为称，海外侨民因排华法案将会大量回国，须事先准备移民之地；除了"游民无赖"收入警惰院外，乞丐等收入"外院"，"工作如之"；收养孤老残疾的机构，劝筹款项时，"许照军功劳绩奖励"。

延师教习，各有专门。

此是提议广开各类专门学校，与前文所叙的"考工院"有相同相近之处；"仍专一经""各有专门"的设计，可追溯到前节所叙康有为早期著作《教学通义》中的"私学"。此项政策实施的主要障碍与"考工院"相同：在清朝尚未建立普通教育体系之时，专门教育又如何开展？此类学校所需要的人才与资金又如何解决？而"考工院"的培养目标只是技工、技师，"艺学书院"培养的是大批专业人才，即便能够培养出来，以当时的社会经济水平而言，还会有相应的就业问题。康的考虑却不在此，而是设计了"艺科"的科举之途：州县艺学书院的学童，每年由学政与院师考试，除所习专业外，加试经题，其中一半举荐于"省学"，获得相当于"生员"的资格，五年未中式者出学。省级艺学的生员，每年由督抚、学政与院师考试，除所习专业外，加试经、史、掌故，其中一半"贡于京师"，获得相当于"举人"的资格，五年不中式者出学。京师艺学的举人，每年由总裁、礼部会同大教习考试，一半中式，获得相当于"进士"的资格，三年不中式者出学。艺学进士回州县艺学任总教习；艺学举人任分教习，"并听人聘用"；艺学诸生回其乡学塾教学，"并充各作厂"，即到各作坊、工厂去工作。至于有所创造者，可以"量授以官"。[1] 如此这般，大量培养的"艺学"专门人才，其主要出路不是在社会中就业，创造知识与财富，而是形成庞大的科举体系，就像当时的儒学那样。学和用之间，将会严重脱节。此外，康《上清帝第二书》中提出了"文科"改制，在《第四书》中再次提出"稍改科举"，然皆语焉不详。[2]

---

[1] 《上清帝第二书》《第三书》，《康有为变法奏章辑考》，第35—36、57—59页。

[2] 康有为在《上清帝第二书》中提出：文科童试以经古为正场，二场试《四书》文；乡会试头场为《四书》《五经》和诗，二场掌故、策，三场问外国。又称："其有创著一书，发明新义，确实有用者，皆入翰林。进士授以检讨，举人授以庶吉士，诸生授以待诏。"（《康有为变法奏章辑考》，36页）康在《第三书》对此大大简化，未称具体办法（同上书，第58—59页）康在《第四书》中称："……救贫莫如开矿、制造、通商，救弱莫如练兵、选将、购械，人所共知也。而科举不改，积重如故，人孰肯舍所荣而趋所贱哉？……于是稍改科举，以以荣途励著书、制器、寻地、办工之人；大增学校，而令乡塾遍读史、识字、测算、绘图、天文、地理、光、电、化、重、声、汽之学。亦可谓能变通矣。"（同上书，第79页）

二、关于"报馆",康有为引经据典,说明近代报刊的重要性,"清议时存,等于乡校,见闻日辟,可通时务",提议"宜纵民开设,并加奖劝,庶裨政教"。[1]也就在此时,康有为与梁启超等人在京创办了《万国公报》、在上海创办了《强学报》,梁启超后来参与创办了《时务报》和《知新报》。

三、关于"道学科",康有为指出孔学的重要性,要大力宣扬,以能与西教相对抗。他的办法是:(一)"其有讲学大儒,发明孔子之道者,不论资格,并加征礼,量授国子之官,或备学政之选",即孔学造诣深厚者,可担任国子监的官员,或外放学政。(二)"举人愿入道学科者,得为州、县教官",即可授州、县学教谕、训导等官。(三)"诸生愿入道学科者,为讲学生,皆分到乡落,讲明孔子之道,厚筹经费,且令各善堂助之",即生员可直接到乡间去宣教,并得到资助。由此可见,"道学科"非为新试科举之一途,而是孔学深厚者(大儒)或已经通过科举者(举人、生员)的职业选择。从清朝当时的补官、授官情况来看,出路是相当优越的。除在国内宣传孔学外,康有意仿效西方传教士到海外宣教:如果有"高才硕学"欲往外国传播孔子之道,给予国子监、翰林院的官衔,助以经费,并令清朝驻外公使、领事予以保护,"令资游历";"若在外国建有学堂,聚徒千人,确有明效,给以世爵";在华侨众多的南洋各岛,"宜每岛派设教官,立孔子庙,多领讲学生,分为教化";其目标是"将来圣教施于蛮貊,用夏变夷"。[2]前已叙及,康有为本来就有立教的设想,此是微露其意;戊戌变法期间,康直接上奏提议设立"孔教会"。(后将详述)[3]

此外,康有为在《上清帝第三书》《第四书》中还简要介绍了西方各国的学会、书藏(图书馆)和专利制度的情况。

---

[1]《上清帝第二书》《第三书》,《康有为变法奏章辑考》,第36—37、59页。康有为在《第四书》的五策,亦有"设报达聪"一策。
[2]《上清帝第二书》《第三书》,《康有为变法奏章辑考》,第37、59—60页。
[3] 参见本书上编第三节之"孔子改制说";上编第五节之"出洋游历、报馆与报律、禁缠足、孔教会、保国会"。

军事（练兵）

康有为在《上清帝第三书》中提出了军事改革的方案，用他的说法是"练兵"。其内容共有六项：汰冗兵而合营勇、团练、练旗兵、精器械、武备学堂、复整海军。

一、关于汰冗兵而合营勇，康有为指出清朝绿营兵六十万，"皆老弱无可用"，另募营勇（即湘、淮军体系）三十万，"非克扣虚名，则乞丐充数"；由此提议绿营兵全裁，营勇"沙汰"。康认为，此时的绿营兵因兵饷太薄而无以维持生计，早已另兼他业，有其生活基础，即使立即裁汰，"决不生变"；裁汰下来的绿营兵，可参加营勇的候选。然康将此事看得过于简单。清朝绿营兵平时有维持治安之功用，全行裁撤将会激发兵变，造成社会动荡，是非常危险的。清末绿营改编为巡防队，过程相当长，且地方的治安也因此而不太平静。[1] 至于营勇的改造，康提议：

> 请派廉明勋望若冯子材、宋庆、魏光焘之比者，分赴各省，沙汰弁兵，带同医生，拣选健锐精敏，年二十至三十者入营，教以识字、地图、枪法、阵法、口号、炮兵、马兵、步兵各分其事，轻骑、铁骑、精骑各致其长，明攻守，习转运，厚其饷糈……训练三年乃许授室，五年之后，退充民兵……每直省皆选万人，练成一军。[2]

从以上的语词来看，康有意将营勇改造成新军，"识字、地图、枪法、阵

---

[1] 此后未久，光绪二十二年，户部因财政困境，上奏要求各省裁减绿营七成，勇营三成，以腾出经费。其中裁绿营的用语，与康有为的说法大体相同："或虑裁兵生变，不知各省各粮大都虚伍，其食饷之兵非贸易营生，即游手坐食，所得饷项甚微，本不足以资养赡就食，裁撤亦与生计无关，当不致驱而为盗。"奉旨允行。然各省没有实际行动。光绪二十三年三月初四日，户部再次上奏，光绪帝下达严旨，并给直隶总督王文韶、两江总督刘坤一、浙江巡抚廖寿丰、河南巡抚刘树堂单独下旨，依旧未获大的进展。（谢俊美编：《翁同龢集》，中华书局，2005年，上册，第143—144、146—148、151—152、167—169页。《光绪宣统两朝上谕档》，广西师范大学出版社，1996年，第22册，第286—287页；第23册，第48—50页。《时务报》也刊出户部光绪二十三年三月初四日奏折，见该刊第28册，光绪二十三年五月初一日，中华书局影印本，第3册，第1872—1876页）可见此事之难。

[2] 《上清帝第三书》，《康有为变法奏章辑考》，第61—62页。

法、口号"属西式训练,"炮兵、马兵、步兵"属西式兵种,"五年之后,退充民兵"又属西式的正役与预备役。但康没有完整的西方军事学知识,"轻骑、铁骑、精骑",我怎么看也不能理解,康本人似也难说明其中的区别;选用"冯子材、宋庆、魏光焘"一类的将领为统帅,似不能改变其营勇的性质而成为近代陆军。

二、关于"团练",即民兵,康有为提议:

> ……请令各行省二十丁而抽一,除官人及士人外,自年十八至四十,皆列尺籍,以为团兵,以五年选为战兵,余皆留团。有事则调遣,无事则归耕。岁月之暇,随营训练,统以绅士,给以军械,每月三操,终岁大校,挽强命中,赏以功牌。中国民籍四万万,可得二千万有勇知方之民团,退可以守,进可以战……[1]

康提出了一个庞大的计划,但他似乎完全没有意识到,实行此类民兵制,在于基层政府的社会控制能力和动员能力:人口调查与统计,基层政权结构与效能,军械、军训教官及其场地,给养与经费。这些都是清朝当时所不具备的。

三、关于"练旗兵",康有为指出八旗兵之"委顿""徒縻廪禄",由此提议:一、京营,"应派严明大臣,汰选八旗,并饷立额,与绿营兵勇一律训练";二、东三省,"宜令东三省练精骑、铁骑各三万,辅以铁路,星夜训练,可以雄视沿边矣";三、蒙古,"派知兵大臣,如依克唐阿之流,会同诸盟王公、贝勒、贝子、台吉,讲求兵械马队,严为训练,或调入直省诸营,观摩讲求,必有策凌、僧格林沁之才,出宣忠勤者。"[2] 康认为,如此即可"练旗兵而振满蒙"。以上的设计,纯属想当然。康的主旨是"加强训练",然而八旗及蒙古兵丁之所以不练,有着诸多的经济和社会因素,更与战争形式与作战对象的变化有关,不是选派"严

---

[1]《上清帝第三书》,《康有为变法奏章辑考》,第62页。
[2] 同上书,第62—63页。其中"与绿营兵勇一律训练"一语,很可能是指与"营勇"(湘淮体系)一并训练之意。按照康有为前面的说法,绿营将是全撤的。"调入直省诸营,观摩讲求,必有策凌、僧格林沁之才"一语,似为调"诸盟王公、贝勒、贝子、台吉"入"直省诸营",而非为调入所训练的蒙古军队。

明""知兵"官员("如伊克唐阿之流")勤加训练即可解决的。

四、关于"精器械",康有为称:

> 吾器械朽钝,皆由官厂制办,不募民工之故。若既立艺学,募制机器,纵民为之。更悬重赏,有能制新械者,酌其用之大小,制之精否,予银币外,给以旗匾,俾荣于乡,则天下巧工,各竭其心思智虑,以应国家之用矣。虑不及事,先选出洋学徒,入各国工厂学习讲求,归教吾民。中国民心思灵敏,树之高标,必有精器利械,日出不穷,足与西人争胜者。是谓募新制以精器械。

为了清楚地表明康的思想,以上是全录其建策,共141字。其对策似为"民工"和"艺学",用"重赏""旗匾"来催生"精器械"的能工巧匠,由此与西人争胜。康并不知道,一个国家的军事工业之水准,不仅仅在于工匠,而是由该国科学技术水准、人才教育体系、工业制造能力、国家财政状况等诸多因素所决定,更与军工企业本身的经营水准与市场化程度相关联。

五、关于"武备学堂",康有为称:

> 吾将才不足,宜令各县皆立武备学堂,选士肄习天文、地理、布阵、绘图、测量、算法,选其高等,乃授兵官。其近支王公妙年英迈者,宜皆令入堂学习,以备统帅。自余旧弁,不通文义韬略者,除勋望大臣及剽悍劲将外,皆予沙汰。规模既变,精神一新,既无贱武之功,自收干城之用。是谓广学堂以(炼)[练]将才。[1]

以上也是全录康的建策,总共115字。康用西式教育来培养军官,方向是正确的,但他不了解西方军事学校的情况,更不知道办军校所需的人才、设施和资金,需得以用整个国家的力量,绝非是一个县所能办的,更何况是"各县皆立"。从世界著名陆军军校——英国桑赫斯特皇家军校、法国圣西尔军校、美国西点军校与日本陆军士官学校——皆是以一

---

[1]《上清帝第三书》,《康有为变法奏章辑考》,第62—63页。

国之精英来办校，吸引一国之精英来学习，与他国（假想敌）军事学术相竞争，且与该国的普通教育体系（大中小学）相连接。清朝此时也有船政学堂、北洋武备学堂等近代军事教育机构，但培养出来的军官水平低，海陆军在甲午战争中皆败。除了没有普通教育体系之配合外，这些军校办学水平不高（包括没有与敌手——即日本陆海军学校的竞争意识），也是重要的原因。

六、关于"海军"，康有为称："轮舟之制，近以铁甲过重，行驶难速，多用蚊子、快碰船，船小而质轻，动灵而行速，快船则头装巨刃，专碰敌舟，蚊子则旁护铁甲，可以突险。"[1]康的这段话，表明他对近代海军舰船与海战方式的无知。此时清朝购有蚊船，即有一门重炮的小型炮艇，从使用效果来看存在很大的问题——排水量小，只能泊在近海，不能远洋作战，在甲午战争中未能起到作用。至于"头装巨刃"的快船，康可能闻自不可靠的传言。此外，康还提到了海图、水营、海军人才，错乱更多。

以上六项，包括了清朝当时的陆海军与装备、教育诸方面，可谓完整。康有为改革方案的方向，大体是西方式的，但他西方军事学知识严重不足，也缺乏如同李鸿章、刘坤一等人那样儒生出身却有领兵打仗的经验，清晰地暴露出"书生议兵"的诸多缺陷。即以"中国民籍四万万，可得二千万有勇知方之民团"一例而言，康已说明"二十丁而抽一，除官人及士人外，自年十八至四十"，那么，除去女性与年龄不合者，大约只有一亿人口，再除去"官人""士人"、身体不合者和其他条件不合者，最多只有八千万人口，二十丁抽一，绝无"二千万"，应是400万。即使以400万计算，"每月三操"，需要多少场地、多少兵器、多少教官、多少工食费用、多少临时住房、多少粮食供应？这些都是很大的计划，需要有经验的官吏来设计。至于二十丁抽一，又如何做到社会公平，不过分扰民，不成为贫穷人家的新徭役，都需要有经验的官吏进行社会调查

---

[1]《上清帝第三书》，《康有为变法奏章辑考》，第63页。当时一些国家因海军军费不足，不能有巨舰重炮，只能建造小型舰船，并非是"铁甲过重，行驶难速"。至于重型铁甲舰与轻型的巡洋舰、驱逐舰的数量配置，又是另一个问题。康有为的言论，表明他没有这方面的知识。

与安排。然而，所有这些本属题中应有之义的细节，却都在康的思考范围之外。

强学会及其欲办诸事

光绪二十一年（1895）夏，康有为在连续三次上书之际，又与杨锐、沈曾植、陈炽等人在北京发起强学会，并编送《万国公报》（后改《中外纪闻》，由汪大燮、梁启超主笔）。该会因御史杨崇伊的弹劾，于十二月初七日被封禁。在此之前，康有为已出京，九月到南京，与署理两江总督张之洞会谈。在张的支持下，康至上海，办理上海强学会，出版《强学报》。然因康、张两人在学术思想与政治观念上的巨大差异，张于十二月初十日下令，停办上海强学会的《强学报》。康亦于数日前离开上海回广州。

强学会是康有为主导成立的社会组织，亦有社会改革之职责，成立时间虽短，仍可观察到康的政治思想与政策设计。由康起草的《上海强学会章程》，是该会纲领性文件，称其宗旨为："上以广先圣孔子之教，下以成国家有用之才"，并称其所办"最要者四事"：

一、译印图书。康有为称："欲令天下士人皆通西学，莫若译成中文之书"，并称该会将"首译各国各报，以为日报取资；次译章程、条教、律例、条约、公法、目录、招牌等书，然后及地图暨各种学术之书，随译随刊"。译书是康有为一派的重要目标，梁启超亦有相同的言论，并在上海成立了大同译书局。

二、刊布报纸。康有为称："……今之刊报，专录中国时务，兼译外洋新闻，凡于学术治术有关切要者，巨细（毕）登，会中事务附焉。"前已叙及，康在《上清帝第二书》《第三书》中有多设报馆的提议，此时更明确了该会所办《强学报》的刊登内容。《强学报》停办后，梁启超等人创办了上海《时务报》，康也与梁等人共同创办了澳门《知新报》。

三、开大书藏（图书馆）。康有为称："……今合中国四库图书购钞一分，而先搜其经世有用者，西人政教及各种学术图书，皆旁搜购采，以广考镜而备研求。其各省书局之书，皆存局代售。"这是从藏书楼到公共图书馆的过渡。康在《上清帝第二书》《第三书》中曾有简要的叙述；

康有为一派后来也多次倡导，未获成效。

四、开博物院。康有为称："……今创设此院，凡古今中外兵、农、工、商各种新器，如新式铁舰、轮车、水雷大器及各种电学、化学、光学、重学、天学、地学、物学、医学诸机器，各种矿质及动植种类，皆为备购，博揽兼收，以为益智集思之助。"康再次显示出其敏捷于思而不计细节的特点。他所要建设的，不仅仅是西式的博物馆，而是会集各种新技术、新科学的展示馆；然他没有见过西方各种博物院，也不了解西方科技与工业的实情；他似乎还不了解许多科学原理很难用器物的方式来陈列，如他所说的电、化、光、重（力学）；而"新式铁舰、轮车（火车）、水雷大器"之类的器物，极其庞大，按照当时清朝的建筑水平，也是无法放在他设想的"博物院"内。

除此之外，康有为还有更大的企图：

> ……视集款多寡，次第举行者，又有数事：立学堂以教人才，创讲堂以传孔教、派游历以查地舆、矿务、风俗，设养贫院以收乞丐、教工艺……[1]

以上共学堂、孔教、游历、养贫院四项，康在《上清帝第二书》《第三书》中亦有相应的建策，即"艺学科""道学科""派员游历""恤穷"，只是将实施的主体，由政府改为学会。

《上海强学会章程》虽然没有实施，但康有为提出的以上各项，是康一派后来创办各种学会或参预社会改革的主要内容，也是梁启超大力宣传变法的主要内容。到戊戌变法期间，康、梁还积极创办了"保国会"。

---

[1]《上海强学会章程》，《强学报》第一号，其中多有错字，另据第二号刊出之《强学报正误》改，《强学报·时务报》，中华书局影印本，第1册，第9—15、23页。此外，康有为还非常强调学会的集资功能："今议凡来入会者，皆须捐助，最少十两为限"；"若逾月不交，即将其会扣除。其五十两以上，准分两次交清；百两以上，准分四次交清。每次以两月为限"；"凡捐助百两以上者，每译印成书，各送一部；五十两以上者，译印之书，但收成本；三十两以上者，取译印之书，减价一成；自十两以上者，报纸皆减二成，并刊名报上。其有捐助千金者，永准其送一人入学堂肄业，由会中支给"。

梁启超的《变法通议》及其他政论文章

梁启超因任《时务报》主笔而声名大振,而他在《时务报》上最重要的政论文是《变法通议》。该文呼唤着变法的必要性和必然性,尖锐地批评现实政治,许多名句名段,万口传诵,流传至今;然至于如何变法,即改革的政策设计,梁仅涉及科举、学校、学会、译书四项。[1]

一、关于科举,梁启超指出了科举之害后,提出了改科举的上、中、下三策。梁启超的"上策"为:

> 远法三代,近采泰西,合科举于学校,自京师以讫州县,以次立大学、小学,聚天下之才,教而后用之。入小学者,比诸生;入大学者,比举人;大学学成,比进士;选其尤异者,出洋学习,比庶吉士;其余归内、外、户、刑、工、商各部任用,比部曹;庶吉士出洋三年学成而归者,授职比编、检。

梁要求将科举功名授予新式学堂入学者和毕业者,由此达到"废科举""兴学校"的目的,称言"八年之后,人才盈廷"。从清朝后来废科举办学堂的历史过程来考察,此策的最大困难还不是观念转变,而是师资、校舍、教材与经费,且远非"八年"即可"人才盈廷"。

梁启超的"中策"为"多设诸科,与今日帖括一科并行"。其提议的新设科目共有九科:"明经"("能以今日新政,证合古经者为及格")、"明算"(数学)、"明字"(中国与外国语言文字)、"明法"(法律与国际政治)、"通礼"(政治)、"技艺"(科学技术)、"学究"(教学法)、"明医"(医学)、"兵法"(军事学)。[2]然而,在没有建立近代教育体系与科

---

[1] 如同梁启超的许多政论文章一样,《变法通议》是未完成的作品。梁最初的设计很大,称"其总纲三:一曰教,二曰政,三曰艺。其分目十有八:一曰学堂,二曰科举,三曰师范,四曰专门,五曰幼学,六曰女学,七曰藏书,八曰纂书,九曰译书,十曰文字,十一曰藏器,十二曰报馆,十三曰学会,十四曰教会,十五曰游历,十六曰义塾,十七曰训废疾,十八曰训罪人"。但已发表者,只是其写作计划中的很小部分。相关的说明与分析,可参见本书附编第一章"梁启超《变法通议》的写作计划、发表与结集"。

[2] 梁启超所称"明经"似乎在做规定文章,不太合乎近代学术中立的立场;其余(转下页)

技体制的情况下,梁提议的新设九科如何出题,如何评判,且能保证大体"公平",在操作似有很大的难度;尤其是"明经"科,要让学子去证明"新政""合古经",若不从"康学"下笔,似无"合格"之可能。

梁启超的"下策"是改变现有科举考试的内容:童试经古一场,"必试以中外政治得失,时务要事,算法格致等艺学";乡、会试设三场:第一场"试四书文、五经文、试帖各一首";第二场"试中外史学三首,专问历代、五洲治乱存亡之故";第三场"试天算、地舆、声、光、化、电、农、矿、商、兵等专门,听人自认一门,分题试之"。殿试"专问当世之务,对策者不拘格式,不论楷法"。梁的方法是废八股,让所有的士人集中思考当时的"国难",并逼迫士人学子研读"天算、地舆"之类的"西学"。[1]然而,如何能让普通学子直接应对国策("治乱存亡之故"),如何能让没有受过西学教育或西学不发达地区的学子考试西学,如何让八股出身的官员来评判考卷录取其优,都将是极其困难之事,且也难以做到"公平"。

以上三策,都是梁对康有为三次上书中相关内容所做的改进或具体化。[2]百日维新期间,清政府进行科举改革,采用了部分中策(即增设经济特科)和部分下策(即废八股改策论)。(后将详述)[3]

二、关于学校,梁启超简单介绍了日本普通教育体系(小、中、大学与师范),并阐述了"师范""女学""幼学"三个主题。[4]按照梁的写

(接上页)各科的内容,梁说得不太清楚,为方便读者,我用近代学术分科来括注,也请读者注意此仅是近似值。

[1] 相关的内容见《论学校二:变法通议三之二·科举》,《时务报》第7、8册,光绪二十二年九月初一、十一日,中华书局影印本,第1册,第413—420、483—488页。

[2] 康有为在《上清帝第二书》《第三书》中提出"艺学科",强调的是各科,还没有意识到建立普通教育体系之必要;梁启超的"上策",是将科举与普通教育体系相结合。梁称此法是"远法三代",又称"上策者,三代之制也",自然是受到了康《教学通义》的影响。康在《上清帝第四书》中仅是笼统提到"稍改科举",梁的"中策"将之具体化。康在《上清帝第二书》对文科改制有着简要的叙述,梁的"下策"再将之具体化。

[3] 可参见本书上编第五节之"科举、学堂、译书"。

[4] 光绪二十二年五月初二日,刑部侍郎李端棻上奏,要求在府州县、省、京城三级设立学堂,并要求设立藏书楼、仪器院、译书局、报馆,并派游学。(《刑部左侍郎李端棻奏请推广学堂折》,北京大学、中国第一历史档案馆编:《京师大学堂档案选编》,北京大学出版社,2001年,第1—6页)这一奏折是梁启超起草的。梁到了上海后,看到了《时务报》日文翻译古城贞吉所译《日本学校制度》《日本高等师范学校章程》,对其思想应有所帮助。

作计划，还应有"专门"，即各类专科教育一节还没有完成。梁首先要求在各地建立小学堂与师范学堂，"师范学堂之生徒，为小学之教习"，以能比较快地普设小学；他强调了女学的重要性，主张不缠足、兴女学；他说明了儿童学习的特点，要求有针对性地编辑各类书籍以充教材——"识字书""文法书""歌诀书""问答书""说部书""门径书""名物书"（辞典），并要求学习外国语。梁还提出过一个具体的计划：

> 西人之策中国者，以西国之人数与中国之人数为比例，而算其应有之学生，与其学校之费。谓小学之生宜有四千万人，每年宜费二万二千六百万元；中学之生宜有一百十八万四千余人，每年宜费五千九百万余元；大学之生宜有十六万五千余人，每年宜费七千一百万余元。今不敢为大言，请如西人百分之一，则亦当有小学生四十万人，中学生一万一千八百四十人，大学生一千八百五十余人，每年当费三百五十六万元。中国房屋衣食等费，视西人仅三之一，则每年不过一百余万元耳。犹有一义于此，中国科第之荣，奔走天下久矣。制艺楷法，未尝有人奖励而驱策之，而趋者若鹜。利禄之路然也。今创办之始，或经费未充，但使能改科举，归于学校，以号召天下，学中惟定功课，不给膏火，天下豪杰之士，其群集而俛焉，从事者必不乏人。如是则经费又可省三之一，岁费七十余万足矣。而学中所成之人材，即以拔十得五计之，十年之后，大学生之成就者，已可得八千人，用以布列上下，更新百度，沛然有余矣。夫以日本之小，每年此费尚至八九百万，而谓堂堂中国，欲得如日本十二分一之费，而忧其无所出邪？必不然矣。[1]

---

〔1〕 相关的内容见《论学校一：变法通议三之一·总论》，《时务报》第5、6册，光绪二十二年八月十一日、二十一日；《论学校四：变法通议三之四·师范学校》，《时务报》第15册，光绪二十二年十一月二十一日；《论学校五：变法通议三之五·幼学》，《时务报》第16、17、18、19册，光绪二十二年十二月初一日、十一日、光绪二十三年正月二十一日、二月初一日；《论学校六：变法通议三之六·女学》，《时务报》第23、25册，光绪二十三年三月十一日、四月初一日；《学校余论：变法通议三之余》，《时务报》第36册，光绪二十三年七月二十一日。以上见中华书局影印本，第1册，第271—276、341—345页；第2册，第963—967、1033—1037、1103—1110、1173—1177、1247—1252、1525—1531、1661—1664页；第3册，第2413—2418页。

梁的文字确有打动人之处，然办学的条件并不会因此而变。从中国教育史来看，所需的师资、校舍、教材、经费皆是不可或缺的，更不可能从"西国"标准的经费三亿五千六百万降到"岁费七十余万"。清朝此后进行学制改革（壬寅学制、癸卯学制），皆是极大的社会变动，不可能以"利禄之路"来"驱策"之。光绪三十二年（1906），清朝废科举，直接采用西式教育体系，亦不用科举功名为激励，走到了比梁的"上策"更向上的"高度"。

除了普通教育体系外，梁此期还提出了官吏的教育，即在湖北建立政务学堂、在湖南建立课吏堂。[1]

三、关于学会，梁启超说明了学会在西方及日本的作用后，主张在中国也建立各种学会，在各学分会未建立前，应建一"总会"，办理16件事：

> 设会之目，一曰胪陈学会利益，专折上闻，以定众心。二曰建立孔子庙堂，陈主会中，以著一尊。三曰贻书中外达官，令咸捐输，以厚物力。四曰函招海内同志，咸令入会，以博异才。五曰照会各国学会，常通音问，以广声气。六曰函告寓华西士，邀致入会，以收他山。七曰咨取官局群籍，概提全分，以备储藏。八曰尽购已翻西书，收庋会中，以便借读。九曰择购西文各书，分门别类，以资翻译。十曰广翻地球各报，布散行省，以新耳目。十一曰精搜中外地图，悬张会堂，以便流览。十二曰大陈各种仪器，开博物院，以助试验。十三曰编纂有用书籍，广印廉售，以启风气。十四曰严定会友功课，各执专门，以励实学。十五曰保选聪颖子弟，开立学堂，以育人才。十六曰公派学成会友，游历中外，以资著述。[2]

---

[1]《上南皮张尚书书》，《饮冰室合集》，中华书局版，第1册，文集之一，第104—106页。《论湖南应办之事》，《湘报》第26、27、28号，光绪二十四年三月十五日至十七日，中华书局影印本，2006年，上册，第201—202、209—210、217—218页。相关的叙述与分析，可参见本书下编第四章第四节"梁启超的说法：'中学西学''折中孔子'"；下编第一章第四节《论湖南应办之事》：通往议会的道路"。

[2]《论学校十三：变法通议三之十三·学会》，《时务报》第10册，光绪二十二年十月初一日，中华书局影印本，第1册，第621—625页。"中外达官"，指中朝与外廷（转下页）

以上梁所说的16件事，大体为北京、上海强学会已行或拟行之事，是康有为主张的再次阐释。其中在"总会"建立"孔子庙堂"一事，隐藏着立"孔教"的想法，康有为及其弟子此时都没有直接说破；而"以著一尊"的提法，又显示出康、梁所办或所设计的"总会"与西方学会的差别。

四、关于译书，梁启超强调了翻译西书的重要性后，提出"三义"："择当译之本""定公译之例""养能译之才"。所谓"当译之本"，梁提出了诸多门类："西国章程之书"，西方学堂教材，各国法律与条约，各国史书，各类年鉴，农、矿、商、工业等技术与经济学著作，西方学术著作。所谓"公译之例"，梁提出了统一译名，包括人名、地名、物种、度量衡、纪年等项，而纪年一项，他又提出以外国纪年为正文，"而以孔子生年及中国历代纪年旁注于下"。所谓"能译之才"，梁提出了译才需通外文、中文及相关专门学科的三项要求，并提议设立"翻译学堂"。[1] 到了百日维新期间，梁启超除了遥控着上海大同译书局外，还奉命主持上海译书官局和大学堂编译局。（后将详述）[2]

除以上四项之外，梁启超在《变法通议》中还涉及金、银本位制，但梁的主旨不清，似无定见，更兼此策在戊戌变法期间未正式提出，我

（接上页）的高级官员，非为中国与外国的高级官员。"严定会友功课，各执专门"，指康有为在《上海强学会章程》和广西桂林《广仁善堂圣学会章程》中提到的"以孔子经学为本"，分以"中国史学"等40余种科目，"一技一艺，皆听人自认，与众讲习"。

[1] 相关的内容见《论学校七：变法通议三之七·译书》，《时务报》第27、29、33册，光绪二十三年四月二十一日、五月十一日、六月二十一日。以上见《时务报》中华书局影印本，第2册，第1797—1805页；第3册，第1933—1939、2209—2212页。关于"西国章程之书"，梁举例称："近译出有《水师章程》《德国议院章程》《伦敦铁路公司章程》《航海章程》《行船免冲撞章程》等，然其细已甚也。"将《德国议院章程》和《水师章程》等混在一起，可见梁此时没有准确的概念和分类。梁后在《大同译书局叙例》中称："本局首译各国变法之事及将变未变之际一切情形之书，以备今日取法；译学堂各种功课书，以便诵读；译宪法书，以明立国之本；译章程书，以资办事之用；译商务书，以兴中国商学挽回利权。大约所译，先此数类，自余各门，随时间译一二。种部繁多，无事枚举。其农书则有农学会专译，医书则有医学会专译，兵书则各省官局，尚时有续译者，故暂缓焉。"（《时务报》第42册，光绪二十三年九月二十一日，中华书局影印本，第4册，第2845页）梁此处已将宪法与章程分开来。又，梁提出用孔子生年为纪年，是"康学"的主要特点。

[2] 可参见本书上编第五节之"科举、学堂、译书"。

在此就不介绍了。[1]

从光绪二十二年至二十四年（1896—1898），梁启超在《时务报》《知新报》《湘报》上发表了大量的政论文。然这些文章大多谈改革的必要性，批评时政，真正涉及政策设计者并不多：《论报馆有益于国事》一文，强调报馆的重要性；《治始于道路说》一文，主张仿效西方城市改造道路，并推动各项；《论加税》一文，反对片面的联英、联俄的外交政策；麦孟华的《论中国变法必自官制始》一文，主要举措可见于康有为的三次上书。[2] 除了前已言及的部分，关于城市道路改造和联英外交两项，我放在下一节叙述。

以上梁启超大量政论文所阐述的政治思想与政策设计，可以明显地看出来源于康有为，并在若干地方（科举、教育）有所细化。他仍未脱离书生议政的一般弱点，号召性强，可行性差。这又与康是相同的。

综上所述，略作数语，作为本节的小结。

光绪二十一年（1895）四月到闰五月，康有为在非常短的时间内连续三次上书，提出了全面的改革方案，包括政治、经济、军事、社会与文化教育诸多方面。此类大建策，绝非挥笔可成，从而证明了康对此有着长时间的思考。从光绪十四年《上清帝第一书》，至此已七年，国家命

---

[1] 《论商务十：变法通议七之十·金银涨落》，《时务报》第43册，光绪二十三年十月初一日，中华书局影印本，第4册，第2913—2920页。梁启超主要是针对总理衙门章京杨宜治的条陈发表意见，称中国若用金币，有利于国际收支，但不利于出口，且中国本身储金不足；中国若用银币，有利于出口，但不利于国际收支；"今日之中国若能开金矿，则用金莫大之利也。能兴工艺，则用银亦莫大之利也。苟不兴工艺，则用银可以贫中国，苟不开金矿，则用金亦可以贫中国。"这些都是经济学的常识。从当时的情况来看，清朝最重要的是建立国家银行与发行国家货币。杨宜治的奏折及户部、总理衙门咨复，见《时务报》第42册，光绪二十三年九月二十一日，中华书局影印本、第4册，第2850—2855页。

[2] 《论报馆有益于国事》刊于《时务报》第1册，光绪二十二年七月初一日；《论加税》刊于《时务报》第5册，光绪二十二年八月十一日；《治始于道路说》刊于《时务报》第15册，光绪二十二年十一月二十一日；《论中国变法必自官制始》刊于《时务报》第22、24册，光绪二十三年三月初一日、二十一日，署名为麦孟华。以上见《时务报》中华书局影印本，第1册，第3—6、276—278页；第2册，第967—970、1455—1461、1593—1601页。

运与改革方案,他时常萦绕在心。

从康有为三次上书的大方向来看,其改革是以西方为模式的,从后来的历史进程来看,也是正确的;也正是如此,上书的内容暴露出他对西方政治、社会、经济、军事、教育的思想、制度与实情,有着很大的隔膜,许多知识似是而非,很可能得自道听途说。他所提出的方案,大多无执行上的意义;那些方案中的关键与细节,经过此后几十年的实践,后来的人们才有所了解,才有可能去落实与执行。[1]用此等知识准备,来筹备甚至筹办大国的政治与社会改革,显然是不可行的。

康有为作为一介书生,没有任何从政的经验,一下子提出如此之多之全的改革建策,是那个时代读书人的通病。中国的知识传统,造就了贾谊、晁错之类的传奇人生,诸葛亮更是能在茅庐之中定策天下的大英雄。[2]人们相信天才,相信超凡人士的锦囊妙计,康恰也有着此类自信,由此才做出这三篇无所不包、天马行空般的大文章。虽说三篇上书的文字都已过"万言",但内容过多,往往数十字或一二百字便概括一两项大举措,康也意犹未尽,没有感到才思的枯涸。书生议政,不着边际,这本来不是什么缺点,甚至还可以从中欣赏,在旁鼓掌。一个奇异的思想,起到相应的倡导作用,引出政治家们的思考,发展出批判性的反复研究和试验,最后形成可执行的决策,恰是从思想到决策的必然过程。然而,那个时代的书生,往往自认为有非凡的决策能力;那个时代的政治体制,尚未发展出完备的研究型的决策机制。由此考虑到百日维新时期康有为

---

[1] 从今天的知识和历史经验来看,康有为的建策大多无法实行,但在当时许多书生的眼中并非如此。皮锡瑞虽不同意康的《新学伪经考》,但对梁启超等康门弟子在《时务报》《知新报》的言论极其欣赏,思想也逐渐趋于"开新"。光绪二十三年八月二十四日,皮在日记称:"……阅《庸言》《富国策》,多可行者。然统筹全书,权其先后缓急之序,一一如指诸掌,终以南海之上书为最。"(吴仰湘编:《皮锡瑞全集》,中华书局,2015年,第9册,第702、704页。又,《富国策》似为《续富国策》,陈炽著)

[2] 黄遵宪称,他之所以认识康有为,是张之洞的大幕僚、康有为的同乡梁鼎芬的介绍,"闻梁与康至交,所赠诗有南阳卧龙之语。"(陈铮编:《黄遵宪全集》,中华书局,2005年,上册,第161—162页)梁鼎芬曾有《赠康长素布衣》,诗云:"牛女星文夜放光,樵山云气郁青苍。九流混混谁真派,万木森森一草堂。岂有疏才尊北海,空思三顾起南阳。搴兰揽茝夫君意,蕉萃行吟太自伤。"[钱仲联主编:《中国近代文学大系(1840—1919)·诗词集一》,上海书店出版社,1991年,第771—772页]诗中确把康有为比作卧龙南阳的诸葛亮。而对康这样性格的人来说,朋友的相许,很可能转化为本人的自许。

所处的策略家地位，对此还真不能一笑了之。

光绪二十一年春夏之际，康有为连续三次上书之后，关注的重点似乎不在于此。他的三次上书中的政改方案不见于同时期的著述中，也不见于万木草堂的讲学中。其弟子梁启超、麦孟华在报刊上发表政论文，大多只是跟着说，少有新的设计。这也似乎证明，康此期在政治与学术之间，平日仍将主要精力放在学术思想上，由"新学伪经说"到"孔子改制说"再发展到"大同三世说"，创制立教。光绪二十一年，突然出现了上书的机会，于是康便有了此番集中的大爆发；而到了光绪二十三年年底，又出现了上书的机会，于是康便有了更大的爆发。

还须说明的是，康有为此期虽主张"新学伪经说"，但在三次上书中，仍继续引用古文经：《周官》(《周礼》)不时提及；"禹汤罪己，兴也勃焉"，出自《左传》；"侍御仆从，罔非正人，用旦夕承弼厥辟"，出自《冏命》；"有言逆于心，必求诸道"，出自《太甲》。[1] 由此可见康的实用主义态度。

五、戊戌变法期间康有为、梁启超的政治思想、政策设计及其被采纳、实施的情况

光绪二十三年（1897）十月，康有为来到北京。

此时清朝陷于巨大的危机之中。光绪二十三年十月，德国舰队强占胶州湾（今青岛），随后提出了租借该地、修建胶（州湾）济（南）铁路的要求。与清朝订立密约并获得修建中东路权益的俄国，以钳制德国为由，于十一月派军舰进入旅顺和大连。光绪二十四年二月，俄国提出租借大连、旅顺并建造中东路支线（哈尔滨至大连）的最后通牒。法国同时提出了云南、两广不割让，在广州湾（今湛江）建立煤栈（租借地的先声）的要求。三月，英国政府提出租借威海卫，条件与俄国相同；又

---

[1] 康有为《上清帝第二书》《第三书》《第四书》中，《周官》(《周礼》) 共 12 见，多有重复。而康最爱引用者，仍是"询谋询迁"。又，康的引文，与经典原文常常有小的文字出入。

因法国租借广州湾,闰三月要求拓展香港界址(即今香港新界)。日本政府提出了不割让福建的要求,并借口湖北沙市事件,要求在沙市、岳州、福州、三都澳建立日本专属租界。当时的列强,除了美国尚处在美西战争的前夜而未能动手外,皆提出了侵略要求。除了领土外,列强另有铁路、开矿、借款、商务等方面的要求。

清朝自甲午战败后,号称"卧薪尝胆",一度有所振作,但很快又故态复萌,再次昏睡。对于列强的各项要求,清朝无力抵抗,只能一一被迫接受。列强瓜分中国的说法,到处传播。

国家处于危难之际,救亡的声音响了起来,改革又一次被提上议程。

康有为到京后,于光绪二十三年十一月上书光绪帝,即《上清帝第五书》。康所属的工部衙门拒不代奏,其抄本在京中流传,康亦在上海刊刻发售或赠送。[1] 十一月十九日,给事中高燮曾上奏,保举康赴欧洲参加"弭兵会",光绪帝下令由总理衙门"酌核办理"。[2] 光绪二十四年正月初三日(1898年1月24日),总理衙门约见康有为,总理衙门大臣李鸿章、翁同龢、廖寿恒、荣禄、张荫桓参加。此是康的一大转机。

光绪二十四年二月二十九日,总理衙门代呈康有为上书,即《上清帝第六书》;随后康又通过总理衙门进呈《俄彼得变政记》《日本变政考》等书。三月二十三日,光绪帝将康的上书及进呈书籍上送慈禧太后。四月二十三日,经慈禧太后批准,光绪帝下达"明定国是"谕旨,"百日维新"正式开始。二十五日,翰林院侍读学士徐致靖保举康有为、黄遵宪、谭嗣同、张元济、梁启超,光绪帝下令召见。二十八日,光绪帝在颐和

---

[1] 刘光第称:"数日来,工部主事南海康有为亦作有条呈欲递,但不知彼部堂官曾肯与代奏否?(其意痛发'兼弱攻昧、取乱侮亡'八字)"(致刘庆堂,光绪二十三年十一月初四日,《刘光第集》,中华书局,1986年,第276页)杨锐称:"长素条陈,透切时弊,昨因高理臣给谏奏请派其出洋入万国弭兵会,亦近事之差强人意者。"(致汪康年,光绪二十三年十一月二十六日,上海图书馆编:《汪康年师友书札》,第3册,上海古籍出版社,1987年,第2408页)。"高理臣",高燮曾,《时务报》第51册(光绪二十四年正月二十一日)刊出大同译书局广告:《南海先生五上书记》,售价一角,"是书丁酉冬南海先生因胶变而上者,约万余言。其中指陈时事之不可为,言保守之要道。比之前《四上书》,更为痛切明白。刊之以饷天下之有志斯世者。"可知该上书已由上海大同译书局石印发售。该广告又刊于《知新报》第44册(光绪二十四年二月初一日)。

[2] 高燮曾原片见《军机处录副·光绪朝·内政类·戊戌变法项》,3/108/5617/59,中国第一历史档案馆藏。光绪帝谕旨见《上谕档》,光绪二十三年十一月十九日。

园召见康,并命其上书可由军机大臣廖寿恒代递。康由此进入了政治的中心。

戊戌变法期间,康有为多次通过总理衙门与军机大臣廖寿恒代奏上书或进呈书籍,并先后为御史陈其璋、杨深秀、宋伯鲁和侍读学士徐致靖、内阁学士阔普通武等人代拟奏折。这些上书与奏折现存共计72件,另有6件虽不存,但在《军机处随手档》可见其题目。[1] 进呈的书籍现存《日本变政考》《波兰分灭记》两种,《俄彼得变政记》另有上海刊印本。所有这些奏折、进呈书籍的序言,与辛亥五月刊行的《戊戌奏稿》全然不相同。由此,可以用现存的准确史料,来观察康有为戊戌变法期间的政治思想与政策设计,也是本节进行分析的依据。

梁启超于光绪二十三年十月到达长沙,主持时务学堂。[2] 次年二月离开长沙,赴上海,随即进京。[3] 梁此次北上,是康有为的召唤,也有参加会试之意。梁到京后,发表的署名作品极少,且只有关于编书局的奏折,并根据光绪帝的面谕,进呈其先前所著的《变法通议》。[4] 康所拟

---

[1] 参见孔祥吉编著:《康有为变法奏章辑考》;并可参见拙文《康有为与"真奏议"——读孔祥吉编著〈康有为变法奏章辑考〉》(《近代史研究》2009年第3期)、《康有为、梁启超所拟戊戌奏折之补篇——读宋伯鲁《焚余草》札记》(《近代史研究》2011年第5期),又见《戊戌变法史事考二集》,第380—427页。其中康有为19件,陈其璋7件,杨深秀13件,宋伯鲁18件,宋伯鲁、杨深秀联名1件,徐致靖6件,文悌3件,王鹏运2件,张仲炘2件,李盛铎1件,阔普通武1件。存目为徐致靖3件,王照1件,宋伯鲁1件,杨深秀1件。代奏的奏折,上奏人可能有修改,甚至是根本性的修改,如文悌、张仲炘、李盛铎等人。又,我个人以为,孔祥吉在《康有为变法奏议辑考》中所录李盛铎奏折一件(四书文体)、陈其璋一件(铁路口岸)、孙家鼐一件(《时务报》经费),不是康代为起草的。

[2] 皮锡瑞光绪二十三年十月二十二日日记称:"……云梁启超已到,其报中有一文字诋中国太过,香帅属毁之。"二十四日日记又称:"湖南时务学堂月初将开。"二十八日日记称:"下午赴黄公度廉访饮席,梁卓如、蒋德钧、熊炳山在坐,胡发珠亦在。梁貌不甚扬,亦不善谈,已到馆,初六上学。"(《皮锡瑞全集》,第9册,第724—726页)"熊炳山",即熊秉三,熊希龄。

[3] 皮锡瑞光绪二十四年正月十九日日记称:"梁卓如闻特科事,不入都矣。"二月初十日日记称:"卓如将往粤,为乃翁五十祝寿,病已愈矣。"十四日日记称:"梁卓如已往沪,乃翁在沪待彼入都。秉三云恐其父迫之北上,请右帅打电报,告以保举特科,以安其心,可云爱才矣。"(《皮锡瑞全集》,第10册,第763、787、791—792页)"右帅",陈右铭,陈宝箴。

[4] 光绪二十四年五六月间,梁启超根据光绪帝召见时面谕,将《变法通议》和(转下页)

上书、奏折、进呈书籍中的许多部分，很可能出自梁手。梁给夏曾佑等人的信中也说明其参与代拟奏折的情况。

以下根据康有为所拟上书及代拟奏折、进呈书籍的内容，来分析康有为、梁启超戊戌变法时期的政治思想与政策设计，并根据清代档案，说明其被采纳、实施的情况。

《上清帝第五书》《第六书》——总体改革思想

最能够反映康有为在戊戌变法时期总体改革思想的是《上清帝第五书》《第六书》，尤其是《第六书》，是其变法的总纲领。

康有为《上清帝第五书》强调了改革的必要性，提出了改革的主旨与主要内容：

> ……伏愿皇上因胶警之变，下发愤之诏，先罪己以励人心；次明耻以激士气，集群材咨问以广圣听，求天下上书以通下情；明定国是，与海内更始。自兹国事付国会议行，纡尊降贵，延见臣庶，尽革旧俗，一意维新，大召天下才俊，议筹款变法之方，采择万国律例，定宪法公私之分，大校天下官吏贤否，其疲老不才者，皆令冠带退休。分遣亲王、大臣及俊才出洋，其未游历外国者，不得当官任政。统算地产人工，以筹岁计豫算，察阅万国得失，以求进步改良，罢去旧例，以济时宜，大借洋款，以举庶政……破资格以励人材，厚俸禄以养廉耻，停捐纳，汰冗员，专职司，以正官制。变科举，广学校，译西书，以成人材。悬清秩功牌，以奖新艺新器之能。创农政商学，以为阜财富民之本。改定地方新法，推行保民仁政，若卫生济贫，洁监狱，免酷刑，修道路，设巡捕，整市场，铸钞币，创邮船，徙贫民，开矿学，保民险，重烟税，罢厘征，以铁路为通，以兵船为护……尽变民兵，令每省三万人，而加之训练，大购铁舰，须沿海数十艘，而习以海战……各国兵机已动，会议已

（接上页）其他在《时务报》上发表的文章合编进呈。相关的叙述与分析，可参见本书附编第二章"梁启超《变法通议》进呈本阅读报告"。

纷,宜急派才望重臣,文学辩士,分游各国,结其议员,自开新报之馆,入其弭兵之会,散布论议,耸动英日……

以上不太长的篇幅中,康有为列举了数十项改革举措,比其在光绪二十一年的三次上书都有所加增。有些举措,康仅称三四字,如"停捐纳""汰冗员""设巡捕(警察)"等,实行起来仍需有待于认真设计,且需考虑其负面作用。今天的论者多言"国事付国会议行""定宪法公私之分"两句,并与《上清帝第三书》《第四书》中设"议郎"相联系,以说明其政治改革的方向;但我个人以为,其中最重要的思想,还是"集群材咨问以广圣听,求天下上书以通下情"——以能让他们("群材")到达光绪帝的身边("咨问"),以能让他们的"上书"上达天听——前与《上清帝第四书》中"辟馆顾问""下诏求言"相衔接,后又成为《第六书》中最重要的两条建策:"制度局"和"待诏所"。

康有为《上清帝第五书》提出了三种变法思路:其上策是"择法俄、日以定国是,愿皇上以俄国大彼得之心为心法,以日本明治之政为政法",并称自己著有《日本变政考》,可以进呈。其中策是"大集群才以谋变政",由皇帝召见"才贤","虚己讲求"。其下策是"听任疆臣各自变法"。康称言:"凡此三策,能行其上,则可以强;能行其中,则犹可以弱;仅行其下,则不至于尽亡,惟皇上择而行之。"[1]康的《第五书》未进呈,虽在京中流传,但在政治上没有起到作用。

康有为《上清帝第六书》,写于光绪二十四年正月初八日(1898年1月29日),二月十九日(3月11日)由总理衙门代奏,上呈光绪帝。康提出的建策有两大项:一、仿效日本明治维新的做法,办理"三事",即大誓天下、设制度局、设待诏所;二、在中央建立新政部门十二局,在各道设立新政局、各县设立民政局。

先来看"三事"。

---

[1]《上清帝第五书》,《康有为变法奏章辑考》,第106—114页。康《第五书》的核心思想是"兼弱攻昧,取乱侮亡",称言:"吾既自居于弱昧,安能禁人之兼攻?吾既日即于乱亡,安能怨人之取侮?不知病所,而方药杂投,不知变症,而旧方犹守,其加危笃,固也。"然"兼弱攻昧,取乱侮亡"一句,出自《尚书·仲虺之诰》,属梅赜《古文尚书》。

所谓"大誓天下"，康有为在《第六书》中称：

> ……择吉日大誓百司庶僚于太庙，或御乾清门，下诏申警，宣布天下以维新更始，上下一心，尽革旧弊，采天下之舆论，取万国之良法。

这虽然只是一个形式，但康极其重视这种形式的戏剧性效果，此后还多次上奏。（后将详述）

所谓"设制度局"，即康有为此次上书的核心，称言：

> 俾趋向既定，四海向风，然后用南书房、会典馆之例，特置制度局于内廷，妙选天下通才十数人为修撰，派王、大臣为总裁，体制平等，俾易商榷，每日值内，同共讨论，皇上亲临，折衷一是，将旧制、新政斟酌其宜，某政宜改，某事宜增，草定章程，考核至当，然后施行。

由此可见，"制度局"是康有为《上清帝第一书》"通下情""慎左右"两策的扩展，是《第三书》"慎左右""通下情"两策的变种，也是《第四书》"设馆顾问"的具体化。康设计的制度局有两个特点：其一是离皇帝本人很近（"内廷"），人数不多（"十数人"），每天都要见面，而且说话时能够"平等"畅言。其二是对"旧制"与"新政"进行讨论，表面上是一个政治咨询机构，然一旦按此运作，将会是一个政治决策机构，清代原有的中枢机构——军机处，将会下降为政治执行机构，失去其原有的权力。这是康为自己量身定制的机构——通过这个机构，他将成为光绪帝身边的谋臣，主导中国政治的方向。对于康的用意，军机大臣们也看得很清楚，他们在许多方面都有让步，但在这一点上决不让步。康后来又有"议政处""议院""编书局""散卿""懋勤殿""便殿"等设计，其权力虽有大有小，但皆是制度局的变种，我将在下面设专节分析。

所谓"设待诏所"，是收转上书的机构。康有为此时感到的一个很大困难，就是其上书不能进呈皇帝，由此建议：

其午门设待诏所，派御史为监收，许天下人上书，皆与传达，发下制度局议之，以通天下之情，尽天下之才；或与召见，称旨者擢用，或擢入制度局参议。其将来经济特科录用之才，仿用唐制，开集贤、延英之馆以待之，拔其尤者，选入制度局。其他条陈，关涉新政者，皆发制度局议行……

"许天下人上书"是康的目的，康的《上清帝第一书》《第四书》《第五书》皆因代奏机构（国子监、工部等）的阻拦，未能上达天听，由此提议设立专门机构来收转。[1]然在这一段文字中，康的重点仍是"制度局"：上书交制度局讨论，以免被相关衙门驳回，其他的奏章涉及新政，也由制度局来讨论；上书中发现的人才，经济特科中发现的人才，皆选入制度局。对此，康有为称：

盖六部为行政之官，掌守例而不任出议，然举行新政无例可援；军机出纳喉舌，亦非论道经邦，跪对顷刻，岂能讨论？总署困于外交，且多兼差，簿书期会，刻无暇晷。变法事体大，安有无论思专官而可行乎？[2]

康分析了六部、军机处、总理衙门的职掌，提出了"论思专官"的概念，作为设立制度局的理由。这个理由他后来还反复提出过。

再来看新政部门的设置。

康有为提出了中央政府设立新政十二局的建议：法律局、税计局、学校局、农商局、工务局、矿政局、铁路局、邮政局、造币局、游历局、社会局、武备局。这十二个部门基本包括了近代西方国家政府的大多数功能，是中国政治制度的大变革，其方向无疑是正确的。康主张以

---

[1] 康有为《上清帝第一书》曾以监生的身份，请国子监代奏。《第二书》（即《公车上书》）因听闻条约已被批准而未到都察院请求代奏（可参见拙文《"公车上书"考证补》，《近代史研究》2005年第3期；《史料的主观解读与史家的价值判断：复房德邻先生兼复贾小叶先生》，《近代史研究》2007年第5期，又见《戊戌变法史事考二集》，第1—127页）。《第四书》和《第五书》，皆为其所属衙门工部所拒。

[2] 《上清帝第六书》，《康有为变法奏章辑考》，第138页。

政府为主导的改革，许多新政事务尤其是经济事务由政府来开办，这与此时已转向自由经济的许多西方国家不同；而许多新设部门的功能，如法律局、税计局、游历局、社会局等等，与西方相应名称的政府部门职掌也不同。[1] 为了减少阻力，康只要求设立新政部门（十二局），而不触动原有的以六部九卿为主体的政府机构；然新设十二局所管理的事务，不可能不与清朝原设机构发生冲突，且随着新政的开展，原设机构很可能会变成闲散机构。康提议中还有非常关键的一条，即新政十二局对制度局负责，是制度局的执行部门："十二局立，而新政举，凡制度局所议定之新政，皆交十二局施行。"军机处、总理衙门、六部的权力将大大受损。

康有为指出地方政制层次过多，仅仅总督、巡抚有上奏权，不利于新政的展开，要求在道一级设立新政局督办，并在县一级设立民政局：

> ……今莫如变官为差，直省道员凡六七十，每道设一新政局督办，照主考、学政及洋差体例，不拘官阶，随带京衔，准其专折奏事，听其辟举参赞随员，授以权任。凡学校、农工、商业、山林、渔产、道路、巡捕、卫生、济贫、崇教、正俗之政，皆督焉。每县设一民政局，由督办派员会同地方绅士公议新政，以厘金与之。其有道府缺出，皆令管理。三月而责其规模，一年而责其治效，学校几所，修路几里，制造几厂，皆有计表，上达制度局、十二局、军

---

[1] 十二局中，法律局的职掌为："考万国法律、公法，以为交涉平等之计，或酌一新律，施行于通商口岸，以入万国公法之会。"其设置的主要目的，是为中外交涉之用，尤其是当时的教案，与司法行政部门的概念并不相同。税计局的职掌为："掌参用万国之税则，定全地之税、户口之籍、关税之法、米禄之制、统计之法、兴业之事、公债之例、讼纸之制。"其掌管的内容非常多，包括税收、统计、诉讼等方面，但只是制定相关的规则，与税务部门的概念完全不同。游历局的职掌为："掌派人游学外国，一法一艺，宜得其详，其有愿游学者报焉。"这是推动国人游学外国的部门，西方各国没有相应的机构。社会局的职掌是："泰西政艺，精新不在于官，而在于会，以官人寡而会人多，官事多而会事暇也。故皆有学校会、农桑会、商学会、防病会、天文会、地舆会、大道会、大工会、医学会……宜劝令人民立会讲求，将会例、人名报局考察。"其设置的目的，是"劝令"人民组织各种学会或社会团体，并进行相关的登记、考察。由此来看，"社"是集会，"会"是组会，与今天的"社会"概念不同。（《上清帝第六书》，《康有为变法奏章辑考》，第139—140页）

机处,其治效著者,加秩进禄。[1]

前已叙及,康在《上清帝第二书》中有道设巡抚、知县升格的建策,即地方政制实行道、县两级制,此是在不改变旧制的基础上设立道、县两级的新机构。道本是省在诸府、州、厅之上设立的一级派出机构,其行政长官为道员,正四品,原本是布政使、按察使的派出官员,对下属若干府、州、厅进行监督,全国此时大约有90个道。[2]按照康的设计,道设新政局督办,有专折上奏权,即直接向皇帝负责;其下属官员由其自我"辟举",即自行决定,前叙《上清帝第四书》中"开府辟士"一策,与此大体相同。[3]若是如此,一、道以上的省级官员,即总督、巡抚、布政使、按察使将无法对道新政局督办进行监控,特别是没有上奏权的布政使与按察使。二、该道道员若将"学校、农工、商业、山林、渔产、道路、巡捕、卫生、济贫、崇教、正俗之政"交给新政局督办之后,实际也将处于无职无权无事之境地。[4]三、至于州、县行政,由道新政局督办委派当地的士绅来办理民政局,知州、知县等地方官也将处于无权之境地。四、康的建策中还有"以厘金与之"一句,当时省以下地方财政全靠厘金支撑,此项收入若归之于道一级的新政局督办和州、县一级的民政局,原有的地方财政体系将会崩溃。由此可见,那些派到各道的数十位新政局督办,实际上成了负责地方新政事务的钦差大臣,不受原有地方政府体系的约束,有着地方最大宗的财政收入,他们的工作业绩将由制度局、十二局和军机处来评估。

康有为的《上清帝第六书》实际上是要求建立新的政府体系:最上层是制度局,由他来掌控,直接对皇帝负责——军机处的权力将大大削

---

[1] 《上清帝第六书》,《康有为变法奏章辑考》,第140页。
[2] 康有为称"直省道员六七十",数字有误,可见他对当时道一级的设置情况并不清楚。
[3] 康有为称新政局督办应按照主考(乡试主考官)、学政、洋差(出使大臣)的体制,其下属官员(主考官、学政为其幕僚,出使大臣为其参赞、随员)听其"辟举"。按当时制度,主考、学政要上报幕僚姓名,一般皆被认可;出使大臣要上报其参赞、随员名单,虽需批准,然未发现被驳的情况。
[4] 当时的地方政务为"钱谷""刑名"两大项,由府一级直接上报该省布政、按察两司,不经过道一级。道员本是布政、按察两司的属官,没有上奏权,此时的惯例是听命于本省的总督、巡抚。新政局督办不是道员的下属,道员对其没有任何处置权。

弱；其下是执行部门十二局——六部九卿和总理衙门的权力将受到侵蚀；再往下是道一级的新政局和州、县一级的民政局——省、道、府、县原来的政府体系将受到极大的威胁。新的政府体系官员产生方式将不拘资格："凡诸新政人员，就制度局、集贤院、待诏所及内外所保人才，选授略同南书房差，不拘官级，听辟幕僚，专在得才，与共新政。"[1] 康的这些建策若付诸实施，清朝将会同时有两个政府体系，而旧的政府机构将逐渐废置，权力将逐渐落实于新机构，实权人物也将大多更换。改革是体制内进行的运动，政府本是改革的主体，从世界各国改革历史来看，在初始阶段即做如此之大的政府变动是前所未有的，也只有康这样没有实际政治经验的书生才会想象得出来。别的不说，除去康欲直接控制的制度局，中央十二局的官员、各道新政局的督办、州县民政局的士绅，需要数百上千的新政人才，没有数年的时间，是培养不出来的。八年后，光绪三十二年，清政府进行"丙午官制"改革，是将旧机构改造成新机构。

康有为《上清帝第六书》在总理衙门存放了40天，光绪二十四年二月十九日，由总理衙门代奏，光绪帝下旨命总理衙门"妥议具奏"。然如何"妥议"，成了总理衙门的难题，只能是一天天拖下去。

光绪二十四年三月二十日，康有为进呈《日本变政考》等书，上《译纂日本变政考成书折》，强调"大誓君臣""开制度、民政之局"。[2] 四月二十九日，御史宋伯鲁上奏由康代拟的《变法先后有序乞速奋乾断以救艰危折》，提出"大誓群臣"和设立法院。[3] 因徐致靖的保举，光绪帝召见康有为；康于五月初一日上谢恩折，即《请御门誓众开制度局以统筹大局折》，要求"大誓群臣""特开制度局"。[4] 五月初十日，御史杨

---

[1]《上清帝第六书》，《康有为变法奏章辑考》，第140页。

[2] 康有为称："乃请皇上纡尊降贵，采纳舆论，大誓君臣，与民更始……但开制度民政之局，拔天下通达之才，大誓群臣，以雪国耻……故臣不忧强邻分割之渐至，而忧国是讲求之未决也。臣曩言请定国是，正午针亦切至矣……"（《康有为变法奏章辑考》，第184—187页）该折于三月二十三日由总理衙门代奏。康提出了新的说法："定国是"。

[3] 宋伯鲁奏折称："其与百司讲明国是之方，则请皇上大誓群臣……"（《康有为变法奏章辑考》，第242—244页）此日为康有为被召见的次日，选择这一时间上奏，康是有用意的。"立法院"是制度局的变种，我将放在下节分析。

[4] 康有为称："今之言变法者，皆非变法也，变事而已。言兵制、言学校、（转下页）

深秀上奏由康代拟的《请御门誓众更新庶政折》，强调了"御门誓众"的重要性。[1] 六月初六日，仓场侍郎李端棻上奏由梁启超代拟的《敬陈管见折》，第一项与"大誓群臣"相关，第二项与制度局相关。[2] 由此可见，《上清帝第六书》上呈后，康有为、梁启超频频发动了奏折攻势。

光绪二十四年五月十四日（1898年7月2日），即奉旨"妥议具奏"的第105天，总理衙门终于上奏，对康有为的《上清帝第六书》进行了全面的驳斥：对"大誓群臣""开制度局""设待诏所"三事，予以否

（接上页）言铁路矿务，无论如何，大率就一二事上变之，而不就本原之法变之，故枝枝节节，迄无寸效……故非特开制度局于内廷，妙选通才入直，皇上亲临，日夕讨论，审定全规，重立典法，何事可存，何法宜改，草定章程，维新更始，此所谓先写图样，而后鸠工庀材也。若其粗迹，若法律、度支、学校、农工、商矿、铁路、邮政、海军、民兵及各省民政诸局，臣前者既言之；变科举，开学会，译西书，广游历，以开民智，臣面对已略举之，皆制度局中条理之一端而已。""若欲变法，请皇上亲御乾清门，大誓群臣，下哀痛严切之诏，布告天下。一则尽革旧习，与之更始；二则所有庶政，一切维新；三则明国民一体，上下同心；四则采万国之良法；五则听天下之上书；六则著阻挠新政既不奉行或造谣惑众攻讦新政者之罪。诏书榜之通衢，令群臣具表签名，奉行新政，咸发愤报国，不敢怠违。"（《康有为变法奏议辑考》，第251—254页）该折于五月初四日由总理衙门代奏。又，戊戌政变后，康有为流亡日本，重写此折，发表于光绪二十四年十二月十一日出版的《知新报》第78册，称言："奏为敬谢天恩，并统筹全局，恭折仰祈圣鉴事……蒙过采虚声，特予召见，垂问殷勤，至过时许，容其戆愚，宽其礼数，复令有所条陈，准其专折递奏……"内容有着很大的变化：其第一义是"统筹全局"，第二义是"御门誓众"，第三义是"开制度局"，而在第三义中又称："臣所请者：规模如何而起，条理如何而详，纲领若何而举，节目如何而备，宪法如何而定，章程如何而周，损益古今之宜，斟酌中外之善……"梁启超《戊戌政变记》也发表了这一版本。宣统三年由麦仲华、康同薇名义所编的《戊戌奏稿》，该折的文字又有较大的修改。

[1] 杨深秀奏折称："今既奉上谕明定国是，而守旧之徒迂谬指摘，日夜聚谋，思变乱明旨……臣日夜思虑，为我皇上筹之，盖皇上未有大誓群臣之举，大施赏罚之事，以悚动观听也……伏乞皇上采先圣誓众之大法，复祖宗御门之故事，特御乾清门，大召百僚，自朝官以上咸与听对，布告维新始之义，采集万国良法之意，严警守旧沮挠造谣乱政之罪，令群臣签名具表，咸去守旧之谬见，力图维新。"（《康有为变法奏议辑考》，第277—279页）此时总理衙门对《上清帝第六书》尚未议复，以杨深秀名义再次提出，是康的精心策划。

[2] 李端棻原折未见。光绪帝将李折交庆亲王奕劻、孙家鼐议复。奕劻的说片称："第一条请皇上晓谕群臣，以息争论"；孙家鼐的说片称："其第一条，臣工未能尽喻皇上意旨，尚多争论等语。"从文气来看，与大誓群臣相近。其第二条为"懋勤殿"，是制度局的变种，我将放在下节分析。（《奕劻说片》《孙家鼐说片》，光绪二十四年六月初十日递，《军机处录副·补遗·戊戌变法项》，3/168/9447/74、75）

决;对中央设新政十二局,只同意铁路和矿务两项;对道设新政局、州县设民政局,亦予以否决。[1]光绪帝收到总理衙门复奏后,没有立即表态。过了两天,五月十六日,光绪帝下旨:"著该衙门另行妥议具奏。"这是一道罕见的谕旨,即对总理衙门的议复非常不满,推翻重来。总理衙门奉旨后不知所措,九天后,五月二十五日再次上奏,称言:"……事关重要,相应请旨,特派王、大臣会同臣衙门议奏,以期妥慎之处,出自圣裁。"即请更高一级的官员来参加议复,以分担责任。光绪帝朱批:"著军机大臣会同总理各国事务衙门王、大臣,切实筹议具奏,毋得空言搪塞。"用词相当严厉,且有明显的倾向性。[2]

在光绪帝的催促下,光绪二十四年六月十五日(1898年8月2日),

---

[1]《戊戌变法档案史料》,第7—8页。总理衙门奏折最后称:"总之,为政之道,不在多言。墨守成轨,固无以协经权;轻改旧章,亦易以滋纷扰。臣等目击时艰,心维国计,遇有应须变通之处,自应随时体察情形,奏请酌办,以仰副我皇上励精图治之至意。"言辞中对康有为《上清帝第六书》略有讽意。又,总理衙门的这一奏折是由帮总办章京顾肇新起草的,他在私信中称:"康有为条陈变法,请将内而部、院,外而两司、道、府、牧,令尽行裁撤,改为内设十二局,分掌庶务,外员尽改为差,领以京衔,会同地方绅士办事。任事分更,实开民主之渐。奉旨交议。弟惟议设铁路矿务大臣,余均力驳。奏上,奉旨另行妥议。旋请改派枢臣会同议奏,改由枢臣主稿,已于昨天覆奏。大致仍不出弟原稿之范围,而语意芜杂,较弟为甚。"(顾肇新致顾肇熙函,光绪二十四年六月十六日,《顾豫斋致其兄函》,中国社会科学院近代史研究所档案馆藏,所藏档号:甲233)顾肇新称康《第六书》要将原有的旧机构"尽行裁撤",是看到了康此策实行后的结局。顾又称"实开民主之渐",又可知其"民主"观念与西方之差异。顾肇新的看法很可能不是他一个人的,而是代表总理衙门大臣们的集体看法。关于顾肇新起草奏折和总理衙门上奏的制度,可参见李文杰:《总理衙门的奏折流转及其权力运作》,《中华文史论丛》2019年第2期。

[2]《戊戌变法档案史料》,第8—9页。按照当时的政务处理惯例,光绪帝收到该折后,应允或交相关衙门议复。光绪帝以如此激烈的方式对总理衙门的议复表示不满,用如此严厉的言词来责成军机处,极为罕见。由此又可见,光绪帝对康有为《上清帝第六书》的基本态度是赞许的。时在北京的杨锐给张之洞的密信中称:"康有为条陈各衙门改为十二局,先制度局,议论一切改革之事,有储才局、会计局、农政局、工政局、商政局、海军局、陆军局、刑律局、铁路局、矿务局各名目。交总署议,驳,再下枢、译两府议。上意在必行,大约不日即须奏上。都下大为哗扰云。"[《李鸿藻存稿(外官禀)》,第1函第1册,中国社会科学院近代史研究所档案馆藏,所藏档号:甲70-10。相关的研究可参见拙著《戊戌变法的另面:"张之洞档案"阅读笔记》,第166—174页]杨锐的十二局名称不那么准确,但"上意在必行"一句,说明了光绪帝的态度,"都下大为哗扰云"一句,又说明了京官们的态度。

军机处会同总理衙门上奏,对康有为《上清帝第六书》进行了迂回式的驳斥,结果产生了四道明发谕旨、两道交片谕旨和一道电谕。然就实际成果而言,只是在总理衙门之下,建立铁路矿务总局,以总理衙门大臣王文韶、张荫桓兼任该总局大臣。[1] 至于康最为看重的制度局,该折称:

> 皇上延见廷臣,于部院卿贰中,如有灼知其才识,深信其忠诚者,宜予随时召对,参酌大政,其翰林院、詹事府、都察院值日之日,应轮派讲、读、编、检八人,中、赞二人,科、道四人,随同到班,听候随时召见,考以政治,藉可觇其人之学识气度,以备任使。此制度局之变通办法也。

由此,制度局成了由翰林院、詹事府、都察院派员预备召见的咨询服务,光绪帝后来仅召见了其中的5人。[2] 至于"大誓群臣""设待诏所"两项,虽未达到康的目的,但也有变通的做法:前者以"明定国是"来确定改革方向[3];后者经一系列政令调整,最后汇成了百日维新后期司员士民

---

[1] 军机处会同总理衙门奏折见《戊戌变法档案史料》,第9—11页。明发谕旨和交片谕旨见《军机处上谕档》光绪二十四年六月十五日。电旨见军机处《电寄档》光绪二十四年六月份,207/3-50-3/1576。总理衙门大臣张荫桓六月十三日记称:"军机处、总理衙门会议康长素条陈变法,屡奉谕旨严催。"(王贵忱整理:《张荫桓戊戌日记手稿》,澳门尚志书社,1999年,第215页)

[2] 当日谕旨称:"著翰林院、詹事府、都察院各于值日之日,由该堂官轮派讲、读、编、检八员,中、赞二员,科、道四员,随同到班,听候召见,俾收敷奏以言之益。""讲、读、编、检"为翰林院侍讲、侍读、编修、检讨;"中、赞"为詹事府左右春坊中允、赞善;"科、道"为都察院六科给事中、十三道御史。从六月十五日下旨到戊戌政变,翰林院、詹事府、都察院共计十五次轮值,每次派出两至八人不等,光绪帝只召见了翰林院侍读伊克坦、詹事府中允黄思永和都察院御史丁之栻、蒋式芬、潘庆澜,共5人。

[3] 光绪二十四年四月十三日,御史杨深秀上奏由康有为、梁启超起草的《请定国是明赏罚以正趋向而振国祚折》。四月二十日,翰林院侍读学士徐致靖上奏由康、梁起草的《请明定国是折》。(《康有为变法奏章辑考》,第200—202、227—228页)据军机处《随手档》、军机处奏片,杨深秀和徐致靖奏折皆于当天呈送慈禧太后,慈禧太后表示赞同。四月二十三日,翁同龢在日记中写道:"是日上奉慈谕,以前日御史杨深秀、学士徐致靖言国是未定,良是,今宜专讲西学,明白宣示等因,并御书某某官应准入学。圣意坚定。臣对西法不可不讲,圣贤义理之学尤不可忘。退拟旨一道。"(翁万戈编:《翁同龢日记》,第7册,第3181页)当日发下由翁同龢起草的谕旨:"朕惟国是不定则号令不行,极其流弊必至门户纷争,互相水火,徒蹈宋、明积习,于时政毫无裨益。(转下页)

的上书浪潮。[1]

对于《上清帝第六书》的最终议复结局，康有为是不满意的。光绪二十四年七月十三日，他因光绪帝赏银二千两而上奏谢恩，再次提到"大誓群臣"与"设制度局"两项，称言："虽定国是之所趋，而未行御门之大誓"；"选通才于左右，以备顾问，开制度局于宫中，以筹全局……"[2] 到了此时，康自知"制度局"已不可行，正积极谋求其变种。至于地方的新政局督办与民政局，康有为、梁启超还为御史宋伯鲁起草了《奏请选通达中外政治之才每省一人任新政疏》，然宋未去上奏。[3]

（接上页）即以中国大经大法而论，五帝三王，不相沿袭，譬之冬裘夏葛，势不两存。用明特白宣示，嗣后中外大小诸臣，自王公以及士庶，各宜努力向上，发愤为雄，以圣贤义理之学植其根本，又须博采西学之切于时务者，实力讲求，以救空疏迂谬之弊。专心致志，精益求精，毋徒袭其皮毛，毋竞腾其口说。"这道谕旨吹响了"百日维新"的号角，尽管没有康想象的"大誓群臣"那般效果。从该谕旨的产生过程亦可看清，关键在于慈禧太后的态度和翁同龢的观念，光绪帝的决策权是相当有限的。六月十五日，军机处议复《第六书》，称"明定国是"是"大誓群臣之变通办法"。

[1] 军机处议复"待诏所"，称言："我朝言路宏开，各部院司员条陈事件，准由各堂官代奏，士民上书言事，准赴都察院呈递。迩言必察，询及刍荛，法至善也。应请饬令各衙门堂官，遇有属吏具疏呈请，应即随时代奏，毋得拘牵忌讳，稍有阻格……此待诏所之变通办法也。"当日明发上谕："其部院司员有条陈事件者，著由各堂官代奏。士民有上书言事者，著赴都察院呈递。毋得拘牵忌讳，稍有阻格，用副迩言必察之至意。"该谕旨确立了司员士民上书的合法性。此后出现礼部阻挠主事王照上书一事，光绪帝大怒，七月十六日下旨："此后各衙门司员等条陈事件呈请堂官代递，即由各该堂官将原封呈进，毋庸拆看。"十七日，光绪帝下旨：都察院接到士民条陈，原封进呈，随到随递，不准稽压。倘有阻格，即以违旨惩处。二十七日，光绪帝下旨：布政使、按察使、道员、知府获直接上奏权，州、县官可以经督抚等地方官代奏。二十八日，再发电旨，除重申地方官可上奏外，各地士、民上书言事可经过省、道、府官员代奏。至此，司员士民获得了不受阻碍的上书权，各级衙门必须为之代奏，而此时离政变仅剩下八天。由于光绪帝的奖励，下层官员及士民在戊戌变法期间（光绪二十四年二月初八日至八月十一日）共有457人次递呈了至少567件上书；其中七月二十日至八月初五日（即政变前一日），有301人次374件上书。（相关的研究，可参见拙文《戊戌变法期间司员士民上书研究》，《明清论丛》第5辑，紫禁城出版社，2005年。又见《戊戌变法史事考初集》，生活·读书·新知三联书店，2012年，第219—412页）

[2] 《恭谢天恩并陈编纂群书以助变法请及时发愤速筹全局折》，《康有为变法奏章辑考》，第349—355页。

[3] 宋伯鲁：《焚余草》，1924年刊本，卷下。该折称言："顷当推行新政，督抚既不可兼任，似宜复举旧制，用观风整俗使或巡按御史之例，选通达中外政治之才，每省一人，专任新政。凡学校、农、工、商、矿、道路、巡捕、山林、市井一切新政，皆归（转下页）

"制度局"的变种与"懋勤殿"的人选

康有为要求总理衙门代奏《上清帝第六书》之时,已在考虑通过他人上奏代拟的奏折,向光绪帝提议设立类似制度局的机构,其中有宋伯鲁提议的"议政处""立法院"、文悌的"召对处"、李端棻的"懋勤殿"、徐致靖的"编书局""散卿"、阔普通武的"议院"、张元济的"议政局"和宋伯鲁的"便殿"。除了"编书局""散卿"权力较小外,其他皆可认为是制度局的变种。

一、"议政处"。光绪二十四年二月初八日,御史宋伯鲁上奏由康有为代拟的《请设议政处折》,称言:

> ……今拟略师泰西议院之制,仍用议政名目,设立议政处一区,与军机、军务两处并重。令各省督抚举实系博通古今、洞晓时务、体用兼宏者各一人;令京官一品以上者,共举十人,无论已仕未仕,务限一月内出具考语,咨送吏部,引见后即充当议政员,以三十员为限。月给薪水,轮流住班,有事则集,不足则缺。凡国家大政大疑,皆先下议政处,以十日为限,急则三、五日议成,上之军机王、大臣;不可,则再议,军机复核无异,乃上之皇上亲裁断而施行焉。盖合众通才而议一事,自然良法长策出乎其间。办有成效,请旨按级迁擢,疆枢之任,皇华之选,皆于是乎取之。此后,京外各三年一举,外省不即资送,听候调取。若经济特科得人,亦可充入。

这是"制度局"的变种,关键在于新设的议政处与军机处、督办军务处平行,而人员不分已仕未仕,由官员保举,由皇帝钦定。尽管用了"略师泰西议院之制"的名义,其与西方由选举产生的代议制机构并无关系。

(接上页)督办。皇上召见大小臣工,遇有通才,特加简擢,不拘资格,令充使任,准其开府专奏,并照出使大臣例,听其自辟参赞、随员。"与《上清帝第六书》相较,性质大体相同,只是从道一级升到了省一级。相关的研究,可参见拙著《戊戌变法史事考二集》,第398—409、417—421页。

该折上后，光绪帝下旨"暂存"，并呈慈禧太后。[1]

二、"召对处"。光绪二十四年三月初一日，御史文悌上奏《敬陈管见折》。该折由康有为起草，文悌进行了大规模的修改，其中第四项建策是"勤政"，提议设立"召对处"：

> ……并请我皇上可否效法顺治、康熙年间成案，召见大小臣工，随时讨论实政，或在南书房、懋勤殿立一召对处，选儒臣备顾问，其群臣如蒙召见，亦均于此赐对。倘更能仿照国初时坐朝旧制，君臣上下，从容坐论政治，尤为详实切要。

"召对处"的性质与"制度局"相近。该折上后，光绪帝下旨"暂存"，并呈慈禧太后。[2]

三、"立法院"。光绪二十四年四月二十九日，御史宋伯鲁上奏由康有为代拟的《变法先后有序乞速乾断折》，提出了"立法院"的设计：

> ……臣考泰西论政，有三权鼎立之义。三权者，有议政之官，有行政之官，有司法之官也。夫国之政体，犹人之身体也。议政者譬如心思，行政者譬如手足，司法者譬如耳目，各守其官，而后体

---

[1]《军机处录副·光绪朝·内政类·戊戌变法项》，3/108/5615/10；军机处《上谕档》，光绪二十四年二月初八日。该折引用中国经典，称与西方议院之间有相通性："书曰：询谋佥同。又曰：汝则有大疑，谋及乃心，谋及卿士，谋及庶人，谋及卜筮。盖不虚衷则理不显，不博采则事不明也。泰西上下议院，深得此意。此其所以强耳。"这是明显的"大同三世说"的说法。又，《康有为变法奏章辑考》第155—156页，收录由孔祥吉从《续修醴泉县志稿》中发现的该折抄本，文字稍有异讹。再又，"军务"即督办军务处，因中日甲午战争而于光绪二十年十月初五日设立，奕䜣为督办，奕劻为帮办，翁同龢、李鸿藻、荣禄、长麟为会办。该处原本权力很大，奕䜣入军机处后，权力下降，因李鸿藻、奕䜣先后去世，翁同龢被罢免，荣禄外放直隶总督，而于光绪二十四年五月初九日被撤销。

[2]《军机处录副·光绪朝·内政类·戊戌变法项》，3/108/5615/15；军机处《上谕档》，光绪二十四年三月初一日。该折提到了御门誓众："奴才拟请皇上择期举行御门典礼，尽将在京王公大臣、六部、九卿、科道、各部院掌印官员宣至御前，皇上面加训诫，谕令群臣：自此大破从前积习，嗣后大小臣工皆当还身上以核实认真四字，皇上即以信赏必罚随之。"这与康有为"大誓君臣"有相似处。又，康代文悌拟折事，可参见拙著《戊戌变法史事考二集》，第389—392页。

立事成……今万几至繁，天下至重，军机为政府，跪对不过须臾，是仅为出纳喉舌之人，而无论思经邦之实。六部、总署为行政守例之官，而一切条陈亦得与议，是以手足代谋思之任，五官乖宜，举动失措。臣愚以为骤变新法，皆无旧例可循，非有论思专官，不能改定新制……圣祖仁皇帝以内阁官尊政弊，乃选翰林才敏之士，及西人艺士南怀仁、汤若望入直南书房。日本变法之始，特立参议局于宫中，选一国通才为参与。今欲改行新政，宜上法圣祖仁皇帝之意，下采汉、宋、日本之法，断自圣衷，特开立法院于内廷，选天下通才入院办事。皇上每日亲临，王、大臣派为参议，相与商榷，一意维新。草定章程，酌定宪法，如周人之悬象魏，如后世之修会典。规模既定而条理出，纲领既举而节目张。

宋伯鲁的"立法院"，是其先前"议政处"的翻版，也是"制度局"的新变种。"议政"被"譬如心思"，属"论思专官"，可见于康有为的《上清帝第六书》；"选天下通才入院"的"立法院"，设在"内廷"，"皇帝每日亲临""相与商榷"，与西方的代议制议会无涉；"酌定宪法"一语，属"悬象魏""修会典"，与近代西方国家的宪法（constitution）无涉。该折上后，光绪帝下旨"存"，并呈慈禧太后。[1]

四、"懋勤殿"。光绪二十四年六月初六日，仓场侍郎李端棻上奏由梁启超代拟的《敬陈管见折》，其第二条是开懋勤殿。光绪帝将之交奕劻、孙家鼐议复，次日将该奏折呈送慈禧太后。[2]李端棻原折尚未发现，

---

[1]《戊戌变法档案史料》，第3—5页；《康有为戊戌真奏议》，第32—35页；原档见《军机处录副·补遗·戊戌变法项》，3/168/9446/41。军机处《上谕档》，光绪二十四年四月二十九日。

[2] 军机处《随手档》《上谕档》，光绪二十四年六月初六日。光绪帝谕旨称："李端棻奏变法维新条陈当务之急一折，著奕劻、孙家鼐会同军机大臣切实核议具奏。"梁启超称："至是李端棻力主是议（设制度局），梁启超与之极言，李深然之，乃上言。一请御门誓众，以定国是，一众志；一请用咸丰时例，开懋勤殿，选通人入直，议定新法；一请改定六部则例；一请派各省通才办各省学报。"（《戊戌政变纪事本末》，《丛刊·戊戌变法》，第1册，第318—319页）又，张之洞之子张权，时在北京参加会试，光绪二十四年六月十二日写信给张之洞称："有人谓，上设有待诏房为康、梁入直之所……苾老又保康、梁，谓可置之左右，以备顾问。"二十二日信又称："李苾园丈奏请将康有为、梁启超置之懋勤殿，以备顾问。刘博丈、李玉坡皆如此说。"[《张文襄公家藏手札·（转下页）

然从六月初十日奕劻、孙家鼐的议复中可知其内容。奕劻"说片"称：

> 第二条请皇上选博通时务之人以备顾问。奴才以为，如令各部院择优保荐，召对时察其品学纯正、才具明敏者，俾朝夕侍从，讲求治理，诚足有裨圣治；然品类不齐，亦薰莸异器，必严加选择，慎之又慎。盖此非如南斋之徒，以词章供奉也。且以圣祖仁皇帝之天亶聪明，而高士奇犹能招摇纳贿，声名狼藉，则君子小人之辨，不可不严也。至于汤若望、南怀仁者，圣祖特以其精于天文测算、制造仪器，偶一召问而已。

孙家鼐"说片"称：

> 第二条请皇上选择人才在南书房、懋勤殿行走，此亲近贤人之盛意也。惟朝夕侍从之臣，不专选取才华，尤须确知心术。方今讲求西法，臣以为若参用公举之法，先采乡评，博稽众论，庶贤否易于分辨。[1]

此中的南书房、懋勤殿，亦是制度局的变种。奕劻直接驳斥，孙家鼐说得很委婉，仍有反对之意，光绪帝没有采取下一步的行动。

五、"编书局"。光绪二十四年六月二十七日，翰林院侍读学士徐致靖上奏由康有为代拟的《请开编书局折》，光绪帝将之交孙家鼐"酌核具奏"，并呈送慈禧太后。[2] 徐致靖原折未发现，但从七月初三日孙家鼐议

（接上页）家属类》，中国社会科学院近代史研究所档案馆藏，所藏档号：甲182-264］"芯园"、李端棻。"刘博丈"，刘恩溥，字博泉，时任太仆寺卿。"李玉坡"，李荫銮，字玉坡，时任军机处二班领班章京。相关的研究，可参见拙文《张之洞档案阅读笔记之一：戊戌变法期间张之洞之子张权，之侄张检、张彬的京中密信》(《中华文史论丛》2010年第3期，又见《戊戌变法的另面——"张之洞档案"阅读笔记》，第76—130页）。

[1]《庆亲王奕劻说片》，六月初十日，《孙家鼐说片》，六月初十日，《军机处录副·补遗·戊戌变法项》，3/168/9447/74、75。军机处《随手档》，光绪二十四年六月初十日记："递庆亲王、孙家鼐说帖各一件。（见面带上、带下。随事递上。另抄封存）"光绪帝命"会同军机大臣切实核议"，军机处并没有会同"核议"，而是递上《说片》。

[2] 军机处《随手档》《上谕档》，光绪二十四年六月二十七日。

复可知其大体内容：

> 臣查徐致靖之疏，请开一编书局，令康有为编译外国各书恭呈御览，系为请皇上变法起见。又查康有为编成《俄彼得堡变政考》《日本变政考》《列国比较表》《日本书目志》，业已进呈御览。其各国变政之书，亦拟陆续写呈……臣观日本变政，坚沈毅［力］，行之二十年，勃然兴起，盖寔有自强之根本，非仅恃一编书局耳。中国如欲广译洋书，但于官报馆、译书局兼办此事，以备收藏考核，足矣。若待编阅千万卷书而后知变法自强，诚恐纡远寡效。徐致靖请特开一编书局，尚非今日之急务，所请应无庸议。[1]

编书局的权力虽比制度局小很多，但从孙的议复中可以看出，仍是向光绪帝负责，康可用编书进呈的形式进言，影响光绪帝的思想，充当"谋臣"甚至"帝师"的角色。[2] 孙反对编书局的理由，颇为牵强。光绪帝收到该折后，当日下旨："依议"，并呈慈禧太后。[3]

六、"议院"。光绪二十四年七月初三日，内阁学士阔普通武上奏《变法自强宜仿泰西设议院折》，提议设立"议院"：

---

[1] 《戊戌变法档案史料》，第455页。先是御史宋伯鲁于五月二十九日上奏由康有为代拟的《请将〈时务报〉改为官报折》，光绪帝命孙家鼐议复。六月初八日孙上奏，同意宋折，提议"以康有为督办官报"，即让康离开北京去上海。光绪帝予以批准。然康不愿离京，由徐致靖上奏设立编书局，是其留京的策略。

[2] 康有为在《日本变政考》中称：明治元年月二十九日，"开编书局，命参与副岛种臣领之，听其辟举通才分纂，专编各国强盛弱亡之故及政法之宜，择要编纂进呈宸览。已而，副岛种臣告退，听其以书局自随。臣有为谨案：变法之始，欲求采鉴外国，惟西文难译，人主欲广法戒，殊闻见，亦无从得。故维新之始，先开局编书，妙选通才领之……"（《康有为日本变政考》，故宫博物院藏进呈本，紫禁城出版社影印，1998年，卷一，第57—58页。又，此本为第二次进呈本。在此之前，光绪二十四年二月，康有为向总理衙门递交《日本变政考》，三月由总理衙门进呈光绪帝，是为第一次进呈本，今不存。）由此大致可知，康有为心目中编书局的职责和功用。然而，这一段历史是康有为杜撰的，副岛种臣并没有此类活动。康为其编书局的设置与职能而编造理由。（相关的研究，可参见村田雄二郎：《康有为的日本研究及其特点：〈日本变政考〉〈日本书目志〉管见》，《近代史研究》1993年第1期）

[3] 军机处《随手档》，光绪二十四年七月初三日。

奴才窃思欲除壅蔽，莫如仿照泰西设立议院。考议院之义，古人虽无其制，而实有其意。其在《易》曰：上下交，泰，上下不交，否。其在《书》曰：询谋佥同。又曰：谋及卿士，谋及庶人。其在《周官》曰：询事之朝小司寇掌其政，以致万人而询焉。其在《孟子》曰：国人皆曰贤，然后察之；国人皆曰可杀，然后杀之……拟请设立上下议院，无事讲求时务，有事集群会议，议妥由总理衙门代奏，外省由督抚代奏。可行者酌用，不可行者置之。事虽议于下，而可否之权仍操之自上，庶免泰西君民争权之弊……且下议院之有益尤多，如遇各国要求，总署亦有展转。若索我口岸，侵我疆界，某省则告以交某省议院公议，先缓时日作准备，要求不已，则告以该省下议院不准。洋人最重民权，且深惧我中国之百姓，恐激众怒，自息狡谋……惟议院之人实难其选，必须品端心正，博古通今，方能识大体，建高议。此泰西议员，必由学堂出身者，一取其学贯中西，一信其风有操守，亦防弊之深意也。如蒙俞允，即可向驻京公使借各国章程，以资取法。

该折是康有为、梁启超所拟，阔普通武有较大的修改。[1]以中国经典来说明泰西议院，来证明中国古代无议会之制而有其意，属"大同三世说"的说法，与康的《上清帝第三书》、梁的《古议院考》相同。"无事讲求时务，有事集群会议"，可能是康的建策；"议妥由总理衙门代奏，外省由督抚代奏"，与康力图与光绪帝直接对话的目的不同，属阔普通武的修改。该折上后，光绪帝下旨"存"，并呈慈禧太后。[2]

七、"散卿""散学士"。光绪二十四年七月二十日，翰林院侍读学士

---

[1] 孔祥吉认为阔普通武所上之原折，是康代拟的。(《康有为变法奏章辑考》，第345—348页；《戊戌维新运动新探》，第154—155页）黄彰健认为此折是阔普通武本人的看法，与康没有关系。对此，我是大体同意孔的意见，同时认为阔普通武很可能有所修改。

[2] 《戊戌变法档案史料》，第172—173页；军机处《随手档》《上谕档》，光绪二十四年七月初三日。"询谋佥同"，典出于《尚书·大禹谟》："朕志先定，询谋佥同，鬼神其依，龟筮协从，卜不习吉。"意即君主定下主意后，征求下面的意见并得到同意，鬼神与卜筮皆同意。《大禹谟》属梅赜《古文尚书》。又，宣统三年出版的《戊戌奏稿》，康有为重写该折，即《请定立宪开国会折》，详见本书上编第一节。

徐致靖上奏由康有为代拟的《请设散卿折》，光绪帝命孙家鼐议复，并将该折呈送慈禧太后。[1]徐致靖原折未发现，但从二十四日孙家鼐议复可知其大体内容：

> 查原奏内称，自古设官，有行政之官，有议政之官。行政之官不可冗，议政之官不厌多。历引三代至唐宋以来故事，欲仿其制，定立三四五品卿，翰林院衙门定立三四五六品学士，不限员，不支俸等语。臣窃谓国家积弊，惟在敷衍颟顸，事无大小，多以苟且塞责了之，如能详细推寻，多方讨论，必不致百为丛脞，遗误至今。徐致靖谓议政之官不厌多，盖欲皇上广集众思，即借以留心贤俊，此求贤审官之至意也。苟能行之，必有裨益。拟请准如所奏办理。

"散卿""散学士"的品级很低，其责为"议政"，有直接上奏权，与制度局仍有相近之处。孙家鼐先前数次议复康党成员的奏折，皆是拒绝，此次已不便否定，故同意设置；然又加以修正，使之纳入官僚体系之中。孙还称言：

> 抑臣更有请者，议政之官固不厌多，听言之道尤当致慎。舜之大知，固由好问好察，尤在执两用中。盖问察非难而用中最难也。夫发言盈廷，则是非各执。其言或似是而实非，或似非而实是，精择审处，不使贤否混淆，惟赖我皇上圣智聪明，斯国势可强而天下蒙福矣。[2]

---

[1] 军机处《随手档》《上谕档》，光绪二十四年七月二十日。光绪帝的谕旨称："翰林院侍读学士徐致靖奏冗官既裁，请酌置散卿以广登进一折，著孙家鼐妥速议奏。"
[2] 《戊戌变法档案史料》，第176页。孙家鼐修正为："其原奏所称，定立三四五品卿，以备列大夫之职，翰林衙门定立三四五六品学士，以备散学士之职。此项卿员学士，遇有对品卿缺及翰林院对品缺出，由吏部一体开单，候旨录用。至于不支俸一节，臣愚谓皇上裁汰冗员，乃实事求是之意，并非惜此俸银。拟求皇上嘉惠各员，即按照所授品阶给予俸禄。"这就将无所归依的"议政官"，变成了实缺京卿、实缺翰林院官员的候补官，且领有薪水。

这番话明显有所指。由于政变很快发生，"散卿""散学士"制度没有建立起来。[1]

八、"议政局"。光绪二十四年七月二十一日，总理衙门代奏章京张元济条陈，其总纲第一条，要求设立"议政局"：

> 设议政局以总变法之事。泰西各国行政与议政判为两事，意至良，法至美也。中国则不然，以行政之人操议政之权，今日我议之，明日即我行之，岂能不预留地步以为自便之计……我皇上真欲变法，不先设一议政局以握其纲领不可也。请言设局之事：一、此局宜仿懋勤殿、南书房之例，设内廷。一、以年富力强通达时务奋发有为者，充局员。统请特旨简派。一、局事至繁，约以二十人为额，如不足请旨添派。一、在局诸员，每日轮流以数人一班，随军机大臣之后，听候召见。一、请皇上于万几之暇，随时临幸局中，考核各员所办之事。一、遇有要事，谕知在局各员全数齐集，届日请皇上驾幸局中，听诸臣详细核议。一、臣工条陈时事，及各衙门请旨之件，概行交局核议，准驳各随所见，议上请旨施行。至士民条陈，以后必多，亦可先交该局阅看。一、凡今日所应改应增之事，责令各员先期拟定办法及详细章程，随时进呈御览，恭候钦定。一、现在已行新政，如学堂、报馆、轮船、铁路、邮政、电报、矿务、工厂、银行、商会，均不过大略章程，并未垂为国宪，故办法多不画一。宜令在局各员，详考西国制度，参酌现在情形，拟具则例，呈请钦定颁行。[2]

---

[1] 光绪帝七月二十四日下旨："古有侍从之臣，皆妙选才能以议庶政。现当朝廷振兴百度，自应博采众论，广益集思，以期有裨政治，著照所议，酌置三、四、五品卿，三、四、五、六品学士各职，遇有对品卿缺并翰林衙门对品缺出，即由吏部一体开单，请旨录用，以备献纳。仍著按品给予俸禄。应如何详定条款，著为定例，著该部妥议具奏。"（军机处《上谕档》，光绪二十四年七月二十四日）据此，散卿、散学士的设置仍需由吏部制定具体的条例。九月二十九日，吏部上奏："议复尚书孙家鼐奏请增设散卿、散学士等缺毋庸议折"，奉旨"依议"。（军机处《早事档》，光绪二十一年九月二十九日）

[2] 《戊戌变法档案史料》第43—44页。该条陈原署日期为七月二十日。

张元济提议的"议政局"与"制度局"极其相似:设在"内廷","特旨简派","每日听候召见","要事"在御前进行"核议",实际权限更加明确,应是康、梁影响下的产物。[1] 该条陈上呈后,光绪帝下旨"留中",即留在宫中,没有立即处理,也未呈慈禧太后。

九、李端棻再次提议,可能是"懋勤殿"。光绪二十四年七月二十三日,光绪帝召见新任礼部尚书李端棻。二十五日,李端棻上奏折,光绪帝下旨"留中",并呈送慈禧太后。李端棻的这一奏折尚未发现,军机处《随手档》《上谕档》中军机章京均未拟题,其内容尚无从知晓。[2] 然从后来的诸多迹象表明,李端棻在召见时和上奏中都提到了懋勤殿,并保举了康有为。[3]

十、"便殿"。光绪二十四年七月二十八日(1898年9月13日),御史宋伯鲁上奏由康有为代拟的《请选通才以资顾问折》,要求设立"便殿":

---

[1] 张元济因《时务报》与梁启超走得比较近,又与康有为等人同为徐致靖保举,与康同日受光绪帝召见,康、梁此期对张有影响力。黄彰健、孔祥吉皆认为,张元济条陈很可能是康有为起草的(参见黄彰健编:《康有为戊戌真奏议》,第61—70页;孔祥吉编著:《康有为变法奏章辑考》,第447—456页)。对此,我是有同感的。

[2] 军机处《早事》,光绪二十四年七月二十三日;军机处《随手档》《上谕档》,光绪二十四年七月二十五日。光绪帝召见李端棻,是李新任礼部尚书而谢恩。

[3] 八月十九日,即戊戌六君子就义六天后,礼部尚书李端棻上奏自请惩处:"窃因时事多艰,需才孔亟,臣或谬采虚声,而以为足膺艰巨,或轻信危言,而以为果由忠愤,将康有为、谭嗣同奏保在案。"慈禧太后下旨:"李端棻奏滥保匪人自请惩治一折。该尚书受恩深重,竟将大逆不道之康有为等滥行保荐,并于召对时一再面陈。今据事后检举,实属有意取巧,未便以寻常滥保之例稍从末减。礼部尚书李端棻著即行革职,发往新疆,交地方官严加管束,以示惩儆。"(《丛刊·戊戌变法》,第2册,第297页。军机处《随手档》《上谕档》,光绪二十四年八月十九日)李端棻保谭嗣同片上于七月初三日,李端棻保康有为折档案中却未见记载,由此似可推定,七月二十五日由光绪帝"留中"的奏折,主旨很可能是保康有为。查军机处《早事》《光绪二十四年京官召见单》,光绪帝在二月二十三日、四月十八日、七月二十三日三次召见李端棻,惩李谕旨中称"于召对时一再面陈",似指七月二十三日召见时的面陈。又,蔡金台致李盛铎信(戊戌年九月二十三日)称:"后伊藤来,李苾园举康为接待使,亦为张(荫桓)所阻。"(邓之诚著,邓珂点校:《骨董琐记全编》,北京出版社,1996年,第602—604页)刘体智称:"伊藤博文薄高丽统监而不为,观光大陆,有囊括四海之志,欲吾国聘为辅佐。康有为作奏章,自荐为迎送专使,令李端棻上之,弗许。"(《异辞录》,中华书局,1988年,第172页)两说虽未必准确,但可见李端棻保荐康有为,当时即有许多传说。

> 当此变法伊始，莫不有先后缓急之序，条理节日之繁，非得通达中外、熟谙古今之学者数人，置诸左右，皇上从容前席，与共商榷，何者宜行，何者宜革，何者宜缓，何者宜先。同一事也，其措置之曲折何如？同一法也，其更改之道理何如？非日侍左右，密勿考求，恐未易敷政优优而位置妥贴也……泰西国主每日召见办事诸臣外，皆定有时刻，别召通才，咨访中外之故。我圣祖仁皇帝特开南书房，妙简文学，以备咨访，乃至用意大利人南怀仁、汤若望充其间。此真大圣人威斥八极之良规也。文宗显皇帝特开懋勤殿，以员外郎何秋涛著有《朔方备乘》，熟知边事，特令行走……皇上聪明天亶，而九重深远，未易周知。虽每日召见臣工，而皇上退朝之暇，披览图书，勤求政术，有所疑难，考究无人，有所咨询，应奉无人。计皇上必有郁然于圣心者，伏乞皇上仰绳祖武，俯念时艰，特开便殿，妙选通才，儤直左右，即仿泰西之例，每日定一准时，轮流召见，以广顾问之资，而收启沃之效。[1]

此中的"便殿""妙选通才，儤直左右""轮流召见"，可见源自于康有为，又可见康的政治安排。该折上后，光绪帝下旨"暂存"，并呈慈禧太后。[2]

光绪二十四年初，康有为刚刚由总理衙门约见时，对自己的政治地位充满信心，在私信中称：

> 总署延见，问天下之故，乃自有总署以来所无，举朝以为旷典……然不出游，则或加五品卿入军机，或设参议行走也。

他认为自己将出任欧洲弭兵会的"游历使"，或以五品卿出任军机大臣，

---

［1］ 宋伯鲁：《焚余草》，1924年刊本，卷下。上奏日期据军机处《随手档》光绪二十四年七月二十八日，军机章京拟题为"选通才以备顾问由"。该日宋伯鲁共上了两折三片，其余折片皆存，惟此折尚未发现。康有为称，该折由其起草，并荐举黄遵宪、梁启超。相关的研究，可参见拙文《康有为、梁启超所拟戊戌奏折之补篇——读宋伯鲁〈焚余草〉札记》(《近代史研究》2011年第5期)。
［2］ 军机处《随手档》《上谕档》，光绪二十四年七月二十八日。又据《随手档》，宋伯鲁该折于八月初二日由慈禧太后发回给军机处。

或是新设立"参议行走",即类似制度局之类的职位。这是康没有任何根据的自我想象,却要求将此消息通报给其在广西、湖南、广东、澳门和日本的门生。[1] 随着翁同龢的罢免,康召见后仅获得总理衙门章京的低微职位,康也变得心急起来。张之洞之子张权发来的京中密信称:

> 有广东人言,苾老保康南书房。康在家日日盼望,云:何以谕旨还不见下来?[2]

张元济的上书、李端棻的召见与奏折、宋伯鲁的奏折,是一大转折点,光绪帝开始考虑设立"懋勤殿"之类的机构了。光绪二十四年七月二十八日,新任军机章京、内阁候补侍读杨锐写信给他的弟弟杨悦,称言:

> 现在新进喜事之徒,日言议政院,上意颇动,而康、梁二人,未见安置,不久朝局恐有更动。每日条陈,争言新法,率多揣摩迎合,甚至有万不可行况事。[3]

该信提到了与"制度局"相仿的"议政院",提到了康、梁的安置。此时进京由光绪帝召见的候补知府钱恂、北洋候补道严复,也有相同的说法。[4] 作为此事幕后主角的康有为、梁启超也分别留下自己记载。康有

---

[1] 康有为致康广仁,光绪二十四年正月初五日,《万木草堂遗稿外编》,下册,第 775 页,称该信为康广仁抄件。该信还称:"可抄示桂、湘、粤、澳、日同门,并示薇。"康有为在《我史》(《康南海自编年谱》)中称:"前折(《第六书》)许应骙仍攻击于恭邸前,抑压迟迟。至二月十三日乃上。即下总署议。常熟将欲开制度局,以我直其中。"(《丛刊·戊戌变法》,第 4 册,第 141 页)康称翁同龢欲开制度局,并让康入值,现有的材料中找不到任何根据,且制度局的设置与人选,非翁可决定,也超出了光绪帝的权力范围。
[2] 张权致张之洞,光绪二十四年六月二十二日,《张文襄公家藏手札·家属类》,中国社会科学院近代史研究所档案馆藏,所藏档号:甲 182-264。"苾老",李端棻。
[3] 宁志奇:《杨锐家书暨杨聪墓志铭》,《四川文物》1985 年第 4 期。"议政院",似为张元济提议的"议政局",杨锐作为新任军机章京"参预新政",其职责是处理司员士民上书。
[4] 钱恂于七月二十九日发电张之洞:"议政局必设,未发。"(光绪二十四年八月初一日午刻发,初二日午刻到。《张之洞电稿甲编》,第 61 册,中国社会科学院近代史研究所档案馆藏,所藏档号:甲 182-247。该电署"艳"字,为二十九日,当是钱拟电时间)钱恂是张之洞的亲信幕僚,二十八日召见,"议政局必设"可能是召见时从光绪帝处得到的信息。"未发",指尚未下发谕旨。七月二十九日,光绪帝召见北洋候选道严复。(转下页)

为称：

> 于时复生、暾谷又欲开议院，吾以旧党盈塞，力止之。而四卿亟亟欲举新政，吾以制度局不开，琐碎拾遗，终无当也。故议请开懋勤殿以议制度，草折令宋芝栋上之，举黄公度、卓如二人。王小航又上之，举幼博及孺博、二徐并宋芝栋；徐学士亦请开懋勤殿，又竟荐我……至是得诸臣疏，决意开之，乃令复生拟旨，并云康熙、乾隆、咸丰三朝有故事，饬内监捧三朝《圣训》出，令复生查验，盖上欲有可据以请于西后也……是日拟旨，枢垣传出，京师咸知开懋勤殿矣。是日七月二十八日也。[1]

梁启超称：

> 上既广采群议，图治之心益切。至七月廿八日，决意欲开懋勤殿，选集通国英才数十人，并延聘东西各国政治专家，共议制度，将一切应兴应革之事全盘筹算，定一详细规则，然后施行。犹恐西后不允兹议，乃命谭嗣同查考雍正、乾隆、嘉庆三朝开懋勤殿故事，拟一上谕，将持至颐和园，（御）[禀]命西后，即见施行。[2]

（接上页）八月初一日，严复告诉其同乡新任总理衙门章京郑孝胥："将开懋勤殿，选才行兼著者十人入殿行走，专预新政。"（劳祖德整理：《郑孝胥日记》，中华书局，1993年，第2册，第681页）这也有可能是严复召见时从光绪帝处得到的信息。

[1] 《我史》(《康南海自编年谱》)，《丛刊·戊戌变法》，第4册，第159页。文字据手稿本有所调整。"复生"，谭嗣同。"暾谷"，林旭。"四卿"，新任四位军机章京，杨锐、刘光第、谭嗣同、林旭，均加四品卿衔。"宋芝栋"，宋伯鲁。"黄公度"，黄遵宪。"王小航"，王照。"幼博"，康广仁。"孺博"，麦孟华。"二徐"，徐致靖、徐仁铸。"徐学士"，徐致靖。

[2] 梁启超：《戊戌政变记》，复旦大学藏清铅印本，《续修四库全书》，上海古籍出版社，1995年，第446册，第238页（以下简称《戊戌政变记》续四库本）。此是《戊戌政变记》卷三《政变之分原因》的说法，该书卷六《谭嗣同传》中说法稍有异："七月二十七日，皇上欲开懋勤殿，设顾问官，命君拟旨，先遣内侍持历朝圣训授君，传上言，谓康熙、乾隆、咸丰三朝有开懋勤殿故事，令查出引入上谕中。盖将以二十八日亲往颐和园请命西后云。君退朝乃告同人言，今而知皇上之真无权矣。至廿八日，京朝人人咸知懋勤殿之事，以为今日谕旨将下，而卒不下，于是益知西后与帝之不相容矣。"（同上书，第262页）两者相比，一称"二十八日"，一称"二十七日"；一称"雍正、乾隆、嘉庆"，一称"康熙、乾隆、咸丰"。可见梁启超写作时的不确定性。

康、梁的说法,似可怀疑,光绪帝七月二十日召见谭嗣同,此后并未召见;然康称徐致靖、王照的奏折,却是可以得到证实的。查军机处《随手档》七月二十九日记:"署礼部侍郎徐致靖折:一、遵保康有为等由。候补京堂王照折:一、遵保康广仁等由。"又查该日军机处《上谕档》所录军机处奏片,徐致靖、王照的奏折,光绪帝皆命"存记",同日送慈禧太后。[1] 徐致靖、王照的奏折,虽未从档案中检出,但大体内容是可知的。[2] 至于康、梁称开懋勤殿的消息已经传出,"京师咸知",也是可以得到证明的。盛宣怀档案中《虎坊摭闻》称:

> ……或言李端棻、宋伯鲁(旁注:约在七月二十七八诸日)皆请开懋勤殿,以康有为、黄遵宪、梁启超等入殿行走。于是传言选入殿行走者十人:康有为、康广仁、李端棻、徐致靖、徐仁铸、徐仁镜、黄遵宪、梁启超、黄绍箕、张元济也。[3]

此为盛宣怀的京中密报,谈到了李端棻、宋伯鲁建策,是相当准确的。时在武昌的张之洞,也得到了相关的情报。[4] 此时《国闻报》与此后的

---

[1] 军机处《随手档》《上谕档》,光绪二十四年七月二十九日。《随手档》中"候补京堂王照折:一、遵保康广仁由"之"广仁"二字,由"有为"改。又,根据《随手档》,八月初三日,慈禧太后发下徐致靖、王照的奏折。
[2] 王照逃亡日本后,与犬养毅笔记中称:"二十九日午后,照方与徐致靖参酌折稿,而康来,面有喜色,告徐与照曰:谭复生请皇上开懋勤殿用顾问官十人,业已商定,须由外廷推荐,请汝二人分荐此十人。照曰:吾今欲速上一要折,不暇及也。康曰:皇上业已说定,欲今夜见荐折,此折最要紧,汝另折暂搁一日,明日再上何妨。照不得已,乃与徐分缮荐(按此下脱'折'字)。照荐六人,首梁启超,徐荐四人,首康有为。夜上奏折,而皇上晨赴颐和园见太后,暂将所荐康、梁十人交军机处记名,其言皇上已说定者,伪也。"(《关于戊戌政变之新史料》,《丛刊·戊戌变法》,第4册,第332页)王照的说法在时间上稍有误,其于二十九日上奏,当于二十八日夜需递到奏事处。又称"首梁启超",而军机章京录题中时称"遵保康广仁等"。
[3] 上海图书馆编:《上海图书馆藏盛宣怀档案萃编》,上海古籍出版社,2008年,上册,第177页。"虎坊",即北京宣武门南虎坊桥,是当时汉籍京官的主要居住地。
[4] 戊戌政变后,张之洞于八月十二日(9月27日)发电北京:"闻有妄人保懋勤殿十员,有仲韬在内,确否?亟系甚。速询复。"(八月十二日丑刻发,《张之洞电稿》光绪二十五年二月至八月,中国社会科学院近代史研究所档案馆藏,所藏档号:甲182-457。原整理者有误,根据内容,该电发于光绪二十四年)"仲韬",黄绍箕。

《字林西报》,对懋勤殿亦有报道。[1] 清代官员恽毓鼎、刘体智、姚文栋等也留下懋勤殿的私家记载。[2]

光绪二十四年七月二十九日,光绪帝在紫禁城处理完公务,随即赴颐和园,此行的目的是说服慈禧太后同意开懋勤殿,以安置康有为等人,当即引发了大冲突。七月三十日,光绪帝破例召见军机章京杨锐,颁下一件朱谕:

近来朕仰窥皇太后圣意,不愿将法尽变,并不欲将此辈老谬

---

[1] 与严复、梁启超等人甚有关系的天津《国闻报》,八月初二日以"拟开懋勤殿述闻"为题刊出消息:"近月以来,朝廷创兴百度,并谕内外大小臣工及士民人等,均得上书言事。因此条陈新政者,封书日以百计。而前者特简参预新政之四京卿,亦颇有眼花手乱,应接不暇之势。故近日又有拟开懋勤殿,令三品以上保举人材,召见后派在懋勤殿行走,以备顾问之说。闻数日内即当有明发谕旨矣。"西文报纸《字林西报》(North China Daily News)于九月初六日刊出懋勤殿人选:"前者皇上简派十人,在懋勤殿参预新政,第一系礼部尚书李端棻,二系署理礼部侍郎、翰林院侍读学士徐致靖,三系工部主事、总署章京康有为,四系江南道监察御史杨深秀,五系山东道监察御史宋伯鲁,六系湖南学政徐仁铸,七系刑部主事张元济,八系举人梁启超,九系康有为之弟康广仁,十系翰林院编修徐仁镜。近日各人所得罪名……本馆又接北京访事来信,所称懋勤殿十人姓氏,间有不符,第一系李端棻,二系徐致靖,三系康有为,四系杨深秀,五系康广仁,六系梁启超,七系谭嗣同,八系林旭,九系杨锐,十系刘光第。"九月初八日,《中外日报》又从《字林西报》译出转载。(见《丛刊·戊戌变法》,第3册,第442—443页)

[2] 恽毓鼎称:"戊戌六月,上有意复古宾师之礼,特开懋勤殿,择康有为、梁启超、黄绍箕(箕)等八人待制,燕见赐坐,讨论政事,闻者谓为二千年未有之盛举,竟未及一开而罢。"(《崇陵传信录》,与《乐斋漫笔》等合编,中华书局,2007年,第58页)刘体智称:"先是,有为说上懋勤殿列十座,以李端棻、徐致靖、宋伯鲁、杨深秀、康广仁、梁启超、杨锐、刘光第、谭嗣同、林旭为十友。有为言无不听,则隐然公孤师保自任也。"又称:"有为又请开懋勤殿,置十友,隐夺政权,于是人人怨恨而大祸作矣。"(《异辞录》,第172、173页)王庆保、曹景郕称:"……并拟开懋勤殿列十坐,以李端棻、徐致靖、宋伯鲁等为十友,而康有为尚不在此内。"(《驿舍探幽录》,《丛刊·戊戌变法》,第1册,第493页)王庆保等人记录虽不可靠,但可备一说。姚文栋为其母九十大寿而作《启文》,称言:"仁和王相国告余:'帝意开懋勤殿,选十友居之,咨询中外要政,其姓名出御笔朱书,已交军机处,君亦与列。'叩之,则李公端棻举首,黄君绍箕列第三,贱名列第五也。明发有期,众尼后嬖。慈禧回銮训政,遂停前议。"(戴海斌整理,姚明辉编撰:《姚文栋年谱》,《近代史资料》总125号,中国社会科学出版社,2012年,第211页)"仁和王相国",军机大臣王文韶。姚作此文时为民国七年(1918),政治上的禁忌虽不存在,但时间过长,很难验证。

昏庸之大臣罢黜，而登用通达英勇之人，令其议政，以为恐失人心……朕亦岂不知中国积弱不振至于贻危，皆由此辈所误，但必欲朕一旦痛切降旨，将旧法尽变，而尽黜此辈昏庸之人，则朕之权力实有未足。果使如此，则朕位且不能保，何况其他？今朕问汝，可有何良策俾旧法可以全变，将老谬昏庸之大臣尽行罢黜，而登进通达英勇之人，令其议政，使中国转危为安，化弱为强，而又不致有拂圣意。[1]

在此朱谕中，光绪帝两次提到了"议政"，即设立懋勤殿，两次提到了"通达英勇之人"，即重用康有为及其党人，提到了慈禧太后的反对理由，即"恐失人心"；提到了"朕之权力"，也就是光绪帝在任免人事上权力有限；最核心的一句是"朕位且不能保"，慈禧太后已向光绪帝发出了警告。从制度局到懋勤殿，名称虽有多次变化，但其核心内容是不变的：即能让康有为到达光绪帝身边来"议政"，主持变法大局。这是慈禧太后绝对不允许的，也是后来政变的主要原因之一。

发行纸币与大借洋款

戊戌变法之前，清朝财政已陷于极端的困境。甲午战争花费了大量军费，战后又须支付日本巨额赔款，清朝为此借助列强银行在国际上两次发行国家债券，即俄法借款和英德借款。至光绪二十四年，清朝须支付日本第三期赔款，以赎回被日本占领的威海。清朝与英、德商量再次借款，条件未洽，根据詹事府左中允黄思永的建议，第一次在国内自主发行国债——"昭信股票"。

康有为反对"昭信股票"，称之为"明世加粮"，并提议将之作为"民间起业公债"。[2] 康的意见未被采纳，清朝后来停止"昭信股票"，是

---

[1] 赵炳麟：《光绪大事汇鉴·戊戌之变》，黄南津等点校，《赵柏岩集》，广西人民出版社，2001年，第239—240页。赵炳麟称："此诏后至宣统元年由杨锐之子呈都察院。是时炳麟掌京畿，主持代奏，并连疏请宣付实录。"

[2] 康有为在《我史》(《康南海自编年谱》) 中称："时偿日本之款甚急，中允黄思永请用外国公债法，行昭信股票……吾闻而投书常熟，力净之。谓：方今无事，何为（转下页）

其发行不顺利,甚为扰民,且已再次在国际上发行国债,即英德续借款。[1]然从康的反对意见可以看出,他对近代金融制度和国家财政体系没有基本的了解——国债的发行需要有近代模式的金融机构,发行金额与偿还年限需要有相应的国家财政预算,康指出清朝国家信用不足,这虽是重要的原因,但还不是全部原因。

清朝此时进行的改革,需要大量的资金支持,康有为解救财政危机的对策是两项:仿行"日本纸币"和"大借洋款"。他在《上清帝第六书》中称言:

……尚虑政变之始,需款甚繁,日人以纸币行之,真银仅二千万,而用值二亿五(万)[千]万,盖得管子轻重之法焉。吾若大变法度,上下相亲,亦可行之。否则大借洋款数万万,派熟习美国之人,与借商款,酌以铁路、矿产与之,当可必得。

《第六书》中的新政十二局,其中之一是"造币局",职责是"掌铸金、银、铜三品,立银行,造纸币,时其轻重"。[2]

先来看仿行日本纸币。

康有为在《我史》中提到,他曾在光绪二十四年正月初三日(1898

(接上页)作此亡国之举。乙未借民债,虽张之洞之六十万,亦不肯还,民怨久矣,中国官民之隔久矣,谁信官者?……明世加粮,可为殷鉴。言极激切,并以书责樵野。"又称其在召见时,当面向光绪帝表示反对昭信股票:"上曰:'方今患贫,筹款如何?'乃言日本纸币银行、印度田税,略言其端。既而思昭信股票,方提为起行宫,若纵言其详,则未能变法先害民矣。"(《丛刊·戊戌变法》,第4册,第142、146页)康有为在《为万寿庆辰乞许士民庆祝并刊贴新政诏书嘉惠士农工商折》中称:"臣愚以为,皇上施惠生民,莫如昭信股票一事。查日本有起业国债,多为起学校,兴农务,劝商资,补工业起见。四业皆以西法兴之,数年大盛……臣愚伏愿皇上洞鉴万国之政,俯施四海之惠,因此圣寿庆典,特下明诏,令昭信股票皆作民间起业公债,付之士绅富商,令其公议,各分作本地学堂、农学堂、工艺学堂、机器制造、轮船等商资,令妥议章程,以为将来归本之地,或仿照日本起业公债章程行之,而国家但与保护,不取其利。"(《康有为变法奏章辑考》,第324页)康有为在《日本变法考》中对日本国债亦有简单的介绍。(《康有为日本变政考》,紫禁城出版社影印本,卷十,第31—32页)

[1] 参见李文杰:《中国早期国债的顿挫:昭信股票发行始末》,北京大学硕士论文,2007年。
[2] 《上清帝第六书》,《康有为变法奏章辑考》,第139—140页。

年1月24日）总理衙门约见时和四月二十八日（6月16日）光绪帝召见时，当面提议仿行日本纸币；然除了《第六书》以上文字外，他未就此事上奏。[1]康的具体设想，可见其《日本变政考》进呈本。《日本变政考》卷一介绍了明治元年（1868）日本政府发行"金札"的情况，康作评论称：

> 银票、钱票之制，中国自唐、宋以来，交子、飞钱、会子、宝钞之目，行之久矣。而卒不行者，官尊民卑，制作不精。官尊民卑，则行纸币而不肯以真金收回，民谁信之。制作不精则赝者易作。此纸币所以不行也。日本蕞尔小国，仅当吾一省，变法之始，患贫尤甚，而百废具兴。所费万端，岁出逾所入者，以倍数，赖纸币以补之。其后统计纸币周转之利，凡二十五万万。今泰西通流，亦以纸币，而人信之，是倍富也。"无政事，则财用不足"，信哉！

《日本变政考》卷十介绍了明治十九年六月日本政府宣布明年起将逐次停止使用十钱等小额纸币，康作评论称：

> 日本纸币流通，至于银货绝迹。则经大藏两次回换之故，见信于民，故也，银货至于民间绝迹，则当为邻国之交通，而倍富矣。故曰："无政事则财用不足也。"[2]

从康的评论可知，他不了解日本金融史。明治元年的"金札"，即日本金融史上的"太政官札"，是有利公正为应对极度的财政窘境而发行的不兑换票，为期十三年，总额达4800万两。"太政官札"是世界金融史上的

---

[1] 康有为称："翁问筹款，则答以：日本之银行纸币，法国印花，印度田税，以中国之大，若制度既变，可比今十倍。"又称："上曰：方今患贫，筹款如何？乃言日本纸币银行、印度田税，略言其端。"（《丛刊·戊戌变法》，第4册，第140、146页）"翁"，翁同龢。"上"，光绪帝。

[2] 《康有为日本变政考》，紫禁城出版社影印本，卷一，第28—31页；卷十，第31页。"无政事"一句，典出于《孟子·尽心》："不信仁贤，则国空虚；无礼义，则上下乱；无政事，则财用不足。"

特殊现象，是不得已而采取的极端手段，此后不再发行。由于"太政官札"对市场的破坏，日本政府此后不断采取补救措施，并与民间商业资本合作，建立最初的金融兑换体系，其消化过程极其漫长且复杂。当时世界各商业银行所发行的纸币都是可兑换票，各国中央银行（包括日本银行）当时所发行的纸币都是本国贵金属货币的可兑换票，其中央银行发行的国家货币数量，尤其是纸币的数量，须经过精密的计算，过少则不利于商业的发展，过多则破坏市场并被市场所拒收，引发该国的金融危机。日本中央银行除了发行纸币外，也大量铸造银圆，从明治三年到三十年，共铸造1.5亿枚银圆，这批日本银圆也流入中国市场。至于明治二十年起日本宣布陆续停止使用小额纸币（十钱至五十钱），是因为小额纸币在市场流通速度快，容易损坏，日本也铸有五十钱、二十钱、十钱、五钱的银附币，数量也达到相当的规模。以最先停用的十钱纸币为例，日本政府从明治三年到二十年共铸造了约8300万枚"十钱"银附币。康仅看到"纸币""银货"，便想当然地认为日本变法初期"岁出逾所入者以倍数"，政府可以"赖纸币以补之"；甚至认为日本"银货至于民间绝迹"，其银圆流到外国，"则当为邻国之交通"。前章已叙，康在《上清帝第二书》《第三书》提议"行钞法"，此时反对清朝政府发行有利息的国债"昭信股票"，反而赞成无利息的不兑换票，说明其近代金融知识的缺失。事实上，清朝政府在咸丰年间为了应对极度的财政窘境，也曾发行过类似日本"太政官札"的"户部官票""宝钞"，以充镇压太平军及各地反清活动的军费，以支付清朝官员与军人的薪俸，对市场的破坏极大，后果极其严重。以今天所能得到的知识来判断，清朝此时若要应对财政危机，应向日本学习，进行币制、税收、财政、金融乃至库藏体系的全面改革，所需时间应在十年以上；如果仅是贸然仿行日本纸币，适得其反。由于《日本变政考》是进呈的书籍而不是上书，光绪帝与清朝政府对此并未作出反应。

再看大借洋款，康有为有着大动作。

光绪二十四年二月十六日（1898年3月8日），御史陈其璋上奏由康代拟的《请向美国借款以相牵制而策富强折》，称言：

……为今之计，除与各国联盟外，惟有更向各国多借巨款，以之自强，即以之自保。臣闻西人国势贫弱，恒有以借债为保国之法者，中国胡不踵而行之？盖人既助之以财，断未有不助之以力者也……惟有多借美债以相牵制耳。美富埒于法，从不肯占据他人土地，专重商务，所养之兵，为数不多，但兢兢以护商为心，各国皆交相畏之。若酌拨长江省分及法、德屯兵附近各处之厘金作为抵押，美必允从，将来各国俱不能进步，无不受其牵制。但必须得美商信服之人方易集事。查江苏候补道容闳在美读书多年，官商推重，如遣与美商速行订借二三万万两，一月之内，必可有成。更不妨再向英德加借，多其国则易于牵制，多其数则便于措施……既有此数国之巨款，除偿日本外，便可广开矿务、铁路、境外通商，以图自富；增练水陆各军，多买船械，以图自强；所有学堂工艺各学，枪炮制造各厂，同时并举……是借债不仅为今日保国之要务，而即为异日兴国之始基……

第二天，二月十七日，御史宋伯鲁上奏由康代拟的《请派员赴美筹款集大公司折》，称言：

……臣深思统计，方今各省铁路矿务，若不早自开办，各国纷纷来请，何以拒之？今莫若募开一大公司，集款数万万，准其开办各省铁路矿务，而责令报效七事：一、购大钢板铁甲船，约三十号。二、沿海天津、（燕）［烟］台、上海、宁波、福建、广东，设水师学堂六所，照英之武翼、美之安那保理师规制；内地直省各设武备学堂一所，照美之威士班规制。三、各省府县皆设工艺学堂。四、各省设立铁政局、枪炮厂、火药局。五、延请洋将，练兵百万，皆令出给俸饷。六、筑沿边紧要炮台。七、直省各设银行。统计需款约以五万万为度，皆限一年之内，一律举办。其铁路矿务利益，酌分成数，归于国家……臣查中国民穷商匮，不能举此。于万国之中，美国最富，又不利人土地，若招集美商办此，彼必乐从。惟须得该国敬信之人，方能招集。臣闻江苏候补道容闳，少年游学美国，壮岁又奉使差，久于美地，前后二十余年。其为人朴诚忠信，行谊不苟，深为美人所敬信。若容闳往美招集，必有可成……

陈其璋、宋伯鲁的奏折,光绪帝皆发下总理衙门,下旨"该衙门知道",并呈慈禧太后。[1]总理衙门此后也未作出反应。然而,陈、宋的建策是否可行? 即容闳能否从美国借得巨款或由容闳在美国募集公司并对清朝有巨额"报效"?

陈其璋的办法是派容闳去美国借"二三万万",以长江等各省的厘金为抵押。当时的借款方式是借助列强银行在国际资本市场上发行中国国债,已经进行的俄法借款、英德借款和正在进行中的英德续借款皆是如此,清朝以海关收入为抵押。从发债情况来看,中国国债在国际资本市场上的地位已不太稳固,折扣与利息都有较大的增加。容闳要在美国市场上发行数达银二三亿两的中国国债,我以为是不可能的,当时清朝中央财政年收入为银八千万到一亿两,长江等各省厘金年收入约银数百万两,偿还能力有限,没有一家金融机构会承办此事。陈其璋认为,债务国将受到债权国的保护,多国借债将会形成互相牵制,实属知识谬误;陈又称"酌拨长江省分及法、德屯兵附近各处之厘金作为抵押",即以英国势力范围的长江各省、法国所觊觎的云南、广西和德国欲占据的山东等处的厘金作为抵押,然后由美国出面与英、法、德相抗衡,收"以夷制夷"之效,更属异想天开。

宋伯鲁的办法不是借款,而是由容闳赴美募集的美资公司承包中国铁路,且由该公司以"报效"方式来办理"七事",款项为银"五万万"两。"报效"即赠款,从赠款数量为总资本金的5%—10%来推断,容闳筹组的美资公司应募集银50—100亿两,将超过当时美国最大的公司!

---

[1]《康有为变法奏章辑考》,第160—161、164—166页。军机处《随手档》《洋务档》,光绪二十四年二月十六日、十七日。"安那保理师",Annapolis,美国海军学校;威士班,West Point,美国陆军学校。"武翼",不知是否指Royal? 英国海军此时有达特茅斯皇家海军学校和格林威治皇家海军学校。需要说明的是,康有为在《我史》(《康南海自编年谱》)中称:"今统筹大局,非大筹五六万万之款,以二万万筑全国铁路,限三年成之,练兵百万,购铁舰百艘,遍立各省各府县各等各种学堂,沿海分立船坞、武备水师学堂,开银行,行纸币。如此全力并举,庶几可补救。以全国矿作抵,英、美必乐任之。其有不能,则鬻边外无用之地,务在筹得此巨款,以立全局。既与常熟言,荐容纯甫熟悉美事,忠信,可任借款。又草折二份,交御史宋伯鲁、陈其璋上之。"(《丛刊·戊戌变法》,第4册,第142页) 康的这一说法与陈、宋奏折的内容有一些差别,很可能是陈、宋收到康起草的奏折后,又按照他们的理解进行了修改。

铁路投资是长期性的，回报率比较低，在能否赚钱尚未可知的情况下，先支付巨额赠款，这种失去基本常识的投资计划又如何到美国资本市场上去推广？

康有为、陈其璋、宋伯鲁都没有近代金融知识，也不了解国际资本市场，为何会提出如此奇思妙想的建策？我以为，这与容闳此期的活动有关。甲午战争期间，时在美国的容闳向署理两江总督张之洞提出抵押台湾换取十亿美元的计划；容回国后，又提出了庞大的铁路计划和银行计划，表示自己在美国有巨大的融资能力。[1]至戊戌变法前，容闳宣称自己在美集资银1000万两，并报效银100万两，成功地说服了翁同龢、张荫桓，获得了津浦铁路的筑路权；而后来的事实证明，容根本没有募集到钱。[2]由此看来，康有为等人相信了容闳不负责任的自我宣扬，再加之放大，将容当作能在美国资本市场呼风唤雨的大腕。

政府经济机构、专利权、删减《则例》、京师道路整治

尽管康有为发行纸币、大借洋款的建策未获采用，但在政经的其他领域，光绪帝还是采用康的建策，这表现在政府经济机构的设立、专利权的初步立法和《则例》的删减。京师道路的整治可能与梁启超的呈递书籍有关。

政府新设经济机构

前已叙及，根据康有为《上清帝第六书》，清朝于光绪二十四年六月十五日建立了"铁路矿务总局"，总理衙门大臣王文韶、张荫桓兼任该总局大臣，总理衙门章京张元济等人充任该总局章京。而在此之前，光绪二十四年六月初五日（1898年7月23日），康上《请立商政以开利源而

---

〔1〕 可参见拙著《戊戌变法的另面："张之洞档案"阅读笔记》，第434—450页。
〔2〕 参见张海荣：《津镇与芦汉之争：甲午战后中国政治的个案研究》，北京大学硕士论文，2008年；拙著《从甲午到戊戌：康有为〈我史〉鉴注》，第343—355页。又，从现有的资料来看，容闳在结束驻美副使职务后，在美国的生活过得极其平常，没有结交到权贵。他不是能搞到钱的人。参见吴义雄、恽文捷编译：《美国所藏容闳文献初编》，社会科学文献出版社，2015年。

杜漏卮折》，要求各省设立商务局，上海首先试办：

> ……然洋货所以越数万里而畅销者，在其国有商学以教之，有商报以通之，有商部以统之，有商律以齐之，有商会以结之，有比较厂以厉之，有专利牌以诱之。及其出国也，假之资本以厉之，轻其出税以便之，有保险以安其心，有兵船以卫其势，听其立商兵、商轮以护其业。又有领事考万货之情，以资其事……日本之变法也，开商法公议所、商法学校、帝国劝业博览会，萃全国物产人工，比较而赏拔之。派人往中西各国，考求种植之法，孳养之方，制造之事，归以教人……今吾欲恢张利源，整顿商务，诚当设专官以讲之……故宜开局讲求，自内国之中，外国之情，土产若何，矿质若何，工艺制造若何，及税则之轻重，价值之低昂，转运之难易，天时之寒暖，地利之险夷，何道而费可省，何法而利源可兴，何经营而贸易可旺，何物可销，何物可自制，何方之货物最多，何国之措施最善，荟萃诸法，草定章程，行之各省埠，则万宝并出，岂复患贫？……前岁御史王鹏运请开商务局，奉谕旨施行。惟各省督抚，多不通时变，久习因循，故奉旨两年，各省未见举办。顷虽再下明诏，疆臣必仍置若罔闻。窃谓朝廷若不设立商部，乞即以总理各国事务衙门领之。令各省皆设立商务局，皆直隶总理衙门，由商人公举殷实谙练之才数人办理，或仿照广东爱育堂商董轮办章程办理。上海为天下商务总汇，各商专业，若丝、茶、银钱，皆有公所，常有商董，尤易举办……臣再四思维，有上海向来办账诸人，若翰林院庶吉士沈善登、直隶知州谢家福、湖北候补知府经元善、训导严作霖、四川知县龙泽厚等……若令此数人，先行在上海试办商务局，令其立商学、商报、商会，并仿日本立劝工场及农务学堂，讲求工艺农学，所有兴办详细章程，令于两月内妥议，呈总理衙门，恭进御览酌定，诏下各省次第仿照推行。[1]

康的这一建策，是先前《上清帝第二书》《第三书》中"惠商"政策的扩

---

〔1〕《康有为变法奏章辑考》，第303—307页。该上书由军机大臣廖寿恒代为呈递。

充和具体化。甲午战败之后，军机章京陈炽、御史王鹏运、兵部侍郎荣惠先后上书、上奏，要求设立政府商务机构，光绪帝亦下旨，然未能落实。[1] 康提议的商务局，性质是不太明确的，似为奉旨成立的半官方的机构，在上海试办，再行推广到各省，而各省商务局直属于总理衙门，不受当地政府管辖。光绪帝对此十分赞赏，于六月初七日下发军机处，并下旨给两江总督刘坤一、湖广总督张之洞：

> 振兴商务，为目前切要之图，叠经谕令各省认真整顿，而办理尚无头绪。泰西各国首重商学，是以商务勃兴，称雄海外。中国地大物博，百货浩穰，果能就地取材，讲求制造，自可以暗塞漏卮，不致利归外溢。著刘坤一、张之洞，拣派通达商务明白公正之员绅，试办商务局事宜。先就沿海沿江，如上海、汉口一带，查明各该省

---

[1] 光绪二十一年五月初六日（1895年5月29日），甲午战争刚刚结束，军机章京陈炽上条陈给光绪帝，提出十项变法建策。其第四项为"商部"，称言："……亟宜仿泰西设立商部，于省会、各大埠均立商政局，各县公举公正董事以充之，而总其成于关道。所欲与聚、所恶弗施，有冤抑者，径由商部上达天听。"（转引自孔祥吉：《晚清政治改革家的困境：陈炽〈上清帝万言书〉的发现及其意义》，《晚清史探微》，巴蜀书社，2001年，第151页；原呈见《光绪朝夷务始末稿本》，光绪二十一年，台北故宫博物院文献馆所藏）陈在《庸书》中亦称："谓宜通饬疆臣，设立商务局，凡华民喜用之洋货，一律纠股集资，购机仿造，以收利权。其中国所产，行销外洋者，亦加意讲求，务极精美。"（赵树贵、曾丽雅编：《陈炽集》，第83页）光绪二十一年十一月十七日，御史王鹏运上奏由郑孝胥代拟的《请兴商务奏》，要求设立商务局，改造招商局。"其法应饬于沿海各省会城，各设商务局一所"；"将该省各项商业悉令公举董事一人，随时来局，将该业商况利病情形，与提调妥商补救整顿之法，禀督抚而行之"。（李学通整理，王鹏运：《〈半塘言事〉录》，《近代史资料》，总65期，中国社会科学出版社，1987年，第65—67页；《郑孝胥日记》，第1册，第534页）光绪帝交总理衙门议复。总理衙门对此表示同意。（总理衙门议复奏折见《丛刊·戊戌变法》，第2册，第399—402页）光绪二十四年四月初四日，兵部左侍郎荣惠上奏请特设商务大臣一折，光绪帝将之交总理衙门议复。四月二十四日，总理衙门议复奏折称，在各省设立商务局，并在重要的府州县设立通商公所。（《军机处录副·补遗·戊戌变法项》，3/168/9446/12）光绪帝当日下旨称："商务为富强要图，自应及时举办，前经该衙门议请，于各省会设立商务局，公举殷实绅商，派充局董，详定章程。但能实力遵行，自必日有起色。即著各省督抚督率员绅，认真讲求，妥速筹办，总期联络商情，上下一气，毋得虚应故事，并将办理情形迅速具奏。"（军机处《上谕档》，光绪二十四年四月二十四日）从各省督抚后来的奏折来看，该谕旨没有得到贯彻。

所出物产，设厂兴工，果使制造精良，自能销路畅旺，日起有功。应如何设立商学、商报、商会各端，暨某省所出之物产，某货所宜之制造，并著饬令切实讲求。务使利源日辟，不令货弃于地，以期逐渐推广，驯致富强。事属创办，总以得人为先，该督等慎选有人，即著将拟定办法迅速奏闻，毋稍迟缓。[1]

谕旨的内容，大多来自康的上书。除上海外，光绪帝还下令汉口试办商务局，亦未起用康推荐的人士，而令刘坤一、张之洞"拣派通达商务明白公正之员绅"，两处商务局不隶于总理衙门，仍由地方政府管辖。[2]康的建策得到了部分采用。

此后，光绪二十四年七月初五日（1898年8月21日），总理衙门代奏康有为《请开农学堂地质局以兴农殖民折》。该上书称赞了西方的农业成就，介绍了日本农商部、劝农局、农会等做法，并称"臣购得《日本地产一览图》，恭呈御览"，最后提议：

    伏乞皇上饬下各省府州县，皆立农学堂，酌拨官地公费，令绅民讲求，令开农报，以广见闻，令开农会，以事比较。每省开一地

---

[1] 军机处《随手档》《洋务档》，光绪二十四年六月初七日。《随手档》中记："发下康有为条陈折、片各一件。见面带上带下，缮旨后存堂，初十日复递上。"

[2] 刘坤一于七月十六日收到该旨，命上海道蔡钧办理上海商务总局之事。蔡钧为此致函汪康年，要求予以帮助。（《汪康年师友书札》，第3册，第2964—2966页）七月二十一日，刘坤一电复总理衙门："现于上海设一商务总局，拟举在籍翰林院修撰张謇，会同分发湖北候补道刘世珩经理其事，并派江西候补道恽祖祁、江苏候补道蒯光典，分办江南、皖北商务，使之联络绅富，鼓励商民，讲求物土之宜，仿办制造之事，以期厚集赀本，渐加扩充。沿江、沿海蕃庶之处，亦令其选举朴诚明白之商董数人，量设分局，协同办理，俾克合群兴业，以辟利源。"（《刘坤一遗集》，第3册，第1413页）刘所派人选与康建议者不同。七月十八日，张之洞电复总理衙门："湖北拟委道员王秉恩，并另电奏调江苏候补道程仪洛，会同总理汉口商务局，以鼓舞联络上游川、陕、云、贵、湘、粤等处工商为要义，并选殷实诚信通晓时势之商董数人为总董，会同商酌。"张同日电请程仪洛调鄂差委。（《张之洞全集》，第4册，第470—471页）七月二十日，光绪帝发电张之洞："该督遵设汉口商务局，办理迅速，筹画周详，深堪嘉尚。江苏候补道程仪洛着刘坤一、廖寿丰饬令速赴湖北，交张之洞差遣委用。"（《清代军机处电报档汇编》，中国人民大学出版社，2005年，第2册，第90页）八月初八日，张之洞上奏《办理湖北商务局情形折》。（《戊戌变法档案史料》第423—426页）

质局,译农学之书,(给)[绘]农学之图,延化学师考求各地土宜,以劝植土地所宜草木。将全地绘图贴说,进呈御览……查古者有大农官,唐、宋有劝农使,外国皆有农商部,可否立农商局于京师,而立分局于各省,以统率之。出自圣裁。[1]

康的这一建策,是先前《上清帝第二书》《第三书》中"务农"政策的扩充和具体化。光绪帝对此十分赞赏,破例地未将之交给相关衙门议复,而于当日直接下达谕旨:

> 训农通商为立国大端。前经叠谕各省整顿农务、工务、商务,以冀开辟利源。各处办理如何,现尚未据奏报。万宝之源皆出于地,地利日辟则物产日阜,即商务亦可日渐扩充。是训农又为通商惠工之本。中国向本重农,惟尚无专董其事者以为倡导,不足以鼓舞振兴。著即于京师设立农工商总局,派直隶霸昌道端方,直隶候补道徐建寅、吴懋鼎为督理。端方著开去霸昌道缺,同徐建寅、吴懋鼎均赏给三品卿衔,一切事件准其随时具奏。其各省府州县皆立农务学堂,广开农会,刊农报,购农器,由绅富之有田业者试办,以为之率。其工学、商学各事宜,亦著一体认真举办,统归督办农工商总局大臣随时考察。各直省即由该督抚设立分局,遴派通达时务公正廉明之绅士二三员,总司其事。所有各局开办日期及派出办理之员,并著先行电奏。[2]

康《上清帝第六书》建议设立的新政十二局,有"农商局""工务局",

---

[1] 《康有为变法奏章辑考》,第341—342页;军机处《随手档》,光绪二十四年七月初五日。康有为在该上书中对西方农业成就颇有不切实际的言辞:"……田样各等,机器车各式,农夫人人可以讲求。鸟粪可以培肥,电气可以速成,沸汤可以暖地脉,玻罩可以御寒气,播种一日可及数百亩,刈禾则一人可兼数百工。择种一粒,可收一万八千粒,千粒可食人一岁,二亩可食人一家。泰西培壅,近用灰石磷酸骨粉,故能以瘠壤为腴壤,化小种为大种,化淡质为浓质,易少熟以多熟……""鸟粪"似为太平洋诸岛的鸟粪开发,"沸汤"可能是温泉,"玻罩"可能是当时欧洲的玻璃花房,康都没有见过。

[2] 军机处《上谕档》,光绪二十四年七月初五日。康有为上书与谕旨,当日呈慈禧太后。

军机处、总理衙门议复时未同意；此次康要求在京设立以农为主的农商局，在各省设分局，并设地质局；光绪帝却下令建立兼理农、工、商三务的总局，并在各省设立分局。七月十六日，新成立的农工商总局开局，筹备局务；根据这一道谕旨，各省农工商分局也在陆续设立中。[1]

由此可见，清朝在戊戌变法中新设的经济机构——铁路矿务总局、农工商总局及各省分局、上海和汉口商务局，皆因康有为的提议。这些政府经济机构在中国政治制度史中是前所未有的。戊戌政变后，朝政大变，农工商总局被撤销，铁路矿务总局因张荫桓发遣而停顿，上海和汉口的商务局也未起到作用。

专利法规的初设

光绪二十四年五月初八日（1898年6月26日），康有为通过军机大臣廖寿恒代呈《请以爵赏奖励新艺新法新书新器新学设立特许专卖折》，主张学习西方，设立专利制度：

> ……至明永乐时，英人培根创为新义……请于国家立科鼓厉，其士人著有新书，发从古未创之说者，赏以清秩高第；其工人制有新器，发从古未有之巧者，予以厚币、功牌，皆许其专利，宽其岁年；其有寻得新地，为人迹所未辟，身任大工，为生民所利赖者，予以世爵……盖近百年来，新法尤盛。各国及日本有专卖特许案，掌鼓厉民人制造新器。凡有创制新器及著一书，皆报官准其专卖，

---

[1] 据军机处《随手档》，三品卿衔督理农工商总局大臣端方、吴懋鼎于光绪二十四年七月十五日、十九日两次上奏，共计三折三片，《戊戌变法档案史料》，收入其中三折，见该书第390—393页。七月十四日，总理衙门收到直隶总督荣禄电报，称天津设立农工商分局，"派署长芦运司方恭钊、津海关道李岷深、署天津道任之骅，并添派讲求时务之员前山西河东道夔良，候选道王修植、谭启瑞、杨文鼎、聂时寓等总司其事，妥议章程，定于七月十六日设局开办。"二十三日，收到吉林将军延茂电报："设立农工商务吉局，于该省之局（商）民绅士中遴选得头品顶戴记名简放副都统果权、副都统衔协领听海、前国史誊录举人柏文珊、即选教谕前景州训导赵蕴辉为该局总办，专司务农督工招商等事……择于八月十六日开局理事。"二十六日，收到陕西巡抚魏光焘电报："现在遵旨设立农工商分局，业于七月二十一日特委署凤邠盐法道刘纶襄总办，"另以候补知府刘本植为农务提调、候补知府魏搢儒为工务提调、试用知府周铭旗为商务提调。（《总理衙门清档·收发电》，01-38/17-1、2）

或三十年,或五十年,不准他人仿造,并赏给牌照以为光荣,视其器物分作数等……考英国自明至乾隆前,大格椎轮乃始草创,岁出新器数十种,自乾隆二十八年到咸丰二年,岁出新器约二百五十种,自咸丰三年至同治十年,岁出新器二千种,近三十年则多至三四千种。进之法国,则岁出九千种。美国为最盛,岁出且万二千种。退之若奥,则八百余种,意七百余种,丹麦、比利时四五百种,俄亦三百余种……伏愿皇上观古今之运,通中外之故,特立新器新书之赏表,高标以为招,海内庶士,必有应之者。请饬下总署议定劝厉制新器、著新书专科。凡有新器、新书,呈学政或总署存案,由学政咨行,督抚会衔,加以奖厉,给予特许专卖执照,准其专利数十年,或用梁制二十四班,或用宋制流外官阶,另制名号以为荣奖,或用补服及外国宝星例,以花鸟为饰,分作数等,名为徽章,以昭宠异。其有能自创学堂、自修道路、自开水利、有功于民者,酌其大小,给以世爵。顷中国之大,尚无枪炮厂,宜募民为之。德铁匠得赉赐创造后膛枪而破法,克虏伯创成精炮冠绝地球,赏以男爵。今以世爵募民,必有精器出焉。[1]

从上引内容可见,康有为关于世界专利史及相关法律的知识并不准确,但也大致地描绘出专利对各国技术进步的作用。康的这一建策,是先前《上清帝第二书》《第三书》《第四书》中"考工"等政策的扩充和具体化,他在《日本书目志》中有相应的叙述。[2] 康的学生也进行过相关的宣传。[3] 然在康上奏之前,五月初二日,御史曾宗彦上奏《振兴农工二

---

[1]《康有为变法奏章辑考》,第271—274页。
[2] 康有为在《上清帝第二书》《第三书》《第四书》中相关言论,参见《康有为变法奏章辑考》,第32、54—55、75页;康在《日本书目志》中所叙内容,见《康南海先生遗著汇刊》,第11册,第217—218、325—326、333—335页。
[3] 康有为的门生徐勤在《拟粤东商务公司所宜行各事》中称:"一曰设功牌。吾粤工匠,素称精巧,象牙之球,刺绣之业,几席之精,西人亦数称之,以为莫及也,惜上无报官领照之例……"(《知新报》第25册,光绪二十三年六月二十一日,上海社会科学院出版社影印本,第1册,第234—236页)康的门生刘桢麟《恭读上谕开经济特科后》称:"英人倍根,当明永乐,创为新义……请于国家立科鼓厉(励),其士人著有新书,发从古未创之说者,赏以高第清秩;其工人制有新器,发从古未有之巧者,(转下页)

务折》，其中提出了"准专利以利百工"，即设立专利制度，光绪帝交总理衙门议复。[1] 五月十六日，总理衙门议复曾宗彦折，表示赞成，但光绪帝当日下发的谕旨没有专利权的相关内容。[2] 五月十七日（7月5日），光绪帝由内阁明发谕旨：

> 自古致治之道，必以开物成务为先。近来各国通商，工艺繁兴，风气日辟。中国地大物博，聪明才力，不乏杰出之英。只以囿于旧习，未能自出新奇。现在振兴庶务，富强至计首在鼓励人才。各省士民著有新书及创行新法、制成新器，果系堪资实用者，允宜悬赏以为之劝。或量其材能，试以实职，或锡之章服，表以殊荣；所制之器，颁给执照，酌定年限，准其专利售卖。其有能独力创建学堂，开辟地利，兴造枪炮各厂，有裨于经国远猷殖民大计，并著照军功之例，给予特赏，以昭激厉。其如何详定章程之处，著总理各国事务衙门即行妥议具奏。[3]

从谕旨的内容来看，主要是依据康的上书，但将"专科""世爵"等项改为"军功"；曾宗彦及总理衙门的意见未被采用。五月二十五日（7月13日），总理衙门上奏《遵旨议复著书制造章程折》，并附有章程，光绪帝予以批准。[4] 这是中国历史上首部专利章程。由于政变很快发生，更兼

（接上页）予以厚币功牌，皆许其专利，宽其岁年。其有寻得新地，为人迹所未辟，身任大工，为生民所利赖者，予以世爵……"（《知新报》第45册，光绪二十四年二月十一日，上海社会科学院出版社影印本，第1册，第558—559页）

[1] 《戊戌变法档案史料》，第386—387页；军机处《上谕档》《随手档》光绪二十四年五月初二日。曾宗彦奏折与光绪帝上谕，当日呈慈禧太后。还需注意的是，除康有为、曾宗彦外，当时的一些人也有相同的思想，如陈炽在《庸书》中提出："仍仿泰西规制，有能自出新意制成一物，有益民生者，准上之工、商二部，赏给护照宝星，许其专利，以开风气，以复古初。"（《陈炽集》，第83页）

[2] 《戊戌变法档案史料》，第388—389页；军机处《上谕档》，光绪二十四年五月十六日。总理衙门的议复似未将"专利"与重商主义的"特许权"分清楚；光绪帝谕旨仅有曾宗彦奏折中有关农学之事的内容。

[3] 军机处《上谕档》，光绪二十四年五月十七日。

[4] 总理衙门的议复奏折见《丛刊·戊戌变法》，第2册，第413—417页，该书将日期误为五月二十四日。军机处《随手档》《洋务档》，光绪二十四年五月二十五日。（转下页）

当时的社会环境，该章程没有起到相应的作用。

删减《则例》

光绪二十四年六月初六日（1898年7月24日），仓场侍郎李端棻上奏由梁启超代拟的《敬陈管见折》，其第四条是"删减《则例》"，光绪帝将之交奕劻、孙家鼐议复。李端棻原折尚未发现，然从六月初十日奕劻、孙家鼐的议复中可知其大体内容。奕劻"说片"称：

> 第四条请删减《则例》以杜胥吏之奸。奴才以为，胥吏舞弊由于则例繁多，亦由于司官不能熟谙《则例》，若将《则例》稍从删减，再令各司官皆熟谙《则例》，遇事不必询胥吏，而胥吏自不能舞弊矣。

孙家鼐"说片"称：

> 其第四条意在删减《则例》。查事多窒碍，惟在胥吏舞文，困君子而便小人，无不因缘例案，应行照办，以杜弊端。[1]

清代各种《则例》是公务处理的依据，历年积累，卷帙浩繁，以科举出

（接上页）康有为在《我史》（《康南海自编年谱》）中称，总理衙门拟议复奏折时，"张樵野即属卓如议稿，乃为议定"。（《丛刊·戊戌变法》，第4册，第148页）"樵野"，张荫桓；"卓如"，梁启超。这一说法难以确定。商承祚教授于20世纪60年代在广州购得《张荫桓奏稿家书》，其中有《遵旨议复著书制造章程折》，可见总理衙门该折确由张荫桓主稿。（见太平天国历史博物馆编：《清季名人禀牍奏稿函札：甲午中日战争新史料》，江苏人民出版社，2006年，第90—91页。该抄件与现刊件文字相较，稍有异，也未录章程12条）以当时张、康、梁之关系，梁亦可能参与其事。又，相关的研究可参见潘君祥、武克全：《我国第一个奖励科学发明的条例——振兴工艺给奖章程》，《上海经济研究》1981年第2期。

[1] "庆亲王奕劻说片"，六月初十日递，"孙家鼐说片"，六月初十日递，《军机处录副·补遗·戊戌变法项》，3/168/9447/74、75。需要注意的是，康有为很可能也有相应的奏折。康在《我史》（《康南海自编年谱》）中称："又草请改律例折与王佑遐上之。"（《丛刊·戊戌变法》，第4册，第142页）"王佑遐"，王鹏运。查军机处《随手档》，王鹏运未上过此类奏折。很可能是康交给王，王没有上。

身的官员根本无法查考清楚,长年任职的胥吏则借此长袖善舞,从中作弊。删减《则例》目的是防止胥吏擅权,让官员有更多的实际权力。前已叙及,李端棻《敬陈管见折》第一、二条关于"御门誓群臣""开懋勤殿",奕劻、孙家鼐进行了抵制;第三条为派京官绅士回籍开办学堂,奕、孙亦反对(后将详述);对于删减《则例》,奕、孙认为无关紧要,作出了让步。奕的态度是"稍从删减",孙的让步更大些,"应行照办"。军机处当日拟旨,但到了次日(十一日)才发出:

> 李端棻奏请删改《则例》等语。各衙门咸有例案,勒为成书,颣若画一,不特易于遵行,兼可杜胥吏任意准驳之弊,法至善也。乃阅时既久,各衙门例案太繁,堂司各官不能尽记,吏胥因缘为奸,舞文弄法,无所不至。时或舍例引案,尤多牵混附会,无论或准或驳,皆持例案为藏身之固。是非大加删订,使之归于简易不可。著各部院堂官督饬司员,各将该衙门旧例细心紬绎。其有语涉两歧,易滋弊混,或貌似详细,揆之情理实多窒碍者,概行删去。另定简明《则例》,奏准施行。尤不得借口无例可援,滥引成案,致启弊端。如有事属创办,不能以成例相绳者,准该衙门随时据实声明,请旨办理。仍按衙门繁简,立定限期,督饬司员迅速办竣具奏。〔1〕

七月初八日,光绪帝再发上谕,催促此事:"前经谕令各衙门删订《则例》,并令各堂官督饬司员限期速办。现已将匝月,著各衙门将办理情形先行具奏。"〔2〕康有为、梁启超的建策,得到了采用。

京师道路整治

光绪二十四年七月二十日(1898年9月5日),光绪帝明发上谕:

---

〔1〕 军机处《上谕档》,光绪二十四年六月十一日。军机章京在该日军机处《随手档》中,对该谕旨作小注:"初十日空年月递上,发下,本日填年月递上发下。"可见该上谕为初十日所拟,次日下发。其中的原因未详。
〔2〕 同上书,光绪二十四年七月初八日。

> 京师为首善之区，现在道路泥泞，沟渠河道壅塞不通，亟宜大加修理，以壮观瞻。著工部会同管理沟渠河道大臣、步军统领衙门、五城御史暨街道厅，将京城内外河道沟渠一律挑挖深通，并将各街巷道路修垫坦平，毋得迁就敷衍，仍将筹办情形及开工日期迅速具奏。其款项著由户部筹拨。[1]

然而这一道谕旨由何而发，我在军机处《随手档》《早事档》的记录中皆未发现线索。我曾经以为，很可能与当时各国公使对京城街道河沟脏乱的抱怨、要求整修有关。[2] 最近发现的梁启超《变法通议》进呈本，提示着另一种可能性。先是在五月十五日，光绪帝召见梁启超，命其将《变法通议》抄录进呈。而梁进呈的《变法通议》增加了11篇文章，其中有《治始于道路说》。[3] 该文称：

> ……若夫京师内地，是固天子宅中之境，所谓首善之区也，是固辇毂之下，而百官诸侯王所趋侍鳞萃者也。然其道涂荒芜，几如沙漠，大风扬播，污薶昼晦，积秽没踝，淳潦妨毂。白昼大途之中，甚且粪溺以为便，臭毒所郁，蒸为瘴疠。每一夏暑，毙者乃不知几十万人。此固行路之所掩鼻，外人之所悼心矣。而其重卿巨公，与夫分司而守此土者，熟视无睹，固恬而不怪，此蒙所为大惑不解者也。夫彼之漠然于此者，非必乐而安之也，特以为琐碎龌龊之事，不足为虑，经国大猷，不在是耳。然吾闻治国者之言矣，匠人营国中之道，经涂九轨，环涂七轨，野涂五轨，必不使之湫隘也。野庐

---

[1] 军机处《上谕档》，光绪二十四年七月二十日。
[2] 翁同龢光绪二十四年四月十七日日记称："今日五使到署议修京城街道。德、日、义、比。"（翁万戈编：《翁同龢日记》，第7册，第3180页）《国闻报》光绪二十四年五月二十七日以"京城拟修马路"为题刊出消息："各国驻京公使前至总署，请将京城道路仿照西式，一律修整。总署复以此系中国内政，无劳代筹等语。本报曾记其事。嗣后各公使又屡向总署陈说，始允将东交民巷街道，按照西式修为马路。而西人复以永定门至前门一带道路为言。总署因备文与顺天府尹及步军统领衙门商议。旋据顺天府尹复称，允可照办，而步军统领衙门刻下尚无复文，以故此工程至今犹未兴筑。然察其情形，将来有必办之势也。"
[3] 可参见本书附编第二章："梁启超《变法通议》进呈本阅读报告"。

达国道于四鬠，必不使之隔绝也，比郊及野，宿息井树，必不使之荒废也，舟车辇互，叙而行之，必不使之壅塞也。合方掌达津梁，必不使之陷败也……远法商、周之旧制，近采泰西之新政，内弢壅污之积弊，外免邻国之恶诮，民生以利，国体以尊，政治以修，富强以基，一举而数善备，固未有切近便易于此者也。[1]

此文写得甚有气势，引经据典，读起来也很感人。光绪帝此旨亦有可能是看到梁文后而发。八天后，七月二十八日，与康、梁甚有关系的宋伯鲁上奏《仿西法修整京师街道片》，光绪帝交总理衙门议复，并呈慈禧太后。[2]

科举、学堂、译书

戊戌变法期间，康有为、梁启超对社会与文化领域多有建策，其中成就最大者为三项：改科举、兴学堂和建立译书机构。

改科举

康有为、梁启超是科举考试的积极参加者，也是科举制度的批评者。前已述及，康《上清帝第三书》指责科举制度的弊端，要求改武科为艺科，梁的名著《变法通议》最主要的内容就是改科举（或废科举）、兴学堂。百日维新之前，光绪二十四年正月，光绪帝根据贵州学政严修的上奏，批准设立经济特科；根据御史王鹏运的上奏，下旨设立京师大学堂。这些新气象是戊戌变法的先声，也为康、梁的进取作了铺垫。

戊戌变法期间，康有为、梁启超的目标是改科举，即废八股改策论。

---

[1]《时务报》第15册，光绪二十二年十一月二十一日，中华书局影印本，第2册，第967—970页。其中"匠人""野庐""合方"之职，分见于《周礼·冬官考工·匠人》《周礼·秋官司寇·野庐氏》《周礼·夏官司马·合方氏》，属古文经。又，光绪二十二年十一月初四日，梁启超从澳门致信汪康年："……其中治道说，乃麦孺博之文。弟乞得之，以塞责者。"（上海图书馆编：《汪康年师友书札》，第2册，上海古籍出版社，1986年，第1848页）由此，这篇文章应是麦孟华起草的，很可能经过梁的修改。

[2]《康有为变法奏章辑考》，第384—385页；军机处《上谕档》，光绪二十四年七月二十八日。

他们的用力甚大（仅次于制度局及其变种），所获得的成就也最大。光绪二十四年三月二十日（1898年4月10日），总理衙门代奏康有为《请照经济特科例推行生童岁试片》，要求废八股：

> ……今生童岁科试，正场外皆先试经古一场，又有复试一场，请推行经济科之例，以经古场为正场，试专门一艺，时务策一艺，其专门若天文、地舆、化、光、电、重、图、算、矿、律各占一门，取倍本额；而复试以五经题一艺，四书题一艺，取入如额。又略如论体，以发明圣经大义为主，罢去割截、枯困、侮圣言之题，破承开讲八股之式，及连上犯下钓渡挽悖谬之法。其考官仍出割截题者，以违制论。县、府试同，亦限二场。首场试专门时务；二场试经艺……伏愿皇上饬下总理衙门会同礼部，照经济科例，推行生童岁科试，立令直省学政，考试照新章举行。

生童科岁试，由各省学政主持，中式者为生员（秀才）；县、府试为"童试"，中式者为童生。康要求将经济特科推广到生童科岁试，改变科试内容：首场试"专门"（天文、地舆、化、光、电、重、图、算、矿、律）和"时务策"；二场试"经艺"（五经、四书），不用八股文。光绪帝未下旨，将该片呈慈禧太后。[1] 四月十三日（6月1日），御史杨深秀上奏由康代拟的《请斟酌列代旧制正定四书文体折》，要求废除八股：

> ……有明中叶以后，始盛行四股六股八股破承起讲之格，虽名为说经之文，实则本唐代诗赋，专讲排偶声病，如宋元词曲，但求按谱填词，而芜词谰言，骈拇枝指，又加甚焉。以经意论，则无所发明，以文体论，则毫无取义。……故臣谓非立法不善之为害，而文体不正之为害也。请特下明诏，斟酌宋元明旧制，厘正四书文体，凡各试官命题，必须一章一节一句，语气完足者，其制艺体裁，一仿宋人经义、明人大结之意，先疏证传记以释经旨，次博引子史以

---

[1] 《康有为变法奏章辑考》，第189—190页；军机处《随手档》《洋务档》，光绪二十四年三月二十日。

征蕴蓄,次发挥时事以觇学识,不拘格式,不限字数。其有仍用八股庸滥之格、讲章陈腐之言者,摈勿录,其有仍入口气,托于代圣立言之谬说者,以僭妄诬罔非圣无法论。轻则停廪罚科,重则或予斥黜。

光绪帝对"废八股"是同意的,当日即命军机处拟旨;然此事属重大事件,谕旨须经过慈禧太后。第二天,经慈禧太后批准后,光绪帝明发上谕:

> 国家以制艺取士,原期阐发经义,讲求实学,勉为有用之才。兹据该御史奏陈近日文体之弊,请斟酌厘定,并各项考试不得割裂经文命题等语,著礼部议奏。[1]

从言辞来看,该谕旨有着明确的倾向性。然礼部迟迟没有议复。

就在杨深秀上奏的同时,梁启超发动"公车上书",约同举人百余人联名上书,要求"下科乡、会试及此后岁、科试停止八股试帖,推行经济六科"。该上书先后交都察院、总理衙门代递,皆未成,随后刊于《知新报》《国闻报》,形成相应的舆论攻势。[2]

光绪二十四年四月二十八日(1898年6月16日),光绪帝在颐和园召见康有为,康当面陈请废八股,提议不必经礼部议复而直接下旨。[3]

---

[1]《康有为变法奏章辑考》,第204—206页;军机处《上谕档》,光绪二十四年四月十三、十四日。又,十三日军机处给慈禧太后奏片称:"御史杨深秀奏厘正文体折,拟明发谕旨一道","谨将原折片恭呈慈览"。可见该旨经慈禧太后批准后下发。

[2] 光绪二十四年闰三月十九日,梁启超致信夏曾佑:"顷专意办变科举事,成否未可知,虽知其无及,不能不略为说法。"(《梁启超年谱长编》,第114页)梁启超《戊戌政变记》称:"四月初旬,梁启超复联合举人百余人连署上书,请废之,格不达。"(《戊戌政变记》续四库本,第213页)皮锡瑞于光绪二十四年四月二十四日记称:"梁卓如约公车上书,请废八股,都察院不收,总理衙门代呈,不知能否邀允。"(《皮锡瑞全集》,第10册,第896页)梁起草的《公车上书请变通科举文》,刊于《知新报》第55册(光绪二十四年四月二十一日出版),又刊于《国闻报》光绪二十四年五月十三、十四日。

[3] 康有为在《我史》(《康南海自编年谱》)中称:"吾乃曰:今日之患,在吾民智不开,故虽多而不可用。而民智不开之故,皆以八股试士为之。学八股者,不读秦汉以后之书,更不考地球各国之事,然可以通籍累致大官。今群臣济济,然无以任事变者,皆由八股致大位之故。故台、辽之割,不割于朝廷而割于八股;二万万之款,不赔于朝廷而赔于八股;胶州、旅大、威海、广州湾之割,不割于朝廷而割于八股。上曰:(转下页)

同日，光绪帝召见总理衙门章京张元济，表示了对八股的不满。[1]康有为、梁启超知道光绪帝的态度后，连续发动奏折攻势。[2]第二天，四月二十九日（6月17日），御史宋伯鲁上奏由康、梁代拟的《请改八股为策论折》，要求"特下明诏"：

> 夫西人之于民，皆思教之而得其用，故自童幼至冠，教之以算数图史，天文地理，化电光重，内政外交之学，惟恐其民之不智；而吾之教民，自卯角到壮岁，束缚于八股帖括之中，若惟恐其民之不愚也者，是与自缚倒戈，何以异哉？……臣愚以为科举为利禄之途，于今千年，深入人心，得之则荣，失之则辱，为空疏迂谬之人所共托久矣。科举不变，则虽设有经济常科，天下士人谁肯舍素习之考卷墨卷，别求所谓经济哉？是欲南辕而北其辙也。伏冀皇上上法圣祖，特下明诏，永远停止八股，悉如圣祖仁皇帝故事，自乡、会试以及生童科、岁一切考试，均改试策论。

该折上后，光绪帝仅下旨"暂存"，并呈慈禧太后。[3]而从军机处档案中

（接上页）然。西人皆为有用之学，而吾中国皆为无用之学，故致此。对曰：上既知八股之害，废之可乎？上曰：可。对曰：上既以为可废，请上自下明诏，勿交部议。若交部议，部臣必驳矣。上曰：可。"（《丛刊·戊戌变法》，第4册，第146页）五月初一日，康上谢恩折《请御门誓众开制度局以统筹大局折》："……变科举、开学会、译西书、广游历，以开民智，臣面对已略举之。"（《康有为变法奏章辑考》，第253页）可见"变科举"等事，康确有进言。

[1] 张元济召见后，于光绪二十四年六月初九日致信汪康年："今上有心变法，但力似未足。询词约数十语，旧党之阻挠，八股试帖之无用，部议之因循扞格，大臣之不明新学（讲求西学人太少，言之三次）上皆言之。"（《张元济书札》增订本，中册，第652页）六月十八日，张致信沈曾植："玉音垂问，仅三十余言……旧党阻挠，部议拘执，帖括无用，铁路当兴。一一皆亲切言之。"（同上书，第675页）光绪帝对张亲言"八股试帖之无用""帖括无用"，可见他的态度。
[2] 康有为在《我史》（《康南海自编年谱》）中称：召见后"于是发书告宋芝栋，令其即上废八股之折，盖已早为草定者。"（《丛刊·戊戌变法》，第4册，第147页）五月十七日，梁启超致信夏曾佑："南海、菊生召见，力言科举事，既退出，即飞告仆，令作请废八股折，宋侍御言之。"（《梁启超年谱长编》，第122页）
[3] 《康有为变法奏章辑考》，第246—247页；军机处《上谕档》，光绪二十四年四月二十九日。

可以看出，光绪帝已经做了废八股改策论的准备。[1]五月初四日（6月22日），总理衙门代奏康有为《请商定教案法律厘正科举文体并呈〈孔子改制考〉折》，其第二项是废八股，要求光绪帝"明降谕旨"：

> ……而国弱之故，民愚俗坏，亦由圣教坠于选举，四书亡于八股为之。故国亡于无教，教亡于八股，故八股之文，实为亡国、亡教之大者也……而下手之始，抽薪之法，莫先于厘正科举及岁科试四书文体，以发明大道为主，必须贯串后世，及大地万国掌故，以印证之，使学通今古中外，乃可施行。其文体，如汉宋人经义。停八股一事，必皇上明降谕旨，乃足以风厉天下。

光绪帝下旨"留"，并呈慈禧太后。同日，翰林院侍读学士徐致靖上奏由康代拟的《请废八股以育人才折》，仍是要求"特旨"：

> ……伏望皇上上法圣祖，特旨明谕天下，罢废八股。自岁、科试以至乡、会试，及各项考试，一律改用策论，以发明圣道，讲求时务，则天下数百万童生、数十万生员、万数举人，皆改而致力于先圣之义理，以考究古今中外之故，务为有用之学。

光绪帝下旨"存"，并呈慈禧太后。[2]根据先前的日程安排，光绪帝恰好于这一天由宫中去颐和园。第二天，五月初五日（6月23日），光绪帝与慈禧太后在颐和园共同接见军机大臣，发布上谕：

---

[1] 光绪二十四年四月三十日，即宋伯鲁上奏的第二天，军机处《随手档》中有一条特别的记录："遵拟改试策论谕旨一道"，下面还有一行小字："见面带上，堂谕暂勿缮稿。五月初五日见面带下，另缮递上。"由此可见光绪帝已命军机处拟旨。同日军机处《上谕档》中，也有一条很突兀的记载："钦定大清会典事例。康熙二年，议准停止八股文体，乡、会试以策、论、表、判取士，分为二场：第一场试策五道，第二场四书论一篇、经论一篇，表二道，判五条。康熙七年，定乡、会试仍以八股取士。"此是军机处根据光绪帝的旨意，查找祖制上的依据。

[2] 《康有为变法奏章辑考》，第256—261、266—267页；军机处《随手档》《上谕档》，光绪二十四年五月初四日。

> 我朝沿宋明旧制，以四书文取士。康熙年间曾经停止八股，改试策论，未久旋复旧制。一时文运昌明，儒生稽古穷经，类能推究本原，阐明义理。制科所得，实不乏通经致用之才。乃近来风尚日漓，文体日敝，试场献艺，大都循题敷衍，于经义罕有发明，而谫陋空疏者，每获滥竽充选。若不因时通变，何以励实学而拔真才。著自下科为始，乡、会试及生童岁科各试，向用四书文者，一律改试策论。其如何分场命题考试，一切详细章程，该部即妥议具奏。此次特降谕旨，实因时文积敝太深，不得不改弦更张，以破拘墟之习。至士子为学，自当以四子六经为根柢，策论与制义殊流同源，仍不外通经史以达时务。总期体用兼备，人皆勉为通儒。毋得竞逞博辩，复蹈空言，致负朝廷破格求才至意。

光绪帝经过慈禧太后批准，不经礼部议复而直接下达了谕旨，仅命礼部"妥议具奏"改制后的"详细章程"。[1] 康有为、梁启超废八股、改策论的努力，由此获得胜利。

光绪二十四年五月十二日（1898年6月30日），御史宋伯鲁上奏由康有为、梁启超、康广仁代拟的《请将经济岁举归并正科并各省岁科迅改试策论折》，提出两项要求：一、经济岁科与正科合并；二、生童岁科试立即改试策论。光绪帝立即予以采纳，发下朱笔修改的上谕：

> 前因八股时文积弊太深，特谕令改试策论，用觇实学。惟是抡才大典，究以乡、会两试为纲。乡、会试既改试策论，经义时务两不偏废（以上八字朱笔圈去），经济岁举亦不外此，自应并为一科考试，以免纷歧。至生童岁科试改为策论（以上四字朱笔圈去），著各省学政奉到此次谕旨，即遵新章一律办理（以上七字朱笔圈去，另

---

[1] 军机处《上谕档》，光绪二十四年五月初五日；《张荫桓戊戌日记手稿》，第173—183页。此次慈禧太后与光绪帝共同召见军机有三件大事。其一是五月初三日御史胡孚宸弹劾张荫桓，该折当日奉旨"存"，并呈慈禧太后。慈禧太后见后大怒，于初五日召见时严旨斥张，并欲以步军统领拿张法办，后未行。其二是直隶总督王文韶已到北京，并于五月初四日光绪帝单独召见，初五日慈禧太后与光绪帝共同召见，旨命王文韶入军机，并授户部尚书、总理衙门大臣，以补翁同龢斥退之空缺。其三才是"废八股改策论"。

用朱笔添以下七字：行一律改为策论），毋庸候至下届更改。[1]

同日，宋伯鲁上奏由康代拟的《请旨申禁复用八股试士片》："如有奏请复用八股试士者，必系自私误国之流，重则斥革降调，轻亦严旨申饬。"光绪帝未用此严厉之策，下旨"存"。宋伯鲁奏折、附片及光绪帝谕旨，当日呈慈禧太后。[2]

光绪二十四年五月十八日（1898年7月6日），翰林院侍读学士徐致靖上奏由康有为代拟的《请酌定各项考试策论文体折》，称言：

……臣谓专门虽未能通，而时务自应皆晓，内政外交乃时务之切要，请改二场时务升作首场，试以五策，则通达中外之才出矣……臣考朱子《学校贡举议》，古今称善，今宜采用其说，略将经史分科。经以诗为一科，书、易二科，仪礼、礼记为一科，春秋公羊为一科，凡五经分为五科。史以史记、汉书、后汉书为一科，三国、六朝史为一科，唐书、五代、宋史为一科，辽金元史为一科，明史为一科，资治通鉴、纪事本末为一科，文献通考为一科，国朝掌故为一科，凡诸史分为八科。其四书论为通学，人皆习之，其经学五科、史学八科，略用乾隆以前旧制，听人各习专经、专史，诸科各出一题，听人自认……其二场试艺，请以四书题为首艺，五经题为次艺，史学题为三艺，凡论三篇。

---

[1] 《康有为变法奏章辑考》，第282—283页；军机处《上谕档》，光绪二十四年五月十二日。又，当时谕旨下发各地需要很长时间，该谕旨五月十六日再用电报发给直省将军督抚。（见军机处《发电档》，光绪二十四年五月，《军机处汉文档册》，207/3-50-3/2082）再又，康有为在《我史》（《康南海自编年谱》）中称："……又令卓如草一折，交宋芝栋上之。"（《丛刊·戊戌变法》，第4册，第147页）"宋芝栋"，宋伯鲁。梁启超称该折出于康广仁："君乃曰：士之数莫多于童生与秀才，几居全数百分之九十九焉……今必先变童试、岁科试，立刻施行，然后可。乃与御史宋伯鲁谋，抗疏言之，得旨俞允。"（《戊戌政变记》续四库本，第256页）梁的说法可得到文悌的印证。文悌《严劾康有为折》称：五月初八日文去康寓所，康广仁"又谓奴才云，朝廷特罢制艺，何不从速，仍待下科？且生童小试，尤当速改策论"；"至康广仁所言，罢制艺不必待下科，小试尤宜速改策论，而宋伯鲁又适有此奏"。（《翼教丛编》，上海书店版，第32页）
[2] 《康有为变法奏章辑考》，第285页；军机处《上谕档》，光绪二十四年五月十二日。

此时礼部尚未议复科举改制的"详细章程",康抢先上奏,目的是为了影响决策。康的方案为:乡、会试首场试策论,试时务五道;二场试艺论,试四书、五经、史学三篇;其中五经与史学分科出题。如此设计,突出了"时务策",突出了"春秋公羊",也突出了史学并加"国朝掌故"一科。这与康、梁此期的学术思想与政治思想是相一致的。徐折上后,光绪帝下旨"暂存",并呈慈禧太后。[1]五月二十二日(7月10日),礼部上奏《遵旨改试策论章程折》,对乡、会试及生童岁科试制定详细章程。光绪帝下旨:"嗣后一切考试均著毋庸用五言八韵诗。余依议。"[2]六月初一日(7月19日),光绪帝收到湖广总督张之洞、湖南巡抚陈宝箴联衔的《妥议科举新章折》,再次下旨:"乡、会试仍定为三场。第一场试中国史事、国朝政治,论五道。第二场试时务,策五道,专问五洲各国之政、专门之艺。第三场试四书义两篇、五经义两一篇。"戊戌变法期间科举改制的最后方案,光绪帝是根据张之洞、陈宝箴奏议而决定的。[3]

还需注意的是,光绪二十四年五月十八日(1898年7月6日),礼部上奏《考试拔贡请钦命题目折》《考试拔贡是否改用策论片》,光绪帝下旨:"拔贡朝考复试两场题目,均著改为一论一策。"该谕旨改变了拔贡朝考复试的试题,即将四书文一篇、五言八韵诗一首改为策论。而该谕旨的产生,很可能与康有为建策有关。[4]光绪二十四年六月进行的优、拔贡朝考,

---

[1] 《康有为变法奏章辑考》,第287—288页;军机处《随手档》《上谕档》,光绪二十四年五月十八日。徐致靖该折还称:"至于各项考试,除各御史向用策论外,其考试差、军机总署章京、中书、学正、满汉荫生、教习、誊录、优拔贡朝考,请一律用时务策一道,经义论一艺,凡二篇……生童岁科试,府县童试,并一律时务策、经义论各一艺……其试帖诗赋,皆雕虫藻绘,不适于用,请各项考试一律停止。"他提出的范围,大体包括了清朝所进行的一切考试,其中又以考军机章京、考总理衙门章京为京官考试之热门。

[2] 《戊戌变法档案史料》,第223—228页;军机处《随手档》《上谕档》,光绪二十四年五月二十二日。礼部所拟的章程规定,乡、会试为两场,首场为经论,出题为"四书论一篇,经论一篇,史论一篇","次场即试以策论五通"。该章程与康、徐的设计有较大的区别。

[3] 军机处《上谕档》,光绪二十四年六月初一日。相关的研究,可参见拙著《戊戌变法的另面:"张之洞档案"阅读笔记》,上海古籍出版社,2014年,第354—365页。

[4] 军机处《随手档》《上谕档》,光绪二十四年五月十八日。康此期有《请将优、拔贡朝考改试策论片》,称言:"……请明降谕旨,将优、拔贡朝考,向用八股试帖楷法者,皆改试策论。策问时务,中外掌故皆可言;论发经义,四书五经皆可出。皆照(转下页)

是清朝第一次用策论来取士。戊戌政变后，科举改制诸举措皆被废置。

兴学堂

在大力推动科举改制的同时，康有为、梁启超亦用力于兴办学堂，有所建树。

先是光绪二十二年五月初二日（1896年6月12日），刑部侍郎李端棻上奏由梁启超代拟的《推广学堂折》，要求在府州县、省、京师三级设立学堂，并派优秀生往各国游学。光绪帝交总理衙门议复。总理衙门仅同意"京师建设大学堂"一项，提议由管理官书局大臣孙家鼐"察度情形，妥筹办理"。[1]此后，孙家鼐建立京师大学堂的建议，因经费无出而不了了之。光绪二十四年正月二十五日（1898年2月15日），御史王鹏运上奏要求建立京师大学堂，光绪帝立即批准，命军机处与总理衙门议定章程。由于当时国际形势窘迫，军机大臣和总理衙门大臣，尤其是翁同龢、张荫桓，没有时间起草章程。四月二十三日，光绪帝下达"明定国是"谕旨，再次下旨："京师大学堂为各行省之倡，尤应首先举办。著军机大臣、总理各国事务王、大臣会同妥速议奏。"[2]

京师大学堂章程的起草原本由翁同龢负责，翁亦与翰林院修撰张謇、翰林院侍讲黄绍箕有过多次商议。[3]当年四月二十七日，慈禧太后突然罢免翁同龢，大学堂章程的起草也因此中断。由于光绪帝多次催促，总理衙门大臣张荫桓托康有为、梁启超起草大学堂章程。[4]五月十四日（7

（接上页）乡会试例，预备誊录，以去认楷法、递条子之积弊。"（《康有为变法奏章辑考》，第295页）该片原无日期，由军机大臣廖寿恒代递，有可能是在五月十七日之前。孔祥吉称该片为《请改直省书院为中学堂乡邑淫祠为小学堂折》的附片，是正确的；但称该片随折上于五月二十二日，似有误。相关的时间考证，详见后注。

[1] 《刑部左侍郎李端棻奏请推广学堂折》《总理衙门奏复遵议李端棻推广学校条陈折》，《京师大学堂档案选编》，第1—6、7—8页。军机处《上谕档》，光绪二十二年五月初二日。

[2] 军机处《上谕档》，光绪二十四年四月二十三日；翁万戈编：《翁同龢日记》，第7卷，第3181页。

[3] 翁万戈编：《翁同龢日记》，第7卷，第3181—3183页；张謇研究中心、南通市图书馆编：《张謇全集》，江苏古籍出版社，1994年，第6卷，《日记》，第409—410页。

[4] 康有为在《我史》(《康南海自编年谱》)中称："自四月杪大学堂议起，枢垣托吾为草章程，吾时召见，无暇，命卓如草稿，酌英、美、日之制为之，甚周密，而以大权归之教习……"（《丛刊·戊戌变法》，第4册，第150页）梁启超在《戊戌政变记》（转下页）

月2日),军机大臣、总理衙门大臣联衔上奏议复大学堂事务,随折附呈《大学堂章程》。该章程虽经总理衙门、军机处多次修改,康、梁的主张仍占主导地位。其中的关键有两点:一、功课书(教科书)由梁启超主持的编译局来编写,以作为大学堂的教材,并颁行各省学堂;梁由此可在新编"功课书"名义下系统整理"康学",并通过大学堂而传播。二、大学堂总教习的人选标准,照着康有为的模样而量身定制;康由此可以成为具有全国性影响力的士林领袖。[1]光绪帝当日下旨,命孙家鼐为管理大学堂大臣。此后,孙提名曾任驻德国公使的许景澄任总教习,并对《大学堂章程》进行了实质性的改造。[2]

光绪二十四年五月,康有为上《请改直省书院为中学堂乡邑淫祠为小学堂折》,要求各省分别设立高等学、中等学与小学:

……臣为我皇上思兴学至速之法,凡有二焉:我直省及府州

(接上页)中称:光绪帝"三令五申,诸大臣奉严旨,令速拟章程,咸仓皇不知所出。盖支那向未有学校之举,无成案可稽也。当时军机大臣及总署大臣咸怂人来梁启超代草,梁乃略取日本学规,参以本国情形,草定规则八十余条。至是上之,皇上俞允"。(《戊戌政变记》续四库本,第214页)光绪二十四年五月二十八日,李鸿章致其子李经方信称:大学堂章程"即樵野倩梁启超捉刀者"。(《李鸿章全集》,安徽教育出版社,2008年,第36册,第184页)六月初十日,皮锡瑞在日记中称:"贺尔翊来见,云……大学堂章程归梁卓如一手定"。(《皮锡瑞全集》,第10册,第922—923页)

[1]《军机大臣会同总理衙门奏复遵议大学堂章程》《大学堂章程》,《京师大学堂档案选编》,第23—40页。杨锐给张之洞密报称:"现派梁启超办理译书局事务,分编、译二门,所编各书,必将删削诸经,以就康学。将来科举,即由大学堂中出,人将讲王氏之新学矣。"[《李鸿藻存稿(外官禀)》,第1函第1册,中国社会科学院近代史研究所档案馆藏,所藏档号:甲70-10]"王氏之新学",即指王安石于变法时所倡导的"托古改制"之"新学"。张之洞之子张权给张之洞密报称:"康有为本意愿出使日本,其次大学堂总教习。梁卓如曾向合肥言,如渠南海先生使日本,必能联络日人,于中国大有裨益。廖仲山师向孙燮老言数次,请派康大学堂总教习。孙未允。"(《张文襄公家藏手札·家属类》,中国社会科学院近代史研究所档案馆藏,所藏档号:甲182-264)以上相关的研究可参见拙著《戊戌变法的另面:"张之洞档案"阅读笔记》,第78—85、166—174页。皮锡瑞光绪二十四年六月十三日日记称:"见《申报》列大学堂及各省学堂(章程),是梁卓如手笔……大学堂总教习破格录用,似意在南海,不知能破格否?"十八日日记又称:"叔澄有信来……康工部得志,乃张樵野主持,卓如定章虽佳,必欲人人读其编定之书,似有王荆公《三经新义》之弊。"(《皮锡瑞全集》,第10册,第925—926、929页)

[2] 相关的研究,可参见拙著《戊戌变法史事考二集》,第247—270页。

县，咸有书院，多者十数所，少者一二所，其民间亦有公立书院、义学、社学、学塾，皆有师生，皆有经费……莫如因省府州县乡邑公私现有之书院、义学、社学、学塾，皆改为兼习中西之学校，省会之大书院为高等学，府州县之书院为中等学校，义学、社学为小学……不论郡邑乡落，不论公私官民，皆颁发大学堂章程令其仿照办理。其力有不足，略减规模。请旨先电饬各直省督抚，率道府州县，各将所属书院、义学、社学、学塾处所多少，教习人才高下，经费数目，限两月报明。各书院、义学，皆本有经费，但有明诏，改变章程，别延教习，因其已成之基，一转移间而直省郡邑僻壤穷乡，祈祈学子，千数百万，皆知通经史而讲时务矣……臣查上海电报局、招商局及广东闱姓规，皆溢款百数十万，各省善后局，皆为向来贪猾吏所盘踞巢穴，积弊尤深……请严旨戒饬各疆臣，清查善后局及电报、招商局各溢款、陋规、滥费，尽拨为各学堂经费……并鼓动绅民，捐创学堂。其能有自捐万金、广募十万金经费者，赏以御书匾额，给以学衔。其有独捐十万巨款，创建学堂者，请特旨奖励赏以世职，以资鼓励……查中国民俗，惑于鬼神，淫祠遍于天下。以臣广东论之，乡必有数庙，庙必有公产。若改诸庙为学堂，以公产为公费，上法三代，旁采西例，责令民人子弟，年至六岁者，皆必入小学读书，而教之图算器艺语言文字，其不入学者，罪其父母……伏乞明下谕旨，饬下各省督抚施行，严课地方官，以为殿最，违者纠劾一二，以警其余。[1]

---

[1]《康有为变法奏章辑考》，第290—292页，孔祥吉称该折上于五月二十二日，是根据五月二十二日的谕旨，似为误。该折录于《杰士上书汇录》卷二，无日期。康有为在《我史》(《康南海自编年谱》) 中称："时大学堂已定，吾乃上折请于各省开高等学堂，各府开中学，各县开小学，拨各省善后款及各规费以充学费。并请废天下淫祠，以其室宇充学舍，以其租入供学费。二十一日，奉旨允行。于时各直省蒸蒸争言开学矣。"(《丛刊·戊戌变法》，第4册，第149页) 康上书是由军机大臣廖寿恒代为呈递，属特殊渠道。从光绪帝谕旨起草过程来看，很可能经过一段时间 (见下注)。《知新报》第63册 (光绪二十四年七月十一日出版) 以《康工部奏请饬各省改书院淫祠为学堂折》为题刊出，略有删节。康有为作伪的《戊戌奏稿》中《请开学校折》，是其后来的另作，内容与旨趣大不相同。

这是很大的计划,涉及全国范围的诸多公、私领域:一、将原有的书院、义学、社学、学塾,改为兼习中西的学堂;二、学堂经费由各地从"溢款""陋规""滥费"中解决,并向绅民劝捐;三、将庙产改学堂,庙产收入归学堂。康的上书是由军机大臣廖寿恒代为呈进的,军机处档案中未有记录,光绪帝对此是完全采纳,也未交任何衙门议复。光绪二十四年五月二十二日(1898年7月10日),清廷明发经光绪帝朱笔亲改的上谕:

> 前经降旨开办京师大学堂,入堂肄业者,由中学、小学以次而升,必有成效可睹。惟各省中学、小学尚未一律开办,总计各直省省会暨府厅州县无不各有书院,著各该督抚饬地方官各将所属书院坐落处所、经费数目,限三(朱笔将"三"改为"两")个月内详查具奏。即将各省府厅州县现有之大小书院,一律改为兼习中学西学之学校。至于学校等级,自应以省会之大书院为高等学,郡城之书院为中等学,州县之书院为小学。皆颁给京师大学堂章程,令其依照办理。其地方自行捐办之义学、社学等,亦令一律中西兼习,以广造就。至各书院需用经费,如上海电报局、招商局及广东闱姓规,当(朱笔将"当"改为"闻颇")有溢款,此外如有(以上两字朱笔删)陋规滥费,当亦不少(以上四字朱笔所加),著该督抚尽数提作各学堂经费。各省绅民如能捐建学堂,或广为劝募,准各督抚按照筹捐数目,酌量奏请给奖。其有独力措捐巨款者,朕必予以破格之赏。所有中学、小学应读之书,仍遵前谕,由官设书局编译中外要籍颁发遵行。至如民间祠庙,其有不在祀典者,不妨(朱笔将"不妨"改为"即著")由地方官酌量(朱笔将"酌量"改为"晓谕居民,一律")改为学堂,以节糜费而隆教育。似此实力振兴,庶几民风遍开,人无不学,学无不实,用副朝廷爱养成材至意。将此通谕知之。[1]

---

[1] 军机处《洋务档》,光绪二十四年五月二十二日。与朱改上谕同时下发的,还有光绪帝朱笔:"著照此改谕旨,今日发抄。此件明日见面时缴回。"同日军机处《随手档》又记:"递上,朱改发下。朱谕明日恭缴。另抄,并填年月日交。"由此可见,光绪帝先命军机处拟旨,但不满意,亲自用朱笔修改,语气加重了许多。军机章京既称"填年月日",拟旨与修改可能的一个过程,需要一段时间。

为了落实这一谕旨,当日,军机处又发电旨给各直省督抚荣禄等人:

> 各该省会及各府厅州县书院共若干?每年统省共用束脩膏火共若干?著即查明确数,电复。[1]

由此可见,光绪帝明发谕旨和电报谕旨的内容甚至文字,来自于康的上书。这是戊戌变法最重大的改革决策之一。此后,光绪帝对该谕旨的执行情况十分关注,七月初三日(8月19日)发电各省督抚,命用电报回复,初六日再发电直隶总督荣禄、两广总督谭钟麟,命其详复。[2]两江总督刘坤一的复电激怒了光绪帝,七月初十日,光绪帝又下了一道朱笔亲改的严旨。[3]还需说明的是,戊戌政变后,兴办学堂之事有所延缓;

---

[1] 军机处《电寄档》,光绪二十四年五月,《军机处汉文档册》,207/3-50-3/1576。又,该日军机处《随手档》在该电旨下记:"缮稿。见面带上,带下,由堂交总署"。

[2] 七月初三日,军机处电寄各省督抚旨:"前于五月廿二日降旨,谕令各省开办学堂,限两个月复奏。现在限期将届,各省筹办情形若何?各督抚迅即电复。"当时的奏折传递速度太慢,光绪帝让其用"电复",以尽早看到执行的结果。初六日,军机处电寄荣禄旨:"昨于初三日降旨催办各省学堂,计已电达。直隶为畿辅重地,亟应赶紧筹办,以为倡导。著荣禄迅饬各属,将中学堂、小学堂一律开办。毋稍迟延。并将筹办情形,即行电奏。"此中的意思,是让荣禄出面带头。同日给广东的电报称:"前有旨饬令各省开办学堂,复经降旨电催,已据各省陆续奏报开办。而广东迄无一字复奏,岂借口部文未到耶?著谭钟麟、许振袆立即妥筹开办,并将办理情形即日电奏,毋再任意迟延干咎。"(中国第一历史档案馆编:《清代军机处电报档案汇编》,第2册,中国人民大学出版社,2005年,第85—87页)荣禄后详细上奏直隶办理学堂的情况。(见《戊戌变法档案史料》,第282—284页)

[3] 两江总督刘坤一于七月初四日复电称:"江电敬悉。五月二十二日谕旨仅于报纸中见之,迄未准部行知。大学堂章程亦未奉颁发。除将办理情形另行奏复外,谨电闻。坤。歌。"(《收南洋大臣电》,光绪二十四年七月初四日,《总理衙门清档·收发电》,01-38,17-1)七月初十日,光绪帝对各省新政进展不满,下达朱笔改的严旨:"近来朝廷整顿庶务,如学堂、商务、铁路、矿务一切新政,叠经谕令各将军督抚切实筹办,并令将办理情形先行具奏。该将军督抚等自应仰体朝廷孜孜求治之意,内外一心,迅速办理,方为不负委任。乃各省积习相沿,因循玩愒,虽经严旨敦迫,犹复意存观望。即如刘坤一、谭钟麟总督两江两广地方,于本年五六月间谕令筹办之事,并无一字复奏,辄借口部文未到任意稽迟。(以上十一字朱笔改为:'迭经电旨催问,刘坤一则借口部文未到,一电塞责;谭钟麟且并electronic旨未复,置若罔闻。')该督等皆受恩深重久膺疆寄之人,泄沓如此,朕复何望?倘再借词宕延,定当予以惩处。(以上六字朱笔改为:'定必予以严惩')直隶距京咫尺,荣禄于奉旨交办各件,尤当上紧赶办,陆续奏陈。其余各省督抚,(转下页)

至清末新政,新式教育大兴,书院、庙产等改学堂仍是清政府既定的政策,有着久远的影响力。

光绪二十四年六月初六日(1898年7月24日),仓场侍郎李端棻上奏梁启超所拟的《敬陈管见折》,其第三条是派京官绅士回籍办理学堂,光绪帝将之交奕劻、孙家鼐议复。李端棻的原折未见,然从奕劻、孙家鼐六月初十日议复中可知其大概内容。奕劻"说片"称:

> 第三条特派绅士督办各省学堂。奴才以为,宜令各省督抚选择明敏端正在籍绅士,奏派督办,必能整顿学堂,而培植人才。

孙家鼐"说片"称:

> 第三条请京官绅士在本籍办理学堂。臣以为,当由各省督抚访求品学兼优、能符众望者为之,自可收培养人才之效。权归督抚,绅权不可太重,庶无喧宾夺主之虞。[1]

此时康有为的弟弟康广仁劝康有为回籍办学,并劝梁启超去湖南办学,梁启超此时信中也有南下之意。[2] 李端棻要求派京官绅士回籍开办学堂,

---

(接上页)亦当振刷精神,一体从速筹办,毋得迟玩,致干咎戾。"(军机处《上谕档》,光绪二十四年七月初十日)光绪帝点了刘坤一、谭钟麟、荣禄的名。

[1] "庆亲王奕劻说片",六月初十日递;"孙家鼐说片",六月初十日递。《军机处录副·补遗·戊戌变法项》,3/168/9447/74、75。又,李端棻奏折第一、二、四项分别是大誓群臣、开懋勤殿、删减《则例》,前节均已叙。

[2] 康有为在《我史》(《康南海自编年谱》)中称:"幼博则专意在废八股,自废八股后,民智大开,中国必不亡。上既无权,必不能举行新政。不如归去,选通中西文学者,教以大道,三年当必有成,然后议变政,救中国未晚也。日以为言,每当上折必阻挠之,谓办此琐事无谓。日与卓如言之。"(《丛刊·戊戌变法》,第4册,第152页)梁启超作《康广仁传》,亦称:"于是君语南海先生曰:阿兄可以出京矣。我国改革之期,今尚未至,且千年来行愚民之政,压抑既久,人才乏绝。今全国之材,尚不足任全国之事,改革甚难有效。今科举既变,学堂既开,阿兄宜归广东、上海;卓如宜归湖南,专心教育之事,著书译书撰报,激励士民爱国之心,养成多数实用之才。三年之后,然后可大行改革也。"(《戊戌政变记》续四库本,第256页)五月十七日,梁启超致天津夏穗卿信,称其有去意:"见当不远,至慰。"(《梁启超年谱长编》,第126页)

若获批准，返乡办学的"京官绅士"康、梁等人便有了"钦差"的意味。奕、孙提出反对意见，由地方官选择本地绅士开办学堂，即将学堂纳入地方官员的管理范围之内。次日，六月十一日，内阁明发上谕：

> 李端棻奏各省学堂请特派绅士督办等语。现在京师大学堂业经专派管学大臣，克日兴办，各省中学堂、小学堂亦当一律设立，以为培养人才之本。惟事属创始，首贵得人。著各直省督抚就各在籍绅士，选择品学兼优能符众望之人，派令管理各该处学堂一切事宜，随时禀承督抚，认真经理。该督抚慎选有人，即著奏明派充，以专责成而收实效。[1]

该道谕旨完全根据奕、孙"说片"而拟，康、梁的目标未能实现。

建立译书机构

译书是康有为、梁启超一派的重要目标。前已叙及，康于光绪二十一年发起强学会，将译书作为最重要的会务；梁于光绪二十二年撰《变法通议》，亦大力鼓吹译书。光绪二十三年秋，梁启超等人在上海集股创办大同译书局，然集资仅银五六千两，印出之书主要是康有为及其同党的著作，其次是将日文汉籍改写，真正的译作并不多。[2]

戊戌变法期间，康有为、梁启超力图将译书变成政府的新政事业。光绪二十四年四月十三日（1898年6月1日），御史杨深秀上奏由康代拟的《请筹款译书片》：

> ……臣愚窃考日本变法，已尽译泰西精要之书，且其文字与我同，但文法稍有颠倒，学之数月而可大通，人人可为译书之用矣。若少提数万金，多养通才，则一岁月间，可得数十种。若筹款愈多，养

---

[1] 军机处《上谕档》，光绪二十四年六月十一日。该日军机处《随手档》中，军机章京对该谕旨有小注："初十日空年月递上，发下，本日填年月递上发下。交。"可见该上谕为初十日所拟，次日下发，其中的原因未详。

[2] 《大同译书局新出各书》广告，《申报》光绪二十四年三月三十日。相关的研究，可参见肖承罡：《译书与康梁维新派的西学传播》，《江西社会科学》1990年第1期。

士愈众,则数年间,将泰西、日本各学精要之书,可尽译之,而天下人士及任官者,咸大通其故,以之措政皆有条不紊,而人才不可胜用矣……若承采择,乞饬下总理各国事务衙门议行,或年拨数万金试办。

"学之数月而可大通",是康、梁等人当时对日本语的认识,"人人可为译书之用",也说明他们将翻译日本书看得过于简单。光绪帝命总理衙门议复,并呈慈禧太后。[1]四月十八日(6月6日),御史李盛铎上奏《时务需才请开馆译书折》:

臣愚以为既尚新学,不如多译西书,使就华文习之,尚可不忘其本,且免蹈从前出洋学生之弊,通西语而不通华文也……拟请特旨开馆专办译书事务,遴调精通西文之翻译数员,广购西书,分门别类,甄择精要,译出印行,以宏智学。至日本明治以来,所译西书极多,由东译华,较译之西文尤为便捷。应请饬下出使大臣,访查日本所译西书,全数购寄,以便译印。并咨访中外人员中之通达时务、学问优赡者,酌调数员,专司润色,务期文义敷畅,俾得开卷了然……所有译书馆事务,应否特派大臣管理,抑或由管理官书局大臣兼办之处,出自圣裁,非臣下所敢擅拟。

光绪帝命总理衙门议复,并呈慈禧太后。[2]李盛铎的奏折,最初很可能有康有为的参预,而李又有很大修改。[3]四月二十五日,翰林院侍读学

---

[1] 《康有为变法奏章辑考》,第213—214页;军机处《洋务档》《上谕档》,光绪二十四年四月十三日。
[2] 《康有为变法奏章辑考》,第224—225页;军机处《洋务档》,光绪二十四年四月十八日。
[3] 康有为在《我史》(《康南海自编年谱》)中称:"又为御史李盛铎草译书、游历及明赏罚、辨新旧折,李上之。"(《丛刊·戊戌变法》,第4册,第144页)孔祥吉据此将李盛铎奏折纳入《康有为变法奏章辑考》。从李折的内容来看,与康的思想有异,其中最重要的,康代拟杨深秀《请筹款译书片》,强调"若少提数万金,多养通才",较少官办色彩,若杨片获准,梁启超所办大同译书局可能会得到资助;李折提出的新设译书局是官办机构,且建议由孙家鼐兼管,李折获准,其形式大体与官书局相同。李折中"由东译华,较译之西文尤为便捷","咨访中外人员中之通达时务、学问优赡者,酌调数员,专司润色"等语,与康、梁的思想是相通的。

士徐致靖上奏由康参预的《谨保维新救时之才请特旨破格委任折》，保举康有为、黄遵宪、谭嗣同、张元济、梁启超五人，对梁称言：

> 广东举人梁启超英才亮拔，志虑精纯，学贯天人，识周中外。其所著《变法通议》及《时务报》诸论说，风行海内外，如日本、南洋岛及泰西诸国，并皆推服。湖南抚臣陈宝箴聘请主讲时务学堂，订立学规，切实有用。如蒙皇上召置左右，以备论思，与讲新政，或置诸大学堂，令之课士，或开译书局，令之译书，必能措施裕如，成效神速。

其中提到了"大学堂""译书局"。光绪帝命总理衙门"察看具奏"。[1]

总理衙门此时正为如何议复康有为《上清帝第六书》而困惑，对杨深秀、李盛铎的建策，自然开放绿灯。五月初十日（6月28日），总理衙门上奏：

> 兹查有广东举人梁启超，究心西学，在上海集赀设立译书局，先译东文，规模已具，而经费未充……臣等公同酌议，每月拟拨给该局译书经费银二千两，即将该局改为译书官局，官督商办，倘经费仍有不敷，准由该局招集股分，以竟其成。

此后，总理衙门又根据梁的请求，于六月十三日另拨开办经费银4万两。[2]

总理衙门以梁启超主持上海译书官局，目的是让梁离开北京。光绪帝对总理衙门五月初十日奏折朱批："依议"，同时另下旨："京师大学堂指日开办，亦应设立译书局，以开风气。应如何筹款兴办之处，著总

---

[1]《康有为变法奏章辑考》，第230—232页。军机处《上谕档》，光绪二十四年四月二十五日。

[2] 总理衙门五月初十日奏折、六月二十三日奏折，见《戊戌变法档案史料》，第448—450、453—455页。总理衙门六月二十三日奏称："兹据梁启超将译书局开办日期，及详细章程呈报前来，据称：六月初一日开局，惟购书籍，置机器，建房屋诸端，为开办时决不可少，约须开办银四万两，乃可集事。"梁启超所拟上海译书官局章程，见《京师大学堂档案选编》，第52—53页。

理各国事务王、大臣,一并妥拟详细章程,迅速具奏。"[1]此旨透露出对总理衙门的安排不甚满意,略露留梁在京之意。总理衙门即刻转向,于五月十三日(7月1日)出奏,称前奉谕旨"察看"梁,对梁大加褒奖,并请光绪帝召见。[2]五月十四日,军机处、总理衙门议复京师大学堂事务,并附呈梁起草的《大学堂章程》;同日,总理衙门议复大学堂译书局事务,将之再交给梁,并每月另拨银1000两:

> 大学堂编译局似宜与上海之译书官局同归一手办理,始能措置得宜。查上海为华洋要冲,一切购买书籍、延聘译人等事,皆较便易。既经臣等查有广东举人梁启超堪胜此任,奏准在案,今京局似可与上海联为一气,仍责成该举人办理……至京师编译局为学堂而设,当以多译西国学堂功课书为主,其中国经史等书,亦当撮其菁华,编成中学功课书,颁之行省。所关最为重大,编纂尤贵得人,梁启超学有本原,在湖南时务学堂编有各种课程之书,教授生徒,颇著成效,若使之办理此事,听其自辟分纂,必能胜任愉快。

光绪帝即予批准。[3]五月十五日,即光绪帝召见康有为之后的十七天,又在颐和园召见梁启超,当日明发谕旨:"举人梁(起)[启]超,著赏给六品衔,办理译书局事务。"[4]谕旨中的"译书局",包括大学堂译书局和上海译书官局。

《大学堂章程》和总理衙门关于译书局的奏片,给予梁启超编纂中西文"功课书"的全部权力,这是管学大臣孙家鼐所不愿意的。光绪二十四年六月二十二日(1898年8月9日),孙上奏要求限制大学堂编译局的职

---

[1] 军机处《洋务档》《随手档》,光绪二十四年五月初十日。
[2] 《戊戌变法档案史料》,第160页。该片称:"该举人梁启超,志趣远大,学问淹通,尚属究心时务";"该举人平昔所著述,贯通中西之学,体用兼备,洵为有用之才。拟恳恩施酌予京秩,以资观感。并可否特赐召对之处,出自圣裁"。
[3] 《总理衙门奏请将大学堂编译局归并梁启超办理片》,《京师大学堂档案选编》,第40—41页;军机处《上谕档》《随手档》,光绪二十四年五月十四日。光绪帝谕旨称:"所有原设官书局及新设之译书局,均著并入大学堂,由管学大臣督率办理。"
[4] 军机处《早事》《上谕档》,光绪二十四年五月十五日;《光绪二十四年京官召见单》,《宫中杂件》(旧整),第915包。

责,"经书断不可编辑","惟有西学各书,应令编译局迅速编译。"此项得到了光绪帝的批准。[1] 六月二十九日(8月16日),孙代奏梁启超《拟大学堂译书局章程并沥陈开办情形呈》,光绪帝当日明发谕旨,予以批准:

> 译书局事务,前经派令梁启超办理。现在京师设立大学堂,为各国观听所系。应需功课书籍,尤应速行编译,以便肄习。该举人所拟章程十条,均尚切实,即著依议行。此事创办伊始,应先为经久之计,必需宽筹经费,方不致草率迁就,致隘规模。现在购置机器及中外书籍,所费不赀,所请开办经费银一万两,尚恐不足以资恢扩。著再加给以银一万两,俾得措置裕如。其常年用项亦应宽为核计,著于原定每月经费一千两外,再行增给二千两,以备博选通才,益宏蒐讨。以上各款均由户部即行筹拨。以后自七月初一日起,每月应领经费,并著预先发给,毋稍稽延。[2]

光绪帝十分欣赏梁启超,对其大开方便之门,梁原申请开办经费银1万两,光绪帝另拨银1万两,并将每月经费从银1000两升为3000两。手头如此大方,在光绪一朝极为罕见。七月初十日(8月26日),孙代奏梁《拟在上海设立编译学堂并准予学生出身呈》《书籍报章概准免纳税厘呈》,光绪帝也即予批准。[3]

由此,梁启超成为当时清朝内部经费最为充足的官员之一,上海译书官局开办经费银4万两,每月经费银2000两;大学堂译书局开办经费2万两,每月经费3000两。尽管梁启超给总理衙门呈文宣称,上海译书

---

[1] 《丛刊·戊戌变法》,第2册,第435—437页;军机处《洋务档》光绪二十四年六月二十二日。

[2] 军机处《随手档》《上谕档》,光绪二十四年六月二十九日。梁启超《拟大学堂译书局章程并沥陈开办情形呈》,见《谕折汇存》光绪二十四年七月初一日,又见《饮冰室合集·集外文》,上册,第42—44页。

[3] 孙家鼐原折及梁启超呈文,见《谕折汇存》光绪二十四年七月初十日;梁启超呈文又见于《饮冰室合集集外文》,上册,第48—50页;梁启超书报免税呈文又见于《京师大学堂档案选编》,第58页。光绪帝谕旨称:"该举人办理译书局事务,拟就上海设立学堂,自为培养译才起见,如果学业有成,考验属实,准其作为学生出身。至书籍报纸一律免税,均著照所请行。该衙门知道。"(军机处《上谕档》,光绪二十四年七月初十日)

官局于六月初一日开办；给孙家鼐呈文宣称，大学堂译书局将于七月开办，他本人将于六月杪前往上海采购图书；七月初十日由孙代奏的梁呈文又宣布，将开办上海编译学堂；但我所见的史料中，还没有看到梁具体操办南北两译书局及上海编译学堂的活动。此后他没有去上海，没有编译成任何一本功课书或译成一本西学书，他的诸多回忆中也不见相关的记载。从他到日本后的"翻译"事业来看，他低估了译书的难度。

出洋游历、报馆与报律、禁缠足、孔教会、保国会

除了科举、学堂、译书外，康有为、梁启超在社会与文化领域还有一些建策，成果不佳，主要是派出洋游历、报馆与报律、禁缠足、孔教会。康、梁此期还组织过保国会，效果亦不佳。

出洋游历

出洋游历是康有为、梁启超的政治诉求之一，前已叙及，康《论时务》《上清帝第二书》皆有阐述，梁的政论文章对此也有涉及。光绪二十四年四月十三日（1898年6月1日），御史杨深秀上奏代拟的《请议游学日本章程片》：

> 顷闻日人患俄人铁路之逼，重念唇齿辅车之依；颇悔割台相煎之急，大开东方协助之会；愿智吾人士，助吾自立，招我游学，供我经费，以著亲好之实，以弭夙昔之嫌。经其驻使矢野文雄函告译署。我与日人隔一衣带水，若吾能自强复仇，无施不可，今我既弱未能立，亟宜因其悔心，受其情意……伏乞饬下总署速议游学日本章程，准受其供给经费；其游学之士，请选举贡生监之聪敏有才、年未三十已通中学者，在京师听人报名，由译署给照，在外听学政给照。

光绪帝交总理衙门议复，并呈送慈禧太后。[1] 同日，御史杨深秀上奏由

---

[1]《康有为变法奏章辑考》，第208—209页；军机处《洋务档》《上谕档》，光绪二十四年四月十三日。

康代拟的《请派近支王公游历片》：

> 考三代之制，自王之世子、庶子皆入太学。泰西犹用我经义，上自王子，旁及近亲，皆先入学堂与群士齿……日本变法维新，派炽仁亲王、有栖川亲王、小宫丸亲王出游泰西，分习诸学，故能归而变政，克有成效……臣愚谓采万国之良法，当自游学始；练天下之人才，当自王公始。伏乞断自圣衷，变通旧例，特派近支王公之妙年明敏有才志者，游历泰西各国。

光绪帝亦交总理衙门，与提出相同建议的兵部侍郎荣惠奏折一并议复，并呈慈禧太后。[1]

光绪二十四年四月二十四日（1898年6月12日），即"明定国是"谕旨下达的第二天，总理衙门议复荣惠与杨深秀片，对派王公游历一事，表示同意，光绪帝当日下发谕旨："选派宗室王公游历各国，亦系开通风气、因时制宜之举，著宗人府察看该王公贝勒等，如有留心时事、志趣向上者，切实保荐，听候简派。"[2]然光绪帝的这一谕旨，未经过慈禧太后批准，四月二十七日，即慈禧太后罢免翁同龢的当日，光绪帝又下旨改变做法。[3]戊戌变法期间，清朝并未派出王公大臣出洋游历。

光绪二十四年五月十四日，即军机处、总理衙门议复大学堂章程、总理衙门议复设立大学堂译书局的当日，总理衙门议复杨深秀"游学日本"，亦表示同意，但拟派出的不是"举贡监生"，而是粗通日本文之学

---

[1]《戊戌变法档案史料》，第249页；军机处《洋务档》《上谕档》，光绪二十四年四月十三日。又，四月初四日，兵部左侍郎荣惠上《敬陈管见折》，当日奉旨："本日侍郎荣惠奏敬陈管见折，内请特设督办商务大臣，并选派宗支游历各国等语，军机大臣面奉谕旨：著总理各国事务衙门议奏。"（见该日军机处《洋务档》《随手档》）

[2]总理衙门奏折，光绪二十四年四月二十四日，《军机处录副·补遗·戊戌变法项》，3/168/9446/12，又见《丛刊·戊戌变法》，第2册，第407—409页；军机处《上谕档》，光绪二十四年四月二十四日。

[3]光绪帝的谕旨："昨经降旨，令宗人府保荐王公贝勒等选派游历。因思近支王、贝勒等职分较尊，朕当亲行察看，毋庸保荐。其公以下及闲散宗室内，如有志趣远大、才具优长者，著宗人府随时保奏。"（军机处《上谕档》，光绪二十四年四月二十七日）光绪帝的这一改变，当与慈禧太后的态度有关。

生,相关的费用由中国政府来承担,不接受日本的"经费"。光绪帝当日朱批:"依议。"[1]然当时新式学堂甚少,懂日本文的青年更少,日本政府对经费一事也有不同的意见。派员留学日本一事,进展并不顺利。

报馆与报律

报馆也是康有为、梁启超的政治诉求之一,前已叙及,康《上清帝第二书》《第三书》皆有阐述,梁的政论文章对此也有涉及。然戊戌变法期间发生的报馆与报律之事,属意外事件,其结果超出了康、梁的想象。

先是《时务报》内部发生了以汪康年为代表的张之洞派和以梁启超为代表的康有为派之争,结果是汪获胜,梁退出,不再参与报事。[2]光绪二十四年五月,总理衙门先后奏派梁启超主持上海译书官局、大学堂译书局,康、梁有意乘圣眷正隆之际,夺回《时务报》,并掌控全国的舆论。

---

[1] 总理衙门奏折见《丛刊·戊戌变法》,第2册,第409—410页;朱批见军机处《随手档》,光绪二十四年五月十四日。原书将上奏日期误为"光绪二十四年四月",据《随手档》改。总理衙门奏折称:"查本年闰三月间,准日本使臣矢野文雄函称:'该国政府拟与中国倍敦友谊,借悉中国需才孔亟,倘选派学生出洋习业,该国自应支其经费。'又准该使臣来署面称:'中国如派肄业学生,陆续前往日本学堂学习,人数约以二百人为限。'经臣备函致谢,并告以东文学堂,甫经设立,俟酌妥办法,再行函告……近年以来,日本讲求西学,大著成效,又与中国近在同洲,往来甚便,既经该国函请派往游学,臣等公同商酌,拟即妥定章程,将臣衙门同文馆东文学生酌派数人,并咨行南北洋大臣、两广、湖广、闽、浙各督抚,就现设学堂中,遴选年幼颖悟、粗通东文诸生,开具衔名,咨报衙门,知照日本使臣,陆续派往。即由出使日本大臣就近照料,无庸另派监督。各生应支薪水用项,由臣衙门核定数目,提拨专款,汇交出使大臣,随时支发。"总理衙门并不知道,日本公使矢野文雄关于留学经费的承诺,并未得到日本政府的授权,后受到日本政府的指责。而总理衙门主动承担留学经费,与当时的国际形势有关。日本要求清朝承诺不割让福建,并在福建有修筑铁路的权利。沙市事件爆发后,日本又提出了新的要求。总理衙门由此持谨慎态度。相关的研究,可参见拙著《戊戌变法史事考初集》,第439—442页;川崎真美:《驻清公使矢野文雄的提案及其后续发展:派遣清末留学生的契机》,大里浩秋、孙安石主编:《近现代中日留学生史研究新动态》,上海人民出版社,2014年。

[2] 相关的研究参见廖梅:《汪康年:从民权论到文化保守主义》,上海古籍出版社,2001年;崔志海:《论汪康年与〈时务报〉:兼论汪梁之争的性质》,《广东社会科学》1993年第3期;廖梅:《〈时务报〉三题》,上海中山学社主办:《近代中国》第4辑,上海社会科学院出版社,1994年;管林:《黄遵宪与陈三立的交往》,《学术研究》1995年第3期;马勇:《近代中国知识分子的悲剧:试论〈时务报〉内讧》,《安徽史学》2006年第1期;拙著《戊戌变法的另面:"张之洞档案"阅读笔记》,第256—279页。

五月二十九日，御史宋伯鲁上奏由康代拟的《请将〈时务报〉改为官报折》，称《时务报》管理不善，请光绪帝下旨将《时务报》改为官报，派梁启超督同办理，并将该报移到北京，上海为分局。该折还要求民间各报皆送官报局，由梁稽核，撮其精华进呈。光绪帝交孙家鼐议复。[1]

光绪二十四年六月初八日（1898年7月26日），孙家鼐上《遵议上海〈时务报〉改为官报折》，同意将该报改为官报，并称：

> 该御史请以梁启超督同向来主笔人等实力办理，查梁启超奉旨办理译书事务，现在学堂既开，急待译书，以供士子讲习。若兼办官报，恐分译书功课，可否以康有为督办官报之处，恭请圣裁。

光绪帝当日下旨：

> 报馆之设，所以宣国是而达民情，必应官为倡办。该大臣所拟章程三条均属周妥。著照所请，将《时务报》改为官报，派康有为督办其事。所出之报，随时呈进。

孙家鼐奏折及谕旨，当日呈慈禧太后。由此，孙改变了事情的性质，原是康党要求夺回《时务报》，孙却顺势将康请出北京。新的《时务官报》对各报并无监督权，也不能直接进呈皇帝，只是一份有官方固定订户且获补贴的报刊，并无特殊的地位。[2]

由于是光绪帝下达的谕旨，康有为吃了哑巴亏，也只能是表示顺从。六月十三日（7月31日），康有为通过廖寿恒代上一折一片。康的《恭

---

[1]《康有为变法奏章辑考》，第297—299页；军机处《随手档》《上谕档》，光绪二十四年五月二十九日。

[2] 孙家鼐奏折见《丛刊·戊戌变法》，第2册，第432—433页。谕旨见军机处《洋务档》《随手档》，光绪二十四年六月初八日。宋伯鲁奏折要求《时务报》改以京师为主，上海为分局，孙家鼐未作一词，即为拒绝。宋折要求《时务报》"稽核"各报并负责选呈御览，孙提出相反意见："饬下各处报馆，凡有报单，均呈送都察院一分，大学堂一分"，"惟各处报纸送到，臣仍督饬书局办事人员，详慎选择，不得滥为印送"，即择报印送的权力归孙家鼐。

谢天恩条陈办报事宜折》，提出两项要求：一是经费，"伏乞谕旨饬下两江总督，按月由洋务局拨交官报局经费一千两，以资办理"；二是官订，"请明降谕旨，饬下各省督抚臣，通核全省文武衙门、差局、书院、学堂，应阅报单数目，移送官报局"，"每分每岁照旧出价四圆"。在该上折最末，康埋下伏笔："惟既为官报，似应分设京师，合并陈明。"除该上书之外，康另上《请定中国报律片》：

  臣查西国律例中，皆有报律一门，可否由臣将其书译出，凡报单中所载，如何为合例，如何为不合例，酌采外国通行之法，参与中国情形，定为中国报律。缮写进呈御览审定后，即遵依办理。并由总理衙门照会各国公使、领事，凡洋人在租界内开设报馆者，皆当遵守此律令。各奸商亦不得借洋人之名，任意雌黄议论，于报务及外交，似不无小补。

"报律"即新闻法，康的用意是防范孙家鼐日后的攻击。[1]然而，康的上书是通过军机大臣廖寿恒代为呈递的，军机处并无其记录，光绪帝下旨却需通过军机处。前次康上书要求改书院为学堂，光绪帝尚可直接下旨，此次康所言报馆、报律之事，在清朝的体制内，很难直接下旨。光绪帝命廖寿恒告诉康，让康直接向孙家鼐说。[2]六月二十二日（8月9日），孙家鼐上奏由康起草的《遵旨复陈时务报请拨款项折》，与康上书的内容大体相同，孙有所删减：一、同意各文武衙门一律订阅（没有学堂、书院）；二、"由康有为采译各国报律，交臣进呈御览，恭候钦定"；三、每月经费银1000两，另增开办经费银6000两。至于康提出的北京分局，

---

[1]《康有为变法奏章辑考》，第312—313、315—316页。《请定中国报律片》的用意在于回击孙家鼐。孙家鼐奏折称："如有颠倒是非，混淆黑白，挟嫌妄议"；康片称："惟是当开新、守旧并立相轧之时，是非黑白未有定论"，"然他日或有深文罗织，诬以颠倒混淆之罪，臣岂能当此重咎"。康以报律来自我防护。

[2] 光绪二十四年六月二十二日光绪帝谕旨称："前据孙家鼐奏遵议上海《时务报》改为官报，请派康有为督办其事，并据廖寿恒面奏，嗣后办理官报事宜，应令康有为向孙家鼐商办，当经谕令由总理衙门传知康有为遵照。"（军机处《洋务档》，光绪二十四年六月二十二日）

没有涉及，实为拒绝。孙为了将康挤出北京，采取了与总理衙门对付梁启超相同的办法，即大量拨给经费。光绪帝当日下达谕旨：

> 报馆之设，义在发明国是，宣达民情。原于古者陈诗观风之制。一切学校、农商、兵刑、财赋均准胪陈利弊，藉为鞀铎之助，兼可翻译各国报章，以备官商士庶开扩见闻，其于内政外交裨益非浅。所需经费，自应先行筹定，以为久远之计。著照官书局之例，由两江总督按月筹银一千两，并另拨开办经费银六千两，以资布置。各省官民阅报，仍照商报例价，著各省督抚通核全省文武衙门、差局、书院、学堂应阅报单数目，移送官报局。该局即按期照数分送。其报价著照湖北成案，筹款垫解至报馆。所著论说，总以昌明大义，抉去壅蔽为要义，不必拘牵忌讳，致多窒碍。泰西律例，专有《报律》一门，应由康有为详细译出，参以中国情形，定为报律，送交孙家鼐呈览。[1]

该谕旨没有提到康的上书，内容却是按照康的上书所拟，且与孙的奏折稍有差别：订报范围增"差局、书院、学堂"；明确由康"定为报律"，孙只是代为"呈览"。此时百日维新正进入高潮，康没有离开北京赴上海督办《时务官报》，也没有去制定"报律"。

禁缠足

康有为、梁启超一直有禁缠足的主张，康的女儿皆不缠足，梁与他人在上海发起不缠足会。光绪二十四年七月初二日，康上《为万寿大庆乞复祖制行恩惠宽妇女裹足以保民保国折》，要求光绪帝下令禁缠足：

> 西人论我兵怯弱之故，由于种类之不强。而种类之不强，实由

---

[1] 《康有为变法奏章辑考》，第317页；军机处《洋务档》，光绪二十四年六月二十二日。孙家鼐奏折起首称："本月十六日工部主事康有为转传军机大臣面奉谕旨：'令将筹办官报事宜，与孙家鼐说。'臣询之，康有为云……"该折结尾称："臣以为康有为所筹事尚可行，请俯如所请。"

妇女裹足所致，束缚血气，戕绝筋骨，经数十代展转流传，故传种日弱……康熙三年，圣祖仁皇帝下诏，禁天下妇女裹足。有裹足者，罪其父若夫，杖八十，流三千里。又嘉庆九年，奉仁宗睿皇帝上谕：今镶黄旗汉军应选女内，缠足者竟至十九人，殊为非是。此次传谕后，仍有不遵循者，定将秀女父兄照违例治罪……顷恭逢皇上万寿昌期，天下欢舞，皇上法祖彝训，迓天麻命，特下明诏，禁止妇女裹足……准令妇女已缠足者，宽勿追究，自光绪二十年以后所生之女，不准缠足，如有违犯，不得给予封典。顷臣庶中通才志士，知国弱民弱之由，多立戒裹足会，以劝化小民。

同时进呈的，还有张之洞《戒不缠足会叙》、黄遵宪《戒缠足告示》。[1] 然康的上书是通过廖寿恒代呈的，军机处没有记录，处理时亦有着体制上的困难，且非急务，光绪帝没有下旨。

孔教会

前已叙及，康有为一直有立教的设想——这表现在万木草堂等处的讲授中，也隐约地表现在梁启超主持湖南时务学堂的活动中；康在《上清帝第二书》《第三书》中亦提议设立"道学科"。然立教是当时的禁忌，若无政府支持，即便设立也无法生存和发展。光绪二十四年四月二十八日光绪帝的召见，使康大受鼓舞。同年五月初四日（1898年6月22日），总理衙门代奏康《请商定教案法律厘正科举文体并呈〈孔子改制考〉折》，其第一项即是设立孔教会。

德国此时以教案为由占领了胶州湾（青岛），法国等国也因教案与总理衙门交涉。如何防止各国利用教案来勒索，成了总理衙门的难题。康有为提出了新方案，以教制教，以新设的孔教会来对抗西方的基督教会：

查泰西传教，皆有教会，创自嘉庆元年，今遂遍于大地。今其

---

[1]《康有为变法奏章辑考》，第326—337页。该上书是由廖寿恒代递的。光绪帝的生日是六月二十六日，为何康有为于七月初二日方上书，原因不明。很可能因督办官报之事与孙家鼐发生冲突，不愿再为代递之事，由此生出几番周折。又，经康有为作伪的《戊戌奏稿》有"请禁妇女裹足折"，是康后来的另作，内容大不相同。

> 来者，皆其会中人派遣而来，并非其国所派，但其国家任其保护耳。其教会中，有总理，有委员，有入议院者，略如吾礼部，上领学政、教官，下统举人、诸生，但听教民所推举，与我稍异耳。今若定律，必先去其国力，乃可免其要挟，莫若直与其教会交。吾亦设一教会以当之，与为交涉，与定和约，与定教律……若皇上通变酌时，令衍圣公开孔教会，自王公士庶，有志负荷者，皆听入会，而以衍圣公为总理，听会中士庶公举学行最高为督办，稍次者多人为会办，各省府县，皆听其推举学行之士为分办，籍其名于衍圣公，衍圣公上之朝。人士既众，集款自厚。听衍圣公与会中办事人，选举学术精深、通达中外之士为委员，令彼教总监督委选人员，同立两教和约，同定两教法律。若杀其教民，毁其礼拜堂，酌其轻重，或偿命偿款，皆有一定之法。彼若犯我教刑律，同之。有事会审，如上海租界会审之例。其天主教自护最严，尤不可归法国主持，彼自有教皇作主，一切监督，皆命自教皇。教皇无兵无舰，易与交涉，宜由衍圣公派人驻扎彼国，直与其教皇定约、定律，尤宜措词。

由此可见，康对基督教会历史及其相关法律并不知详，所拟"以教制教"的方案，也无可行性，康却称言："从此教案皆有定式，小之无轻重失宜之患，大之无借端割地之害，其于存亡大计，实非小补。"

值得注意的是，康有为设计的孔教会之组织形式：明为"以衍圣公为总理"，实为"听会上士庶公举学行最高为督办，稍次者多人为会办"，这就为康及其党人掌控孔教会留下了可操作的空间；"各省府县，皆听其推举学行之士为分办"，可见孔教会是一个独立自治的遍布全国的组织；"公举""推举"又表明该会的"督办""会办""分办"皆由会内产生，而不由官府选择任免。康又称：

> 教会之名，略如外国教部之例，其于礼部，则如军机处之与内阁，总署之与理藩院。虽稍听民举，仍总于衍圣公，则亦如官书局之领以大臣，亦何嫌何疑焉？

即孔教会相当于军机处、总理衙门，掌有最重要的权力；而礼部相当于内阁、理藩院，内阁位尊而无实权，理藩院是传统事务而无新事务；衍圣公的地位相当于管理官书局大臣，教会内部组织机构"听民举"。对于康的这一奇特建策，光绪帝仅下旨"留"，并呈慈禧太后。[1]

保国会

学会一直是康有为、梁启超的政治诉求之一，这表现在康在北京、上海、桂林参与组织的强学会和圣学会，也表现在梁在长沙参与组织的南学会。前已叙及，康《上清帝第六书》中新政十二局，有社会局，即是一个管理学会的政府机构，未能获准；康进呈的《日本变政考》，对日本的学会有着较多的记载。戊戌变法期间，康、梁与御史李盛铎等京官在北京组织了保国会。保国会共有两次活动：第一次在光绪二十四年三月二十七日（1898年4月17日），地点是粤东新馆，参加人数至少128人，康作演讲。第二次在闰三月初一日（4月21日），梁作演讲，参加人数至少91人；由于广东籍礼部尚书许应骙和兵部侍郎杨颐反对，保国会的活动不能在广东会馆进行，地点改在嵩云草堂。闰三月十二日，御史潘庆澜上奏弹劾，光绪帝虽未作任何处理，然保国会的活动也因此中止了。

保国会的命运极其短暂，值得注意的是，康有为在《保国会章程》中体现出来的政治思想。该章程共30条，其中最重要的有：

> 十一、自京师、上海设立保国总会，各省各府各县皆设分会，以地名冠之。
> 十二、会中公选总理某人、值理某人、常议员某人、备议员某人、董事某人，以同会中人多推荐者为之。
> 十三、常议员公议会中事。
> 十四、总理以议员多寡决定事件推行。

---

[1] 《康有为变法奏章辑考》，第256—261页；军机处《上谕档》，光绪二十四年五月初四日。康有为该上书的第二项为废八股，并呈送《孔子改制考》九卷本，前文皆已叙及。又，相关的研究，参见孔祥吉：《成立孔教会的设想》，《康有为变法奏议研究》，第246—260页；赵春晨：《论戊戌时期康有为的"创教""保教"主张》，《汕头大学学报》1989年3期；唐文明：《康有为的今文经学立场与其戊戌流亡前的孔教建制主张》，《敷教在宽：康有为孔教思想申论》，中国人民大学出版社，2012年，第83—121页。

十七、各地方会议员随其地情形置分理议员约七人。

二十、欲入会者，须会中人介之，告总理、值理，察其合者，予以入会凭票。

二十三、入会者人捐银二两，以备会中办事诸费。

二十四、会期有大会、常会、临时会之分。

二十七、来会之人，必求品行心术端正明白者，方可延入。本会中应办之事，大众随时献替，留备采择。倘别存意见，或诞妄挟私，及逞奇立异者，恐其有碍，即由总理、值理、董事诸友公议辞退。如有不以为然者，到本会申明，捐银照例充公，去留均听其便。[1]

由此可见，康拟建的保国会，是一个结构严密的政治组织，有总会、分会，设总理、值理、常议员、备议员。联系到梁启超曾有意将南学会建成培养地方议员的机构，以能实现地方之治，康设立保国会的政治目标与组织形式也是值得认真思考的。[2]

联英联日的外交策略

戊戌变法的直接起因是列强的进逼，尤其是德国占据胶州湾和俄国占据大连与旅顺，英国、法国和日本也随之以"利益均沾"为由，提出了相应的要求，"瓜分"之说兴起。清朝经历了甲午战败的恶果后，既不敢言战，又不敢轻允，分寸大乱。康有为却自认为有能力解救危局，当德国占领胶州湾，俄国进据大连、旅顺之初，其对策有二：一是联英联日；二是亲赴"弭兵会"。

先看第一策。光绪二十三年十一月，康有为为御史陈其璋代拟奏折，称言：

---

[1] 姜义华、张荣华编校：《康有为全集》，第4集，第54—56页。该章程还刊于《国闻报》（光绪二十四年闰三月十七日）、《湘报》（第68号，光绪二十四年四月初五日）、《知新报》（第54册，光绪二十四年四月十一日）。

[2] 见梁启超：《论湖南应办之事》，《湘报》第26、27、28号，光绪二十四年三月十五日至十七日，中华书局影印本，上册，第201—202、209—210、217—218页。相关的叙述与分析，可参见本书下编第一章第四节"《论湖南应办之事》：通往议会的道路"。

……盖俄之势愈盛,愈不利于各国,故各国占地之意,愈急而愈坚。欲求易近之交,以制方张之寇,计非联络英、日不可。[1]

康代拟的这一奏折,陈未上奏。同年十二月初九日(1898年1月1日),御史杨深秀上奏由康代拟的《联络英国立制德氛而坚俄助折》:

……今若北联俄矣,南更结英,立可以制德人之死命。即俄亦不敢包藏祸心,持两端以观变,矧他国敢生觊觎乎?……比闻英实有愿结中华之意,散见各报。即日本亦有联我之心,盖事机立变,虽仇国亦当合也。昔楚王恨商於之诳,怒思伐秦,而陈轸即劝其合秦以攻齐;蜀先主耻猇亭之败,日图报吴,而诸葛亮即劝其合吴以伐魏。故我若联日本,日本自卫计,亦必可听从,而我仍以济成结英之势也……

光绪帝当日将之交总理衙门。[2]同年十二月十九日(1898年1月11日),御史王鹏运上奏由康代拟的《胶州不可借德宜密结英、日以图抵制折》和《结倭联英并缓偿倭款片》,称言:

至于联英一事,臣早夙夜图维,近复风闻日本陆军大佐宇都宫往汉口见张之洞,自言奉彼国密旨,为我联英拒德,确有把握,或助战,或排解。英亦无多甚奢望,不过购船雇将、借伊股债等事,即可力助。日本亦并不索谢,且言中国朝覆,日本夕亡,非但为中,亦且自为……可否一面饬下翁同龢、张荫桓此时暂与德使故为往复,借延时日;一面饬下张之洞速拣干员密往东洋与彼商定,但使英人慨许相助。

此时结倭联英,止可由外派员潜往,或借采办洋铜为名,前赴东洋,事成固善,不成亦不致声张,致涉痕迹……

---

[1]《康有为变法奏议辑考》,第118—120页。
[2]《康有为变法奏议辑考》,第124—125页;军机处《洋务档》,光绪二十三年十二月初九日。并可参见拙文《康有为与"真奏议"——读孔祥吉编著〈康有为变法奏章辑考〉》,《近代史研究》2009年第3期。

光绪帝没有处理意见，将之呈慈禧太后。[1]从康所拟的奏折中，可以清楚地看出其缺乏近代国际知识的弱点。他不了解当时外交的一般方式，情报极不准确。从今天可见的外交档案和现有的研究来看，德国在进占胶州湾之前与俄国有密切联络，之后与英国亦有联络；俄国对德国的行动是默许的，英国却与德国在对华借款方面进行了合作。日本主要敌手是俄国，主要矛盾却在朝鲜半岛，日本对德国、俄国的行动并不准备武力对抗。康仅知英国、日本与俄国有矛盾，但不了解各国的外交目标，却用传统的"以夷制夷"思路来设想各方的套路，颇具苏秦、张仪的风度。

再来看第二策。康有为听闻当时西方有"弭兵会"，自认为其知识水准足以"舌战群儒"，要求出任"游历使"。光绪二十三年十一月十九日（1897年12月12日），给事中高燮曾上奏：

> 臣闻西洋有弭兵会，聚集之所，在瑞士国。其大旨以排纷解难、修好息民为务，各国王公大臣及文士著有声望者，皆准入会，如两国因事争论，未经开战之先，可请会中人公断调处，立意甚善。臣见工部主事康有为学问淹长，才气豪迈，熟谙西法，具有肝胆，若令相机入弭兵会中，遇事维持，于将来中外交涉为难处，不无裨益，可否特予召对，观其所长，饬令总理各国事务衙门厚给资斧，以游历为名，照会各国使臣，用示郑重。[现]在时事艰难，所谓请自隗始者，不必待其自荐也。[2]

光绪帝下旨交总理衙门"酌核办理"。高的奏片，似由康有为代拟的。[3]当时欧洲一些人士拟召开和平会议，但这类会议因无官方背景而

---

[1] 《德国侵占胶州湾史料选编1897—1898》，第315—317页；《康有为变法奏议辑考》，第128—129页；军机处《随手档》光绪二十三年十二月十九日。并可参见拙著《戊戌变法史事考二集》，第386—388页。

[2] 《军机处录副·光绪朝·内政类·戊戌变法项》，3/108/5617/59；军机处《上谕档》，光绪二十三年十一月十九日。

[3] 《康有为变法奏议研究》，第168—172页；孔祥吉、村田雄二郎：《〈翁文恭公日记〉稿本与刊本之比较——兼论翁同龢对日记的删改》，《历史研究》2004年第3期；（转下页）

无实际作用。康通过《万国公报》得到一些片面的消息,自以为可以一展其身手。[1]高的奏片称康"才气豪迈"属实;称康"熟谙西法"则是全非。总理衙门奉到谕旨,对"弭兵会"一头雾水,三个月后才上奏,予以拒绝。[2]

光绪二十四年二月十一日(1898年3月3日),俄国提出租借大连、旅顺和修建中东路支线(哈尔滨到大连)的要求,二十一日发出最后通牒式的照会,要求两周内答复。三月初三日(3月24日),总理衙门代奏康有为《为胁割旅大乞密联英日坚拒勿许呈》,提出三策:

> 职敢敬告我皇上一言曰:坚拒勿许而已。然拒之道有三:密联英、日,赫怒而战,上策也;不允画押,听其来攻,徐待英、日之解难,中策也;布告万国,遍地通商,下策也。三策皆可图存。若许俄割地,则英岂独让,必割长江,法割两粤,诸国纷来,思得分地,鱼烂瓦解,一旦尽亡,是为无策。
>
> 俄人取东三省于日本怀中,日人仇之久矣,其士大夫结知耻会,以我偿款万万,尽以练兵。若俄人始于仗义,而终于攘劫,日人必起而责之……故英直与俄不两立者也。近俄不能出黑海,则专注我黄海,英亦必以救土耳其而救我矣。日铁舰四十,英铁舰二百四十

(接上页)马忠文:《高燮曾疏荐康有为原因探析:兼论戊戌维新前后康、梁政治贿赂策略与活动》,《学术交流》(哈尔滨)1998年第1期。并可参见拙著《从甲午到戊戌:康有为〈我史〉鉴注》,第222—234页。

[1] 可参见拙著《从甲午到戊戌:康有为〈我史〉鉴注》,第229—232页。世界上第一次国际和平会议,即海牙和平会议,由俄国政府倡导,于1899年召开,清朝派驻俄公使杨儒参加。又,唐才常在《湘学报》上发文谈"弭兵会",所言多无确据,却称:"《春秋》弭兵之旨","此积数百年神圣之用心,而甫见端倪者也"。后在《觉颠冥斋内言》刊出时,又改为"而甫由据乱而及升平者也"。这些是康有为、梁启超当时的说法,可见唐受康、梁之影响。(中华书局编辑部编:《唐才常集》增订本,中华书局,2013年,第38—41页)

[2] 光绪二十四年二月十九日,总理衙门奏称:"臣等查原奏所称,西洋弭兵会立意虽善,然当两国争论,将至开战,会中即有弭兵之论,并无弭兵之权。近日土希之战,不能先事弭兵,是其明证。该给事中所请令工部主事康有为相机入会一节,应毋庸议。"(《康有为变法奏章辑考》,第143—144页)负责外交的总理衙门很可能也不知"弭兵会"为何物,复奏中左盼右顾,言语均不着实地。

余,我有袁世凯、聂士成、董福祥三军,尚足以战,况加英、日之师,以御俄区区之众,败俄无疑,则复收东三省之铁路,翻胶州之成案,正可因俄路未成,而为此大举。此英、日日夜想望之间隙,我因而用之。此一战也,诸国耸动,可缓分割,真保中国非常之机会也。职请皇上赫然震怒,决战无疑。

或不敢言战,则泰西有不允一例,名为普卢爹士,但坚拒其请,俄人知不能虚言恫喝,自度兵薄,未必再肆要求,即果动兵,我不还炮,不与战,但必不画押,日人必不甘令俄坐得东三省,英人助之,必合而仗义责俄,或陈兵拒俄。职敢为皇上一言,俄人必不得志。

即或虑俄人横肆,德、法助俄,诸国未助我,则可遣大使布告万国,皆许其遍地通商,立约瑞士,公众共保,则俄人亦必不能独肆要求。故职敢一言曰:拒俄则必存,与俄则必亡。[1]

康的"上策",即"密联英日",是他一贯的主张;而康称清朝"赫怒而战",英、日会因此对俄开战"而救我",则是想当然,事实恰好相反。英、俄国全球范围内进行竞争,极少直接开战,而是习惯于互相讨价还价,暗中交易。俄国占据旅大后,英国提出优势区域(势力范围)的划分,即承认俄国在黄河以北的优势,俄国承认英国在长江流域的优势;并因俄国在中国北方沿海的优势,英国租借威海卫,以形成均势。英国最终达到了目的。日本的情况也是如此。甲午战后,俄国一度占据朝鲜半岛优势。日、俄为了避免冲突,互相调整,签订了两次议定书,即《小村—韦贝备忘录》(汉城议定书)和《山县—罗拔诺夫协定》(莫斯科议定书)。二月二十五日(1898年3月17日),俄国向日本提出,俄国租借旅顺与大连,同时保证不干涉朝鲜的内政。日本外务大臣西德二郎两天后通知俄国驻日本公使罗森,俄国若将朝鲜交给日本,日本则认为

---

[1] 《康有为变法奏章辑考》,第174—176页。还需注意的是,康有为命其弟子麦孺博等人组织应试举人(公车)联名上书《力拒俄请合众公保呈》,基本观点与康相同,署名者有麦孺博、梁启超等297人,刊于光绪二十四年三月十三日《国闻报》。(同上书,第177—180页)与康甚有关系的御史陈其璋,光绪二十四年三月初四日上奏《俄患孔亟请宜坚持勿允谨陈三策以资抵御折》,与康的建策相通。(同上书,第181—183页)又,《戊戌奏稿》存目中有《争割旅顺折》,是康追忆此上书的记录。

满洲不属于日本的势力范围。此即"满韩交换"。此后几经谈判，签订了《西—罗森协定》（东京议定书）。英俄之间、俄日之间的秘密交易，康完全不知情；从清朝现存档案来看，总理衙门及清朝驻伦敦、圣彼得堡、东京公使馆也不知情。当近代外交已成为列强之间一次次赤裸裸的讨价还价时，康却以为自有妙着定乾坤的"神来之笔"，并想象奇妙的结果。康的"中策"，还是依靠英、日，"普卢参士"，似为英文 Protest 的粤语转音，意为"抗议"。这种不相战、不签约、仅提出抗议，交由英、日与俄国交涉，非为有效办法。康的"下策"，即自开通商口岸以拒俄国等国的要求，说明他对俄、德、法等国的国际战略的无知，对欧洲近代国际关系史的无知。清朝此时因俄国最后通牒即将到期而进入谈判的尾声，准备同意俄国的要求，对康的建策没有做出反应。三月二十三日（4月13日），光绪帝将其收到的康有为各次上书及《日本变政考》《俄彼得变政记》，一并呈送慈禧太后。

随着百日维新的进展，京城中的政治局势也越来越紧张，康有为以"瓜分"在即为由，竟然主张与日本、英国"合邦"。光绪二十四年七月二十四日（1898年9月9日），刑部代奏主事洪汝冲《敬陈迁都借才联邦三策本原大计呈》，其"借才"一节提出：

> ……近日伊藤罢相，将欲来游，借觇国是。皇上如能縻以好爵，使近在耳目，博访周咨，则新政立行，而中日之邦交益固。

此为要求以"好爵"将伊藤博文留在中国，以供"周咨"。其"联邦"一节提出：

> ……为日本者，所亲宜无过中国，以我幅员之广，人民之众，物产之饶，诚得与之联合，借彼新法，资我贤才，交换智识，互相援系，不难约束俄人，俾如君士但丁故事，则东西太平之局，可以长保，而祖宗缔造之业，亦巩如磐石矣。此事若在欧西，即合为一国，亦不为怪，挪威以合于瑞典而得自存，匈牙利以合于奥地利而以不灭。他如意、德以众国合成而称帝制，既无碍自主之权利，而有关两国之存亡，故坦然行之，并无猜忌……中国之自强，惟在日

本之相助，英人保泰持盈……

此中的"联邦""联合"究竟是什么意思，指外交上的"同盟"关系，还是建立"联邦"（或邦联）制的国家，很难看清楚，很可能他本人也不太清楚。光绪帝旨命"留中"，并呈慈禧太后。[1] 洪汝冲的上书，很可能是康有为代拟的。[2] 随着京城政治局势越来越危急，康的动作也更频繁。八月初五日，御史杨深秀上奏由康代拟的《时局艰危拼瓦合以救瓦裂折》：

> ……臣闻德、法诸国皆言中华守旧者阻力过大，积成痼痹，商之不理，吓之不动，只宜武断从事，谋定而发，即为所欲为耳。用是共会于俄都之森彼得堡，悍然宰割天下，碎裂中原：俄则分我燕、晋、秦、陇；法则分我闽、广、滇、黔；德则分我山东、河南。英人虽本无此志，亦不得不借手于吴、越、荆、益，以求抵制。各国重复绘图，明画分界。兼闻英舰七艘已至大沽，可以保权利，可以敌合纵，即可以恫喝吾华。其余诸国，亦转瞬即来耳……臣闻刑部主事洪汝冲所上封事中，有迁都、借才两说，而其最要最要者，莫过联结与国之一条……昨又闻英国牧师李提摩太新从上海来京，为吾华遍筹胜算，亦云今日危局非联合英、美、日本，别无图存之策。臣素知该牧师欧洲名士，著书甚多，实能深明大略，洞见本原。况值日本伊藤博文游历在都，其人曾为东瀛名相，必深愿联结吾华，

---

[1] 《康有为变法奏章辑考》，第441—445页；军机处《随手档》《上谕档》，光绪二十四年七月二十四日该条陈当日奉旨"留中"，并送慈禧太后。洪汝冲上书后刊于八月初一日、初二日《国闻报》。

[2] 孔祥吉认为该条陈很可能是康代拟的，并提出了三条理由。其中第三条最值得重视，即杨深秀奏折中提及洪汝冲条陈，若非有着相联的关系，杨又何能知洪上书的内容。（《康有为变法奏章辑考》，第445—446页）对此我是同意的。还需注意的是，康有为在《我史》(《康南海自编年谱》) 中称："时与日本矢野文雄约两国合邦大会议，定稿极详，请矢野君行知总署答允，然后可大会于各省。而俄人知之，矢野君未敢。"(《丛刊·戊戌变法》，第4册，第144页）康此处所言自是夸张，但康与矢野公使之间确有交往。（可参见拙著《从甲午到戊戌：康有为〈我史〉鉴注》，第386—389页）梁启超在大同译书局翻印日本森本藤吉《大东合邦论》一书，亲写序言。森本藤吉主张日本与朝鲜合为一国，称大东国，然后与清朝合纵，共同对付西方。

共求自保者也。未为借才之举，先为借箸之筹，臣尤伏愿我皇上早定大计，固结英、美、日本三国，勿嫌合邦之名之不美，诚天下苍生之福矣。

光绪帝下旨"存"，并呈慈禧太后。[1] 康编造了"圣彼得堡会议"，宣称俄、德、法三国决定了瓜分计划，英国亦参与其中，清朝即将亡国。清朝应采纳李提摩太的建议，联合英、美、日。该折中的"联结与国""联合""固结""合邦"诸词汇，意思仍是不清楚的；该折中的"借箸"，意思却是清楚的，即以客卿来待李提摩太和伊藤博文。第二天、八月初六日，御史宋伯鲁上奏由康代拟的《请速简重臣结连与国而救危亡折》，言辞更为明确：

> 昨闻英国兵舰七艘已驶入大沽口，声称俄人将大举南下，特来保护中国。又闻俄君在其彼得罗堡，邀集德、法、英各国，议分中国，绘图腾报：俄分满、蒙、燕、晋、秦、陇；法分闽、广、滇、黔；德分山东、河南；英分吴、越、荆、益。眈眈环视，旦夕宰割，是昔仅有其言者，今将见诸实事。危急存亡，变在顷刻。若不急筹善法，一旦分裂，悔将何及。昨闻英国教士李提摩太来京，往见工部主事康有为，道其来意，并出示分割图。渠之来也，拟联合中国、日本、美国及英国为合邦，共选通达时务晓畅各国掌故者百人，专理四国兵政、税则及一切外交等事，别练兵若干营，以资御侮。凡有外事，四国共之，则俄人不敢出；俄不敢出，则德、法无所附，势必解散。吾既合日，彼英与日素善，不患不就我范围……昨闻二国已在珲春开仗，城门失火，殃及池鱼……今拟请皇上速简通达外务名震地球之重臣，如大学士李鸿章者，往见该教士李提摩太及日相伊藤博文，与之商酌办法。以工部主事康有为为参赞，必能转祸为福。[2]

该折继续以圣彼得堡会议"瓜分"为前提，称清朝已处于"危急存亡"，

---

[1] 《康有为变法奏章辑考》，第399—400页；军机处《上谕档》，光绪二十四年八月初五日。
[2] 《康有为变法奏章辑考》，第404—405页。

端出李提摩太的解救方案。而该折的核心,是由李鸿章、康有为、李提摩太、伊藤博文"商酌办法",目的是让康有为重返政坛。

李提摩太,英国传教士,甲午战争期间与署理两江总督张之洞联络,宣称有解救中国的"妙着",即由西方国家来接管清朝主要政务,由此摆脱战争中的不利局面。张之洞对此未予理睬。李提摩太再到北京向总理衙门兜售,也未成效,将之发表在《万国公报》,题名为《新政策》。需要说明的是,李提摩太并不是帝国主义分子。他的"新政策"没有与英国或其他大国政府商量过,是其一厢情愿的设计。他与英国及各大国政府也没有密切的联系。[1]

德国占据胶州湾后,俄国、英国、法国皆有所行动。列强为了防止竞争过度,相互间多次交涉过划分优势区域。从现存的各国外交档案和现有的研究来看,各国并没有产生或讨论具体的"瓜分"计划,英国此时还提出了"门户开放"政策。由此,"瓜分"的阴影是康有为等人的自觉意识,以此推动国人的"觉醒"。他们没有相应的国际知识,也没有相应的情报,只是将报刊上各种消息和传闻相叠加,认为清朝已处在亡国的边缘。

康有为、洪汝冲、杨深秀、宋伯鲁并不了解当时已存在的"合邦"形式——即外交上的"同盟"(清朝与俄国已有同盟条约)、两国合并的"联邦"或"邦联"、帝国体制下的殖民地(如英格兰王国与印度帝国)。他们提出的"合邦"概念,应当从他们的思想资源即李提摩太的《新政策》、森本藤吉《大东合邦论》中去理解。光绪二十四年七月李提摩太进京,是受康的邀请,康称将奏请光绪帝命其为"顾问"。李提摩太到京后,与康有交流。[2] 由此而论,宋伯鲁所称"拟联合中国、日本、美国

---

[1] 李提摩太《新政策》的核心内容为:聘请西人两位,"筹一良法,速与天下大国,立约联交";成立"新政部","以八人总管,半用华官,半用西人";铁路、借款、报纸、学部、军事聘用西人管理。若实行此策,清朝将失去独立与国家主权。李提摩太还为自己设计了一个位置:"中国应暂请英人某某、美人某某,随时入见皇上,以西国各事,详细奏陈。""英人某某",即是他本人。(《万国公报》,第87号,光绪二十二年三月;台北,华文书局影印本,1968年,第25册,第15935—15946页)相关的叙述与分析,可参见拙著《戊戌变法的另面:"张之洞档案"阅读笔记》,第451—467页。

[2] 李宪堂等译,李提摩太:《亲历晚清四十五年——李提摩太在华回忆录》,天津人民出版社,2005年,第245页。

及英国为合邦,共选通达时务晓畅各国掌故者百人,专理四国兵政、税则及一切外交等事,别练兵若干营,以资御侮"等语,主要是大量聘请英国等国人士来担任清政府的重要官职,还谈不上将四个国家合并成为一个国家。

日本伊藤博文首相解职后,此时来到朝鲜与中国,主要是看看有什么机会。他认为清朝改革已属过急、过激,对康有为一派并不看好,相当重视南方的张之洞、刘坤一等实力派。他并没有做好留在清朝担任改革顾问的思想准备,更没有带来一个与清朝合邦的计划。日本政府此时的目的是拆散中俄同盟关系,没有与中国结盟的计划,更谈不上"合邦"。

由此而论,杨深秀、宋伯鲁提出的"合邦"计划即使得到光绪帝批准,也没有实施的可能性。英国、日本并没有与中国"合邦"的愿望与能力,一旦"合邦",将遇到俄、德、法、美的压力,英日关系也无法调整。只有李提摩太这种思维想象力超过政治行动力的人,才能提得出来;只有康有为这种不了解国际政治内幕的人,才会付诸奏议。

前已叙及,光绪二十四年七月二十九日(1898年9月14日),光绪帝与慈禧太后因开设"懋勤殿"而发生冲突。八月初二日,光绪帝旨命康有为离开北京。八月初三日,康派谭嗣同往访袁世凯,提出了军事政变的计划,袁未同意。八月初五日(9月20日)清晨,康离开北京,前往天津,准备乘船南下。在此时刻,康让杨深秀、宋伯鲁提出"合邦"计划,已是最后的一击。[1]

光绪帝二十四年八月初三日,慈禧太后在颐和园收到由特殊渠道递

---

[1] 雷家圣认为:康有为与李提摩太、伊藤博文商议了"合邦"计划,授意杨深秀、宋伯鲁上奏。慈禧太后发现后大惊,发动政变,中止了这一阴谋。(见其著《力挽狂澜——戊戌政变新探》,台北万卷楼图书公司,2004年。该书修订后,更名《失落的真相——晚清戊戌政变史事新探》,台北五南图书公司,2016年)这是值得注意的见解,其书也值得一读。然而,我以为,自七月二十九日光绪帝与慈禧太后发生冲突后,权力已受限制,不可能批准杨深秀、宋伯鲁的建策;即便退一步来推测,光绪帝若批准杨、宋的建策,派李鸿章、康有为与李提摩太、伊藤博文商议,李鸿章会反对,李提摩太会夸其谈,伊藤博文可能会利用此机,提议中日陆军合作以对抗俄国,康有为在此中只能是一个配角,是不可能商议出一个结果来的。慈禧太后发动政变的主要原因不在于此,实质还是权力之争。

上的御史杨崇伊奏折,得知伊藤博文有可能被留下来主持新政。八月初四日,她回到城内西苑,次日正是光绪帝召见伊藤博文的日子。八月初六日(9月21日),即宋伯鲁奏折上达时,慈禧太后已经发动了政变。[1]

综上所述,略作数语作为本节的小结。

戊戌变法期间,康有为最重要的政治诉求是制度局。当此目的不能达到时,他也设计了许多变种,其目的就是要进入政治权力的核心,坐在皇帝的身边来把持变法的方向与节奏。他的这种设计,与军机处、军务处、总理衙门有着很大的权力冲突,是清朝高层绝不容许的。他企图在皇帝的身边施加影响力,与慈禧太后控制光绪帝的政治威权结构有着很大的冲突,也是慈禧太后绝不容许的。改革者谋取政治权力本属历史的正常现象,却也提示着当时的政治斗争主要围绕着权力来进行。

康有为《上清帝第二书》《第三书》《第四书》《第五书》都提出了全盘的改革计划,但其设计是草率的、无法落实的。从《上清帝第六书》开始,康已适应了清朝的政务处理方式,不再提全盘的设计,而是一事一报,一事多报,取得了较大的成功——其获效最大者为改科举、兴学堂和设立译书机构;其次为设立政府经济机构、专利权与删减《则例》——康、梁建策中比较切合实际者,大多被清朝所采纳。

戊戌变法期间,康有为政策设计中最不成功者多为外部事务——发行纸币、大借洋款,可谓失计;"以教制教"、联英联日,可谓大误;至"借才""合邦",则达于荒谬——尽管戊戌变法被视为以西方为方向、以日本和俄国为榜样的改革运动,但对康、梁来说,西方仍是陌生的地方。他们没有完备的西方经济学与社会学知识,也没有完备的西方政治学与国际政治知识,却以"新学家""时务家"的身份来指导这场运动。[2] 书生议政,本有不足,然若书生的"书"本身出了问题,其所"议"之"政",就有可能走错方向。

---

[1] 相关的叙述与分析,可参见拙著《戊戌政变的时间、过程与原委:先前研究各说的认知、补证、修正》,《近代史研究》2002年第4、5、6期;又见《戊戌变法史事考初集》,第1—137页。

[2] 相关的叙述与分析,可参见本书下编第四章"中学或西学?——戊戌时期康有为、梁启超学术思想与政治思想之底色"。

若将光绪二十一年康有为三次上书中包罗万象的内容,与戊戌变法期间康有为、梁启超的建策作比较,可以发现有着非常明显的连续性;且三次上书中的主要内容,在变法期间多已提出,尤其是涉及领域众多的"十二局"设计。其尚未提出者,主要有闲散衙门裁撤、官员增加俸禄、邮政、恤穷和军事改革诸多方面。然闲散衙门裁撤已由岑春煊提出,邮政已由张之洞提出,军事改革已由荣禄提出;至于官员增加俸禄和恤穷,原本就是个老问题,不断地有人提出,而最终也没能解决问题。

六、结　语

本编的议题较大,文字写得很长,需写较长的结语,来做个总结。

议题从阔普通武的奏折真伪说起,试图回答戊戌变法的性质问题。然要回答这个问题,首先需要明确的是,戊戌变法的主要倡导人康有为、梁启超的政治企图。

自从《杰士上书汇录》被发现之后,众多学者认为,康有为、梁启超在戊戌变法期间没有提出过"议会"之类的政治方案,其主要政治目的是设立制度局。然而,也就在这一关键点上,学者们存在着不同意见。[1]之所以会有意见分歧,是对于前引康有为《上清帝第三书》《第五书》中的两段话,有着不同理解:

---

[1] 前已叙及,关于这一领域最有分析力的研究为孔祥吉、宋德华、房德邻的论文与李春馥的著作,其他研究者也提出过富有智慧力的判断,但较少进行具体分析。我在这里还要特别推荐李春馥的研究著作:《戊戌时期康有为议会思想研究》(人民出版社,2010年),将其师房德邻的观点发挥到极致。李认为:一、康有为的《上清帝第三书》说明康下议院的思想;二、《第四书》《第五书》说明康上、下两院的思想;三、《第六书》及其相关奏议说明康上议院的思想。李的著作原是北京大学博士论文,于2005年提交,我是答辩委员,称言:我认为李春馥已经完成了优秀的博士论文,但我不同意文中的全部观点。作为一个韩国人,中文如此之好,史料解读能力强,更是难能可贵。李春馥博士论文修改出版后,我再次阅读,仍觉他未能说服我,且论证的方式过于险峻;如将《上清帝第四书》中"征议郎则易于筹饷,而借民行钞皆可图",解释为"对财赋及财政问题的议决权";又如将宋伯鲁奏折中的"议政处",解释为"中国化的上议院"。李的著作篇幅较长,达25万余字,简单的介绍容易产生"归谬"的误解,研究者可以直接阅读其著作。

  令士民公举博古今、通中外、明政体、方正直言之士，略分府、县，约十万户而举一人，不论已仕未仕，皆得充选，因用汉制，名曰"议郎"。

  自兹国事付国会议行，纡尊降贵，延见臣庶，尽革旧俗，一意维新，大召天下才俊，议筹款变法之方，采择万国律例，定宪法公私之分。

  正因为如此，我以为，再也不能仅仅是反复琢磨这两段话中的词句，以能揣摩或判断康有为的心思；而须超出这两段话，超出这两次上书，来一个"兜底翻"，将康的全部思想史料进行排比对照，由此才能判断康有为的目的，才能真正解读这两段话的本意。本编的议题由此而变成长篇大论，尽管我已经采用了最为简要的直接叙述的方式，避免或减少与相关观点及见解进行辩难的文字。

  康有为从《民功篇》开始萌生，从《上清帝第一书》开始提议，让杰出的下层官员和士人与皇帝进行相对平等的对话，参预顶层的政治活动，即所谓"通下情""慎左右"。此后，康又提出一系列的方案，如"增广南书房员数""调入侍卫""名曰议郎""开门集议""辟馆顾问""制度局"及其变种。这些机构不管其名称如何，人员产生的方式如何，都有共同的特点：一、设在宫中，直接向皇帝负责；二、皇帝纡尊降贵，每天或经常召见之，共同讨论重大的政治问题；三、人数不多，大约以二三十人为最大数量；四、康本人应是这个机构的核心。[1]如此来看，这样一个机构的性质应当是明确的，属精英政治，表面上是政治咨询机构，若一旦运作起来，实质上是政治决策机构，康可以通过这个

---

[1] 从实际操作层面可见，此类机构的人员产生主要靠保举，先后有高燮曾（保康有为）、徐致靖（保康有为、张元济、黄遵宪、谭嗣同、梁启超）、李端棻（先后保黄遵宪、熊希龄、谭嗣同、康有为、江标）、徐致靖（保康有为等人）、王照（保康广仁等人）。相关的叙述与分析，可参见拙著《戊戌变法期间的保举》，《历史研究》2006年第6期；又见《戊戌变法史事考二集》，第128—191页。至于"纡尊降贵"，在整个清朝时期皆未能达此目的。至1917年张勋复辟，康有为出任弼德院副院长，起草《拟免拜跪诏》（《康有为遗稿·戊戌变法前后》，第265页），得到溥仪的赞同。可参见拙文：《"醇亲王府档案"中的鸡零狗碎》，《南方周末》2013年6月6日。又见《依然如旧的月色》，生活·读书·新知三联书店，2014年，第166—169页。

机构来主导改革的方向。虽有"议郎""国会""立法院"等称谓,但与西方近代的代议制议会没有实质性的关系。

康有为的这一设想在很长时间内都没有改变。他逃亡海外后,先后经日本、加拿大、美国、欧洲、南洋,对各国政治多有观察。光绪二十九年(1903),他在印度大吉岭著《官制议》,在《官制原理》篇中称:

> 故宪法当用亟亟立,议院当亟亟开。若民智未辟、议院未开、议员未立之前,亦当先立一院,招聚四方百数十名士以议庶政,且备顾问,即名以议大夫、议郎。比之日本变法之初立法制院,而俄罗斯之元老院,英之枢密院,亦不得已权宜之法哉?

在《开议院》篇中又称:

> 今请令每府地方议(令)[会]公举议员一人,以学识通明、志行高洁为合格,不论已仕未仕,皆得充选。其首府举三人,繁府得举二人,每直隶州中亦得举一人。如虑人多,则每道一人,首道三人,繁道倍之,皆送置京师。凡议员至京师,必赍所著之书在五万言以外者进呈,天子亲临轩而合试之,又分别而召见询问之。京官五品、外官四品者授议大夫,体视京卿;余授议郎,体视御史;未仕者授议士,体视庶吉。其未立地方会时,令大臣举人才如上例,其有地方徇情误举者免归。其中外大商镇设有商务局,许举大商一人,大矿、大制造厂皆许举一人。
>
> 大概人才出于各地公举、大臣荐举二者,乃立法制局置于禁中,简派群臣数十人为议定,大臣为总裁。凡各议员全数入局,其分类纂修官,或由众公举,请旨简派;或由大臣公商,请旨简派;皆选专门精深之学而又通中国掌故者,每类数人,谓之分案主稿。主稿者《会典》《则例》《大清律例》为底,而以古经、今史、"九通",及日本之法规、各国之政律章程参之。每一事发明理论,条举古今中外之故事,叙成一案,以七例定之⋯⋯议员又公举讨论官、磨勘官,或大臣荐之,并请旨简派,必选熟于中外,曾游历外国,或任实官办事多年者充之。讨论官辨其得失而增损之,磨勘官专究其谬

误而攻难之……

凡法制局议员,日轮二十人以备顾问。皇上亲与讲求天下之事,访问地方之宜、民生之疾苦、要塞之形势、生产之出耗、风俗之得失、人才之盛衰,既可广见闻,亦可知其才识。凡四方之使任,牧尹之要职,即可于议员简放,试之职事,以效其才,不次拔任。[1]

此处所建议的"法制局"与"制度局"有相似之处,权力有较大的削减:议员的产生由地方议会、大臣、商务局等推举,须有五万字以上的著述,由皇帝亲试并面询而确定其资格;议员根据其原先的资格授予相应的官秩,即相当于京卿一级的"议大夫"、相当于御史一级的"议郎"和相当于翰林院庶吉士一级的"议士";议员入"法制局",其工作地点在宫中,主要工作是根据《会典》《则例》《大清例律》,参酌中西,修订或新订清朝的法制条规;议员分批充任皇帝的顾问,皇帝可以从中了解下情,亦可因此了解议员的才华;优秀议员的出路是担任清朝驻各国的公使,或知府一级或以上的地方官……由此看来,这一机构仍属精英政治,虽称议员,仍与西方近代的代议制议会没有实质性的关系。[2]

就康有为在大吉岭时期的学术思想与政治思想而言,仍属于"大同三世说"的阶段。他从早期的《教学通义》《民功篇》《康子内外篇》《实理公法全书》中注重于"民"、主张"平等",经"新学伪经说""孔子改制说"而达到一个新阶段,即"大同三世说"阶段,也是他最后发展到《大同书》《诸天讲》之前的过渡阶段。[3]由此而返回到戊戌变法期间,康的

---

[1] 《官制议》,姜义华、张荣华编校:《康有为全集》,第7集,第235、266页。段落引者有所调整。"每府地方议令"之"令",疑是"会"之误,据下文"未立地方会时"一句改。康有为在《官制议》中提议设立地方议会,但未细谈,其最初的设计可参见其光绪十四年之《论时务》,本书上编第二节中予以介绍。
[2] "法制局"的职责在许多方面类似于清末"弼德院"之设计,康有为后在张勋复辟时任该院副院长。康亦将之与日本法制院、俄国元老院、英国枢密院相比较。
[3] 到了《大同书》《诸天讲》的阶段,康有为不再强调其学说来源于孔子创制、藏于儒家诸经典和相关史传之中,也不太讲"三世",较少引用《公羊传》《易》和董注何解,甚至较少引用《孟子》《论语》等典籍,而是直接表达其思想和论点。相关的叙述与分析,可参见本书下编第二章第五节"《大同书》:进化与天演的背离";黄开国:《康有为戊戌变法以后的大同三世说》,《江苏师范大学学报》2016年第1期。

两段话比较能代表他的政治思想。其一是进呈给光绪帝的《日本变政考》:

> 臣有为谨案:昔先王治天下,无不与民共之。《传》言文王与国人交;《洪范》云谋及庶人;虞廷之明目达聪,皆由辟门;《周礼》之询谋询迁,皆会大众。凡此皆民选议院之开端也。[1]

其二是发表在《国闻报》上的《答人论议院书》:

> 夫议院之议,为古者辟门明目达聪之典。泰西尤盛行之,乃至国权全畀于议院,而行之有效。而仆窃以为中国不可行也……故中国惟有以君权治天下而已。[2]

这些都是"大同三世说"的说法,即以中国经典来解释西方的议会。康有为、梁启超认为,当时的清朝处于"一君世"(升平、小康)中的"君主之世"而正在转向"君民共主之世",将来会进入"民政世"(太平、大同)的"有总统之世"(清朝灭亡),最后会进入"无总统之世"(国家灭亡);而清朝正当转向"君民共主之世"之开端,以君权来行变法,也是便宜之计,且"君民共主"可以有多种形式,未必一定是"议会"(康、梁所理解的那种),"制度局"也可以是其中的一种选择。

康有为、梁启超用中国的传统典籍来理解和说明西方的政治思想与政治制度,说明了他们政治思想与学术思想的底色依旧以中学为主,尽管他们正倡导着以西方为方向的变法,尽管他们当时被视为"貌孔心夷"的"时务家""新学家"。这在当时和后来的中国,都是不奇怪的。我可以举两个例子。

其一是与康有为同时代的总理衙门章京杨宜治。杨宜治,举人出身,

---

[1]《康有为日本变政考》,紫禁城出版社影印本,卷六,第12页。康有为又称:"日本变法,以民选议院为大纲领。夫人主之为治,以为民耳。以民所乐举乐选者,使之议国政,治人民,其事至公,其理至顺。《孟子》进贤杀人,皆归之国人,《洪范》谋及庶人,即此义也。"(同上书,卷六,第3页)
[2]《国闻报》,光绪二十四年五月二十八日。相关的研究,参见孔祥吉:《关于康有为的一篇重要佚文》,《戊戌维新运动新探》,第52—61页。

光绪十年（1884）补总理衙门章京，办理总务等杂事，光绪十三年入英国股，是清政府专门处理英国外交事务的重要官员。光绪二十年，杨随湖北布政使王之春出使俄国，回国经英国等国，著有《俄程日记》。他在俄国首都圣彼得堡游览，记曰：

> ……偕同人游业弗斯街，见俄主、俄后并车北去。西国君、后常并辇出游，都市山水清蔚之区，梨园歌舞之地，皆设有御座；或径造勋阀巨家，盘桓宵旦；间延臣庶入宫，茶会宴集，上下欢洽如家人父子。又，凡西国王宫不设苑囿，其苑囿楼阁，琪花瑶草，珍禽奇兽，皆在都城繁会之区，为国家所置，任人游观，微取其值。此孟子所谓"与民同乐"也。君臣相亲则壅蔽绝，"天道下济"，《易》之义也。西洋开国晚，故尚存中古之风。近人论西法制造，多合诸子。余谓西国政教，大都合于《孟子》。此一端也。[1]

杨用中国传统的《孟子》《易》和"诸子"来解读他所看到的俄国帝后出游、公园和西方的"制造"与"政教"。他又在英国首都伦敦威斯敏斯特宫参观英国国会，记曰：

> 观议政院。院左为下院，至者约二百许人，分五竹列座。右为上议院，座有三十余人。马格里为余指沙侯、山特生诸人，惜不皆识其名。余与王星使及同人坐楼上，下听喃喃不辨何语。有人给洋

---

[1] 杨宜治：《俄程日记》光绪二十一年二月十七日，《北京大学图书馆藏稿本丛书》，天津古籍出版社，1991年，第17册，第361—362页。"与民同乐"典出于《孟子·见梁惠王》："孟子见梁惠王。王立于沼上，顾鸿雁麋鹿，曰：'贤者亦乐此乎？'孟子对曰：'贤者而后乐此，不贤者虽有此，不乐也……文王以民力为台为沼，而民欢乐之，谓其台而曰灵台，谓其沼曰灵沼，乐其有麋鹿鱼鳖。古之人与同偕乐，故能乐也……'"指文王时台、沼皆开放给民众，君主"与民偕乐"。"天道下济"典出于《易·谦卦·象》："天道下济而光明，地道卑而上行……"指君上的德行下降万民而显光明。又，"君臣相亲"一语，似出于《管子·形势解》，中国传统著作中关于"君臣相亲而壅蔽绝"言论颇多，如贾谊《过秦论》、魏徵《谏太宗十思疏》、苏轼《决壅蔽》等。再又，杨从俄国回来后，先后任总理衙门帮总办章京、总办章京，很有可能升任总理衙门大臣。相关的研究，可参见李文杰：《总理衙门章京的日常生活与仕宦生涯——〈惩斋日记〉与杨宜治其人》，《中研院近代史研究所集刊》第70期（2010年12月）。

文一幅,盖即所议事件云。按西制,上院以宗室勋戚及各部大臣任之,为其近于君也;下院选各省郡州县绅耆士商之才优望重者充之,为其近于民也。凡事必求君民两便,然后施行。如损下以益上或损上以益下者,必有从而挠之者。凡议一事,下院议定,达之上院议定,然后奏请君主画诺;不合者,两院重议。同者居左,异者居右,中立者当中横坐,国主亲临裁决。"询谋佥同",大众得当而去。往往中旨未出,而阖境已先事预备矣。是以"上德若风,民应如草"。即征赋过重,罔有怨咨。下院事繁,员数甚多,日日开院聚议,惟礼拜日得告休沐。上院事简,其人以本官兼理,数日一至而已,到时画诺,亦颇慎重。议员例得随时觐见,上院特见,下院旅见,以此宣上德,通下情,不啻三代上之谏鼓善旌矣。余按,秦臣由余云:"今戎上含纯德御下,下怀忠信事上,一国之政,犹如一身。"然则议院殆古四裔之遗俗欤?[1]

杨仍用中国传统经典来说明英国国会,称其功用为"宣上德,通下情,不啻三代上之谏鼓善旌"。他特别得意之处,是用"由余"的典故,来说明"议院"属四方的蛮夷继承了"圣人之治"。他为此还特别用小字说明其出处:

《史记》:戎王使由余于秦,缪公问曰:中国以诗书礼乐法度为治,然尚时乱,今戎夷无此,何以为治,不亦难乎?由余笑曰:此乃中国所以乱也。夫自上圣黄帝作为礼乐法度,身以先之,仅

---

[1] 杨宜治:《俄程日记》光绪二十一年三月初三日,《北京大学图书馆馆藏稿本丛书》,第17册,第378—380页。"马格里",Macartney Halliday,英国人,随清朝第一任驻英公使郭嵩焘至英,任清朝驻英国公使馆翻译、参赞,至光绪三十一年(1905)去职。"沙侯",Robert Gascoyne-Cecil, 3rd Marquess of Salisbury,沙士伯雷侯爵,又译索尔兹伯里,时任英国首相兼外相。"山特生",Thomas H. Sanderson,时任英国外交部常任次长。"询谋佥同",典出于《尚书·大禹谟》。"上德如风,民应如草"典出于《论语·颜渊》:"君子之德风,小人之德草,草上之风,必偃。"指下层必然随从于上层的德行。"旅见",共同进见,《礼记·曾子问》:"诸侯旅见天子,入门……""谏鼓",《淮南子·主术训》:"故尧置敢谏之鼓也,舜立诽谤之木……""善旌",《管子·桓公问》:"舜有告善之旌,而主不蔽也……"

以小治。及其后世，日以骄淫，阻法度之威，以责督于下，下则以仁义怨望于上。上下交争，怨而相篡弑，至于灭宗，皆以此类也。夫戎夷不然，上含纯德以御其下，下怀忠信以事其上，一国之政，犹一身之治，不知所以治，此真圣人之治也。按：由余后为秦间，降秦。[1]

杨没有西方政治学的知识，即便亲到英国国会，仍不能了解西方议会制度之真意义。他以英国比附"戎夷"，故在威斯敏斯特宫发出了"古四裔之遗俗"之叹。

其二是著名历史学家、南京高等师范学校和中央大学教授柳诒徵。1922年，柳诒徵在《学衡》第一期发表《汉官议史》，将汉代称之为"国之公事无不付之公议"。柳将官员分成十类：一、诸侯王，二、宗室，三、丞相、大司徒，四、太尉、大司马、大将军、将军，五、御史大夫，六、中二千石，七、二千石，八、诸大夫，九、博士，十、议郎，"自一至七，皆执行政务者也，自八至十，则专发言论者也。以执行者之经验，参言论者之理想，而事无不举，此各国设立两院之原则也"。柳又称言：

> 综观汉代会议之事迹，任人而不任法，议者无定员，会则无定期，随事召集，不立权限，裁可之柄，一在人主。其与今世法治国国会之性质大相径庭也。然正惟其不拘于法，故重精神不重形式，正言谠论乃得自由发摅，无所挠曲。约举其善，盖有数端：一曰寡不屈于众……一曰下不屈于上……一曰外不屈于内……一曰民不屈于官……呜呼！此吾国议会高尚纯洁之历史也。[2]

此后，柳诒徵著《中国文化史》，虽不再称汉代的议会制度，但称早期中国即有民权。对于《洪范》，柳称言：

---

[1] 由余的典故见《史记·秦本纪》。(《史记》，中华书局，1959年，第1册，第192—193页)由余后来降秦，助秦伐戎，故杨宜治称"秦臣由余"。
[2] 《汉官议史》，柳曾符、柳定生选编：《柳诒徵史学论文集》，上海古籍出版社，1991年，第1—14页。

然《洪范》一面尊主权，一面又重民意。如："凡厥庶民，极之敷言。是训是行，以近天子之光。""汝则有大疑，谋及乃心，谋及卿士，谋及庶人，谋及卜、筮"等语。皆可见夏、商之时，人民得尽言于天子之前。天子有疑，且谋及于庶人。初非徒尊皇极而夺民权也。以今日投票权例之，当时国事分为五权……五权之中，三可二否，皆可行事。庶民之权，等于天子……《洪范》庶征一畴，末段曰："庶民维星，星有好风，星有好雨，日月之行，则有冬有夏。月之从星，则从风雨。"亦谓卿士当从民之所好。好风则以风，好雨则以雨，或各从所好，则同时分为两党。如国民有好保守者，则卿士之保守党从之；国民有好进取者，则卿士之进取党从之。两党相切相劘，而政治遂得其中。此尤民主国家之法也。

此外，对《周礼》中"小司寇""乡大夫"之职、对孟子所引"天降下民"之言说，对《毛诗小序》所言之刺语，柳诒徵亦予之解说，分别称："周之人民不但各有义务，复有对于国家之权利"；"周时虽无民主，而有民权。人民之钤制帝王，隐然具有一种伟大的势力"；"君主与人民对待，而公卿大夫则介乎二者之间……其言论之自由，或尚过于后世民主之时代也"。[1] 柳诒徵的以上说法，与康、梁有相似之处。他们对于汉代"会议""议郎"的态度相同；对于儒家诸经典的解读方式却不同——按照"大同三世说"，康、梁认为此属孔子留待后圣发现的真理，柳却认为是当时正在实施的政治制度。

从康有为、梁启超的言说，到杨宜治、柳诒徵的事例，说明了那些本国文化造诣深厚的人们，很容易用本国的历史与文明，来比照、来解释西方的事物、制度和精神；说明了不能以西方政治学概念来解读、来标志康、梁的思想，必须从他们本人的思想逻辑中去理解。在戊戌变法时期，康、梁的政治思想不是西方或日本式的"改良主义"，其政治目标也不是西方或日本式的"君主立宪"国家。

---

[1] 蔡尚思导读，柳诒徵：《中国文化史》，上海古籍出版社，2001年，上册，第100、155、229—231页。"天降下民"一段，出于《尚书·泰誓》，属《古文尚书》，柳诒徵转引孟子所言，见《孟子·梁惠王》。

由此而进入到更深的一个层面。若要明确戊戌变法的主要倡导人康有为、梁启超的政治企图，不仅要看其主要政治宣言和诸如"议会"之类的大设计，还须考察其变法的具体内容，即全部政策设计，也就是所谓"我欲载之空言，不如见之于行事之深切著明也"。[1]

戊戌变法之前，康有为共四次上书，其中光绪二十一年三次上书，内容包罗万象；梁启超有着诸多著述。变法期间，康、梁所拟的上书、所呈的著述、代拟的奏折，数量甚多，内容庞杂。这又是一个"兜底翻"。真要将这些大枝大节和细细碎碎一一都说清楚，自有其必要，而对读者乃至作者来说，却是十分枯燥乏味的。本编的议题变得琐碎，文字也因此变得冗长。

如果从康有为、梁启超戊戌变法期间政策设计来看，可以说是完全西方式的。恰是这种外形西方式的政策设计，却暴露出他们的西方知识的不足。关于科举、学校、删减《则例》，原本是他们最熟悉之处，清廷予以采纳；关于设立政府经济部门、专利法等项，他们虽有心得，清廷交给了职业官僚；至于财政与外交，他们是全无知识，却充满着自信，清廷全无采纳。也就是说，尽管康、梁力图以西方的样式来改造中国，但他们并不具有相应的知识与能力，他们所认识的西方与日本，与真实的西方与日本有着相当大的差距。由此来看，康、梁是优秀的变法倡导者，却不是合适的新政策略家。

如果从康有为、梁启超戊戌变法时期政策设计来看，比起光绪二十一年康有为天马行空般的三次上书，已是比较具体的。然而，即便是比较具体者，仍经常不显具有操作可行性。其中最为明显的是译书一事，康、梁自以为强项，但获准之后却一无成就；从当时严复等人的译书情况来看，从梁启超到日本后学习西方知识的实情来看，他们大大低估了此中的难度。他们是书生，全无从政经验，这使得他们可以不受清政府惯常行为的束缚而大胆建言。然而，改革不同于革命，所有的一切，须得在体制内进行，须得到体制内主要政治派系和当政者的支持。康、梁只看到了体制上的弊端，看不清体制上的突破口，更看不到体制上的

---

[1] 见《太史公自序》。又，司马贞《索隐》："案：孔子之言见《春秋纬》，太史公引之以成说也。空言谓褒贬是非也。"(《史记》，中华书局，第10册，第3297—3298页)

转折点，不能不说是重要的缺憾。庚子事变后，清朝开始推行新政，许多举措与康、梁的政策设计相同，有些甚至还超过之；我们可以说是庚子之后国内外政治环境与决策条件发生了巨大的变化，但也可以看出旧体制是可以改变的——其中的关键，是时机、节奏与相对可行的实施方案。

甲午战败之后，李鸿章留京任总理衙门大臣，基本被闲置。百日维新期间，他写信给其子李经方，称言：

> 朝廷锐意振兴，讲求变法，近日明诏多由康有为、梁启超等怂恿而出，但法非人不行，因循衰惫者，岂有任事之才，不过敷衍门面而已。

> 学堂之事，上意甚为注重，闻每日与枢廷讨论者，多学堂、工商等事，惜瘦驽庸懦辈不足赞襄，致康有为辈窃东、西洋皮毛，言听计从。近来诏书皆康党条陈，借以敷衍耳目，究之无一事能实做者。[1]

由于写信给其子，所言皆是真心。李是变法的支持者，但对康、梁不看好，对清政府职能部门更不看好。其所称"窃东、西洋皮毛"，还是指已经获得清廷批准的改科举、设立政府经济部门、学堂、专利法诸事，属康、梁建策中比较成熟者，尚未涉及财政与外交（李此时为总理衙门大臣，非为军机大臣，还不能看到康、梁所拟的全部条陈与奏折）；其所称"法非人不行"，更是指责相关部门"因循衰惫""敷衍门面"。

戊戌政变之后，梁启超流亡日本，对整个变法过程有过许多思考。光绪二十七年（1901），他著《南海康先生传》，称言：

---

[1] 《致李经方》，光绪二十四年五月二十八日、六月二十九日，《李鸿章全集》，安徽教育出版社，2008年，第36册，第184、188页。李鸿章在总体上是支持变法的。孙宝瑄（李鸿章之兄李瀚章的女婿）光绪二十五年十二月十二日记称：李鸿章示"吾亦康党也。濒陛辞时，欲为数十年而不能，彼竟能之，吾深愧焉……比召对，太后以弹章示之曰：有人谗尔为康党。合肥（李鸿章）曰：臣实是康党，废立之事，臣不与闻，六部诚可废，若旧法能富强，中国之强久矣，何待今日。主张变法者即指为康党，臣无可逃，实是康党。太后默然……有人劾余为康党，余曰：合肥在都逢人辄语云：康有为吾不如也"。（转引自《梁启超年谱长编》，第197—198页）

康南海果如何之人物乎？吾以为谓之政治家，不如谓之教育家；谓之实行者，不如谓之理想者。一言蔽之，则先生者，先时之人物也，如鸡之鸣，先于群动，如长庚之出，先于群星。故人多不闻之，不见之。且其性质，亦有实不宜于现时者乎，以故动辄得咎，举国皆敌。无他，出世太早而已。

　　大刀阔斧开辟事业，此先生所最长也。其所为之事，至今未有一成者，然常开人之所不敢开。每做一事，能为后人生出许多事。无论为原动力，为反动力，要使之由静而之动者，先生也。先生者，实最冒险、最好动之人也。尝有甲乙二人，论戊戌维新之事。乙曰：康有为亦寻常人耳，其所建白，吾皆能知之，能行之。甲曰：然则君何为不为？乙曰：难也。甲曰：知其难而为之，此康有为所以为康有为也。可谓知言。[1]

梁作此文时，有点谢本师之味道，此后在思想与学术上，与其师愈行愈远。他以赞美之词，委婉道出了其师之不足：康不是性格完美的人，也不是知识充分的人。他能造就形势，但不能最终决定形势。从戊戌变法期间康的诸多具体政策设计中，可以看出，他的政治改革蓝图是粗略的、不完备的；相较于已经走向极端的"新学伪经说""孔子改制说""大同三世说"的学术思想，有着更多的缺陷。即梁所言"谓之政治家"，"不如谓之理想者"。康不是一个能将中国政治带上轨道的人。

　　从世界各国的改革历史来看，在改革之初，方向不明，举措失当是常见之事。世界上所有的改革最后能走向胜利，中间必然经历过多次挫折。由此来看，戊戌变法若能继续走下去，康有为、梁启超等人很可能只是过场性的人物，很可能会出现新的领袖和主导人，历经磨难，找到能够达到目标的通途。这只是一种推测。然就已经发生的事实而言**戊戌变法的性质**，我以为，"**戊戌变法是一个以西方化为方向、以强国为目标的改革运动**"，尽管康、梁对"西方化"、对"强国"有着非同寻常的自我理解。由于变法中途夭折，路还没有走完，很难判断其可能的结果。当然，若称其为"以西方化为方向、以强国为目标的改革运动"，除了本

---

[1] 《南海康先生传》，《清议报》第100册，中华书局影印本，第6册，第6339—6340页。

编已分析的康有为、梁启超政治思想与政策设计外,还应具体分析光绪帝与清政府的决策。这又是另一篇文章的主题了。

戊戌变法无疑是中国近代历史上的伟大事件,充满着希望,结果被慈禧太后粗暴中止。这一悲剧性的结果,使得一百多年来诸多人士为之扼腕,诉说着悲怆的感慨之词——对康有为、梁启超等人的赞美或对慈禧太后等人的批判。然而,我以为,对于历史学家与社会科学家来说,更为重要的职责,却是总结其中的经验教训。本编之写作试图践行之,然直至作此结语时,我犹然感到仍是未竟的任务。

下编

第一章　论戊戌时期梁启超的民主思想

戊戌变法时期梁启超的民主思想，已经有了一些有分量的著述，所使用的主要文献也大体相同，即发表在《时务报》上的《古议院考》《论君政民政相嬗之理》，发表在《湘学报》上的《湖南应办之事》，以及光绪二十三年（1897）梁启超致严复的信件。这些著述大体得出几乎相同的结论，即梁启超在戊戌变法时期有民主思想，但他不急于开议会，而是先开民智。[1]对于这个结论，我是同意的。我与各位研究先进的主要区别是，梁启超究竟有着什么样的"民主"思想？为了说清楚梁启超民主思想的具体内容和开民智的方向，除了梁的以上文献外，我还增加一种，即《湖南时务学堂初集》。

我之所以对戊戌时期梁启超民主思想感兴趣，还有一个用意，就是可以折射出同时期康有为的民主思想。康此时关于民主的言说并不多，主要的著述仍是"孔子改制说"，其"大同三世说"的学说虽然已有相当

---

[1] 张朋园：《梁启超与清季革命》，台北中研院近代史研究所专刊之十一，1964年，第1、2章；熊月之：《论戊戌时期梁启超的民权思想——兼论梁启超与康有为思想的歧异》，《苏州大学学报》（哲学社会科学版）1984年第3期；刘振岚：《论戊戌时期梁启超的民权民智思想》，《北京师范学院学报》（社会科学版），1990年第3期；陈始强：《"兴民权""广民智""育人才"——戊戌变法期间梁启超民权思想初探》，《贵州教育学院学报》（社科版）1994年第1期；龚郭清：《论戊戌变法时期梁启超政治思想两大基本倾向》，《浙江师范大学学报》（社会科学版）1999年第5期。其中张朋园强调梁启超此期思想深受康有为"大同三世说"的影响，是值得重视的论点。

多的积累,也大体已具体系,但毕竟还没有集中阐述,只是向梁启超等人私下传授过。由梁渡康,康、梁合论,可以更为精准地理解戊戌变法时期康有为、梁启超的政治思想,并能对那次改革运动的性质做出更为恰当的判断。

还须说明的是,我这里使用的"民主"概念,是西方近代思想中的"民主"(democracy),大体相当于梁启超等人所称的"民权";而康有为、梁启超当时所言"民主",与"君主"相对立,指民选的统治者,即"总统"之意。

一、《古议院考》及其思想资料的辨识

光绪二十二年十月初一日(1896年11月5日),梁启超在《时务报》第10册上发表《古议院考》。梁开篇即称:"问泰西各国何以强?曰:议院哉,议院哉!问议院之立,其意何在?曰:君权与民权合,则情易通;议法与行法分,则事易就。二者斯强矣。"梁在充分肯定了议会在西方走向强国进程中的决定意义后,笔锋一转,称中国古代亦有议会之意:

> ……议院之名,古虽无之,若其意,则在昔哲王所恃以均天下也。其在《易》曰:"上下交,泰。上下不交,否。"其在《书》曰:"询谋佥同",又曰:"谋及卿士,谋及庶人。"其在《周官》曰:"询事之朝,小司寇掌其政,以致万人而询焉。一曰询国危,二曰询国迁,三曰询立君。以众辅志而蔽谋。"其在《记》曰:"与国人交止于信。"又曰:"民之所好,好之;民之所恶,恶之,此之谓民之父母。""好民之所恶,恶民之所好,是谓拂人之性,灾必逮乎身。"其在《孟子》曰:"国人皆曰贤,然后察之;国人皆曰不可,然后察之;国人皆曰可杀,然后杀之。"《洪范》之卿士,《孟子》之诸大夫,上议院也;《洪范》之庶人,《孟子》之国人,下议院也。苟不由此,何以能询?苟不由此,何以能交?苟不由此,何以能见

民之所好恶？故虽无议院之名，而有其实也。

除了有议院之"意"外，梁又指出，汉代还有与议会相似的制度：

> 汉制议员之职有三：一曰谏大夫，二曰博士，三曰议郎。《通典》云："谏大夫掌议论，无常员，多至数十人。"《汉旧仪》云："博士，国有疑事则承问，有大事则与中二千石会议。"中世以后，博士多加给事中，入中朝，备顾问，称为腹心，上所折中定疑。《汉官解诂》云："议郎不属署，不直事，国有大政、大狱、大礼，则与中二千石、博士会议。"夫曰多至数十人，则其数与西国同；曰"不属署，不直事"，则其职与西国同；国有大事，乃承问会议，则其开院之例与西国同；或制书征，或大臣举，则其举人之例，亦与西国略同。虽法之精密有未逮，而规模条理，亦略具矣。

梁又进一步地推导出，汉代的这种制度，秦代有，秦代之前也有，"盖必于三代明王遗制，有所受之矣"：

> 滕文公欲行三年之丧，而父兄百官皆不悦，此上议院之公案也。周厉无道，国人流之于彘，此下议院之公案也。郑人游于乡校，以议执政，子产弗禁。汉昭帝始元六年，诏公卿问贤良、文学民所疾苦，遂以盐铁事相争议，辩论数万言，其后卒以此罢盐铁。是虽非国家特设之议员，而亦阴许其权也。

除此之外，梁还举出了一些小的事例以证之。[1]梁同时期在《时务报》上发表的其他文章，对这一思想也有简短的叙述。[2]

---

[1]《古议院考》，《时务报》第10册，光绪二十二年十月初一日，中华书局影印本，第1册，第626—628页。

[2] 在《古议院考》发表之前，梁启超已有两文论及于此：一、梁在《论不变法之害·变法通议一》中称言："谋及卿士、谋及庶人，国疑则询、国迁则询，议郎、博士非西官也（汉制博士与议郎、议大夫同主论议，国有大事则承问，即今西人议院之意）。"（《时务报》第2册，光绪二十二年七月十一日，中华书局影印本，第1册，第75页）（转下页）

然而，梁启超《古议院考》的基本思想，来源于康有为。光绪十四年，康有为作《论时务》一文，称言：

> ……或曰：议院于今诚宜行矣，如于古无征何？诘之曰：《洪范》言"谋及卿士"者，上议院也；"谋及庶人"者，下议院也。盘庚进众于庭，吕郤宁武入民而誓，大司徒之询国危、询国安、询国迁是也。[1]

光绪二十一年，康有为作《上清帝第二书》（即"联省公车上书"）《上清帝第三书》，有"通下情而合其力"一条，称言：

> ……夫先王之治天下，无不与民共之。《洪范》之大疑大事，谋及庶人为大同。《孟子》称进贤、杀人，待于国人之皆可。盘庚则命众至庭，文王则与国人交。《尚书》之四目四聪，皆由辟门。《周礼》之询谋询迁，皆合大众。[2]

值得注意的是，康将古代议会的职责解释为"通下情"。梁在《古议院考》中充分发挥了康的思想，所引用的中国经典也更为详尽，可以当作康说的详细注解。

从今天的知识来看，西方近代议会的思想与制度，与中国古代经典、史籍中所言的概念，是不相通的，各为一体；与汉代"谏大夫""博士""议郎"的性质，也大不相同。我们可以一一检视梁启超所引用的思想资料。需要说明的是，梁所引用的思想资料，其中有四条康有为已

（接上页）二、梁在《论中国积弱由于防弊》中又提及："古者国有大事，谋及庶人。汉世亦有议郎、议大夫、博士议曹。不属事，不直事，以下士而议国政。（余别有《古议院考》）所以通下情，固邦本。"（《时务报》第9册，光绪二十二年九月二十一日，同上书，第553页）大约在《古议院考》发表的同时，梁亦出版《西学书目表》，在该书《后序》中称："……国人皆曰贤，国人皆曰不可，议院之制成矣。"（《饮冰室合集》，中华书局版，第1册，文集之一，第127页）

[1]《万木草堂遗稿外编》，上册，第350—351页。
[2]《康有为变法奏章辑考》，第39、66—67页。

经引用,即《尚书·洪范》《孟子·梁惠王》《礼记·大学》《周礼·秋官·小司寇》,我在上编的相关章节中也已注明,此处简略处理:[1]

一、"上下交,泰。上下不交,否"一句,分见于《易·泰卦》"上下交而志同也"和《易·否卦》"上下不交而天下无邦也"。原文只是强调上下之间交流的重要性。这一条康有为后来在《日本变政考》的按语中亦引用。

二、"询谋佥同"一句,见于《尚书·大禹谟》:"朕志先定,询谋佥同,鬼神其依。"原文强调了政治决策时的三个因素,即君王、臣下与卜筮,"询谋"也只是君王征询臣下的意见。且《大禹谟》一篇属梅赜《古文尚书》,对于强调"新学伪经"学说的康、梁来说,明显属于实用主义的态度。

三、"谋及卿士,谋及庶人"一句,见于《尚书·洪范》。原文强调了五个因素,即"汝"(君王)、卿士、庶人、龟、筮;在做出政治决策时,要以五个因素的从、逆来判断吉、凶。以此而称卿士为"上议院"、称庶民为"下议院",梁属断章取义。康有为前已引用此典。

四、"询事之朝,小司寇掌其政,以致万人而询焉。一曰询国危,二曰询国迁,三曰询立君。以众辅志而蔽谋"一句,见《周礼·秋官·小司寇》,文字稍有异。原文之意是小司寇在朝中乃至民间征询各位的意见,且《周礼》亦是古文经。康有为引用此典时,将"小司寇"误为"大司徒",且避讳"询立君",改称"询国安"。

五、"与国人交,止于信"一句,见于《礼记·大学》。原文所讲的是君"仁"、臣"敬"、子"孝"、父"慈"、交"信"五个概念,都是儒家治国的要义,梁此处仍属断章取义。康有为亦引用此典,文辞更为简略,仅称"文王则与国人交"。

六、"民之所好,好之;民之所恶,恶之,此之谓民之父母","好民之所恶,恶民之所好,是谓拂人之性,灾必逮乎身"两句,亦见于《礼记·大学》,文字稍有异。[2]然原文所强调的只是君主爱民以民为本

---

[1] 参见本书上编第二节之《〈上清帝第一书〉与〈论时务〉》;第四节之"三条建策——求人才、慎左右、通下情"。
[2] 原文为:"好人之所恶,恶人之所好,是谓拂人之性,灾必逮夫身"。梁将"人"改作"民"。

的思想。

七、"国人皆曰贤,然后察之;国人皆曰不可,然后察之;国人皆曰可杀,然后杀之"一段,见于《孟子·梁惠王下》,是孟子对齐宣王说的一段话,梁有所省文。然原文所强调的是君主为了不至于用错人,在晋升、罢免、惩杀诸方面,要征询"左右""诸大夫""国人"三个方面的意见,特别是"国人"的意见,"然后可以为民父母"。梁省去了"左右""诸大夫"两个层次。由于孟子的这段话,当时人很熟悉,梁此处仅是省文,非为断章取义。康有为对这段话极其重视,多次引用此典,后作《〈孟子〉微》,由此而引申论说其"大同三世说"思想。

八、关于汉代的"谏大夫""博士""议郎",梁启超还有三条短注:甲、"《史记·三王世家》言:'臣谨与列侯臣婴齐、中二千石、二千石臣贺、谏大夫博士安等议'云云。又言:'臣青翟等与列侯、吏二千石、谏大夫、博士臣庆等议'云云。又言:'臣青翟、臣汤、博士臣将行等伏闻'云云。又言:'臣谨与御史大夫臣汤、中二千石、二千石、谏大夫、博士臣庆等昧死请'云云。《儒林传》言:'谨与太常臧、博士平等议'云云。盖汉世有事,无不与谏大夫、博士会议者。而博士为尤重,每一议,必列其官,且列其名。《史》《汉》中多不具征,盖博士实议员之常职也。"乙、"《史记·儒林传》:'伏生,孝文时征为博士。'"丙、"《汉书·孝成本纪》:阳朔二年,诏'丞相、御史与中二千石、二千石杂举可充博士位者'。"梁用这些事例来说明,汉代的谏大夫、博士等,其职责相当于议员;而这些材料恰好说明他们不是民选的议员,而是朝廷的命官。

九、"滕文公欲行三年之丧,而父兄百姓皆不悦"一句,见《孟子·滕文公》。滕文公派然友去问孟子,其父滕定公丧制该为何。孟子答称"三年之丧","自天子达于庶人,三代共之"。该篇接着称:

> 然友反命,定为三年之丧。父兄百官皆不欲,曰:吾宗国鲁先君莫之行,吾先君亦莫之行也,至于子之身而反之,不可。且《志》曰:丧祭从先祖。曰:吾有所受之也。

滕文公由此再派然友去问孟子,孟子坚持己见,并称:"上有好者,下必有甚焉者矣。君子之德，风也，小人之德，草也。草尚之风，必偃。"滕文公由此坚持三年之丧，最终得到了"百官族人"的认可，"谓曰知"。以上的故事，说的是滕国官员反对实行"新"的"丧制"，最后在德风之下草偃，似与上议院的制度有着很大的区别。

十、"周厉无道，国人流之于彘"一句，见《国语·周语》。其称：周厉王暴虐，国人谤之，周厉王杀人以止谤，大臣邵公劝言"防民之口，甚于防川，川壅而溃，伤人必多"，要求疏导，并行善政。"王不听，于是国莫敢出言。三年，乃流王于彘。"从周厉王杀人止谤、"国莫敢出言"来看，似与下议院的性质根本不同；至于三年后"流王于彘"，当属朝中贵族举行的政治革命。

十一、"郑人游于乡校，以议执政"一句，见《春秋左氏传·襄公三十一年》。其称：郑人在乡校中议论政治，大夫然明提议拆毁，子产不同意，表示"其所善者，吾则行之，其所恶者，吾亦改之，是吾师也"，并提出"大决所犯，伤人必多"，"不如小决使道"的因势利导的方法。"乡校"只是一个民间议论诸事（包括政治）的场所。《左传》亦属古文经。

十二、"诏公卿问贤良、文学民所疾苦"一段，指汉朝历史中关于盐铁官营的大讨论，史籍中关于此次讨论的著述颇多。"贤良""文学"是汉代察举产生的人才，到朝廷面试后授职。此时大将军霍光召之询问，以能了解民情。

以上十二条，其中康有为引用为四条，汉代的"议郎"，康虽未直接说明，但在多处行文中已有此意，其他则是梁的加增。而康引用的"盘庚进众于庭""四目四聪，皆由辟门"两条，梁没有引用，很可能是认为过于牵强。

以上梁启超（包括康有为）用来证明中国古代有"议院"的思想资料，我个人以为，似不能证实其说。我们不能由此怀疑梁启超（包括康有为）史料阅读与理解能力，也不能由此证明梁启超（包括康有为）对中国古代历史存在着知识错误——他们在这些方面的能力与知识远超于今人，在当时也是很高的；然我们却可以由此折射地得出另一个结论——梁启超（包括康有为）对西方近代议会制度有很大的误解，才会做出如此不恰当的比附；尽管我们还可以怀疑梁（康）为其宣传之需要而有意曲史。而这里提到的"误解"和"曲史",后文会有说明。

尽管梁启超在《古议院考》中称赞了泰西各国的议会,称赞了中国古代类似议会的政治思想与制度,但对此时是否要设议会,却采取了否定的态度。他称言:

> 问今日欲强中国,宜莫亟于复议院? 曰: 未也。凡国必风气已开,文学已盛,民智已成,乃可设议院。今日而开议院,取乱之道也。故强国以议院为本,议院以学校为本。[1]

这种先设学校、后立议会的政治设计,虽由梁启超提出,也应视为康有为的策略。军机章京陈炽之前也提出过相近的建议。[2] 康此时所办的"万木草堂",已有相当大的规模,并两次去广西讲学。梁此期在《时务报》上发表的最重要的政论著作《变法通议》,已经完成的部分大多关于学校,努力宣传学校于变法之功用;此后又往湖南长沙,主持时务学堂。而到了戊戌变法期间,光绪二十四年五月,康有为第二次进呈《日本变政考》,作按语,言及学校与议会之关系,称言:

> ……其民智愈开者,则其国势愈强,英、美各国是矣。民智之始何基乎? 基于学校。民智之成何验乎? 验于议会。夫学校与议会,相联络、相终始者也。故学校未成,智识未开,遽兴议会者,取乱之道也。学校既成,智识既开,而犹禁议会者,害治之势也。夫议

---

[1]《古议院考》,《时务报》第10册,中华书局影印本,第1册,第628页。
[2] 光绪二十一年五月初六日(1895年5月29日),甲午战争刚刚结束,军机章京陈炽上条陈给光绪帝,提出十项变法建策。其第十项为:"十曰议院。泰西议院之制,以英为最优: 有上议院,国家爵命之官也;有下议院,民间公举之绅也。每举一事,下院议之,上院酌之,而君主行之。国用偶亏,只须询谋金同,亿万金钱。一呼可集;政归公论,人有定评;上下相准,永永不敝,所谓合亿万人为一心也。惟兹事体大,须俟十年之后,学校大成,然后开院仿行,以立万世无疆之业。"(转引自孔祥吉:《晚清政治改革家的困境: 陈炽〈上清帝万言书〉的发现及其意义》,《晚清史探微》,第132页)从某种意义上说,梁启超的这一策略与陈炽亦相同;而陈炽在光绪二十一年与梁启超走得很近,其思想对梁亦可能有所影响。又,陈炽上条陈的时间,与康的《上清帝第三书》大体相同。再又,陈炽此期致康有为信,见《万木草堂遗稿外编》,下册,第844页。

会之终不能禁,犹学校之必不能废也。[1]

二、《论君政民政相嬗之理》: "大同三世说"中的"民主"

当梁启超在《时务报》上宣传其"古议院"的思想时,收到严复来信,对其进行了批评。严复原信虽未见,但从梁启超的回信中,可知其大体内容。回信写于光绪二十三年(1897)三四月间,梁称言:

> ……《古议院考》,乃数年前读史时偶有札记,游戏之作,彼时归粤,倚装匆匆,不能作文,故以此塞责。实则启超生平最恶人引中国古事以证西政,谓彼之所长,皆我所有,此实吾国虚愸之结习,初不欲蹈之,然在报中为中等人说法,又往往自不免,得先生此论以权为断,因证中国历古之无是物,益自知其说之讹谬矣。

梁根据严的批评,对其"古议院"的思想进行了检讨;然也在此信中,梁反驳了严复的西方有议会传统的看法:

> 然又有疑者,先生谓黄种之所以衰,虽千因万缘,皆可归狱于君主。此诚悬之日月不刊之言矣。顾以为中国历古无民主,而西国有之,启超颇不谓然。西史谓民主之局,起于希腊、罗马,启超以为彼之世非民主也。若以为彼为民主也,则吾中国古时亦可谓有民主也。《春秋》之言治也,有三世,曰据乱,曰升平,曰太平。启超常谓:据乱之世,则多君为政;升平之世,则一君为政;太平之世,则民为政。凡世界必由据乱而升平而太平,故其政也,必先多君而一君而无君。

梁启超认为,历史的发展是按照"据乱""太平""升平"三世相替的逻

---

[1]《康有为日本变政考》,紫禁城出版社影印本,卷七,第38页。

辑而进行的。"据乱世"的特征是"多君";而"多君世"又分为两种:封建或世卿。"以启超所闻,希腊、罗马昔有之议政院,则皆王族世爵主其事",属于世卿的"多君制",相当于中国春秋时期的贵族政治——"鲁之三桓,晋之六卿,郑之七穆,楚之屈、景","去民主尚隔两层",即还须经过"升平世"("一君世"),方可达到"太平世"(民主)。最需注意的是,梁启超反驳严复的论据,不是西方历史的本身,也不是西方政治学对其历史的分析,而是康有为"大同三世说"的理论。以理论来否定事实,是真理在胸的表现。梁还宣称,三世之进替,实为不可逆,中国与西方在"民权"上只会有时间先后的差异而不会有性质的差异:

……既有民权以后,不应改有君权,故民主之局,乃地球万国古来所未有,不独中国也。西人百年以来,民气大伸,遂而浡兴。中国苟自今日昌明斯义,则数十年其强亦与西国同,在此百年内进于文明耳。故就今日视之,则泰西与支那,诚有天渊之异,其实只有先后,并无低昂;而此先后之差,自地球视之,犹旦暮也。地球既入文明之运,则蒸蒸相逼,不得不变,不特中国民权之说即当大行,即各地土番野猺亦当丕变。其不变者即渐灭以至于尽,此又不易之理也。

梁的这段话,说的仍是"大同三世说"的历史必然性,说明中国与泰西"只有先后,并无低昂"。在这封信中,梁启超也明确说到民主制度此时在中国尚不可行:"譬犹民主,固救时之善图也,然今日民义未讲,则无宁先藉君权以转移之。"[1]

很可能因此事之激动,梁启超将回信的内容作进一步的阐发,撰文《论君政民政相嬗之理》,发表于光绪二十三年九月十一日(1897年10

---

[1] 《与严幼陵先生书》,《饮冰室合集》,中华书局版,第1册,文集之一,第106—111页。该信在《文集》目录中称"光绪二十二年",误。梁启超在信中自称:"二月间读赐书二十一纸";梁又在光绪二十三年三月三日给康有为的信中称:"严幼陵有书来,相规甚至,其所规者,皆启超所知也。然此人之学实精深,彼书中言,有感动超之脑气筋者……"(《梁启超年谱长编》,第77页)由此可知,该信似属光绪二十三年三四月间所写。

月6日）出版的《时务报》第41册上。[1]该文开头即直接、明确地阐述了康有为的"大同三世说"：

> 博矣哉！《春秋》张三世之义也。治天下者有三世：一曰多君为政之世，二曰一君为政之世，三曰民为政之世。多君世之别又有二：一曰酋长之世，二曰封建及世卿之世。一君世之别又有二：一曰君主之世，二曰君民共主之世。民政世之别亦有二：一曰有总统之世，二曰无总统之世。多君者，据乱世之政也；一君者，升平世之政也；民者，太平世之政也。此三世六别者，与地球始有人类以来之年限有相关之理。未及其世，不能躐之；既及其世，不能阏之。

这是康有为"大同三世说"在报刊上第一次公开完整的表述。[2]梁在批判了多君世的罪恶后，称从多君世转为一君世是孔子的贡献：

> 孔子作《春秋》，将以救民也，故立为"大一统""讥世卿"二义。此二者，所以变多君而为一君也。变多君而为一君，谓之"小康"。

---

[1] 梁启超之所以写作此文，很可能与王修植的信有关。王修植给汪康年的信中称："卓如近复何往？前者又陵先生贻书相规，此亦吾党切磋之意，不可久不报。弟谓吾党建一业、白一议，但当论是非，不当争胜负。论是非者，文明之事；争胜负者，土蛮之习也。"（上海图书馆：《汪康年师友书札》，第1册，上海古籍出版社，1986年，第78页）此信汪康年必定会示之于梁。从言辞来看，王修植此信的内容，似受严复所托。梁对"不可久不报"一语，很可能不满，不仅复一信"切磋"，更是在报刊上"论是非"了。

[2] 在此之前，梁启超在《变法通议·论学校一·总论》(《时务报》第5册，光绪二十二年八月十一日)、《论中国宜讲求法律之学》(《时务报》第5册)、《史记·货殖列传今义》(《时务报》第35册，光绪二十三年七月十一日出版）诸文中，提及"《春秋》三世之义""孔子三世之大义"，然言说甚简，没有政治学意义上的具体展开。梁又在《〈说群〉自序》(《时务报》第26册，光绪二十三年四月十一日)、《〈春秋中国夷狄辨〉序》(《时务报》第36册，同年七月二十一日)、《〈新学伪经考〉叙》(《知新报》第32册，同年九月初一日）较多地谈到"大同三世说"，仍未能直言畅言。相关的叙述与分析，可参见本书上编第三节"大同三世说"；亦可参见张朋园：《梁启超与清季革命》，第12—17页。

梁由此而论，"吾中国二千年免于多君之害，抑已多矣，皆食素王之赐也"；而美国、德国、意大利、日本等国还未从多君世转入一君世，"以相争之不暇，自斫其元气"，梁又为之叹息："惜乎诸国用《春秋》之义太晚，百年前之糜烂，良可哀也。"梁在该文中还正面叙述了他与严复对西方民主传统观念的差别，委婉地承认其在《古议院考》中的错误：

> 周厉无道，见流于彘，而共和执政；滕文公欲行三年之丧，而父兄百官皆不悦，此实上议院之制也，不得谓之民政。若谓此为民政也，则我朝天聪、崇德间，八贝勒并坐议政，亦宁可谓之民政也？……今谓当中土多君之世，而国已有民政，既有民政，而旋复退为君政，此于公理不顺，明于几何之学者，必能辨之。

此处的"周厉流彘"，梁已不称"下议院"。此处的"上议院之制"，依旧是"世卿"式的"多君世"。此处的"中土多君之世"，指梁在《古议院考》中所引用的中国早期经典的时期，即"封建及世卿之世"，是不存在"民政"（民主）的。此处的"公理""几何之学者"，可见于康有为的早期著作《实理公法全书》中的思维逻辑，又可见梁的论述依据。梁还在该文中承认自己不识西方文字，"未克读西籍"，西史知识"甚浅"，然"据虚理比例"（康有为的"大同三世说"），便认定严复的"天演""胚胎"论不能成立。梁指出，"三世"是各国必经之路，中西并无区别，并不以其是否有"胚胎"而致道路之不同：

> ……凡由多君之政而入民政者，其间必经一君之政，乃始克达。所异者，西人则多君之运长，一君之运短；中国则多君之运短，一君之运长（原注：此专就三千年内言之）。至其自今以往，同归民政，所谓及其成功一也。此犹佛法之有顿有渐，而同一法门。若夫吾中土奉一君之制，而使二千年来杀机寡于西国者，则小康之功德无算也。此孔子立三世之微意也。

一君之政即为"小康"（梁在该文中多次提及），中国的前途与"西人"一样，是"同归民政"。在该文的最后，梁启超谈到了世界的前途：

问今日之美国、法国,可为太平矣乎,曰恶,恶可!今日之天下,自美、法等国言之,则可谓民政之世;自中、俄、英、日等国言,则可谓为一君之世;然合全局而言之,则仍为多君之世而已。各私其国,各私其种,各私其土,各私其物,各私其工,各私其商,各私其财。度支之额,半充养兵,举国之民,悉隶行伍。眈眈相视,龁龁相仇,龙蛇起陆,杀机方长,螳雀互寻,冤亲谁问?呜呼!五洲万国,直一大酋长之世界焉耳!《春秋》曰:"末不亦乐乎尧、舜之知君子也。"《易》曰:"见群龙无首,吉。"其殆为千百年以后之天下言之哉?〔1〕

梁启超对美国、法国的总统制(民政世)是不满足的——若从世界的眼光来看,仍是"多君之世","直一大酋长之世界焉耳"。他那指责现实的笔法——"各私其国""眈眈相视"——暗地里却描绘着那个无总统、无国家、无战争、无私产的"天下为公""不独亲其亲"的未来画面,真正的"大同"是世界性、全球性的。"末不亦乐乎尧、舜之知君子也"一句,典出于《春秋公羊传》最后一句:"末不亦乐乎尧、舜之知君子也,制《春秋》之意以俟后圣,以君子之为亦有乐此也"。梁暗暗自诩他们这个以康有为为导师的小群体是能真正解读《春秋》微言中所含"大同之意"的"后圣"。〔2〕"见群龙无首"一句,典出于《易·乾卦》:"用九,见群龙无首,吉"。梁将之解释为"大同三世说"中最高阶段——民政世(太平)之无总统之世。〔3〕用"大同三世说"思想武装起来的梁启超,

---

〔1〕《时务报》第41册,光绪二十三年九月十一日,中华书局影印本,第3册,第2771—2777页。该文在《时务报》上发表时,其中一句为"今谓当中土多君之世,而西国已有民政",多一"西"字,文意不通,《饮冰室文集》本删去"西"字;另一句"不能由君而人民","人"字不通,《饮冰室文集》本改为"入"。(《饮冰室合集》,中华书局版,第1册,文集之二,第10页)此处据《饮冰室文集》本删改。又,此时的梁启超与康有为皆不赞同严复的"天演论",相关的叙述与分析,可参见下编第二章第一节"康有为、梁启超回拒严复"。

〔2〕梁启超对"后圣"之解读,又可参见本书下编第三章第四节"梁启超'自下'进行的思想革命"。

〔3〕《汨罗乡人〈学约〉纠误》中称:"果如若辈之附会其说,则群龙无首,真民主之国;日中为市,太阳真一地球。"(《翼教丛编》,上海书店版,第139页)此中的《学约》,指梁启超为湖南时务学堂所制订的《学约》。然该《学约》中并无"群龙无首"一句,当属梁在湖南时务学堂中有所言,且已被外传,故"汨罗乡人"闻之而批责。

于此显示出极度的自信,以极富感染力的文辞,呼唤着"大同世界"的到来。[1]

康有为此时虽大体完成了《孔子改制考》《春秋董氏学》,初步揭示其"大同三世说",说明其最终目标是"大地大同太平之治",但此时尚未刊刻。在此两书中,康对"大同三世说"的言说,是极为简略的。我曾加以检索,所有的文字加起来,也不过十数条。若不读康后来刊出的著述,若不熟悉其学理,人们很难窥其全豹,理解其真意。[2]正如康有为此时在《孔子改制考》《春秋董氏学》中所强调的那样——孔子的真实思想不在其文,而在于口传——康有为的"大同三世说"此时也不在其文,而在于万木草堂的口传之中,尤其是对得意弟子的口传之中。对此,梁启超后来说道:

> ……有为以《春秋》"三世"之义说《礼运》,谓"升平世"为"小康","太平世"为"大同"……有为虽著此书,然秘不以示人,亦从不以此义教学者,谓今方为"据乱"之世,只能言小康,不能言大同,言则陷天下于洪水猛兽。其弟子最初读此书者,惟陈千秋、梁启超,读则大乐,锐意欲宣传其一部分。有为弗善也,而亦不能

---

[1] 在此之后,梁启超在《说动》一文中提到了"民权":"……今夫压力之重,必自专任君权始矣,动力之生,必自参用民权始矣。"(《知新报》第43册,光绪二十四年正月二十一日,上海社会科学院出版社影印本,上册,第525—526页)该文提出先废除科举,然后奖励豪杰,网罗志士,产生"动力",方可有"民权"之参用。梁又在《论中国宜讲求法律之学》一文中言及"大同三世说":"今泰西诸国,非不知公之为美也,其仁人君子非不竭尽心力以求大功也,而于国与国、家与家、人与人,各私其之根原,不知所以去之,是以揆诸吾圣人大同之世,所谓至繁至公之法律,终莫得而几也。故吾愿发明西人法律之学,以文明我中国,又愿发明吾圣人法律之学,以文明我地球。"(《湘报》第5号,光绪二十四年二月十九日,中华书局影印本,上册,第33—34页)梁的一段话实际描绘了无国无家无私的"大同"世界。相关的叙述与分析,可参见本书附编第二章第三节"梁启超的意图"。

[2] 康有为在《孔子改制考》《春秋董氏学》中关于"大同三世说"的言论,参见本书上编第三节之"大同三世说"。康正式论述"大同三世说"的著作,为《〈礼运〉注》《〈孟子〉微》《〈中庸〉注》《〈春秋〉笔削微言大义考》《〈论语〉注》等,大多写作、完成于光绪二十六至二十九年(1900—1903),即康有为避居南洋槟榔屿和印度大吉岭时期;刊刻更晚,多在1913年之后。相关的叙述与分析,可参见本书下编第二章第三节"'大同三世说'与进化论"。

禁其所为,后此万木草堂学徒多言大同矣……启超创一旬刊杂志于上海,曰《时务报》。自著《变法通议》,批评秕政,而救弊之法,归于废科举、兴学校,亦时时发"民权论",但微引其绪,未敢昌言。[1]

由此可见,《论君政民政相嬗之理》诸文是梁"锐意欲宣传其(大同三世说)一部分",是康有为"弗善""亦不能禁"的,也是梁"时时发'民权论'"的表现。

尽管梁启超在给严复的信中检讨了《古议院考》的错误,尽管梁又发表《论君政民政相嬗之理》,但他并没有放弃《古议院考》中的基本逻辑与观点,依旧将之当作政治斗争的工具。他对严复所做的检讨,或可以理解为朋友间放弃争辩而做的退让姿态。戊戌变法期间,梁启超、康有为向光绪帝进呈书籍或代拟奏折,表达其政见,仍在使用《古议院考》中的基本观点和思想资料。我这里可以提供以下四项证据:

一、光绪二十四年二月初八日(1898年2月28日),御史宋伯鲁上奏由康有为代拟的《请拟议政处折》,称言:

……《书》曰:"询谋佥同。"又曰:"汝则有大疑,谋及乃心,谋及卿士,谋及庶人,谋及卜筮。"盖不虚衷则理不显,不博采则事不明也。泰西上、下议院,深得此意,其所以强耳……今拟略师泰西议院之制,仍用议政名目,设立议政处一区,与军机、军务两处并重……[2]

此中的思想资料与逻辑,与《古议院考》是相同的。

二、光绪二十四年五月初五日(1898年6月23日),光绪帝召见梁

---

[1] 《清代学术概论》,朱维铮校注:《梁启超论清学史二种》,第66—67、69页。该书梁启超写于1921年,是二十多年之后。
[2] 《康有为变法奏章辑考》,第155—156页。原折见《军机处录副·光绪朝·内政类·戊戌变法项》3/108/5615/10,中国第一历史档案馆藏。

启超，命其进呈《变法通议》。梁除将已在《时务报》上发表的《变法通议》篇章外，另将在《时务报》上发表《古议院考》等11篇政论文，打乱重编，共计七卷七册，抄录进呈。由此可见，《古议院考》一文此时在他心中的地位。还需注意的是，梁并未将《论君政民政相嬗之理》和《说动》《论中国宜讲求法律之学》三篇政论文进呈光绪帝。[1]

三、光绪二十四年五月，康有为奉光绪帝之命，再次进呈《日本变政考》。康在书中作按语，称言：

> 臣有为谨案：昔先王治天下，无不与民共之。《传》言文王与国人交；《洪范》云谋及庶人；虞廷之明目达聪，皆由辟门；《周礼》之询谋询迁，皆会大众。凡此皆民选议院之开端也。三代以下，其君日尊，其民日卑，上下不交，于《易》为否……
>
> 《书》云：谋及卿士，谋及庶人。上下局议事之义也，然既知有立法、行政二义矣。

相同的文句，按语中还有一些。[2]康、梁的思想再次显示出高度的一致性。

四、光绪二十四年七月初三日（1898年8月19日），内阁学士阔普通武上奏由康有为、梁启超代拟的《变法自强宜仿泰西设议院折》，称言：

---

[1] 关于梁启超《变法通议》进呈本的叙述与分析，参见本书附编第二章"梁启超《变法通议》进呈本阅读报告"。

[2] 《康有为日本变政考》，紫禁城出版社影印本，卷六，第12页；卷一，第36页。康有为相关的言论还有："……而日本乃以此国家大政，尽付之天下之庶人贤士，而不以一大官干预其间，岂不异哉？泰西各国略如此，然皆强矣。吾一二人谋之至重至密，然而割地失权，岌岌恐亡矣。《书》云谋及庶人，孟子称国人皆曰，盖真吾中国之经义之精也。"（同上书，卷一，第43页）"日本变法之有成，全在广集众议，博采舆论……故彼之所采者，上有侯、伯，而下及于庶、士，真有如《尚书》所谓'谋及卿士，谋及庶人'者矣。"（同上书，卷二，第3页）"《诗》称：'询于刍荛'；《书》称：'谋及卿士。谋及庶人'，'辟四门，明四目，达四聪'，皆以广听舆人之论也……日本有议院以议事，故以议院受建白之书，与众议员共决之，登日志，公评之，则下情可通，而众议皆集矣。"（同上书，卷四，第11页）"日本变法，以民选议院为大纲领。夫人主之为治，以为民耳。以民所乐举乐选者，使之议国政，治人民，其事至公，其理至顺。《孟子》进贤杀人，皆归之国人，《洪范》谋及庶人，即此义也。"（同上书，卷六，第3页）

奴才窃思欲除壅蔽，莫如仿照泰西设立议院。考议院之义，古人虽无其制，而实有其意。其在《易》曰：上下交泰，上下不交否。其在《书》曰：询谋佥同。又曰：谋及卿士，谋及庶人。其在《周官》曰：询事之朝，小司寇掌其政，以致万人而询焉。其在《孟子》曰：国人皆曰贤，然后察之；国人皆曰可杀，然后杀之。春秋时，郑人游于乡校以议执政，子产弗禁。汉昭帝始元六年，诏公卿问贤良文学民所疾苦。议员之职，有谏大夫，有博士，有议郎。由是征之，泰西风气近古，其议院之设，绰有古风也……拟请设立上下议院，无事讲求时务，有事集群会议，议妥由总理衙门代奏，外省由督抚代奏……[1]

阔普通武的奏折，虽由康、梁起草，上奏时亦有其本人的修改；但其前半部分的论述方式与证据与《古议院考》基本相同。

除此之外，康有为的弟子黎祖健、陈继俨在《知新报》上发表的政论文，也继续引证中国经典而说明议会。[2]

需要说明的是，康有为、梁启超向光绪帝陈述"泰西议院，古有其意，有其制"的思想，非是其为宣传目的而"曲史"，恰是康有为此时建构"大同三世说"的重要基石。

---

[1]《戊戌变法档案史料》，第172—173页。关于阔普通武的修改部分，可参见本书上编第五节之"'制度局'的变种与'懋勤殿'的人选"。

[2] 康有为弟子黎祖健在《说通篇》中大量引用中国经典来说明议会。(《说通篇》(三)，《知新报》第58册，光绪二十四年五月二十日，上海社会科学院出版社影印本，上册，第766—767页)相关的叙述与分析，可参见本书下编第三章第二节之"黎祖健"。康有为弟子陈继俨著文《中国不可开议院说》，称言："曰议院于古有征乎？曰有。古之人有行之者：舜之辟四门，明四目，达四聪；文王之与国人交。是也。古之人有言之者：《洪范》之谋及庶人；孟子之国人皆曰可，国人皆曰不可，国人皆曰可杀。是也。曰洵如子言，则见民之好恶，决政之得失，定国之安危。考之古制，而不为无征，行之泰西，而著有成效，议院法之善者也……人类之生也，由野蛮而文明；大地之运也，由据乱而升平。非其时也，吸之而不动，及其时也，压之而不能。不知户庭，不可以行千里。不见舆薪，不可以察秋毫，事有必至，理有必然。此其故，惟明于几何者知之。"(《知新报》第62册，光绪二十四年七月初一日，上海社会科学院出版社影印本，上册，第834—835页)陈继俨之论据，与康有为、梁启超相同，后又简要提及"大同三世说"，提及"几何"原理。

三、《湖南时务学堂初集》:"开民智"的方向

光绪二十三年(1897)十月,梁启超到湖南长沙,主持时务学堂。由此至次年二月离开长沙,共住了大约四个月。[1]对于这一段经历,梁后来多次称其在时务学堂授学时曾宣传"民权"。1921年,梁作《清代学术概论》,称言:

> 启超至,以《公羊》《孟子》教,课以札记,学生仅四十人,而李炳寰、林圭、蔡锷高才生焉。启超每日在讲堂四小时,夜则批答诸生札记,每条或至千言,往往彻夜不寐。所言皆当时一派之民权论,又多言清代故实,胪举失政,盛倡革命。其论学术,则自荀卿以下汉、唐、宋、明、清学者,掊击无完肤。[2]

1922年,作《湖南时务学堂遗编序》,称言:

> ……除堂上讲授外,最主要者,为令诸生作札记,师长则批答而指导之。发还札记时,师生相与坐论。吾侪方醉心民权革命论,日夕以此相鼓吹,札记及批语中盖屡宣其微言。[3]

---

[1] 本节的目的是分析《湖南时务学堂初集》,但湖南时务学堂本身的研究也值得重视,其中最重要的论文有:朱荫贵:《梁启超与时务学堂》,《近代史研究》1984年第3期;汤志钧:《梁启超与时务学堂》,《中华文史论丛》1987年第2—3期;丁平一:《湖南时务学堂的教育改革》,《湖南社会科学》1990年第1期;马勇:《梁启超与时务学堂再研究》,《社会科学研究》2010年第5期;《湖南时务学堂内外冲突平议》,《晋阳学刊》2011年第2期;贾小叶:《陈宝箴与戊戌年湖南时务学堂人事变动》,《人文杂志》2011年第6期;《梁启超出任湖南时务学堂总教习首荐人考》,《历史档案》2013年第3期。其中朱荫贵、汤志钧的论文已使用《湖南时务学堂遗编》。
[2] 朱维铮校注:《梁启超论清学史二种》,第69页。
[3] 该序文原刊于由熊希龄主持刊印的《湖南时务学堂遗编》,共四卷四册,其版权页称:"前清光绪戊戌年初版,中华民国十一年十二月重印。著作者:湖南时务学堂。出版者:北京香山慈幼院。总发行所:北京香山慈幼院。"该序文后收入《饮冰室合集》时,改题为《时务学堂札记残卷序》,见《饮冰室合集》,中华书局版,第4册,文集之三十七,第69页。又,《湖南时务学堂遗编》已有湖南大学出版社2017年影印本。

1926年，作《蔡松坡遗事》，称言：

> 我们的教学法有两面旗帜，一是陆王派的修养论，一是借《公羊》《孟子》发挥民权的政治论。[1]

据此，我以为，梁启超此期在时务学堂所宣传的"民权"，仍是由《公羊传》《孟子》等中国传统经典中引申出来的"大同三世说"中的"民主"，与西方近代民主思想是大相异趣的。

大约在梁启超离开长沙前后，湖南时务学堂将堂中的相关材料，合编为《湖南时务学堂初集》，共四册。其第一册为梁启超著《湖南时务学堂学约》《读〈春秋〉界说》《读〈孟子〉界说》和《答问》——收录李炳寰等30名学生的提问，由总教习梁启超、分教习韩文举、叶湘南一一做批复。其第二、三、四册为《札记》三卷，收录李炳寰等28名学生的《札记》，由总教习梁启超、分教习韩文举、叶湘南一一做批语。[2]

湖南当时是一个思想保守的省份，湖南巡抚陈宝箴为开风气，特设时务学堂；以梁启超出任总教习，是其在《时务报》上放射出的光芒，即当时万口传颂的《变法通议》。梁在该作的《论变法不知本原之害》一篇中倡言：

> 吾今为一言以蔽之曰：变法之本，在育人才；人才之兴，在开学校；学校之立，在变科举；而一切要其大成，在变官制。[3]

又在《学校总论》一篇中倡言：

---

[1] 转引自《梁启超年谱长编》，第84页。原载《晨报》，蔡松坡十年周忌纪念特刊，1926年11月8日。

[2] 《湖南时务学堂初集》，长沙戊戌刻本。从该书的内容来看，应当是由梁启超或韩文举、叶湘南所编。熊希龄1922年主持刊印的《湖南时务学堂遗编》，即是该书的重新排印本。又，梁启超撰《时务学堂功课详细章程》，其第十四节称："学生札记、问格、课卷，皆择其优者，钞存刊刻。每季刻一次，公诸天下。"（《饮冰室合集集外文》，上册，第23页）由此观之，该书当是在时务学堂年假时刊刻。

[3] 《论变法不知本原之害·变法通议二》，《时务报》第3册，光绪二十二年七月廿一日出版，中华书局影印本，第1册，第138页。

吾闻之，《春秋》三世之义，据乱世以力胜，升平世智、力互相胜，太平世以智胜……世界之运，由乱而进于平；胜败之原，由力而趋于智。故言自强于今日，以开民智为第一义。[1]

在《变法通议》中，梁启超关于学校的内容有《学校总论》《论师范》《论女学》《论幼学》《学校余论》，简单介绍了日本教育体制（小、中、大学与师范），强调首先要在各地建立小学堂与师范学堂；强调了女学的重要性，也强调儿童学习的特点。[2]从这些言论来看，梁是一位近代教育的倡导者。[3]

那么，这位近代教育的倡导者主持一所新学校又会怎么样呢？从《湖南时务学堂初集》来看，情况却大不相同。

梁启超为时务学堂制定了《学约》，共计十条：立志、养气、治身、读书、穷理、学文、乐群、摄生、经世、行教。从具体内容来看，似为更多注重学生的"精神"建设。[4]梁为学堂制定了《时务学堂功课详细章程》，规定了具体的读书内容。梁还为学堂学生撰写了两篇阅读指导的文章。其一是《读〈孟子〉界说》，共有十五义，其二是《读〈春秋〉界说》，共有十一义，皆用"孔子改制说""大同三世说"予以解读。[5]以如此偏激的学说来教育学生，与近代教育所强调的学术中立

---

[1] 《论学校一·变法通议三之一·总论》，《时务报》第5册，光绪二十二年八月十一日，中华书局影印本，第1册，第271页。

[2] 梁启超撰写《变法通议》有着极大的计划，但实际完成者，主要是学校，相关的叙述与分析，可参见本书附编第一章"梁启超《变法通议》的写作计划、发表与结集"。

[3] 梁启超主持湖南时务学堂，且是后来京师大学堂章程的起草者。他的近代教育行政知识，很可能来自《时务报》日本文翻译古城贞吉所译《日本学校制度》《日本高等师范学校章程》。（见《时务报》第51册，光绪二十四年正月二十一日，中华书局影印本，第4册，第3523页刊出广告）

[4] 《湖南时务学堂初集》，长沙戊戌刻本，第1册，《学约》，第1—7页。该学约后在《时务报》第49册（出版于光绪二十三年十二月初一日）发表，题名为《湖南时务学堂学约十章》，内容稍有变动。（《时务报》，中华书局影印本，第4册，第3319—3326页，亦见于《饮冰室合集》，中华书局版，第1册，文集之二，第23—32页）梁启超后来发表《三十自述》，对于这段经历，称言："而时务学堂，于精神教育，亦再三致意焉。"（《饮冰室合集》，中华书局版，第2册，文集十一，第18页）

[5] 《湖南时务学堂初集》，长沙戊戌刻本，第1册，《界说》，第1—20页。梁启超称《孟子》大义为："一、孔子之学至战国时有二大派，一曰孟子，二曰荀卿"；（转下页）

的态度并不吻合,而成了主义的教育——大力宣传康有为学说,尤其是"大同三世说"。

先来看《湖南时务学堂初集》中的《答问》,这是湖南时务学堂的主要学习方法,共计有30名学生提出102个问题。[1] 我举以下三个例子,来说明梁启超等人的思想观念。

学生邹代城问:

(接上页)"二、荀卿之学在传经,孟子之学在经世;《荀子》为孔门之文学科,《孟子》为孔门之政事科";"三、孟子于六经之中其所得力在《春秋》";"四、孟子于《春秋》之中,其所传为大同之义";"五、'仁义'二字为孟子一切学问宗旨";"六、保民为孟子经世宗旨";"七、孟子言'无义战'为大同之起点";"八、孟子言井田为大同纲领";"九、孟子言性善为大同之极致";"十、孟子言尧、舜,言文王,为大同之名号";"十一、孟子言王霸即大同小康之辨";"十二、距杨墨为孟子传教宗旨";"十三、不动心为孟子内学宗旨";"十四、孟子之言即孔子之言";"十五、孟子之学至今未尝一行于天下"。梁启超称《春秋》大义为:"一、《春秋》为孔子改定制度以教万世之书";"二、《春秋》为明义之书,非记事之书";"三、《春秋》本以义为主,然必托事以明义,则其义愈切著";"四、孔子因避时难,故仅借事以为记号,而大义皆传于口说";"五、既明第二至第四三条之理,则可以知《春秋》有三书:一曰未修之《春秋》,二曰记号之《春秋》,三曰口说之《春秋》";"六、先师所传口说与经别行,故著之竹帛之时间有遗漏错置";"七、《春秋》既借记号以明义,有时据事直书,恐其义不显明,故常变其辞、变其实以著其义";"八、《春秋》之例乃借以明义,义既明,则例不必泥";"九、《春秋》立三世之义,以明往古来今天地万物递变递进之理,为孔子范围万世之精意";"十、《春秋》既为改制之书,故必托王以行天子之事";"十一、《春秋》托王于鲁,非以鲁为王"。两文后刊于《中西门径书七种》(大同译书局,光绪二十三年);亦刊于《清议报》(光绪二十四年),但《读〈春秋〉界说》一文在《清议报》上未刊全,梁启超似乎正在重新考虑这些"大义"了。

[1] 《湖南时务学堂初集》(长沙戊戌刻本)《答问》,收录提问者和问题数为:李炳寰(6)(括号内为问题数,下同)、蔡艮寅(锷)(1)、左景伊(7)、周镇藩(1)、邹代城(3)、黄瑞麒(2)、李洞时(11)、曾继梧(6)、谭国馦(4)、杨树毂(3)、黄颂銮(4)、陈为镇(4)、杨士辉(2)、李渭贤(2)、周宏业(7)、唐自杰(1)、戴修礼(1)、汪燮(1)、谭学芹(1)、唐才质(4)、蔡钟沅(4)、佘世琮(1)、李泽沄(1)、方传鸾(5)、朱茂芸(2)、陈其殷(14)、黄敦彝(2)、郑宝坤(4)。又,梁启超撰《时务学堂功课详细章程》,第九节规定:"堂上设一待问匦,学生读书所有疑义,用待问格纸而纳之匦中,由院长当堂批答榜示。凡所问,必须按切古人切问、审问二义。凡其琐屑不经及夸大无当者,皆不许问。"第十节又规定:"……凡每生每日最少必须有札记或问疑共二条。苟满二条之数,即记十分;不满者,不记分;其善问者,于札记册外别记分数。"(《饮冰室合集集外文》,上册,第23页)由此可见,每个学生每天须提问是学堂的规定。

> 《界说》九，性有三义：据乱世之民，性恶；升平世，有善有恶；太平世，性善。《记》云："天命之谓性，率性之谓道。"《语》云："性相近，习相远。"则性似无恶。人之所以有善恶者，习使之然也。故孔子曰："少成若天性，习惯成自然。"窃疑，谨问。

"《界说》九"指梁启超《读〈孟子〉界说》的第九义，即"孟子言性善为大同之极致"；梁称：荀子为小康学者，言性恶；孟子为大同学者，言性善。"天命之谓性"一句，典出于《礼记·中庸》。"性相近"一句，典出于《论语·阳货》。"少年若天成"一句，典出于贾谊《治安策》(《汉书》卷四十八)。邹代城根据此三条经典，不从荀也不从孟，认为人性本初无善恶，善恶为后天所生。此一问，涉及孟子学说的根本，也牵涉"大同三世说"。梁启超批复：

> 荀子曰：人之性恶也，其善者伪也。伪字，从人从为。谓善，乃由人为也。纯任天者，必恶；纯任人者，必善。据乱世之人，纯任天；太平世之人，纯任人。此理近西人有斯宾塞尔一派极演之，实中国所旧有也。[1]

梁没有直接回答人性之本初，而是转到"纯任天"（天然、天性、本性）与"纯任人"（人为、人的奋斗、人性）的命题。在当时的词汇中"天"与"人"的概念并不那么精准，梁却用"纯任"这一极而言之的词汇来表示。梁又称严复刚介绍进来的斯宾塞尔学说（"天演论"）亦是如此证明，"此理"实际上还是"中国所旧有也"。[2]

学生周宏业问：

> 读《滕文公》篇，似滕文公亦能用孟子之言矣，然其弱削如故

---

[1] 《湖南时务学堂初集》，长沙戊戌刻本，第1册，《答问》，第11—12页。
[2] 斯宾塞尔，Herbert Spencer，今多作斯宾塞，英国思想家，将进化论糅合至其政治与社会学说之中。严复译《天演论》，亦采用其学说。严复曾将其译稿抄示给梁。相关的叙述与分析，可参见本书下编第二章第一节"康有为、梁启超回拒严复"。

也。岂"大国五年、小国七年,必为政于天下",乃如此耶?想孟子行教之人,断不言行不顾若此。请问其故安在?

"《滕文公》篇",指滕文公听从孟子的意见实行三年之丧,向孟子请教治国的方法,并派毕战向孟子问井田制;"大国五年"一句,典出于《孟子·离娄》:"师文王,大国五年,小国七年,必为政天下。"意指如果效法周文王,大国只需五年,小国只需七年,即可将其政事推及至天下。周宏业认为,滕文公既然听了孟子的话,滕国为什么还会"削弱",滕国虽是一小国,为什么没有在七年之后"为政天下"呢?周宏业对孟子的治国之经和言说一致性表示怀疑。梁启超批复:

> 问得很好。然滕文当时实未尽行孟子之言。凡任一人,举一政,必尽其所长,乃可责其成效。若仅行其一二端,则有时反以生弊而已。今日中国行西法,是也,行之无条理、无片段,而反咎西法之寡效,可乎?观毕战问井田以后,更无下文,则滕当时必未尽行孟子之言,明矣。行孟子之言者,谁乎?今日欧美诸国是也。美国远在西半球,而欧洲之民襁负归之。瑞士弹丸黑子之国,而西国凡有大政事,皆会议于此焉。所谓为政于天下者,非耶?[1]

梁强调孟子的治国之经是好的,但必须全行方可有效,指出滕国没有实行孟子的"井田"之策;然后话题一转,称美国和欧洲正在实行孟子的治国之经,美国(大国)和瑞士(小国)由此而明见成效,已经在"为政天下"了!

学生陈其殷问:

> 尝闻不能保国,亦当保种,不能保种,亦当保教;又闻欲治天下,必进据乱为小康、进小康为大同。然既言大同矣,何必保种乎?何必保教乎?窃不敢无疑焉。

---

[1]《湖南时务学堂初集》,长沙戊戌刻本,第1册,《答问》,第32页。

陈其殷提到的内容，当是梁启超等人在课堂上的宣讲。他的疑问是，既然大同是世界性的，无国家，为什么还要保种？既然大同是必定来到的，教本来就是其纲，还用得着今天来保教吗？梁启超批复：

> 吾固屡言当发明小康之义，以治今日中国之天下，发明大同之义，以治他日全地球之天下矣。然则今日安得不言保教耶？即他日大同之极轨，亦望食教主之福，尤不能不言保教也。[1]

看来梁启超在教学中已经确定"保教"（主张康学的孔教）、"保种"（中国人）、"保国"（大清）目标，并确定其顺序，回答时也只言"保教"，回避了"种"与"国"。"教主"指孔子。[2] 儒学此时更多的还是"学"非为"教"，既没有相对独立的组织和仪式，也无一定的世俗权力。梁启超在此是助其师康有为创制立教。梁后来称其在时务学堂"醉心民权革命论"，我以为，此中的"民权"是康有为的"大同三世说"，此中的"革命"是包括立教在内的思想革命。[3]

接着看《湖南时务学堂初集》中的《札记》，这是梁启超最为强调的学习方法，共收入30名学生的札记。[4] 我举以下五个例子，继续说明梁

---

[1]《湖南时务学堂初集》，长沙戊戌刻本，第1册，《答问》，第53页。
[2] 梁启超在《西学书目表·后序》中称："当知孔子之为教主。"（《饮冰室合集》，中华书局版，第1册，文集之一，第128页）
[3] 相关的叙述与分析，可参见本书下编第三章第四节"梁启超'自下'进行的思想革命"。
[4]《湖南时务学堂初集》（长沙戊戌刻本）收入的札记作者为：李炳寰、蔡艮寅（锷）、左景伊、张伯良、周镇藩、黄瑞麒、李洞时、曾继寿、谭国馪、杨树毂、成曜高、易凤翔、陈为镶、杨士辉、李渭贤、杨树达、黄颂銮、杨树藩、周宏业、唐自杰、戴修礼、汪燮、方传鸾、沈崇德、陈其殷、黄敦羴、郑宝坤、唐才质、蔡钟沅、李泽沄。由于札记的长短不一，且刊刻时有错行与移行，一时还难以精确统计每人的条数。又，梁启超撰《时务学堂功课详细章程》，其第七条规定："凡学生，每人设札记册一分，每日将专精某书某篇共几叶，涉猎某书某篇共几叶详细注明。其所读之书，有所心得，皆记于册上……"第八条规定："凡札记册，五日一缴，由院长批答发还。学生人设两册，缴此册时，即领回彼册。"第十条规定："札记册由院长评定后，按日填注分数，共分六等：最高者三分，次者二分半，次者二分，次者分半，平常者一分，劣下者半分。凡每生每日最少必须有札记或问疑共二条。苟满二条之数，即记半分；不满者，不记分；其善问者，于札记册外别记分数。"（《饮冰室合集集外文》，上册，第22—23页）由此可见梁启超对此的重视程度，学生每日记札记，五日交札记册，是学堂的规定。

启超等人的思想观念。

学生李炳寰作札记称:

> 夫仁义者,大同之道也,圣贤者,心乎大同者也。利梁一国而天下不收其利,固非孟子之心。利吾一域而八荒不被其泽,亦非师圣贤之道。今使举中国之士大夫和衷共济,匡救国难,力行仁义,发明圣教,则中国之勃兴,可立而待。然先利中国可矣,独利中国则非大同之道也。圆颅方趾黄白红棕之人,皆戴天履地者也。香、澳、台、澎之民,何罪而为奴虏?波(澜)〔兰〕、印度之人,何罪而为鱼肉?越、缅降为附庸,暹、韩贫弱不支。欲视为大同,纳之衽席,固非孔孟之徒,莫能语此。然大同之道与大同之法,究何起点,万不至束手无术,徒若耶稣之身钉十字、释氏之苦行雪山而终无益于苍生也。

"利梁一国"一语,典出于《孟子》的第一句:"孟子见梁惠王,王曰:'叟,不远千里而来,亦将有以利吾国乎?'"孟子由此讲了"利而国危"的道理,提出了著名的论断:"未有仁而遗其亲,未有义而后其君者也。王亦曰'仁义'而已矣,何必曰'利'!""天下不收其利"一语,典出于《孟子·尽心》:"墨子兼爱,摩顶放踵利天下,为之。"梁启超撰《读〈孟子〉界说》,其第五义是"'仁义'二字为孟子一切学问宗旨";其第七义是:"孟子言'无义战'为大同之起点。"[1]梁对墨子的"兼爱"思想也一直很赞赏。[2] 从札记中可见,李炳寰对"大同三世说"有着很好的理解,首开"仁义",接述"师圣贤之道",颇能融会贯通。但他初

---

〔1〕《湖南时务学堂初集》,长沙戊戌刻本,第1册,《界说》,第2页。
〔2〕 杨树达作札记云:"而孟子推杨、墨之祸,至于无父无君。韩昌黎谓:孔必须墨,墨必须孔,惜不同时也。孟子之言如此,岂不大相刺谬哉?"梁启超作批语云:"问得极好。孟子者,孔教之教徒也。以墨子非儒,故孟子不得不攻之。犹忠于本国者,有他国相攻,则不能不与之敌也。若夫墨子之兼爱、尚同,皆与孔子同义。墨子者,真天下之大仁人,与杨朱实不可同年而语。后人固不可妄攻之。"(《湖南时务学堂初集》,长沙戊戌刻本,第3册,《札记》卷二,第1页)梁后来著《子墨子学说》《墨子学案》等书,对"兼爱"有许多评述。梁在李炳寰札记批语中说:"他日则以大同之道兼救全球。"此中的"兼"字,即"兼爱"之意。

习"大同三世说",即认为中国的勃兴可以立待,心思已想到了全球,担心不通孔孟之学的各国又何能进入"大同"之界,亦不理解拯救地球的"大同之道与大同之法"又该如何着手,起点在哪里?对此,韩文举作批语云:

> 仁字有大纲,有条目,固非空言已也。试从汝身先想之,以次而推及一家一国与天下。《中庸》曰"本诸身,征诸庶民",正是此意。

"本诸身,征诸庶民"一句,其文为:"故君子之道,本诸身,征诸庶民,考诸三王而不谬,建诸天地而不悖,质诸鬼神而无疑,百世以俟圣人而不惑。"其意是君子实行的道,是绝对正确的,由自己做起来,证明给庶民看。韩文举亦从孟子的结论"仁"字出发,要求李炳寰由自身做起,再推及家国天下。(李炳寰三年后果然成仁,殉难于自立军之役)梁启超再作批语云:

> 说得极好。利梁一国而天下不收其利六语,非通乎《孟子》者不能通。故吾常言,以小康之道治一国,以大同之道治天下也。故我辈今日立志,当两义并举。目前则以小康之道先救中国,他日则以大同之道兼救全球。救全球者,仁之极也。救全球而必先从中国起点者,义也。"仁者,人也;义者,我也。"大同近于仁,小康近于义。然言大同者固不能不言义,言小康者固不能不言仁。韩先生因汝问大同条理,而以"本诸身,征诸庶民"答者,正明以义辅仁之旨。由身以推诸民,由中国以推诸地球,一也。故今日亦先从强中国下手而已。至所谓大同之道与大同之法者,五百年以内,必遍行于地球。南海先生穷思极虑,渊渊入微以思之,其条理极详,至纤至悉,大约西人今日所行者十之一二,其未行者十之八九。鄙人等侍先生数年,尚未能悉闻其说,非故秘之不告也。先生以为学者之于学也,必须穷思力索,触类旁通,自修自证,然后其所得始真。故事事皆略发其端倪,而令鄙人等熟思以对也。今鄙人与诸君言,亦如是而已,将以发心灵浚脑气,使事事皆从心得而来耳。不然,亦何必吞吐其辞乎?诸君幸勿误会此意。若欲有所凭借,以为思索

之基，先读西人富国学之书及《佐治刍言》等，以略增见地，再将《礼运》"大道之行也"一节熟读精思，一字不放过，亦可略得其概。至所云起点之处，则西人之息兵会等，亦其一端也。[1]

梁启超仍是从"仁义"出发，谈到了大同小康。他没有直接回答问题，只是宣称康有为对"救全球"的大同道、法，已经"穷思极虑""条理极详"，并宣称"五百年以内，必遍行于地球"。西方各国目前对康有为所思之条理，已实行者仅一二，未实行者有八九。梁要求李炳寰通过自修来自证。"富国学之书"，大约是指《富国策》，Manual of Political Economy，英国古典经济学家法思德（Henry Fawcett，1833—1884）著，同文馆汪凤藻译。《佐治刍言》，英文书名简称 Political Economy，英国传教士傅兰雅（John Fryer）、应祖锡译。两书皆是政治经济学著作。[2] 梁让李炳寰以此为基础，再"熟读精思"《礼运篇》中"大同"一段：

大道之行也，天下为公，选贤与能，讲信修睦。故人不独亲其

---

[1] 《湖南时务学堂初集》，长沙戊戌刻本，第2册，《札记》卷一，第2—3页。"暹"，暹罗，今泰国。"仁者人也，义者我也"，见之于董仲舒：《春秋繁露·仁义法第二十九》。

[2] 《富国策》是当时英国重要的学术著作。梁启超评价称："同文馆所译《富国策》，与税务司所译《富国养民策》，或言本属一书，译笔皆劣，而精义甚多。"（《读西学书法》，《饮冰室合集集外文》，下册，第1166页）《佐治刍言》，Chambers's Educational Course: Political Economy for Use in Schools, and for Private Instruction，又简称 Political Economy。该书是英国中等辅助教材。梁启超对此评价称："《佐治刍言》，言立国之理，及人所当为之事。凡国与国相处，人与人相处之道，悉备焉。"（同上书，第1165页）相关的研究，可参阅熊月之：《西学东渐与晚清社会》，上海人民出版社，1994年，第319—320、517—519页；张登德：《〈富国策〉与西方经济学在中国的传播》，《山东师范大学学报》（人文社科版）2008年第4期；梁台根：《近代西方知识在东亚的传播及其共同文本之探索：以〈佐治刍言〉为例》，《汉学研究》（台北）第24卷第2期（2006年12月）；傅德元：《丁韪良与近代中西文化交流》，台湾大学出版中心，2013年，第441—462页；森时彦：《清末吸纳经济学（political economy）路径考——以梁启超为中心》，狭间直树等主编：《近代东亚翻译概念的发生与传播》，社会科学文献出版社，2015年，第270—282页。森时彦指出，《佐治刍言》的作者是伯顿（John Hill Burton，1809—1881）。又，上海书店出版社2002年出版《佐治刍言》的校点版，由叶斌校点。关于梁启超与《富国策》《佐治刍言》两书的进一步叙述与分析，可参见本书下编第四章第四节"梁启超的说法：'中学西学''折中孔子'"。

亲，不独子其子，使老有所终，壮有所用，幼有所长，矜寡孤独废疾者，皆有所养；男有分，女有归；货恶其弃于地也，不必藏于己；力恶其不出于身也，不必为己。是故谋闭而不兴，盗窃乱贼而不作，故外户而不闭，是谓大同。

这一段话，正是大同三世说的核心内容。李炳寰若"一字不放过"地"穷思力索，触类旁通"，所得出的结论只能是——西方学术为"大同三世说"提供了佐证——这正是梁启超希望得到的教学效果。

学生蔡艮寅（锷）作札记称：

孔子讥世卿，以为民权不伸，君权不伸也。何以？不伸，君则为木偶，民则为奴隶也。故君之令不可及民，民之愿不可闻上。上下相锢，终无已日。故此风愈甚，其君民愈蹙，此风愈久，其患愈深。生非贵族，不可以闻国事，故其族愈众，势愈强，则其相争也愈大。争则相怨，相怨则离，离则同门荷戈之衅开矣。故犯上之祸，所以不胜屈指也。自秦以后，二权略伸，孔子之功大矣，然流弊无穷也。使益之以西人之法，则尽善矣。西法何？议院之制也。议院之制何？万心之推也。此法可兴，则君公其君，臣公其臣，民公其民，身公其身，心公其心。前之弊，在身、心不相属。今之弊，在心不相属。混天下为一心，庶无扞格之虞矣。

蔡锷此时不满15周岁，札记的文字也是比较稚嫩的。"孔子讥世卿"，典出于《公羊传》隐公三年："《经》：夏四月辛卯，尹氏卒。《传》：尹氏者何？天子之大夫也。其称尹氏何？贬。曷为贬？讥世卿。世卿，非礼也。"《公羊传》宣公十年关于"齐崔氏"，也有相同的内容。这是"大同三世说"的重要论据。梁启超据此认为："《春秋》之意，讥世卿，以伸民权，视西人之贵爵执政、分人为数等者何如矣。"[1]在前引《论君政民政相嬗之理》中，梁还阐发了"讥世卿"一义对多君世转为一君世的作用。蔡锷对此说不甚理解，有所误会，反认为：春秋战国时期，世卿当

---

[1]《西学书目表后序》，《饮冰室合集》，中华书局版，第1册，文集之一，第127页。

政，征战不已，君权、民权皆不伸；秦之后，采用孔子的制度，废除世卿，君权与民权"略伸"，而又"流弊无穷"；今应采用西方的"议院之制"，然因"心不相属"，难以实行。蔡锷此篇札记，前段公然指责孔子，后段竟称西人之法"尽善"，没有说明西人之法"尽善"实为采用孔教精义之效，与时务学堂所倡导的"孔子改制说""大同三世说"完全对立。梁启超见之，甚为震动，写了两条用词相当严厉的批语。前一条云：

> "流弊"一语极谬。孔子讥世卿，立选举，汝殆鉴于今日科举之极弊而发此言也。然凡行一制度，必条理始末具行之，然后可。苟仅行一二而已，适见其弊也。今日之学西法，是也。孔子选举之制，一出学校，六经遗规粲然具见。后世仅用其选举，而不用其学校，徒有取士之政，而无教士之政，欲得人才，乌可冀也。不责历代奉行之不善，而谓"流弊无穷"，何其谬也！至于议院之法，何必西人？孔固深知其意而屡言之者也。见于《春秋》者亦指不胜屈也，但别见他条耳。《春秋》固当合全书以读之，不能执一二条而议其法之不备也。

从批语的行文来看，当批在蔡锷札记"西法何？议院之制也"之后。梁启超两处指责蔡锷"流弊"的说法，称孔子讥世卿、立选举的大方向是正确的，之所以出了问题，是后人奉行不善，未行孔子以"学校"来"教士之政"。梁此处维护孔子的思维逻辑，与前引答周宏业之问是一致的。梁还称，"议院之法"是孔子"深知其意而屡言之"，这又与前引《古议院考》的思维逻辑是一致的；但是，《古议院考》中没有一条思想资料引证于《春秋》，梁此处却又称"议院之法""见于《春秋》者亦指不胜屈"，这是梁不从经、不从传，亦不从董解何注，而用"代数"等多种方法寻找出来的，并在时务学堂的教学中进行推广。[1] 后一条批语云：

---

[1] 梁启超在戴修礼札记上作批语："《春秋》一切皆用代数，习于代数者，一望而知为某代数。如'王'字，恒为'公法'二字之代数。'中国、夷狄'，恒为'文明、野蛮'之代数。此七等皆代数之元也。"（《湖南时务学堂初集》，长沙戊戌刻本，第3册，《札记》卷二，第45页）梁在唐才质札记上作两条批语："此言大谬！'夷狄'者，不过一记号耳，'人'者，亦不过一记号耳。邾娄、牟、葛本中国也……至于称'人'（转下页）

> 此固是矣。然亦知心必如何而后能公、如何而后能一乎？必举国之人，见识相等，然后其心能一。譬诸有十人于此，皆君子人也，而守旧党五人焉，开新党五人焉，则其势必不能一也。故必有术开天下之智，使之相等，则不求一而自一矣。不然，日日痛恨于人心之不一，皆空言耳，何补于事哉？[1]

西方近代民主思想是允许有不同意见的，"守旧"与"开新"也不必"一也"。从世界历史来看，没有一个国家因"混天下为一心"而实行民主制度。蔡锷的设想本有问题，而梁启超更进一步，要用"开天下之智"的方法，使"举国之人，见识相等"。从梁在时务学堂"开智"的方向来看，其"见识相等"，即将"见识"最终归于"大同三世说"，就像他力图挽回蔡锷认为西人之法"尽善"的错误"见识"一样。梁启超的这一思想，后来发展为"新民说"，只是不再含有"大同三世说"的内容了。

学生杨树达作札记称：

> 孟子曰："民为贵。"又曰："民事不可缓。"此即泰西民主国之权舆。中国自汉、唐以来，君权最尊。今日欲伸民权，或恐筑室道旁，且启以下凌上之渐，即泰西各国亦有分为党与者。欲收其益而去其弊，其法安在？

杨树达是班上年龄最小者，此时不满13周岁。他很能理解"大同三世说"，称孟子的思想开启了西方民主国的通途。[2]"筑室道旁"，典出于

（接上页）者，亦不过一代数之记号而已。'夷狄'二字为无教政（政教）之代数，以'人'字为'夷狄'之代数，因知'人'字亦即无政教之代数。此辨学极浅之例，又何疑乎？"通极。所谓'小夷''大夷''中国'皆代数之记号耳。"（同上书，第4册，《札记》卷三，第32—33、34页）梁在《读〈春秋〉界说》第五、第七义中，更是强调要从无文之处读出意义来。（同上书，第1册，《界说》，第11—12、14—15页）

[1] 《湖南时务学堂初集》，长沙戊戌刻本，第2册，《札记》卷一，第12页下—第13页下。
[2] 梁启超在《读〈孟子〉界说》第六义称："孟子言'民为贵''民事不可缓'，此全书所言仁政，所言王政，所言不忍之政，皆以为民也。泰西诸国今日之政，殆庶近之。惜吾中国孟子之学久绝也。明此义以读《孟子》，皆迎刃而解。"（《湖南时务学堂初集》，长沙戊戌刻本，第1册，《界说》，第2—3页）

《诗·小雅·小旻》:"如彼筑室于道谋,是用不溃于成",意指盖房与路人商量,将是怎么样也盖不完的。后又引出"筑室道旁,三年不成"之谚,暗指议会将只会空谈。[1] 杨树达的札记,实际上是提问,即如果要实行议会制,如何能收其益而防其三种弊害:空谈议论而一事无成、以下凌上、西方议会中的党争。韩文举作批语云:

> 所以必俟民智大兴,乃可言民权。今日而言民权,是取乱之道也。虽然天下未有有利无弊之事,能如英国之君民共主,则得其中矣。[2]

韩文举的答复,根据康有为、梁启超此时的思想;然他没有指出西方的党争,即政党政治,是西方民主制度的主要存在形式,很可能与杨树达一样,也认为是其弊害。他还提出了"君民共主",即梁启超在《论君政民政相嬗之理》中提到的"一君世"(小康)的第二阶段,认为"君民共主"可以防止一些弊害;然英国此时实行的政治制度,与德国、日本不同,已不是"君民共主"而是议会制了。杨树达、韩文举对西方现行的民主制度的理解皆有偏误。

学生唐才质作札记称:

> 有权力之世界,有公法之世界。孟子曰:以力服人者,此权力之世界也;以德服人者,此公法之世界也。故仁者能处公法世界,智者能处权力世界。如汤与文王者,公法世界之人也。大王与勾践者,权力世界之人也。方今泰西各国,以俄国为权力之世界,美国为公法之世界。惟中国则几至于无政、无事、无学、无权、无力、无公法之世界,而未知所底,岂不痛哉。

---

[1] 康有为弟子陈继俨著文《中国不可开议院说》,其第一义便引用此典,称言:"语曰,筑室道旁,三年不成,言民心之不一也,此议院之不可行者一也。"(《知新报》第62册,光绪二十四年七月初一日,上海社会科学院出版社影印版,上册,第834页。
[2] 《湖南时务学堂初集》,长沙戊戌刻本,第3册,《札记》卷二,第1页。

唐才质力图按照"大同三世说"来解释中国历史与世界政治。"公法"也是康、梁此时所用的分析概念。然公法与权力有相通点,只有到了"大同"的最高阶段,权力才会消失。梁启超由此进一步启发唐才质,作批语云:

> 仁者能造成公法世界,智者能造成权力世界,所论两种世界,极通。权力世界亦有两等,一据乱之权力,二升平之权力。公法世界亦有两等,一升平之公法,二太平之公法。今俄国之权力近于升平矣,美国之公法亦不过升平而已。故吾尝谓今日乃升平之运也。[1]

梁由此说明,没有太平之权力,也没有据乱之公法;权力与公法,在"三世(据乱、升平、太平)六别(酋长、封建及世卿、君主、君民共主、有总统、无总统)"中各有着不同的位置。他不是按照西方政治学(民主思想)来解释俄国与美国的两种政治制度,而是在"大同三世说"中归置其位。

学生戴修礼作札记称:

> 在讲堂听梁先生谈学术宗旨,其大意以保教、保种为志,日后孔教必行于五大洲。窃谓开辟以来,中国尽心于教,泰西竭力于物。迄今中国教益日明矣,泰西物益日格矣。泰西格物之学必东行于亚洲,中国孔教亦必西传于泰西。其行于五大洲之途有二:东由日本传于美洲、澳洲,日相伊藤博文之欲兴中学,其起点也;西由俄罗斯传于泰西诸国,迄于非洲,俄罗斯自康熙以来遣学生至京师大学,学中学,近又多译我中国书籍,亦其起点也。

《湖南时务学堂初集》收入札记最多者,即是戴修礼。此札记提出一种很奇特的观点,即东方(中国)的精神对西方的物质,互传互补;其设计的孔教传教路线亦很奇特,东线以日本为起点,西线以俄罗斯为起点。伊藤博文欲兴中学,我还没有查到其出处。俄罗斯学生是由俄国政

---

[1]《湖南时务学堂初集》,长沙戊戌刻本,第4册,《札记》卷三,第29页。唐才质为唐才常之弟。

府派出的官学生，随着北京东正教教士团的换班而来北京，住在东江米巷（东交民巷）的俄罗斯馆，主要目的是学习汉语，也学习满语与藏语，以了解清朝的政治、社会、文化各情。清朝政府派国子监助教进行讲授。从雍正五年（1727）开始，到同治三年（1864）结束，共派出十三班共计 49 人。他们是俄罗斯汉学的"起点"，其中也有瓦西里耶夫院士那样的俄罗斯汉学的高峰。[1]然而，俄国政府此举的目的是向东扩张，如何又成为"孔教西传"的起点？戴修礼的这篇札记，还有一点值得注意，即提到"保教""保种"，却没有提到"保国"。梁启超见之，极为赞赏，作批语云：

> 高掌远蹠，目光如炬。然必深明于教之宗旨，然后可以传也。诸生其勉之！[2]

梁之所以赞赏此篇札记，是其符合《湖南时务学堂学约》第十条"行教"。梁在该条对学生要求道：

> 今设学之意，以宗法孔子为主义。子贡曰："不得其门而入，不见宗庙之美、百官之富。"彼西人之所以菲薄吾教，与陋儒之所以自蔑其教者，由不知孔子之所以为圣也。今宜取六经义理制度，微言大义，一一证以近事新理以发明之，然后孔子垂法万世、范围六合之真乃见。《论语》记："子欲居九夷"；又曰："乘桴浮于海"。盖孔子之教，非徒治一国，乃以治天下，故曰："洋溢中国，施及蛮貊"，"凡有血气，莫不尊亲"。他日诸生学成，尚当共矢宏愿，传孔子太平大同之教于万国，斯则学之究竟也！[3]

---

[1] 相关的研究，可参阅蔡鸿生：《俄罗斯馆纪事》（增订本），中华书局，2006 年，第一、二章。
[2] 《湖南时务学堂初集》，长沙戊戌刻本，第 3 册，《札记》卷二，第 31 页。
[3] 同上书，第 1 册，《学约》，第 7 页。该学约后在《时务报》第 49 册以《湖南时务学堂学约十章》发表，将"行教"改为"传教"，并增加了一段话："传教之功课，在学成之后。堂中所课一切，皆以昌明圣教为主义，则皆传教之功课也。"（《时务报》，中华书局影印本，第 4 册，第 3326 页）

从梁启超这一段办学、治学、传教的话，又应该如何去观察和评价其"民主"思想的性质？

《湖南时务学堂初集》收录的《答问》与《札记》，弥漫着"大同三世说"的气息，看不到西方近代民主思想的精义。[1]然从这些《答问》与《札记》中，我也吃惊地发现，大多数设问和议论都从《孟子》和《公羊传》中所发，这些学生还读其他书吗？

梁启超拟定的《时务学堂功课详细章程》，规定时务学堂的学习内容分为"溥（普）通学"（经学、诸子学、公理学、中外史志及格、算诸学）和"颛（专）门学"（公法学、掌故学、格算学），并开列了十二个月的"专精之书"与"涉猎之书"。从这些书目来看，"康学"是其主体，且前三个月的"专精之书"是：一、《礼记·学记、少仪》；二、《管子·弟子职》；三、《孟子》；四、《春秋公羊传》；五、《公理学》。前两部书，该章程没有规定。关于《孟子》一书，该章程规定：

---

[1] 光绪二十四年，湖南学者所编《翼教丛编》，卷五收入《宾凤阳等上王益吾院长书》，摘录梁启超、韩文举、叶湘南的批语。（《翼教丛编》，上海书店版，第144—149页）后来的研究者多使用之。我也将之与《湖南时务学堂初集》（长沙戊戌刻本）进行对照。宾凤阳等将批语分作三类：一、"湖南时务学堂课艺总教习梁启超批（以下刻本）"，收入批语七条，我在《湖南时务学堂初集》（长沙戊戌刻本）中仅发现一条，即第一条，为李炳寰札记的第五条，少了开头与结尾。（《湖南时务学堂初集》，长沙戊戌刻本，第2册，《札记》卷一，第6—7页）还有一条文词接近，即第六条，为戴修礼札记的第六条，其中的意思有差别。（《湖南时务学堂初集》，第3册，《札记》卷二，第37页）其余五条未发现。二、"《学堂日记》梁批（以下手书本）"，收录批语六条，《湖南时务学堂初集》（长沙戊戌刻本）未收日记，且宾凤阳称是"手书本"，无法对照察看。三、"《学堂问答》韩批（以下近日改刊本）"，收入批语六条，《湖南时务学堂初集》中全有。其第一条，见李炳寰之第六问，未引全。（《湖南时务学堂初集》，长沙戊戌刻本，第1册，《答问》，第5页下）其第二条，见蔡锷之第一问，未引全。（同上书，第6页）其第三条，见左景伊之第二问，引全。（同上书，第8页）其第四条，见邹代城之第二问，引全。（同上书，第8页）其第五条，见杨树毂之第二问，未引全。（同上书，第25—26页）其第六条，见陈为镛之第一问，未引全。（同上书，第28—29页）湖南举人曾廉在"陈康有为、梁启超罪状片"中，又引用了梁启超的批语四条，相校之，皆存于《宾凤阳等上王益吾院长书》。（《丛刊·戊戌变法》，第2册，第502页）由此可见，除了《湖南时务学堂初集》之外，还应有其他刻本和手书本，不知今天是否还存世。汤志钧从《湘报》检出多条，见其论文《梁启超与时务学堂》（《中华文史论丛》1987年第2—3期）。若能再有发现，可更加全面地检视梁启超此期的思想和复原湖南时务学堂当时的学习生活。

> 先阅学校报中《读〈孟子〉界说》，其余按学校报中《孟子今义》求之，半月可卒业。

即要按照梁启超的《界说》来读《孟子》。由于看不到"学校报中《孟子今义》"，也不知梁等人给学生下发了什么"今义"。关于《春秋公羊传》，该章程规定：

> 先阅学校报中《读〈春秋〉界说》，其余按学校报中《〈春秋〉公法学》求之。

仍是要按照梁启超的《界说》来读《公羊传》。至于《〈春秋〉公法学》为何，因不见其"学校报中"之文，难以理解，但该章程"涉猎之书"有"公法诸书"，并提出阅读要求：

> 《春秋》一书，皆言内公法、外公法之义。故读《春秋》时，必须略窥"公法"之书，乃易通也。

由此可知，"公法"指当时已译的《国际公法》之类的书籍，《〈春秋〉公法学》应是根据《春秋》"大同三世说"来编写的类似于"公法"的读物。[1]关于《公理学》一书，该章程解释道：

> 此种学大约原本"圣经"，参合算理、公法、格物诸学而成。中国向未有此学，其详别见。

---

[1] 康有为的学生欧榘甲曾作《〈春秋公法〉自序》，称言："榘甲乃获南海先生之绪论，稍通《春秋》之义，知天之生孔子也，为神明圣王，不治一国而治万国，不教一世而教万世，窃推其意，辑《春秋公法》数卷……环球诸国，能推《春秋》之义以行之，庶几我孔子大同大顺之治哉。故曰：《春秋》者，万国之公政，实万国之公法也。"(《知新报》第38册，光绪二十三年十一月初一日，上海社会科学院出版社影印本，上册，第444—445页) 欧榘甲称"辑《春秋公法》数卷"，未必是已经完成，很可能只是计划。欧著《春秋公法》，今亦未见其本，但由此可知梁所称《〈春秋〉公法学》的基本性质与内容。关于欧榘甲《春秋公法》内容的进一步叙述与分析，可参见本书下编第三章第二节之"欧榘甲"。

此中的"圣经",似为包括《春秋》《孟子》在内的经典。[1]而从解释中可见,《公理学》一书,应与康有为早期撰写仿效几何公理的《实理公法全书》有关联,康书开列了"实理""公法""比例"等名目。该章程规定:

> 其书按次印入学校报中。学者治《春秋》,既谙诸例,即当求公理,以互相印证。[2]

《湖南时务学堂初集》所录梁启超等人的批语中,"公理""公法""比例""几何"等义项,多有叙述。用两个多月的时间,用这样的解读方式,让学生专攻《孟子》与《春秋》,必然会产生《湖南时务学堂初集》中出现的提问与札记,这恰是梁启超等人所希望得到的、合乎逻辑的结果。而从这些提问与札记中,可以看到这批青年学生的激情、好学、勤思与使命感,这也是梁启超等人辛勤教化引导的、合乎逻辑的结果。反对梁启超的"汨罗乡人"称:

> 梁之在学堂教习也,《孟子》《公羊》外无他经焉,其章程所举各书,装点门面,询之学堂诸生,乃知其不然。

此说有正确的成分,也有不当之处,毕竟只开学了两个多月,后面的书目还没有开始读。"汨罗乡人"又称,所习"皆其师康有为之谬说也"。[3]如果去掉"谬"字,此语是得当的。我以为,梁启超主导的湖南时务学

---

[1] 从梁启超当时的思想来看,我个人以为,"圣经"指《春秋》《孟子》等经典,但不排斥另一种可能性。康有为在《整齐地球书籍目录公论》中称:"二曰推定圣经。万身公法之书籍,博大浩繁,非孩童所能记诵也。今复集海内之士,俟每五年于修定公法各书后,则并以众论推定圣经数本,俾便于孩童记诵。"(《实理公法全书》,《中国文化研究集刊》,第1辑,第347页)康有为此处所讲"推定圣经",也可能与梁启超所讲的"原本圣经"有关,然该"圣经"并未编成。

[2] 《时务学堂功课详细章程》,《饮冰室合集集外文》,上册,第22—31页。关于梁启超所称《公理学》《〈春秋〉公法学》的进一步叙述与分析,可参见本书下编第四章第四节"梁启超的说法:'中学西学''折中孔子'"。

[3] 《汨罗乡人〈学约〉纠误》,《翼教丛编》,上海书店版,第139页。

堂,不属近代的普通教育,所习者亦非当时的"时务",而是康有为主义讲习所。[1]

读毕《湖南时务学堂初集》,复检在此六年前(光绪十七年,1891)康有为的《长兴学记》,让我忽然感受到温和主义与激进主义之间的递进,方理解梁启超每每忆起湖南时务学堂时,不免那样地激情荡漾。这位24岁的年轻人,第一次出场主事,就将其全部的心血与气力都使尽了。[2]

四、《论湖南应办之事》:通往议会的道路

梁启超主持湖南时务学堂期间,于光绪二十三年(1897)十二月写信给湖南巡抚陈宝箴,提出湖南应办之事。在该信中,梁起首便称:

> 今之策中国者,必曰兴民权。兴民权,斯固然矣,然民权非可以旦夕而成也。权者生于智者也。

他由此提出了"开民智""开绅智""开官智"三策。所谓"开民智",即办学校,除了已经开办的时务学堂外,梁还要求"全省书院官课、师课,改课时务"。所谓"开绅智",即兴办学会,此时湖南正准备兴办南学会。

---

[1] 湖南时务学堂头班学生唐才质对此回忆称:"学堂的总理是熊希龄,他与总教习梁启超研究教学宗旨,是以振新政艺为大宗,而振新政艺,又以发明'孔教嫡传'为第一义;功课以《孟子》《公羊传》为主。总之,时务学堂的教学,主要是宣传康有为的'素王改制'的学说,为维新变法创造有利的条件。本来总教习梁启超及分教习韩文举、欧榘甲、叶觉迈,皆康有为之门弟子,他们之所以阐扬师说,借此培养变法人才,是完全可以理解的。"(《唐才常与时务学堂》,《湖南历史资料》第3辑,湖南人民出版社,1958年,第104页)

[2] 梁启超后来作《三十自述》,称其光绪二十四年春,在长沙"大病几死"。(《饮冰室合集》,中华书局版,第2册,文集十一,第18页)湖南学者皮锡瑞光绪二十四年正月三十日日记,称"卓如病疟",可见其劳累。又,关于梁启超主办湖南时务学堂的宗旨与教学方法,可参见本书下编第三章第四节"梁启超'自下'进行的思想革命"。

所谓"开官智",即开办"课吏堂",对官员进行培训。以上第一策的内容,梁启超在《变法通议》《古议院考》已有论说,上节所叙梁在湖南时务学堂的活动,亦可见其实施情况。以上第三策的内容,虽有新意,仍与第一策有相似之处,只是教育对象不同。梁之前给张之洞的信中,亦提议在湖北办理类似于西方的"政治学院",培养"今日救时之良才",与此策也有相同之处。[1] 而我以为,最值得分析的是第二策,虽说是办学会,梁的目的却是培养"议员"。

梁的设计方案为:

> 欲兴民权,宜先兴绅权,欲兴绅权,宜以学会为之起点……今欲更新百度,必自通上下之情始;欲通上下之情,则必当复古意,采西法,重乡权矣。然亦有二虑焉:一曰虑其不能任事,二曰虑其藉此舞文也。欲救前弊,则宜开绅智;欲救后弊,则宜定权限。定权限者何?西人议事与行事分而为二:议事之人,有定章之权,而无办理之权;行事之人,有办理之权,而无定章之权。将办一事,则议员集而议其可否,既可,乃议其章程,章程草定,付有司行之,有司不能擅易也。若行之而有窒碍者,则以告于议员,议而改之。西人之法度,所以无时不改,每改一次,则其法益密,而其于民益便,盖以议事者为民间所举之人也……今中国之绅士,使以办公事,有时不如官之为愈也。何也?凡用绅士者,以其于民间情形熟悉,可以通上下之气而已。今其无学无智,既与官等,而情伪尚不如官之周知,然则用之何为也?故欲用绅士,必先教绅士。教之惟何?惟一归之于学会而已。先由学会绅董,各举所知品行端方、才识开敏之绅士,每州县各数人,咸集省中,入南学会。会中广集书籍图器,定有讲期,定有功课,长官时时临莅以鼓励之;多延通人,为之会长,发明中国危亡之故,西方强盛之由,考政治之本原,讲办事之条理。或得有电报,奉有部文,非极秘密者,则交与会中,

---

[1]《上南皮张尚书书》,《饮冰室合集》,中华书局版,第1册,文集之一,第104—106页。进一步的叙述与分析,可参见本书下编第四章第四节"梁启超的说法:'中学西学''折中孔子'"。

俾学习议事。一切新政将举办者,悉交会中,议其可办与否,次议其办法,次议其筹款之法,次议其用人之法。日日读书,日日治事,一年之后,会中人可任为议员者过半矣。此等会友,亦一年后,除酌留为总会议员外,即可分别遣散,归为各州县分会之议员。复另选新班在总会学习。[1]

此中的关键句,我以为,大约有四句:"通上下之情";"先由学会绅董,各举所知品行端方、才识开敏之绅士";"日日读书,日日治事";"一年之后,会中人可任为议员者过半矣"。由此可以了解梁启超的议会思想。

第一句"通上下之情",说的是议会的性质,梁在《古议院考》中第一条依据便是"上下交,泰。上下不交,否"。第二句说明了候补"议员"人选的产生过程,即由社会精英(学会绅董)来"举"其熟悉的次一级精英,条件是"品行端方、才识开敏"。第三句"日日读书,日日治事",说明了候补"议员"的培养方式和工作方式,"定有讲期,定有功课","学习议事"。第四句说的是议员资格,经过一年培训,可选其中的"过半",被选中者在于其拥有的"知识"水准。由此年复一年,学会可以培养出一批批合格的议员。

梁启超的这一设计,在许多方面来自于康有为。光绪二十一年五月,康有为作《上清帝第三书》,称言:"求人才而擢不次,慎左右而广其选,通下情而合其力,三者而已。"关于第三项"通下情",康有为写道:

> 夫先王之治天下,无不与民共之……伏乞特诏颁行海内,令士民公举博古今、通中外、明政体、方正直言之士,略分府、县,约十万户而举一人,不论已仕未仕,皆得充选,因用汉制,名曰"议郎"。皇上开武英殿,广悬图书,俾轮班入直,以备顾问。并准其随时请对,上驳诏书,下达民词。凡内外兴革大政,筹饷事宜,皆令会议,三占从二,下部施行。所有人员,岁一更换。若民心推服,

---

[1]《论湖南应办之事》,《湘报》第26、27、28号,光绪二十四年三月十五日至十七日,中华书局影印本,上册,第201—202、209—210、217—218页。《湘报》刊出该文时,梁启超已离开湖南,北上京师。

留者领班,著为定例,宣示天下……所谓通下情而合其力,此也。[1]

戊戌变法之前,康有为完整表达其"议会"设计的言论,也只有这一段话。其中康为了证明议会的根据,即《洪范》等六条,前面已经说过,此处从略。梁的说法与康的"通下情"极其相似。康说"士民公举",意思不太清楚,一些学者为其意是中国传统选拔官员的"选举"制还是西方国家已经采用的投票方式的"选举"制,发生了争论;梁的说法可以作为解康之一例。康说"开武英殿"与"议郎"的工作方式,梁与之大体一致;只是康提出的"武英殿"当属"实习"期,梁提出的"学会"尚属"学习"期。康说"岁一更换",梁又与之基本一致。

我个人以为,用梁启超的方法来办学会,来治湖南,很可能是一个好方法,梁对此也充满激情地憧憬:

绅智既开,权限亦定,人人皆知危亡之故,即人人各思自保之道,合全省人之聪明才力,而处心积虑,千方百计,以求办一省之事,除一省之害,捍一省之难,未有不能济者也。[2]

但是,由此而前行,只能产生一批与梁启超志同道合的政治才俊,共同来推行湖南的改革,与西方式的民主和代议制议会是没有什么关系的。

梁启超的这一建策,是否得到了认可?此时身在长沙的皮锡瑞,日记中流露出部分内情。光绪二十三年十一月二十一日(1897年12月14日),皮锡瑞在日记称:

谭佛生等禀请开学会,黄公度即以为议院,中丞已牌示,以孝廉堂为公所,开化可谓勇矣。[3]

---

[1] 《康有为变法奏章辑考》,第67页。"三占从二",典出于《尚书·洪范》:"三人占,则从二人之言。""占",占卜之意。相关的叙述与分析,又可参见本书上编第四节之"三条建策——求人才、慎左右、通下情"。

[2] 《论湖南应办之事》,《湘报》第27号,光绪二十四年三月十六日,中华书局影印本,上册,第210页。

[3] 《皮锡瑞日记》,《皮锡瑞全集》,第9册,第736页。

"谭佛生",谭嗣同;"黄公度",署理按察使、长宝盐法道黄遵宪;"中丞",巡抚,指陈宝箴。这条记录说明,谭嗣同等人要求开学会的请求,得到陈宝箴的批准。黄遵宪将之作为议院来对待,黄与梁意见相同。谭亦有此意。[1] 此即后来成立的南学会。同年十二月初一日(12月24日),又称:

> ……遂至汪颂年处……伊云谭佛生、熊炳山欲留我讲学,已将我不可无馆情形,略为二人言之,彼云现往湖北,俟归后再议。我问学会局面何如,云右帅许将书尽捐入,起藏书楼,立讲学者一人,即以见属。其章程甚繁,以此为议院规模,利权尽归于绅,即右帅去,他人来,亦不能更动。似此举动,未免太怪。中国君主国,绅权太重,必致官与绅争权。且恐洋人来,愚民无知,与之争斗,难以调停,学会、议院诸人必受其咎。俟伯严归,看光景再斟酌。[2]

"汪颂年",汪诒书,时为翰林院编修,在籍;"熊炳山",熊希龄,时为翰林院庶吉士,在籍;"右帅",右铭,即陈宝箴;"伯严",陈三立,陈宝箴之子,时任吏部主事,但随其父办事。陈宝箴的态度是建立"藏书楼"(图书馆),并让皮担任"讲学者"。皮看到了章程,"以此为议院规模"。光绪二十四年正月二十五日(1898年2月15日),又称:

> 下午汪受明至,谈及开讲事,云须自立章程。予以为诸公意盖不在讲学,实是议院,而不便明言,姑以讲学为名,以我不多事,借此坐镇。其名官绅士庶入听,其实不愿人入听也,且看初一开讲如何再说。[3]

---

[1] 在谭嗣同的观念中,学会与议院之间还是有相联的。他此时所著《治事篇第四·通情》中的内容,与梁启超信中所言,有许多相同之处,并称言:"于是无议院之名而有议院之实。"(《湘报》第35号,光绪二十四年三月二十五日,中华书局影印本,上册,第274页;又见蔡尚思、方行编:《谭嗣同全集》增订本,中华书局,1981年,下册,第438页)
[2] 《皮锡瑞日记》,《皮锡瑞全集》,第9册,第742页。
[3] 同上书,第10册,第768页。

"诸公",大约指黄遵宪、谭嗣同、熊希龄等人。"初一",二月初一日,即是学会开始活动之日。直至此时,皮锡瑞还不知道,设置学会意在"讲学"还是意在"议院"。同年二月二十一日(3月13日),又称:

> 午后至学会,中丞、廉访旋至。节吾、秉三,予讲后各讲一遍。秉三说时事世,洋人不可与之开衅。中丞曲为譬喻,属湖南莫打洋人。学会之设,原为此事,至今日始点题。[1]

"廉访",按察使,指黄遵宪。"节吾",欧阳中鹄,举人,曾任内阁中书,在籍。"秉三",熊希龄。这已是南学会的第四次集会,皮听到陈宝箴讲到"湖南莫打洋人",才明白陈设立南学会的目的,即为"开风气"。

尽管梁启超提出了建策,尽管黄遵宪、谭嗣同、熊希龄同意梁的意见,但陈宝箴并没有予以采纳。现有的研究证明,南学会的活动是以讲学为主,并设立图书馆、演放幻灯片、设博问柜答疑,以进行宣传。[2] 光绪二十四年三月二十四至二十六日(1898年4月14—16日),《湘报》连续刊出由陈宝箴批复的《南学会大概章程十二条》《南学会总会章程二十八条》《南学会入会章程十二条》,宣布"专以开浚知识、恢张能力、拓充公益为主义",只是设立"议事会友""讲坛会友""通信会友",不再有梁设计的"定有讲期、定有功课"的学习进程和"日日读书、日日治事"的政治功能了。[3] 而至此时,梁已离开长沙约一个半月了。

---

[1] 《皮锡瑞日记》,《皮锡瑞全集》,第10册,第800页。
[2] 相关的研究,可参见汤志钧:《论南学会》,《湖南师范学院学报》(哲学社会科学版) 1982年第2期;卢智:《戊戌维新时期的南学会》,《求索》1987年第2期;吴仰湘:《南学会若干史实考辨》,《近代史研究》2001年第2期;彭平一:《戊戌南学会集会讲论活动若干史实的补正》,《中南大学学报》(社会科学版)2011年第4期。
[3] 《湘报》第34、35、36号,中华书局影印本,上册,第268—269、277—279、283—284页。又,《湘报》第33号(光绪二十四年三月二十三日出版)"南学会问答"栏中刊出湘阴范源濂的问题:"学会所以合群力、牖民智,诚救时上策,急宜设法推行者也","仍望在上者力为之倡也"。"答曰:所见极是。现拟学会总管所章程,即是办理此事,不日禀请抚宪定夺施行。"(同上书,第260页)由此可见,章程由陈宝箴批复。再又,除南学会的实际活动来看,《南学会大概章程十二条》《南学会总会章程二十八条》《南学会入会章程十二条》也没有完全执行。此外,《湘报》第11、15(光绪二十四年二月二十六日、三月初二日出版),有南学会问答,亦涉及学会与议院之事,亦可注意。

南学会的实际活动未依照梁启超的建策进行,然梁启超流亡日本后,作《戊戌政变记》,却称南学会"隐寓众议院的规模":

> ……及陈宝箴为湖南巡抚,其子陈三立佐之,黄遵宪为湖南按察使,江标任满,徐仁铸继之为学政,聘梁启超为湖南时务学堂总教习,与本省绅士谭嗣同、熊希龄等相应和,专以提倡实学,唤起士论,完成地方自治政体为主义。今将去年十二月梁启超上陈宝箴一书《论湖南应办之事》录于下……此书即为湖南办事之起点,后此湖南一切事,皆依此书次第行之,而南学会尤为全省新政之命脉,虽名为学会,实兼地方议会之规模。先由巡抚派选本地绅士十人为总会长,继由此十人各举所知,展转汲引,以为会员。每州县皆必有会员三人至十人之数,选各州县好义爱国之人为之。会中每七日一演说,巡抚、学政率官吏临会,黄遵宪、谭嗣同、梁启超及学长□□□等轮流演说中外大势、政治原理、行政学等,欲以激发保教爱国之热心,养成地方自治之气力。将以半年之后,选会(官)[员]之高等,留为省会之会员,其次者则散归各州县,为一州一县之分会员……当时所办各事,南学会实隐寓众议院之规模,课吏堂实隐寓贵族院之规模,新政局实隐寓中央政府之规模。巡抚陈宝箴、按察使黄遵宪皆务分权于绅士,如慈母之煦覆其赤子焉。各国民政之起,大率由民与官争权,民出死力以争之,官出死力以压之。若湖南之事势则全与此相反。陈、黄两公本自有无限之权,而务欲让之于民。民不知其自当有权,而官乃费尽心力以导之。此其盛德,殆并世所希矣。[1]

梁启超离开长沙后,仍与谭嗣同、熊希龄等人联系紧密,湖南的实际情况,是很清楚的。他将未做之事,当作已做之事,自然是一种自我夸张,以能显示变法的成绩。但正是从这种自我夸张中,我们得有机会测出梁启超初到日本时的政治思想——其"民政"(民主)思想与议会观念,及其与西方近代民主思想之间的差异。

需要说明的是,由乡绅进行自治,以达于民主政治,梁的这一思想似

---

[1]《戊戌政变记》续四库本,第275、279页。引文中"学长□□□",指皮锡瑞。

也来自康有为。前已叙及，光绪十四年，康有为作《论时务》一文，称：
"中国之俗，绅士入局及集明伦堂，已有下采民言之意，近欧洲议院矣。"同时期又写信给曾纪泽，称："仆观于吾乡团练之局，推举各绅督董乡事，甚类泰西议院之制。"康到了日本之后作《我史》，又称："吾乡有同人团练局者，咸丰四年，吾伯祖种芝公讳国熹，平红匪创之，盖地方自治之制也。"[1]康有为认为，"绅士入局""吾乡团练之局"已接近于西方的议会；梁启超或是由此而得到启发，便接过手来，加以创造，试图对乡绅进行政治培训。

还需说明的是，按照"大同三世说"，从"君主之世"到"君民共主之世"有一个过渡阶段，梁启超此处提出"开民智""开绅智""开官智"，似可以认为是过渡的手段。

五、结　语

梁启超在《读〈孟子〉界说》中称："孟子之言即孔子之言"；又称："学者欲学孔子，先学孟子可也"。[2]而在戊戌时期，似乎也可以说，梁启超之言即是康有为之言，欲了解康有为，通过梁启超亦可也。

自从《戊戌奏稿》被黄彰健断定作伪之后，如何判断康有为的"民主"思想变成一件很麻烦的事情。此中的关键，在于康本人对此的叙说不多，后人的解说也分歧很大。然我个人以为，戊戌时期的康有为，已经有了比较完整且带有个人色彩的"民主"（民权）思想，这可以举出两个证据。其一是康有为的敌人张之洞、陈宝箴皆认为康有民权思想。据张之洞的幕僚陈庆年日记：

> 薄暮，南皮师招赴八旗会馆谈，宴散后，在小亭观月，同人围

---

[1] 引文中《论时务》，见《万木草堂遗稿外编》，上册，第350页；给曾纪泽信，见《万木草堂遗稿外编》，下册，第580—581页；《我史》（《康南海自编年谱》），见《戊戌变法》，第4册，第126页。相关的叙述与分析，可参见本书上编第二节之"《上清帝第一书》与《论时务》"。

[2] 《湖南时务学堂初集》，长沙戊戌刻本，第1册，《界说》，第5页。

座。南皮师说：康长素辈主张素王改制，自谓尊孔，适足诬圣。平等、平权，一万年做不到，一味呓语云云。反复详明。三更始散。[1]

此处张之洞没有说清楚从"素王改制"到"平等、平权"之间的联系。陈宝箴在上奏时称：

……第臣观近日所传康有为呈请代进所辑《彼得变政记》折稿，独取君权最重之国以相拟议，以此窥其生平主张民权，或非定论。[2]

陈宝箴的这篇奏折，是要求下旨命康将《孔子改制考》"自行销毁"，然如何从《孔子改制考》到达"主张民权"，陈也未加说明。张、陈两人没有说清楚，不代表他们心里不清楚，只是其中的逻辑关系今人已难以理解。其二是在戊戌变法最为关键的时刻，康有为发表《答友论议院书》，其中谈到了议会制度，同时说明"中国惟以君权治天下也"，"不能以西人而例中国"。[3] 然康为何放弃议会而以君权变法，"君权"与"民权"并非对立关系，今人的研究也没有说清楚。虽然康有为自己的说法不多，但若从本章所引梁启超的上述言论，似乎可以看到，答案在于"大同三世说"——从"素王改制"引申出来，且"未及其世，不能躐之"。由梁渡康，康、梁合论，由此可以来判断康有为、梁启超戊戌时期的"民主"（民权）思想。对此，我是有把握的，梁启超在私信中称：

启超之学，实无一字不出于南海。前者变法之议（原注：此虽

---

[1] 明光整理，陈庆年：《〈横山乡人日记〉选摘》，《近代史资料》，第76号，第201页。陈记日记时间为光绪二十三年七月十一日（1897年8月9日）。张之洞之所以大发脾气，以至言及"三更始散"，是因为《湘学报》中刊出了"素王改制"内容。次日，张发电当时的湖南学政江标，直接进行干预。

[2] 《请厘正学术造就人才折》，光绪二十四年五月二十七日，汪叔子等编：《陈宝箴集》，中华书局，2003年，上册，第777—781页。上奏日期根据军机处《随手档》及陈宝箴同时上奏的奏折而确定。相关的叙述与分析，可参见拙著《戊戌变法的另面："张之洞档案"阅读笔记》，第340—373、410—426页。

[3] 《国闻报》，光绪二十四年五月二十八日。相关的研究，可参见孔祥吉：《关于康有为的一篇重要佚文》，《戊戌维新运动新探》，第52—61页。

天下人之公言,然弟之所以得闻此者,实由南海),未能征引(原注:去年之不引者,以报之未销耳),已极不安。日为掠美之事,弟其何以为人?弟之为南海门人,天下所共闻矣。[1]

前已说明,康有为的"大同三世说",是对人类社会发展进程的一种普世性解说。按照康的说法,由孔子创制,口传诸弟子,其"大义"藏存于各类中国经典文献之"微言"中,以留待"后圣"(康有为)。梁启超由此还提出了"中本西用论"。[2]然而,无论是中国的经典,还是西方的学术,都不可能直接得出"大同三世说"的结论,必须经过康有为的特殊解读。在"大同三世说"中的"一君世"(升平世、小康)中,恰好排列了清朝此时从"君主之世"前往"君民共主之世"的行程,由此在政策决定方面有着相应的机动性,如先开民智后行民权,又如以君权变法等等。康有为、梁启超对西方近代的民主思想是不了解的,对西方现行的民主制度只有外型的知识,由此认定中国经典中"谋及庶人"等项,即是西方的议会。梁启超仅仅在口头上对严复表示放弃《古议院考》的观点,实际并未放弃——若从"康学"的"孔子改制"说来看,这类隐藏在《春秋》及《公羊传》《易》《书》《礼记》《诗》中的"大义",本来就不是历史事实,而是孔子的自我创造,是孔子以布衣进行"改制"的方式,是孔子留待"后圣"发现的"真理"。义理可明可获,事实则不必去细考。[3]

---

[1] 梁启超致汪诒年,此信大约写于光绪二十二年底或二十三年初,《汪康年师友书札》,第2册,第1862页。

[2] 梁启超:《西学书目表·后序》,《饮冰室合集》,中华书局版,第1册,文集之一,第126—129页。相关的叙述与分析,可参见本书下编第四章第四节"梁启超的说法:'中学西学''折中孔子'"。

[3] 此可见梁启超在湖南时务学堂教学之一例。学生方传鸾问:"'郑人来输平',《传》云:'狐壤之战,隐公获焉'。案《左传》以狐壤之战为春秋以前之事,而《公羊》以为输平之事。其左氏之谬乎,抑公羊之纪事有不确乎?"梁启超批复:"《春秋》本不重事,所以其事原必不深考。即使有错误,然但求取足明义而止耳,无甚紧要也。故此等以不辨为是。既欲辨之,则左氏谓狐壤之战在春秋前者,不甚合情理。盖未即位而以太子抚军,是不多见之事也。要之,此等事今日实无可考,亦不必考,若斤斤考之,便落考据家蹊径矣。譬如读此《传》文,知其中含有恶郑人擅获诸侯之意,又含有国君被获当死难之义。今日我辈但求明此两义,足矣。此外事迹无从考起,亦不必考也。"(《湖南时务学堂初编》,第1册,《答问》,第44页)

康有为、梁启超所持"大同三世说"中的民主，与西方近代民主思想的差异在哪里？

西方的民主思想自是多种多样，亦有其历史之发展，但到了19世纪后期，其各种民主思想必定包含卢梭（Jean-Jacques Rousseau，1712—1778）在《社会契约论》（民约论）中阐释的"人民主权说"（主权在民）的内容。由此而形成作为整体的国家政治权力来源说，由此而必然最终导致以公民一人一票为表达方式的民主程序。也就是说，到了19世纪后期，西方各国政治学界对"民主"的定义是大体一致的，但西方各国政治家和政治学家对"民主"的认同或欢迎程度是不一致的。在一些国家中，"民主"被视为洪水猛兽；在另一些国家中，明确宣布只能有条件地实施"民主"。

在康、梁的"大同三世说"中，"仁"被视为政治的核心原则，由君主施仁政，到"民贵君轻"，最后到"天下为公"的大同世界，是一个漫长的过程。"议院"是君主辟门达聪的方式，也可以表现为"武英殿""民政局""议政处""懋勤殿"等多种形式。[1] 从这一条思路上走下去，是看不到人民主权的。也就是说，尽管康有为在《答友论议院书》中表示以君权进行改革，但他将来在"民智大开"后采用"民权"，也未必是西方式的君主立宪制度，很可能是一种更关注民意、注重通上下之情的政治制度。[2] 正因为如此，我们可以再思考戊戌变法的性质。

---

[1] 康有为在《答友论议院书》中称："夫议院之议，为古者辟门明目达聪之典，泰西尤盛行之，乃至君权全界于议院，而行之有效。"（《国闻报》，光绪二十四年五月二十八日）《湘报》又刊出："时务学堂教习欧君榘甲来自上海，言南海康工部又有六次上书，由总署代达皇太后、皇上天听，并呈《俄皇彼得变政记》，皆蒙采纳。日日催上条陈，毅然变法。皇上并谓：旧法只可治前日之天下，不可治今日之天下。现议开制度局，专办改制之事；开民政局，仿下议院之意，开议政局，仿上议院之意。旋经刚子良尚书议改议政局为统筹局……"（《湘报》第26号，光绪二十四年三月十五日，中华书局影印本，上册，第206页）"刚子良"，刚毅。"民政局"，据康有为《上清帝第六书》，设在县一级，由道一级新政局督办"派员会同地方绅士公议新政"。"议政局"，似为"议政处"，见康有为代拟的御史宋伯鲁《请设议政处折》，称"今拟略师泰西议院之制，仍用议政名目，设立议政处一区，与军机、军务两处并重"。相关的叙述与分析，可参见本书上编第五节之"《上清帝第五书》《第六书》——总体改革思想""'制度局'的变种与'懋勤殿'的人选"两小节。

[2] 可参看康有为于光绪二十九年（1903）所写的《官制议》，尤其是其中卷七"开议院"和卷八"公民自治"。（姜义华、张荣华编校：《康有为全集》，第7集，第231—341页）相关的叙述与分析，可参见本书上编的"结语"。

梁启超流亡日本之后,对西方近代的民主思想逐渐有了新的认识,放弃了康有为的"大同三世说"。梁自称:"启超自三十以后,已绝口不谈'伪经',亦不甚谈'改制'。"[1]梁虚岁三十,当为光绪二十八年(1902)。而在光绪二十七年,梁启超作《尧、舜为中国中央君权滥觞考》,对"大同三世说"中作为"太平世"(大同)的标志性事件尧、舜禅让,提出异议:

> 尧、舜禅让,为中国史上第一盛事,非特寻常旧学所同推替而已,即近世言民权、言大同者,亦莫不称道尧、舜,以证明中国古有民主制度,其意不可谓不善。吾以为民主制度,天下之公理,凡公理所在,不必以古人曾行与否为轻重也。故尧、舜禅让之事,实与今日之新主义无甚影响,即使尧、舜果有禅让,则其事亦与今日民主政体绝异。何则?民主国者,其主权在国民,其举某人为民主,由于全国人之同意,绝非君主所得而禅让也。[2]

此中的"言民权、言大同者",即指康有为及其"大同三世说"。此中的"主权在国民",即是卢梭的学说。同一年,梁启超又作《霍布士(霍布斯,Thomas Hobbes,1588—1679)学案》《斯片挪莎(斯宾诺莎,Baruch de Spinoza,1632—1677)学案》《卢梭学案》,开始其系统学习西学的进程。其中《卢梭学案》中称:

> 卢梭以前诸学者,往往以国民之主权与政府之主权,混淆为一,及卢梭出,始别白之。以为主权者,惟国民独掌之,若政府则不过承国民之命以行其意欲之委员耳。其言曰:政府者何也?即居于掌握主权者(原注:即国民全体)与服从主权者(原注:即各人)之间,而赞助其交际,且施行法律以防护公众之自由权者也。更质言之,则国民者,主人也;而官吏者,其所佣之工人而执其役者

---

[1]《清代学术概论》,朱维铮校注:《梁启超论清学史二种》,第70页。
[2]《尧、舜为中国中央君权滥觞考》,《清议报》第100册,光绪二十七年十一月十一日,中华书局影印本,第6册,第6225页。

也……卢梭乃断言曰：凡政体之合于真理者，惟民主之制为然耳。[1]

此时梁启超的思想方法已经是就西学讲西学，不再引用中国经典去解释或比附西学了。又一年，即梁虚岁三十，他开始写作《新民说》。在这部名著中，我们已经看不到多少"大同三世说"的痕迹了。[2]

正当梁启超背离"大同三世说"时，康有为重新开始其构筑该学说的理论建设。在戊戌政变之前，康有为的"大同三世说"虽有大体成型的思想，但毕竟还没有落实到文字。[3]光绪二十七年，即梁启超作《尧、舜为中国中央君权滥觞考》之时，康有为居槟榔屿，开始著《〈礼运〉注》《〈孟子〉微》《〈中庸〉注》，以阐发其"大同三世说"的思想。在《〈孟子〉微》中，康称言：

> 尧、舜者，太平大同之道也。孔子立三世，有拨乱，有升平，有太平。家天下者，莫如文王，以文明胜野蛮，拨乱升平之君主也。公天下者，莫如尧、舜，选贤能以禅让，太平大同之民主也。孔子删《诗》首文王，删《书》首尧、舜，作《春秋》以文王始，以尧、舜终。

注"左右""诸大夫""国人皆曰"一段：

---

[1]《卢梭学案》下，《清议报》第100册，光绪二十七年十一月十一日，中华书局影印本，第6册，第6220—6221页。

[2] 关于这一时期梁启超的思想转变，现有的研究著作与论文极多，我这里可以不再展开叙述。然对我影响较大的著作与论文有：萧公权：《中国政治思想史》，新星出版社，2005年，第22章，该书初版1940年；王好立：《从戊戌到辛亥梁启超的民主政治思想》，《历史研究》1982年第1期；宝成关：《梁启超的民权观与卢梭主权在民说》，《历史研究》1994年第3期；狭间直树编：《梁启超·明治日本·西方——日本京都大学人文科学研究所共同研究报告》，社会科学文献出版社，2001年；方平：《卢梭民约论的一份中国遗产——略论梁启超的国民国家思想及其价值》，《学术研究》2002年第8期；郑匡民：《梁启超启蒙思想的东学背景》，上海书店出版社，2003年；狭间直树：《中江兆民〈民约译解〉的历史意义——"近代东亚文明圈"形成史之思想篇》，见《近代东亚翻译概念的发生与传播》，第1—62页。

[3] 相关的叙述与分析，可参见本书下编第二章"康有为与进化论"。

>　　此孟子特明升平授民权、开议院之制。盖今之立宪体，君民共主法也，今英、德、奥、意、日、葡、比、荷、日本皆行之。"左右"者，行政官及元老顾问官也；"诸大夫"，上议院也。一切政法，以下议院为与民共之，以国者，"国人"公共之物，当与民公任之也。孔子之为《洪范》曰："谋及卿士，谋及庶人"是也。《尧[典]》之"师锡"（众）[佥]曰"，《盘庚》之命众至庭，皆是民权共政之体，孔子创立，而孟子述之。
>
>　　孟子之道，一切出于孔子。盖孔子为制作之圣，大教之主，人道文明，进化之始，太平大同之理，皆孔子制之以垂法后世，后世皆当从之，故谓百王莫违也。孔门多言百世，三十年为一世，百世则三千年，莫有能违孔子者。[1]

所言皆是"大同三世说"中最要之义。在《〈中庸〉注》中，康注"王天下有三重焉，其寡过矣乎"一句，称言：

>　　……三重者，三世之统也，有拨乱世，有升平世，有太平世。拨乱世，内其国而外诸夏；升平世，内诸夏而外夷狄；太平世，内外远近大小若一。每世之中，又有三世焉。则据乱亦有乱世之升平、太平焉，太平世之始亦有其据乱、升平之别。每三小世中，又有三世焉，于大三世中，又有三世焉。故三世而三重之，为九世，九世而三重之，为八十一世，展转三重，可至无量数，以待世运之变，而为进化之法。此孔子制作所以大也。[2]

可见康有为此期的思想，"大同三世说"为其主要且重要的内容。又一年，即梁启超著《新民说》的那年，康移居印度大吉岭，再著《〈论语〉

---

[1] 楼宇烈整理：《〈孟子〉微·〈礼运〉注·〈中庸〉注》，中华书局，1987年，第7—8、20、27页，标点与文字有调整。第二段引文中的"日"，指"日斯巴尼亚"，今译为"西班牙"。第二段引文中"一切政法，以下议院为与民共之"一句，《新民丛报》刊出时改为"一切政法，以下议院为主，与民共之"。又，吴仰湘告："'尧之师锡众曰'一句，疑为'《尧（典）》之师锡、金曰'之误字。"

[2] 《〈孟子〉微·〈礼运〉注·〈中庸〉注》，第222—223页。

注》《〈春秋〉笔削微言大义考》《〈大学〉注》《大同书》。康有为上述论著，对"大同三世说"多有阐发，但当时未能刊刻，很可能是旅居外国而不便，也有可能是其门徒对此发生了怀疑。[1]今日最为著名《大同书》，康生前只刊出极小部分，极有可能对其以"后圣"承载而光大的学说，不那么自信了。从今日刊出的该著来看，"大同三世说"的框架理念已经很少了，出自孔子设计的说法也很淡了。[2]

康有为、梁启超政治思想的各自分野，使得他们后来走上了不同的政治道路。梁启超在民国初年较多介入政党政治，并在袁世凯称帝后，参预发动了"护国之役"（1915—1916）；康有为在入民国后一直处在政治舞台的边缘，却参预了张勋主导的"丁巳复辟"（1917）。当然，这种从个人政治思想伸展到其政治行动的说法，只是一种推论，若要证明，还须经过史实的详细考证。

---

[1] 光绪二十八年（1902），梁启超主持《新民丛报》第10号上发表《〈孟子〉微》的序言及最初四节；1913年，该书在康有为主持的《不忍》杂志连载，刊出部分内容；1916年，在上海广智书局出版。1913年，《不忍》杂志上刊出《〈中庸〉注》序文，1916年，在上海广智书局出版。1913年，《不忍》杂志刊出《〈春秋〉笔削微言大义考》序文，1917年作为"万木草堂丛书"一种出版。1913年，《不忍》杂志刊出《〈论语〉注》序文，1917年作为"万木草堂丛书"一种出版。1913年，《不忍》杂志刊出《〈大学〉注》序文，该书未见出版。由此可见，梁启超仅发表康有为《〈孟子〉微》的极少部分，其余未加援手；在此之后，光绪二十八年至三十年（1902—1904），《新民丛报》还刊出了康有为《官制议》中的主要部分。光绪三十年，由梁启超控制的上海广智书局刊出康有为《官制议》十四卷，光绪三十一年、三十三年，上海广智书局又刊出康有为《欧洲十一国游记》，但未刊出康有为"大同三世说"一类的著作。

[2] 康有为离开大吉岭后，对《大同书》有着多次修改，以至于1913年在《不忍》杂志上仅刊出《甲部·入世界观众苦》《乙部·去国界合大地》。这似乎说明康的修改还没有最后完成，即康的思想还没有最后定型。可参见本书下编第二章第五节《大同书》：进化与天演的背离"。

第二章　康有为与进化论

关于康有为与源自西方的进化论，目前已经有了数量相当多的研究，分析与创见极为繁盛，结论也不尽相同。[1]然而，所有这些先行研究有着共同的特点，即对康有为对严复的回拒和"大同三世说"的基本思想

---

[1] 李泽厚：《中国近代思想史论》，人民出版社，1979年，参看其《康有为思想研究》《论严复》等篇；浦嘉珉（J. R. Pusey）著，钟永强译：《中国与达尔文》，江苏人民出版社，2008年（该书英文版于1983年出版），参看其第一、二、三章；吴廷嘉：《论戊戌思潮的兴起及其过程》，见胡绳武主编：《戊戌维新运动史论集》，湖南人民出版社，1983年；吴熙钊：《戊戌维新时期康有为的进化论评议》，《学术研究》1984年第4期；佐藤慎一：《〈天演论〉以前的进化论：清末知识人的历史意识をめぐって》，《思想》，第792号，1990年；王杰秀：《康有为进化论思想的二重性》，《江西师范大学学报》（哲学社会科学版）1991年第2期；房德邻：《康有为的疑古思想及其影响》，《北京师范大学学报》（社会科学版）1994年第2期；马洪林：《再论康有为的历史评价问题》，《上海师范大学学报》（哲学社会科学版）1988年第1期；《康有为思想本体论》，《益阳师专学报》1999年第1期；陈可畏：《康有为"七上书"的进化论思想》，《浙江师大学报》（社会科学版）1996年第5期；佐藤慎一著、刘岳兵译：《近代中国的知识分子与文明》，江苏人民出版社，2006年（该书日文版于1996年出版），可参看其第一章第四节；王中江：《进化主义在中国的兴起——一个新的全能式世界观》（增补版），中国人民大学出版社，2010年（该书初版于2002年），参看其第二、四章；吴丕：《进化论与中国激进主义1859—1924》，北京大学出版社，2005年，参看其第四章；刘星、刘溪：《康有为进化论思想探析》，《湖北社会科学》2015年第9期；汤志钧：《康有为的大同思想与〈大同书〉》，上海人民出版社，2016年，见其第五章《"大同三世"和〈天演论〉》、第六章《流亡海外和"三世"说的演变》。其中浦嘉珉、佐藤慎一、王中江、汤志钧的观点，很值得注意。又，汤志钧的著作，其前言署日期为2003年3月，又署2016年6月修改，出版日期为2016年12月，等我读到时已是2017年12月。

资源，语焉不详，没有细说与细分；康晚年对进化论的否定态度，也没有涉及。

据此，我以为，康有为在戊戌政变之前接触过严复所译、所写的《天演论》及其他著述，在戊戌政变之后又接触到日本传播的进化论思想。我的问题意识是，这种源自西方的进化论，在什么时候、又在多大程度上影响了康的思想，尤其是"大同三世说"？康一生中的各个阶段对进化论持何种态度？由此再来探讨康是否真正理解和认同这种源自西方的进化论。

据此，我还以为，在目前已获得的研究成果之后，仍有必要再作本章，以阐发论题之展开。

一、康有为、梁启超回拒严复

几乎所有的先行研究都认定，康有为的学说在不同程度上受到了进化论的影响，并由此推导出各种结论来。

我以为，首先需将源自西方的进化论作一最为简要的界定。

进化论是英国生物学家达尔文（Charles Robert Darwin，1809—1882）创立的学说，其标志性的著作是1859年的《物种起源》，他还写了《人类的由来》等著作。英国科学家赫胥黎（Thomas Henry Huxley，1825—1895）是进化论的信服者和宣传者，撰写了《人类在自然界的位置》《进化论与伦理学》等著作。英国思想家斯宾塞（Herbert Spencer，1820—1903）将进化论糅合到其政治与社会学说之中，著有《社会学原理》等著作。赫胥黎、斯宾塞两人对于进化论的认知及其运用有着极大的差异。曾经留学英国格林威治皇家海军学院、时任天津水师学堂总办的严复，翻译了赫胥黎著作《进化论与伦理学》部分内容，加上斯宾塞的思想，再加上其自我理解而作的按语，题名为《天演论》，于光绪二十四年（1898，戊戌年）正式出版。[1]这是中国近代思想史上的重大

---

[1] 关于达尔文、赫胥黎、斯宾塞各自的学说，关于进化论本身的学术史，已经（转下页）

事件。

我之所以要先做这个界定,是因为许多人在使用"进化论"这个概念时,外延过于宽泛。清末民初,大约所有的知识人都在大讲"进化论",但他们中间真正读过达尔文、赫胥黎甚至斯宾塞著作的人却很少——达尔文的《物种起源》完整地翻译成中文出版,是1954年的事情(即该书出版后的95年)。当然,最近几年还有新的版本。

严复在《天演论》出版之前,曾将其翻译手稿请梁启超看过,梁处亦有抄本。光绪二十二年,时在天津的严复致信梁启超,称言:

>……拙译《天演论》,仅将原稿寄去。登报诸稿,挑寄数篇,金玉当前,自惭形秽,非敢靳也。《原强》如前所陈,拟更删益成篇,容十许日续呈法鉴何如?[1]

由此可知,严复将《天演论》译稿寄梁启超,心中或许有所期待,可由《时务报》选登其部分内容;"登报诸稿",当属严复向《时务报》投寄之稿;《原强》是严复最早介绍达尔文及斯宾塞(严最初的译名为"锡彭塞")的政论文,光绪二十一年二月初八日至十三日(1895年3月4—9日)初刊于天津《直报》,据严复信中所言,梁似有意在《时务报》中转刊该文,严由此再对原稿进行"删益",后将修订稿寄

(接上页)有了许多研究,此处不再列出。关于严复翻译《天演论》,也有许多非常重要的研究,其中最值得重视的,是史华慈(Benjamin I. Schwartz)将严复的思想对照斯宾塞、赫胥黎的著述原意进行的分析。(见史华慈著、叶凤美译:《寻求富强:严复与西方》,江苏人民出版社,1996年,该书英文版于1964年出版,参见其第三、四章)苏基朗论文《有法无天? 严复译〈天演论〉对20世纪初中国法律的影响》(《清华法学》2012年第6卷),再次讨论严复创造性的翻译而产生的结果,也是值得注意的研究成果。关于《天演论》的翻译与出版时间,可参见邬国义:《关于严复翻译〈天演论〉的时间》,《华东师范大学学报》(哲学社会科学版)1981年第3期;《〈天演论〉陕西味经本探研》,《档案与历史》1990年第3期;《〈天演论〉慎始基斋本探研》,《华东师范大学学报》(哲学社会科学版)1998年第5期。

[1] 王栻主编:《严复集》,中华书局,1986年,第3册,第515页。该书原注,此信为"1896年(光绪二十二年)10月所作"。又,《天演论》慎始基斋本有严复《译例言》,称:"稿经新会梁任父、沔阳卢木斋诸君借钞,皆劝早日付梓。""梁任父",梁启超。"卢木斋",卢靖。据此,梁处应有抄本。

去。[1]以上严复寄送梁启超的译著、论稿,仅《辟韩》一文刊于《时务报》第23册的附页上,其余各篇皆未能在《时务报》上刊出,其原因不详。[2]

梁启超此时在上海主持《时务报》,是年冬回广东,参预创办澳门《知新报》。他收到《天演论》及《原强》修订稿后,当于此期送给康有为看过。光绪二十三年三四月间,因严复来信严厉批评梁启超在《时务报》上刊出的《古议院考》一文,梁在上海回信给严,称言:

> ……南海先生读大著后,亦谓眼中未见此等人。如穗卿言,倾佩至不可言喻。惟于择种留良之论,不全以尊说为然,其术亦微异也。书中之言,启超等昔尝有所闻于南海,而未能尽。南海曰:若等无诧为新理,西人治此学者,不知几何家几何年矣。及得尊著,喜幸无量。启超所闻于南海有出此书之外者,约有二事:一为出世之事,一为略依此书之义而演为条理颇繁密之事。南海亦曰:此必西人之所已言也。顷得穗卿书,言先生谓斯宾塞尔之学,视此书尤有进,闻之益垂涎不能自制。先生盍怜而饷之。[3]

---

[1] 严复原信称:"今者取观旧篇,真觉不成一物,而足下见其爪咀,过矜羽毛,善善从长,使我颜汗也",王栻据此再认定,《侯官严氏丛刻》所录《原强》修订稿,即是严复再送梁启超之稿。(见《严复集》,第1册,第5、15页;第3册,第514页)又,时在湖北的"师顾室主人"从《直报》中抄录《原强》一文,寄到《时务报》,要求再次刊出,没有结果。(上海图书馆编:《汪康年师友书札》,第4册,上海古籍出版社,1989年,第3714—3717页)"师顾室主人"第一封信难以确定发信时间,亦有可能是梁启超收到此信后,再请严复修订其稿。

[2] 《辟韩》一文原刊于《直报》光绪二十一年二月十七至十八日(1895年3月13—14日)。《时务报》刊于23册,出版日期为光绪二十三年三月十一日(1897年4月12日),发表时署名"观我生室主人来稿";该文前又刻"接第二十册"五字,查《时务报》第20册,没有相关的内容。又,《严复集》录该篇,有注文:"'六经且有不可用者'一句《时务报》转载时改为'古人之用且有不可泥者'。"(见该书,第1册,第35页)此处的改动,似为梁启超所为。按照"大同三世说",孔子所撰经六,当属经天行地之文,是绝无"不可用者"的。

[3] 《与严幼陵先生书》,《饮冰室合集》,中华书局版,第1册,文集之一,第106—111页。梁启超在该信中称:"二月间读赐书二十一纸",由此可知严复来信的收到时间和篇幅。"幼陵",严复字。"南海",康有为。"穗卿",夏曾佑。"斯宾塞尔",严复在《原强》修订稿中改用的译名(见《严复集》,第1册,第16页),可为该修订稿已寄送梁启超之佐证。

梁在此信中透露出来的信息十分重要，须得逐字逐句进行分析。从梁信中可以看出：一、康有为读过严复的"大著"。二、康对"天演论"的外表，即进步说，是赞同的，对"天演论"的核心"择种留良"，是回拒的。对此，梁说得很委婉，"不全以尊说为然，其术亦微异也"。三、在康有为学说与严译"天演论"的思想比较上，梁就说得不那么客气了，"书中所言，启超等昔尝有所闻于南海，而未能尽"；梁说"出此书之外"，属"高此书之上"之意。梁说"一为出世之事"，大约指佛学思想；梁说"一为略依此书之义而演为条理颇繁密之事"，则是康有为的"大同三世说"。四、梁说"南海曰：若等无诧为新理，西人治此学者，不知几何家几何年矣"一句，值得关注，是典型的"大同三世说"的说法，即康不认为严译"天演论"是一种"新理"，而是西人"几何年"（多次）接近或发现孔子"大同三世说"的"几何家"（多家）之一，也是"南海亦曰：此必西人之所已言了"之意。五、梁启超不仅对赫胥黎的学说有兴趣，还希望从严复处得知"斯宾塞尔"（斯宾塞）的学说。

就在梁启超写此信之期，光绪二十三年三月初三日（1897年4月4日），梁亦从上海致信正在广西桂林讲学的康有为，称言：

> 严幼陵有书来，相规甚至，其所规者，皆超所知也。然此人之学实精深，彼书中言，有感动超之脑气筋者。欲质之先生，其词太长，今夕不能罄之，下次续陈。〔1〕

此中的"皆超所知也"，即严复所"规劝者"尚未超过"大同三世说"的内容；此中的"感动""脑气筋"者，很可能是"斯宾塞尔"之学说，欲向康讨教。由于梁启超后来致康有为的信未见，不知其"下次续陈"的内容。

不仅是康有为回拒了严译"天演论"，梁启超此时也未服膺"天演论"，将之奉为圭臬。梁对严复提出的对《古议院考》的批评意见不以为然，在给严复的回信中，豪迈地指出：

> ……既有民权以后，不应改有君权，故民主之局，乃地球万国

---

〔1〕《梁启超年谱长编》，第77页。

古来所未有，不独中国也。西人百年以来，民气大伸，遂尔浡兴。中国苟自今日昌明斯义，则数十年其强亦与西国同，在此百年内进于文明耳。故就今日视之，则泰西与支那，诚有天渊之异，其实只有先后，并无低昂；而此先后之差，自地球视之，犹旦暮也。地球既入文明之运，则蒸蒸相逼，不得不变，不特中国民权之说即当大行，即各地土番野猓亦当丕变。其不变者即澌灭以至于尽，此又不易之理也。南海先生尝言，地球文明之运，今始萌芽耳。譬之有文明百分，今则中国仅有一二分，而西人已有八九分，故常觉其相去甚远，其实西人之治亦犹未也。然则先生**进种**之说至矣，匪直黄种当求进也，即白种亦当求进也。先生又谓何如？[1]

"进种之说"，是严信中所言，似与严译"天演论"相连。梁启超与严复的辩论，其题目是"西方古代是否有民主制度"，梁以康的"大同三世说"驳斥之，即"既有民权以后，不应改有君权"；而康的"大同三世说"是主张社会不断进步、不可倒退的。几个月后，光绪二十三年六月初一日（1897年6月30日），梁启超在《时务报》上发表《论中国之将强》一文，称言：

> 吾闻师之言地运也：大地之运，起于昆仑。最先兴印度，迤西而波斯，而巴比伦，而埃及。渡地中海而兴希腊，沿海股而兴罗马、意大利。循大西洋海岸，迤北兴西班牙、葡萄牙，又北而兴法兰西，穿海峡而兴英吉利。此千年以内，地运极于欧土，洋溢全洲。其中原之地，若荷兰，若瑞士，若德意志，则咸随其运之所经，而一一浡起。百年以内，运乃分达。一入波罗的海，迤东以兴俄，一渡大西洋，迤西以兴美。三十年来，西行之运，循地球一转，渡大东洋以兴日本。日本与中国接壤，运率甚速，当渡黄海、渤海兴中国。而北有高丽，南有台湾，以为之过脉，今运将及矣。东行之运，经西伯利亚达中国。十年以后，两运并交，于是中国之盛强，将甲于

---

[1]《与严幼陵先生书》，《饮冰室合集》，中华书局版，第1册，文集之一，第109页。黑体为引者所标。

天下。昔终始五德之学，周、秦儒者，罔不道之，其几甚微，其理可信。此固非一孔之儒，可以持目论而非毁之者也。以人事言之则如彼，以地势言之则如此。[1]

这是康有为从"洪水说""地顶说"发展出来的"地运说"，有着很强的命定论的色彩。这样的地缘政治观，这样的历史进步观，自然是康有为独特的思维逻辑，也与"大同三世说"相连。[2]梁启超此处宣传的康氏"地运说"，绚丽夺目，与严复所译"天演论"中的"择种留良"，在思想逻辑上不能兼容。又过了几个月，光绪二十三年九月十一日（1897年10月6日），梁启超将其与严复的争论公开化，在《时务报》上发表《论君政民政相嬗之理》，明确阐述康有为的"大同三世说"：

博矣哉！《春秋》张三世之义也。治天下者有三世：一曰多君为政之世，二曰一君为政之世，三曰民为政之世。多君世之别又有二：一曰酋长之世，二曰封建及世卿之世。一君世之别又有二：一曰君主之世，二曰君民共主之世。民政世之别亦有二：一曰有总统之世，二曰无总统之世。多君者，据乱世之政也；一君者，升平世之政也；民者，太平世之政也。此三世六别者，与地球始有人类以来之年限有相关之理。未及其世，不能躐之；既及其世，不能阏之。

梁启超此处所言"三世六别"，是适用于中国与泰西的，只是各国处在不同的阶段。而这样的社会发展学说，进步的层次与过程十分明确，比起严译"天演论"中的"择种留良"，自然显得更加气势磅礴。梁在该文中继续说明他与严复之间的差别：

严复曰：……且天演之事，始于胚胎，终于成体。泰西有今日

---

[1]《时务报》第31册，中华书局影印本，第3册，第2079—2080页。
[2] 相关的叙述与分析，可参见本书下编第五章"戊戌时期康有为的'洪水说''地顶说''地运说'"。

之民主,则当夏、商时,合有种子以为起点;而专行君政之国,虽演之亿万年,不能由君而入民。子之言未为当也。启超曰:吾既未克读西籍,事事仰给于舌人,则于西史所窥知其浅也。乃若其所疑者,则据虚理比例以测之,以谓其国既能行民政者,必其民之智甚开,其民之力甚厚。既举一国之民而智焉,而力焉,则必无复退而为君权主治之理。此犹花刚石之下,不得复有煤层;煤层之下,不得复有人迹层也。至于希、罗二史所称者,其或犹火山地震喷出之石汁,而加于地层之上,则非所敢知,然终疑其为偶然之事,且非全体也。故"代兰得"常得取而篡之(原注:西史称借民权之名以攘君位者,谓之代兰得),其与今之民政殆相悬也。至疑西方有胚胎,而东方无起点,斯殆不然也。[1]

梁承认自己不识西方文字,西史知识"甚浅",但他以"虚理比例"与严复相辩驳。梁认为,"民政"之世(太平世)必是民智甚开、民力甚厚的,既已到达,将不可倒退,就像地层的层累不可倒置一样。此中的"虚理",当为康有为的"大同三世说";此中"比例"一词,源自于康的《实理公法全书》,是康在该书中重要的分析工具。梁"据虚理比例",认定严复的"天演""胚胎"论不能成立。"代兰得",tyrant,僭主,由此又可知梁的西史知识来源。[2]

---

[1] 《论君政民政相嬗之理》,《时务报》第41册,光绪二十三年九月十一日,中华书局影印本,第3册,第2771—2777页。关于梁启超此篇政论文的产生与分析,可参见本书下编第一章第二节《论君政民政相嬗之理》:'大同三世说'中的'民主'"。
[2] 英国传教士艾约瑟(Joseph Edkins)曾在翻译希腊史时将tyrant音译为"代兰得"。其译《欧洲史略》《希腊志略》《罗马志略》皆被梁启超列入《西学书目表》,称"以上三书,古史之佳者";梁并在《读西学书法》中介绍:"税务司所译《西学启蒙十六种》,中有《欧洲史略》一书,不以国分而以事纪,其体例似过于二书,惜译笔太劣耳。又有《希腊志略》《罗马志略》二书(《启蒙十六种》之二),希腊、罗马,并欧洲古时声明文物之国,今泰西政事、艺学,皆于此出焉,亦不可以不读也。"(《饮冰室合集集外文》,下册,第1130、1163—1164页)《希腊志略》《罗马志略》也被梁列入《时务学堂功课详细章程》中第十月的专精之书。(同上书,上册,第29页)相关的研究可参阅陈德正:《艾约瑟对西方古典文化的引介和传播》,网页http://old.cawhi.com/plus/view.php?aid=8701。另可参见陈德正、韩薛兵校注《〈希腊志略〉〈罗马志略〉校注》(艾约瑟编译,法伊夫、克赖顿原著),商务印书馆,2014年。

此时的梁启超，认定康有为的"大同三世说"为学问的最高峰，严译"天演论"只是一种次一级的学说，但他并未因此而全然拒之。光绪二十三年三月十一日（1897年4月12日），梁启超在《时务报》上发表《变法通议·论学校六·女学》，文中加了一个注释，引用了严复译《天演论》：

> 《胎教篇》曰："《易》曰：正其本，万事理；失之豪〔毫〕厘，差以千里。故君子慎始。谨为子孙昏妻嫁女，必择世世有行义者，如是则其子孙慈孝，不敢淫暴，党无不善，三族辅之。故凤皇〔凰〕生而有仁义之意，虎狼生而有贪戾之心，两者不等，各以其母。"其言极深切著明。又曰："胎教之道，书之玉版，藏之金匮，置之宗庙，以为后世戒。"盖古人之重之如此，必非无故也。侯官严君又陵译《天演论》云："无官者不死，以其未尝有生也。而有官者一体之中，有其死者焉，有其不死者焉，而不死者，又非精灵魂魄之谓也。可死者甲，不死者乙，判然两物。如草木之根荄支〔枝〕干等，甲之事也；而乙则离母附子，代可微变，而不可以死。或可分其少分以死，而不可以尽死。此动、植所莫不然者也。是故一人之身，常有物焉，乃祖父之所有，而托生于其身。盖自得生受形以来，递嬗迤降，以至于今。"此胎教所以然之公理。严君与余书又云："生学公例，言一人之生，其心思、材力、形体、气习，前则本数十百代祖父母之形神、阅历积委而成，后则依乎见闻、师友与所遭之时与地而化。"其论极精。欲言保种者，非措意于此二义不可。欲措意于前一义，则胎教为之根原；欲措意于后一义，则胎教尤为根原之根原。此学数十年后，必大明于天下，今日则鲜不以为迂远无用矣。[1]

《胎教篇》，即西汉人贾谊《新书》中的"胎教"一篇，其中的文句又见于《大戴礼记·保傅第四十八》。梁启超从"女学"谈到"保种"，再从

---

[1] 《时务报》第23册，光绪二十三年三月十一日，中华书局影印本，第2册，第1530—1531页。"无官者不死"一段，是严复在《天演论》下《论一·能实》所作按语。（见《严复集》，第5册，第1362页）又，梁启超后来在《变法通议·论学校七·译书》中还有一处提到过严复："近严又陵新译《治功天演论》，用此道也。"（《时务报》第33册，光绪二十三年六月二十一日，中华书局影印本，第3册，第2210页）

"保种"谈到"胎教";以贾谊《新书·胎教》作为其立论之基,而严译《天演论》恰好为贾谊之说提供了西洋之佐证。这是梁启超拿来主义的思想方法与叙述方式,就像他时常拿各种思想资料(包括泰西的学说)来为"大同三世说"提供佐证一样。光绪二十三年四月十六日(1897年5月17日),梁启超在《时务报》上发表《〈说群〉自序》,称言:

> 启超问治天下之道于南海先生,先生曰:以群为体,以变为用。斯二义立,虽治千万年之天下,可矣。启超既略述所闻,作《变法通议》,又思发明群义,则理奥例赜,苦不克达。既乃得侯官严君复之《治功天演论》、浏阳谭君嗣同之《仁学》,读之犁然有当于其心。悼天下有志之士,希得闻南海之绪论,见二君之宏著,或闻矣见矣,而莫之解莫之信。乃内演师说,外依两书,发以浅言,证以实事,作《说群》十篇,一百二十章,其于南海之绪论,严、谭之宏著,未达什一,惟自谓视变法之言,颇有进也。

由此可见,梁将康有为的学说当作最高峰,而将"天演论"当作次一级的学说,与此期谭嗣同的"仁学",地位大体相当。在同一时期发表的《说群一·群理一》中,梁谈到了严复所译的学说:

> ……自地球初有生物,以迄今日,物不一种,种不一变,苟究其极其递嬗递代之理,必后出之群渐盛,则前此之群渐衰。泰西之言天学者,名之曰"物竞"……

连接上下文来看,这是用"物竞"说来解释梁所提出的"群理"。而在这篇序言和《说群》第一篇中,梁大谈"大同三世说"。[1]与"天演论"可

---

[1]《时务报》第26册,光绪二十三年四月十一日,中华书局影印本,第2册,第1729—1730页。该序言后记称:"《说群》全稿以次印入澳门《知新报》中。自记。"该篇《自序》又刊于《知新报》第18册,光绪二十三年四月十六日,并刊出第一篇《说群一·群理一》(上海社会科学院出版社影印本,上册,第137—138页)以后《知新报》上未见《说群》的后文。又,该篇《自序》及《说群》第一篇,梁启超第一次公开谈论"大同三世说",相关的叙述与分析,可参见本书上编第三节"大同三世说"。

能相关的言论,梁还有一处。[1]除了在公开的报刊上言及《天演论》外,梁启超还在湖南时务学堂的批答中提到了斯宾塞尔与《天演论》。[2]

　　以上我大量引用梁启超的言论,是因为这个时期梁的思想,深受康有为的影响,从梁可以看到康。梁在"胎教"等命题下对严译"天演论"采用的拿来主义方式,也是康此时对待西学的态度和后来对待进化论的方式。

　　顺带地说一句,康有为对严译"天演论"的回拒、梁启超对严译"天演论"及相关学说未能加以最高的敬佩,也引出了严复的反弹。[3]戊戌变法期间,严复作《论中国之分党》讥之,其言词自然是政见之不同,或也稍有一些个人的意气。[4]顺带地再说一句,自光绪二十六年(1900

[1] 光绪二十四年正月二十一日(1898年2月11日),梁启超在《知新报》上发表《说动》一文,其中一段为:"……吾又闻之,公理家言,凡生之道,其动力大而速者,则贱种可进为良种,其动力小而迟而无者,则由文化而土番,而猿狖,而生理殄绝。初不谓然,继而观于獐、獠、猓、猺,其食息起居,与猿狖无殊,其柔静无为,至老死不相往来,其去生理殄绝也几何?则奈何忍以吾党聪明秀特之士,日日静之、柔之、愚之,不一毅然慈悲其愿力,震荡其脑筋也……"(《知新报》第43册,上海社会科学院出版社影印本,1996年,上册,第526页)"公理家"的一段言论,不知与严复有无关系;但从该文通篇看,此段言论仍属是为其说提供一个佐证而已,仍是拿来主义的用法。

[2] 梁启超批复湖南时务学堂学生邹代城提问时称:"荀子曰:人之性恶也,其善者伪也。伪字,从人从为。谓善,乃由人为也。纯任天者,必恶;纯任人者,必善。据乱世之人,纯任天;太平世之人,纯任人。此理近西人有斯宾塞尔一派极演之,实中国所旧有也。"(《湖南时务学堂初集》,长沙戊戌刻本,第1册,《答问》,第11—12页上)梁称"西人有斯宾塞尔一派极演之",又是拿来主义的用法。时务学堂学生李洞时提问:"昨闻梁先生言混沌初开、三世递嬗之义,谓西人考草木世为为禽兽畜之世,禽兽畜类世后,然后人类始盛。信哉斯言也。然不必西人考之也,即令相食之理推而知之。夫今禽兽畜类何以食草,人何以令禽兽畜类也?意者盛极必衰,泰极必否,天之然也。天厌草木之盛而欲易之,故使禽兽之类食之;天厌禽兽之类之盛而欲易之,故又使人食之。其理然否?"梁批复曰:"此言生人生物之理,指未有制作时而论。若既生之后,已有制作,则以强吞弱,以大弱小,此又一世界,不得混看。此理西人有《天演论》极发明之。"(同上书,第17页上—18页上)此中所言,是严复译《天演论》。然从此叙述中可以看出,严译"天演"的概念对"大同三世说"并无催生之作用。

[3] 从严复此时给汪康年的信中,可以看出,在汪康年、梁启超《时务报》之冲突中,严复明显站在汪一边,且称梁"英华发露太早"等语。(见《严复集》,第3册,第507—508页)

[4] 严复于光绪二十四年六月十三日、十四日的《国闻报》发表《论中国之分党》一文,称言:"自甲午之后,国势大异,言变法者稍稍多见,先发端于各报馆,继乃(转下页)

之后，康、梁对严复的工作，多有敬意，我在后面还会叙述。

二、康有为最初接触与言及"进化"

我对康有为著作的阅读尚不够完备和细致，但在我的阅读经验中，康在戊戌政变之前似无使用"天演"一词；而第一次使用"进化"一词，是在康有为所编、出版于光绪二十四年（1898）春的《日本书目志》。该书目在"生物学"类之下有：

> 通信教授生物学，一册，岩川友太郎著，六角五分；生物学，一册，三好学著，二角五分；进化原论，一册，伊泽修二译，六角五分；进化新论，一册，石川丰代松著，一圆七角五分；进化要论，十册，山县悌三郎译补，二角七分；通俗进化论，一册，城泉太郎

（接上页）昌言于朝，而王、大臣又每以为不然，于是彼此之见，积不相能，而士大夫乃渐有分党之势矣。西人见此，遂遽以为支那人本有三党：守旧党主联俄，意在保现在之局面；中立党主联日，意在保国而变法；维新党主联英，意以作乱为自振之机……西人所谓维新党者，盖即指孙文等而言……西人所谓中立党者，即支那现所称之维新党，大约即指主变法诸人而言。支那此党之人，与守旧党比，不过千与一之比，其数极小，且此党之中，实能见西法所以然之故、而无所为而为者，不过数人。其余则分数类：其一以谈新法为一极时势之妆，与扁眼镜、纸烟卷、窄袖之衣、钢丝之车正等，以此随声附和，不出于心，为一类；其一见西人之船坚炮利，纵横恣睢，莫可奈何，以为此其所以强也，不若从而效之，此为一类；其一则极守旧之人，凤负盛名，为天下所归往，及见西法，不欲有一事为彼所不知不能也，乃举声光化电之粗迹，兵商工艺之末流，毛举糠粃（秕），附会经训，张颊植髭，不自愧汗，天下之人翕然宗之，郑声乱雅，乡愿乱德，维新之种，将为所绝，此又为一类。之斯三者，有维新之貌而无维新之心者也，如此则彼所谓之中立党，不能成党也。"严复此处似为借端说事，其中关于三派之联俄、联日、联英也仅以貌似。此中"此党之中，实能见西法所以然之故、而无所为而为者，不过数人"一句，大约为严复自许之词；此中"其一则极守旧之人，凤负盛名，为天下所归往，及见西法，不欲有一事为彼所不知不能也，乃举声光化电之粗迹，兵商工艺之末流，毛举糠粃，附会经训，张颊植髭，不自愧汗，天下之人翕然宗之，郑声乱雅，乡愿乱德，维新之种，将为所绝，此又为一类"一句，虽是泛指，但当时的明眼人仍可看出此中有讥讽康有为之意。又，翦伯赞等编：《中国近代史资料丛刊·戊戌变法》第3册收入《论中国之分党》一文，误为"光绪二十三年"。

译，一角三分；动物进化论，一册，美国人口述，石川千代松笔记，四角；万物退化新说，一册，德国人著，石川千代松译，四角。[1]

"生物学"共收入8部书，大多是进化论著作。康有为对此的评论没有涉及进化论。[2]该书目在"社会学"类之下有：

> 增补社会进化论，一册，有贺长雄著，一圆三角；增补族制进化论，一册，有贺长雄著，八角；增补宗教进化论，一册，有贺长雄著，一圆三角；华族论，一册，久保田荣著，二角；国家的社会论，一册，斯波贞吉著，二角；社会学之原理再版，二册，乘竹孝太郎译，外山正一校阅，一圆七角；社会平权论，一册，松岛刚译，五角；改订权理提纲，一册，尾崎行雄译，斯边锁著，一角；日本之意匠及情交一名社会改良论，一册，田口卯吉著，肥塚龙序，一角；将来之日本五版，一册，德富猪一郎著，四角；日本妇人论，一册，畑良太郎著，三角；男女淘汰论，一册，山县悌三郎译补，三角五分；开知丛书人事进步编，一册，何礼之译，五角；开知丛书人事退步编，一册，何礼之译，二角；日清文明论，一册，松岛刚译，胜海舟翁序，五角；社会改良及耶稣教之关系，一册，外山正一述，一角；基督教及社会，一册，警醒社编辑，一角五分；改造社会真妆妇，一册，小室窟山著，一角五分；活青年，一册，天

---

[1]《日本书目志》，蒋贵麟主编：《康南海先生遗著汇刊》，第11册，第62页。
[2] 康有为对此作按语称："右生物学书八种。'天地之大德曰生'，'生生之谓易'。能知天地生物之故，万物生生之原，万物种分类别之故，则'天地位，万物育'矣。生物之学者，化生之学也，读《万物退化新说》一书，盖技也，而进于道矣。"（《日本书目志》，蒋贵麟主编：《康南海先生遗著汇刊》，第11册，第63页）"天地之大德曰生""生生谓易"两句，出自《易·系辞》；"天地位，万物育"一句，出自《礼记·中庸》："致中和，天地位焉，万物育焉"。"化生"一词亦出自《易·系辞》："天地絪缊，万物化醇；男女构精，万物化生"；而"盖技也，而进于道矣"一语，似用《庄子·养生主》中"臣之所好者道也，进乎技矣"之典。周敦颐在《太极图说》中称："无极之真，二五之精，妙合而凝。'乾道成男，坤道成女'，二气交感，化生万物。万物生生而变化无穷焉。"（陈克明点校：《周敦颐集》，中华书局，2009年，第5页）康对生物学8书的概括，多引中国经典的原文或思想，却未有一语涉及进化论，似属看书名发议论，完全不着实地，其所阅读者，很可能只有《万物退化新说》一部。

眼铃木力著，二角；内地杂居论，一册，井山哲二郎著，二角；内地杂居续论，一册，井山哲二郎著，三角。[1]

"社会学"共收入 21 部书，编目比较混乱，其中有不少是进化论的著作。康有为的评论仍未涉及进化论。[2] 该书目在"蚕桑书"目之下共收入 88 部书，其中有"蚕桑进化论，一册，末松格平著，六角五分"，康有为作了一大篇评论：

右蚕桑书八十八种。中国，桑国也。《书》曰："桑土既蚕，是降丘泽土"。桑蚕之利为中国独擅，其来至古矣。而四千年学不加进，蚕小而多病，莫能察也。而日本、法国皆移植而大行之。税务司康发达察之于日本，蚕大以倍，且无病，有輘去之，不累其曹。有改良之论，有**进化**之方，有验瘟之器，有贮粒之法，有微粒子病肉眼鉴定之法，有微粒子病识验之报，其术极细以精矣。其桑有栽培实验之秘。呜呼！中国于茶、丝二业尚不开局考求，而坐听颟顸者自为战，其不尽输与他人者几何！中国出口之丝，每包三百余金，西人再缫而售之，每得七百余金，以手工不匀而机器匀也。然则我之利溢而不收者，多矣！有蚕吾专利之，然德人谓中国丝胜日本，但不讲求，致大利为人所夺

---

[1]《日本书目志》，《康南海先生遗著汇刊》，第 11 册，第 200—202 页。
[2] 康有为对此作按语称："右社会学二十一种。大地上，一大会而已。会大群，谓之国；会小群，谓之公司，谓之社会。社会之学，统合大小群而发其酙合之条理，故无大群、小群，善合其会则强，不善合其会则弱。泰西之自强，非其国能为之也，皆其社会为之也。英之灭万里之印度也，非其国也，十二万金之商会灭之也。教之遍地球也，非其国也，十余万人之教会为之也。其游历我亚洲……岂知皆亚洲地理会人为之，非其国所派也。特国家为之保护，遂辟地万里矣。其他保国会、保王会，天文、化、电、光、重、声、汽学，皆有会。制造、农业、商务、女工，皆有会。其名多不可悉数。日人之骤强也，亦由听民开社会讲求之故……昔在京师合士大夫开强学会，英人李提摩太曰：波斯、土耳其、印度久经凌弱，未知立会。中国甫为日本所挫，即开此会，中国庶几自立哉！……曾子曰：以文会友，以友辅仁。会者，辅之义欤？会必有章程，日人章程亦有可采者矣。"（《日本书目志》，蒋贵麟主编：《康南海先生遗著汇刊》，第 11 册，第 202—203 页）从康有为的按语可以看出，他此时所认定、所感兴趣的"社会"，主要是各类社会组织和学术组织，尚未有一语涉及斯宾塞与进化论，也可以认定他未读其中的书籍。

耳。若极地宜，究利病，精缫织，则中国固桑国也，谁得夺之！[1]

这是康有为在著作中第一次言及"进化"一词。此外，该书目在"小说门"之下列有"社会进化世界未来记，一册，荫山广忠、中村敬宇序"，康有为的评论亦未提及于此。[2]

王宝平的研究已经证明，《日本书目志》是康有为及其弟子抄录日本刊出的《东京书籍出版营业者组合员书籍总目录》而成，选收书目为7744种，未收书目为2398种。[3]由此，我有理由相信，该《书目》中的绝大多数著作康有为根本没有看过。正因为如此，康并不知道，在《日本书目志》"生物学""社会学"类下，录有三部非常重要的进化论著作：其一是伊泽修二翻译的《进化原论》，此即赫胥黎的讲演集 On the Origin of Species: Or. the Causes of the Phenomena of Organic Nature；其二是由东京大学学生石川千代松记录的《动物进化论》，此即美国生物学家莫尔斯（Edward Sylvester Morse, 1838—1925）在东京大学讲授生物学的内容，是达尔文学说传入日本的标志性事件；其三是由东京大学教授外山正一校阅的《社会学之原理》，此即斯宾塞的著作 The Principles of Sociology。[4]

---

[1]《日本书目志》，蒋贵麟主编：《康南海先生遗著汇刊》，第11册，第311—318页。黑体为引者所标。又，康发达（F. Kleinwächter），德国人，多次任宁波海关税务司。相关的研究，可参见蒋国宏：《康发达对我国近代蚕种改良的贡献》，《南京农业大学学报》（社会科学版）2014年第3期。

[2]《日本书目志》，蒋贵麟主编：《康南海先生遗著汇刊》，第11册，第721、734—735页。

[3] 王宝平：《康有为〈日本书目志〉资料来源考》，《文献》（北京）2013年第5期。该文介绍《东京书籍出版营业者组合员书籍总目录》由该组织事务所于明治二十六年（光绪十九年，1893）7月编辑出版，属商业推销类的刊印品。选收、未收的数字，也是该文的统计结果。在此之前，沈国威对《日本书目志》的研究也是值得重视的，具有奠基性的意义，见《近代中日词汇交流研究：汉字新词的创制、容受与共享》，中华书局，2010年，第248—271页。

[4] 赫胥黎的讲演集 On the Origin of Species: Or. the Causes of the Phenomena of Organic Nature 日译本，前有莫尔斯的序言。城泉太郎翻译《通俗进化论》，也是赫胥黎的著作 Lectures on Evolution。山县悌三郎译补《进化要论》是德国人 Ernst Heinrich Philipp August Haeckel 的著作 Natürliche schöpfungsgeschichte: Gemeinverständliche wissenschaftliche vorträge über die entwickelungslehre im allgemeinen und diejenige von Darwin, Goethe und Lamarck im besonderen。松岛刚翻译《社会平权论》和尾崎行雄翻译《改订权理提纲》，也是斯宾塞的著作，即 Social Statics，是该书的两个日文译本。"斯边锁"，是斯宾塞当时日本译名之一。以上，梁敏玲、吉辰为我查阅日本国会图书馆目录及相关资讯而确认。

"进化"说的是物种起源,本是自然的选择,并非人为技术的直接结果。前引康有为对"蚕桑书"所作的评论称:"有改良之论,有进化之方,有验瘟之器,有贮粒之法,有微粒子病肉眼鉴定之法,有微粒子病识验之报",将"进化"误作为人为技术手段之一。由此而论,康应该没有读过《蚕桑进化论》一书,只是望着书名而信口言之。[1]他此时并不知道"进化"的含义。

康有为最初在比较明确的意义上使用"进化"一词,乃是戊戌政变后流亡日本时期。1898年(光绪二十四年)冬,康有为在东京著《我史》(《康南海自编年谱》),其中"光绪十八年"一节,称言:

> 以伪《左传》乃刘歆采《国语》而成,改分国为纪年,以其残本春秋前事,及晋、鲁之繁复者为《国语》,故《郑语》无春秋后事,《楚语》皆灵王后事,《鲁语》记敬姜一妇人事凡八,孔子博学事凡四,《吴、越语》别一,笔墨不类全体。《史记》十二国年表,自称采《春秋》《国语》,乃史迁亲读《国语》原本为之者,系其年月事类,按国分之,将《左传》《国语》合编为《国语》原本,去其经文,及书不书,称不称,君子曰之义,又择其盗窃诸传记,若北宫文子所引,"有威可畏,有仪可象"等文,割自《孝经》之类去之,又择其伪古文《礼》与《周礼》合者去之,以还《国语》原文之旧,令长女同薇编之。薇时年十五岁,天资颇颖,勤学强记,遂能编书也。薇又将廿四史,编《各国风俗制度考》,以验人群**进化**之理焉。[2]

达尔文学说流入日本后,其采用的译名为"进化"。在中国,《天演论》

---

[1]《日本书目志》"蚕桑书"中有"养蚕改良法,一册,练木喜三述,一角";"劝农丛书·蚕业改良说,一册,田岛浩造著,二角";"蚕丝业改良全书饲育篇,一册,三岛荒太郎著,四角";"蚕种贮藏器图说,一册,农商务省藏板,八分";"蚕桑生理问答,一册,农商务省藏板,四角";"蚕桑病理问答,一册,池田常藏、浅野德三质问,练木喜三答辨,四角";"微粒子病肉眼鉴定法,一册,佐木忠二郎著,四角五分";"微粒子病试验报告,一册,农商务省,八分";"养蚕专用验湿器表,一册,伊藤精一著,二角五分";"贮茧新法,一册,森田真著,二角";"改良二化蚕饲育法,一册,加藤敬亮著,一角五分"等等。(《康南海先生遗著汇刊》,第11册,第311—318页)

[2]《康南海自编年谱》,《丛刊·戊戌变法》,第4册,第125—126页。黑体是引者所标。

虽有多次印刷，但"天演"一词在当时和后来运用的并不多，反是"进化"一词最后被广泛使用。从译名的使用来看，达尔文学说有从日本再次传入的过程。[1] 由此，我以为，康有为在《我史》中使用"进化"一词，非为受其前编《日本书目志》之影响，而是到日本之后的耳食，很可能来自于梁启超。[2] 以上引文中康同薇的故事，前半指其重新整理《国语》，即康有为学说中"新学伪经"的内容；后半指其著书《各国风俗制度考》，此中的"各国"是春秋各国及后来的各朝代，而此中的"以验人群**进化**之理"一句，我是无论如何也看不出达尔文、赫胥黎、斯宾塞进化思想的痕迹——这位虚龄十五的女子，光绪十八年坐在书斋之中，使用"二十四史"之类的材料，即可"格物"而"致知"？若是真能如此，达尔文为时五年的环球考察岂非虚行？严复费时多年的翻译工夫岂非徒劳？我以为，康有为只是借用了一个名词而已，且也证明了康此期对进化论的内容并没有真正地掌握。

除此之外，《戊戌奏稿》收入的《请厉工艺将创新折》一折，康有为后来编集的《大同书成题词》《苏村卧病写怀》两诗，亦用"进化"一词，应是其后来的增改。[3]

---

[1] 参见沈国威：《近代中日词汇交流研究：汉字新词的创制、容受与共享》，第165—169页。沈国威指出，严复同时使用"天演"与"进化"两词，但用于表达不同的意思，并称："上述例句中的'化'与原文中的civilized, civilization, ethics process等相对应。严复倾向于用'天演'译evolution，以自然界为对象；用'进化'译civilization, ethics process，以人类社会为对象。"相关的研究，还可参见王中江：《进化主义在中国的兴起》（增补版），第二章；李冬木：《从"天演"到"进化"：以鲁迅对"进化论"之容受及其展开为中心》，《近代东亚翻译概念的发生与传播》，第95—141页。

[2] 梁启超到日本之后，著《论变法必自平满汉之界始》《论变法后安置守旧大臣之法》两文，发表于《清议报》第1、2、4册（发表日期为光绪二十四年十一月十一日、十二月十一日、二十一日，即1898年12月23日、1899年1月22日、2月1日），文中的内容隐约可见其受到日本进化论的影响。相关的研究，可参见本书附编第一章"梁启超《变法通议》的写作计划、发表与结集"。

[3] 《戊戌奏稿》收入《请厉工艺将创新折》一折，其中两次使用"进化"一词。然该书是托名康有为的学生、女婿麦仲华和女儿康同薇于宣统三年（1911）三月所编，五月印行，多是康有为后来之作，属作伪，不可信之。《杰士上书汇录》所录康有为原folder，即《请以爵赏奖励新艺新法新书新器新学设立特许专卖折》，并无使用"进化"一词。康有为编《延香老屋诗集》，自称收三十岁（1887年）前的诗。其中《大同书成题词》写道："诸圣皆良药，苍天太不神。万年无**进化**，大地合沉沦"；其中《苏村卧病写怀》（转下页）

到了光绪二十六年，康有为较多地使用"进化"一词，对"进化"的含义也有了更多的了解。[1]

三、"大同三世说"与进化论

人类的历史是从野蛮逐步走向文明的，全世界几乎所有的历史著作都描述了这一事实。中国的古代典籍，包括儒家的经典，对此都有相应的记录。绝大多数人阅读中国典籍，不难得出历史进步的结论，尤其是中国早期历史。这是历史的进步说，与进化论不同。人类对历史的解说有着各种差别，不在于认定历史是否进步而在于解释历史进步的原因不

（接上页）写道："纵横宙合一微尘，偶到人间阅廿春。世界开新逢**进化**，贤师受道愧传薪。"（姜义华、张荣华编校：《康有为全集》，第12集，第136、145页，黑体是引者所标）然康诗编集甚晚，最初由梁启超手抄于1911年在日本出版，后于1937年在商务印书馆出版。从康在《日本书目志》中对"进化"一词的反应来看，其所用"进化"一词，应是其后来的增改；而《大同书成题词》亦有可能是后来的补作。

[1] 康有为在《诸夏音转为诸华诸华音转为支那考》一文中称："当五帝时**进化**极速，如今百年，至唐、虞而治法极备，禹乃身集其大成者也。"（姜义华、张荣华编校：《康有为全集》，第5集，第169页）康又在《拳匪之乱天为复圣主而存中国说》一文中称："夫以百年来各国之新政、新学、新法，诚人类公共之理，大地日新之机，**进化**自然之数。苟违其理，则陨落危亡立致矣。"（同上书，第235页）康又在《答某国大员问新党执政之外交政策》一文中称："我国向来闭关，内地人民之不通外事，器物苦窳，甚且不知各国并立、人民并生。守旧既久，不知**进化**，目不睹西人文明之气象，甚且消为夷狄者。若尽开通商诸口，听各国之通商，则各国文明之气既得输入于中国，中国人民可以大开其智识，以为**进化**之地。"（同上书，第238页）康又在《驳后党逆贼张之洞、于荫霖诬捏伪示》一文中称：唐才常"议论数十万言，皆力主文明**进化**，以救中国之民，与梁启超之作《时务报》，康有为之变新法，皆专主行仁以救民者，其议论遍布于天下久矣"。（同上书，第281页）康又在《〈张之洞电日本外部书后〉手稿》一文中称："是盖地球**进**之运所为，自英百年而至美，自美数十年而至日本，自日本三十年而至我中国，天乃笃生圣主而除布之。"（同上书，第291页）以上各文，皆作于1900年（光绪二十六年，庚子），黑体为引者所标。康有为此时已从日本去美国、加拿大等地后返回香港，以上各文写作时，应住在南洋新加坡。而邀请他的邱菽园，甚受《天演论》的影响，自号"观天演斋主"，康有为曾作诗言及此事。（后将详述）此期他与邱菽园的交往，可能使他多言"进化"。

同。儒家历史学家将"三代"的辉煌描绘成圣人的功绩、圣道的功用,即如孟子所言:"三代之得天下也以仁,其失天下也以不仁。"(见《孟子·离娄》)康有为在光绪二十四年(1898)出版了《孔子改制考》《春秋董氏学》,全面阐述其"孔子改制说",亦初步揭示其"大同三世说"。"大同三世说"是主张历史进步的学说,不能因其主张进步,便称其受到源自西方的进化论之影响。

前文已叙,康有为的"大同三世说",是对人类社会发展进程的一种普世性解说。按照康的说法,这一学说是由孔子创制,口传其弟子,藏于儒家诸经典和相关史传之中,主要是《春秋》及《公羊传》《礼记》(尤其是《礼运篇》《中庸篇》和《大学篇》)、《易》《孟子》《论语》等文献,以留待"后圣"之发现;泰西各国的哲人对此学说亦有所体会、有所施行。

按照康有为的说法,他从光绪十年便发现了"大同三世说",这一说法很难予以证实。到了光绪二十四年之前,康的"大同三世说"基本思想,应是大体形成。然而,"大同三世说"的基本内容,康有为在《孔子改制考》《春秋董氏学》等著作中仅是涉及,并没展开,且只是向梁启超等弟子传授过。若要了解戊戌变法时期康有为"大同三世说"的具体内容,须得通过梁启超的著作,即发表在《时务报》上的《论君政民政相嬗之理》、为湖南时务学堂教学所作的《读〈孟子〉界说》《读〈春秋〉界说》和为时务学堂学生所作的"答语"和"批语"之中。[1] 以上康有为的著作,没有使用"天演"与"进化"的词语或观念;梁启超虽有所涉及,但只是介绍性的文字。

光绪二十六年七月,康有为从新加坡移居槟榔屿。至此,康发动"庚子勤王"失败,对现实政治也陷于绝望,重返思想与学术园地。光绪二十七年十月,为改善居住地的气候,康再次移居印度大吉岭,直至光绪二十九年四月离开。旅居槟榔屿、大吉岭两年多的时间,是康一生中最为从容休闲之时。他遍注群经——《〈礼运〉注》《〈孟子〉微》《〈中庸〉注》《〈春秋〉笔削大义微言考》《〈论语〉注》《〈大学〉注》和《大

---

[1] 相关的叙述与分析,可参见本书上编第三节之"大同三世说"、本书下编第一章第二节"《论君政民政相嬗之理》:'大同三世说'中的'民主'"和第三节"《湖南时务学堂初集》:'开民智'的方向"。

同书》——这些著作或是修改，或是重写，或是新作，康在其中也有多重的价值取向，然而最为重要的是，长期萦怀在胸的"大同三世说"，亦从思想观念而落实到了具体的文字。"大同三世说"的理论体系至此得以建立。[1]进化论的学说也开始为康有为所运用。以下就康此期著作中"进化"一词的准确含义，作具体分析。

《〈礼运〉注》

《〈礼运〉注》是康有为对《礼记·礼运篇》的注释，是"大同三世说"最重要的著作之一。此书的酝酿时间很长，其主要思想康在戊戌时已经形成，完成的时间则在光绪二十八年（壬寅）正月廿四日（1902年3月3日），以后又有修改。[2]在《〈礼运〉注》中，康有为一共9次使用

---

[1] 康有为在《中国改制议》序言称："康有为庚子之秋，避地槟榔屿，蒙难幽思……且今竞争之世，不患不变法，患不讲德育。故吾日写定夙昔所注之《礼运》《大学》《中庸》《论语》《孟子》《春秋微言大义考》，暨《人类公理》，以明大同太平之义"（"义"字下原文有缺页）。该序言大约写于1902年。（《康有为遗稿·戊戌变法前后》，第272页）其中"夙昔所注"一语，未必全真，但"日写定……以明大同太平之义"一句，可见康的这些著作在大同三世说中的意义。康此处谈到的《人类公理》似指《大同书》，由此可以知《大同书》在不同时期的名称与内容。相关的研究，还可参考汤志钧：《康有为的大同思想与大同书》之第六章《流亡海外和"三世"说的演变》。

[2] 康有为在《〈礼运〉注·叙》中，称该书完成日期为："孔子二千四百三十五年，即光绪十年甲申冬至日，康有为叙。"查该日为公元1884年12月21日。今日学者多认为不可靠。楼宇烈称："《〈礼运〉注》约撰于1897年"（《〈孟子〉微·〈礼运〉注·〈中庸〉注》，第1页），然未说明其根据。汤仁泽称："《〈礼运〉注》应撰于……1894年桂林讲学之后，又在1898年戊戌变法之前，与《孔子改制考》的撰期应该相近，后来又经修改。"（《"大同学"和〈礼运〉注》，《史林》1997年第4期）若称此时康有为的基本思想已经成型，我是同意的，此可见之于梁启超此期的言说著述；然说是康已"撰"，似仍缺乏相应的根据。姜义华、张荣华编校《康有为全集》，将该篇列于1901—1902年，并说明"查康氏1901年至1902年避居新加坡、印度期间，除遍注四书外，并系统演述《礼运》大同之义。"（《康有为全集》，第5集，第552页）对此，我是同意的。王刘纯等主编的《康有为手稿》（大象出版社，2014年）之五是《〈礼运〉注稿》，为姜义华等人的说法提供了证据。《〈礼运〉注稿》的编者未注明该手稿收藏处，我推测是上海博物馆。根据汤志钧对《大同书》的研究（后将叙及），从外型、纸张与字体来看，该手稿似在槟榔屿、大吉岭时期完成的；且手稿中有《叙》之原文，首末有残缺（见该书第29页），并无"孔子二千四百三十五年，即光绪十年甲申冬至日，康有为叙"一句。然我从《康有为手稿》之六，即《〈孟子〉微稿》中，意外地发现了一页，（转下页）

"进化"一词,我们可以具体地看一下其使用时的上下文关系(语境),以测量康对西方进化论之把握。

在《〈礼运〉注·叙》中,康有为使用了3次"进化":

> ……既乃去古学之伪,而求之今文学,凡齐、鲁、韩之《诗》,欧阳、大小夏侯之《书》,孟、焦、京之《易》,大小戴之《礼》,公羊、穀梁之《春秋》,而得《易》之阴阳之变、《春秋》三世之义,曰:孔子之道大,虽不可尽见,而庶几窥其藩矣。惜其弥深太漫,不得数言而赅大道之要也,乃尽舍传说而求之经文。读至《礼运》,乃浩然而叹曰:孔子三世之变、大道之真,在是矣。大同小康之道,发之明而别之精,古今**进化**之故,神圣悯世之深,在是矣……
>
> 今者,中国已小康矣,而不求**进化**,泥守旧方,是失孔子之意,而大悖其道也,甚非所以安天下乐群生也,甚非所以崇孔子同大地也。且孔子之神圣,为人道之**进化**,岂止大同而已哉![1]

上引的两段话,皆是"大同三世说"的要义。康有为自称其读到《礼运篇》后,方明大同小康之道,方明孔子三世说之精义。前两处的"进

(接上页)是康有为的亲笔:"孔子生二千四百五十一年辛丑九月,即光绪廿七年,注于英属槟榔屿督署之大庇阁,未成而行,卒业于印度哲孟雄国之大吉岭,时孔子生二千四百五十二年壬寅正月廿四日。礼运注。康有为记。"(见该书第69页)这应是康有为对《〈礼运〉注》所作的题记,而误放入《孟子》微稿中,也恰好说明了《〈礼运〉注》的撰写与完成时间。由此可见康的"倒填日期"。《礼运》注》的部分章节最初发表于1913年《不忍》杂志上,同年以《演孔丛书》在上海广智书局出版。以《康有为手稿·五·〈礼运〉注稿》,与1913年上海广智书局版相比较,后一版增加了许多内容。我可以引用以下几条:"礼者,犹希腊之言宪法,特兼该神道,较广大耳。""今埃及录士京古宫,两观中阙犹存,可推考吾古制。""然精气凭虚,终有尽时。少不修养,立归澌灭。达赖、班禅,六世后即失神灵,亦可推也。""埃及万里夹尼罗河,皆石山无土,故室皆用石。希腊、雅典皆石山,又师埃及为石室。""读印度《韦陀经》,与犹太《旧约》,治国皆纳于祭神礼中,盖旧俗所同然也。""美纽约及黄石园博物院有龙骨焉,长数十丈,全体皆具。"(见《〈礼运〉注》,姜义华、张荣华编校:《康有为全集》,第5集,第554、559、560、564页)这些新增的内容,都是康有为离开大吉岭之后又增加的。后一项比较工作,是余一泓帮助完成的。

[1]《〈礼运〉注》,姜义华、张荣华编校:《康有为全集》,第5集,第553—554页;《康有为手稿·五·〈礼运〉注稿》(大象出版社,2014年),第29—30页。黑体是引者所标。

化",指三世之更替,是由孔子发明的,应与达尔文、赫胥黎的学说无涉;且若将"进化"一词改为"进步""变化""更替"等词,意思也是相同的。最后一处的"进化",指孔子将不以"大同"为人类发展之终点,进化是没有止境的。

《礼运篇》中最为重要的内容,为"大同"一段,文曰:

> 大道之行也,与三代之英,丘未之逮也,而有志焉。大道之行也,天下为公,选贤与能,讲信修睦。故人不独亲其亲,不独子其子,使老有所终,壮有所用,幼有所长,矜寡孤独、废疾者,皆有所养。男有分,女有归。货恶其弃于地也,不必藏于己。力恶其不出于身也,不必为己。是故谋闭而不兴,盗窃乱贼而不作,故外户而不闭。是谓大同。

康有为在注释这一段时,3次使用"进化"一词。其文为:

> 大道者何?人理至公,太平世大同之道也。三代之英,升平世小康之道也。孔子生据乱世,而志则常在太平世,必**进化**至大同,乃孚素志。至不得已,亦为小康。
>
> 故公世,人人分其仰事俯畜之物产财力,以为公产,以养老、慈幼、恤贫、医疾。惟用壮者,则人人无复有老病、孤贫之忧。俗美种良,**进化**益上,此父子之公理也。分者,限也。男子虽强,而各有权限,不得逾越。归者,巙也。女子虽弱,而巙然自立,不得陵抑。各立和约而共守之,此夫妇之公理也。
>
> 然人之恒言曰:天下国家身,此古昔之小道也。夫有国、有家、有己,则各有其界而自私之。其害公理而阻**进化**,甚矣。惟天为生人之本,人人皆天所生而直隶焉。凡隶天之下者皆公之,故不独不得立国界,以至强弱相争。并不得有家界,以至亲爱不广。且不得有身界,以至货力自为。故只有天下为公,一切皆本公理而已。[1]

---

[1] 《〈礼运〉注》,姜义华、张荣华编校:《康有为全集》,第5集,第554—555页;《康有为手稿·五·〈礼运〉注稿》,第2—3页,文字稍有异,意思相同。黑体是引者所标。

以上第一段与第三段，康使用"进化"一词，说的依旧是三世之更替，与该书《叙》中所述完全相同。第二段的情况比较复杂，康有为使用了"俗美""种良"两个概念（康在后文称"化俗久美，传种改良"）。"公世"与"公产"，似属"俗美"；康也提及"壮者"，以及"强""弱"的概念，但没有具体谈到如何达到"种良"。此处的"进化益上"是否属人种学或生物学上的"进化"，从康自己的说法中还是难以确定的。

康有为在《〈礼运〉注》中，其他3次使用"进化"一词的情况如下。《礼运篇》中有古史一段：

> 昔者，先王未有宫室，冬则居营窟，夏则居橧巢。未有火化，食草木之实、鸟兽之肉，饮其血，茹其毛。未有麻丝，衣其羽皮。后圣有作，然后修火之利，范金合土，以为台榭、宫室、牖户。以炮，以燔，以烹，以炙，以为醴酪。治其麻丝，以为布帛。以养生送死，以事鬼神上帝，皆从其朔。

这是历史进步的描述。康在注释中使用了"进化"一词：

> ……凡大地先民皆然也。当此时，知识未开，**进化**甚难，不知几经千万年，而后知火化、铸金、治麻、织丝之事也。修火利者，熟治万物也。范金者，铜期、铁期之铸铜铁为器也。合土者，陶、瓦、瓴、甓、瓯之类。榭，器之所藏也。炮，裹烧之。燔，加火上。烹，煮之镬。炙，贯之火上。为醴，蒸酿之也。酪，酢截。朔，始也。火利，或言出燧人，或言出神农。范金合土，或言出黄帝。其实古无文字，难知所出。故孔子只言后圣也。[1]

康有为此处所说的"进化"，是人类克服自然的历史进程，是历史进步说，其中还突出了"后圣"——燧人、神农、黄帝的作用，应当说与达尔文、赫胥黎的学说是没有太多关系的。《礼运篇》中有"故人者，天地

---

[1]《〈礼运〉注》，姜义华、张荣华编校：《康有为全集》，第5集，第559页；《康有为手稿·五·〈礼运〉注稿》，第13页。黑体是引者所标。

之心也，五行之端也，食味、别声、被色而生者也"一段，康有为在注释中亦使用"进化"一词：

> 以其有智慧文理，故口能食味，耳能别声，目能被色，精益求精，以求**进化**，礼以节之，此所以日启文明也。孔子以人有阴阳、仁义、智慧、文理、食味、别声、被色，故所制之礼，悉因人性情也，所谓道不远人。[1]

康有为此处所说的"进化"，也是文明进步之意。《礼运篇》中有"修义"一段：

> 故圣人修义之柄，礼之序，以治人情。故人情者，圣王之田也。修礼以耕之，陈义以种之，讲学以耨之，本仁以聚之，播乐以安之。故礼也者，义之实也。协诸义而协，则礼虽先王未之有，可以义起也。

康有为在注释中继续使用"进化"一词：

> ……故礼无定，而义有时。苟合于时义，则不独创世俗之所无，虽创累千万年圣王之所未有，益合事宜也。如人道之用，不出饮食、衣服、宫室、器械、事为，先王皆有礼以制之。然后世废尸而用主，废席地而用几桌，废豆登而用盘碟，千年用之，称以文明，无有议其变古者而废之。后此之以楼代屋，以电代火，以机器代人力，皆可例推变通，尽利实，为义之宜也。拘者守旧，自谓得礼，岂知其阻塞**进化**、大悖圣人之时义哉！此特明礼是无定，随时可起，无可泥守也。[2]

---

[1]《〈礼运〉注》，姜义华、张荣华编校：《康有为全集》，第5集，第563页；《康有为手稿·五·〈礼运〉注稿》，第19页。黑体是引者所标。
[2]《〈礼运〉注》，姜义华、张荣华编校：《康有为全集》，第5集，第567—568页；《康有为手稿·五·〈礼运〉注稿》，第24页。黑体是引者所标。

康有为此处所说的"进化",与前相同,还是文明进步之意。

从以上康有为在《礼运》注中9次使用"进化"一词的具体情况来看,我以为,除了含义不清的"种良"外,康主要是在借用其名词,与达尔文、赫胥黎的进化论学理似乎没有太大的关系。换言之,康若不接触到西方的进化论,也不会影响其得出《礼运》注中的见解与结论。

《〈孟子〉微》

《〈孟子〉微》是康有为对《孟子》一书的注解,也是"大同三世说"的重要著作之一。该书署日期为"孔子二千四百五十三年,光绪二十七年冬至日",即1901年12月22日,但不排除康有为此后又有修改。[1] 康有为在《〈孟子〉微》中,一共21次使用"进化"之词,也用"竞争""天演"之词。先来看"进化",我在这里举3个例子,并试图将与其相同、相近的用法进行合并。

其一,《孟子·滕文公》中称:

> ……故曰:或劳心,或劳力,劳心者治人,劳力者治于人。治于人者食人,治人者食于人,天下之通义也。当尧之时,天下犹未平,洪水横流,泛滥于天下,草木畅茂,禽兽繁殖,五谷不登,禽兽逼人,兽蹄鸟迹之道交于中国。尧独忧之,举舜而敷治焉。舜使益掌火,益烈山泽而焚之,禽兽逃匿。禹疏九河,瀹济、漯而注诸海,决汝、汉,排淮、泗而注之江,然后中国可得而食也。当是

---

[1] 光绪二十七年冬至日为该年十一月十二日。光绪二十八年(1902)《新民丛报》上刊出《〈孟子〉微》的《自序》及总论数节,1913年在《不忍》杂志上刊出部分章节,1916年由上海广智书局刊印。又,康有为在该书广智书局本中称:"孔子二千四百五十三年,光绪二十七年冬至日",在《新民丛报》署日期又称:"孔子二千四百五十二年,即光绪二十七年冬至日",在《康有为手稿·六·〈孟子〉微稿》中再称:"孔子生二千四百五十一年辛丑九月,即光绪廿七年,注于英属槟榔屿督署之大庇阁,未成而行,卒业于印度哲孟雄国之大吉岭,时孔子生二千四百五十二年壬寅正月廿四日。礼运注。康有为记。"以上三处的孔子生年皆不同,原因不明。而《〈中庸〉注》《〈春秋〉笔削微言大义考》之孔子生年,与《康有为手稿·六·〈孟子〉微稿》所记"礼运注"使用年份相同。

时也，禹八年于外，三过其门而不入，虽欲耕，得乎？后稷教民稼穑，树艺五谷，五谷熟而民人育。人之有道也，饱食、暖衣、逸居而无教，则近于禽兽。圣人有忧之，使契为司徒，教以人伦：父子有亲，君臣有义，夫妇有别，长幼有序，朋友有信。放勋曰：劳之来之，匡之直之，辅之翼之，使自得之，又从而振德之。圣人之忧民如此，而暇耕乎？尧以不得舜为己忧，舜以不得禹、皋陶为己忧。夫以百亩之不易为己忧者，农夫也。分人以财谓之惠，教人以善谓之忠，为天下得人谓之仁。是故以天下与人易，为天下得人难。孔子曰：大哉尧之为君！惟天为大，惟尧则之，荡荡乎民无能名焉！君哉，舜也！巍巍乎有天下而不与焉！尧、舜之治天下，岂无所用其心哉？亦不用于耕耳。

此中之所言是圣人功绩与历史进步，是孟子从"劳力""劳心"之别而引发的。康对此作注称：

> 草昧初开，为大鸟兽之世，及人类渐繁，犹日与禽兽争。今亚、非洲中央犹然，且大兽伤人尤多。今印度，岁死于虎狼者数万计，可知人兽相争之剧。中古人与人争地，故以灭国俘房为大功。上古人与兽争，故以烈山泽、逐禽兽为大功。尧、舜之时，兽蹄鸟迹之道交于中国，至周公时，尚以兼夷狄、驱猛兽为言。今则中原之地，猛兽绝迹，田猎无取，此后人道大强，兽类将灭。盖**生存竞争**之理，人智则灭兽，文明之国则并野蛮，**优胜劣败**，**出自天然**。而所以为功者，亦与时而推移。野蛮既全并于文明，则太平而大同矣。猛兽既全并于人类，惟牛、马、犬、羊、鸡、豕，豢养服御者存，则爱及众生矣。此仁民爱物之等乎？国之文明，全视教化。无教之国，即为野蛮。无教之人，近于禽兽。故先圣尤重教焉。五伦之立，据乱世之人道也。生我及我生者为父子，同生者为兄弟，合男女为夫妇，有首领服属为君臣，有交游知识为朋友，此并世相接之人天。然交合之道非强立者，圣人但因而教之。父子天性也，故立恩而益亲。兄弟天伦也，故顺秩而有序。男女不别，则父子不亲。太古男女随意好合，夫妇皆无定分，既乱人种，又难育繁人类，故特别正定为夫妇，以定种姓而传嗣

续。若君臣无义，则国体不固，而不能合大群。朋友无信，则交道不行，而无以成群会。凡五伦之设，实为合群之良法也。而合群之后，乃益求**进化**，则自有太平大同之理。[1]

这是康有为著述中最接近于进化论的言词，故将之尽量引全。然若细细考察，不难发现，康有为所言"生存竞争"，实际上说的是"文明"战胜"野蛮"；"教化""五伦"是"先圣"所制，方能至于"合群"（即组织群体乃至于国家）；进化的阶梯则由"乱世"而逐次走向"太平""大同"。这些与达尔文、赫胥黎的进化论学说，仍有着明显的差异。

其二，《孟子·离娄》中称：

> 禹、稷当**平世**，三过其门而不入，孔子贤之。颜子当**乱世**，居于陋巷，一箪食，一瓢饮，人不堪其忧，颜子不改其乐，孔子贤之。孟子曰：禹、稷、颜回同道。禹思天下有溺者，由己溺之也。稷思天下有饥者，由己饥之也。是以如此其急也。禹、稷、颜子易地则皆然。

孟子提到了"平世"与"乱世"的概念，这也是"大同三世说"最重要的依据。康对此作注称：

> 《春秋》要旨分三科：据乱世，升平世，太平世，以为**进化**，《公羊》最明。孟子传《春秋公羊》学，故有平世、乱世之义，又能知平世、乱世之道各异。
>
> 孟子此说，可证《公羊》为学孔学之正法。学者由此学孔道，方有可入。由此言**进化**治教，方不歧误耳。《春秋》三世，亦可分而为二。孔子托尧、舜为民主大同之世，故以禹、稷为平世，以禹、

---

[1]《〈孟子〉微》，姜义华、张荣华编校：《康有为全集》，第 5 集，第 495—496 页。黑体为引者所标。这一段注文在《康有为手稿·六·〈孟子〉微稿》（大象出版社，2014 年）中不存，有可能是原文缺失；该段注文在 1916 年广智书局初次刊出时，被列为《辟异第十八》。

汤、文、武、周公为小康君主之世，故以颜子为乱世者，通其意，不必泥也。[1]

康有为此处将据乱世、升平世、太平世之三世之更替，当作"进化"。与此相同或接近的用法，《〈孟子〉微》中另有5处。[2]

其三，《孟子·公孙丑》称：

> 孟子曰：人皆有不忍人之心。先王有不忍人之心，斯有不忍人之政矣。以不忍人之心，行不忍人之政，治天下可运之掌上。所以谓人皆有不忍人之心者，今人乍见孺子将入于井，皆有怵惕恻隐之心，非所以内交于孺子之父母也，非所以要誉于乡党朋友也，非恶其声而然也。由是观之，无恻隐之心，非人也。无羞恶之心，非人也。无辞让之心，非人也。无是非之心，非人也。恻隐之心，仁之端也。羞恶之心，义之端也。辞让之心，礼之端也。是非之心，智之端也。人之有是四端也，犹其有四体也。

---

[1] 《〈孟子〉微》，姜义华、张荣华编校：《康有为全集》，第5集，第421—422页；《康有为手稿·六·〈孟子〉微稿》，第8页。黑体为引者所标。

[2] 康有为在《〈孟子〉微》中称："孟子之道，一切出于孔子。盖孔子为制作之圣，大教之主。人道文明，**进化**之始，太平大同之理，皆孔子制之以垂法后世，后世皆当从之，故谓百王莫违也。孔门多言百世，三十年为一世，百世则三千年，莫有能违孔子者。"（姜义华、张荣华编校：《康有为全集》，第5集，第425页；《康有为手稿·六·〈孟子〉微稿》，第11页）又称："盖《春秋》有三世**进化**之义，为孔子圣意之所寄。"（姜义华、张荣华编校：《康有为全集》，第5集，第425页；《康有为手稿·六·〈孟子〉微稿》，第12页）又称："无以据乱说为升平说，泥执之，则不能**进化**，而将退于野蛮。又无以太平说为据乱，误施之，则躐等而行，将至大乱。"（姜义华、张荣华编校：《康有为全集》，第5集，第444页；《康有为手稿·六·〈孟子〉微稿》，第40—41页）又称："孔子先发大夫不世之义，故乱世去大夫，升平去诸侯，太平去天子，此进化次第之理。今法、德、意、西班牙、日本各国，亦由暂削封建而归于一，亦定于一之义也。"（姜义华、张荣华编校：《康有为全集》，第5集，第450页；这一段注文在《康有为手稿·六·〈孟子〉微稿》中不存，很可能是贴页脱落）又称："平世曰平，乱世曰治，此**进化**之差也。不忍之心，圣贤至盛，安民之志，朝夕系怀。不获乎上，无以治民，既遇英主，更思藉手。"（姜义华、张荣华编校：《康有为全集》，第5集，第502页；《康有为手稿·六·〈孟子〉微稿》，第120—121页）以上，黑体是引者所标。

其中最重要的概念是"不忍"和"仁""义""礼""智"之"四端"。康有为对此作注称：

> 不忍人之心，仁也，电也，以太也，人人皆有之，故谓人性皆善。既有此不忍人之心，发之于外，即为不忍人之政。若使人无此不忍人之心，圣人亦无此种，即无从生一切仁政。故知一切仁政，皆从不忍之心生，为万化之海，为一切根，为一切源。一核而成参天之树，一滴而成大海之水。人道之仁爱，人道之文明，人道之**进化**，至于太平大同，皆从此出。孟子直指出圣人用心，为儒家治教之本，霹雳震雷，大声抉发，学者宜体验而扩充矣……言性善者，平世之法，令人人皆有平等自立，故其法**进化**向上为多，孟子之说是也。各有所为，而孟子之说远矣，待人厚矣，至平世之道也。[1]

康有为此处将"仁爱""文明""平等"或通向"仁爱""文明""平等"的进程，都比之为"进化"。他在《〈孟子〉微》一书中，言及进化一词的，大多数即是此义。[2]

---

[1] 《〈孟子〉微》，姜义华、张荣华编校：《康有为全集》，第5集，第414页；《康有为手稿·六·〈孟子〉微稿》，第3页。黑体为引者所标。又，"电也，以太也"，在《新民丛报》刊出时无。

[2] 康有为在《〈孟子〉微》中称："佛之戒杀，在孔子太平世必行之道，但佛倡之太早，故未可行。必待太平世，乃普天同乐，众生同安，人怀慈惠，家止争杀，然后人人同之也。凡世有**进化**，仁有轨道，世之仁有大小，即轨道大小，未至其时，不可强为。孔子非不欲在拨乱之世遽行平等、大同、戒杀之义，而实不能强也。可行者乃谓之道，故立此三等以待世之**进化**焉。"（姜义华、张荣华编校：《康有为全集》，第5集，第415—416页；这段注文在《康有为手稿·六·〈孟子〉微稿》中不存，很可能是贴页脱落）又称："人人性善，文王亦不过性善，故文王与人平等相同。文王能自立为圣人，凡人亦可自立为圣人。而文王不可时时现世，而人当时时自立，不必有所待也。此乃升平世之法，人益不可暴弃自贼，失豪杰之资格矣。此皆孟子鼓舞激厉，**进化**自任之特义。盖自立进取乃人生第一义，万不可自弃者也。"（姜义华、张荣华编校：《康有为全集》，第5集，第418页；《康有为手稿·六·〈孟子〉微稿》，第4页）又称："人人独立，人人平等，人人自主，人人不相侵犯，人人交相亲爱，此为人类之公理，而**进化**之至平者乎！此章孟子指证圣之法，太平之方，内圣外王之道，尽于是矣，学者宜尽心焉！"（姜义华、张荣华编校：《康有为全集》，第5集，第423页；《康有为手稿·六·〈孟子〉微稿》，第9页）又称："此孟子明人禽之界，即在仁义与不仁义之分，**进化**退化，（转下页）

然在《孟子微》一书中，康有为还使用了"天演"一词。[1]《孟子·梁惠王》称：

孟子见梁惠王。王曰：叟！不远千里而来，亦将有以利吾国乎？孟子对曰：王！何必曰利？亦有仁义而已矣……

《孟子·告子》又称：

……为人臣者怀仁义以事其君，为人子者怀仁义以事其父，为人弟者怀仁义以事其兄，是君臣、父子、兄弟去利，怀仁义以相接

（接上页）相去几希。言之深切，因历举诸圣，而自明传孔子之道也。"姜义华、张荣华编校：《康有为全集》，第 5 集，第 425 页；《康有为手稿·六·〈孟子〉微稿》，第 11 页）又称："盖惟人人有此性，而后得同好仁而恶暴，同好文明而恶野蛮，同好**进化**而恶退化。积之久，故可至太平之世、大同之道、建德之国也。若无好懿德之性，则世界只有退化，人道将为禽兽相吞食而立尽，岂复有今之文明乎？"（姜义华、张荣华编校：《康有为全集》，第 5 集，第 427 页；这段注文在《康有为手稿·六·〈孟子〉微稿》中不存，有可能是原文缺失）又称："此言能仁而不嗜杀者，能一天下……若天下之定于一，此乃**进化**自然之理。人道之始，由诸乡而兼并成部落，由诸部落兼并而成诸土司。"（姜义华、张荣华编校：《康有为全集》，第 5 集，第 451 页；《康有为手稿·六·〈孟子〉微稿》，第 34 页）又称："孔子道主**进化**，不主泥古，道主维新，不主守旧，时时**进化**，故时时维新。《大学》第一义在新民，皆孔子之要义也。孟子欲滕**进化**于平世，去其旧政，举国皆新，故以仁政新之。盖凡物旧则滞，新则通。旧则板，新则活。旧则锈，新则光。旧则腐，新则鲜。伊尹曰：用其新，去其陈，病乃不存。天下不论何事何物，无不贵新者。孟子言新子之国，盖孔门非常大义，可行于万世者也。"（姜义华、张荣华编校：《康有为全集》，第 5 集，第 455 页；这段注文在《康有为手稿·六·〈孟子〉微稿》中不存，有可能是原文缺失）又称："凡有国者，皆知以土地为宝，而不知能保护爱养其人民，令其繁孽**进化**，乃为宝也。所以经理之者，则在政事损益，讲求日进无已，务去其弊，而为公益。"（姜义华、张荣华编校：《康有为全集》，第 5 集，第 470 页；《康有为手稿·六·〈孟子〉微稿》，第 67 页）以上，黑体是引者所标。

[1] 在我的阅读经验中，除去给邱菽园的诗外（后将叙及），康有为在文中初次使用"天演"一词，是其在光绪二十七年（1901）所作《印度游记》："十月二十八日二时，船行二百二十二英里，海浪如镜，风日晴平。但回首中原，去国日远，怀思惘惘耳！船主出印度图及恒河图、印度铁路图，相与考证。同船二英女出阿尔兰非利群岛诸影画同观，弱肉强食，**天演**自然，而惜非利群之阿军鸦道自立之不成也。"（姜义华、张荣华编校：《康有为全集》，第 5 集，第 510 页）"阿尔兰非利群岛"，似为"菲律宾岛"（Island Philippines）；"阿军鸦道"，又称阿军鸦度，今译阿奎纳多（Emilio Aguinaldo），菲律宾的首任总统。又，该文康有为生前未发表。

也，然而不王者，未之有也。何必曰利？

康对此作注称：

> 孟子所戒，是怀争夺心者，不和不均甚矣，是利心不可怀也。进于文明，升于太平之界，皆视此矣。或谓**天演**人以竞争，安能去利心？不知竞争于仁义亦争也。若必怀利心，是乱世与平世之所由异，而太平终无可望之日矣。[1]

值得注意的是，康有为是在否定的意义上谈"天演"的。按照大同三世说的理论，到了大同社会，一切平等，仁义是社会的基本准则，不应当注重私利。这就出现一个矛盾：既然太平世（大同）"去利"而"怀仁义"，那么，从"利心"出发而"竞争"，即所谓"天演"，在太平世就没有存在的理由。康在此处还玩了一个文字游戏，称太平世进行的是"仁义"的"竞争"。"进化"与"天演"，康使用这两个名词代表着两种不同的意思，亦有着对立、相反的评价。与上述引文内容相近或大体相同，涉及"竞争""平均""公理"的，《〈孟子〉微》中还有2处。[2]

《〈中庸〉注》

《〈中庸〉注》是康有为对《礼记·中庸》一篇的注解，也是"大同

---

[1] 《〈孟子〉微》，姜义华、张荣华编校：《康有为全集》，第5集，第440页；《康有为手稿·六·〈孟子〉微稿》，第26页。黑体是引者所标。

[2] 康有为在《〈孟子〉微》中称："愚谓生人皆同胞同与，只有均爱，本无厚薄。爱之之法，道在平均。虽天之生人，智愚强弱之殊，质类不齐，竞争自出，**强胜弱败，物争而天自择之**，安能得平？**然不平者天造之，平均者圣人调之**。故凡百制度礼义，皆以趋于平而后止，而平之为法，当重民食为先。"（姜义华、张荣华编校：《康有为全集》，第5集，第420页；这段注文在《康有为手稿·六·〈孟子〉微稿》中不存，有可能是原文缺失）又称："此明仁、不仁之敌，不敌。**人道竞争，强胜弱败，天之理也**。惟太平世，**则不言强力，而言公理**。言公理，则尚德尚贤。然而文王以百里而兴，纣以天下而亡，则仁最强，不仁为最弱矣。"（姜义华、张荣华编校：《康有为全集》，第5集，第448页；《康有为手稿·六·〈孟子〉微稿》，第31页）黑体是引者所标。

三世说"的重要著作之一。该书《叙》署日期为光绪二十七年（1901）二月，但出版的时间为1916年。[1]康有为在《〈中庸〉注》中，一共11次使用"进化"之词，也提到"物竞天择"，具体的使用情况与《〈礼运〉注》《〈孟子〉微》大体相同。我在这里举3个例子，并试图将与其相同、相近的用法进行合并。

其一，《中庸》称："王天下有三重焉，其寡过矣乎！"康有为对此作注称：

> 三重者，三世之统也。有拨乱世，有升平世，有太平世。拨乱世，内其国而外诸夏。升平世，内诸夏而外夷狄。太平世，内外远近大小若一。每世之中，又有三世焉。则据乱亦有乱世之升平、太平焉，太平世之始，亦有其据乱、升平之别。每小三世中，又有三世焉。于大三世中，又有三世焉。故三世而三重之，为九世。九世而三重之，为八十一世。展转三重，可至无量数，以待世运之变，**而为进化之法**。此孔子制作所以大也。盖世运既变，则旧法皆弊而生过矣，故必**进化**而后寡过也。[2]

康有为的这段注文，是"大同三世说"的重要内容，其中两次使用"进化"，皆是拨乱、升平、太平三世之更替之意。与此接近的用法，《〈中庸〉注》中还另有1处。[3]

---

[1]《〈中庸〉注·叙》于1913年在《不忍》杂志上刊出，称言："孔子生二千四百五十一年，康有为避地于槟榔屿英总督署之明夷阁……""光绪二十七年辛丑春二月，康有为叙。"查康有为光绪二十六年七月从新加坡移居槟榔屿，此处的"孔子生二千四百五十一年"，似指光绪二十七年，这与《康有为手稿·六·〈孟子〉微稿》中所记"礼运注"的时间是一致的，但为何能如此之快即可成书，且同时在进行《〈礼运〉注》《〈春秋〉笔削大义微言考》等书的著述，我尚难以解释。该书于1916年由上海广智书局刊印单行本。

[2]《〈中庸〉注》，姜义华、张荣华编校：《康有为全集》，第5集，第387页。黑体为引者所标。

[3] 康有为在《〈中庸〉注》中称："三十年为一世，百则三千也。孔子发明据乱、小康之制多，而太平、大同之制少。盖委曲随时，出于拨乱也。孔子之时，世尚多稚，如养婴儿者，不能遽待以成人，而骤离于襁褓。据乱之制，孔子之不得已也。然太平之法，大同之道，固预为灿陈，但生非其时，有志未逮耳。**进化**之理，有一定之轨道，（转下页）

其二,《中庸》称:"万物并育而不相害,道并行而不相悖。小德川流,大德敦化。此天地之所以为大也。"康有为对此作注称:

> 盖尝论之,以古今之世言之,有据乱、升平、太平之殊,不可少易。而以大地之世言之,则亦有拨乱、升平、太平之殊,而不可去一也。即以今世推之,中国之苗瑶侗僮,南洋之巫来由、吉宁人,非洲之黑人,美洲之烟剪人,今据乱世之据乱矣。印度、土耳其、波斯颇有礼教政治,可谓据乱之升平矣。若美国之人人自主,可谓据乱之太平矣。今治苗瑶黎侗、非洲黑人之法,必设以酋长,别其男女,教之读书,粗定法律,严其争杀,导之礼让,斯可矣。若遽行美国之法,则躐等而争杀必多。待**进化**至于印度、波斯,乃可进变于美国也。太平与据乱相近而实远,据乱与升平相反而实近。而美国风俗之弊坏,宜改良**进化**者,其道固多。若所以教中国之苗人,非洲之黑人,则教据乱之法,尚不能去也。将来太平之世,各种未齐,亦必有太平之据乱者存,此亦无如何者也。故今者大地之中,三世之道并行,法则悖矣,而治世之意各得其宜,则未尝小悖也。中国之苗瑶侗僮,番黎狆狑,与我神明之胄并育一也,各用其据乱、升平之道而不相害。美洲之土人与白人并育一也,各用其据乱、升平之道而不相害。非洲黑人与白人并育一也,各用据乱、升平之道而不相害。若夫一世之中,条理万千,乃成治法,如百川之纷流焉。礼仪三百,威仪三千,孔子之小德也。若其大旨,无论治法之相反相悖,要以仁民爱物,加厚而**进化**之。知、仁、勇,孔子之大德也。惟其道能错行代明,并育不害,并行不悖,此孔子所以与天地同大也。[1]

(接上页)不能超度。既至其时,自当变通。故三世之法、三统之道各异,苦衷可见,但在救时。孔子知三千年后必有圣人复作,发挥大同之新教者。"(姜义华、张荣华编校:《康有为全集》,第5集,第388页)黑体为引者所标。

[1]《〈中庸〉注》,姜义华、张荣华编校:《康有为全集》,第5集,第389—390页。黑体为引者所标。"巫来由"(Melayu),巫人,马来人,康有为曾作短文《巫来由记》(见姜义华、张荣华编校:《康有为全集》,第7集,第214页);"吉宁"(Kling),在今新加坡、马来西亚等处居住的南印度移民;"烟剪人",似为印第安人(Indian)。"波斯",今伊朗。

康有为此处用了3个"进化",说明的是从野蛮到文明的进步。处于据乱、升平之世的人种,当各行其礼法,不可超越,以待其"进化"(进步)。与此相同或接近的用法,《〈中庸〉注》中还另有3处。[1]

其三,《中庸》称:"故天之生物,必因其材而笃焉。故栽者培之,倾者覆之。"康有为对此作注称:

> 材,质也。笃,厚也。栽,植也。天之生人,一视无私,而有富贵贫贱、愚智寿夭、安乐患难、诸夏夷狄之万殊迥别,惟有因之而已。譬如草木,美种而壮良者,天则繁植之。恶种而微弱者,天则剪覆之也。**物竞天择,优胜劣败**。孔子发天因之理以劝之,竞于大德,而后克受天休也。[2]

这是康有为第一次使用"物竞天择"一词,但称其是孔子发明的"天因之理",且是"大德"的竞争,而后能得"天休"。[3] 这与严复译"物竞

---

[1] 康有为在《〈中庸〉注》中称:"圣人含元吐精,本无量热实之诚,而大发其光力,以运持世宙,照临下土,无所收缩,尽其性也。明德既明,民皆维新,自**进化**于文明,尽人性也。"(姜义华、张荣华编校:《康有为全集》,第5集,第382页)又称:"……故德性则履中和之极,蹈规矩之常。学问则发人道之中,顺天理之正。庶几道中庸矣。然天人**进化**,无有穷尽,不可守旧以自安。凡已过之故迹,可温寻考验,以证其得失。凡未著之新理,可深思力索,以知其变通。夫故者,大地千万年之陈迹,不温寻之,则不知**进化**之由,虽欲维新而恐误。新者,万物无穷尽之至理,不考知之,无以为**进化**之法,虽能胜古而亦愚。孔子甚爱古迹,尤好新法。"(同上书,第386页)又称:"《易》道阴阳,言天地之道,万物之理,消息之微,死生之故,变通**进化**之故,尤为微妙。"(同上书,第391页)以上,黑体皆引者所标。

[2] 《〈中庸〉注》,姜义华、张荣华编校:《康有为全集》,第5集,第376—377页。黑体为引者所标。

[3] 《中庸》中这一段话全文为:"子曰:舜其大孝也与!德为圣人,尊为天子,富有四海之内。宗庙飨之,子孙保之。故大德必得其位,必得其禄,必得其名,必得其寿。故天之生物,必因其材而笃焉。故栽者培之,倾者覆之。《诗》曰:嘉乐君子,宪宪令德。宜民宜人,受禄于天。保佑命之,自天申之。故大德者必受命。"其意为:有大德的人必得厚报,必受命。康有为分成四段来注释,此处所录是第三段。其第一、二段多谈大德。其第四段,即"嘉乐君子",康有为注:"宪,可法也。凡物种之克存而繁植,必其与人地时世相宜者。政教之先成而光大,必其与民人相宜者。凡物之得失难言,而宜不宜易见,孔子故郑重于一宜。宜则绝无阻碍,人咸应之,天则保佑之,而降以非常之命,使为人物之主也。大德者,积之累世,至仁如天,大智如神。故受此报,(转下页)

天择"的本意,似有着较大的差别。而这一段话,康有为后来参观英国伦敦国立自然历史博物馆时,再次提及于此,并称《中庸》中的这一段,即是赫胥黎的"天演"学说。(后将详述)

《〈春秋〉笔削大义微言考》等著述

康有为此期注释的经典中,还有两部重要著作:《〈春秋〉笔削大义微言考》《〈论语〉注》,皆是"大同三世说"的重要著作。《〈春秋〉笔削大义微言考》完成于1901年8月7日(光绪二十七年六月二十三日)。[1]《〈论语〉注》则完成于1902年4月24日(光绪二十八年三月十七日)。[2] 两书也

(接上页)受天命以降生,而为圣人天子也。大德亦多等差,各视其高下浅深,以为受报受命之禄名轻重而已,孔子以为决之于天焉。"(《〈中庸〉注》,姜义华、张荣华编校:《康有为全集》,第5集,第377页)由此可见康有为的完整思想。

[1] 《康有为手稿·四·〈春秋〉笔削大义微言考》(大象出版社,2014年)上册,录有康有为亲笔的题记:"孔子二千四百五十一年,即光绪二十七年辛丑夏六月二十三日成书于槟榔屿英督署之大庇阁。自庚子朔冬至始著,至是凡阅七月有二十三日,共一百九十七日而成。更生。""矻矻膏焚二百日,茫茫笔削三千年。大义微言揭十一,幸留口说演心传。执器西行曾有梦,抱书东走竟遭焚。太平大道天难丧,蒙难出幽续此文。题写二诗记之。七月二十三日灯下。"(见该书第1页,该两诗文字与现传本稍有差异)光绪二十七年六月二十三日即1901年8月7日,由此可见该书的写作与完成时间。影印的手稿本是现存的最初版本,该书于1917年刊行。姜义华等人称:"……但书中述及1904年'亲历'法国情形,及1911年袁世凯迫清帝退位之事,知全书写成后十余年中续有增补。"(姜义华、张荣华编校:《康有为全集》,第6集,第2页)又,徐致靖为该书作《序》称:"是书水坏于桂林风洞之景风阁,火烧于日本横滨之《清议报》,蒙难居夷,复竭心力补成之。曩所著之《春秋邮》十卷,戊戌之难,失于上海大同书局。"(《春秋笔削微言大义考》,《康南海先生遗著汇刊》,第8册,第2页)徐致靖所言,可能闻之于康有为。

[2] 《康有为手稿·三·〈论语〉注稿》(大象出版社,2014)录有康有为当时所写的序言,称言:"孔子生二千四百五十二年,即光绪二十八年春三月十七日康有为序于印度哲孟雄国之大吉岭。"(第120页)由此可见该书的完成时间。影印的手稿本是现存的最初版本。该书于1917年刊行,该刊本有康有为自题文字:"孔子二千四百六十八年丁巳秋校刊于京师美使馆美森院,蒙难居幽时。更牲。""丁巳"为1917年,是康有为参预"张勋复辟"失败后避居美国公使馆。姜义华等人称:"……但此后屡有增订,全书撰毕当不早于1915年。"(姜义华、张荣华编校:《康有为全集》,第6集,第376页)这是值得重视的判断。又,《〈论语〉注》序言于1913年在《不忍》杂志刊出时,称"孔子生二千四百五十三年,即光绪二十八年癸卯春三月十七日,康有为序于哲孟雄国之大吉岭大吉山馆。"对照原稿,"孔子生二千四百五十三年","三"字看起来很像是"二"所误,"癸卯"为光绪二十九年(1903),当是康有为后来的添加,误。

大量使用"进化"一词：《〈春秋〉笔削大义微言考》共使用40次，《〈论语〉注》共使用21次。两书对于"进化"的基本概念和使用情况，与前已讨论的《〈礼运〉注》《〈孟子〉微》《〈中庸〉注》大体相同，我在此似无必要再一一细加分析。以下我引用康有为在两书中的三段注文，可以看出他在什么样的知识背景下使用"进化"，由此又表达出什么样的概念。

先来看两段注文：

> 孔子有此文明正道，托之鲁《春秋》隐元年至哀十四年史文之中，各寓其义，分张为据乱世、升平世、太平世。于是人事浃，王道备。其有同在一时而治化迥异者，如今美国之自由，当进以太平；欧洲之政治，当进以升平；非洲之野蛮，当进以据乱。且据乱之中，又有升平、太平。如中国之中，有苗、瑶、番、黎，为据乱之据乱；蒙古、西藏、青海，为据乱之升平；内地行省，为据乱之太平。此又各因其地而施其义法。虽法制不同，然各得其所，要于**进化**而已，实道并行而不悖也。进治鸟兽，则为颂平之据乱；进治昆虫，则为颂平之升平；进治草木，则为颂平之太平。推至诸星诸天，**进化**无穷，道亦无穷，皆并行而不悖也。孔子祖述尧、舜，宪章文、武；故《诗》托始文王，《书》托始尧、舜。治法**进化**，由君主而及民主；文王为君主之圣，尧、舜为民主之圣。《春秋》始于据乱立君主，中于升平为立宪君民共主，终于太平为民主。故《春秋》始言文王，终道尧、舜也。孟子言必称尧、舜，孔子之志也。据乱之法，皆不得已而行权，故孔子未敢以为是也。若尧、舜大同太平之法，后之君子必乐道之。《春秋》为文数万，其旨数千。孔子窃取其义，托《春秋》改制而立法，故不在史文而在义。制《春秋》之义，如各国之立宪，法制定而为后世所率由也。然大道无穷，**进化**无极。中人以下，不足语上，其时未可转以告人。故书不尽言，言不尽意。[1]

---

[1] 《〈春秋〉笔削大义微言考》，姜义华、张荣华编校：《康有为全集》，第6集，第310页。黑体是引者所标。而这一段注文对应的经文是：(哀公)"十有四年春，西狩获麟"。这是孔子《春秋》的最后一句话，《公羊传》称："何以书？记异也。何异尔？非中国之兽也。然则孰狩之？薪采者也。薪采者则微者也，曷为以狩言之？大之也。曷为大之？为获麟大之也。曷为为获麟大之？麟者，仁兽也，有王者则至，无王者则（转下页）

孔子之道有三统、三世，此盖藉三统以明三世，因推三世而及百世也。夏、殷、周者，三统递嬗，各有因革损益。观三代之变，则百世之变可知也。盖民俗相承，故后王之起，不能不因于前朝，弊化宜革，故一代之兴，不能不损益为新制。人道**进化**皆有定位，自族制而为部落，而成国家，由国家而成大统。由独人而渐立酋长，由酋长而渐正君臣，由君主而渐为立宪，由立宪而渐为共和。由独人而渐为夫妇，由夫妇而渐定父子，由父子而兼锡尔类，由锡类而渐为大同，于是复为独人。盖自据乱进为升平，升平进为太平，**进化**有渐，因革有由；验之万国，莫不同风。观婴儿可以知壮夫及老人，观萌芽可以知合抱至参天，观夏、殷、周三统之损益，亦可推百世之变革矣。孔子之为《春秋》，张为三世：据乱世则内其国而外诸夏，升平世则内诸夏外夷狄，太平世则远近大小若一。盖推**进化**之理而为之。孔子生当据乱之世，今者大地既通，欧美大变，盖进至升平之世矣。异日，大地大小远近如一，国土既尽，种类不分，风化齐同，则如一而太平矣。孔子已预知之。然世有三重：有乱世中之升平、太平，有太平中之升平、据乱。故美国之**进化**，有红皮土番；中国之文明，亦有苗、瑶、獞、黎。一世之中可分三世，三世可推为九世，九世可推为八十一世，八十一世可推为千万世，为无量世。太平大同之后，其**进化**尚多，其分等亦繁，岂止百世哉？其理微妙，其事精深，子张欲知太平世后之事，孔子不欲尽言，但以三世推之，以为百世可以知也。[1]

在这两段引文中，康有为一共使用了9次"进化"。该词如同标签，随意

（接上页）不至。有以告者曰：有麋而角者。孔子曰：孰为来哉？孰为来哉？反袂拭面，涕沾袍。颜渊死，子曰：噫！天丧予！子路死，子曰：噫！天祝予！西狩获麟，孔子曰：吾道穷矣。"康有为这段注文，也是对《春秋》从隐公到哀公全文的总结性的评论。又，《康有为手稿·四·〈春秋〉笔削大义微言考》是一个残本，只到文公十二年，这一段注文不存。

[1] 《〈论语〉注》，姜义华、张荣华编校：《康有为全集》，第6集，第393页；《康有为手稿·三·〈论语〉注稿》（大象出版社，2014），第21—22页。黑体是引者所标。而这一段注文对应的经文是："子张问：十世可知也？子曰：殷因于夏礼，所损益，可知也；周因于殷礼，所损益，可知也；其或继周者，虽百世，可知也。"（《论语·问政》）

贴在"大同三世说"的学理之上，且在大多数情况下"进化"与"进步"是同一意义的。再来看一段注文：

> 《公羊》称孔子为文王，盖孔子为文明**进化**之王，非尚质退化者也。[1]

在这一段引文中，直称孔子"文明进化之王"。[2]若以此论，"文明进化"本是孔子所主张，康有为对此有所发现。

除了借用、推重、赞美外，康有为对"进化""天演""竞争"仍有一些保留。《〈论语〉注》中有两段值得注意的注文。先看一段。《论语·公冶长》中称："子贡曰：我不欲人之加诸我也，吾亦欲无加诸人。子曰：赐也，非尔所及也。"康对此作注：

> 子赣不欲人之加诸我，自立自由也；无加诸人，不侵犯人之自立自由也。人为天之生，人人直隶于天，人人自立自由。不能自立，为人所加，是六极之弱而无刚德，**天演**听之，人理则不可也。人各有界，若侵犯人之界，是压人之自立自由，悖天定之公理，尤不可也。子赣尝闻天道自立自由之学，以完人道之公理，急欲推行于天下。孔子以生当据乱，世尚幼稚，道虽极美，而行之太早，则如幼童无保傅，易滋流弊，须待**进化**至升平太平，乃能行之。今去此时

---

[1] 《〈论语〉注》，姜义华、张荣华编校：《康有为全集》，第6集，第395页；《康有为手稿·三·〈论语〉注稿》，第24页。黑体是引者所标。而这一段注文对应的经文是："林放问礼之本。子曰：大哉问！礼，与其奢也，宁俭。丧，与其易也，宁戚。"（《论语·八佾》）康有为在注文中加以发挥。

[2] 康有为于1904年参观英国剑桥大学和牛津大学，作《英国监布烈住大学华文总教习斋路士会见记》，称言："……知吾国教最文明、最精深，然后吾种贵；知吾国产有**教主**，道最中庸、最博大、最**进化**、最宜于今世，可大行于欧美全地，莫不尊亲，然后吾种贵；知吾国有最盛美之教，有神明圣王之教主，我全国及各教宜尊奉之，庶将来使大地效之拜之，如欧人之尊敬耶稣然，然后吾种贵。"（姜义华、张荣华编校：《康有为全集》，第8集，第36页，黑体是引者所标）康在周游各国之后，继续宣称孔子的学说是"最进化"，"可大行于欧美全地"。"监布烈住"，Cambridge，剑桥。"华文总教习"，汉学教授。"斋路士"，Herbert Allen Giles，1845—1935，翟理思（又作翟理斯），是剑桥大学第二任汉学教授。

世甚远，非子赣所及见也。[1]

康有为认为，因其本人之孱弱，不能自立，为人所迫，只能听任"加诸"，但不合"人理"（"公理"）；在据乱世还不能推行完全的"自立自由"，须"进化"到了升平世、太平世，方可行之。康由此指出，"加诸"之类的行为，可实行于据乱世，到了升平或太平世，应实行"自立自由"的"人理""公理"。查《康有为手稿·三·〈论语〉注稿》，"不能自立，为人所加，是六极之弱而无刚德，天演听之，人理则不可也"一句，原文作："不能自立，为人所加，是六极之弱而无刚德，□天赋之人理不可也"，并无"天演"一词。[2] 康有为何时改用"天演"一词，尚不可知。再来看一段。《论语·八佾》中称："子曰：君子无所争，必也射乎！揖让而升，下而饮。其争也君子。"康对此作了长篇注文：

> "揖让而升者，《大射》之礼，耦进三揖三让而后升堂也。下而饮，谓射毕揖降，以俟众耦皆降，胜者乃揖不胜者升，取觯立饮也。"胜者袒决，遂执张弓；不胜者袭脱决，拾却左手，右加弛弓于其上而升饮。君子耻之，故平日"恭逊不与人争，惟于射则争。然其争也，雍容揖逊乃如此，则其争也君子，而非若小人之争矣"。修睦为人利，争夺为人患。盖争之极，则杀戮从之，若听其争，大地人类可绝也。然**进化**之道，全赖人心之竞，乃臻文明；御侮之道，尤赖人心之竞，乃能图自存。不然，则人道退化，反于野蛮，或不能自存而并于强者。圣人立教虽仁，亦必先存己而后存人，且尤欲鼓舞大众之共进。故争之害，圣人预防之，而争之礼，圣人特设之。物必有两，而后有争，故礼必分为两。党人必御侮而后能图存，故争心寓于射礼。人必有耻而后能向上，故设胜不胜以致其争心。争既不可无，而又不可极，故示之揖让以为节。争之胜者，挟势凌暴，无所不至，故令饮不胜者以致其慙。礼者，御侮图存，尚耻求胜；两党迭进，人道之大

---

[1]《〈论语〉注》，姜义华、张荣华编校：《康有为全集》，第6集，第411页。黑体是引者所标。又，"子赣"，即子贡，端木赐。
[2]《康有为手稿·三·〈论语〉注稿》，第47页。

义,孔子之微意也。孔子制礼十七篇,皆寓无穷之意,但于射礼见之。凡人道当御侮图存之地,皆当用之。今各国皆立议院,一国之御侮决于是,一国之图存决于是,万国之比较文明定于是,两党之胜负迭进立于是。以争而国治日进而不敢退,以争而人才日进而不敢退,如两军相当,气衰则败。水愈长而堤愈高,交进迭上,无敢退让,以视从容独立无磨砺之者,其进退相反亦远矣。故当仁不让,于射必争。仁孰大于为国民,射孰大于御国侮?故议院以立两党而成治法,真孔子意哉!惟议院哗噪,或致殴争,此则无**揖让**之意。盖教争甚难,益服孔子立**揖让**之礼也。凡礼,皆立两党,则又不止为射起。即万国全合太平大同,而两党互争之义施之于政教艺业,皆不可废者。盖太极两仪之理,物不可不定于一,有统一而后能成;物不可不对为二,有对争而后能进。且当据乱世,人之争心太剧,故以**尚让**革之。若当平世,人之乱杀渐少,则以激争进之。故乱世不可尚争,惟平世而后尚争;小人不可教争,惟君子然后可争。此则万理无定,而在与时消息。如五行之迭王,不能为主持者也。[1]

在这段注文中,康有为承认竞争的必要性,进化是人类走向文明之路,同时也发现了"竞争"与"揖让"之道的对立。他指出揖让之礼的必要性,但仍在尽量调和,提出了很奇特的逻辑:据乱世"尚让",平世"尚争"——据乱世"盖争之极,则杀戮从之,若听其争,大地人类可绝也";到了"平世",则"万国全合太平大同,而两党互争之义施之于政教艺业"。再查《康有为手稿·三·〈论语〉注稿》,注文中"党人御侮而后能图存"一句从"人"之后,至"不能为主持者也"一大段,为贴纸所加写,或许是康后来的贴写,但已不可知其何时所贴所写。[2] 康此期还作《泰西以竞争为进化让义几废》一文,对"让"义再加阐释。(后将详述)

此外,康有为此期还有两部著作,即《〈大学〉注》与《大同书》。《〈大学〉注》现仅存序文;《大同书》此后有着很大的增改,我将该书放

---

[1]《〈论语〉注》,姜义华、张荣华编校:《康有为全集》,第6集,第395—396页。黑体是引者所标。引文中"揖让而升者……""恭逊不与人争……"两句,是朱熹的注语。

[2]《康有为手稿·三·〈论语〉注稿》,第25—26页。

在后面叙述。

从光绪二十六年（1900）七月到光绪二十九年四月，康有为全力进行"大同三世说"的理论建设，完成了以上所述的系列著作。从这些著作中可以看出，"大同三世说"源自"孔子改制说"，即这一理论是由孔子发明，由康有为发现，在其发现过程中并没有受到进化论的影响。也就是说，康有为先有了"大同三世说"的理论，而在其完成这一理论的一系列重要著作——《〈礼运〉注》《〈孟子〉微》《〈中庸〉注》《〈春秋〉笔削大义微言考》《〈论语〉注》之时，恰好又遇到了源自于西方的进化论，随手便将之糅合进去。

康有为在其"大同三世说"的理论著作中，大量使用"进化"一词，但对达尔文、赫胥黎、斯宾塞的学说是活剥生吞的，并没有学理上的透彻理解。为了说明这一点，以上我用了长篇的直接引文（包括中国经典之原文和康的注文），以能显示相应的语境。从上述引文中可以看出，康有为与先前的梁启超相同，采取了拿来主义的态度。"进化"的名词，接近于进化论的叙述，并不改变这些著作原有的基本论点。其中最重要的，是进化的原因与过程。康从中国史籍与孔子著述中得出的"大同三世说"，与达尔文从自然观察中得出的物种进化规律，本属两途，也不能同归。"大同三世说"与源自西方的进化论，是外形有相似之处而学理并不相通的两种学说。如果仔细地阅读康的这些著作原文，不难发现，其中同时存在着多种不同甚至相异的学说，西方进化论的学说只是镶嵌其中，不占重要地位。这正是康学的特点——随意将各种西学甚至中学的学说为其所用，而并不细究其中的学理。

据此，我以为，康有为的"大同三世说"并不是进化论所启迪、所催生的。它原本就已经是一道菜，临出锅前，康又发现了西洋的调料，匆忙加上，只是追求品相更丽、味道更美而已。

四、"发明"与"暗合"：梁启超与康有为的说法

尽管我们有理由说，"大同三世说"不同于西方进化论，康有为也不

是进化论者,但学界已有众多学者称康是进化论者,并在这一明确的命题下大做文章。我以为,这很可能是受到了梁启超的影响。

最早称康有为是进化论者的,是梁启超。光绪二十七年(1901)十一月,梁启超在《清议报》第100期上发表《南海康先生传》,其第七章为《康南海之哲学》,该章第三目称:

> 三、先生之哲学,进化派哲学也。中国数千年学术之大体,大抵皆取保守主义,以为文明世界,在于古时,日趋而日下,先生独发明春秋三世之义,以为文明世界,在于他日,日进而日盛。盖中国自创意言进化学者,以此为嚆矢焉。先生于中国史学用力最深,心得最多,故常以史学言进化之理,以为中国始开于夏禹,其所传尧、舜文明事业,皆孔子所托以明义,悬一至善之鹄,以为太平世之倒影现象而已。又以为世界既进步之后,则断无复行退步之理。即有时为外界别种阻力之所遏,亦不过停顿不进耳,更无复返其初。故孟子言天下之生久矣,一治一乱,其说主于循环;《春秋》言据乱、升平、太平,其说主于进化。二义正相反对。而先生则一主后说焉。又言中国数千年政治虽不进化,而社会甚进化。政治不进化者,专政政体为之梗也;社会进化者,政府之干涉少而人民自由发达也。先生于是推进化之运,以为必有极乐世界在于他日,而思想所极,遂衍为大同学说。[1]

这一年,恰是康有为从槟榔屿转居大吉岭,遍注群经,撰写"大同三世说"的理论著作之时,梁启超却开始通过自学日本语来系统地学习西学,写下了《霍布士学案》《斯片挪莎学案》《卢梭学案》。从后面的结局来看,梁启超撰《南海康先生传》,是对其师的告别,稍稍有点"谢本师"的意味。此后他在思想上与其师分道扬镳。[2] 在这篇仅用48小时、成文

---

[1] 《南海康先生传》,《清议报》第100册,光绪二十七年十一月十一日,中华书局影印本,第6册,第6319页。
[2] 相关的研究,可参阅狭间直树:《〈新民说〉略论》,见狭间直树主编:《梁启超·明治日本·西方——日本京都大学人文科学研究所共同研究报告》,社会科学文献出版社,2001年,第68—94页;狭间直树:《东亚近代文明史上的梁启超》,(转下页)

近两万言、以"Paint me as I am"("勿失吾真相")为目标的传记中,梁启超用刚学到手的西学知识,将其师描写成无师自通的"西学"大家。除了"进化派哲学"外,梁还称康的哲学为"博爱派哲学""主乐派哲学""社会主义派哲学",尤其对"社会主义派"说明甚多,也是康"大同"思想的初次展现。梁对此称言:

> 泰西社会主义,原于希腊之柏拉图,有共产之论,及十八世纪,桑士蒙、康德之徒,大倡之,其组织渐完备,隐然为政治上一潜势力。先生未尝读诸氏之书,而其理想与之暗合者甚多,其论据之本,在《戴记·礼运篇》孔子告子游之语……
>
> ……以上各条,略举大概。至其条理之分目,及其每条所根据之理论,非数十万言不能尽也。先生现未有成书,而吾自十年前,受其口说,近者又专驰心于国家主义,久不复记忆,故遗忘十而八九。此固不足以尽先生之理想。虽然,所述者,则皆先生之言,而毫不敢以近日所涉猎西籍,附会缘饰之,以失其真也。此等理想,在今日之欧美,或不足为奇,而吾独怪乎先生未读一西书,而冥心孤往,独辟新境,其规模如此其宏远,其理论如此其精密也,不得不叉手赞叹曰:伟人哉,伟人哉![1]

梁虽称"毫不敢以近日所涉猎西籍,附会缘饰",但其所用的语词,则出自西学与西义。[2]从"未读一西书,而冥心孤往,独辟新境"的描述中,

---

(接上页)上海人民出版社,2016年,可参看其中第三讲"梁启超思想的独立"及张勇的评论,见该书第 47—67、264—276 页;李浴洋:《梁启超对康有为"大同学说"的选择与叙述》,《励耘学刊》2013 年第 1 期。

〔1〕《南海康先生传》,《清议报》第 100 册,光绪二十七年十一月十一日,中华书局影印本,第 6 册,第 6320、6334 页。"桑士蒙",似为圣西门(Claude-Henri de Rouvroy, Comte de Saint-Simon, 1760—1825);"康德",似为孔德(Isidore Marie Auguste Francois Xavier Comte, 1798—1857)。两人皆是法国思想家。

〔2〕梁启超在该传记中称康有为之宗教:"先生者,孔教之马丁·路得也,其所以发明孔子之道者,不一而足。约其大纲,则有六义:一、孔教者,进步主义,非保守主义。二、孔教者,兼爱主义,非独善主义。三、孔教者,世界主义,非国别主义。四、孔教者,平等主义,非督制主义。五、孔教者,强立主义,非巽懦主义。六、孔教者,重魂主义,非爱身主义。"[《南海康先生传》,《清议报》第 100 册,光绪二十七年十一月(转下页)

又可以肯定，康的"进化派哲学"亦未受西方进化论之影响。我以为，梁在该篇传记中给康所加的各种头衔，包括"进化派哲学"在内，都可不必真在意，这只说明了康的思想是由多种思想体系混合的，梁又用各种名目来比附之。康的本色不是单一的，而是多色杂糅的。梁启超又在该传的"教育家之康南海"中称：

> 先生教育之大段，固可以施诸中国，但其最缺点者有一事，则国家主义是也。先生教育之所重，曰个人的精神，曰世界的理想。斯二者非不要，然以施诸今日之中国，未能操练国民以战胜于竞争界也。美犹为憾，吾不敢为讳。[1]

这是梁启超对康提出的唯一的批评。梁此时颇受国家主义之影响，所言"进化""竞争"，都是以国家为基本单位。梁已经发现，康有为的大同三世说，强调个人的自由、世界的大同，缺少国家之一环，"未能操练国民以战胜于竞争界"。据此来看梁对康"进化派哲学"的评价，已经是打了折扣。

光绪二十八年起，梁启超开始在《新民丛报》第3号上连载其重要著作《论中国学术思想变迁之大势》，至光绪三十年十一月，他在《新民丛报》第58号上刊出该著的最后一篇，谈"最近世"之学术时，称言：

> ……南海则对于此种观念，施根本的疗治也。三世之义立，则以进化之理，释经世之志，遍读群书，而无所于阂，而导人以向后之希望，现在之义务。夫三世之义，自何邵公以来，久暗智焉，南海之倡此，在达尔文主义未输入中国以前，不可谓非一大发明也。[2]

梁启超再次将"三世说"认定为"进化之理"，再次肯定是在达尔文主义

（接上页）十一日，中华书局影印本，第6册，第6311—6312页］相同的言论还很多，不再一一举例。

[1]《南海康先生传》，《清议报》第100册，光绪二十七年十一月十一日，中华书局影印本，第6册，第6311页。

[2]《论中国学术思想变迁之大势》，《新民丛报》第三年第十号（原第58号），光绪三十年十一月初一日，中华书局影印本，2008年，第9册，第8009—8010页。又见于《饮冰室合集》，中华书局版，第1册，文集之七，第99页。

传入中国之前，由康独立"发明"的，没有受到严复《天演论》影响的本国产品。

我们现在还找不到相关的材料，可证明康有为本人读过《南海康先生传》和《论中国学术思想变迁之大势》，也无从了解康对此的态度。

光绪二十九年四月，康有为离开印度大吉岭之后，开始其全球的旅行。次年（1904）秋，康在英国伦敦参观了"生物史院"，即自然历史博物馆。康在《英国游记》中非常详细地叙述了馆中的收藏、展示和他本人参观过程。[1] 在该文中，康对达尔文、赫胥黎和进化论发表了一番感叹：

> 此院生物诡状异形，不可胜录，姑举其至异者，以资考识新理耳。入门即见达尔文、赫胥黎石像，为之欣悦，如见故人。赫君发天演之微言，达生创物化之新理。哲学既昌，耶教上帝造人之说遂坠。他日大教之倒以区区生物之理，此破落之所关，亦至巨哉。二生之说，在欧土为新发明，然鄙人二十余年未读一字西书，穷推物化，皆在天人自然之推排，而人力抗天自为之，已与暗合，与门人多发之。故于二生但觉合同而化，惟我后起，既非剿袭，亦不相师。惟二生之即物穷理发挥既透，亦无劳鄙人之多言也。东海西海，心同理同，只有契合昭融而已。然子思曰："天之生物，必因其材而笃焉；栽者培之，倾者复之。"赫生天演之义也。庄子曰："程生马，马生人"；"万物皆出于机，入于机"。达生物生人之说也。吾华先哲其先发于三千年矣。何异焉！[2]

康有为在此明确提出："鄙人二十余年未读一字西书，穷推物化"，"已与暗合，与门人多发之"。此中的"门人"，包括梁启超，此中的"暗合"，

---

[1] 康有为在《英国游记》中称是"九月四日，游生物史院"，但不知是阳历还是阴历。康习惯用阴历，但若如此，必随身携带手册，才能换算。而阴历"九月四日"为10月12日。康又称"生物史院，英音曰呢虎希士拖利"，从其发音和描述来看，应是 The Natural History Museum，即自然历史博物馆。（《英国游记》，姜义华、张荣华编校：《康有为全集》，第8集，第21页）该馆位于伦敦海德公园之南的克伦威尔路，是一处世界著名的博物馆。

[2] 《英国游记》，姜义华、张荣华编校：《康有为全集》，第8集，第23页。

与梁的说法相一致，即他没有受到达尔文、赫胥黎的影响，独立发明了"大同三世说"。康进一步地指出，子思的"天之生物"，即是赫胥黎的"天演"之说；庄子的"程生马"，即是达尔文的"物生人"（人类起源）之说；并称中国的哲人在这些领域领先了西方三千年。

子思的"天之生物"见之于《礼记·中庸》，前节已经叙述，康在《〈中庸〉注》中称之为"物竞天择"。庄子的"程生马"，见《庄子·至乐》，其文曰：

> 种有几，得水则为㡭，得水土之际则为鼃蠙之衣，生于陵屯则为陵舄，陵舄得郁栖则为乌足。乌足之根为蛴螬，其叶为胡蝶。胡蝶胥也化而为虫，生于灶下，其状若脱，其名为鸲掇。鸲掇千日为鸟，其名为干余骨。干余骨之沫为斯弥，斯弥为食醯。颐辂生乎食醯，黄軦生乎九猷，瞀芮生乎腐蠸。羊奚比乎不箰，久竹生青宁；青宁生程，程生马，马生人，人又反入于机。万物皆出于机，皆入于机。[1]

这是中国传统文献中关于物种变化的言说，大体的意思是：物种有其微小之生物为"几"，然后变成了各类植物，然后变成了各种动物，然后出现了"青宁"（虫），"青宁生程（豹），程生马，马生人"；人和万物由"几"发生，最后又回归于"几"（机）。这是一段极富哲理、极有智慧的描述，然却又是无法说明白、无法去证实的。且不论由"几"到"几"（机）的整个往返过程，即便是"马生人"之一变，全部的自然历史皆可证实其非。达尔文的进化论所揭示的物种与人类起源，与《圣经·创世记》中"上帝创造"说形成了巨大的对立，这在当时是最大的关注点和争论点，亦非"万物皆出于机，皆入于机"的东方智慧即可消解。康有为在英国伦敦自然历史博物馆面对达尔文、赫胥黎石像所发出的感叹，说明了他还是用中国的传统经典来理解达尔文、赫胥黎的学说——这与他在槟榔屿、大吉岭撰写其"大同三世说"著作的基本思想是一致的，

---

[1] 这一段话，又见于《列子·天瑞篇》，文字有相异之处。然《列子》一直被疑为伪书。

也正说明了康对达尔文、赫胥黎以及进化论学说的隔膜。[1]

从子思的"天之生物"、庄子的"马生人"进行思考，中国传统经典中与达尔文、赫胥黎及进化论学说相似或相近的言论还有不少。即便从社会进化论而言，"兼弱攻昧""弱肉强食"本是中国传统政治之中习惯性的思维逻辑。从词汇的产生而言，"兼弱攻昧""弱肉强食"皆在一两千年之前；作为政治或军事的行为方式，更是贯穿于全部中国历史之中，也同样地贯穿在人类历史之中。[2] 康有为将之与源自西方进化论混同，梁启超又有意将"大同三世说"与进化论混同，造成了观念的外延极不分明。我以为，今天的研究者似应加以区别。

从当时和后来的历史来看，进化论（天演论）以"物竞天择、适者生存"的警世格言，引起了处在亡国边缘的中国学者的极大关注。许多人并不深究达尔文、赫胥黎和斯宾塞的学理，而是直接从字面上接过手来，倡导爱国救亡的行动。于是，中国有了许多种面目各异、学理不清的"进化论"。当思想的概念变得模糊之后，边界就没有了，后人的论说也变得随意起来。

---

[1] 如果从更早的时间来看，光绪二十二年，康有为在广州万木草堂讲学时，涉及生物发展的历史，称言："……有热而后生，学者极热，则可以生生矣。凡有湿则能生，故石上无土亦可生苔。生物始于苔，动物始于介类，珊瑚即小虫所出。花刚石火山结成也，小虫石与土质相类。虫类为生物最始者，故其愚与草木等。草木与人相去不远，观其骨节可知。人与禽兽之相近更不待言，不过有竖立横行之别耳。倒生最愚，横生始有知觉。立生者则有灵魂。新金山猴子、猩猩之类，能结屋高至丈余。虫变化多，然愚矣。凡智物则不能有变化，造化之技亦止于此矣……""太极以前，无得而言。日火质爆而为地……高而上者成花刚石，下而底者成江海。地震必于赤道之间者，其处有隙，火气所凝从此出……海之所生，蚨为最先。苔为生物之始。孔子作《易》，至变而极……地下五十里煤之下，有大兽骨及蚨类。荒古以前生草木，远古生鸟兽，近古生人。人类之生，未过五千年……"（《万木草堂口说》，楼宇烈整理：《长兴学记·桂学答问·万木草堂口说》，第76—77、84—85页）由此可见康的知识程度。康的知识除来源于《庄子》等中国传统文献外，自我观察、传闻和传教士输入的知识，也是其思想资料来源，皆未涉及进化论。进一步的叙述与分析，可参见本书下编第五章"戊戌时期康有为的'洪水说''地顶说''地运说'"。

[2] "兼弱攻昧，取乱侮亡"，典出于《尚书·仲虺之诰》，属梅赜《古文尚书》。康有为于光绪二十三年（1897）十一月《上清帝第五书》，以"兼弱攻昧"为立意，呼唤变法。（《康有为变法奏章辑考》，第106—114页）"弱肉强食"典出于韩愈《送浮屠文畅师序》。康有为于光绪二十四年进呈《波兰分灭记》，以"弱肉强食"为立意，指出不变法之害。（《波兰分灭记》，姜义华、张荣华编校：《康有为全集》，第4集，第395—423页）

五、《大同书》：进化与天演的背离

在康有为的著作中，有一份奇特的手稿《泰西以竞争为进化让义几废》，编者标明写作日期为1902年（光绪二十八年）。其主旨是：孔子以"让"为道，人间之害莫大于争，孔子以"让"来医治之。今泰西议院之制，两党竞争，与"让"之道完全相反；"观其俗，考其义，让之大义几废，而于进化有益，于风俗无损，亦异矣哉！"康进一步指出，在中国"尊让义而仅有让席、让美之虚文"，"虽不崇让，亦不重竞争，两无所立，此其所以败软！"在这篇短文中，康虽仍赞成西方的竞争，称其"于风俗无损"，也指出中国既无"真尊让"又无竞争；但他开始认识到"竞争""进化"与孔子"尊让"之义之间的对立，已考虑到"竞争"可能会带来负面的作用。[1] 前节已叙，康在《〈孟子〉微》《〈中庸〉注》《〈论语〉注》中都表示过对"竞争"负面作用的担心，这篇短文将之更加系统化了。

过了十多年，1913年2月，康有为发表《中华救国论》，是其民国初年发表的最重要的政论文之一。[2] 在该文中，康明确区分了人民与国家，认为儒家学说重民，法家学说重国；法国重民，德国重国：

> 夫政治之体，有重于为民者，有重于为国者，《春秋》本民贵、大一统而略于国，故孟子曰：民为贵，社稷次之。盖天下学者多重在民，管、商之学专重在国，故齐、秦以霸。法共和之时，盛行天赋人权之说，盖平民政治，以民为主，故发明个人之平等自由，不能不以民为重，而国少从轻也。及德国兴，创霸国之义，以为不保其国，民无依托，能强其国，民预荣施，以国为重，而民少从轻。

---

[1]《泰西以竞争为进化让义几废》，《康有为遗稿·戊戌变法前后》，第319—320页。该书的编者将该文的撰写时间标记为"1902年"，但没有说明其根据。

[2] 康有为该文发表于1913年2月的《不忍》杂志第1期。《康有为全集》第9集录此文，文后有两跋，前一跋记"壬子（1912）冬十二月"，称"此文已属草逾半岁"；后一跋记"癸丑（1913）四月"，称"此文至今周岁矣"；查《不忍》杂志第1期，并无后一跋记，《全集》编者似录自《不忍杂志汇编初集》（上海书局石印，1914）。

夫未至大地一统，而当**列国竞争**之时，诚为切时之至论哉。

康又进一步地指出，"夫重民者仁，重国者义；重民者对内，重国者对外"，国家的政策应区分对内对外。对外一面，即"重国"，康是主张竞争的，这是"列强竞峙"所致。对内一面，即"重民"，康采取了比较委婉的态度，不主张采用西法，而是要求采用孔子之道，即"大同三世说"：

> ……今孔子有平世大同之道，以治共和之世，吾国人正可欢喜恭敬，讲明而光大之，俾吾四万万人，先受平世大同之乐，而推之大地与万国共乐也。若夫养性事天，学道爱人，忠信笃敬，可施蛮貊，礼义廉耻，是谓国维，从之则治，违之则乱，行之则存，背之则亡。勃拉斯犹谓时人视政治之结构过重，无道德则法无能为。吾国亘古以道德为尚，物有本末，吾既无其末矣，乃复拔本塞源，欲以化民立国，不亦谬乎！且孔子兼言政治，故自昔中国号一统，而孔道托之士夫。**今则列国竞争，政党为政，法律为师**，虽谓道德宜尊，而政党必尚机权，且争势利，法律必至诈伪，且无耻心，盖与**道德至反**。夫政治法律，必因时地而行方制，其视教也诚，稍迂阔而不协时宜，若强从教，则国利或失。故各国皆妙用政教之分离，双轮并驰，以相救助；俾言教者极其迂阔之论以养人心，言政者权其时势之宜以争国利，两不相碍而两不相失焉。[1]

对此，他的具体办法是设立孔教会，以能达到"政教两轮"之效："今在内地，欲治人心、定风俗，必宜遍立孔教会，选择平世大同之义，以教国民。自乡达县，上之于国，各设讲师，男女同祀，而以复日听讲焉。"[2] 从

---

[1] 《中华救国论》，姜义华、张荣华编校：《康有为全集》，第9集，第310—311、327页。黑体为引者所标。"勃拉斯"，Lord James Bryce，现译詹姆斯·布赖斯。英国法学家、政治学家，牛津大学教授，曾任英国驻美国公使。著有 The American Commonwealth，由杨恩湛等人译为《平民政治》，由商务印书馆于1912年出版，在当时有着极大的影响力。康此处的引用，即是该书。康还在其他文章中多次引用该书。

[2] 《中华救国论》，姜义华、张荣华编校：《康有为全集》，第9集，第327页。

康有为此期的思想来看,对国内政治中的"竞争",是不太认可的。

又过了十年,1923年,康有为的论调完全变了。他根据第一次世界大战的惨烈后果,认为"天演""竞争"是坏事。这一年4月,他到河南开封进行演讲,对孔子之道大力称赞,对"天演""竞争"之说,予以否定:

> ……孔子圆通无碍,随时变通,无所不有,无可议者也。今之新学,自欧美归者,得外国一二学说,辄敢妄议孔子。岂知欧战之后,欧美人于边沁功利之说、克斯黎**天演优胜劣败之论**,行之已极,徒得大战之祸,死人千余万,财力皆竭,于是自知前人学说之未善。各国博士乃求于孔子之道,觉其仁道切于人用,乃日渐尊崇之。吾尝见严复之书札:静观欧洲三百年之文明,只重物质,然所得不过杀人利己、寡廉鲜耻而已。回思孔子之道,真觉量同天地,泽被寰区。此非仆一人之私言,乃欧美学者之公论也。严又陵亦欧洲学者,翻译欧洲学说甚多,且夙归心基督教者,然晚年其论如此。又近有通博之学者,久游欧洲,昔甚反攻孔子者,今亦改而尊崇孔子。亦可知真理之不可破矣。[1]

康称西方人对孔子之道有兴趣,当属个别现象,但这一时期中国人对西方文明的兴趣下降,却是事实。康一面批评赫胥黎的"天演优胜劣败之论"(这对赫胥黎学说的理解是不完整不准确的),一面又称颂严复,提到其"书札"及"晚年其论",试图将严复与赫胥黎两者进行切割。此时严复已经去世,康有意不去攻击故人。这一年的6月和10月,康在济南

---

[1]《开封演讲辞》,1923年4月,姜义华、张荣华编校:《康有为全集》,第11集,第238—239页。黑体是引者所标。边沁(Jeremy Bentham,1748—1832),英国功利主义哲学家。"克斯黎",康有为济南演讲中称"法国克斯黎",在西安演讲中称"克斯黎",在保定河北大学演讲中称"赫胥黎",在给韩国学者的信中再称"赫胥黎",多处对照比较,应是赫胥黎。赫胥黎的英文姓氏为Huxley。庄帆告:"此处'克斯黎'应是以粤语音译,'克'字粤语音'hak',与Huxley相对应。"至于"近有通博之学者,久游欧洲,昔甚反攻孔子者,今亦改而尊崇孔子"一句之所指,王应宪认为是梁启超,我考虑到康、梁关系,还不能确认。

与西安分别也有演讲,对此有着大体相同的说法,反对"天演优胜劣败之论"。[1]同年9月,他给韩国培山儒会(李炳宪)的信中,再次表达了相同的思想。[2]

从上所述可见,从1902年到1923年的二十年间,康有为对"天

---

[1] 康有为在济南说:"孔子圣之时,礼有三统,《春秋》有三世,宫室有七十二牖、三十六户,色有赤、白、黑,穷则变,变则通。《春秋》成则人民平等,有国则有争。前美总统威尔逊,乃吾旧交,当欧战敉平时,盛唱国际同盟。吾曾致函,请其设公地公会,惜其轻于出欧旧时久,诸事变易。凡人饮食起居,各有其时。孔子之道,条理万千,道不可须臾离,可离非道故也。法国克斯黎天演优胜劣败之论,行之已极,徒获大战之祸。于是知前人学说之未善,各国博士乃求之孔子之道,觉其人道切于人用,乃日渐尊崇之。吾尝见严复之书札曰:静观欧洲三百年之文明,只重物质,然所得不过杀人利己、寡廉鲜耻而已。回思孔子之道,真觉量同天地,泽被寰区。此非仆一人之私言,乃欧美学者之公论也。此亦可见公理之所在。"(《济南演讲辞》,1923年6月,姜义华、张荣华编校:《康有为全集》,第11集,第249页。黑体是引者所标。)康在西安又说:"孔子圆通无碍,随时变通,无所不有,无可议者也。今之新学,自欧美人归者,得外国一二学说,辄敢妄议孔子。岂知欧战之后,欧美人于边沁功利之说、克斯黎天演优胜劣败之论,行之已极,徒得大战之祸,死人千余万,财力皆竭,于是自知前人学说之未善。各国博士乃求于孔子之道,觉其仁道切于人用,乃日渐尊崇之。若今克鲁泡金之言互助,非孔子之仁乎?仁以二人为仁,非互助而何?杜威言发表自性,孔子言尽其性,尽人之性。如阿柏格森言,天只有□,非孔子言'天行健'乎?吾尝见严复之书札曰:观欧洲三百年之文明,只重物质,然所得不过杀人利己、寡廉鲜耻而已。回思孔子之道,真觉量同天地,泽被寰区。此非仆一人之私言,乃欧美学者之公言也。严又陵亦欧洲学者,翻译欧洲学说甚多,且旧归心基督教者,然晚年其论如此。又近有通博之学者,久游欧洲,昔甚反攻孔子,今亦改而尊从孔子,亦可知真理之不可破矣。"(《长安讲演录》,1923年11月15日,同上书,第278页。)还须注意的是,康有为在保定河北大学的演讲:"今俄克鲁泡金所言互助学说,即孔子之言仁。仁从二人,非互助而何?又如杜威所言之自由,则孔子'尽其性,则能尽人之性'。尽其性,即杜威力言自由。赫胥黎《天演论》言优胜劣败之说,即《中庸》所谓'栽者培之,倾者覆之'。《春秋》三世,《礼运》小康、大同,各有分别。盖孔子之教无所不有,虽欲攻之,无从而攻之;既无从而攻之,则当学之法也。周公曰:'文王我师也。'颜渊曰:舜何人也,予何人也。有为者亦若是。'伊尹曰:予先民之先觉者也,非予觉之而谁觉也?有此志向,则孔子人人可学,圣贤豪杰人人可为。"(《保定河北大学演讲辞》,1923年4月,同上书,第241页。)康没有直接否定"天演优胜劣败"说,而是说明赫胥黎与孔子学说之间的相同性。

[2] 康有为称:"彼欧人者,向溺于边沁功利之说,**赫胥黎天演优胜劣败之义**。乃自德战死人千万,惨伤满目,乃知其欧美学之不足。而求之万国,惟孔子仁让之说,足以救之。故近者欧美大尊孔学,此亦见王道之至,所谓彰然日章,凡有血气,莫不尊亲也。"(《答培山儒会书》,1923年9月6日,姜义华、张荣华编校:《康有为全集》,第11集,第263页。黑体是引者所标。该信又见于同上书,第12集,第533页)

演""竞争"从怀疑而渐至反对。当然,这一思想变化不是直线的,而是有着多种波纹,这从康有为对严复的态度中可以看得出来。[1]

据此,我们再来看康有为一生最重要的著作《大同书》,可以看到奇特的现象,即"进化"与"天演"的背离。这两个本属一体的概念,康在使用时却赋予了多种意思。

《大同书》的写作年代,引起学界长时间的兴趣,也展开了充分的讨论。其中汤志钧的研究最为深入,其结论是该书的初稿写于光绪二十七八年(1901—1902)前后,即康有为居住印度大吉岭时期,此后又有修改。[2]对此,我是大体同意的。康有为大同思想的产生可能很早,

---

[1] 1900年,康有为应邱菽园之邀,居新加坡。他曾有一诗,题曰:《菽园以书告译〈天演论〉者得奇女子慕而嫁之,亡人闻之,忘其忧患,以国事郁郁久矣,今日轩渠,可愈肝疾,写寄**观天演斋主**邱菽园》,诗曰:"我生思想皆**天演**,颇妒严平先译之。亿劫死心沉大海,老夫春气著花枝。"(姜义华、张荣华编校:《康有为全集》,第12集,第204页。黑体是引者所标)又,康在原题下,稿本有注文:"事涉游戏,未知真否。不忍削去,留为佳话";即严复是否因译《天演论》而得奇女子一事,"未知真否"。这是他第一次正式认同"天演",但认为他的思想与严复相同,是同时进行的。大约与此相近之期,康有为作《勤王乱匪辨》和《与张之洞书》,前者称:"……又其次为督办天津水师学堂直隶候补道之严复,昔者皇上召见嘉奖之人,译著《天演论》之哲学士也。"(《万木草堂遗稿》,第30页)后者称:"……所拿之严复者,乃直隶道为天津水师学堂督办,译《天演论》,为中国西学第一者也。"(姜义华、张荣华编校:《康有为全集》,第5集,第314页)康得到的消息并不确,严复并未被捉拿,仍可见其对严的赞赏。1917年,康有为致严复信中称:"侧仰声闻久矣。每读大著,兼贯中外,深入人心。天演心藏所蕴于腹中而相与欲言者,久以声气之应求,竟道途之相局,我思劳积,相望何如。"(《谢严又陵赠寿诗书》,姜义华、张荣华编校:《康有为全集》,第10集,第368页)1920年,康有为《上徐世昌书》,亦请严复指正。(姜义华、张荣华编校:《康有为全集》,第11集,第141页)1923年,康有为在演讲中批评"天演优胜劣败之论",仍称赞严复的书札和晚年学术,以示区分。由此可见,自1900年之后,康对严的评价一直是正面的。

[2] 《大同书》的成书年代的讨论文章极多,主要有:汤志钧:《关于康有为的〈大同书〉》,《文史哲》1957年第1期;《〈大同书〉手稿及其成书年代》,《文物》1980年第7期;《再论〈大同书〉的成书年代及其评价》,《广东社会科学》2004年第4期。李泽厚:《〈大同书〉的评价问题与写作年代——答汤志钧先生》;《文史哲》1957年第9期。张玉田:《关于〈大同书〉的写作过程及其内容发展变化的探讨——兼与李泽厚、汤志钧二位先生讨论关于〈大同书〉的估价问题》,《文史哲》1959年第9期。方志钦:《关于〈大同书〉的成书年代问题——与汤志钧同志商榷》,《学术研究》1963年第6期。何哲:《〈大同书〉的成书年代及其思想实质》,《近代史研究》1980年第3期。林克光:《〈大同书〉的写作过程初探——〈大同书手稿及其成书年代〉质疑》,《福建师大学报》[哲学社会(转下页)

且与梁启超等学生口授过；但若要确定其《大同书》最初的写作时间，似不可能早于光绪二十七年：一、今天所能看到的《大同书》稿本，有着多种字体与纸张，很难判断各页的绝对时间，其主体部分即最早之稿页似为其居住印度大吉岭时期所写。[1]二、梁启超在戊戌政变之前对"大同三世说"的宣传，可以看到的证据是在《时务报》上发表的《论君政民政相嬗之理》和在湖南时务学堂所作的答问与批语（见《湖南时务学堂初集》），这些与《大同书》中的主旨，有相当大的差别。三、梁启超初次对康有为大同思想的全面阐释，见于光绪二十七年冬在《清议报》上发表的《南海康先生传》，而在此之前，光绪二十六年初秋，康、梁曾在新加坡、槟榔屿会面。

然而，若称康有为在印度大吉岭居住期间完成了《大同书》，不可回避的问题是，该书的主旨与康此期所撰"大同三世说"的重要著作《〈礼运〉注》《〈孟子〉微》《〈春秋〉笔削微言大义考》《〈论语〉注》，有着相当大的差别。康的思想为何在同一时期内两边跳跃？朱维铮的分析，值得关注：

> 这里不妨补充一点内证。
> 《春秋董氏学》曾特别强调董仲舒对于孔子三世说的贡献……但

（接上页）科学版］1981年第4期。朱仲岳：《〈大同书〉手稿南北合璧及著书年代》，《复旦学报》（社会科学版）1985年第2期；《康有为〈大同书〉成书年代的新发现》，《文物》1999年第3期。朱维铮：《从〈实理公法全书〉到〈大同书〉》，见《求索真文明——晚清学术史论》，上海古籍出版社，1996年（该文写于1991年）。宋德华：《犬养毅题记与〈大同书〉手稿写作年代辨析》，《华南师范大学学报》（社会科学版）1992年第3期。房德邻：《〈大同书〉起稿时间考——兼论康有为早期大同思想》，《历史研究》1995年第3期。马洪林：《关于康有为著〈大同书〉"倒填年月"的商榷》，《韶关学院学报》（社会科学版）2004年第10期。又，汤志钧的部分论文辑入《康有为与戊戌变法》（中华书局，1984年）。

[1] 2014年12月，大象出版社出版《康有为手稿》，以高精度扫描、四色原寸印刷，极为精美、清楚。该《手稿》包括《大同书》《〈礼运〉注》《〈孟子〉微》《〈春秋〉笔削微言大义考》《〈论语〉注》《诗稿》六种八册。观此，《大同书》的用纸与字体似有异，很可能是不同时期所写所添加。我对汤志钧在《〈大同书〉手稿及其成书年代》（《文物》1980年第7期）一文中所称"《大同书》手稿为康有为在1901—1902年间所撰，还可以从稿本装帧、笔迹、纸色等方面得到证明"等言，多有同感，但该书手稿本是否为光绪二十八年（1902）即已完成，我仍有保留。

> 很奇怪,《大同书》提及董仲舒仅一处,仅淡淡地称道"董仲舒明经义";提及孟轲四处,却不提其对孔子大同微言的传播作用。顶奇怪的,是《大同书》现存十部廿一万言,竟然无一字提及荀况,尽管其中不时说到所谓孔子的小康学说。不宁唯是,全书引及《礼运》语,也只有一处,说的是女权问题。
>
> 怎么解释呢?看来只有一种可能,就是康有为著《大同书》时,已经远离了言必称孔孟荀董的环境。
>
> ……………
>
> 其实,倘说《大同书》"原是未完成的初稿",似乎较诸它"成书"于戊戌维新之前抑或之后的任何判断,更为合理。根据目前的材料,只能说这部"未完成的初稿",写作和修改,可能在辛亥革命前的十年间。[1]

朱的这一分析,极有分量。1985 年,江苏古籍出版社出版了原藏于上海博物馆和天津图书馆的《大同书》手稿八卷,《康有为全集》的编者姜义华等人将之与先前各版本相较,称言:

> 查现存手写书稿,各卷皆有撰者 1901 年后游历印度、南洋、欧美见闻记载,是知本书定稿当在 1902 年以后。迄晚年定居上海时仍有续补。[2]

这一结论,进一步坐实了汤志钧、朱维铮的判断或推测,并将康定稿、修改的时间继续向后推延。2016 年,汤志钧再发表著作《康有为的大同思想与〈大同书〉》,对自己的思想进行了总结,坚持旧日的看法,并有新的叙述:

> 《大同书》手稿的发现和上海、天津《大同书》的合璧,更可确

---

[1] 朱维铮:《从〈实理公法全书〉到〈大同书〉》,见《求索真文明——晚清学术史论》,第 242—243 页。
[2] 姜义华、张荣华编校:《康有为全集》,第 7 集,第 2 页。

证它撰于"辛丑、壬寅间",此后还经多次修改。它是康有为20世纪以后的撰著,不是1884年。[1]

然从康有为对"天演""竞争"的态度变化来看,我还认为,《大同书》的修改很可能到其晚年仍没有结束。

康有为在《大同书》中使用"进化"一词共39次,基本的意思相同,即是进步之意。我在这里举两小段文字作例:

> 凡大地万国之宫室、服食、舟车、什器、政教、艺乐之飞奇伟丽者,日受而用之,以刺触其心目,感荡其魂气。其**进化**耶则相与共进,退化耶则相与共退,其乐耶相与共其乐,其苦耶相与共其苦,诚如电之无不相通矣,如气之无不相周矣。
> 一、世界**进化**,自分而合,乃势之自然。故自黄帝、尧、舜时为万国,至汤三千国,武王一千八百国,春秋则二百余国,战国为七国,秦则一统矣,凡二千年。印度之先亦诸国并立,三千年而统一于阿育大王。欧洲之先亦诸国并立,二千年而统一于罗马。盖分并之势,乃淘汰之自然,其强大之并吞,弱小之灭亡,亦适以为大同之先驱耳。一、民权**进化**,自下而上,亦理之自然。故美国一立,法之大革命累起,而各国随之。于是立宪遍行,共和大起,均产说出,工党日兴。夫国有君权,自各私而难合,若但为民权,则联合亦易。盖民但自求利益,则仁人倡大同之乐利,自能合乎人心。大势既倡,人皆趋之,如水流之就下。故民权之起,宪法之兴,合群均产之说,皆为大同之先声也。[2]

以上"进化"之词,若将之改为"进步",意思仍是相同的,其前途都是

---

[1] 汤志钧:《康有为的大同思想与〈大同书〉》,第93页。"辛丑、壬寅间"是梁启超在康有为《〈大同书〉成题词》之后所作的按语,见梁启超手抄《南海先生诗集》,上海广智书局,辛亥年(1911)。

[2] 《大同书》,姜义华、张荣华编校:《康有为全集》,第7集,第5、128—129页;《康有为手稿·一·大同书稿》,大象出版社,2014年,上册,第4页,下册,第267页。黑体为引者所标。

大同。从《大同书》中"进化"一词的39次具体使用情况来看,与前节所述《〈礼运〉注》《〈孟子〉微》《〈中庸〉注》《〈春秋〉笔削微言大义考》《〈论语〉注》等书,是大体相同的,与1901年及其之后康所著《印度游记》《意大利游记》《德国游记》《瑞典游记》《荷兰游记》《英国游记》等书,也是大体相同的。[1]

"天演"的情况则大为不同。康有为在《大同书》中使用"天演"一词共8次,具体的含义多有差异,其基本面应当说是比较负面的。我们可以根据《大同书》(手稿本)的顺序,逐次地看看康的使用情况及其含义:

> 今全地之大,人类各自发生,种族无量,而沿**优胜劣败**之理先后倾覆,以迄于今。存者则欧洲之白种,亚洲之黄种,非洲之黑种,太平洋、南洋各岛之棕色种焉。是数者,虽于今有强弱,而亦最宜于其地者也。就**优胜劣败天演**之理论之,则我中国之南,旧为三苗之地,而为我黄帝种神明之裔所辟除。今之匿于湘、粤、滇、黔之苗、瑶、侗、獞、黎、狑、狓等类,乃太古土著之民也,而今匿处深山,种类零落,几于尽矣。美洲烟剪之土人,今皆为白人所驱,所余不及百万。澳洲之土人,百年前数凡百万,今仅万数。檀香山之岛人,今亦零落余数万。即印度数千年前之土民,亦为亚利安族所夷灭。以此而推,今若非洲之黑人虽有万万,千数百年后皆为白人所夷灭,此**天演**之无可逃者也。计方今列国方争,必千数百年后乃渐入大同之域,而诸黑种、棕种人,经此千数百年强弱之淘汰,耗矣哀哉!其恐不能遗种于大同之新世矣。即有遗余乎,存者无几矣。印度人种皆黑色,貌狞恶,以其地热。英人居者,传种皆变为黄、蓝之色,故亦畏居之。然印人居宅卑狭秽臭,故每岁疫死者辄数十万,是岂能繁其类乎?经千数百年,英人之居者日繁,印种殆亦零落渐少。故至大同之世,只有白种、黄种之存,其黑人、棕种殆皆扫地尽矣,惟印度人略有存者,亦多迁之四方而稍变其种色矣。

---

[1] 康有为离开印度大吉岭后,周游各国,写了一大批游记,在游记中亦大量使用"进化"一词。可参见上海市文物保管委员编:《康有为遗稿·列国游记》,上海人民出版社,1995年。

> 夫大同太平之世，人类平等，人类大同，此固公理也。然物之不齐，物之情也。凡言平等者，必其物之才性、知识、形状、体格有可以平等者，乃可以平等行之。非然者，虽强以国律，迫以君势，率以公理，亦有不能行者焉。[1]

康有为在此处两次使用"天演"。他认为，根据"优胜劣败天演之理论"，中国的"土著"及世界各地"黑人""棕种"将会灭绝。他还认为，这一种族灭绝的过程有着不可抗拒性，时间大约需要"千数百年"。在大同太平世界，人类平等；但只有"才性、知识、形状、体格有可以平等者"，这种平等才能实现。他对这一种族灭绝的"天演"过程是接受的。然而，值得思考的是，世界上又有哪一位进化论学者表达过与此相同的看法？这一"进化"过程，已经远远超出达尔文、赫胥黎、斯宾塞、加藤弘之等人的全部学说，是康自我想象和推导出的。[2]再看：

> 当大同之世，全地之兽皆治及之，其恶毒而噬人者绝其种焉。其各地皆有生物院，或留其一二种以考物类，皆由人饲养之，各因兽所生所乐之地，为之堆山穴石以处之，而以铁栏围焉。其数取足供全地生物院之数而止。生物院皆置于山中，否则假山焉。盖全地之大，自生物院而外，无复有猛兽者矣，只有驯兽耳，盖至是则全地皆为人治之地矣。夫兽与人同宗而才智稍下，遂至全绝，此则**天演优胜劣败**之极至也夫！[3]

---

[1]《大同书》，姜义华、张荣华编校：《康有为全集》，第7集，第44—45页；《康有为手稿·一·大同书稿》，上册，第87—88页。黑体是引者所标。

[2] 加藤弘之（1836—1916），日本政治学家，曾任东京帝国大学总长、日本学士会会长。早年信奉"天赋人权说"，接受进化论后，成为重要的国家主义者——先后著有《人権新説》，谷山楼（東京），1882年；《強者の権利の競争》，哲学書院（東京），1893年；《道徳法律之進歩》，敬業社（東京），1894年；《道徳法律進化の理》，博文館（東京），1900年；《進化学より観察したる日露の運命》（由进化学观察日俄之命运），博文館（東京），1904年；《自然界の矛盾と進化》（自然界之矛盾与进化），金港堂（東京），1906年。他的思想影响了梁启超。相关的研究，可参见郑匡民：《梁启超启蒙思想的东学背景》，上海书店出版社，2003年，第五章：日本国家主义思潮与梁启超。

[3]《大同书》，姜义华、张荣华编校：《康有为全集》，第7集，第51页；《康有为手稿·一·大同书稿》，上册，第103页。黑体是引者所标。

康有为认为，随着"天演"的进程，各类猛兽将会灭绝，只有驯兽才可存在；世界上兽类的种类和数量将由人来决定，且只存在于生物院（动物园）中。他对于这一物种灭绝的"天演"过程也是接受的。但是，康的这一逻辑推理与思考方式与前引"种族灭绝"所言大体相同，也是他自我想象和推导的"进化"过程。从手稿本来看，这一部分的纸张已换，很可能不是在印度大吉岭时所写。[1] 再看：

>……近自**天演**之说鸣，**竞争**之义视为至理，故国与国陈兵相视，以吞灭为固然；人与人机诈相陷，以欺凌为得计。百事万业，皆祖**竞争**，以才智由**竞争**而后进，器艺由**竞争**而后精，以为**优胜劣败**乃天则之自然，而生计商业之中，尤以**竞争**为大义。此一端之说耳，岂徒坏人心术，又复倾人身家，岂知裁成天道，辅相天宜者哉！夫强弱无常，智愚无极。两商相斗，必有败者。一败涂地，资本尽倾。富者化而为贫，则全家号咷而无赖，生计既失，忧患并生，身无养而疾病丛起，家无养而死亡相从，吾见亦夥矣。即有贫人以商骤富，而以一人什伯千万于众，不均已甚。夫富相什则下之，富相百则事之，富相千则奴之。在富者则骄，在贫者则谄。骄极则颐指气使，谄极则凭淫吮痈，盖无所不至矣。故发骄与谄非所以养人性而成人格也，然而循**竞争**之道，有贫富之界，则必致是矣。**近世论者，恶统一之静而贵竞争之嚣，以为竞争则进，不争则退。此诚宜乎乱世之说，而最妨害于大同大平之道者也**。夫以巧诈倾轧之坏心术如此，倾败之至忧患、困乏、疾病、死亡如此，骄谄之坏人品格如此，其祸至剧矣！其欲致人人于安乐亦相反矣。**然则主竞争之说者，知天而不知人，补救无术，其愚亦甚矣。**嗟夫！**此真乱世之义哉**。虽然，不去人道有家之私及私产之业，欲弭**竞争**，何可得也？**故不得不以竞争为良术也**。[2]

---

[1] 换纸的部分，从"人类平等进化表"开始，至"其不可行者，虽欲行之，不能"结束，即姜义华、张荣华编校：《康有为全集》，第7集，第48—52页。
[2] 《大同书》，《康有为全集》，姜义华、张荣华编校：第7集，第155页；《康有为手稿·一·大同书稿》，下册，第320—321页。黑体是引者所标。

康有为认为，在国家、社会之中，"竞争""优胜劣败""天演"是"坏人心术""倾人身家"的"理"和"义"。在他设计的大同太平世界之中，人无私产，也是不需要竞争的。前节已述，康在《〈孟子〉微》中对"天演""竞争"已有批评，并称："惟太平世，则不言强力，而言公理。言公理，则尚德尚贤。"[1]康在《〈论语〉注》中声称到了太平大同之世，方没有"加诸"之类的事情，并提出了乱世"尚让"、平世"尚争"的奇特逻辑。[2]在此，康明确说明，竞争"宜于乱世之说，而最妨害于大同大平之道者也"。再看：

> 第三、禁竞争……有国，则只私其国，于是争他国之所有以相杀。有种，则只私其种，于是争他种之所有以相杀。以强凌弱，以勇欺怯，以诈欺愚，以众暴寡。**其妄谬而有一知半解如达尔文者，则创天演之说，以为天之使然，导人以竞争为大义。于是竞争为古今世界公共之至恶物者，遂揭日月而行，贤者皆奉之而不耻。于是全地莽莽，皆为铁血，此其大罪过于洪水甚矣！夫天演者，无知之物也；人义者，有性识之物也。**人道所以合群，所以能太平者，以其本有爱质而扩充之，因以裁成天道，辅相天宜，而止于至善，极于大同，乃能大众得其乐利。**若循天演之例，则普大地人类，强者凌弱，互相吞啮，日事兵戎，如斗鹌鹑然，其卒也仅余强者之一人，则卒为大鸟兽所食而已。**且是义也，在昔者异类相离、诸国并立之世，犹于不可之中而无能遏之，不得已者也。若在大同之世，则为过去至恶之物，如童子带痘毒，岂可复发之于壮老之时哉？大同之世无异类，无异国，皆同体同胞也。竞争者，于异类异国为不得已，于同体同胞为有大害，岂可复播此恶种以散于世界哉？夫据乱之世，人尚私争；升平之世，人人各有度量分界，人不加我，我不加人；大同之世，视人如己，无有畛域，"货恶其弃于地也，不必出于己。

---

[1]《〈孟子〉微》，姜义华、张荣华编校：《康有为全集》，第5集，第448页；《康有为手稿·六·〈孟子〉微稿》，第31页。

[2]《〈论语〉注》，姜义华、张荣华编校：《康有为全集》，第6集，第411、395—396页；《康有为手稿·三·〈论语〉注稿》，第47、25—26页。

力恶其不出于身也,不必为己"。当是之时,最恶竞争,亦无有竞争者矣。其竞争者,惟在竞仁竞智,此则不让于师者。虽然,作色者,流血大争之倪也;勃怒者,巨炮攻争之气也;嚣哗者,对垒争声之影也。太平世之人,有喜而无怒,有乐而无哀,其竞争虽泯,然或者有之,则不能不严禁焉。凡有争气、争声、争词、争事、争心者,则清议以为大耻,报馆引为大戒,名誉减削,公举难与焉。若其弄兵乎,则太平世人决无之。若有创兵器之议者,则反太平之义,亦以大逆不道论,公议弃之不齿焉。[1]

在这一段话中,康有为使用了三次"天演",其基本意思都是极其负面的。达尔文被他称为"妄谬而有一知半解","天演"被他称为"全地莽莽,皆为铁血,此其大罪过于洪水甚矣"。对照于全书,此中的"天演"的含义,与他处有着很大的不同,当属于不同时期的思想。我推测,这段话很可能是康晚年的加增,但从手稿本来看,很难判断这段话是在什么时间、什么心情下写的。最后来看:

耶教以尊天爱人为诲善,以悔罪末断为惊恶。太平之世,自能爱人,自能无罪。知**天演**之自然,则天不尊;知无量众魂之难立待于空虚,则不信末日之断。耶苏之教,至大同则灭矣。回教言国,言君臣、夫妇之纲统,一入大同即灭。虽有魂学,皆称天而行,粗浅不足征信,其灭更先。大同太平,则孔子之志也,至于是时,孔子三世之说已尽行,惟《易》言阴阳消息,可传而不显矣。盖病已除矣,无所用药,岸已登矣,筏亦当舍。故大同之世,惟神仙与佛学二者大行。盖大同者,世间法之极,而仙学者长生不死,尤世间法之极也。佛学者不生不灭,不离乎世而出乎世间,尤出乎大同之外也。[2]

---

[1]《大同书》,姜义华、张荣华编校:《康有为全集》,第7集,第183页;《康有为手稿·一·大同书稿》,下册,第380—381页。黑体是引者所标。
[2]《大同书》,姜义华、张荣华编校:《康有为全集》,第7集,第188页;《康有为手稿·一·大同书稿》,下册,第400页。黑体是引者所标。

康有为在此处所用"天演"一词，意义稍有暧昧。这段话的主旨是说，到了大同太平之世，"耶教"（广义的基督教）、"回教"（伊斯兰教）都会灭亡，"魂学"灭亡更早，孔子之教因其目标已经完全实现，"筏亦当舍"，也不存在了，只留下神仙与佛学。由此再来看"耶教以尊天爱人""知天演之自然，则天不尊"两句，此中的"天演"，应指物种起源即人类的由来，以反对上帝创造说。康认为这一"天演"学说将推动"耶教"走向灭亡。"筏亦当舍"一句，说明康已经从专尊孔子的信念中走了出来。[1] 而上引这段话，已是《大同书》的最后一段，康有为接着写下结语：

> 故大同之后，始为仙学，后为佛学；下智为仙学，上智为佛学。仙、佛之后，则为天游之学矣，吾别有书。[2]

在耶、回、儒消亡之后，仙、佛之学还可以存在一段时间，再往后就是"天游之学"了。康有为成了真正的"先知"。在这样的"终极真理"面前，达尔文的"进化论"显然不那么"管用"。

从以上所述可见，在康有为的思想中，"进化"与"天演"已经变成两个意义有所背离的概念；且"天演"一词在他的使用中，在不同的场合（语境）也有着不同的含义。

六、结　语

本章已经写得很长，论题也多有变化，似有必要再稍作数语，以为

---

[1] 康有为在该书《神圣仙佛之苦》一节中写道："……故吾之言大同也，非徒救血肉之凡民，亦以救神圣仙佛舍身救度之苦焉。盖孔子无所用其周流削迹绝粮，耶稣无所用其钉十字架，索格拉底无待下狱，佛无待苦行出家，摩诃末无待其万死征伐，令诸圣皆优游大乐，岂不羡哉！"（《大同书》，姜义华、张荣华编校：《康有为全集》，第7集，第25页；《康有为手稿·一·大同书稿》，上册，第42页）言词中颇有众神平等之意，不再专尊孔子了。

[2] 《大同书》，姜义华、张荣华编校：《康有为全集》，第7集，第188页；《康有为手稿·一·大同书稿》，下册，第400页。

回顾，作为结语。

一、康有为、梁启超一开始对严复所译"天演论"是回拒的。这种回拒表明了他们没有意识到这种新学说的内在逻辑与巨大威力。梁当时将"大同三世说"当作最高一级的学说，将"天演论"当作次一级的学说，予以有限度地采用。康及其学生从日本新书目中看到了大量进化论著作，也没有意识到这是一种必须关注的新学说。梁到了日本之后，很快发现了"进化论"的意义，并在其新的论说中有着初步的展现；康很可能从梁处有所听闻，并在《我史》中最初使用"进化"一词，尽管他还不太清楚"进化"的具体意思。

二、戊戌变法之前，康有为完成了《新学伪经考》《孔子改制考》《春秋董氏学》，后两部著作对"大同三世说"有着最初的展示，仍没有具体的阐述。光绪二十六年至二十九年（1900—1903），康居住南洋槟榔屿、印度大吉岭时期，遍注群经，完成了"大同三世说"的重要著作——《〈礼运〉注》《〈孟子〉微》《〈中庸〉注》《〈春秋〉笔削大义微言考》《〈论语〉注》等等，并在这些著作中大量使用"进化"一词。然而，这些著作的主旨，与达尔文、赫胥黎、斯宾塞所言进化论的学理，没有太多的关系；与此同时，康也发现了"天演""竞争"与大同太平世界的矛盾。

三、尽管"大同三世说"主张社会进步，但康的这一学说不是由"天演论"或"进化论"所催生的。光绪二十七年，梁启超在《南海康先生传》中称康是进化论者，又称康未读一西书；光绪三十年，梁发表《论中国学术思想变迁之大势》之最后一篇"最近世"，称康的"大同三世说"是其独立的"发明"。与此同时，康有为在伦敦参观了自然历史博物馆，在达尔文、赫胥黎的石像前，称自己的学说与之"暗合"。然而，从康以《中庸》的"天之生物"来比附赫胥黎学说，以《庄子》的"程生马、马生人"来比附达尔文学说，似乎也能说明，他对达尔文、赫胥黎的学说并没有真正地了解。

四、康有为的晚年，对"天演""竞争"持负面的态度。在其最重要的著作《大同书》中，康将"进化"与"天演"当作两个意义不同的概念来使用。他的这一思想变化，恰可测出他对西方进化论的理解程度和认同程度。西方进化论从来就不是他思想的主体，拿来或放弃，都不会在他的思想体系之中引起大的波动。

五、据此,我个人推测,康有为没有完整地读过达尔文、赫胥黎、斯宾塞、加藤弘之等人的著作。这一方面是当时的翻译问题,译书的种数、可读性或质量都存在着许多缺陷,与日本差距甚大;另一方面是康在其一生中始终没有真正将西学当作必须认真学习的对象,与梁启超恰好相反。他很可能像当时大多数人那样,只是从二手材料中得知进化论的大意,从字面上理解"进化""天演""竞争""优胜劣败""适者生存"的意义。我以为,源自西方的进化论在他的头脑中很可能还未成为一种系统性的学说。

最后,我希望研究晚清思想史的学者,能够在比较精细准确的概念上进行分析和言说。19世纪末、20世纪初,正是中西思想混融的时期,对于此期的思想家,须得用中学的理路来解读其中学之根底,以西学的理路来解读其西学之运用,以外科手术般的精准,将之一一查验正身。不然的话,所得出的结论或失之朦胧,或失之偏误,且也容易回到19世纪末、20世纪初某些学问家(包括康有为)之思想旧宅——西学的精髓,中国早已有之。

第三章　戊戌时期康有为"大同三世说"思想的再确认

——兼论康有为一派在百日维新前后的政治策略

一、问题的提出

我先前的研究试图证明，康有为在戊戌变法期间已经有了"大同三世说"的思想——这隐约地出现在光绪二十四年（1898年）春刊行的《孔子改制考》《春秋董氏学》之中；更为明显且明确的是，梁启超在光绪二十三年即在《知新报》《时务报》上宣传了这一学说，并在湖南时务学堂的教学中讲授了这一学说。其中最为重要的文献，是发表在《时务报》上的政论文章《论君政民政相嬗之理》和记录其在时务学堂对学生进行指导的《湖南时务学堂初集》。

我先前的研究试图说明，康有为的"大同三世说"是对人类社会发展进程的一种普世性解说。按照康的说法，这一学说是由孔子创制，口传其弟子，藏于儒家诸经典和相关史传之中，主要是《春秋》及《公羊传》《礼记》（尤其是《礼运篇》《中庸篇》和《大学篇》）、《易》《孟子》《论语》等文献，以留待"后圣"之发现。泰西各国对此学说亦有所体会，有所施行。若用最简约的文字来说明"大同三世说"的基本概念，可谓：一、据乱世，多君世，尚无文明；二、升平世，一君世，小康之道，行礼运，削臣权；三、太平世，民主世，大同之道，行仁运，削君权。"大同"虽是孔子创造出来的理想境界，但其时不可行，只能以"小康"来治世,只能待之于后人来实现。

康有为的"大同三世说"与其晚年的著作《大同书》,有着比较明确的差异,是其思想发展中的一个阶段。这一学说的主要著作虽完成于戊戌变法之后,刊行更晚;但其基本思想已于光绪二十三年由梁启超道出。也就是说,康有为在戊戌时期所持有的政治思想与学术思想不仅仅是"新学伪经说""孔子改制说",而更为重要的,是"大同三世说"。〔1〕

既然"大同三世说"已在康有为的《孔子改制考》《春秋董氏学》中提出,已在梁启超的《论君政民政相嬗之理》《湖南时务学堂初集》中得以阐发;那么,若要进一步地加以验证,最为合理且显现出唯一性的路径,就要去看看康有为其他弟子对此的言说。我为此而重新阅读了《知新报》和《时务报》。〔2〕

《知新报》创办于光绪二十三年正月(1897年2月),由澳门赌商何连旺与康有为、梁启超等人在澳门共同筹办,销往内地。其撰述(执笔者)都是康有为弟子,负责每期的政论文章。《时务报》创办于光绪二十二年七月(1896年8月),由汪康年、梁启超、黄遵宪等人在上海共同筹办,亦可见张之洞在武昌远程遥控之手。除了主要发表梁启超的政论文章外,康门其他弟子亦有政论文章发表。在这些梁启超以外的政论文章中,我又看到了"大同三世说"的影子,且大多发表在《孔子改制考》《董氏春秋学》刊行之前。由此,我可以再确认,康有为在戊戌时期已有"大同三世说"的思想。

从思想史的角度来看,"大同三世说"是一种革命思想。这对黄彰健提出的"康有为保中国不保大清"的论点是一个补证,且其他研究先进亦有与黄彰健观点相近的研究成果。由此,我再加以申说,以能说明康有为、梁启超一派在百日维新前后的政治策略。

---

〔1〕 以上的论点,可参见本书上编第三节之"大同三世说"和下编第一章"论戊戌时期梁启超的民主思想"、第二章"康有为与进化论"。

〔2〕 本章主体部分大体写毕,又读到吴义雄:《古老的理想与维新的意义:试论19世纪后期的大同思想》(《孙中山与近代中国的改革》,中山大学出版社,1999年),是最早对《知新报》《时务报》这批材料进行释读的论文,可参见该文第三部分。

二、康有为弟子的言说

1920年,梁启超著《清代学术概论》,言及康有为戊戌时期的思想,称言:

> ……有为以《春秋》"三世"之义说《礼运》,谓"升平世"为"小康","太平世"为"大同"。《礼运》之言曰:"大道之行也,天下为公……是谓大同。"有为谓此为孔子之理想的社会制度,谓《春秋》所谓"太平世"者即此……虽然,有为著此书时,固一无依傍,一无剿袭,在三十年前,而其理想与今世所谓世界主义、社会主义者多合符契,而陈义之高且过之……有为虽著此书,然秘不以示人,亦从不以此义教学者,谓今方为"据乱"之世,只能言小康,不能言大同,言则陷天下于洪水猛兽。其弟子最初得读此书者,惟陈千秋、梁启超,读则大乐,锐意欲宣传其一部分。有为弗善也,而亦不能禁其所为,后此万木草堂学徒多言大同矣。而有为始终谓当以小康义救今世,对于政治问题、对于社会道德问题,皆以维持旧状为职志……启超屡请印布其《大同书》,久不许,卒乃印诸《不忍》杂志中,仅三之一,杂志停版,竟不继印。
>
> ……有为不轻以所学授人,草堂常课,除《公羊传》外,且点读《资治通鉴》《宋元学案》《朱子语类》等,又时时习古礼。千秋、启超弗嗜也,则相与治周秦诸子及佛典,亦涉猎清儒经济书及译本西籍,皆就有为决疑滞。居一年,乃闻所谓"大同义"者,喜欲狂,锐意谋宣传。有为谓非其时,然不能禁也……[1]

---

[1] 朱维铮校注:《梁启超论清学史二种》,第66—68页。"居一年",指梁启超入学后一年,应是光绪十七年(1891)。按照"大同三世说",清朝应属"升平世";梁此处却称康"谓今方为'据乱'之世。梁为何如此分类,我还不能说详,可能是梁之误笔,也有可能指世界范围而言。值得注意的是,梁启超在此之前的三次回忆:光绪二十七年(1901)梁发表《南海康先生传》,光绪二十八年(1902)梁撰写《三十自述》,宣统三年(1911)梁出版《南海先生诗集》,皆明确说明康在戊戌时期有"大同三世说"的思想。相关的叙述与分析,可参见本书上编第三节之"大同三世说"。

此为事隔二十多年后的回忆。根据梁启超的这一说法，他在光绪十七年（1891）已闻"大同义"，并与陈千秋共同阅读过康有为关于大同思想的著述。值得注意的是，"后此万木草堂学徒多言大同矣"一句，说明除了梁、陈之外，万木草堂的许多学生也得知"大同"学说。

先来看《知新报》，从光绪二十三年正月二十一日（1897年2月22日）第1册到光绪二十四年八月十一日（1898年9月26日）第66册，即得知北京政变之前，康有为的学生徐勤、韩文举、刘桢麟、何树龄、孔昭焱、王觉任、黎祖健、欧榘甲、陈继俨一共发表了58篇政论文章。[1]再来看《时务报》，从光绪二十二年七月初一日（1896年8月9日）第1册到光绪二十四年三月初一日（1898年3月22日）第55册，即康有为、梁启超一派完全退出《时务报》之时，除了梁启超之外，康有为的学生麦孟华、徐勤、欧榘甲一共发表了9篇政论文章。[2]也就在这些文章中，我看到了忽隐忽现的"大同三世说"的痕迹。

徐勤

徐勤（1873—1945），广东三水人，字君勉，号雪庵。光绪十六年（1890），就学于康有为，为"长兴里十大弟子"之一。康有为携梁启超等人进京会试或外出讲学时，命徐为万木草堂学长。[3]其家境宽裕，对万木草堂及同学多有资助。光绪二十一年，康在上海办《强学报》，曾调徐至上海办事。[4]光绪二十三年正月《知新报》创办，徐任撰述。是年

---

[1] 这里的篇数是指全篇而言，有些文章分多次连载，亦算成一篇。作者的排名顺序，按照其在《知新报》上发表文章的前后排列，并不代表他们在"康党"团体中的地位。此外，梁启超（6篇）、康广仁（2篇）、康同薇（2篇）未统计在内。
[2] 《时务报》最后一篇康、梁派的文章发表于第55册，即梁启超的《经世文新编序》。实际上，从第51册（光绪二十四年正月二十一日）起，康、梁一派已退出《时务报》。
[3] 参见陈汉才：《康门弟子述略》，广东高等教育出版社，1991年，第18—24页；沈成飞：《徐勤早年活动评述》，《广东史志》2003年第3期。
[4] 康有为在《我史》（《康南海自编年谱》）中称："……冬迁草堂于府学宫仰高祠，赁之十年，为久计，徐君勉、梁卓如之力也。君勉念朋友之难，常供养朋友之才贤者，以及刻书、移草堂之资皆任焉，几以任恤破其家矣。"又称："……吾以十二月母寿，须归，先调君勉、易一来办事，急须开故。以用孔子纪年，及刊上谕事，江宁震动。适有京师劾案，遂藉此停止。"（《丛刊·戊戌变法》，第4册，第126、135页）"易一"，（转下页）

冬，日本横滨侨商邝汝磐欲为侨民子弟办学，康命之前往日本，主持横滨大同学校。[1]百日维新期间，仓场侍郎李端棻保举"经济特科"，徐勤亦在列。[2]

徐勤在《知新报》上共发表了《地球大势公论》《〈春秋存中国说〉序》《〈二十四朝儒教会党考〉序、例》《〈孟子大义述〉自序》《拟粤东商务公司所宜行各事》《〈丁酉列国岁计政要〉序》《复友人论铁路书》7篇政论文章；另在《时务报》上发表了《中国除害义》。[3]其中涉及"大同

（接上页）何树龄。康有为堂兄康有仪致山本宪信中称："徐勤……曾游学舍弟之门五六年。此人志趣颇佳，尚气节，好学，爱才，能倾家养士（富人也）。前曾在上海强学会襄办撰述，会为御史杨崇伊奏劾，电闻，为之吐血。是时弟子寄居会内，所目击也。举此一端可见其为人。"（吕顺长：《清末维新派人物致山本宪书札考释》，上海交通大学出版社，2017年，第101—102页。字与标点稍有变易）

[1] 参见冯自由：《戊戌前孙、康两派之关系》，《革命逸史》，中华书局，1981年，初集，第48页；梁启超：《日本横滨中国大同学校缘起》，《时务报》第47册，光绪二十三年十一月十一日，中华书局影印本，第4册，第3187—3188页。又，康有为流亡日本后，日本学者中西牛郎与之访谈，著文《论康有为氏之理想及事业》，称言："……门下实称济济多士。如梁启超、徐勤二氏，尤为铮铮者，号称康门颜、曾。盖梁氏以颜渊之明敏兼子路之勇，徐氏以曾参之笃实加子贡之才也。是故康以梁氏为大同译书局总理，以徐氏为大同学校校长。"（《太阳》，第四卷第二十三号，1898年［明治三十一年］11月20日，第14页。吉辰译，见《戊戌政变后〈太阳〉杂志关于康有为的两篇文章》，上海中山学社主办：《近代中国》第29辑，上海社会科学院出版社，2018年）"颜渊"，颜回，子渊；"子路"，仲由；"曾参"，子舆；"子贡"，端木赐，皆孔子门下大弟子。康有为弟子，互以孔门大弟子戏称，见下文所言梁启超、麦孟华相关内容。

[2] 胡思敬：《戊戌履霜录》，《续修四库全书》，上海古籍出版社，1995年，史部第446册，第345页；《国闻报》，光绪二十四年五月二十九日、六月二十二日。

[3] 《〈春秋存中国说〉序》刊于《知新报》第11册，光绪二十三年三月十一日。该文称：孔子著《春秋》，意在保存中国，若"人人以存中国为心，而明《春秋》之大义，则中国可为也"。又称："《春秋存中国说》，凡二卷，序其首即系之辞曰……"但未称作者之名，很可能是徐勤的著作。该书今未见存。《〈二十四朝儒教会党考〉序、例》刊于《知新报》第20册，光绪二十三年五月初一日。该文所称的"会党"既是学术组织，也是政治组织，徐勤企图用历史的"会党"来证明当下建立此类组织的正当性。该文又称"卷分二十，类别为三"，可见是一部很大的著作。该书今未见存。《拟粤东商务公司所宜行各事》刊于《知新报》第24、25册，光绪二十三年六月十一、二十一日。该文所言的"商务公司"，是介于政府和商会之间的组织，总办以"公举"产生，所办之事为"创商报""开商会""立学堂""立工艺院""开博物院"（类似展览会或展销会）、"立功牌"（类似奖状）、"设轮船""办团练""修街道"。其经费来源为"募捐""集股""例捐""劝捐"，而后两种"捐"，很容易流变为摊派。该文开首之言也值得重视："合群之义有三，言政则议院，言学则学会，言商则公司，之斯三者而已。然学校不兴，科举不变，（转下页）

三世说"的，为《地球大势公论》和《〈孟子大义述〉自序》。

《地球大势公论》是一篇类似于梁启超《变法通议》那样的大文章，分次刊于《知新报》第2、3、4、5、10、11、12、13、20册，断断续续，时间从光绪二十三年正月到五月，已刊出的部分为《总序》《一、总论亚洲》《一之一、中国盛衰关于地球全局》《一之二、论俄国不能混一亚东》《一之三、论日本自强之故》。从已刊内容来看，徐勤还没写完。该文的主旨是想说明世界发展的大趋势，因没写完，能看到各篇章的基本观点，总体性的观点尚未展示。[1] 该文言及"大同三世说"思想的，有以下两段。其一，徐勤称：

……故天下之势，始于散而终于合，始于塞而终于通，始于争而终于让，始于愚而终于智，始于异而终于同。古今远矣，中外广

---

[1]（接上页）民智未开，国是未定，则议院未由开也……"徐强调了议院的意义及其开设的条件。《〈丁酉列国岁计政要〉序》刊于《知新报》第24册。《列国岁计政要》英文原名为 The Stateman's Year Book，是年鉴式手册，英国驻华公使提供该书1874年（同治十三年）版，由林乐知等译述，光绪三年（1877）在江南制造局出版。《知新报》从第24册开始连载由周逢源翻译的新版，徐勤为之序。《复友人论铁路书》刊于《知新报》第33、34册，光绪二十三年九月十一、二十一日。该文叙述了建设铁路的八项好处："广人才""饬吏治""通商务""便行旅""利调兵""改漕运""防灾荒""兴屯垦"。《中国除害义》，连续刊于《时务报》第42、44、46、48册，光绪二十三年九月二十一日、十月十一日、十一月初一、二十一日，中华书局影印本，第4册，第2839—2844、2979—2987、3115—3120、3251—3256页。该文所论兴学校、废科举、立孔教，是一篇未完成的大文章。徐勤该文的起首称："凡今中国之大害，无学为害，无教为害，忘国为害，忘君为害，蔽塞为害，古老为害，愚瞽为害，束缚为害，虚侨为害，狭小为害，倾诈为害，险薄为害，流荡为害。"共计有十三"大害"。然其第一篇未列题目，以"何以谓无学之害也"讲起，第二篇列副题为"除不学之害二"，第三篇为"继前稿无学之害三"，第四篇为"续前稿无教之害四"，以此而论，仅写了两"大害"。然从文章内容来看，从"忘国"到"流荡"，还有十一"大害"，虽不能说完全未涉及，也不知徐勤的写作计划，但其主要部分尚未写完是可以确定的。

[1]《总论亚洲》谈到人类文明仅四千年，从"地顶"（昆仑山）发源，以四条河流入俄罗斯、波斯、印度、中国。亚洲古国若能"维新""自强"、发挥"旧教"之义，当可"富强"。《中国盛衰关于地球全局》认为英俄互争是对中国有利的国际局势，中国若能行"兴学校""开议院""改官制"诸项，就可以自立。《论俄国不能混一亚东》称俄国虽有诸强项，但其"霸道虐民，威权无限，议院弗立，私利其国"，不可能称霸亚洲。《论日本自强之故》强调了日本明治维新变学术、变学校、变科举。（日本自强一文似未完）

矣，要而论之，其变有三：

洪水以前，鸟兽相迫，昆仑地顶，人类自出。黄帝之子孙，散居于中土；亚当之种族，漫衍于欧东。创文字，作衣冠，立君臣，重世爵。由大鸟大兽之世，而变为土司之世。其变一。

周秦之世，地运顿变，动力大作。争夺相杀，而民贼之徒遍于时；兼弱攻昧，而强有力者尊于上。嬴政无道，驱黔首以为囚；罗马暴兴，合欧西而一统。由土司之世，而变为君主之世。其变二。

百余年间，智学竞开，万国杂沓。（盛华顿）[华盛顿]出，而民主之义定；拿破仑兴，而君主之运衰；巴力门立，而小民之权重。由君主之世，而变为民主之世。其变三。

故结地球之旧俗者，亚洲也；开地球之新化者，欧洲也；成地球之美法者，美洲也。[1]

"大同三世说"反映的是世界的变局，徐勤的着眼点也是世界的。他没有用"据乱""升平""大同"之词汇，而代以"酋长""君主""民主"之三变。"洪水""地顶""地运""动力"也是康有为讲学时使用过的概念。[2] 其二，徐勤又称：

……抑吾闻之，治尚麤觕之世，以力胜；治著升平之世，以智胜；治著大同之世，以仁胜。以智胜者强，以仁胜者乐，以力胜者愚而亡。亚洲自洪水以来，四千余年，诸教并起，皆能以智胜者也。至宋元之间，成吉思汗之俗出，而力胜之世复见矣……

此处的"麤觕""升平"，皆源于何休《春秋公羊传解诂》；而"仁"是康有为"大同三世说"中的关键词。徐勤在文章中激烈批评国家之间

---

[1]《地球大势公论·总序》，《知新报》第2册，光绪二十三年正月二十六日，上海社会科学院出版社影印本，1996年，上册，第10页。"巴立门"，parliament，英国议会。
[2] 进一步的叙述与分析，可参见本书下编第五章"戊戌时期康有为的'洪水说''地顶说''地运说'"。

的暴力与屠杀，认为"天道循环，物极必反"。还需注意的是，徐勤在文中称：

> ……《书》道政事，《易》道阴阳，《春秋》经世。孔子之道，盛水不漏。凡泰西所谓合众、议院之义，教民、养民之法，皆六经所咸备，而不假外求者也……[1]

他认为，孔子之道已经包含了西方的政治、经济和社会诸方面的思想和制度，这与"大同三世说"是相吻合的。

《孟子大义述》是徐勤的著作，未见刊行。《知新报》刊出其《自序》，大体说明该书的主旨。该文开首即称：

> 有一国之士焉，有一时之士焉；有天下之士焉，有古今之士焉。所谓一国一时之士者，其聪明才力皆域于一国，其他弗知也。吴起、商鞅之流是也。所谓天下古今之士者，其聪明才力皆专于为民，其他弗知也。孟子是也。

徐勤认为，孟子的政治思想可通行于"天下古今"，其原因在于"以民为体"。他又称：

> ……孟子至今有识者尊而重之，西士译是书，亦敬服焉。何也？盖为民不为民故也。此一时与古今、一国与天下所由判也。三代圣王尚矣，而孔子独尊尧、舜者。何也？为其官天下而为民也；泰西贤君众矣，而今人独称华盛顿者。何也？为其变民主而为民也。
> ……故由今以前，君之世，非民之世也，一国之世，非天下之世也。吴起、商鞅所以诩诩焉称为一国之士，一时之士，所由来也。由今以后，君民之世，非君之世也，天下之世，非一国之世也。此

---

[1]《地球大势公论·总论亚洲》，《知新报》第4册，光绪二十三年二月初六日，上海社会科学院出版社影印本，上册，第25页。相同的言论，又见于梁启超给徐勤所作《春秋中国夷狄辨》一书的序言，后将述及。"书"，书经，《尚书》。"合众"，指联邦制度。

孟子所以卓然为天下之士，古今之士，所由来也。[1]

以上引文前段提到了尧、舜，提到了华盛顿，皆是"大同三世说"中的民主阶段；以上引文后段提到了"君民之世""天下之世"，皆是"大同三世说"中的发展方向。人类将会经过"君民共主""民主"而最后达到消灭国家的"世界大同"。徐勤的著作虽未见，然其《序言》所表达的思想，与梁启超为湖南时务学堂所作《读〈孟子〉界说》（作于光绪二十三年冬）和康有为的《〈孟子〉微》（完成于光绪二十七年）是一致的。

徐勤是康有为弟子中用力最勤的写作者之一，除了为《知新报》《时务报》撰述外，另撰写多部著作。梁启超在《时务报》上发表《〈春秋中国夷狄辨〉序》，称："徐君君勉既学于南海，治《春秋》经世之义，乃著《中国夷狄辨》三卷，一曰中国而夷狄之，二曰夷狄而中国之，三曰中国夷狄进退微旨。于以犁千年之谬论，抉大同之微言……"从梁的序言可以看出，徐在该书中讲的是"大同三世说"的内容。[2] 由此再加上前文提到的三篇序言（《〈春秋存中国说〉序》《〈二十四朝儒教会党考〉序、例》《〈孟子大义述〉自序》），可见其雄心壮志。他的写作戛然而止，很可能与被派到日本主持横滨大同学校有关。[3]

刘桢麟

刘桢麟，字孝实，广东顺德人，康有为弟子。[4] 光绪二十三年春，他在其顺德同乡、澳门赌商何连旺（即《知新报》的主要出资人）家中

---

[1]《知新报》第21册，光绪二十三年五月十一日（1897年6月10日），上海社会科学院出版社影印本，上册，第170—171页。又，"大同三世说"中尧、舜的地位与意义，后将详叙。

[2]《〈春秋中国夷狄辨〉序》，《时务报》第36册，光绪二十三年七月二十一日（1897年8月19日），中华书局影印本，第3册，第2418—2420页。又，根据大同译书局的广告，《春秋中国夷狄辨》已刊刻，定价两角，可见该书的大体规格。（《时务报》第51册，光绪二十四年正月二十一日，中华书局影印本，第4册，第3522页）

[3] 徐勤在《知新报》第52册（光绪二十四年闰三月二十一日，1898年5月11日，上海社会科学院出版社影印本，上册，第670—671页）发表《日本横滨中国大同学校学记》，提出了"立志""读书""合群""尊教""保国"的要求，仍有着"康学"的许多色彩。

[4] 参见陈汉才：《康门弟子述略》，第117—119页。

授馆课其子。《知新报》创办时，任撰述。

刘桢麟在《知新报》上共发表了《地运趋于亚东论》《〈地球六大罪案考〉总序》《论暹王出游》《中国宜开赛会以兴商务》《论德国寻衅于中国》《论中国守旧党不如日本》《论今日西学当知急务》《富强始于卫生论》《复仇说》《〈公羊初学问答〉自叙》《恭读上谕开经济特科书后》《论西学与西教无关》《论变科目宜并变考官》《译书局末议》《实事始于空言说》等15篇政论文章，此外另有《澳门戒鸦片烟分会序》《顺德逢简乡拟设公书会公启、章程》。他是这一时期在《知新报》上发表文章最多的撰述。[1] 他发表于光绪二十三年四月十一日（1897年5月12日）的文章《论德人寻衅于中国》，半年后果真发生了德国强占胶州湾事件，显

---

[1] 《论暹王出游》刊于《知新报》第9册，光绪二十三年三月初一日。该文表彰暹罗国王将出行欧洲，比之若俄国彼得大帝和日本明治天皇。《中国宜开赛会以兴商务》刊于《知新报》第16册，光绪二十三年四月初六日。该文提出开赛会（博览会），并论证其有利之处。《论中国守旧党不如日本》刊于《知新报》第21、22册，光绪二十三年五月十一、二十一日。该文称赞了日本攘夷派"能尊王、能保国"，要求中国士人能奋起担当。其中提到变科举、开学会、设议院："若夫变科举，此自强之本原也，而以为碍于成法；开学会，诸学之植基也，而以为大干例禁；设议院，上下之相通也，而以为侵于君权。"按此说法，"议院"的功能是"通上下"，且不侵犯君权。《论今日西学当知急务》刊于《知新报》第31册，光绪二十三年八月二十一日。该文强调西学中的政治诸学说，也说明中西学互通。《富强始于卫生论》刊于《知新报》第39册，光绪二十三年十一月十一日。该文主要倡导环境卫生，并提倡体育与营养。《复仇说》刊于《知新报》第40册，光绪二十三年十一月二十一日。该文要求国人在德国强占胶州湾后"激烈振起，思雪大耻"。《恭读上谕开经济特科书后》刊于《知新报》第45册，光绪二十四年二月十一日。该文以力学中的吸力以加引申，赞扬开设特科，称"我君相其知以热力行吸力之术"。该文还介绍了西方的专利制度。《论西学与西教无关》刊于《知新报》第49册，光绪二十四年三月二十一日。该文谈到西教与西学的差别，并延伸到西学与中学的关系。《论变科目宜并变考官》刊于《知新报》第59册，光绪二十四年六月初一日。该文谈到此时清朝科举改制后教官将成问题，提议两条：以学堂代科举；以保举的方法产生新的考官。《译书局末议》刊于《知新报》第63册，光绪二十四年七月十一日。该文谈到梁启超编书、译书之难，并提议各省设立分局。《澳门戒鸦片烟分会序》刊于《知新报》第58册，光绪二十四年五月二十一日。《顺德逢简乡拟设公书会公启、章程》刊于《知新报》第60册，光绪二十四年六月十一日。"公书会"，图书馆。又，光绪二十三年三月初三日，梁启超（时在上海）写信给康有为（时在桂林）："……顷长驻澳中者，君勉、实孝二人而已，其余皆若即若离之。二人者勤劳已甚，安得复有暇日致力于此。草堂诸子，多不顾大局，不听调遣……"（《梁启超年谱长编》，第78页）"君勉"，徐勤。"实孝"，孝实之误，刘桢麟。由此可见，该报创办之初于徐、刘为主力。

示其先见之明,在康党中亦闻名一时。[1]《知新报》的忠实读者皮锡瑞,对刘桢麟的文章十分关注,在日记中有5次评论。[2]在这些文章中,涉及"大同三世说"的,有《地运趋于亚东论》《〈地球六大罪案考〉总序》《〈公羊初学问答〉自叙》和《实事始于空言说》。

《地运趋于亚东论》刊于《知新报》第7、8册,所论的主旨是康有为在万木草堂讲授的"洪水说""地顶说""地运论",即洪水之后,人类文明起始于昆仑山(地顶),向四方流传,而今将汇聚于亚洲东部,是中国的契机。梁启超、徐勤对此亦有所阐发。[3]刘桢麟此文亦详加叙说,"今日天道之推移,地运之趋变者哉",称言:

> 桢麟曰:大地之转机,百年以往,由东而趋于西焉,百年以来,由西而趋于东焉;千年以后,合东、西而为一焉。百年以往,吾得观之史氏之言;千年以后,吾惟俟之蓍龟之验。语曰:夏道不亡,殷道不作,周道不亡,春秋不作。吾今且谬为之语曰:亚洲不蹶,美洲不兴,欧洲不亡,地球不一。今百年之运,其在斯乎,其在斯乎!

其中"千年以后,合东、西而为一焉"一句,指的即是"世界大同";"欧洲不亡,地球不一"一句,意在说明:当地球合一、实现"大同"之后,欧洲也就不存在了。在这篇文章的最后,刘桢麟呼唤着"大同世界"的到来:

> 呜呼!尝闻之南海先生之言矣:世界之公理,由力而趋于智,

---

[1] 《论德人寻衅于中国》,《知新报》第17册,光绪二十三年四月十一日,上海社会科学院出版社影印本,上册,第130页。该文认为,德国会利用"三国干涉还辽"对清朝有所予求,并称其已"操心审虑,决于一逞"。是年十月十九日(11月13日),德国借口巨野教案,派兵强占胶州湾(今青岛)。

[2] 《皮锡瑞日记》光绪二十三年六月十一日、十月十六日,光绪二十四年闰三月十三日、六月十五日、七月初四日。见《皮锡瑞全集》,第9册,第670、722页;第10册,第857、926、940页。皮锡瑞在日记中敬称刘桢麟为"刘桢卿"。

[3] 相关的叙述与分析,参见本书下编第五章"戊戌时期康有为的'洪水说''地顶说''地运说'"。

由智而趋于仁。上古千年，力之世也；中古千年，智之世也；后古千年，仁之世也。力之世，治据乱；智之世，治太平；仁之世，治大同。今其智之萌芽乎，夫大地万国，寐觉已开，中土蚩氓，蒙瞽渐辟，远识之士，竞驰新学之途，杞忧之儒，群倡开化之术。吸吁所接，或有动于当途；阖辟所关，即不朽之巨业。匪一隅之偏局，实万国之同风。乘朕兆已萌之后，为有开必先之举。将岂徒一国、一洲蒙靡穹之利赖欤，其将以是期之百千年后，凡我圆颅方趾之伦——黄人、白人、红人、黑人、棕色人、半黄半白淡黑人、不可思议之诸色人——咸被此靡穹之利赖焉，而为智、为仁之世界，均于是起点也，而又何东、西之有耶，而又何趋、变之有耶？[1]

刘桢麟十分清楚地说明了前、中、后三世，分别崇尚力量、智慧和仁爱。他误将"小康""太平"说成"太平""大同"。他认为，当今"智"已"萌芽"，其后的发展趋势将不可抵挡；当此"朕兆已萌"，"百千年后"人类（即"圆颅方趾之伦"）将不分国家、不分洲别、不分肤色，共同经由"为智"而进入"为仁"的世界。到了那个时候，东、西可不必分，趋、变可不必论。这是康有为及其党人所认定的"世界之公理""不朽之巨业"。

《〈地球六大罪案考〉总序》刊于《知新报》第9、10册，所谓"六大罪案"指亚历山大（马其顿王）、秦始皇、摩哈默（先知穆罕默德）、成吉思汗、明太祖、拿破仑六人之事功。他们被称为伟人，创大国之基业，但他们使用暴力手段，杀人无数，即与"大同三世说"中所标明的"智"（升平）与"仁"（太平）恰恰相反，属于《春秋》经中"立诛意之条"。[2] 刘桢麟的《地球六大罪案考》一书，不知是否写完，但未见刊刻。

---

[1]《地运趋于亚东论》，《知新报》第7、8册，光绪二十三年二月二十一日、二十八日，上海社会科学院出版社影印本，上册，第49—50、57—58页。"夏道不亡，殷道不作……"一句，见之于刘向《说苑·君道》，文字稍有异。康有为在万木草堂讲学时曾引用之（见《万木草堂口说》，楼宇烈整理：《长兴学记·桂学答问·万木草堂口说》，第107页）；在《孔子改制考》中亦引用之（姜义华、张荣华编校：《康有为全集》，第3集，第116页）。

[2] 亚历山大大帝、秦始皇嬴政、成吉思汗、明太祖朱元璋、拿破仑皆是武力（转下页）

其《总序》涉及"大同三世说"的,有以下两段:

> 大同之世尚仁,据乱之世尚力。先王之治天下也以公,后世之治天下也以私。先王之于民也欲其智,后世之于民也欲其愚。古今魁桀雄武之流,乘时而起,欲以利其天下,厚其权力,尊其禄位,顺其臂指。据他人之自有,而不使其知,攘他人之所共,而悉归于独者,盖比比然矣,而犹未以为大罪也。夫天下之大,民物之众,画而沟之,封而域之,界而国之。各魁其土,各傅其珉,各善其纪,虽其私也,宁不校善。而独有污君、独夫、民贼,纵一人之怒,而屠毒千万人之生灵,顾百年之图,而愚弱千万年之世界……
>
> 嗟乎,我孔子爱人之教主也,作《春秋》以改制,以君治人,以天治君,惧君位至高,无所敬畏,将为民祸也。疾始火攻,疾始灭国,恶其伤人类也。始托文王,而终道尧舜,以其有天下而不居,让天下而不争也。后世人主利天下而私之,于是有攘夺惨戮之患,有压抑钳制之术,而人类遂无所逃矣……[1]

上引前一段话提到了"仁",提到了"公",提到了"智",反对以武力开

(接上页)征服者,但先知穆罕默德非为君王,且以传教立国。刘桢麟对此写道:"今夫亚喇伯(阿拉伯)野悍之番族,摩哈默出,创回回之教,著可墨之经,隶属者十余国,皈依者数百万人,遂赫然为千年之教主矣。""摩哈默窃摩西之绪余,诱无知之愚贱,从之者生,不从者死,以战死为天堂,以溅血为功德,是愚民之术悍而诬。"这是刘的历史观,未必属实。

[1] 《〈地球六大罪案考〉总序》,《知新报》第9、10册,光绪二十三年三月初一日、初六日,上海社会科学院出版社影印本,上册,第65—66、73—74页。"疾始火攻,疾始灭国",皆出自于《公羊传》。《春秋》桓公七年记:"春,二月,己亥,焚咸丘。"《公羊传》记:"焚之者何?樵之也。樵之者何?以火攻也。何言乎以火攻?疾始以火攻也。"何休《解诂》称:"征伐之道,不过用兵,服则可以退,不服则可以进。火之盛炎,水之盛冲,虽欲服罪,不可复禁,故疾其暴而不仁也。《传》不托始者,前此未有,无所托比。"《春秋》隐公二年记:"无骇师入极。"《公羊传》记:"无骇者何?展无骇也。何以不氏?贬。曷为贬?疾始灭也。始灭昉于此乎?前此矣。前此则曷为始乎此?托始焉尔。曷为托始焉尔?《春秋》之始也。此灭也。其言入何?内大恶,讳也。"何休《解诂》称:"《春秋》托王者始,起所当诛也。言疾始灭者,诸灭复见不复贬,皆从此取法,所以省文也。"又,刘桢麟在文中还称:"虑战祸之害民也,则设万国太平之会以弭之。虑两国之构争也,则立凭公调处之约以和之。"讲的是西方的"弭兵会",不知其根据为何。

下编 | 第三章 戊戌时期康有为"大同三世说"思想的再确认

疆拓土的"魁桀雄武"（即"六大罪案"），刘桢麟在此使用的是反衬法，即对"暴力"贬斥来显示对"仁爱"的崇尚。同样，他对"各魁其土，各傅其氓，各善其纪"（即"界而国之"）的批评，正是暗地里称颂着"天下为公"（无国家）的"大同世界"。上引后一段话说明了"大同三世说"为孔子所创，藏于《春秋》之中；"始托文王，而终道尧舜"，是《公羊传》的说法，即以此说明孔子虽言"小康"而寄希望于"大同"，是"大同三世说"的主要论据之一。

《〈公羊初学问答〉自叙》刊于《知新报》第42册，所谓《公羊初学问答》，是刘桢麟在澳门赌商何连旺家中教其子的教材。对此，刘桢麟称：

> 桢麟憎陋，昔年学于南海先生，始闻有所谓圣人之道者。既而先生授以《公羊》标例举义，为紬绎而诏之。既卒业，桢麟于是瞿然喜，皇然惧，乃知孔子改制立教之本，在于六经，乃知六经之关键，在于《春秋》，乃知《春秋》之微言大义，赖公羊氏与何邵公发明而光大之。是故不通六经，不足以通圣人之道，不通《春秋》，不足以通六经，不通《公羊》，不足以通《春秋》。一发之微，千钧之系，然则公羊氏真孔教之向导哉。

这些都是"孔子改制"的说法。至于"大同三世说"，刘桢麟仅提到一句"三科九旨之例，太平大同之义"，没有加以细说。[1]对于刘以《公羊》之深意来教育儿童的施教法，梁启超颇有异议（后将述及）。

《实事始于空言说》刊于《知新报》第66册，是戊戌政变之前刘桢麟的最后一篇政论文。若用今天的语言来说明，该文所论指理论对于实

---

[1] 《〈公羊初学问答〉自叙》，《知新报》第42册，光绪二十三年十二月十一日，上海社会科学院出版社影印本，上册，第509页。"三科九旨"，徐彦称："何氏之意以为三科九旨，正是一物。若总言之，谓之三科，科者，段也。若析而言之，谓之九旨，旨者意也。言三个科段之内，有此九种之意。故何氏作《文谥例》云：'三科九旨者，新周、故宋、以《春秋》当新王，此一科三旨也'。又云'所见异辞、所闻异辞、所传闻异辞，二科六旨也'。又'内其国而外诸夏，内诸夏而外夷狄，是三科九旨也'。"（《春秋公羊传注疏》，上海古籍出版社，2014年，第5页）徐彦又谈到宋氏的解读。

践的重要性。其中一段言及孔子之微言大义：

> 如孔子作《春秋》，张三世之义，由据乱而升平而太平；《礼运》志于三代之英，由小康而大同。澈上澈下，范围万世。其事未尝即见，其理未尝不验，故百世可知，孔子固已言之。使当时以实事相绳，则定、哀何以有太平？三代何尝有大同？恐孔子亦哑然无以自解耳。然而今日中华人士，曾有不受治于孔子之教者乎？地球诸国政，能有外于《春秋》《礼运》所言者乎？则空言之效验诚多矣。[1]

所言虽然仍是"孔子改制"的内容，但已涉及"大同三世说"。"太平""大同"皆非当时的事实，而是孔子创造出来"范围万世"的教义（就时间而言）；且地球各国的政治与社会，也不能出乎于孔子在《春秋》《礼运》所言教义之外（就地域而言）。此即何休所言的"天下远近大小若一"。

王觉任

王觉任（1860—1929），字公裕，号镜如，广东东莞人。光绪十七年（1891），就学于康有为，是"长兴里十大弟子"之一。康离开广州时，亦曾命其为万木草堂学长。《知新报》创办后，任撰述。[2] 曾任《孔子改制考》总校，《春秋董氏学》复校。

王觉任在《知新报》上共发表了4篇政论文：《论列国息争之公理》《寝兵说》《开储才馆议》《增广同文馆章程议》，其中涉及"大同三世说"的为前两篇。[3]

---

[1]《实事始于空言说》，《知新报》第66册，光绪二十四年八月十一日，上海社会科学院出版社影印本，上册，第898—899页。"定、哀"，指鲁定公、鲁哀公，按照何休的说法，属"至所见之世，著治大平"。

[2] 参见陈汉才：《康门弟子述略》，第36—39页。

[3]《开储才馆议》刊于《知新报》第30册，光绪二十三年八月十一日。该文提议在军机处之下设"储才馆"，汇聚精英，随时上书。所言内容与康有为"上清帝第三书"中的"议郎"有相似之处；与后来"上清帝第六书"中的"制度局"亦有相似（转下页）

《论列国息争之公理》刊于《知新报》第19册,所论是反对由古至今的武力征伐,主张列国列强"息争";其所持者,为孔子反战的理念;其欲施者,是召集各国"公议"之会。对此,王觉任称言:

> 昔春秋之时,战事以百十数,孔子必一二书,所以重民命也。是故伐者为主,伐者为客,其所以深恶而痛绝之之意甚明。佛法之普度,墨家之非攻,耶氏之救世,岂非与疾始取邑、疾始灭国、疾始火攻同一义哉?故争夺相杀,人之大患,天心之所忿恶,圣人之所隐痛,而亦环球诸国之所大患者也。不以为患,斯亦已矣,如以为患,则禁攻寝兵之约其亦不可以已乎?
>
> 二人同舍,各持一义,争欲求胜,不能决也,是非无所折衷,曲直无所赴诉。《春秋》不书离会,其此意矣。地球之上,纷纷者五十余国。今议院,天下之平也,各国有行之者,其明效大验,不可见乎?充斯例也以往,纠合若民主、若君民共主、若君主之邦,共立明约,申以大信:继自今有两国龃龉,各国会于其所,开诚心,布公道,定三占从二之例,平其曲直,定其是非。理之否者,小而谢罪赔款,大而纳地请荆,一唯各国之公议是听。其有倔强不如约者,天下共起而击之,废其君而谋立贤者。

上引前一段话说的是义理。孔子是看重人民生命的,佛教、墨家、基督教的主张与孔子"疾始取邑,疾始灭国,疾始火攻"的理念是大体相同的,环球诸国完全可以由此达成"禁攻寝兵之约"。上引后一段话说的是方法。既然"议院"的方式体现了"天下之平",许多国家行之有效;那么,世界上三种国体(民主、君民共主、君主)的国家也可以订立明约,仿效"议院"而设置超越国家的"公议"之所。此后两国若有争议,可由各国共同平曲直、定是非;若有不从者,天下各国可共击之。这表面

(接上页)之处,但权力没有"制度局"大。《增广同文馆章程议》刊于《知新报》第35、36册,光绪二十三年十月初一、十一日。该文要求京师同文馆大规模地增加西学的内容,并设立图书馆、博物院、译书处、译报处。所言内容与康有为所拟《上海强学会章程》有相似之处。

上谈的是西方式的"议院",然其内在的规制却在仿造何休在《春秋公羊经传解诂》中提出的"自三国以上言会者,重其少从多也"。按照"大同三世说"的说法,孔子的学说经天纬地,是解决世界一切问题的至理;王觉任对世界的未来充满着信心,在文章的最后呼唤道:

> 呜呼!以不忍人之心,行不忍人之政,尚矣。诚由吾之前说,使地球五十余邦,十五万万人,咸同斯福。孟子曰:"域民不以封疆之界,固国不以山溪之险,威天下不以兵革之利。"《春秋》之义:"有分土无分民。"太平之运,大同之治,意在斯乎,意在斯乎![1]

---

[1]《论列国息争之公理》,《知新报》第19册,光绪二十三年四月二十一日,上海社会科学院出版社影印本,上册,第145—146页。王觉任此文用典甚多,校于下:一、"伐者为主,伐者为客",出自《公羊传》。《春秋》庄公二十八年记:"春,王三月,甲寅,齐人伐卫。卫人及齐人战,卫人败绩。"《公羊传》记:"伐不日,此何以日?至之日也。战不言伐,此其言伐何?至之日也。《春秋》伐者为客,伐者为主。故使卫主之也。曷为使卫主之?卫未有罪尔。败者称师,卫何以不称师?未得乎师也。"何休《解诂》称:"用兵之道,当先至竟侵责之,不服乃伐之。今日至,便以今日伐之,故曰以起其暴也。"又称:"未得成列为师也。诈战不言战,言战者,卫未有罪,方欲使卫主齐,见直文也。不地者,因都国也。"二、"疾始取邑",亦出自《公羊传》。《春秋》隐公四年记:"春,王二月,莒人伐杞,取牟娄。"《公羊传》记:"牟娄者何?杞之邑也。外取邑不书,此何以书?疾始取邑也。"何休《解诂》称:"外小恶不书,以外见疾始,著取邑以自广大,比于贪利差为重,故先治之也。内取邑常书,外但疾始不常书者,义与上逆女同。不传托始者,前此有灭,不嫌无取邑,当托始明。故省文也。""疾始灭国,疾始火攻"两条,见前注。三、"禁攻寝兵"是战国人宋钘、尹文的学说,见之于《庄子·天下篇》:"……见侮不辱,救民之斗;禁攻寝兵,救世之战。以此周行天下,上说下教,虽天下不取,强聒而不舍者也。"四、"离会"指两国意见不合,各执己见。《春秋》桓公二年记:"蔡侯、郑伯会于邓。"《公羊传》记:"离不言会,此其言会何?盖邓与会尔。"何休《解诂》称:"二国会曰离,二人议各是其所是,非其所非,所道不同,不能决事,定是非,立善恶,不足采取,故谓之离会。"又称:"时因邓都得与邓会,自三国以上言会者,重其少从多也,能决事,定是非,立善恶。《尚书》曰:'三人议,则从二人之言'。盖取诸此。"《春秋》桓公五年又记:"夏,齐侯、郑伯如纪。"《公羊传》记:"外相如不书,此何以书?离不言会。"何休《解诂》称:"时纪不与会,故略言如也。《春秋》始录内小恶,书内离会;略外小恶,不书外离会。至所闻之世,著治升平,内诸夏而详录之,乃书外离会。嫌外离会常书,故变文见意,以别嫌明疑。"五、"三占从二",典出于《尚书·洪范》:"三人占,从二人之言""占",占卜之意。前引何休《解诂》将"占"改为"议"。六、"域民不以封疆之界……"一段,出自《孟子·公孙丑下》,其结论是"得道者多助,失道者寡助"。七、"有分土无分民"见之于何休说。《春秋》昭公十五年记:"二月,癸酉,有事于武宫。籥入,叔弓卒,去乐(转下页)

"不忍"是"大同三世说"的重要概念，在"大同"世界中将没有"封疆"与"兵革"，"太平之运，大同之治"是当时世界五十多个国家、十五亿人口共同的美好未来。这也是王觉任此文的结论。

《寝兵说》刊于《知新报》第 27 册，所论亦是反对武力征伐，反对扩军备战，主旨与《论列国息兵之公理》相同，但"大同三世说"不是结论，而成了该文的论据。王觉任称言：

<blockquote>
《春秋》之言三世也，曰据乱世，曰升平世，曰太平世。据乱之世，以兵为命，朝无法，上无律，群竞其私，劲于仇杀。非洲之土人，南洋之岛夷，与夫土番野獠，犷悍顽剽，身以兵长，家以兵立，国以兵成，其生死与兵相终始。久之久之，而易世为升平也，朝有法，上有律，人禁私战，家禁私仇。然而内夏外夷，峻其限界。私有不遂，则奔蹄劲角，奋相虿蛹，糜他人之民以及己之民之世也，以兵为辅。又易世而为太平也，"夷狄进爵，远近大小若一"，国同天邑，人同天民。故人爱他人之身如其身，爱他人之家如其家，爱他人之国如其国。长训其幼，上训其下，鬼训其裔，天训其君，暗暗瞆瞆，以兵为大戒。升平非治之至也。记曰："大同之世，天下为公，讲信修睦。"诗曰："无彼疆尔界，陈常于时夏。"上天恫而厌乱，下姓号而求治。霸天下者，则盍公其国，而勿私之矣；公之如何，则盍寝兵而休民矣。[1]
</blockquote>

（接上页）卒事。"《公羊传》记："其言去乐卒事何？礼也。君有事于庙，闻大夫之丧，去乐，卒事。大夫闻君之丧，摄主而往。"何休《解诂》称："臣闻君之丧，义不可以不即行，故使兄弟若宗人，摄行主事而往。不废祭者，古礼也。古有分土无分民，大夫不世，己父未必为今君臣也。《孝经》曰：'资于事父以事君而敬同'。"以上将王觉任之文与所引经典一一对照，可明其文的立论基础与思想方法，《公羊传》与何休的学说是他最主要的读经之途，亦可窥"康学"之结构。此外，康党非常重视"弭兵会"，该文亦有涉及，称言："世之通士，心知此义者众矣。故东方则有太平会焉，西土则有弭兵会焉，虽然心则有余，术犹未至。英美海内之雄国也，今季始订立条约，将共恪守，化争为让，转祸为福。"王觉任此言，不知其根据为何。

[1]《寝兵说》，《知新报》第 27 册，光绪二十三年七月十一日，上海社会科学院出版社影印本，上册，第 267—268 页。"夷狄进爵"一句，出自何休《春秋公羊传解诂》隐公元年。"大同之世"一句，出自《礼记·礼运篇》。"无彼（此）疆尔界"一句，出自《诗经·周颂·思文》。该文又称："夫西方之国，诸雄错处，密其防围……于是（转下页）

在据乱世,以兵为命;在升平世,以兵为辅;到了太平世,以兵为大戒。王觉任据此历史发展观而作醒世之言:太平世必将到来,至时将"盍寝兵以休民"。然而,义理的正确不等于现实的有效性,王觉任手持"大同三世说"式的这般兵器,又何能阻挡甲午战后各国帝国主义的强猛进逼之势。

黎祖健

黎祖健,字砚贻、砚诒,广东番禺人。他最初是陈荣衮的学生,光绪二十年(1994)随陈荣衮同拜康有为为师。现存的《万木草堂口说》是他的录本,可见其在草堂学习用功之勤,对康的思想理解之深切。[1]《知新报》创刊时,他不在撰述之列,从《知新报》第25册起,开始撰文。[2]

黎祖健在《知新报》上共发表了5篇政论文:《说任篇》《驳龚自珍〈论私〉》《弱为六极之一说》《说通篇》《论各国当以仁心维持大局》。[3]

(接上页)群议息兵,纠为公会,交涉之道,约之公法。强勿蹦弱,众勿暴寡,衅之兆也,公断于局外之国,法荷属地之龉,英美捕鱼之衅,以此释纷,固已数数……此固人道之公理,先圣古王之公言,而非泰西之私义也。"此处的"公会""公法"讲的还是弭兵会之事,不知王的根据为何。

[1] 参见陈汉才:《康门弟子述略》,第149页。陈汉才称其名为"砚诒",字"祖健",然黎祖健在《知新报》上刊文皆署名"祖健",似为"祖健"为名,"砚诒"为字或号。关于黎祖健所录《万木草堂口说》的介绍,参见本书下编第五章第一节"万木草堂中的口说:'洪水说''地顶说'"。

[2]《知新报》第1至10册皆开列"撰述"名单,共有8位,未列入黎祖健。第11册起不再开列"撰述"名单,不知黎祖健何时被聘为"撰述"。

[3]《说任篇》刊于《知新报》第25、26册,光绪二十三年六月二十一日、七月初一日。该文以"羽琌龚子"(龚自珍)的《尊任》一文为论题,设"青萝子""智芒子"之辩难,主张起而任之,勇于任事。《弱为六极之一说》刊于《知新报》第46、47册,光绪二十四年二月二十一日、三月初一日。前一篇有副标题为"总论",说《洪范》言六极,而以弱殿之",要求发奋而以弱而变强。黎祖健在该文中称"今中国不特国势屡弱而已,以言乎教则弱也,以言乎种则弱也,以言乎士气则弱也,以言乎兵则弱也,以言乎农则弱也,以言乎工则弱也,以言乎商则弱也。弱固不可以敌强,此孟子所谓天理者"。由此而论,他似乎要作一篇大文章。后一篇有副标题"教弱种弱",说"新学伪经",说"孔子改制",又说胎教养生医学诸项。《论各国当以仁心维持大局》刊于《知新报》第50册,光绪二十四年闰三月初一日。该文称列强争霸使"大局沦危",(转下页)

其中涉及"大同三世说",为《驳龚自珍〈论私〉》和《说通篇》。

《驳龚自珍〈论私〉》刊于《知新报》第26、27册,所论以龚自珍《论私》一文为辩难对象,反对"独",反对"私",主张"同",主张"公"。该文起首即明其宗旨为:

> 吾闻天下之义,莫善于同,莫不善于独,莫善于公,莫不善于私。孔子言大同,墨子言尚同。同也者,教主之宏旨也……《礼运》言天下为公,《白虎通》言通正为公,公也者,群善之总汇也。《韩非子》谓自营为私,许慎谓奸衺为私,私也者,万恶之起点也。同也,公也;独也,私也。其义一也。

龚自珍称"圣帝哲后,明诏大号","亦不过曰:庇我子孙,保我国家而已";黎祖健以"大同三世说"为批判的武器,称言:

> 天下之治分三等,春秋之义,有乱世,有升平世,有太平世。乱世,尚力之世也;升平世,小康也;太平世,大同也。乱世尚力,故英辟悍主,恃其兵力,夷人之国,覆人之宗,灭人之祀,戮人之君臣、父子、兄弟、夫妇、师弟、朋友,告之太庙,镌之金石,侈然犹自以为功。若曰:吾之有此天下,固将贻诸来叶,传之无穷,为子孙帝王万世之利也;是其夷人国,覆人宗,灭人祀,戮人君臣、父子、兄弟、夫妇、师弟、朋友,孰非"保我国家""庇我子孙"一念之私,有以致之?此秦政、成吉思汗、亚力山大、拿破仑之流,孟子所(殊)[诛]其徽号,谓之残,谓之贼,谓之匹夫者也。即曰小康之世,"天下为家,各亲其亲,各子其子,货力为己,大人世及以为礼,城郭沟池以为固",亦无非为庇子孙,保国家之计。然孔子即断之曰:"谋(乱)[用]是作,兵由此起";且仅目之为小康,而不足与言大同。若夫大同之世,"天下为公,

---

(接上页)其主张与王觉任《论列国息争之公理》《寝兵说》大体相同,并称:"是欧西诸国,自以为仁心仁闻,进于文明者,皆见绝于孔、孟,宜伏上刑之诛者也。"这又与欧榘甲《〈春秋公法〉自序》的说法相同。

选贤与能，讲信修睦。故人不独亲其亲，不独子其子，使老有所终，壮有所用，幼有所长，鳏寡孤独废疾者皆有所养，男有分，女有归。货恶其弃于地也，不必藏于己；力恶其不出于身也，则不必为己。"斯其为公天下者哉。

这些都是"大同三世说"的典型说法，以《礼运篇》和《孟子》为说辞，说明"三世"的发展之进程。龚自珍又称：燕王子哙让位于子之，汉哀帝欲让位于董贤，岂不是"天下之至公"？"此二子者，其视文、武、成、康、周公，岂不圣哉？"黎祖健再用"大同三世说"予以驳斥之：

> 让者，孔子之所重也。其许尧、舜以大同，谓其能让也；称泰伯文王为至德，谓其能让也；托隐公为《春秋》始受命王，谓其能让也。吾观孔子之尚让，有民主之意焉。故《易》曰："见群龙无首，吉。"今试合天下公理家，列地球帝皇表为九等：则尧、舜、华盛顿之伦，必居第一等，何也，为其公天下也；秦政、朱元（章）[璋]、拿破仑之流，必居第九等，何也，为其私天下也。故孟子曰："民为贵，社稷次之，君为轻。"墨子曰："选天下之贤者，立以为天子。"庄子曰："臣妾不足以相治，必递相为君臣。"《传》曰："天生民而牧之君。"又曰："岂其使一人肆于民上。"《白虎通义》："天子者，爵称也。"董子《繁露》：天下归往谓之王，能群天下谓之君。斯义甚著。吾意百年以后，地球必尽变为民主之国也。若以子哙、哀帝之事例之，今试问子之何如人，董贤何如人，子哙何如主，哀帝何如主乎？以此为公天下之必不可也，其识与井之蛙、夏之虫相去几何矣？

按照"大同三世说"的说法，禅让是孔子在六经（尤其是《尧典》）中所藏的深意，是未来施行"民主"制度之先兆。黎祖健引经据典，对君主（天子）专制制度进行了批判。他据此认为，历史将按照圣人指明的道路前行，"百年之后"，世界上将没有君主国，全变成"民主之国"。他为此宣称："舜、尧为大同之君，地球民主之鼻祖也。《春秋》之义，太平世天下大小远近若一。"[1]

《说通篇》共三篇,分别刊于《知新报》第50、58册,所论以"通""塞"为命题,主张智,主张强。其中一段言及"孔子改制",稍涉大同:

> 中国三代之际,禹会诸侯于涂山,执玉帛者万国,武王誓师孟津,不期而会者八百国。推之三代以前,为国必当数万,然则尧、舜亦不过如土司中之豪长耳。(原注:孔、墨改制皆托古尧、舜,而所言各不同,韩非《显学篇》能言之。)由周而下,国犹以百数,至秦始行孔子大一统之制。由是而以《春秋》三世之义例之,荒古则国愈多,远古则国渐少,近古则统一焉。国愈多则畛域之见愈深,渐少则畛域之见渐化,至统于一,则群奉一人之正朔,咸禀一人之

---

[1]《驳龚自珍〈论私〉》,《知新报》第26、27册,光绪二十三年七月初一、十一日,上海社会科学院出版社影印本,上册,第250—251、266—267页。黎祖健此文引经典较多,有小误,校于下:一、《白虎通》言通正为公",此中的公,是公侯之意:"所以名之为公侯者何?公者,通也。公正无私之意。侯者,候也。候逆顺也。"(吴则虞点校,陈立:《白虎通疏证》,中华书局,1994年,上册,第7—8页)二、称"孟子所殊其徽号"一段,见《孟子·梁惠王章句下》:齐宣王"曰:臣弑其君,可乎?曰:贼仁者谓之'贼',贼义者谓之'残'。残贼之人谓之'一夫'。闻诛一夫纣矣,未闻弑君也。"三、引《易》"见群龙无首"一句,见《易·乾卦》,梁启超亦多次引用之。四、引"民为贵"一句,见《孟子·尽心章句下》。五、引墨子"选天下贤者"一句,见《墨子·尚同》,文字稍有异。墨子两次提到"立天子",称"天下贤可者""天下贤良圣知辩慧之人";并称:"国君者,国之仁人也。"六、引庄子"臣妾不中以相治"一句,见《庄子·齐物论》,文字稍有异。其原文下一句为"其有真君存焉"。七、引《左传》"天生民"一句,见《左传·襄公十四年》师旷对晋悼公之言,文字稍有异。八、引《白虎通义》之语,见该书卷一《爵》之首:"天子者,爵称也。爵所以称天子何?王者父天母地,为天之子也。"(《白虎通疏证》,中华书局版,上册,第1—2页)九、引"天下归往谓之王,能群天下谓之君"一句,见董仲舒《春秋繁露·灭国上第七》:"王者,民之所往;君者,不失其群者也。故能使万民往之而得天下之群者,无敌于天下。"这一条是周明昭告诉我的。又,《荀子·正论》称"天下归之之谓王,天下去之之谓亡"。韩婴《韩诗外传》卷五称:"道者,何也?曰:君之所道也。君者,何也?曰:群也。为天下万物而除其害者,谓之君。王者何也?曰:往也。天下往之,谓之王。"又称:"往之谓之王,去之谓之亡。故曰:道存则国存,道亡则国亡。"(许维遹校释:《韩诗外传集释》,中华书局,1980年,第197—198页)康有为在《孔子改制考》中对此叙述较多,指称"王"即孔子,见姜义华、张荣华编校:《康有为全集》,第3集,第101、105、107、218、235页。

号令。曩日之争城争地,杀人盈野,皆国界有以使之。试问一统之后,有以南省督臣与北省督臣构兵者乎,有以东省抚臣与西省抚臣结杀者乎?虽甚闇愚,皆有以知其必不然矣,故《礼运》之言小康曰:"大人世及以为礼,城郭沟池以为固",为有国界者言之也。孟子传孔子大同之学,其言曰:"域民不以封疆之界,固国不以山溪之险,威天下不以兵革之利",则破国界而以大一统言之也。

这是"大同三世说"的历史观。黎祖健前在《驳龚自珍〈论私〉》中称"舜、尧为大同之君,地球民主之鼻祖",此处又称"然则尧、舜亦不过如土司中之豪长",恰正是"孔子改制说"和"大同三世说"核心论点。就历史而言,康有为说:"尧、舜如今土司头人";"周公不知有尧、舜,可知尧、舜乃孔子追王耳"。(此二语可见于黎祖健所录《万木草堂口说》[1]) 就学理而言,康有为说:"孔子最尊禅让,故特托尧、舜";"尧舜为民主,为太平世,为人道之至";"孔子拨乱升平,托文王以行君主之仁政,尤注意太平,托尧、舜以行民主之太平。"[2] "荒古""远古"的三代皆是蛮荒世界,"尧、舜禅让"本是孔子为改制而创造、用于描绘"大同""民主""太平世"的"虚事"。黎祖健此处所言,多为康有为在万木草堂中的"口说",将其师的秘密话都说了出来。我个人更关心的,是《说通篇》中以中学经典来谈西方议会制度,称言:

> 欲联上下之势,则莫若求通下情,盖尝反复于欧、美富强之故,而叹议院立法之善也。然吾尝求斯义于六经传记、诸子百家,盖已多能言之。然则三代以来,古先喆王美备之政,其推行异域而臻文明之治者,可胜道哉!故《诗》曰:"先民有言,询于刍荛。"《吕刑》曰:"皇帝清问下民。"《大学》曰:文王"与国人交",则君之求言于民也。《尧典》曰:"辟四门",则辟门集议也。《洪范》曰:"谋及卿士,谋及庶人",卿士从,庶民从,则上、下两院之制也;曰:"三人占,则从二人之言",则择其说之多者而从之也。《坊记》

---

[1] 楼宇烈整理:《长兴学记·桂学答问·万木草堂口说》,第88、106页。
[2] 《孔子改制考》,姜义华、张荣华编校:《康有为全集》,第3集,第147、149—150页。

曰:"上酌民言,则下天上施。上不酌民言,则犯也。下不天上施,则乱也。"夫君不酌民言为犯,民不上言于君为乱,其于君民之际何如矣。《王制》曰:"太史采诗,而观民风",其勤求民隐为何如矣。《周礼·地官·司徒》:"大询于众庶,则各帅其乡之众寡而致于朝",以视君臣隔绝者何如矣。大王之迁岐也,"属耆老而告之"。盘庚之迁殷也,"率吁众戚出矢言","咸造,勿亵在王庭",其君民之相亲为何如矣。晋人"听舆人之诵",子产不毁乡校,其博采舆论何如矣。《王制》曰:"爵人于朝,与众共之,刑人于市,与众弃之。"《孟子》曰:"国人皆曰贤,然后用之";"国人皆曰可杀,然后杀之"。以视威福自专者何如矣。《管子》曰:"庶人欲通,吏不为通,七日,囚",以视壅塞民情、抑不上达者何如矣。孔子之作《易》也,乾下坤上则曰泰,兑上艮下则曰咸。夫"乾天也,坤地也",乾(专)[尊]而坤卑,卑者在上,尊者在下,其位乖矣,而反谓之泰者;天气下降,地气上腾,然后"天地交而万物通"也。"艮山也,兑泽也",艮刚而兑柔,刚者处下,柔者处上,其义紊矣,而反谓之咸者;刚能下人,柔能上达,而后"二气感应以相与"也。经义彰彰如是,然则通下者岂非求治之第一义哉?西国议院之制,权舆于希利尼,当中国商小甲十七年(原注:当时希国立一大会于得满拜力,各举邦人充之,以议国事);推行于罗马,当中国周贞定王十九年(原注:罗马选十人,以充议政大臣)。近欧美诸国,决大疑,定大策,皆视议院之可否,以定从违,其与我古先哲王之政,何相似之甚哉?[1]

---

[1]《说通篇》,《知新报》第50、58册,光绪二十四年闰三月初一日、五月二十日,上海社会科学院出版社影印本,上册,第637—638、766—767页。黎祖健此文引经典较多,亦有小误,除去康有为、梁启超已征引者外,补校于下:一、"先民有言"一句,见《诗·大雅·板》。二、"太史采诗"一句,见于《礼记·王制》,文字稍有异:"命大史陈诗,以观民风"。三、引"大询于众庶"一句,出处有误,非为"司徒"之职,而是"乡大夫"之职。三、太王(古公亶父)迁岐,"属耆老而告之",典出自《孟子·梁惠王章句下》。四、"晋人听舆人之诵",典出于《左传》僖公二十八年:"楚师背酅而舍,晋侯患之,听舆人诵曰:原田每每,舍其旧而新是谋。公疑焉……"五、引管仲之语,见《管子》大匡第十八。(黎翔凤《管子校注》,中华书局,2004年,上册,第368—369页)另,《礼记·坊记》《易·咸卦》引文皆不误。

以中国经典来言西方议会，是康学的特点。康有为认为，议会的职责为"通下情"，在其早期著作"论时务"和"上清帝第三书"已有阐述，并引经据典：一、《尚书·洪范》"谋及卿士，谋及庶人"；二、《孟子·梁惠王章句下》"国人皆曰贤"；三、《尚书·盘庚》"王命众，悉至于庭"；四、《尚书·尧典》"辟四门，明四目，达四聪"；五、《礼记·大学》"与国人交止于信"；六、《周礼·秋官·小司寇》"一曰询国危，二曰询国迁，三曰询立君"。康还以汉代的"议郎""征辟"制度和宋代给事中"封驳"制度为根据。梁启超接受了康的思想，著《古议院考》，除了以上经典外，另外引证：一、《易·泰卦》"上下交而志同也"；二、《尚书·大禹谟》"询谋佥同"；三、《礼记·大学》"民之所好好之"；四、《孟子·滕文公章句上》滕文公"三年之丧"；五、《国语·周语》"周厉无道"；六、《左传》襄公三十一年即子产"不毁乡校"。梁还引证汉代的"贤良""文学"。[1] 黎祖健吸取了康、梁的这些营养，并增加引证：一、《诗·大雅·板》"询于刍荛"；二、《尚书·吕刑》"皇帝清问下民"；三、《礼记·坊记》"上酌民言"；四、《礼记·王制》"大史陈词""爵人以朝"；五、《周礼·地官·司徒（乡大夫）》"国大询于众庶"；六、《孟子·梁惠王章句下》"属耆老而告之"；七、《左传》僖公二十八年晋侯"听舆人之诵"；八、《管子·大匡》"庶人欲通"。康有为、梁启超力图证明，中国圣贤早已有与西方议会制度相同的政治思想，恰好说明了他们对包括"人民主权论"在内的西方代议制议会的误读；黎祖健深受康有为的影响，称言："古先喆王美备之政，其推行异域而臻文明之治"，而其所录《万木草堂口说》记录了康的口说："今西人有上议院、下议院，即孔子之制。""孟子用贤用杀皆听'国人曰可'，亦'与众共之'义也。西人议院即是。"[2] 由此可见，康有为、梁启超、黎祖健所言的"议院"，其作用在于通下情，是"大同三世说"的民主，与西方的民主思想是不

---

[1] 可参见本书上编第二节之《上清帝第一书》与《论时务》、第三节之"三条建策——求人才、慎左右、通下情"及本书下编第一章第一节《古议院考》及其思想资料的辨识"。
[2] 楼宇烈整理：《长兴学记·桂学答问·万木草堂口说》，第116、141页。进一步的叙述与分析，可参见本书下编第四章第三节"康有为在万木草堂及桂林讲学内容的中、西学比例关系"。

同的。至于希利尼（希腊）、罗马的民主制度，黎祖健可能受到了唐才常的影响。[1]在《说通篇》的结尾，黎祖健不同意立即设立"议院"，而是主张变科举、兴学校，这与康、梁此期的策略是相同的。

欧榘甲

欧榘甲（1865—1913），字云樵，广东归善（今惠阳）人，生员，光绪十七年（1891）就学于康有为，也颇受康之器重。[2]曾任《孔子改制考》总校。欧为《时务报》撰稿，亦为《知新报》撰稿，但《知新报》创办之时，他与黎祖健一样，未入撰述之列。[3]他曾到长沙，是湖南时务学堂分教习之一。[4]百日维新期间，仓场侍郎李端棻保举"经济特科"，欧榘甲亦在列。[5]

欧榘甲在《知新报》上共发表了《变法自上自下议》《论中国变法必自发明经学始》《〈春秋公法〉自序》《〈泰晤士报〉论德据胶州事书后》《〈南海先生五上书记〉序》五篇政论文；还在《时务报》上发表

---

[1] 参阅唐才常：《各国政教公理总论》，《唐才常集》（增订本），第29页。
[2] 欧榘甲的身世，可参阅陈汉才：《康门弟子述略》，第47—51页；宋德华、刘雪琴：《辛亥前期欧榘甲革命自立主张探析：以〈新广东〉为中心》，《南方职业教育学刊》2011年第5期；刘雪琴：《欧榘甲思想演变之研究——兼与康有为及康门弟子之比较》，华南师范大学硕士论文，2012年；王占宁：《欧榘甲思想研究》，湖北大学硕士论文，2012年；罗更晓、李青海：《家国之光耀百年：记近代教育启蒙者、光祖中学首任校长欧榘甲》，《未来教育家》2013年第5期；夏晓虹：《〈新广东〉：从政治到文学》，《学术月刊》2016年第2期。其中关于欧的生卒年记载不同，此处采用刘雪琴硕士论文的说法，称其查到族谱。
[3] 由于康有为与汪康年《时务报》之争，汪将之改为《昌言报》，并在其第1册刊出汪所作的"跋语"："谨案：康年于丙申之春，倡设《时务报》，惟时南皮张制军提倡于先，中外诸大吏振掖于后，各省同志复相应和，先后延请梁卓如、麦孺博、章枚叔、徐君勉、欧云樵诸君为主笔……"（《昌言报》，中华书局影印本，1991年，第4页）"欧云樵"，欧榘甲。然《时务报》仅刊出欧榘甲一文，其是否到上海任职，未详。
[4] 当时，时务学堂中文总教习为梁启超，分教习为韩文举、叶湘南、欧榘甲。但《湖南时务学堂初集》（长沙戊戌刻本）中有梁启超批语（最多）、韩文举批语（次多）和叶湘南批语，但不见欧榘甲批语，原因不详。亦有可能欧榘甲到达较晚，时务学堂已放年假。
[5] 胡思敬：《戊戌履霜录》，《续修四库全书》，史部第446册，第345页；《国闻报》，光绪二十四年五月二十九日、六月二十二日。

了《论大地各国变法皆由民起》《〈日本高等师范学校章程〉叙》。[1]其中涉及"大同三世说"的,为《〈春秋公法〉自序》《〈日本高等师范学校章程〉叙》。

《〈春秋公法〉自序》刊行于《知新报》第38册,称其将按《春秋》之大义来写一部"公法"。按照"康学"的说法,"公理"似属一种客观的存在,人只能去发现;"公法"却是由人制定的。美国传教士丁韪良(William Alexander Parsons Martin)为总理衙门翻译了惠顿(Henry Wheaton)的《万国公法》(Elements of International Law)。为帮助中国人的理解,丁韪良在任职同文馆期间亦编写了《中国古世公法论略》,于光绪十年刊印。按照"康学"的说法,孔子作《春秋》,即是制定公法,不仅是万世的公法,而且是万国的公法。欧榘甲由此称言:

> 呜呼!自圣师孔子卒后,至今二千三百七十五年,榘甲乃获南海先生之绪论,稍通《春秋》之义,知天之生孔子也,为神明圣王,不治一国而治万国,不教一世而教万世。窃推其意,辑《春秋公法》数卷,爰系之以辞曰:上古之世,鸟兽与人争;近古之世,人乃与其类争。其争也,或以国殊,或以种殊,或以族殊,或以教殊。瑕衅候搏,则骷骨烧飞于烟尘,膏血溅洒于冥海。一枪之力,夷数十人焉;一分之时,歼数十万人焉……孟子谓:率土地食人肉,罪不容于死;残贼谓之一夫;辟土地充府库,今谓良臣,古谓民贼。呜呼!震旦不灵,坐受削弱,痛何言矣?而数十国之君若臣,顾处心积虑,以争城争地,杀人父兄,涂人肝脑,纪为一代盛事,以《春秋》之法律之,此皆不免于独夫民贼之诛者也。

---

[1] 《变法自上自下议》,本章第三节将评述。《论中国变法必自发明经学为始》刊于《知新报》第38册,光绪二十三年十一月初一日。该文所言皆是"孔子改制说",此时《孔子改制考》尚在刊刻之中。《〈泰晤士报〉论德据胶州事书后》刊于《知新报》第48册,光绪二十四年三月十一日,该文所言多是立孔教之事,本章第四节将叙及。《〈南海先生五上书记〉序》刊于《知新报》第61册,光绪二十四年六月二十一日。该文是称颂康有为之作。《论大地各国变法皆由民起》刊于《时务报》第50册,光绪二十三年十二月十一日。该文体现的是民本思想,但该文未完,无续作,其最后的思想还不能确定。

欧榘甲同本节前文所论的王觉任一样，持《春秋》大义及孟子言辞为批判的武器，指责因"国家""种族""族群""宗教"之不同而进行的战争，称"争城争地"的"数十国之君若臣"，自当列立"诛"条。他由此解释《春秋》公法之大义：

  《春秋》爱民，故恶战，恶火攻。《春秋》存亡继绝，故善救邻，善保小，恶灭国。《春秋》弭兵，故善同会，恶逃会，恶不合群。《春秋》贵自立，故恶弃民以取亡；先自正，故恶无义而为利。《春秋》天下为公，故讥世卿而选贤与能。《春秋》有分土无分民，故仁德广被，无一夫不得其所。然而大地之运，由野蛮而入教化，由教化而进文明。故昔之闭关自守者，今则洞开其门户；昔之仇雠相视者，今则揖让而往来。而《春秋》则有三世之义：据乱世以力胜，升平世以智胜，太平世以仁胜。力胜故内其国而外诸夏，智胜故内诸夏而外夷狄，仁胜故天下大小远近若一，讲信修睦之事起，争夺相杀之患泯〔泯〕。环球诸国，能推《春秋》之义以行之，庶几我孔子大同大顺之治哉？故曰：《春秋》者，万国之公政，实万国之公法也。

欧榘甲此处所言，正是"大同三世说"之要义：据乱世，力，内其国而外诸夏；升平世，智，内诸夏而夷狄；太平世，仁，天下大小远近若一；并分别对应着"野蛮""教化""文明"。他称："欧西群雄角立，器械新美，战事之兴，视中土尤烈焉"；世界各国若皆遵行《春秋》公法，将会进入孔子设计的"大同大顺之治"。对其正在"辑"的《春秋公法》，欧榘甲亦充满信心，自我认定必将超越前贤：

  果鲁西士虎哥、惠顿之伦，悯然忧之，著为公法，以保弱小而贬强暴……未由通《春秋》之旨，怀志芳芬，而陈义麤犝。丁韪良氏，乃以《左氏》集中国公法，岂知本哉？……《春秋》为万国公法，吾士夫尚昧然，遑论他族乎？榘甲窃私忧过计，以为《春秋》之义不明，孔子之仁不著于天下，环球之民将无所托命。爰大明之，以告万国之君若臣，无为率土地食人肉，甘弃民以坐亡，蹈《春秋》

《孟子》之所诛，蒙独夫民贼之恶谥。知我罪我，所不辞焉。[1]

欧榘甲认为，果鲁西士虎哥（格老秀斯，Hugo Grotius）、惠顿虽有"芳芬"之志，但因不通《春秋》之大旨，其义仍粗；丁韪良著《中国古世公法论略》，错引《左传》（古文经，伪经）为据，失去其"本"义；就中国士大夫而言，知道《春秋》为万国公法者也不多；于是，他不辞使命而"爰大明之"。欧榘甲自称所辑"数卷"的《春秋公法》是否完成，尚不可知。[2] 假设其著《春秋公法》真的完成了，刊刻了，甚至翻译成世界各国语言（此类微言大义的学说，翻译难度估计也很大），当时"以力胜"的各国帝国主义真会因此而改变吗？

《〈日本高等师范学校章程〉叙》刊于《时务报》第50册，本是为《时务报》日文翻译古城贞吉所译《日本高等师范学校章程》所作的序言，欧榘甲却从"君""民""师"而引出议论，额外加入了"大同三世说"的内容：

> 欧榘甲观于坤维之变，睊睊思其故，曰：君权绌而民权起，民权起而师统兴，师统兴而天下治也。
>
> ……能以养以教者，谓之君，谓之教化之国，不能此者，谓之独夫民贼，谓之无教化之国。《春秋》之义，乱世削大夫权，升平世削诸侯权，太平世削天子权。圣师欲致太平，故使君、民各有其权。君能从圣师之教，以养以教，不自把持其权，则太平矣。是故治统于教，君统于师。
>
> 元、明以后，侏优儒者，师统既微，君权独尊，民生益蹙。举

---

[1]《〈春秋公法〉自序》，《知新报》第38册，光绪二十三年十一月初一日，上海社会科学院出版社影印本，上册，第444—445页。"率土地食人肉"一句，见《孟子·离娄章句上》；"残贼谓之一夫"，见《孟子·梁惠王章句下》；"辟土地充府库"一句，见《孟子·告子章句下》。欧榘甲所言《春秋》公法诸义，因引言过于细碎，无法一一核校；但可以大体看出，有出自《春秋》《公羊》和何休《解诂》者，亦有出自《礼记》和《论语》者。

[2] 梁启超对《春秋》与"公法"的关系亦有论述，可参见本书第四章第四节"梁启超的说法：'中学西学''折中孔子'"。梁亦称湖南时务学堂学生戴修礼对"公法"颇有体会，本章第四节将叙述之。

世不知孔子为教主，为师统，推孔子之教以行治……盖中土师范之绝也，久矣。泰西见君不跪，见师则跪。每七日袖经跪师而诵之。七尺之童，无不知有其教主。君民之颂祷，号其教主而视之。饮食男女之猥琐，悬其教主之像而膜拜之。得一新义，创一新器，莫不归于其教主之全能而尸之。于是师范之义，旁见于泰西。[1]

以上第一段话提出了"师"高于"民"、"民"高于"君"的阶梯；第二段话提出了"太平世削天子权"，这也是康有为在《孔子改制考》中所言；第三段话提出了"孔子为教主"，即有意于仿效泰西而立教，欧榘甲此期政论文《〈泰晤士报〉论德据胶州事书后》在这方面的叙述甚多，后文将述之。

麦孟华

麦孟华（1875—1915），字孺博，广东顺德人。光绪十七年（1891），就学于康有为，为"长兴里十大弟子之一"，亦在康门内被称为"驾孟"。光绪十九年，麦孟华中举人（与康有为同科）。光绪二十年，随康有为、梁启超入京会试，未中式。光绪二十一年，再随康、梁入京会试，仍未中式，参加"公车上书"。光绪二十三年，到上海参与编辑《时务报》，为主笔之一。光绪二十四年，与梁再到北京参加会试。根据康的指示，再次发动"公车上书"，要求拒绝租让旅顺、大连，签名者达830人。康、梁等人发起保国会，麦为康讲演的记录者。[2] 百日维新期间，礼部侍郎唐景崇保举"经济特科"，麦孟华在列。[3]

---

[1]《〈日本高等师范学校章程〉叙》，《时务报》第50册，光绪二十三年十二月二十一日，中华书局影印本，第4册，第3389—3992页。

[2] 麦孟华的身世，可参阅陈汉才：《康门弟子述略》，第10—14页；郭卫东：《丁未政潮中康梁派活动考略》，《历史档案》1990年第1期；张锡勤：《麦孟华思想简论》，《求是学刊》2004年第1期；曾光光：《麦孟华研究》，人民出版社，2011年。冯自由在《戊戌前孙康二派之关系》中称："麦孟华号驾孟"。(《革命逸史》，初集，第47页）"孟"，孟也。又，麦孟华之弟麦仲华，也是康有为弟子，娶康有为之长女康同薇；麦孟华之妹嫁给康有为弟子罗普。

[3] 胡思敬：《戊戌履霜录》，《续修四库全书》，史部第446册，第345页。

麦孟华在《时务报》上共发表《榷关议〈内地机器制造货物征税章程〉书后》《论中国宜尊君权抑民权》《论中国变法必自官制始》《民义》《尊侠篇》《论中国会匪宜设法安置》六篇政论文章。[1]麦作为康有为的大弟子，言及"大同三世说"却很少，仅两处，分别在《尊侠篇》和《民义》上。

《尊侠篇》刊于《时务报》第32册，所论是呼唤"侠士"的精神，以对抗各国列强的处处进逼，以行慷慨变法之事。在该文中，"大同三世说"被放在非难者的位置上：

> 难者又曰：吾闻《春秋》之义：太平之世，远近大小若一；大同之治，爱邻国如己国。区区恩怨，魁儒勿道也。

麦孟华此处仅引"大同三世说"的第三世，即"大同世"，所言是"世界大同"之后的政治秩序；由此，他又用"大同三世说"的"第一世"，即"据乱世"之理来驳斥之，称言：

> 至治之极，义贵平等。西人藐我中国，百端窘辱，揆之以理势，岂可谓平。侠者振弱锄强，取其不平者而平之，公法家之所谓平权者也。且国之相处，必重报施，虽致太平，犹所不免。况今日之天下，据乱世之天下也，必骤陈高义，不自奋拔，低头龋舌，腼〔觍〕颜受辱。则印度、土耳其岂不甚盛矣乎？然报施之道奈何？曰：始则以力鼓其勇，继则以气萃其党，终则以智御其变……[2]

---

[1]《榷关议〈内地机器制造货物征税章程〉书后》刊于《时务报》第20册，光绪二十三年二月十一日。该文反对总税务司对内地使用西洋机器制造货物征收税款的做法。《论中国宜尊君权抑民权》《论中国变法必自官制始》两篇，本章第三节将予以叙评。《论中国会匪宜设法安置》刊于《时务报》第40册，光绪二十三年九月初一日。该文主张使用日本明治维新的方法（上策）或俄国彼得改革的方法（中策），来安置各类会匪（"哥老会、袍哥会、理教会、小刀会、三合会、三点会、兴中会……"）。麦孟华将"兴中会"列入会匪，但如何具体安置会匪，并没有细说。

[2]《尊侠篇》，《时务报》第32册，光绪二十三年六月十一日，中华书局影印本，第3册，第2141—2148页。麦孟华在该文中盛赞司马迁《史记·游侠列传》所记朱家、郭解两人之精神。

根据"大同三世说",清朝此时已处于"升平世",但从世界范围来看仍属"据乱世",即梁启超所称之"五洲万国,直一大酋长之世界焉耳"。[1]麦孟华对此的方法是"以力""以气""以智"进行对抗;这与前文所称王觉任、欧榘甲、黎祖健的列立"诛条"、蒙受"恶谥"——即在经典与史籍中斥之为"六大罪案"或"残贼一夫"——是大不相同的。

《民义》刊于《时务报》第26、28、30、34册,原本是类似于梁启超《变法通议》之类的大文章。麦孟华在《自叙》中称:"谨最其要图,条为八事,为三十二篇",但刊出仅是三篇,即"自叙""民义总论""公司",可见发表者仅是其原设计撰写的极小部分。由于该文尚未写完,宗旨未能全显;但从已刊的内容来看,是在讲"君""民"两义及其相互关系。麦称:"中国文学未昌,风气未辟,民智未开,民事未习",若设立"议院","止足取乱";由此设立"公司",合众人之财力,从事"生利公司"(种植、畜牧、渔务、纺织、制造)和"通利公司"(轮船、内运、洋庄、保险)。"大同三世说"到了他的笔下,却是重点讲君的作用:

> 然吾闻古圣治民之道矣,曰:"天下有道,则庶人不议。"又曰:"民可使由之,不可使知之。"墨子治兼爱尚同之言者也,曰:"一人一义,十人十义,百人百义",则不可为政。民自为谋,顾可求治邪?曰:《春秋》之义,世有三等。据乱之世,犷犷莽莽,罔识君民。升平之世,以君统民。事总一智,万愚受治;权属一尊,万卑受成;以一人而任众人之事,则众人不可纷扰以乱之也。故民智皆敛其力以待用,驯其气以听命。圣人非欲愚民也,民愚因以愚道治之也。久之久之,而智者失智,愚者安愚,则权堕事败而不可为

---

[1] 此语见梁启超:《论君政民政相嬗之理》,《时务报》第41册,光绪二十三年九月十一日,中华书局影印本,第3册,第2771—2777页。梁启超在时务学堂学生李泽云的札记上批曰:"文明与野番争,至今日犹此世界。如二十年时西班牙与亚齐、去年意大利与阿比西尼亚是也。要之,世界尚有野番而不能不有争,轨道并行而不相悖。有竖三世,有横三世。竖三世者,日日所言者是也。横三世者,如今阿州方为据乱世、而欧洲已升平、美洲已近太平是也。故人与禽兽争之世界,今且未见。印度于光绪六年一年中为虎所伤者二百余人是也。"(《湖南时务学堂初集》,长沙戊戌刻本,第4册,《札记》卷三,第52页)"二十年",指光绪二十年。"阿州",指非洲。

治矣,不能不进之以太平。太平之世,万力毕奋,万智毕张,尊仍于上,事分于下。故升平之治,君劳而民受成;太平之治,民劳而君受成。且"天生民而立之君,师之牧之,保之傅之",将以善其事而使之得所也。

根据"大同三世说"的学理,各世的变更替代,有其严格的规定,"未及其世,不能躐之"。既然清朝乃处于升平世,还未能向太平世过渡,君权仍然是必需的。麦孟华再从"古者"中找到"井田"等多项制度,称"今则垦因任力,上不过问",进一步地推论:"则是保母既去,而婴孩犹呱呱以索乳哺,其不馁而致毙也几何矣?"[1]

麦孟华如此解读"大同三世说",是其主张"自上而下"进行改革。这在他的其他政论文章中有较多阐述,我将在本章第三节叙述之。

韩文举、何树龄、孔昭焱、陈继俨的言说

除了前述徐勤、刘桢麟、王觉任、黎祖健、欧榘甲、麦孟华六人外,康门弟子还有韩文举、何树龄、孔昭焱、陈继俨四人在《知新报》上发表政论文章。他们共同的特点是很少提到"大同三世说",或者是干脆不提。

韩文举(1864—1944),字树园,广东番禺人。光绪十七年(1891年)就学于康有为,是"长兴里十大弟子之一",亦在康门内被称为"乘参"。曾任《新学伪经考》初校。《知新报》创办后,任撰述。后又随梁启超去长沙,是湖南时务学堂分教习之一。[2]特别值得注意的是,康有

---

[1] 《民义》,《时务报》第26、28、30、34册,光绪二十三年四月十一日、五月初一日、二十一日、七月初一日,中华书局影印本,第2册,第1730—1737页,第3册,第1865—1872、2001—2008、2277—2283页。"洋庄",即进出口贸易行。麦所引用的经典,校于下:一、"天下有道"一句,见《论语·季氏》。二、"民可使由之"一句,见《论语·泰伯》。三、"一人一义"一句,见《墨子·尚同》,其结论是"是故选择天下贤良圣知辩慧之人,立以为天子"。四、"天生民而立之君"一句,见《左传》襄公十四年师旷对晋悼公之言,文字稍有异。

[2] 参阅陈汉才:《康门弟子述略》,第24—31页。冯自由在《戊戌前孙康二派之关系》中称:"韩文举号乘参。"(《革命逸史》,初集,第47页)"参",曾参,子舆。

为逃亡日本后,韩亦随侍。康在东京著《我史》(《康南海自编年谱》),一度手累,由其口授,命韩代为笔录,一晚上录十页,可见韩对其师的思想比较了解。[1]

韩文举在《知新报》上发表了《万国公政说》《国朝六大可惜论》《治始于乡说》《推广中西义学说》《童蒙艺塾说》,涉及的改革内容诸多,但不见"大同三世说"。[2] 很可能他的政论文章多涉及教育,由此往聘于湖南时务学堂任教。然他在给学生作批语时,言"改制",罕言"大同""太平",这与梁启超大不相同。

何树龄(1868—1908),字易一,广东三水人,早年就读于康有为,是其最早的弟子。[3] 光绪二十一年秋,康有为在上海办《强学报》,调何树龄、徐勤北上助编。《知新报》创办后,任撰述。戊戌政变后,康有为

---

[1] 可参见拙著:《从甲午到戊戌:康有为〈我史〉鉴注》,第4—5页。
[2] 《万国公政说》刊于《知新报》第5、6册,光绪二十三年二月十一、十六日。该文以"仁"为议题,主张"地球仁""亿万世仁",提议编一部《万国古今善政录》,记录其善政与秕政,由此来约束各国的行为,颇有孟子所言"孔子成《春秋》,而乱臣贼子惧"之意(《滕文公章句下》)。在该文中,韩文举还提到了"今之西人,弭兵有会,其心不可谓不仁也,而法仍未行",不知其根据如何。《国朝六大可惜论》刊于《知新报》第6册,光绪二十三年二月十六日。该文称清朝在顺治帝、康熙帝、恭亲王奕訢、曾国藩、同光之际和甲午战后共有六次变法机会,未行改革,为"六大可惜"。《治始于乡说》刊于《知新报》第8册,光绪二十三年二月二十八日。该文力主乡治,"治天下莫如治国,治国莫如治乡"。其方法是设乡师,即士师、农师、工师、商师,并设立士学院、农学院、工学院、商学院以培养乡师。《推广中西义学说》刊于《知新报》第15册,光绪二十三年四月初一日。该文主张大规模设立义学,学习中学与西学知识,并提出了五种集资方式。其中一段涉及政治设计:"今者书籍无藏,钳其思也;翻书无局,蔀其目也;新闻乏馆,囿其识也;讲学无会,塞其智也;议院不设,靳其权也。缚之于科举,奔之于官宦,趋之于酬酢。"这实际上提出了图书馆、译书局、报馆、学会、议会的要求。《童蒙艺塾说》刊于《知新报》第23册,光绪二十三年六月初一日。该文主张在儿童期间实行"艺学"(西方的声光化电知识和工程制造技艺)的培训。
[3] 参阅陈汉才:《康门弟子述略》,第146页;张荣华编:《康有为往来书信集》,中国人民大学出版社,2012年,第256页。又,康有为《我史》(《康南海自编年谱》)光绪九年记:"何易一来,馆之于家,易一聪明过人,能深思妙悟,至是皆馆于我。"(《丛刊·戊戌变法》,第4册,第116页)据此,何易一为康有为的第一个学生。梁启超作《康烈士广仁传》中称:"三水何树龄易一者,南海门下之奇才也。好学而深思,奇警精辟,纵横中外,出入天人,十年馆于南海家。君与何树龄为兄弟之交,同居十年,抵掌对足。"(《康南海先生遗著汇刊》,第17册,《哀烈录》卷一,第9页)

从香港逃亡日本，何是随行弟子之一。[1]值得注意的是，何与孙中山一派亦有关系。[2]

何树龄在《知新报》上共发表了《爱同类说》《论今之时局与战国大异》《论实学》三篇政论文。[3]其中言及"大同三世说"者，为《论今之时局与战国大异》。

《论今之时局与战国大异》刊于《知新报》第12册，所论称："昔战国之政，出自君王。今欧洲之权，在于议院。君民之趋向不同，而古今之世变遂悬殊矣"；又称"今则议政之局，谋及庶人，辩难周详，集思广益"。何树龄由此说明当下时局与战国时期相比有八项差别，其论据大多由欧、美、日本的政经制度中引申出，最后的结论是：

> 既有八异，经世者当翻然改图矣。不可自私，惧刺客之众多也。不可自尊，惧公法之摈斥也。敬教劝学，惧为荒岛野国也。舍己从人，惧为独夫民贼也。俯就舆情，避亚力山德第二之覆辙也。任言民政，散梯能歇邻尔之乱党也。大同之运方长，"域民不以封疆之界"也。息争之会可成，"威天下不以兵革之利"也。凡此数端，已露萌芽，培而植之，易为力耳。舍地球之善士而不为，而欲为战国

---

[1] 参阅拙著：《从甲午到戊戌：康有为〈我史〉鉴注》，第156—160、846页。
[2] 宫崎滔天称，他通过陈白（陈少白）而认识何树龄，又通过何找到区凤墀，再通过区得知孙中山的消息。（宫崎滔天著，林启彦改译、注释，《三十三年之梦》，花城出版社，1981年，第112—117页）光绪二十一年十二月十二日，康有为致信何树龄、徐勤："今彼既推汪穰卿来，此人与卓如、孺博至交，意见亦同（能刻何启书三千部送人，可想是专持民主者，与易一必合）。"（《康有为遗稿·戊戌变法前后》，上海人民出版社，1986年，第236—237页）"汪穰卿"，汪康年。光绪二十二年五月二十六日，梁启超致汪康年信称："康先生书又极言何易一之叛教，盖其丧心之故，亦由去年不得意有以激之也，然已令人发指。昨遇燕生，今复闻此，愤气填膺，势将欧〔呕〕血，奈何奈何！"（《汪康年师友书札》，第2册，第1836—1837页）"燕生"，宋恕。由此推之，梁称何"叛教"一事，很可能指其与孙中山一派有联系。
[3] 《爱同类说》刊于《知新报》第7册，光绪二十三年二月二十一日。该文以"春秋之意，诛灭国、疾火攻"为立意，要求人类相爱戒杀。《论实学》刊于《知新报》第14册，光绪二十三年三月二十六日。该文称："曰礼节，曰仪文，曰名分，曰习俗，皆人事之制作也，虚也。曰理势，曰象数，曰仁智，曰忠信，皆天道之自然也，实也。"何树龄由此要求改科举、译西书等项，以转移世风。

之良臣，其不为子舆氏所痛诋者几希。[1]

何树龄没有谈三世的递进，而是直接言大同，这是他倾向革命的政治态度之所致。光绪二十一年（1895），他给康有为的信称："先生为何等人，贪污佞谄断不可避。注意大同国，勿注意大浊国，以大浊国为开笔衬笔可耳（知其不可尚为之耶）……大浊国必将大乱，为人所瓜分……"[2]

孔昭焱（1883？—1943），字希白、希伯，贡生，广东南海人，光绪二十一年就学于康有为。[3]光绪二十二年致信康有为，以家中迫其习举业为由，希望能去上海，在《时务报》馆做事。[4]《知新报》创办后，从第3册开始，列他为撰述。孔昭焱在《知新报》上共发表《论中国变法之害》《改官制莫先于翰林院始》两文，未涉及"大同三世说"。[5]

陈继俨，字仪侃，广东南海人，早年就学于康有为。《知新报》成

---

[1] 《论今之时局与战国大异》，《知新报》第12册，光绪二十三年三月十六日，上海社会科学院出版社影印本，上册，第90—91页。"亚历山德第二"，指被暗杀的俄国沙皇亚历山大二世。"梯能猷邻尔"，很可能指丹尼尔·奥康奈尔（Daniel O'Connell 1775—1847），爱尔兰独立运动的先驱。"息兵之会"，指康党传说中的"弭兵会"。"子舆"，此处指孟子。

[2] 叶德辉辑：《觉迷要录》，清光绪三十一年刻本，录四，第25—26页。何树龄在信中还称："武子（孙武子，指孙文，即孙中山）果然在日本处曾见伊藤博文云。窥其行径，大约有联英、日以拒俄之说动日政府。中朝托俄为腹心，正犯英、日之大忌。彼在英国，大约亦见尼希利党人，与之同病相怜矣。""武子"之读，采自赵立人之解读（本章第三节有述及）。"尼希利党"，指俄国虚无党。

[3] 参阅陈汉才：《康门弟子述略》，第140—141页；并可参阅孔昭焱在康有为《我史》手稿上的跋语，见拙著《从甲午到戊戌：康有为〈我史〉鉴注》，第870页。

[4] 叶德辉辑：《觉迷要录》，清光绪三十一年刻本，录四，第22—23页。

[5] 《论中国变法之害》刊于《知新报》第13册，光绪二十三年三月二十一日。该文称清朝先前的变法在于西式战具、同文馆、买办通事、西国报馆、专属于总税务司的寄信局、西式轮船、洋元洋钞、西式服饰、西式房舍等十五项，即"由前之说，其变如此，战具也，学堂也，文言也，报馆也，邮政也，舟舶也，银币也，衣服也，庐屋也，饮食也，利用也，玩好也，风尚也，仪饰也，术智也"，皆未带来利，反带来了害处。此处孔昭焱颇作戏谑言词，正话反说。康党认为，过去的变法只变了器物，没有变制度，孔文正是此意，但他没有进一步说明正确的变法之途。《改官制莫先于翰林院始》刊于《知新报》第23册，光绪二十三年六月初一日。该文认为若要改科举，须先得改变翰林院的官制，设教习大臣、掌院学士、小教习等职；"弃汉人破碎之学，割爱六朝隋唐绮华浮藻之词，破除宋学末流束身自私之习"；所习者为"先圣经术，本朝掌故，历代掌故，郡国利病，中外大势，富强之本"。

立后,任撰述。[1]陈继俨在《知新报》上发表了《论粤人不知变之失计》《论自强军逃亡》《忧教说》《前明科举说》《论中国今日联欧亚各国不如联美国之善》《〈保教末议〉自叙》《论德国人据胶州湾》《军机处会同兵部〈议复武备特科折〉书后》《论中国拘迂之儒不足以言守旧》《说㔻但》《伸民权即以尊国体说》《中国不可开议院说》《整顿刑狱私议》十三篇政论文章,另有《南海九十六乡倡办不缠足会叙》。[2]他在《知新报》刊文数量仅次于刘桢麟,是该报光绪二十三年八月之后的主要写手。其中稍稍涉及"大同三世说"的,为《论德人据胶州湾》。

《论德人据胶州湾》刊于《知新报》第44册,所论是反对当地人激烈的反教行为,以送借口给德国而采取军事手段,称言:"德人之取胶州也,非有爱于彼教也,将以自利也;华人之杀教民也,非有爱于其国也,实以自亡也。"陈继俨在此文引"大同三世说"为论据,以反对"尊中国而攘夷狄"之说:

> 且今之攘臂奋腕、嚣然自大、疾欧西之人,如复"九世之仇"

---

[1] 参阅陈汉才:《康门弟子述略》,第139—140页。
[2] 《论粤人不知变之失计》刊于《知新报》第29册,光绪二十三年八月初一日。该文称广东士人在变法精神上不如安徽、江苏、浙江、上海、北京、天津、广西、湖南等地,如能做到"合大群"诸项,"吾粤之兴,正未可量"。《论自强军逃亡》刊于《知新报》第31册,光绪二十三年八月二十一日。该文称张之洞在甲午战争期间在南京所练自强军,"计初时训习者,已亡去十之八九",并分析士兵逃亡的五项原因。《前明科举说》刊于《知新报》第37册,光绪二十三年十月二十一日。该文批评明太祖朱元璋开科举为"愚民"。《军机处会同兵部〈议复武备特科折〉书后》刊于《知新报》第53册,光绪二十四年四月初一日。该文认为"不当以科第成人才",建议京师设武备大学堂、各省设武备学堂。《论中国拘迂之儒不足以言守旧》刊于《知新报》第54册,光绪二十四年四月十一日。该文大谈西学中源论:议院、预算、陪审、工部工厂、弭兵、学校、驻使等等,以"吾中国之旧,而为今日之善政"。该文称:"春秋之义,疾始灭,疾火攻,疾取邑,墨子有《非攻》之篇,宋钘倡寝兵之说,此即西人弭兵之会也。"即再次谈到西方的"弭兵会"。《说㔻但》刊于《知新报》第56册,光绪二十四年五月初一日。"㔻但",patent,专利。该文倡导实行专利制度。《整顿刑狱私议》刊于《知新报》第64册,光绪二十四年七月二十一日。该文主张用西法来改善清朝的司法制度。但该文未刊完,政变发生,其主旨尚未说清楚。《南海九十六乡倡办不缠足会叙》刊于《知新报》第36册,光绪二十三年十月十一日。其余《论中国今日联欧亚各国不如联美国之善》《伸民权即以尊国体说》《中国不可开议院说》等篇,本章第五节将叙评。

者，试叩其故，则罔不曰：吾将以"尊中国而攘夷狄"也。夫攘夷之说，起于宋世，而托始于《春秋》，顾吾尝闻之《春秋》矣。《春秋》立三世之义，以治万国而范万世，其言曰：据乱之世，内其国而外诸夏；升平之世，内诸夏而外夷狄；太平之世，远近大小若一。其内外之者，盖将以先后之也，非直有所好恶于其间也，又乌得而攘之。且其所谓夷狄也，以其有夷狄之行，不以其有夷狄之名。[1]

按照何休的说法，"至所见之世，著治太平，夷狄进至于爵"，即到了不分诸夏与夷狄的"天下远近大小若一"。这正是"大同三世说"的重要论据。陈继俨与何树龄一样，只提了一次"大同三世说"，且也没有细说。

一般性的结论与梁鼎芬、梁启超的评论

以上，我详细考察了梁启超以外的康门弟子在《知新报》《时务报》上的言说，详细引证了他们关于"大同三世说"的叙述，这可以大体坐实梁启超在《清代学术概论》所言："后此万木草堂学徒多言大同矣。"这是从"有无"的界分，来判断戊戌时期康有为"大同三世说"之存在。

然而，万木草堂学生众多，其中在《知新报》《时务报》发文者仅10人（不算梁启超、康广仁、康同薇），比较主动谈"大同三世说"者6人，比较被动谈者2人，不谈者2人。即便是谈得比较主动的，如徐勤、刘桢麟、黎祖健，所言"大同三世说"的内容也只占其全部著述的极小篇幅，且其深度更是远远比不上梁启超；而在报刊上不谈者，如韩文举，与梁启超同在时务学堂任教，梁在学堂里大谈特谈，韩却是慎笔

---

[1]《论德人据胶州湾》，《知新报》第44册，光绪二十四年二月初一日，上海社会科学院出版社影印本，上册，第541—542页。"九世之仇"，见《春秋公羊传》庄公四年。"尊[救]中国而攘夷狄"，见《春秋公羊传》僖公四年。该文又称："夫教士者，非所谓先知觉后知、先觉觉后觉，推其道以仁天下之人者乎？是故未兵以前，则联万国息兵会以调息之，而杀人之徒不能逞也；既兵以后，则立红十字会以补救之，而杀人之事犹少戢也。""万国息兵会"，即康党所传的"弭兵会"，陈继俨称是"教士"所为，不知其指何人，亦不知其根据之所在。

罕言。这是从"宽窄"的幅度,来判断戊戌时期康有为"大同三世说"之传播。

前节所引梁启超《清代学术概论》称:"有为虽著此书,然秘不以示人,亦从不以此义教学者","其弟子最初得读此书者,惟陈千秋、梁启超",即康有为将"大同三世说"教授于陈、梁;梁启超又称:陈、梁"读则大乐,锐意欲宣传其一部分,有为弗善也,而亦不能禁其所为",即陈、梁将"大同三世说"转手教授于万木草堂其他学生。然《清代学术概论》写于1920年,所言是光绪十七年至二十三年(1891—1897)之事,这一类的回忆不能精确到每一个字。从《知新报》《时务报》所发表的政论文章来看,我以为,康有为在万木草堂对其他学生也说过"大同三世说"(即"以此义教学");既然公开刊刻的《孔子改制考》《春秋董氏学》中都有"大同三世说"的内容,康也没有必要完全保密不说,只是所说的内容与深度,要远远少于对梁启超之授。康有为的同乡、昔日好友、张之洞的幕僚梁鼎芬,在康流亡日本后,以"中国士民公启"之名,作《康有为事实》,由张之洞递交给来访武昌的日本驻上海总领事小田切万寿之助,以能让日本驱逐康出境。其第三条称:

> 康有为之教,尤有邪淫奇谬、不可思议者,其宗旨以"大同"二字为主(原注:其徒所设之局、所立之学,皆以"大同"为名),创为化三界之说:一化各国之界。谓世间并无君臣之义,此国人民与彼国人民一样,古人所谓忠臣、义士,皆是多事。一化贫富之界。富人之财皆当与贫人公用,此乃袭外国均贫富党之谬说、小说戏剧中强盗打富济贫之鄙语。一化男女之界。谓世界不必立夫妇之名,室家男女皆可通用。将来康教大行后,拟将天下妇女聚在各处公所,任人前往淫乱。生有子女,即筹公款养之,长成以后,更不知父子兄弟为何事。数十年后,五伦全然废绝,是之谓"大同"(原注:少年无行子弟,喜从康教者,大率皆为此为秘密法所误也)。其昏狂黩乱,至于此极,乃白莲教所不忍言,哥老会所不屑为。总之,化三界之说,一则诲叛,一则诲盗,一则诲淫。以此为教,不特为神人所怒,且将为魔鬼所笑矣。或疑此条所谈太无人理,康教何至于

此?不知此乃康学秘传,语语有据,试问之康徒便知。若有一言虚诬,天地鬼神,实照鉴之。[1]

梁鼎芬又从何处得知康有为此类"秘传"的"大同"思想?他赌咒发誓称"语语有据",很可能得自于"康徒"。就"化三界"而言,对照此期梁启超及康门弟子在《时务报》《知新报》和时务学堂中的言说,"一化各国之界"可以成立;对照康有为先前和后来所著的《实理公法全书》《〈礼运〉注》《大同书》及梁启超在《清议报》上发表的《南海康先生传》,"一化贫富之界"可以成立;对照康后来所著的《〈礼运〉注》《大同书》,"一化男女之界"也有部分内容可以成立,只是称康门弟子"为秘密法所误",当属梁鼎芬无根据的诬词。

前引梁启超《清代学术概论》称,当他得闻"大同三世说"的内容时,"读则大乐""喜欲狂",这也是事后的说法。他当时的感想又是如何呢?梁给康有为的信中曾经说道:

……尚有一法于此,我辈以教为主,国之存亡,于教无与。或一切不问,专以讲学、授徒为事。俟吾党俱有成就之后,乃始出而传教,是亦一道也。弟子自思所学未足,大有入山数年之志,但一切已办之事,又未能抛撒耳。近学算、读史,又读内典(原注:读小乘经得旧教甚多,又读律、论),所见似视畴昔有进,归依佛法,甚至窃见吾教太平大同之学,皆婆罗门旧教所有、佛吐弃不屑道者,觉平生所学失所凭依,奈何。[2]

此信所写时间似为梁启超在上海主办《时务报》时期。梁此中谈到的"教",是超越国家的,即"国之存亡,于教无与",说的就是"大同三世说"。梁让康"专以讲学、授徒",当万木草堂学生学成后,出而传"大

---

[1]《康有为事实》,日本外务省编纂:《日本外交文书》,第31卷,第1册,日本国际连合协会(东京),1954年,第730页。

[2] 叶德辉辑:《觉迷要录》,清光绪三十一年刻本,录四,第19页。"旧教""婆罗门旧教",指早期印度教。写信时间的判断,据"但一切已办之事,又未能抛撒耳",当指《时务报》。

同三世说"之教。梁对其掌握的"教"义仍不满足,想通过"入山数年"以补足。梁又通过数学、历史和佛教经典的学习,自觉"归依佛法",甚至对"吾教太平大同之学"一度产生怀疑,觉得"所学失所凭依"。梁给康有为的另一信中又说道:

> 某宗旨颇与同门诸君不同,诸君开口便劝人传教。新学小生,入馆未及数月,即令其发挥宗旨,令其向人述先生之道。夫己之学且未成,安能发挥他人?其敝也,必入乎耳,出乎目,日日掇拾听讲之余文,而居然以通学自命。其初也,犹乘其乍发之气,诋斥流俗,志尚嗷嗷然。一二年后,内学未成,而客气已沮,必疲苶与常人等。岂唯如此,自借其一二高论,以巧为藏身之地,谓一切小节皆不足为我累,必卑污苟贱无所不至。吾党中蹈此阱者,盖十之五六,真可愤恨。此非某故为苛论。此阱某曾自蹈之。去年在都几成无赖,瞎马深池,念之犹慄。故深知墙高基下之为大害也。某昔在馆亦发此论,谓吾党志士皆须入山数年,方可出世。而君勉诸人大笑之,谓天下将亡矣,汝方入山,人宁等汝耶?某时亦无以对。不知我辈宗旨,乃传教也,非为政也;乃救地球及无量世界众生也,非救一国也。一国之亡,于我何与焉?且吾不解,学问不成者,其将挟何术以救中国也?即多此数年入山之时日,亦能作何事乎?今我以数年之功成学,学成以后救无量世界。[1]

此信所写时间与前信差不多,也是梁启超在上海主办《时务报》期间。梁对万木草堂同学的学识颇为不满,称"吾党中蹈此阱者,盖十之五六"。"新学小生"一事,指刘桢麟的《公羊初学问答》。"救地球及无量世界众生",指的是具有世界意义的"大同三世说"。梁再次提到了"入山数年""数年之功",可见这类"学问"或"教"义的获得方式——不是到泰西各国去求知,而是在自家的深山上苦修,以能理解圣贤经典

---

[1] 叶德辉辑:《觉迷要录》,清光绪三十一年刻本,录四,第19—20页。"君勉",徐勤。写信时间的判断,据"去年在都几成无赖",光绪二十一年梁启超参加会试,试后在京居住了一段时间。

的真义。梁虽得闻"大同义",但仍在京中"瞎马深池",并认为自己学问"未成";为了"学成以救无量世界"而准备放弃"救一国"(大清国)。可是,按照"大同三世说",梁所憧憬的"救地球及无量世界众生",毕竟是未来之事,且还相当遥远。

从梁启超以上两信,可以看出他的内心依然彷徨。他已经有了使命在身("传教")的自觉,但似乎还没有真理在胸("学成")的自信。至于两信中梁反复强调的"传教",正是他在湖南时务学堂所开展的工作,本章第四节将详述之。

三、"保中国不保大清"与"自上""自下"的变法方案

黄彰健在《论康有为"保中国不保大清"的政治活动》一文中,称康有为、梁启超等人受到光绪帝召见之前有推翻清朝政府之意,建立汉人的独立政府。[1]黄的论说甚长,然主要证据为两条。一是康有为在辛丑(光绪二十七年,1901)之后给赵必振(曰生)的信:

> 当戊戌以前,激于国势之陵夷,当时那拉揽政,圣人无权,故人人不知圣上之英明。望在上者而一无可望,度大势必骎骎割鬻至尽而后止。故当时鄙见专以救中国四万万人为主。用是奔走南北,大开强学、圣学、保国之会,欲开议院、得民权以救之。因陈右铭之有志,故令卓如入湘。当时复生见我于上海,相与议大局,而令复生弃官返湘。以湘人材武尚气,为中国第一,图此机会,若各国割地相迫,湘中可图自主。以地在中腹,无外人之干涉,而南连百粤,即有海疆,此固因胶、旅大变而生者。诚虑中国割尽,尚留湘南一片,以为黄种之苗。此固当时惕心痛极,斟酌此仁至义尽之法。

---

[1] 黄彰健:《戊戌变法史研究》,中研院历史语言研究所专刊之五十四,1970年,第1—54页。

卓如与复生入湘,大倡民权,陈、黄、徐诸公听之,故南学会、《湘报》大行。湘中志士于是靡然发奋,人人种此根于心中,如弟所云是也……[1]

二是狄葆贤的回忆:

> 任公于丁酉冬月(光绪二十三年,1897)将往湖南任时务学堂时,与同仁等商进行之宗旨:一渐进法;二急进法;三以立宪为本位;四以彻底改革,洞开民智,以种族革命为本位。当时任公极力主张第二第四两种宗旨。其时南海闻任公之将往湘也,亦来沪商教育之方针。南海沉吟数日,对于宗旨亦无异词。所以同行之教员,如韩树园、叶湘南、欧矩甲皆一律本此宗旨,其改定之课本,遂不无急进之语。[2]

我一直认为,黄彰健的观点颇具启发性,然若要加以采信,须得认真投子"复盘"。历史研究最难之处,就在于对当事人主观动机的判断。行事可以查证;思想,尤其是秘不示人的思想,难寻其确迹。康有为致赵必振的信写于庚子勤王失败之后,其主旨是劝说赵等不要采取激进的手段,即不要"越级"(有如"大同三世说"的说法);其中"开议院""得民权""大倡民权"应作何种解读,还有商议的空间。[3] 狄葆贤的回忆过晚,其说法用语,有着明显的后来观念之影响。然黄彰健多爱于我,示教至再。[4]

---

[1] 《万木草堂遗稿外编》,下册,第600—605页。
[2] 《任公先生事略》,转引自《梁启超年谱长编》,第87—88页。
[3] 该信最后称:"又各国进化,皆有等级。法国越级,则大乱八十余年……欧西各大国所不能之事,而以初胎之中国,极深之旧蔽,乃欲一超,险于欧洲,而直入美国之地。此其无理,犹超大海跳危崖,惟有堕落而已。非徒大乱涂炭吾民,彼使他国收渔人之利,而国种将沦。"这是明显地反对革命。由此而推论,赵必振等人很可能有鼓吹革命之意。此外,该信中孙家鼐与光绪帝的对话,其事极为可疑;该信又称康到上海若死难而光绪帝将被弑,其理亦不能成立。
[4] 2005年10月,我与黄彰健初会于台北,黄向我说明其最重要的贡献就是发现康有为及其党人"保中国不保大清",我当时没有说话。2009年,黄收到拙著《从甲午(转下页)

桑兵在《保皇会的宗旨歧变与组织离合》一文中，以相当正面的态度引证了黄彰健所持上述两项证据，并引宫崎寅藏、田野橘次、志贺重昂和冯自由等多人史料加以补充，其结论与黄彰健相近，即梁启超此时在思想上倾向于革命，其在湖南的做法亦相当激进。[1]

　　赵立人在其论文《戊戌变法时期兴中会和维新派的合作与分歧：兼论康有为早期之反清活动》和著作《康有为》中，再引黄彰健所持上述两项证据，并引陈少白、孙中山、何树龄、章太炎、濑川浅之进等多人史料加以补充，称康有为、梁启超最初目标实为革命，欲建立"大同国"。[2]

　　黄彰健、桑兵、赵立人的上述论著皆是严谨之作，史料引用亦有交错，观点相近而不尽相同。然史料作者亦有其主观性，史料读者不能完全客观；且当时人的思想更有复合性，行为亦常有自相矛盾处。

　　若要说梁启超"反清"，我还可以再补充两条材料。其一是日本海军战略间谍宗方小太郎于1897年2月28日（光绪二十四年正月二十七日）日记称：

（接上页）到戊戌：康有为〈我史〉鉴注》一书，于8月13日写信给我："康、梁于政变后，对外宣传保皇，故康《自编年谱》及梁《戊戌政变记》均否认康有保中国不保大清的阴谋，对丁酉九月底、十月初康党聚议事，亦隐讳不提。（谭嗣同言，丁酉'秋末始遂瞻依之愿'。）此一聚议事，佐证昭然，尊著《我史鉴注》怎可对此亦只字不提。故读尊著仅可使读者明了康党政治活动可以公开的部分，而对康党秘密活动的一部分一无所知。如了解康党的秘密活动，则对康公开活动的解释亦将不同。此正为研究戊戌变法史困难处，请参看拙著《戊戌变法史研究》自序。康党上海聚议的共识，现在看来，即康《上光绪第五书》的上策与下策，同时分途进行，而康党的主力，梁、谭与康弟子则入湘，进行自立民权革命活动。谭在《湘报》上即盛赞康'第五书'为国朝260余年所未有，而梁、谭在湘亦推行康学。拙著《戊戌变法史研究》辨康《戊戌奏稿》之伪，承尊著赞誉，而康党'保中国不保大清'，实为拙著重点所在。"秋末始遂瞻依之愿"一句，见《壮飞楼治事十篇·湘粤》[蔡尚思等编：《谭嗣同全集》（增订本），中华书局，1981年，下册，第445页] 黄彰健去世多年，然学问长存。我在此与之相商，寄托着对这位优秀学者的长思之意。亦可参见拙文《悼念黄彰健先生》，《依然如旧的月色》，第4—12页。

[1] 桑兵：《保皇会的宗旨歧变与组织离合》，《近代史研究》2002年第3期，该文后编入《庚子勤王与晚清政局》，北京大学出版社，2004年，第350—395页。
[2] 赵立人：《戊戌变法时期兴中会和维新派的合作与分歧：兼论康有为早期之反清活动》，上海中山学社编：《近代中国》第16辑，上海社会科学院出版社，2006年，该文收入《粤海史事新说》，广东人民出版社，2017年；《康有为》，广东人民出版社，2012年。赵立人去世亦多年，我在此寄以哀思。

夜与《时务报》记者梁启超、麦某等会饮于四马路一品香，畅论东方之时事。九时归。梁今年廿四岁，弱冠中举，学术文章冠一世。……梁曰：中国之天下已为满人破坏，欲挽回国运，不可不脱离满人之羁绊，云云。[1]

梁此处所说的正是种族革命，由此再对照梁在时务学堂《日记》中所作批语："皆后世民贼之所为。读《扬州十日记》，尤令人发指眦裂。故知此杀戮世界，非急以公法维之，人类或几乎息矣。"[2]宗方小太郎之说似非孤证。其二是梁启超在《知新报》第34册上发表《三先生传》，称他们是"忧天下"的"天民"，"无所为而为之"的"安仁"，但仅发表了以乞助教的"张先生"、火中救弱女子的"何先生"，最后一位未发表，称言：

富贵而不仁，不如饿殍；衣冠而不仁，不如优孟；完人而不仁，不如废疾。三先生者，一匄、一伶、一阉，岂非世所谓下流之人，而士大夫所羞与为伍者耶？及其行谊，则士大夫之能之者，何其少也？使天下得千百贤如三先生者，以兴新法，何事不举？以救危局，何艰不济？以厉士气，何气不扬？[3]

---

[1] 甘慧杰译：《宗方小太郎日记》，上海人民出版社，2016年，上册，第384页。"麦某"，麦孟华。宴聚地点在上海。

[2] 《翼教丛编》，上海书店版，第146—147页；又可见叶德辉辑：《觉迷要录》，清光绪三十一年刻本，录四，第30页。此中称"民贼"，又称"公法"，颇有"大同三世说"之意味。

[3] 《三先生传》，《知新报》第34册，光绪二十三年九月二十一日，上海社会科学院出版社影印本，上册，第380—381页。该文称："夫自忧其身也，是之谓仁，是之谓人。忧其亲者，谓之孝子；忧其君者，谓之忠臣；忧其国者，谓之义士；忧天下者，谓之天民，墨子谓之任士，佛谓之菩萨行。无所为而为之者，谓之安仁；有所为而为之者，谓之利仁；学而能者，谓之强仁。天下古今，所谓孝子、忠臣、义士者，亦数数见。大率则利仁、强仁，十八九焉。夫既亦仁矣，利焉、强焉何害？独惜论世之士，往往于利焉、强焉者，则津津道之；于安焉者，则莫或知之；即闻其名与其行事，亦若以为无足轻重，置之而已。以吾闻三先生者，其行，孔、墨之行也，其心，佛、菩萨之心也，岂尝有所丝毫求于天下？但率其不忍人之心，乃忘其身之困顿危死，龟焉塽焉以赴之，倘所谓安仁者邪？三先生皆不识一字，其以视读书万卷、著作等身者何如矣？"这段话中的"天民""安仁"，似以"大同三世说"来立意。"忠臣、义士"说，又可见前引梁鼎芬的评说。

此中的"废疾""一阉",说的就是寇连材。梁启超为此在文末写明"传录二关一(自记)",不正是关闭其文字来掩盖其反清之意图吗?梁启超流亡日本后,才在《清议报》上发表了《烈宦寇连材传》。[1]

读当时汪康年来往书信以及其他人书信,处处可见对清朝政治的批评;读当时孙宝瑄日记及其他人日记,常常看到改变政治状态的诉求。清朝昏乱的政治统治,引出了整个士人阶层普遍的不满。统治阶层内部、满人内部的不满情绪亦在蔓延。[2]如果说康有为"忠清",他在变法期间运动袁世凯发动政变,这在当时属最大的反叛。[3]如果说汪康年"忠清",他在《时务报》上发文主张民权论,又到日本与孙中山见面,宗方小太郎日记披露出的内容,远远超过梁启超、谭嗣同等人在湖南"大倡民权"。[4]当时清朝的极大政治困境与社会灾难,使得许

---

[1]《烈宦寇连材传》,《清议报》第8册,光绪二十五年二月初一日,中华书局影印本,第1册,第459—461页。此后编辑的《饮冰室合集》,《三先生传》中列入了寇连材传。关于寇连材的研究,可参阅马忠文:《寇连材之死与"烈宦"的诞生》,《清华大学学报》(哲学社会科学版)2012年第3期。

[2] 宗方小太郎于1897年2月28日(光绪二十四年正月二十七日)日记称:他"至(上海)广东路新利洋行,与名士李盛铎、罗诚伯二人议兴亚大事。李乃江西名家,榜眼出身,翰林之名流也。容貌颀伟,品学兼优,有天下之志"。"李、罗诸人曰:清政府依赖俄国,非副国民之舆望,实出自庙堂一二权臣之妄为,即奉承皇太后之意者也。天子与皇太后不和,确实无疑。现清国在上者尽皆腐铄,居下者无知蠢愚,不足道,只中间士子真能做事,他日动天下者必此种族也。"(甘慧杰译:《宗方小太郎日记》,上册,第384页)唐才常在光绪二十五年十月十三日致信康有为称:"而杭州驻防瓜尔佳氏,且敢明目张胆上书那拉,以膺权贵之锋。(其人金梁,满洲生员,年二十余,慷慨有大节。昨常亲至杭州,径造其庐,与谈半日。闻渠日砺一剑,为杀荣、刚之用。又孔子生日亲率满人设主大祭,而以去秋殉难六君子配之。见者愕然。)由此观之,海内士夫之议论黑白渐著……"(《万木草堂遗稿外编》,下册,第870—871页)"荣、刚",荣禄、刚毅,时任军机大臣。

[3] 梁鼎芬撰《康有为事实》,以此为第一条,称之为"谋逆"。(《日本外交文书》,第31卷,第1册,第729—730页)

[4] 汪康年在《时务报》第4册上发表《中国自强策》(光绪二十二年八月初一日)、第9册上发表《中国参用民权之利益》(光绪二十二年九月二十一日),皆有兴民权的言论。汪康年与孙中山在日本见面之事,可见于今日史家之著作:李吉奎:《孙中山的生平及其事业》,中山大学出版社,2001,第435—436页;廖梅:《汪康年:从民权论到文化保守主义》,上海古籍出版社,2001,第162页。两书作者因立意不同,强调之点亦有别。宗方小太郎日记对此期汪的政治设计有更多的披露。1897年12月3日(光绪二十三年十一月十日),"七时时务报馆汪康年进士来访。与予同乘马车,上四马路(转下页)

多人的思想处于复合状态之中，几种不同的、矛盾的甚至对立的政治观念会同时存在于同一个人的头脑之中，使之在相同的时期内说出不同的话来。这也是那个时代士人阶层思想游移不定、大起大落的主要原因。正是因为如此，当时许多人的思想与行为之间也会有很大的落差。[1] 日本浪人与间谍在寻找反清人士，革命党人在寻找同路人士，他们的主观愿望会使得那些志趣相契的言辞直入其心田，记载会更多些，文辞会更犀利些。

康有为的"大同三世说"是一种革命性的思想。根据这一思想逻辑，此时的清朝正处于升平、小康前期，必然要进入到"君民共主""设议院""兴民权"的阶段，即升平、小康后期；然后，清朝必然要灭亡，中国将成为民主国，即太平、大同前期；再往后，中国也最终将灭亡，地球将进入"天下大小远近若一"的"大同世界"，即太平、大同后期。[2] 按照前引黎祖健的估计，"百年以后，地球必尽变为民主之国"，清朝的寿命最长不过如此。又按照梁启超的估计，"至所谓大同之道与大同之法，五百年以内必遍行于地球"，中国的寿命最长亦不过如此。[3] 梁又

（接上页）某酒楼吃洋馔，盛论当世时务。此人有意于支那内另外创立新国，与予所见略同。快谈至十时半散。"1898年4月9日（光绪二十四年三月十九日），"午后汪康年来访，前日从湖南归来云。共谈立国之要务。予问曰：湖广总督张之洞、湖南巡抚陈宝箴二氏乃天下之重望，我辈宜说之以大义，使其为我所用，于做事之时，将甚多便益，足下有此意否？汪曰：陈、张二氏，眼前虽不为我用，然当时机来临之日，或可联镳并驰，共同致力中原，云云。四时与汪氏访福本日南，小谈归。"4月11日（三月二十一日），"往至时务报叩汪康年，交付清国时事话片十二则……交汪之话片大要在于：窥时机举义兵，占据湖南、湖北、江西、四川、贵州及广东之一部，使其连成一片，以建立一国。并列举有关之方法手段。"（甘慧杰译：《宗方小太郎日记》，上册，第405—406页；中册，第416—417页）

[1] 其中最为明显的事例是，康有为、梁启超、麦孟华是科举制度的批判者，也是百日维新期间科举改制的推动者，但他们已中举人，一次不缺地赴京参加会试。康在万木草堂讲学中，亦有科举的内容，并称："八股亦不必废，作者能上下古今，何尝不佳。"（楼宇烈整理：《长兴学记·桂学答问·万木草堂口说》，第235页）
[2] 此据梁启超"三世六别说"，见本书下编第一章第二节《论君政民政相嬗之理》：'大同三世说'中的'民主'"。
[3] 梁启超在李炳寰札记上的批语。（《湖南时务学堂初集》，长沙戊戌刻本，第2册，《札记》卷一，第3页）梁在答郑宝坤问时又称："必越千数百年后，地球五洲皆合为一，然后'大一统'局乃成，此谓之'大三世'。"（同上书，第1册，《答问》，第56页）可见梁的预计并无一定。

称:"太平世不行万国公法,而行万人公法。"由此可见,根据"大同三世说",他们最终将既不保大清也不保中国。[1]

康有为的"大同三世说"也是一种非常保守的思想。根据这一思想逻辑,三世的更替有着严格的条件规定,不可提前越级,即所谓"未及其世,不能躐之"。根据康有为、梁启超等人的观察,清朝正处于"一君世"(升平、小康)之中"君主之世"(前期)向"君民共主之世"(后期)的过渡阶段,许多条件尚未完备;由此须先"开民智",然后才是"设议院"。梁启超等人在《变法通议》等诸多政论文章中对此大力鼓吹之。除了何树龄等激进分子,康有为一派此时并不倡导政治革命,他们不可能直接建设"大同国"。梁启超给康有为信中称谭嗣同为"伯里玺之选",应当视作康党内部称梁为"轶赐"般的戏语[2],似不可由此而认为,康有为一派将发动政治革命,建立一个"以谭嗣同为大总统、而以康有为为教主"的国家。[3]从现有的文献来考察,康有为及其党人经常过高地估计自己的能力,但此时还不至于狂妄地想象他们有能力创造出一个新国,也还没有这方面的政治设计。

---

[1] 梁启超在郑宝坤札记上的批语。郑宝坤称:"窃以为他日地球合而为一,至太平极盛之世,则人人皆有一性法存于心中,而不必借公法以绳之矣。孔子之作《春秋》也亦然,专立小康之义,所以治万世之民贼也。然而他日地球合而为一,以至于太平者,必《春秋》为之起点也。"(《湖南时务学堂初集》,第 4 册,《札记》卷三,第 26 页)

[2] 梁启超信中称:"甫之子谭嗣生,才识明达,魄力绝伦,所见未有其比。惜佚西学太甚,伯里玺之选也。"(《觉迷要录》,录四,第 18 页)。"甫",敬甫,谭继洵。"服生",复生。"伯里玺",伯里玺天德之简称,president,总统。从梁上引文字而言,应当视为戏语。梁鼎芬在《康有为事实》中称:"轶赐,即梁启超"。(《日本外交文书》,第 31 卷,第 1 册,第 731 页)冯自由在《戊戌前孙康两派之关系》中称:"梁启超号轶赐"。(《革命逸史》,初集,第 47 页)赐,端木赐,字子贡。

[3] 汉口领事濑川浅之进致外务大臣青木周藏,1899(明治三十二年)2 月 16 日。该报告称:"康有为、谭嗣同的最终目的,乃是想变该国的国体为纯粹的共和政体。假如事成,则以谭嗣同为大总统,而以康有为为教主。到后来,此种企图被发现,像张总督这样的正直之士,闻'共和'二字,对康党之态度骤然冷却,俄而转为敌对。"[郑匡民、茅海建编选、翻译:《日本政府关于戊戌变法的外交档案选译》(二),《近代史资料》总 113 期,中国社会科学出版社,2006 年,第 85 页。又可见孔祥吉、村田雄二郎:《罕为人知的中日结盟及其它》,巴蜀书社,2004 年,第 121—122 页。两者译文有所不同]从濑川的报告可见,当时从康有为家中抄出的信件,已录副本传到武昌,"谭为大总统"即是梁启超信中所言。"康为教王",见梁鼎芬《康有为事实》第一、二条。这些应视为张之洞一派向日本进行的宣传。

既然"大同三世说"赋予了康有为一派革命思想、又限制了他们革命行动,那么,他们此时又能做、又该做什么呢?

康有为弟子欧榘甲在《知新报》第28、29册上发表《变法自上自下议》,称言:"今日言变法,人人皆有其责,人人当任其事。然变之之道有二:一曰变之自上,一曰变之自下。"欧所谓"自上",即以俄国彼得大帝改革和日本明治天皇维新为榜样,称言:

> 夫邻我者莫如俄、日,迫我者莫如俄、日,宜取法者亦莫如俄、日,不取法于俄、日,必见歼于俄、日……中国图治久矣,"卧薪尝胆",布于纶音,"创巨痛深",眄哉天语。而左右贵近,炀蔽汶暗,无能周知外事,翊赞圣听;畿内外吏,又复忘君父之大仇,无能愤扬国耻,力任新政。是以高拱深宫,独立无助,是皆有官守者之过也……在位者,诚勿为身家之谋,共怀晋、宋之辱。其年届悬车,则自行告退,毋妨贤路;其识仍故辙,则急自被濯,无误朝廷。大辟公府,以延天下之士;广集众议,以上天子之听;流涕痛哭,不计利害。圣聪既达,四门斯辟,降至尊以交国人,振长策而御宇内。本先圣经世之义,采泰西殖民之规,阳开阴阖,乾端坤倪,良法美意,耳目焕然。遣使臣与列邦公会,立二十年太平之约;选学士与列邦教会,明《春秋》太平之制。《易》曰:"首出庶物,万国咸宁。"《诗》曰:"周虽旧邦,其命维新。"其是之谓乎!

欧榘甲的办法是,斥退守旧无能之大臣,广开言路,并让光绪帝降尊以交贤士,以能进行变法。"本先圣经世之义,采泰西殖民之规"一句,讲的是"中体西用"的道理。文中"列邦公会",指康党所传说的"弭兵会";文中"列邦教会",指各国教会,康有为后来对此亦有详细建策。[1] 欧所谓的"自下",即"泰西诸国是也。当美、法之民之大变也,全球震荡,民智豁开,欧洲诸国人人知有自主之权,人人知有当为之事"。欧虽

---

[1] 光绪二十四年五月初四日,总理衙门代奏康有为《请商定教案法律厘正科举文体并呈〈孔子改制考〉折》,其第一项即是设立孔教会,并以孔教会与西方教会进行交涉。(《康有为变法奏章辑考》,第256—261页)

然提到了美国革命与法国革命，但仍突出了"民智"，由此称言：

> 且夫泰西之强也，民群强之也，中国之弱也，民不群弱之也。是故学校盛，则民智慧，善堂盛，则民仁善，农织盛，则民富饶，工商盛，则民阗溢……今之中国，人众矣，土广矣，然而无士也，无农也，无工也，无商也。非无士也，士而不群，故无学会以通声气，无图籍以扩见闻，无教会以御外侮，无游历以广尊亲。外士荧荧，吾士尘尘，与无士同也。非无农也，农而不群，故无农会以相比较，无农报以稽土物，无新机以利刈播，无化学以速滋生。外农勤勤，吾农盹盹，与无农同也。非无工也，工而不群，故无工局以讲制造，无工器以辟心思，便日用则无妙制，御漏卮则无巧式。外工裳裳，吾工芒芒，与无工同也。非无商也，商而不群，故无商会以厚财力，无商学以规巨利，资小而取微，势分而志轧。外商夥夥，吾商焦囚，与无商同也……思有以振之，则宜合群，思合群，则宜开会。学会者，士之群也；农会者，农之群也；工会者，工之群也，商会者，商之群也……

欧榘甲的办法是，各省、各州县、各乡间设置三级的"学会""农会""工会""商会"，以能尖士、变农、变工、变商，使之皆能有"群"。欧在该文的最后表示，他希望的变法方案是"自上"，若其不能，只能"自下"，但并不是"背上"：

> 天下有道，则庶人不议言；国势危殆，民宜发愤昌言。合群迸力，自务其义，以捄君父也。夫上能变，则宜待之上，上不能变，则下宜自为之，非背上也。[1]

我个人一直怀疑，欧榘甲的这篇文章很可能有康有为之参与，至少是康

---

[1] 《变法自上自下议》，《知新报》第28、29册，光绪二十三年七月二十一日、八月初一日，上海社会科学院出版社影印本，上册，第282—283、298—300页。"首出庶物"一句，见《易·乾卦·彖》。"周虽旧邦"一句，见《诗经·大雅·文王》。"辟四门""国人交"分见于《尚书·尧典》《礼记·大学》，参见本书第75、213—215页和224页注〔2〕。"天下有道"见于《论语·季氏》，参见本书第354—355页。

看过。光绪二十二年年底，康去广西桂林讲学。次年五月返回广州，九月去上海。欧文发表的时间为光绪二十三年七八月间，恰是康在广州之时。如此建策之文，欧应当请示于康。

从康有为此期的经历来看，他本人正是"自上""自下"两案并行者。就"自上"而言，康于光绪二十一年三次上书，就是"自上"的表现；且《上清帝第三书》获都察院代呈，得到光绪帝的重视，于光绪二十一年闰五月二十七日（1895年7月19日）与胡燏棻等九件折片发下，下旨命各省将军督抚讨论。这是"自上"方案获得初步成功的标志。光绪帝该谕旨称"当此创巨痛深之日，正我君臣卧薪尝胆之时"，此即欧榘甲文中"中国图治久矣，'卧薪尝胆'，布于纶音，'创巨痛深'，昕哉天语"之出处。就"自下"而言，康在广州设万木草堂，在京师、上海办"强学会"，两次去桂林讲学并办"圣学会"，而他的弟子在上海办《时务报》、在澳门办《知新报》，名著一时。这些在当时亦可谓"自下"方案获得成功。

欧榘甲虽然提出"自上""自下"两案，但看来他本人更主张"自下"。他在《时务报》第50册上发表《论大地各国变法皆由民起》，从圣贤经典而大讲民义，从泰西现状而大讲民强，称言：

> 中国之不变，非在上者之咎也，吾民之过也。欧、米之致治，亦非其上者之能也，其民为之也。人徒观今日之乐耳，孰知其百年前之民之困苦乎？夫其百年前之情形，岂有异于我今日哉？……夫吾在上者之于民也，未尝禁之，使不得变也，而时又非不能变也。而竟柔脆枯槁，甘滋他族，枭话无耻，以待奴隶。无人焉振兴文学，撢求政治，崇工艺之宏规，发农商之大业，以御外侮，以图自存者。何也？曰：未能通知大地变法，皆民为之之故。[1]

欧榘甲的这篇文章说明"未完"，后又没有续篇。这很可能是《时务报》内部矛盾所致，也有可能他自己都说不下去了，即"柔脆枯槁"的下层，

---

[1]《论大地各国变法皆由民起》，《时务报》第50册，光绪二十三年十二月十一日，中华书局影印本，第4册，第3385—3389页。

"无人焉振兴文学"等诸事,又如何效法欧、美来担当变法之纲。但从这篇未完的文章之中,可以清楚地看出,在变法"自上""自下"两方案之中,欧持"自下"论。

康有为的弟子麦孟华所持者为"自上"论。他在《时务报》第 21 册上发表《论中国宜尊君权抑民权》,称若与西方相比,中国政府对于社会、经济、文教诸方面管控能力较小;由此而呼吁:

> 事者权之母也。中国之民,未能自事其事,即不能自有其权。未能事事而畀以权,则权不在秀民而在莠民。故今日之中国,莫若尊君权便,君权之党,大索权于国中,十日而不得,君子曰:盍事其事矣。[1]

麦孟华提出了"秀民"与"莠民",也提出了"君权"与"君权之党"。他显然自认为是"秀民",也希望成为"君权之党",这里面也隐隐提出了权力路线,即由"秀民"而进至"君权之党"来主持变法。除此之外,麦还在《时务报》第 22、24 册上发表《论中国变法必自官制始》,要求进行政治体制改革:先是"汰冗""专任""久任";然后听任宰相、部臣、督抚等开府辟士,选用人才;然后"停捐纳""严保举"以整顿吏治;然后设立"商部""农部""学部"。所有这些,只能依靠君权来进行。[2] 梁启超奉旨进呈《变法通议》,还将这一篇文章收入,与梁的其他政论文章一并进呈给光绪帝。[3]

康有为的弟子陈继俨是"自上""自下"两论并举者。他在《知新报》第 41、42 册上发表《论中国今日联欧亚各国不如联美国之善》,在德国占据胶州湾的严峻外交局势下,他主张联美而反对联俄。由外交而

---

[1] 《论中国宜尊君权抑民权》,《时务报》第 21 册,光绪二十三年二月二十一日,中华书局影印本,第 2 册,第 1387—1390 页。又,《丛刊·戊戌变法》,误称引自《昌言报》。

[2] 《论中国变法必自官制始》,《时务报》第 22、24 册,光绪二十三年三月初一日、二十一日,中华书局影印本,第 2 册,第 1455—1461、1593—1601 页。麦孟华这些政治改革的设计,当出自康有为,与康在光绪二十一年的三次上书和光绪二十四年诸多建策极其相似,可见本书上编第四、五节。

[3] 参见本书附编第二章"梁启超《变法通议》进呈本阅读报告"。

至内政，他称言：

> 其一联之自上也。夫俄之兴也……日人之兴也……今中国诚能早定大计，新我旧邦，罢左雄限年之格，其耆老而无用者黜之使退；定正始服官之簿，其识见仍守旧者放之归里。大辟公府，征天下之士，广集公议，聪一人之听；降至尊以交国人，变刑律以合公法，大去防弊之官制，痛改无用之科举；然后示人更新之端，布于万国，保我太平之约，立以十年，天下事或可为也。
>
> 其一联之自下也。……然则联之之法将奈何？曰：立民学以植其基，则智识日开，才不胜用，而人皆事其事矣；开民会以联其气，则手足相助，痛痒相关，而天下事无不举矣；练民兵以防其变，则内患可辑，外变可弭，而天下无几倖之心矣；伸民权以平其势，则纵欲者不得逞其谋，受屈者咸得理其情，而天下之势如身之使臂、臂之使指矣；行民政以便其用，则士伸于学，农伸于陇，工伸于肆，商伸于市，而人无贤不肖，皆得以周知一国之政，而振刷整理之矣。

陈继俨此文发表时，康有为已经到了北京，并上有"上清帝第五书"，提出变法三策，其第一策就是"择法俄、日以定国是"。[1] 陈文中的"自上"，以俄、日为榜样，所言诸政策，与康有为此期与此后的政治诉求是大体一致的。陈继俨此文发表时，梁启超已经到了长沙，主持湖南时务学堂，并积极参与南学会的筹办之事。陈文中的"自下"诸政策，即"民学""民会""民兵""民权""民政"五策，除了"民兵"一项外，其余与梁启超此期的政治操作也是大体一致的。陈继俨由此称言："豪杰之徒，振臂而呼于上；议论之士，奋舌而言于下。"[2] 康有为、梁启超分别充当了"豪杰之徒"和"议论之士"的角色。

由此，我以为，狄葆贤所记光绪二十三年秋康、梁在上海之会

---

[1] 康有为《上清帝第五书》提出的第二策是"大集群才而谋变政"，第三策是"听任疆臣各自变法"，也有点"自下"的味道。（《康有为变法奏章辑考》，第106—114页）

[2] 《论中国今日联欧亚各国不如联美国之善》，《知新报》第41、42册，光绪二十三年十二月初一日、十一日，上海社会科学院出版社影印本，上册，第491—492、508—509页。

见，所议之"渐进""急进"之两宗旨，若真有其事，很可能就是"自上""自下"两方案而已。

以上所讲的"自上""自下"，并不是清朝国家的变法路线，而是康有为及其党人改革清朝政治的入手起点，即康党如何走"自上"之路，如何行"自下"之策。

就"自上"而言，光绪帝本人的性格与经历注定其不会成为彼得大帝，若要成为明治天皇也缺乏相应的政治环境。康有为及其党人的本意是利用光绪帝来主持类似俄、日式的以君权行变法，其决定性的条件是康本人能进入清朝政治的核心圈，以能实行政治操控。这就不是康及其党人所能决定的，主动权在光绪帝及其军机处的手中；更重要的是，还需要慈禧太后的同意（对于后一点，康及其党人当时还没有充分的认识）。从戊戌变法的历史进程而言，康后来走的是"自上"之路，并将"制度局""懋勤殿"当作最重要的政治目标。

就"自下"而言，徐勤提出了"粤东商务公司"和"铁路"，麦孟华提出了"公司"，韩文举提出了"乡师"和"中西义学"，刘桢麟提出了"商会"和"工艺厂"，欧榘甲提出了省、县、乡三级"学会""农会""工会""商会"，康有为在广西还有修路之类的设想，这些都需要清朝中央政府的政策支持与地方政府的权力支持，也是康及其党人无法操控的。康党作为一个书生团体，此时所想再多，而真正能做且可获成效者，即是梁启超等人在《时务报》《知新报》上大力呼唤的"开民智"。我在前文提到，康有为的办学、讲学、办会、办报属于"自下"的范围，也正属于"开民智"的范围，康党还想将此做大。光绪二十三年初夏，梁启超给陕西味经书院山长刘光蕡的信中称：

> 南海先生顷游各省，所至讲学，欲以开风气，觉后贤，以救天下。去冬游桂林，开圣学会，祀孔子，译西书，桂士咸集，殆将大振。秋间将游湖湘，入巴蜀。来年二三月间，或取道秦晋，以如京师。彼时启超或能从游，当可畅聆教益。[1]

---

[1]《复陕西刘古愚山长书》，《知新报》第22册，光绪二十三年五月二十一日，上海社会科学院出版社影印本，上册，第186—187页。

以当时的交通条件而言，由两湖到四川，到陕西、山西，然后到北京，是一个非常大的讲学计划，以能传播包含"新学伪经说""孔子改制说"甚至部分"大同三世说"的"康学"。而这类"康学"的传播，在前引梁启超致康有为的信中，称之为"传教"。康有为后来去了北京（"自上"），未成此行（"自下"）。

四、梁启超"自下"进行的思想革命

我先前的研究已经说明，康有为此期的政治与学术目标是"创制立教"。[1]梁启超及其康门弟子，在立教与传教方面亦有许多的言说，其中以欧榘甲的言辞最为激烈。[2]由此，当梁启超、韩文举、叶湘南、欧榘

---

[1] 参见本书上编第三节之"孔子改制说"和"大同三世说"。又，梁鼎芬《康有为事实》第二条指出："康有为羡慕泰西罗马教王之尊贵，意欲自为教王，因创立一教，谓合孔教、佛教、耶苏、希腊教、回教而为一，自命为创教之圣人，其徒皆以圣人称之。其徒党有能推衍其说者，则许为通天人之故，闻者齿冷。康所著书内有《孔子为改制之王考》一卷（上海有刻本），称孔子为教王，讽其徒谓康学直接孔子，康即今之教王也。"（《日本外交文书》，第31卷，第1册，第730页）"希腊教"，东正教。"回教"，汤志钧校本作"四教"，即"合……四教而为一"。（《乘桴新获：从戊戌到辛亥》，江苏古籍出版社，1990年，第64页）此处梁鼎芬称合各教，似非指教义，而指各教之组织形式。
[2] 欧榘甲：《〈泰晤士报〉论德据胶州事书后》一文称："今大明吾孔子之经义，准各省各州县各市镇各村落，遍立孔子教堂，遍立孔子教会……悬孔子及诸贤之像，于庚子拜经之日，衣冠瞻拜，行孔子之礼，歌孔子之乐，发扬孔子之大道，各以传孔子圣教自誓。其有善堂、医院、囚狱，皆令讲生入其中，日诵圣经以教之，以生其善心，使知天下之大、万民之众，无一不受孔子之泽，无教不受孔子之范围。不传孔教，即自绝于天，不知圣泽，即自忘其本。其有高深义理，则作为浅近俗话之书以明之，遍送山农野老妇人孺子，则人人知饮食衣服、宫室伦理、知觉运动，莫不出于生民未有之孔子。"又称："夫广立教会，大明吾教，使我生民未有之孔子之仁治大法，施于中国，达于天下。"（《知新报》第48册，光绪二十四年三月十一日，上海社会科学院出版社影印本，上册，第605—607页）该文又称："彼教士倡太平之会，倡弭兵之会，其心天下共见之。"称"弭兵会"是教士所为，未说明其根据。此外，梁启超《复友人论保教书》（《知新报》第28册，光绪二十三年七月二十一日）、陈继俨《忧教说》（《知新报》第37册，光绪二十三年十月二十一日）和《〈保教末议〉自叙》（《知新报》第43册，光绪二十四年正月二十一日）、刘桢麟：《论西学与西教无关》（《知新报》第49册，光绪二十四年三月二十一日），皆有立教传教之说。

甲到了长沙,分别担任湖南时务学堂中文总教习和教习时,他们将"传教"的事业也做到了极致,在当地引出了思想对抗的大波。[1]

我先前的研究已经说明,梁启超在湖南时务学堂,以其特定的方式来解读《春秋公羊传》《孟子》两书,不遗余力地传授"新学伪经说""孔子改制说"并大力宣传"大同三世说";若将康有为的《长兴学记》《桂学答问》与《湖南时务学堂初集》相比,可以看出温和主义与激进主义之间的递进。[2] 为了说明梁启超所行"自下"之策,我继续引用时务学堂学生的札记、设问和梁启超的批语,以观察梁启超等人的教学效果。

戴修礼是时务学堂的优秀学生,梁启超批语中表扬也最多。其一篇札记言及中国国会制度之渊源,称言:

> 欧洲各会起点于希腊议事亚略巴古国民等会,而暗合于我支那也。《尚书·汤诰》《盘庚》诸篇,当时国会之议语也。大王去邠,属其耆老,见诸《孟子》。外朝询国危、立君、灾青,载诸《周礼》。兹为三代国会之可考者也。下迄春秋,亦莫不然,读《左氏》可知矣。是时也,国会议事之例有四:一曰议割地,二曰议和战,三曰议立君,四曰议国危。
>
> 何以考其有议割地之例也?隐十一年,王以向、盟等地与郑。桓七年,盟、向求(盟)[成]于郑,取而背之,郑连齐、卫伐盟、向;王迁之于郑。僖二十五年,王与晋阳樊、温、原、欑茅,阳樊不服,乃出其民。此即今割地民有不服听之之例也。[僖]十七年,晋赂秦以河东五城,河东人拒秦,秦卒反之晋。此即今割地民不服

---

[1] 当时在湖南的思想对抗中,被视作旧派的王先谦认为《时务报》"为目前不可不看之书",下手谕令岳麓书院诸生公阅,并与城南书院、求忠书院共同订阅。(《岳麓院长王益梧祭酒购时务报发给诸生公阅手谕》,《时务报》18册,光绪二十三年正月二十一日,中华书局影印本,第2册,第1194—1195页)同被视作旧派的叶德辉亦非保守,有着许多"新派"的言论,且王先谦的弟子苏舆又作《春秋繁露义证》,亦主董仲舒之学。(相关的研究可参见罗志田:《思想观念与社会角色的错位:戊戌前后湖南新旧之争再思——侧重王先谦与叶德辉》,《历史研究》1998年第5期)我以为,他们与梁启超等人的对抗,主要是针对"康学"而发。

[2] 参见本书下编第一章第三节"《湖南时务学堂初集》:'开民智'的方向"。

自能战守者，或反之故国，或听其为伯理玺天德之例也。

何以考其有议和战之例也？僖十五年，秦、晋交争，晋朝国人而作州兵、爰田。[襄]二十五年，郑入陈，陈侯使其众男女别而累，以待于朝。定八年，卫叛晋，先朝其国人，使贾问之。哀元年，楚子围蔡，蔡人男女以辨；又吴之入楚也，使召陈怀公，怀公朝国人而决其从违者是也。

何以考其议立君之例也？僖十八年，邢、狄伐卫，卫侯以国让于父子兄弟，及朝众，众不可而后已。[僖]二十[八]年，宁武子盟国人于宛濮，以入卫侯。昭二十年，[卫]灵公入国，即盟国人。哀二十六年，鲁、越、宋纳卫侯，卫文子致众而问焉；宋太尹立启，皇非我等使人狥国。此即梭伦定平民得核夺亚耳根功过之例也。

何以考其议国危之例也？昭二十（五）[一]年，华登以吴师救华氏，宋厨人濮狥于国。[昭]二十（五）[四]年，晋使士景伯莅问周故，立于乾祭，而问于介众者是也。

由是以观，国会岂泰西独擅其美耶？抑我古圣王之遗制也。礼失求诸野，欲人人有平等自主之权，上下之声气弗塞，非开国会弗可。然民智未开，国会当亦稍后也。

以今天的知识来评判，戴修礼的这篇札记概念不明确，行文亦纷乱，所用论据皆出自被视为"伪经"的古文经《左传》；然他通过学习不仅能对"康学"有所体会，且能有所创见，即称中国早期社会亦有与"国会"相对应的制度与功能，与梁启超在《时务报》上发表的《古议院考》一文论旨相同，最后的结论又与梁"开民智"的主张相合。梁见之，十分感慨，大加表扬，批语曰：

征引繁博，左证确凿，丁韪良若见之，当爽然自叹其《中国古世公法》之俭陋矣。此当译成西文，印入西报中，以告万国。真是奇才，真是奇才！

南海先生尝著一《中西同风考》，其中有一篇言国势之同：中国有夏、殷、周三代，而彼中埃及、波斯、希腊盛强相嬗，亦与三代略相等；而周末分为列国，与希腊之列国尤相若焉；中国周后有秦始皇以武功统一震旦，而希腊后马基顿之亚历山大亦从而统一之，其武功之轰天震地亦相若焉，其不再传而亡也亦相若；及中国息肩于两汉，欧洲亦息肩于罗马；南、北朝中分之日，即东、西罗马角立之时；自唐以后，其意大利升平之时也。似此之类，皆隐隐相合，其中所以然之故未由测之，然不可谓非奇事也。欧洲以希腊时人才最盛，一切学问制度多从此出焉。其学问则（校）[梭]革拉底等之七贤也，犹吾中国之周秦诸子也。其制度则梭伦之律也，汝所条举者皆是也，而吾中国春秋诸邦所行法制多与暗合，然则当彼之时，殆地球菁华发泄之时哉！

乃欧洲自罗马以后日修政事，而宪法名理之学大明，中国则自秦以降，百学俱绝，而一切古人良法美意亦坠地焉。此其何故也？汝试言之。[1]

梁启超这段长长的批语，颇有"告诸往而知来者""起予者商也"而"可与言诗"之意味。梁由此说起康有为的著作《中西同风考》，大讲中西历史的相同性，大讲中西政治学说的相似性。在时务学堂的批语中，梁的这段批语也属较长之列。梁由此再启发戴，让戴分析一下为何中、西有着相同历史、相同政治学说，到了近代却有如此之大的分歧。而对

---

[1]《湖南时务学堂初集》，长沙戊戌刻本，第3册，《札记》卷二，第52—53页。"大王去邠"一句，见《孟子·梁惠王章句下》。"外朝询国危"一句，见《周礼·秋官·小司寇》，"灾眚"，指代"国迁"。戴修礼引用《左传》多有误（亦有可能是刊刻时校对不精之误），校后用括号注明之。"晋赂秦以河东五城"为僖公十五年之事，"秦卒反之晋"是僖公十七年之事。"亚略巴古"，Areopagus，雅典一小山，是该城市议事会开会之处，后亦作议事会的代称。"亚耳根"，Archon，执政官。"校[梭]革拉底"，今多译为苏格拉底。戴修礼、梁启超此时的希腊知识，源自于英国传教士艾约瑟（Joseph Edkins）所译、英国人法伊夫（C. A. Fyffe）著：《希腊志略》，光绪十二年刊印。又，梁启超相当肯定《左传》的史学地位："吾固言《左氏》乃一古史，非解经之书，离之双美，合之两伤耳，未尝谓当废之也……盖《春秋》自《春秋》，《左氏》自《左氏》，两书皆为极好之书。自作伪者合而为一，于是《春秋》与《左氏》皆乱，是作伪者非特为《春秋》之罪人，抑亦《左氏》之罪人也……《左氏》当史读不当经读，яко可与三代古书并行不悖，又何恶焉？吾所恶者，非恶《左氏》也，恶作伪而羼入解经之说于《左氏》者也。故读《左氏》，将解经之语删去，则善矣。"（梁启超在李炳寰札记上的批语，《湖南时务学堂初集》，长沙戊戌刻本，第2册，《札记》卷一，第8—9页）

于戴修礼关于"公法"的札记,梁亦给予了极高的评价。[1]很可能因获梁启超的赏识,百日维新期间仓场侍郎李端棻保举"经济特科",戴修礼亦在列。[2]

李炳寰也是梁启超最为欣赏的学生,曾以"利梁一国"为解题而作"大同起点"之札记,深获梁启超、韩文举之赞扬,并予以启迪。[3]李获此点赞之后,又发一问:

> 前问大同起点,奉批过加奖励,而所以提撕者,则圣人之言"引而不发,跃如也",盖欲令学者自思以求心得。顷读"既竭心思,继之以不忍人之政,而仁覆天下"之句,觉微有所会。然则大同之道,起点于"心"之一字乎?孟子曰:"先王有不忍人之心,斯有不忍人之政,以不忍人之心,行不忍人之政,则天下可运诸掌上。"又曰:"恻隐之心,仁之端也。"又曰:"是心足以王矣。"是"心"之所推,其终至大而不可穷,其始必小而不可穷,故曰:"哀莫大于心死,而身死次之。""老吾老以及人之老,幼吾幼以及人之幼",则次

---

[1] 戴修礼其他札记涉及"公法"者,梁启超也十分赞赏,加有批语:一、戴称:"成九年《左传》云:郑人使伯蠲行成,晋人杀之,非礼也。兵交,使在其间(可也)。案兹即法时公法也。"梁批:"是此条丁韪良所著《中国古世公法》即引之。"二、戴称:"桓公会齐侯、郑伯、陈侯于稷。弗足书也。会而不讨宋督,因是以成其乱。《春秋》特笔矣。盖据乱多君之世,一国有大事,各国相与理之,亦天理也。故何注云:'州中有为无道者,则长、帅、卒正、伯当征之。'泰西从前公法,别国继立之事,他国亦可预闻,令其应立之一人嗣之,或本宗有人以传其位也。若夫不辨理之是非,事之善恶,弗讨弑君之贼,纳不义之赂,是党乱也,是违公法也。故何注云:'不征则与同恶。'公法谓别国有乱党弗可预闻也。"梁批:"此条吾采入公法学。"三、戴称:"书'公会纪侯、郑伯','及齐侯、宋公、卫侯、燕人战。齐师、宋师、卫师、燕师败绩'者,即公法别国之事有碍于己,可预闻之义也。亦乌勒西所谓如有一国欲拓疆界,无论现在或将来,他国可平其权之义也。何以言之?纪乃鲁之与国也,纪灭于齐,鲁益见弱矣。是以齐欲灭纪,鲁策其保护,为纪昏于王,乞师于郑,战于近,以平齐权也。"梁批:"极细心,极有得。此条吾采入公法学。"(《湖南时务学堂初集》,长沙戊戌刻本,第3册,《札记》卷二,第45、58—59、61—62页)其第一条出自《左传》成公九年;第二条出自《公羊传》桓公二年;第三条出自《公羊传》桓公十三年。而第三条戴修礼多有强史之论。由此可见戴修礼与梁启超的"公法"观念。

[2]《国闻报》光绪二十四年六月二十二日,"新保特科名单";胡思敬:《戊戌履霜录》,《续修四库全书》,史部第446册,第345页。

[3] 参见本书下编第一章第三节《湖南时务学堂初集》:'开民智'的方向"。

及于身,次及于家国,次及于全球矣。而大同之法,则"五亩之宅,树之以桑","百亩之田,勿夺其时",孟子已三致意。农务兴,则食不乏;工艺兴,则用不乏;商务兴,则三宝不绝;草莱辟、矿务兴,则财用富饶。无告之穷民,施之以仁,废疾者,因其可用而使以事。行之十年,大同之效或可略见歟?若夫利道教诲,则非士庶人之所能也。商鞅变法,志在富强,而六国遂一,汲汲以练兵置械为务,将外侮之不能御,安能以权力服人乎?是否有当,用敢复问。

李炳寰此问,多引孟子之语,由"不忍"而"仁"而"王"而"大同",他提到了"老吾老"以及于"全球",也提到了农、工、商、矿以达于"富饶";但让他苦恼的问题是,若"行之十年",能不能看到"大同"的效果?商鞅变法,"练兵置械",其具体做法显然与"不忍""仁""王""大同"之理想大不相同;可若是连"外侮"都"不能御",又怎么能"以权力服人"?李似乎已经看出,此类理想主义的举措是不可能获有近期效果的。梁启超对此批语:

> 不忍人之心为仁之起点,仁为大同之起点。仁字推到极满,至于天地一大父母,民吾胞,物吾与,岂非大同之极效乎?然此中条理甚多,须就条理上着想为是。大同二字不过名号,思所以能使世界尽变为大同者,必有实理,非空言也。[1]

梁启超的说法仍是理论上的正确性,宣称"天地一大父母",自是全球一家、大同"极效"。梁没有回答"十年之效",也没有回答"外侮之御",只是让李炳寰"就条理上着想",并告之"必有实理"。

---

[1]《湖南时务学堂初集》,长沙戊戌刻本,第1册,《答问》,第2—3页。李炳寰所引孟子言论,分见于《尽心》《离娄》《公孙丑》《梁惠王》诸篇章。"哀莫大于心死,而身死次之"一句,见《庄子·田子方》:"仲尼曰:恶!可不察与!夫哀莫大于心死,而人死亦次之……""农务兴,则食不乏……"一句,见之于司马迁《史记·货殖列传》:"周书曰:农不出则乏其食,工不出则乏其事,商不出则三宝绝,虞不出则财匮少。财匮少而山泽不辟矣。此四者,民所衣食之原也。"(《史记》,中华书局版,第10册,第3255页)梁启超在《时务报》第35册刊出《史记·货殖列传今义》一文,对此亦有论说。

唐才质是唐才常的弟弟，时务学堂的优秀学生。他的札记多言"太平"与"大同"，亦能举一反三。其所作札记之一，专谈"据乱世""太平世"之"妇人"，称言：

> 庄二年，夫人姜氏会齐侯于郜，何注云："妇人无外事，外则近淫。"呜呼！此盖指据乱世而言耳。若太平之妇人，有学有智以养其心，游历外国以长其见闻，讲求世界间事以扩充其脑气筋，又何至于淫哉？中国数十年来妇学不讲，待妇人如奴隶、如野蛮、如土番，而二万万女子尽沉苦海，沦胥以亡，正由不知外事耳。若今日欧洲各国之立女学堂，非讲求外事而何哉？且纪女履緰之母不通外事，据乱世妇人也；不恤纬而忧宗周之陨，太平世之妇人也。为妇人者，其欲为据乱世乎，抑欲为太平世乎？若何氏之谓"妇人无外事"者，乃指不学无术之鲁夫人姜氏耳，岂敢使后世妇人尽成据乱世妇人哉？

在"大同三世说"的理论框架中，何休的地位极其崇高，所言皆以经典相待之。唐才质敢指责其非，自是认为在学问上已部分超越之。唐此时没有"游历外国"，也未见"女学堂"，甚至没有见到受过近代教育的西方女性，但已能区别出"据乱世""太平世"两类"妇人"的差别，并充满信心地认为"为妇人者""欲为太平世"。梁启超对此批语：

> 必智慧平等，然后能力可以平等，故开女智为第一义。[1]

梁启超此时所著《变法通议》中有《女学》篇，并积极推广"不缠足"；他对唐才质批评何休的说法似乎是认可的，尽管强调男女平等的前提是"智慧平等"。

《湖南时务学堂初集》所录梁启超最后一条批语，是为学生李泽云札记所作。根据"大同三世说"，《春秋公羊传》首文王而终尧、舜，《公羊

---

[1]《湖南时务学堂初集》，长沙戊戌刻本，第4册，《札记》卷三，第33—34页。"纪女履緰之母"之事，见《公羊传》隐公二年。"不恤纬而忧宗周之陨"，见《左传》昭公二十四年。

传》中最后一段话(即"公羊子所传微言")特别重要,是宣告"后圣"之将到来的预言。梁据此批曰:

> 《春秋》不专言小康之义,特小康之条理较备耳。圣人于小康言其条理,于大同则不言条理者何?圣人知大同之道必三千年而后能行,至彼时必有能言其条理者,故不必言之,所谓"百世以俟圣人而不惑"也(原注:百世即三千年)。至小康之制,所以治三千年以内之天下,故详言之。虽则如是,而大同之宗旨往往存焉。哀十四年《传》云:"君子曷为为《春秋》?拨乱世,反诸正,莫近于《春秋》",言《春秋》为由据乱世进于升平之书也,所谓小康也。又曰:"则未知其为是与?其诸君子乐道尧、舜之道与?末不亦乐乎尧、舜之知君子也?"言《春秋》不专言小康,实有乐于尧、舜大同之义也。又曰:"制《春秋》之意以俟后圣,以为君子之为,亦有乐乎此也",言《春秋》大同之条理,可以俟诸三千年以后之圣人也。此公羊子所传微言也。《繁露》又言:"以人随君,以君随天",五始之义,"以诸侯之即位,正竟〔境〕内之治",即所谓以君统国也。此自是《春秋》大义。[1]

"从君子曷为为《春秋》"到"亦有乐乎此也",正是《公羊传》的最后一段话,梁启超分段全录之,并详说之,正是露布三千年之后的"后圣"之到来;而"先圣"之所以不言大同之"条理",正是"以俟""彼时必有能言其条理"之"后圣"。梁此处仿照《公羊》体例而终言"后圣",揭示了"大同三世说"的终极谜底——"后圣"者孰谓?梁启超、李泽云心知而不言,谓康有为也。

"大同三世说"是革命性的思想,梁启超在湖南时务学堂大力鼓吹之,即所谓"传教"。《湖南时务学堂初集》正是记录梁此类活动的远非

---

[1] 《湖南时务学堂初集》,长沙戊戌刻本,第4册,《札记》卷三,第55—56页。"百世以俟圣人而不惑"一句,见《礼记·中庸》。"以人随君,以君随天",见董仲舒《春秋繁露·玉杯》。"以诸侯之即位,正竟内之治",见《春秋繁露·玉英》。"五始",徐彦称:"案《文谥例》下文云'五始者:元年、春、王、正月、公,即位是也。'"(《春秋公羊传注疏》,上海古籍出版社,第6页)

完整的实录。过了二十四年，1922年，曾任湖南时务学堂总办的熊希龄为庆祝梁启超五十岁生日，重印《湖南时务学堂初集》，更名为《湖南时务学堂遗编》，梁启超为之序：

……吾侪方醉心民权革命论，日夕以此相鼓吹，札记及批语中盖屡宣其微言。[1]

梁启超自称其在湖南时务学堂鼓吹的是"民权革命论"，前引狄保贤回忆中"急进法""革命本位"与之大体相合。只是梁于此所说的"民权"，不是西方哲人诸如卢梭等人所说的"民权"，而是"大同三世说"中的"民权"；只是梁于此所说的"革命"，不是政治革命，而是他在湖南时务学堂学生头脑中所发起的思想革命。

五、康有为的"自上"之路及其策略调整

正当梁启超在长沙实行"自下"之策，发动思想革命而激荡风云之际，康有为在北京尝试"自上"之路也突遇光明。

光绪二十三年（1897）十月，康有为离开上海，前往北京。此时正值德国强占胶州湾（青岛），俄、法、英亦蠢蠢欲动，清朝鉴于甲午之败，无敢言战，军事与外交十分被动。时任工部学习主事的康有为立即向工部递交《上清帝第五书》，主张变法，要求代奏，为工部所拒，但在京官中广为传抄。十一月，工科给事中高燮曾保康参加瑞士"弭兵会"，光绪帝下旨由总理衙门"酌核办理"。光绪二十四年正月初三日（1898年1月24日），总理衙门大臣李鸿章、翁同龢、廖寿恒、荣禄、张荫桓召康问话。康随即向总理衙门递交《上清帝第六书》，提出以"制度局"

---

[1] 《湖南时务学堂遗编》，湖南大学出版社影印本，2017年，第1页。该序文后收入《饮冰室合集》时，改题为《时务学堂札记残卷序》，见《饮冰室合集》，中华书局版，第4册，文集之三十七，第69页。

为核心的变法纲领，要求代奏。二月十九日，总理衙门代奏康的《第六书》，光绪帝下旨命总理衙门"议复"。此后，总理衙门又多次代奏康的条陈和书籍，包括《俄彼得变政记》和《日本变政记》。四月二十五日，翰林院侍读学士徐致靖上奏保举康有为、梁启超、谭嗣同等五人。四月二十八日（6月16日），光绪帝在颐和园仁寿殿召见康，授其为总理衙门章京，并命其条陈可由军机大臣廖寿恒代奏。康此时已经成为政治新星，在京城中红极一时。

梁启超于光绪二十四年二月离开湖南前往上海，三月初一日搭船北上。梁到京后，成为康的有力助手。五月十五日（7月3日），光绪帝召见梁，命其以六品衔办理译书局。

康有为、梁启超"自上"道路走通之后，其政治策略也随即调整。他们的目标是设立"制度局"或其变种"议政处""召对处""立法院""懋勤殿""议政局""便殿"等等，不再倡导"议院"。这类设在宫中、光绪帝每日召见、由康主持的政治咨询机构，一旦运作起来，将会成为政治决策机构。康、梁正是企图通过这类机构以能实现君权变法。[1]由此，康自上条陈、进呈书籍，为徐致靖、宋伯鲁、杨深秀等人代拟奏折，以能影响光绪帝；并于光绪二十四年五月二十八日（1898年7月16日）在《国闻报》上发表《答人论议院书》，表明自己的态度：

> ……故中国惟有君权治天下而已。顷圣上聪明初武，深通中外之故，戒守旧之非，明定国是，废弃八股，举行新政，日不暇给，皆中旨独下，不假部议。一诏既下，天下风行，虽有老重大臣，不敢阻挠一言，群士不敢阻挠一策，而新政已行矣……故今日之言议院、言民权者，是助守旧者以自亡其国者也。夫君犹父也，民犹子也。中国之民，皆如童幼婴孩。问一家之中，婴孩十数，不由父母专主之，而使童幼婴孩主之议之，能成家自养否乎？必不能也。君犹师长也，民犹徒属弟子也。中国之民，皆如蒙学。试问蒙馆之中，童蒙数十，不听师长主之教之，而听童蒙共主之，自学之，能成学

---

[1] 相关的叙述与分析，参见本书上编第五节之"《上清帝第五书》《第六书》——总体改革思想""'制度局'的变种与'懋勤殿'的人选"两小节。

否乎？必不能也。敬告足下一言：中国惟以君权治天下而已，若雷厉风行，三月而规模成，二年而成效著。

文中两次强调"君权治天下"。康有为还表示，其之所以"不建言请开议院"，属"通变宜民"之计。[1]

最能说明康有为此期政治策略调整者，是光绪二十四年六月初一日（1898年7月19日）康有为（时在北京）给其侄康同和（时在日本神户）的亲笔信，称言：

> 读来信，收付来《东亚报》五百分，已收。惟吾在京师，谣言众多。亦惟昔者《知新报》诸子不慎言所累，至今以民权二字大为满人所忌。若再有其它犯讳之言，益不堪言矣。（原注：此次上将大用，而我欲行，亦惟谣言之故。）且今昔情形不同，顷圣上发愤为雄，力变新法，于我言听计从。（原注：我现奉旨专折奏事，此本朝所无者。）外论比之谓王荆公以来所无有，此千年之嘉会也。汝等操报权，一言一字所关甚大，皆与我有牵。汝出姓名，更于我显著。今与汝约，所有各报，以救中国为主，而于称及国家、皇上及满洲，说话皆应极谨。（原注：且勿分种，不见文御史等劾我之语乎？）皇上圣明如此，多为颂美之言、期望之语。今守旧者多，非言民权、议院之时，此说亦可勿谈。且述我言中国非开议院之时，开郡县省会民会则可也。汝等恪遵此约，乃可发送。可并示云台。[2]

《东亚报》是康有为一派在日本神户所办的报刊，光绪二十四年五月十一日（1898年6月29日）首刊，每十日刊出一期，曾发表康门弟子韩昙

---

[1]《国闻报》光绪二十四年五月二十八日刊出时署"某君来稿"，六月初四日《国闻报》刊出"制度局传闻"，称言："再者，二十日所登之答人论议院书，系友人抄得，顷查此书即康工部答友人之书，合并声明。""二十日"，原文如此，当为"二十八日"。相关的研究可参见孔祥吉：《关于康有为的一件重要佚文》，《戊戌维新运动新探》，第52—62页。
[2] 吕顺长：《清末维新派人物致山本宪书札考释》，第276—278页。"王荆公"，王安石。"云台"，韩昙首，康有为弟子，时在神户《东亚报》任撰述。可参见同上书，第52页；亦可参见陈汉才：《康门弟子述略》，第147—148页。

首、韩文举、康同文等人的政论文章。[1]康同和正在《东亚报》任职。康有为自称"奉旨专折奏事",大体属实,自称光绪帝"于我言听计从",乃是夸张,自称所获是"千年之嘉会",可见其自认为在"自上"道路上大获成功。康又称"谣言",又称"昔者《知新报》诸子不慎言",又称"民权"为"满人所忌",可见其在北京所受到极大的阻力和压力。[2]为了保障"自上"道路的继续通畅,康下令"称及国家、皇上及满洲,说话皆应极谨",并令"且勿分种",可见康党内部以往亦有涉及"种族革命"的言论。[3]而该信中最为要紧一句是:"今与汝约,所有各报,以救中国为主",根据"大同三世说","救中国"属"义""小康",与"救全球"的"仁""大同"相对应。梁启超称:

> 以小康之道治一国,以大同之道治天下也。故我辈今日立志,当两义并举。目前则以小康之道先救中国,他日则以大同之道兼救全球。救全球者,仁之极也。救全球而必先从中国起点者,义也。"仁者人也,义者我也。"大同近于仁,小康近于义。[4]

---

[1] 相关的研究可参见蒋海波:《〈東亞報〉に関する初步的研究:近代日中思想連鎖の先陣として》,日本中国现代史研究会编:《现代中国研究》,第32号(2013年3月),大阪,19—38页;《上海大同译书局与神户〈东亚报〉初探》,"康有为与近代中国:第七届中国近代思想史国际学术研讨会"会议论文(2018年3月)。

[2] 吕顺长称:《知新报》第21册刊出徐勤《〈孟子大义述〉自序》一文,有明显的"民权"的表述,当为精准。(《清末维新派人物致山本宪书札考释》,第278页)然查《知新报》,言及"议院""民权"的文章还有一些,如徐勤:《地球大势公论》、刘桢麟:《〈地球六大罪案考〉总序》、黎祖健:《驳龚自珍〈论私〉》、陈继俨:《论中国今日联欧亚各国不如联美国之善》等。

[3] 值得注意的是,梁启超到达日本后,于光绪二十四年十一月二十一日(1899年1月2日)在《清议报》第2册《论变法必自平满汉之界始:续变法通议外编一·续第一册》,起首即言:"圣哉!我皇上也。康南海之奏对,其政策之大宗旨,曰:满汉不分,君民同治。"又称:"夫以公天下之大义言之,则凡属国民,皆当有爱国忧国之职分焉,不容有满汉、君民之界也。即以家天下之理势言之,则如李体之人,利害相共,尤不能有满汉、君民之界也。"(《清议报》第2册,中华书局影印本,第1册,第67—68页)这是康党在满汉问题上的公开表态。

[4] 梁启超给湖南时务学堂学生李炳寰札记所作之批语,见《湖南时务学堂初集》,长沙戊戌刻本,第2册,《札记》卷一,第3页。"仁者人也,义者我也",见之于董仲舒:《春秋繁露·仁义法第二十九》。

既然是"救中国"的"小康之道",自然可以行"君权变法",自然可以因"今守旧者多,非言民权、议院之时",而"此说亦可勿谈"。从康有为此信可以看出,康的命令范围是"所有各报",命令主旨是"述我言中国非开议院之时",我因尚未读到《东亚报》,不知康同和是否遵办,但从《知新报》上可以明显看出康此期政治策略的调整。

光绪二十四年六月二十一日(1898年8月8日),康有为弟子陈继俨在《知新报》第61册上发表《伸民权即以尊国体说》,该文以"民权"为议题,却是强调"民权"与"君权"并不冲突。陈继俨认为,清朝此时的权力不在于"天子",而在于"胥吏":

> 今日之天下,则胥吏之天下也;天下之权,则胥吏之权也。天下有事,上之天子,天子责之部院,是权在部院也;部院议可,移文疆吏,是权在疆吏也;疆吏奉谕,颁之州县,是权在州县也;州县得命,下之吏胥,是权在吏胥也。夫二十行省之大,四万万人之众,而其权实无所属焉。于是昌言以号于天下曰:"尊君权","尊君权"!其谁信之。且部院分任政之权,疆吏有守土之责,州县为奉职之官,而议覆之事,仅责于胥吏,以胥吏之治治天下,是部院、督抚、州县亦无权也。

若由此逻辑结构而推导之,此时的清朝似不需要"伸民权"而是需要"尊君权"。陈继俨丝毫没有涉及当时作为"民权"象征的"议院",反而称言:

> 夫民之于国也,犹人之于家也,其天子则家人之严君也。长者有事,而乃子乃孙,不能服劳奉养,以既厥职,其家之存亡,不待智者而知矣。

以家比之国,君、民同为一家,即结为利益共同体,君权、民权自然全无冲突,即"天子无失权,庶民亦无争权也"。这与康有为《答人论议院书》中的说法是一致的。陈继俨继续以德国、法国、意大利、希腊、瑞士、日本为例来说明:

> 夫德之覆法也，有良民会；法之复振也，有记念会；意之淬兴也，有保国会；希之自立也，有保种会；瑞士之变法也，有自卫党；日本之有今日也，有尊攘党、革政党、改进党、自由党。彼数会者，实赖以兴国者也，而倡自齐民，实过半焉。既非金、张之胄，复无王、谢之荣，而热血所结，摩荡奋发，卒以成非常之原，而苏已死之国。[1]

若由此逻辑结构而推导之，此时的"伸民权"，大约相当于康有为、梁启超等人在北京发起的"保国会"而已。

光绪二十四年七月初一日（1898年8月17日），陈继俨在《知新报》第62册上发表《中国不可开议院说》，说明中国不能开议院的四条理由："人持一自私自利之心以入世"；"民智未开，不可以议政"；"家、国之见既不甚明，则所举之人，定多失职"；"中国举国皆守旧之人"。陈最后得出结论：

> 今天子聪明圣智，下诏维新，与民更化，中兴之治，期于旦夕。凡在臣工，与有其责，匹夫之贱，曷为违已，区区之心，窃慕此耳。若夫引迂拙之人，而参知政事，贰专制之权，而绠缏圣聪，大体未立，而国是频更。如向之所论开议院者，其又奚取焉。

这一段话，完全符合康有为前引信中所要求的"皇上圣明如此，多为颂美之言、期望之语"，更是强调了不受干预的"专制之权"。陈继俨还根据康的指示"述我言中国非开议院之时"，在该文中宣布："吾师南海康先生有《议院不可行于中国考》，发挥此义最详。"[2] 此时恰是康有为致信康同和一个月之后，离戊戌政变还有36天。

---

[1] 陈继俨：《伸民权即以尊国体说》，《知新报》第61册，光绪二十四年六月二十一日，上海社会科学院出版社影印本，第1册，第817—818页。

[2] 陈继俨：《中国不可开议院说》，《知新报》第62册，光绪二十四年七月初一日，同上书，第833—835页。

六、结　语

　　本章的文字已经很长，论题亦有所变化，须得略作数语，以能回顾主要论点，并为结语。

　　我通过阅读康有为弟子在《知新报》《时务报》所刊文章，查证康有为在戊戌变法期间的政治思想与学术思想，由此得出明确的结论：康有为在戊戌时期所持有的政治思想与学术思想不仅仅是"新学伪经说""孔子改制说"，而更为重要的，是"大同三世说"。这是我对自己先前研究结论的再确认。

　　康有为在戊戌时期已经有了比较完备的"大同三世说"思想，是我个人新近的发现；由此不可回避的问题是，先前的研究者为何不说？

　　自从汤志钧发现康有为在《大同书》写作时间上"倒填日期"之后，各位研究者对康戊戌时期的"大同"思想采取了比较慎重的态度。我若非同时将康有为、梁启超、康门弟子全部言说放在一起阅读，也不会有所进展。

　　是以此故，为了防止"邻人窃斧"般的主观引导，我在这次查证过程中，取谨慎态度，用笨拙办法，将康门弟子的所有文章综合起来考察，说明篇数、叙述内容及涉及"大同三世说"的详略程度，以表示其比例关系，以避免过度诠释。然而，当我阅读完毕这批文章后，得到的印象仍是清晰的：康有为确实向梁启超以外的部分弟子传授了"大同三世说"的部分内容。

　　事实上，康有为流亡日本后，立即向日本学者或记者讲授其"大同三世说"的思想。《太阳》杂志第4卷第23号刊出了中西牛郎的文章《论康有为氏之理想与事业》，称言：

　　　　康乃新儒教之组织者也。至其组织之方法，或取于佛教，亦或取于耶稣教西洋哲学，惟其本质依然未变儒教之精神。然则康如何组织新儒教？吾辈今摘举其主旨所在以言之。曰：以孔子为教主，六经为其经典。曰：孔子之教，见于六经，有显、密二教。显教言大义，密教言微言。曰：微言之旨，在于大同。大同云者，即太平也，即民主也。康之议论虽有千言万语，要旨不外以上三点。而建立其微言大义之显、密二教，岂非仿效佛教显、密二教耶？其以孔子为教主，不用光绪年号而言孔子生后二千几百年，岂非仿效耶稣教耶？而其依《春秋》分人类邦国之进步为据乱、升平、太平三期，以贵族政体为据乱之世，以君主政体为升平之世，以民主政体为太平之世，又岂非与十八世纪及现世纪英、法、德政治哲学之精神符合之所哉？至其以太平为理想，隐然可见遗传洪秀全太平天国精神之处。……而康之所谓微言者，《礼记》大同道行也，以"天下为公，选贤任能，讲信修睦"之一章为之根据。所谓"天下为公"，即是康之民主主义之胚胎所在。[1]

中西牛郎是一名学者，以他自己的观念来理解"大同三世说"："显、密"的说法，自是康有为已经揭示出孔子在"微言"之中所藏的"大义"；以"贵族政体""君主政体""民主政体"来对应"据乱""升平""太平"，也是比较简明易懂的说法，日本此时仍处于"君主政体"；《礼记·礼运篇》恰是"大同三世说"的核心文献。《太阳》杂志第4卷第25号刊出"不二行者"的文章《康有为氏的大同大平论》，称言：

> 在孔子三世之义，如今当正乱世之时，于大平则属甚远。虽然，仆以心之运用救人类，此亦大同之始基耳。人之所以为人者，仁也。仁乃天心，人得天心而推之，以爱其同类同生同气。其多有别异者，皆乱世野蛮自私之俗也。故爱一身非爱他人之身，甚或夺杀他人之身以益其身；爱其一家非爱他人之家，甚且夺杀他人之家以

---

[1] 中西牛郎：《论康有为氏之理想与事业》，《太阳》，第四卷第二十三号，1898年（明治三十一年）11月20日，第10—11页。吉辰译，见《戊戌政变后〈太阳〉杂志关于康有为的两篇文章》，《近代中国》第29辑。康有为流亡日本后，对日本学者和记者的这两篇谈话，我得知于斋藤泰治的论文《康有为在东京》（"康有为与近代中国：第七届中国近代思想史国际学术研讨会"会议论文，2018年3月）。中西牛郎（1859—1930），日本宗教思想家、记者，曾任《紫溟杂志》《紫溟新报》《大阪每日新闻》《东京日日新闻》记者、扶桑教（神道教分支教派）大教正等，著有多部宗教理论著作，与中国有关的著述有《支那文明史论》（1896）。

肥其家；爱其国非爱他人之国，甚且夺杀他人之国以大其国；爱其类非爱他类，甚且夺杀他类专繫其类。是若者其见识有各限，其行事有各时，而人性之善不善积，论社会造化，其心识因而分其世界，为野蛮、半教、文明，皆由此而定。要之，皆未至众生安乐、众生性善之地，未至人类之改善也。今地球各国政多，而自私不公，相隔不通，分异不同，故人类生民之苦无以救之。相攻相隔，则出巧诈攻难之心，习而为俗，传而为种，未能求人性之皆善。然此无能如何之势，不能速改，当多集仁人志士，讲究之，发导之。仁心仁论虽至微，苟于人心之中归于天下，则必然胜利。此有一身之人，有一家之人，有一国之人，有全地之人。仆今以国故，为一国之人，何以足为此语者，孔子所谓三世之说也。第一为乱世，即野蛮生番之世；第二为升平世，即近乎今日各邦；第三为太平世，即此后之世，今日未见也。氏有《三世演孔图》，乱世之中有乱，有升平，有太平，升平、太平亦然，演为九世。一世之中又有三者，演为八十一世，以至展转无穷，则自地球太古物类始生，至人类之生、野蛮生番之世，至如今欧美之世，下推至将来千万年，更旁推诸星诸天。如今难为君尽演之，概言其略耳。

"仁"是"大同三世说"的核心观念，由此而生出"爱其同类"；"自私"属"乱世野蛮"之"俗"，由此而"杀他人""杀他家""杀他国"；"仁心仁论"若"苟于人心之中归于天下"，将突破"一身""一家""一国"而为"全地球之人"。康有为自称其有《三世演孔图》，从"地球太古"可推至"将来千万年"，乃至"诸星诸天"。该文又称：

> 发论必有本源。若发大同之论，则足下与仆同为天性之人，无国界，无家界，无身界。……人与人相遇也，惟当以仁行之，不以不仁行之，故二人为仁。两人相遇，若相揖让，相招呼，相对坐，相教告，相补教，相恤，相亲爱，行之有益无碍，当以之为起点推施征引，故惟当以仁行之也。……若不持大同之说，则人与人相攻，家与家相攻，国与国相攻；知大同之说，则人与人相爱，家与家相爱，国与国相爱。……如今种种妨害政教风俗大平大同之理，不一

而足。重山绝海，无梯无航，又无向导，人何从驾渡以至大平大同之世？仆粗画其图，梦游其境，然与人语，尚多为人所戮，孰肯游此世耶？或不信，或不从，或非之，或疑之攻之，未识必能去现在之境而后相从以至大同也。而人多以现在之境为极美极乐，尚以大平大同之世为碍其乐，则焉能率天下之人改之？故非假以大力而不能运之。

"不二行者"是笔名，真名为角田勤一郎，是一名记者，故能多录康有为的原话。他使用"大平"一词，然"大""太"文意相通。他与康的访谈内容，由中文转日本文，今再由日本文转中文，意思可能会有点变化，但基本思想还是可以看清楚的："大同""大平"之境界是"无国界、无家界、无身界"的，人人相爱，家家相爱，国国相爱。不二行者得出其结论："由此概见南海氏（康有为）以仁为人心之本源，以人类平等、四海同胞为最后之目的"；"所谓大同大平，如俄之托尔斯泰之和平论或近世和平哲学论者"。[1]

"大同三世说"有其革命性的理想，也有其阶段性的规定，中间有着很大的差距。就其革命性的理想而言，说的是未来，康有为一派所能做的事情只能是传播思想，或按梁启超等人的说法是"传教"，尽管康本人

---

[1] 不二行者：《康有为氏的大同大平论》，《太阳》，第4卷第25号，1898年（明治三十一年）12月20日，第218—221页。吉辰译，见《戊戌政变后〈太阳〉杂志关于康有为的两篇文章》，《近代中国》，第29辑。引文属康有为的自述部分。又，不二行者在该文引康有为弟子的话来说明"大同三世说"："康先生之宗旨，专以混一地球，平天下之争为主，其意与佛氏之苦海、耶稣之天堂相同，即一切众生皆欲至太平之世界。今日列国纷争，支那危弱，发此平等大同之说，似为迂腐。然佛氏、耶氏何尝不由乱世而来，故虽举世喧哗，康先生守之弥笃。凡开新学之人，必受天下之谤，日本之亲鸾、日耳曼之路德皆是也。康先生尝教曰：我辈之立志，当以仁爱立心，以大同之义为宗，以存支那为起点，以混一地球为全量，以杀身破家为究竟云云。""究竟"，佛教用语"最高境界"之意。再又，康有为对不二行者称：他来日本求救援，仅是"一国之人"，"亦未及专救各国、各民、各物类"；"现时之行所，将来之行所，固不相同。区区一国，何以舍身而救之者，则以大道无尽，行身有限，即能救全地，不能救它地，一国亦同耳。故其行仁也，因其所接之境而行之。"角田勤一郎（1869—1916），日本记者、文艺评论家、文学家，先后在民友社、大阪朝日新闻社、东京日日新闻社工作，有文艺评论著作、小说、译著多部。

可能不赞成这么做。就其阶段性的规定而言，说的是当下，康党制定了"自上""自下"的两套变法方案。然而，"自上"的决定权操之于光绪帝和军机处，还须得到慈禧太后之首肯；即便是"自下"，仍需要得到清朝政府的支持，康及其党人自己真正能做的只不过是讲学、办学会、办报刊而已，这与"传教"有时也很难分得开。康"自上"道路的开辟，与当时清朝所面对的国际形势有关，有着一定的历史偶然性；康也因此进行了政治策略的调整。从无国家、无等差的"大同世界"（梁启超在湖南时务学堂宣传思想革命），到强调"君权治天下"的"制度局"之设置（康有为"上清帝第六书"和致康同和的信），如此之大的差距让人看起来似乎是对立的，然在"大同三世说"的理论框架中却是不矛盾的。如用"大同三世说"的说法，这些可以简化为"救世界"（大同、革命性的理想、未来）和"救中国"（小康、阶段性的规定、当下）；且"救中国"亦可再分为若干途径（"自上""自下"）、若干阶段（君权变法、君民共主）等等。

　　根据"大同三世说"的思想，清朝必然是灭亡的——将由君主转为民主，中国也必将灭亡——世界将进入大同；这使得康有为、梁启超在内心中并不忠于清朝，也不忠于光绪帝。康、梁流亡海外之后，大规模地宣传光绪帝与慈禧太后的对立，编造"衣带诏"，要求日本、英国等外国废黜慈禧太后，恢复光绪帝的权力；并在海外组织"保皇会"，进行勤王活动。所有这些活动对北京的光绪帝产生了实质性的伤害，慈禧太后对光绪帝态度越来越严厉，几欲废之，最后立了"大阿哥"。对光绪帝说来，荣禄、刘坤一、张之洞等人才是真正的"保皇党"。康有为等人在海外的政治活动，陷光绪帝于大不利，也激起了张之洞、刘坤一等人的极大愤怒，但仍然不能简单地归之于康等人的政治幼稚。在康及其党人的心目中，清朝、光绪帝多半是他们用来实现政治变革的工具或技术手段。随着康在海外经历的时间延长，从强调孔子原创的"大同三世说"，转向自由奔放、畅说理想、设计人类未来的《大同书》，康的行为与思想之间的差距也越拉越大。这或许就是康生前修改刊印了"大同三世说"的一大批注经著作，但还来不及修改刊印《大同书》的原因之一吧。而且，随着康晚年的政治实践，他对人类必然走向由他指明的"大同"之路的自信，正在一点点衰减；他的弟子对他的信仰与崇敬，也在一点点衰减。

第四章 中学或西学？
——戊戌时期康有为、梁启超学术思想与政治思想之底色

一、问题的提出

光绪二十四年（1898）的戊戌变法，被认为是中国近代史上西方化的政治改革。康有为作为这次改革的主要推动者，向光绪皇帝提出的各类建策，看起来也是非常西方化的。这尤其表现在康的《上清帝第三书》《第四书》《第五书》《第六书》之中。但是，如果读一下康有为此期的著作，却会发现，他的学术思想与政治思想不那么西方化；他最为关注并熟练操作的，还是中国传统的思想，相当大的部分属于经学与史学。这尤其表现在康的《新学伪经考》《孔子改制考》《春秋董氏学》之中。传统的经、史之学，是那个时代士人们表达政治思想的方式，即康的表达方式也是相当传统的。

康有为最重要的门生梁启超，在《时务报》《知新报》上发表了大量的政论文章，宣传以西方的样式来改造中国社会，其表达方式也已西方化了；他刊行了《西学书目表》《读西学书法》，显示其对西学的特别兴趣。但他也参与了《新学伪经考》《孔子改制考》等著作的编撰，并有《读〈春秋〉界说》《读〈孟子〉界说》《〈论语〉与〈公羊〉相通论》之类著述存世。在戊戌时期，梁是康的追随者，思想上亦步亦趋。

学术界许多人称康有为、梁启超深受西方思想的影响，主要的证据是两条：一是"民主"，二是"进化论"。对此，我已用大量的时间加以

考辨,并在先前的研究中加以说明:一、关于"民主"思想,我以为,康有为、梁启超所谈的民主,是"大同三世说"的民主,最主要的依据来自中国传统的经典,与西方政治思想中"人民主权说"的民主,是大不相同的。二、关于"进化论",我以为,康有为、梁启超在戊戌时期虽然接触到严复所译《天演论》,但基本态度是回拒的;康有为戊戌之后接受了"进化论",并加以自我的理解,与达尔文、赫胥黎学说有着极其明显的区别,不可混同。[1]

在完成了以上两项考辨工作后,摆在我面前的问题是:戊戌时期康有为、梁启超学术思想与政治思想中,自然存在着"中学"与"西学"两个部分;那么,两者之间孰轻孰重,其比例关系如何?"西学"的概念应如何界定,康、梁"西学"的水准又该如何判断?也就是说,需要对康、梁学术思想与政治思想的"底色",做一个基本面的判断。

由此而需要下一个定义,什么是"西学"?虽然从广义上说,一切来自西方的学问都可称作西学,明末西方传教士即已将之传入,主要是天文、历算与地理知识。但若将研究对象定位于戊戌变法,就会产生逻辑性的表述:西方近代政治、经济与社会的巨大变革,起始于欧洲文艺复兴之后的思想变化,催生于西方近代政治、经济与社会诸学说的产生及其影响。据此逻辑而推导出的问题是:戊戌变法作为西方化的政治改革,其发生的原因是否为西方近代政治、经济与社会诸学说之影响?或者说,康有为、梁启超是否受到了西方近代政治、经济与社会诸学说之影响,进而推动戊戌变法?"西学"的概念由此而被缩小,聚焦于因人文主义而催生、因全球扩张而成长的西方近代政治、经济、社会诸学说。

本章即为此而作,集中注视戊戌时期康有为、梁启超的学术思想与政治思想,特别是"西学"的部分;本章试图说明,康、梁此时还不了解文艺复兴以后西方思想的变化,不熟悉西方近代政治、经济、社会诸学说,对西方的历史与现实存在着许多误读和曲解,尽管康、梁两人的"西学"水准也有程度上的差别。本章据此而再推论,戊戌变法表象上是西方化的政治改革,内核中却缺乏必要的思想与理论的准备。这是一个巨大的落差,与日本明治维新有着根本性质的区别。需要说明的是,我

---

[1] 参见本书上编第二、三节与下编第一、二章。

的这项工作仍然是初步的，本章之所言，似还有进一步再探讨的空间。

二、"宋学义理之体"与"西学政艺之用"

康有为早年走科举入仕的道路，先后随简凤仪、陈鹤侨、梁健修、陈荜生、杨学华、张公辅、吕拔湖等人学习儒学，但对他影响最大的是其祖父康赞修。光绪二年（1876），入礼山草堂，随广东大儒朱次琦学习，前后大约有两年光景。康曾于同治十年（1871）、十一年参加童试，未中式；同治十二年、光绪二年、八年、十一年、十四年先后以捐生或荫生的资格，参加广东或顺天府的乡试，皆未中式。光绪十五年底，他参加顺天府乡试后途经上海、杭州等地，回到广州。以此经历来看，他与同时代的士子并无太大的差别。

光绪二十四年底，流亡到日本的康有为在东京写自传《我史》（《康南海自编年谱》），宣称自己很早便受到了西学影响：光绪五年，他"薄游香港"，"乃始知西人治国有法度，不得以古旧之夷狄视之"，开始阅读《海国图志》《瀛环志略》等书，"购地球图，渐收西学之书"。光绪八年，他赴顺天府乡试，"道经上海之繁盛，益知西人治术之有本"，"大购西书以归讲求焉"；"自是大讲西学，始尽释故见"。光绪九年，他"购《万国公报》，大攻西学书"。光绪十年，他"兼为算学，涉猎西学书"。光绪十一年，"得西医书读之，以信西学之故，创试西药，如方为之"。光绪十二年，他"令张延秋（鼎华）编修告之"两广总督张之洞："中国西书太少，傅兰雅所译西书，皆兵、医不切之学。其政书甚要，西学甚多新理，皆中国所无，宜开局译之，为最要事"。张之洞听从此策，托康与文廷式"任其事"。光绪十三年，他"作《内外篇》，兼涉西学"。光绪二十二年，他"自丙戌年（光绪十二年）编《日本变政记》，披罗事迹，至今十年。至是年所得日本书甚多，乃令长女同薇译之，稿乃具。又撰《日本书目志》"。[1]康有为写作《我史》时，为其人生的低谷，有着许多

---

[1]《丛刊·戊戌变法》，第4册，第115—119、136页。

自我张扬，不可全信之。[1]以上的言论，即多有不实之处。如光绪九年购买《万国公报》，此年恰恰是林乐知（Young John Allen, 1836—1907）因办学事务繁忙而停办《万国公报》，直至光绪十五年由广学会复刊。[2]又如光绪十二年张之洞托康有为、文廷式开局译西政之书，从现存张之洞、文廷式、康有为的文献来看，无其事。再如康称光绪十年开始编《日本变政记》及搜集日本书诸事，更是需要打个大的折扣。[3]然而，在此张扬言词之下，康已经接触到"西学"，仍是不争的事实。[4]从现存的资料来看，他的"西学"知识来源于上海江南制造局翻译馆、来华传教士和京师同文馆所译之西书，主要是"声光化电"之类的著作，涉及西方近代政治、经济、社会诸学说者仍是相当有限。[5]广学会所办《万国

[1] 参见拙著：《从甲午到戊戌：康有为〈我史〉鉴注》，第14—25页。
[2] 林乐知（Y. J. Allen）于1868年创办《教会新报》（周刊），1874年改为《万国公报》（周刊），于1883年停刊。1889年（光绪十五年），《万国公报》由广学会接手复办，编辑者增加了李提摩太等人。从后来康与李提摩太的关系来看，他应受广学会接办后的《万国公报》影响比较大。此处亦有可能是康"倒填日期"之一例。
[3] 光绪二十四年（1898），康有为进呈《日本变政考》，其"译纂《日本变政考》成书折"称："臣二十年讲求万国政俗之故，三年来译集日本变政之宜。"（《康有为变法奏章辑考》，第186页）康在《日本变政考》第二次进呈本《序言》中称："乙未和议成，大搜日本群书，臣女同薇，粗通东文，译而集成，阅今三年……"（《康有为日本变政考》，紫禁城出版社影印本，卷一，第4页）康两次都说明此书编写于光绪二十一年之后，用时"三年"。关于《日本书目志》的编写，后文将详述。
[4] 光绪十七年（1891），康有为与朱一新论争，谈其接触西学的时间与资料来源："以仆言之，少受朱子，学于先师九江先生，姁姁笃谨。然受质颇熟，受情多爱，久居乡曲，日日睹亲族之困，饥寒无以为衣食，心焉哀之；又性好史学，尤好《通考》《经世文编》之言制度，颇慕王景略、张太岳之为人，偲偲日足。然伏处里间，未知有西学也。及北试京兆，道出香港、上海、天津，入京师，见彼族宫室、桥梁、道路之整，巡役、狱囚之肃，舟车、器艺之精，而我首善之区，一切乃与相反，□然惊，归乃购制造局所译之书读之，乃始知西人之政教风俗，而得无根本节目之由。昔与延秋、星海未尝不极论之。及在都，与伯熙、仲弢、子培诸公皆昌言焉，且以告屠梅君侍御，屠君嘱开书目而购之，并代上《请开铁路》一折。"（《答朱蓉生书》，《康有为遗稿·戊戌变法前后》，第229页）"九江"，朱次琦。"延秋"，张鼎华。"星海"，梁鼎芬。"伯熙"，盛昱。"仲弢"，黄绍箕。"子培"，沈曾植。"而得无"似为"安得无"之意。此信早于《我史》七年，明确说明他接触西学时间是"北试京兆"，所获书籍是"制造局所译之书"。又，康于光绪八年、十四年两次入京参加顺天府乡试。
[5] 参见王扬宗：《江南制造局翻译书目新考》，《中国科技史料》1995年第2期；乔亚铭、肖小勃：《江南制造局翻译馆译书考略》，《图书馆学刊》2015年第7期；王宏凯：《京师同文馆译书史略》，《首都博物馆丛刊》，1994年。江南制造局译书涉及（转下页）

公报》，对康的影响亦大。[1]

早期著述的检视

前已叙明，康有为的个人著述大约起始于光绪十一年（1885），由此至光绪十五年，可谓康早期著述阶段。现存的主要著作有《教学通义》《民功篇》《康子内外篇》《实理公法全书》等，可一一检视之。[2]

《教学通义》《民功篇》两书，没有涉及西学的内容。[3]

《康子内外篇》现存本不分内外，没有可以被今人认作"西学"的内

（接上页）政治学等领域者，以光绪二十四年（1898）及以后为多。关于这一时期的西学知识及其传播，参见熊月之：《西学东渐与晚清社会》（上海人民出版社，1994年）第8—15章。

[1] 相关的研究，可参阅梁元生：《林乐知在华事业与〈万国公报〉》，香港中文大学出版社，1978年，第99—113、136—143页；李天纲：《简论林乐知与〈万国公报〉》，《史林》（上海）1996年第3期；朱维铮：《康有为在十九世纪》，《求索真文明：晚清学术史论》，第180页。

[2] 《教学通义》《民功篇》《康子内外篇》《实理公法全书》四书的内容，我在本书上编第二节皆有论述，此处重点查其西学内容，文字从简。

[3] 《教学通义》涉及日本与新加坡者为两条："且《春秋》之显孔子之功，非徒施于中国，又莫大于日本焉……于是在宋时源赖氏以大将军霸天下，镰仓氏继之、足利氏继之，德川氏继之，凡所为封建、兵刑、用人、行政皆自将军出，历六百七十六年，其天皇守府，而卒不敢易名号、废其君。今王睦仁卒得起而废之。人士咸有《春秋》之学，莫不助王，而睦仁复其故统，盖所谓《春秋》之力、孔子之道，至是而极大矣。""曾侯（曾纪泽）日记称到声架坡（新加坡），理事官（领事官）粤人胡璇泽来见，胡不解官话，乃相与操英语问答。夫以中朝大使，而中土语言不能相语，致借英言以为交质，此可叹息者也。今闽、广、江、浙人交臂于外国，虑其皆不相通，而咸借夷言以通语也，其辱国甚矣。"（《康有为遗稿·戊戌变法前后》，第101、126—127页）前者称明治天皇能够恢复王权，是《春秋》经的效用；后者以海外华人不通官话为耻。《民功篇》涉及"西器""西史"者共三条："如欧洲德、法合三十六国而为帝，意又合二十五国而为帝，日斯巴尼亚（西班牙）又合十四国而为帝，印度合二百四十多国而奉英为皇。""闻英人遏徒烈克以印度壤地广莫，深林密菁，多毒蛇猛虎，行旅阻塞，岁毙六万人，而野兽山禽之伤人者不可数，请申驱兽之赏，独用先圣之政。""圣舜浚川，高哉厥识。若使合修堤之费而浚川，财至足也；合被灾之人而谋浚，才至足也；购机器以取泥，法至巧也；救生民于垫溺，德至厚也；而仁人未闻留意，则经义之不足明也。"（《万木草堂遗稿外编》上册，第80、89、93页）前两条皆以西方历史、印度现状来证明黄帝、尧的功绩。后一条歌颂舜浚通河川的功绩，其中"购机器以取泥"，从康有为日记来看，有可能指西方机器。

容。前引康《我史》称该书"兼涉西学",若是如此,"西学"将是无比宽泛的概念,引人注目的内容有康的"地顶说",并言及亚洲、欧洲、地中海区域甚至中南美洲的地理。[1]

《实理公法全书》被视为"西学"精神光芒放射的著作。该书讨论并"制定"了多重关系的"公法"与"比例",分为"总论人类门""夫妇门""父母子女门""师弟门""君臣门""长幼门""朋友门""礼仪门""刑罚门""教事门""治事门"。康有为在"君臣门""治事门"中制定的"公法",尤其让人振奋,规定了"议院""民主"(民选的统治者,即"总统"之意,与君主相对立)和官员"公举"。然而,究其"实理",并非来源于西方近代政治、经济与社会诸学说,而是出自于"几何公理":

> 凡一门制度,必取其出自几何公理及最有益于人道者为公法,其余则皆作比例,然亦分别比例之次第焉。
>
> 有虚实之实。如出自几何公理之法,则其理较实;出自人立之法,则其理较虚。又几何公理所出之法,称为必然之实,亦称为永远之实。人立之法,称为两可之实。
>
> 有几何公理之公。一、二、四、八、十六、三十二是也,所谓一定之法也。从几何公理所推出一定之法,乃公法之一端,盖几何公理所出之法甚少,不足于用,此所以不能无人立之法。有时转推人立之法为公法,而抑几何公理所出之法为比例,此则或因救时起见,总期有益人道也。

由此,康有为将"几何公理"作为"实理",凡出自"几何公理"者,作

---

[1] 若以极其宽泛的概念为标准,《康子内外篇》亦"涉及西学":谈到了显微镜、望远镜、地圆说;谈到了传教士伟烈亚力和希腊数学家欧几里得、亚奇默德(阿基米德);也谈到了"中国之圣人以义率仁,外国之圣人以仁率义";又在《性学篇》中否认基督教与伊斯兰教的作用,强调中国孔教和印度佛教的地位:"圣人之教,顺人之情,阳教也;佛氏之教,逆人之情,阴教也。故曰:理惟有阴阳而已。"关于此书的写作与完成时间,以及"地顶说"的内容,可参见本书下编第五章第二节《康子内外篇》中的说法:'地势说'"。

为"公法",是最高层级,称为"最精";他又将不合乎"几何公理"而出自"人立之法"者,作为"比例",称之"无益人道",甚至称为"灭绝人道"。康由此再作证明:

> 人有自主之权。按:此为几何公理所出之法,与人各分原质以为人,及各具一魂之实理全合,最有益于人道。
> 以平等之意,用人立之法。按:人类平等是几何公理。但人立之法,万不能用,惟以平等之意,用之可矣。
> 公法:立一议院以行政,并民主亦不立。按:君臣一伦,亦全从人立之法而出,有人立之法,然后有君臣。今此法权归于众,所谓以平等之意用人立之法者也,最有益于人道矣。
> 比例:君主威权无限。按:此更大背几何公理。[1]

"议院""民主"(即总统)和官员"公举",一般被视为西方政治、经济诸学说的范畴;然康有为却从"几何公理"中推导而出,恰恰说明康对西方近代政治、经济诸学说的无知。康将民主政治与"几何公理"捆绑在一起,是他的误读,也是他的创造。这也是我要界定"西学"概念的主要原因。而"公法"一词,又是康对丁韪良(William A. P. Martin, 1827—1916, 美国传教士)所译《万国公法》之误读(后将述及)。从早期思想史的历程来看,在中世纪以来的欧洲大学,数学一直是研习的主要内容;而17世纪西方思想家中亦有多人思考数学、几何学与人类社会法则和思想体系的关系,其中最为著名的有英国的霍布斯(Thomas Hobbes, 1588—1679)和法国的笛卡尔(Rene Descartes, 1596—1650)。而师事康有为的谭嗣同,正热衷于"以太说";梁启超不仅吸收了康有为"几何公理"与"公法"的概念,并有所创造发挥(后将详述),还有独特的"热力说"。

康有为这一时期(光绪十一年至十五年,早期)的其他著述中,西学资料也是比较少的。他在《论时务》中提到在省和县设置议院,但其

---

[1] 《实理公法全书》,《中国文化研究集刊》,第1辑,第326—329、336页。又,"立一议院以行政,并民主亦不立"一句,意即只设议院而不设总统("民主")。

思想资料却来自于中国的传统经典。他在致曾纪泽信中,询问英国政治制度,提出了30个问题,并称:"生平所念西书,无言及此者。"[1]他这个时期的日记,提到了英国的议会与德国的学校,但在认识上仍有着许多隔膜之处。[2]他又留有各种笔记46篇,大约写于此时或更后的时间,看不出他对西学有较为深入的了解,许多地方仍以中学知识来解释西学观念。[3]

---

[1] 参见本书上编第二节之"《上清帝第一书》与《论时务》"。
[2] 现存康有为光绪十二至十六年(1886—1890)部分日记,《康有为全集》编者将之分录于《我史》之中。其中涉及日本与西方的记录为:光绪十二年,康从《广报》得知:"天津运使买挖泥机器船二只,为浚黄河用",并记日本舰船及清朝购船炮。光绪十三年,康对英国议会有简单评论,并称:"列国并峙,是以有争。若合于一,何争之有?各私其国,是以有争。若废其君,何争之有?今天下君有三,若民主之国,诚无利于为君矣。诚令法、美二伯理玺天德相约,尽废天下之君,合地球为一国,设一公议院,议政事之得失。列国之君充议院人员。其有不从者,地球诸国共攻之。斯真以天下为一家,中国为一人,兵军永息,太平可睹矣。美民主可不务哉!非是举,虽华盛顿之功德,不足称矣。"这是康早期"大同"思想的展露。康还谈到"以平等为教,以智为学",与《实理公法全书》有相似之处。光绪十四年,康谈到"□国"学校,比较详细,很可能他读到花之安(Ernst Faber 1839—1899,德国传教士)著《德国学校论略》,后将述及。(姜义华、张荣华编校:《康有为全集》,第5集,第66、69、71、75—76页)
[3]《笔记》,姜义华、张荣华编校:《康有为全集》,第1集,第193—219页。《万木草堂遗稿》油印本编者署:"皆戊戌前作"。姜义华、张荣华称:"经复核,这些笔记多以按语形式录入1898年春刊刻的《日本书目志》一书,但收入时内容已有增删,当系康氏阅读日译西书目时陆续写下的笔记";又将写作时间定为"1888年前后"。其篇名为:"农学、农业化学、农业肥料、农具、稻米、果树、圃业、烟草、林木、害虫、农历、课农、畜牧、渔产、商业、银行、贸易、物价、簿记、交通、度量衡、工学、土木学、机器学、电气学、建筑学、匠学、手工业、染色、酿造、测量、牧民、忠信、逆流、勤礼、器物、节制、康熙上谕、君民平等、官制科举、币制、司马法、文章、性理、修词、词赋。"前32篇似为读日本书目的笔记,其中亦有以中学来理解西学者。如"农业化学",康称言:"吾读日本所译《土壤篇》,以其暗与《管子》合也。泰西合数十国益精详矣。又加以改良之书,则吾《周礼》'骍刚用牛、赤□用羊'之法也。用天之力,补人之力。夫愚者全乎天,智者全乎人,圣者兼天人而用之,以裁成辅相焉,改良是也。凡人治之道,靡有舍改良者哉!"而"忠信""逆流""勤礼""器物""节制""康熙上谕""君民平等""官制科举""币制""司马法"10篇,与《论时务》相同。最后的"文章""性理""修词""词赋"4篇,完全是中学的内容。这些笔记的写作时间,我以为,大约在光绪十四年至二十三年(1888—1897)之间。又,康所引《周礼》,见《地官·草人》:"凡粪种,骍刚用牛,赤缇用羊……"原文的"□",为"缇"。康此处引用古文经。

《日本书目志》按语

光绪十五年（1889）底，康有为参加顺天府乡试后回到广州。次年，陈千秋、梁启超、徐勤来学。光绪十七年起，康在广州正式讲学，万木草堂渐成规模。由此至光绪二十四年，是康有为思想的成熟期。在众弟子的帮助下，康在这一时期先后完成《新学伪经考》（刊刻于光绪十七年）和《孔子改制考》《春秋董氏学》《日本书目志》（以上三部书刊刻于光绪二十四年）等著作。

《新学伪经考》《孔子改制考》《春秋董氏学》的主旨是：一、现存的古文经皆是刘歆伪造的，以能为王莽新朝服务；二、现存的今文经皆是孔子本人亲作，孔子通过其思想的传播，以能改造中国的政治制度和思想体系。由此形成的"新学伪经说""孔子改制说"和初步揭示的"大同三世说"，其基本内容都是中国传统的经史之学。这些学说（"康学"）的创立，康自然有其政治目的，我以为是"创制立教"。[1]

《日本书目志》的情况非常特殊。现有的研究已经证明，该书是康有为及其弟子抄录日本刊印的《东京书籍出版营业者组合员书籍总目录》而成，并有所删节；康有为作《自序》《农工商总序》，并作按语108条。[2] 我有充分的理由相信，该书目中的绝大多数著作，康并没有

---

[1] 相关的叙述与分析，参见本书上编第三节"康有为、梁启超戊戌前的学术思想与政治思想"、本书下编第三章"戊戌时期康有为'大同三世说'思想的再确认"。
[2] 可参阅王宝平：《康有为〈日本书目志〉资料来源考》，《文献》（北京）2013年第5期；沈国威：《近代中日词汇交流研究：汉字新词的创制、容受与共享》，中华书局，2010年，第248—271页。又，康有为作按语的学科为：生理学、解剖学、卫生学、医学、生理门总论、理科学、理化学、化学、分析书、历书、气象学、地质学、矿学、地震学、博物学、生物学、人类学、动物学、植物学、哲学、心理学、伦理学、佛书、宗教、地理学、地图、各国历史、日本历史、传记、年表、纪行、日本游览、丛书、政治学、政体、议院、岁计、政治杂书、行政学、警察、监狱、财政、社会学、风俗、经济学、统计学、专卖特许、宪法、刑法、农学、农政、土壤学、肥料、农具、稻作、果树、圃业、烟草、林木、害虫、农历、畜牧、蚕桑、茶业、渔产、工学、土木学、机器学、电气学、建筑、测量学、匠学、手工学、染色、酿造、商业、银行、贸易、交通、度量衡、相场（行情）、簿记、道德修身、言行录、礼法、教育、女学、幼学、报告书、汉文书、文学、谣曲、修辞演说、速记、语文文字总论、书画、音乐、演剧、体操、煎茶、美术总论、方技、小说、马政、航海、铳猎、兵书。这些学科的名称，很可能有助于康有为、梁启超对西方知识体系的了解。

看过。[1] 在《日本书目志自序》中，康以"大同三世说"为前导，在按语中，康又多以中学来讲西学，显示出对西学的误读与曲解。以下举四例，以说明之。

第一例：按语第 1 条"生理学"。《日本书目志》第一门为"生理门"，前三类为"生理学""生理学学校用""生理学通俗"，共开列书籍40 种。康有为对此称言：

> 《易》曰："天地之大德曰生。"《书》曰："往哉生生。"乾端坤倪，鸿灏屯蒙，呈露文明，皆赖人为。人之明智首出者，皆欲穷造化之故、万物之理，至于有生之自来，乃罔知之，舍近而图远，明人而昧己，岂不戾哉！凡学，有可通，有可不通。如生理之学，近取诸身，人皆有之，凡学者所宜，尽人明之。吾《素问》少发其源，泰西近畅其流，鳖杰儿氏、兰氏、歇儿蔓氏，大唱元风，兰氏阐析尤精矣。日本尽译其书，施之学校，行之通俗，源之造化，达之男女。由受形之器推其天命之精，盖为物理学之源，心灵学之本。由此以入于哲学，则"四通六辟，小大精粗，其运无乎不在矣"。若其学校通俗之书，训蒙问答教科，条理曲备，生理图及达儿敦氏生理书，卫生学尤精矣。老子曰："人之大患在吾有身。""既来之，则安之。"通其理，卫其生，盖人道之本、治学之始哉！[2]

---

[1] 参见本书下编第二章第二节"康有为最初接触与言及'进化'"。
[2] 《日本书目志》，《康南海先生遗著汇刊》，第 11 册，第 4—5 页。"天地之大德曰生"，见于《易·系辞下传》。这里的"生"，指化生万物，即天地的大德化生出万物，与生理学的概念恰好相反。"往哉生生"，见于《尚书·盘庚》："往哉生生，今予将试以汝迁，永建乃家。"这里的"生生"，有多种解释，大多解释为"营生"，与"生理学"之"生"字，无关联。"乾端坤倪，鸿灏屯蒙"中的"乾""坤""屯""蒙"，是《易》的前四卦名。"由受形之器推其天命之精"中的"形""器""天命"，是理学家们甚有兴趣、多有讨论的概念。《易·系辞上》称："见乃谓之象，形乃谓之器"；又称："形而上者谓之道，形而下者谓之器"。"四通六辟"一句，见于《庄子·天下篇》："古之人其备乎！配神明，醇天地，育万物，和天下，泽及百姓，明于本数，系于末度，六通四辟，小大精粗，其运无乎不在。""六通"解释为前后左右上下六方通达；"四辟"解释为春夏秋冬四时顺畅。这些似难与生理学联结得上。"人之大患"一句，见于《老子·道经》十三章："吾所以有大患者，为吾有身，及吾无身，吾有何患?."这里的"身"，一般作"私念"解。"既来之"一句，见于《论语·季氏》："故远人不服，则修文德以来之。（转下页）

我之所以选择这一条，不仅仅因为是第1条，而是康108条按语基本调门大体如此。他首以《易》"天地之大德"和《尚书》"往哉生生"为破题，点出《易》的前四卦，以解读生理学的"生"；继以《素问》作为生理学的"源"，西方的"鳖杰儿氏、兰氏、歇儿蔓氏"是"畅其流"；再以"形""器"推"天命"，以探"物理学""心灵学"之本源；转以《庄子》"四通六辟"为延伸，入于"哲学"的"无乎不在"；最后又以《老子》"吾所以有大患者"作结，以"即来之，则安之"的态度，来"通其理，卫其生"，而归之于"人道"与"治学"。这是"掉书袋"式的按语，用中国的经典来理解乃至曲解了"生理学"的概念。

第二例：按语第34条"国家政治学"。《日本书目志》政治门第一类为"国家政治学"，开列书籍26种，其中有高田早苗、有贺长雄、波多野传三郎、荒井泰治的著作，也有石原健三的译著（与木下新三郎合作）。这些作者或译者都是日本明治时期比较有地位的政治学家或政治家，其著作大体说明了西方政治学说传入日本的情况以及日本对此的理解。康有为对此写了很长的按语。为了叙述之便，我将之分成三段。康按语的第一段为：

> 政治之学最美者，莫如吾《六经》也。尝考泰西所以强者，皆暗合吾经义者也。泰西自强之本，在教民、养民、保民、通民气、同民乐，此《春秋》重人"、《孟子》所谓"与民同欲，乐民乐，忧民忧，保民而王"也。其教民也，举国人八岁必入学堂，皆学图算，读史书，无不识字之人，其他博物院、藏书库、中学、大学堂，此吾《礼记》家塾、党庠、乡校、国学之法也。其养民也，医院、恤贫院、养老院，以至鳏寡孤独皆有养，泰西皆无乞丐，法制详密，此《王制》《孟子》恤穷民之义也。其保民也，商人所在，皆有兵船保护之，商货有所失，则于敌国索之，则韩起买环，子产归之，且与商人有誓，诈虞之约是也。其通民气也，合一国之人于议院，吾《洪范》所谓"谋及庶人"、《孟子》所谓"国人皆曰贤"也。其同民

（接上页）既来之，则安之。"这里的"安"，前文称"不患寡而患不安"、"安无顷"，作"平安"解，似与生理学无关联。

乐也,国都十里,五里必有公家之囿,遍陈花木百戏,新埠亦必有一二焉,七日一息,则《孟子》所谓"囿与民同"、《易》所谓"七日来复,闭关商旅不行"是也。国君与臣民见皆立,免冠答礼,吾《礼记》则"天子当宁而立,诸侯北面而朝"、《公羊》所谓"天子见三公,下阶,见卿与席,大夫抚席"也。民皆为兵,是吾寓兵于农也。机器代工,是《易》之利用前民也。其有讼狱,必有陪审官,《王制》所谓"刑人于市,与众弃之"也。谋事必有三人,《春秋》所谓"族会"、《洪范》所谓"三人占则从二人言"也。众立为民主,《春秋》"卫人立晋,美得众",《孟子》所谓"得乎丘民为天子"也。故凡泰西之强,皆吾经义强之也,中国所以弱者,皆与经义相反者也。

康有为没有立即对26种图书进行评论,而首言其最终结论:中国传统的《六经》为"政治之学最美者"。康有为大量引用中国经典,说明西方在"自强之本"、教育、社会救助、通商保护、议会、公园、休息日、义务兵役制、机器制造、礼仪、陪审员、"谋事"、总统等等方面的思想与制度,皆是"暗合吾经义者",或者说"乃用吾经义之精"。康在此"大掉书袋",我对此写了一个很长的注释,来加以说明。[1] 若要从总体来说,

---

[1] 康有为此段按语,引用经典甚多,有些难以对应,我这里只能注其比较完整者。一、"《春秋》重人",见之于董仲舒《春秋繁露·俞序第十七》:"故子夏言:《春秋》重人,诸讥皆本此,或奢侈使人愤怨,或暴虐贼害人,终皆祸其身。'"此处"重人"指的是对人的评价,并通过此类评价来说明儒学的精义。二、"与民同欲,乐民乐,忧民忧,保民而王",分见于《孟子·梁惠王上下》,前文中的叙说中已注明,其中的语辞又见于朱熹的《集注》。三、"《礼记》家塾、党庠、乡校、国学之法",见于《礼记·学记》"古之教者,家有塾,党有庠,术有序,国有学"。康以此说明中国古代亦有与西方相类似的教育制度。然《礼记·学记》继续说明:"比年入学,中年考校。一年视离经辨志,三年视敬业乐群,五年视博习亲师,七年视论学取友,谓之小成。九年知类通达,强立而不反,谓之大成。"这与"八岁必入学堂""博物院、藏书库、中学、大学堂"有着很大的区别。四、"《王制》《孟子》恤穷民之义",见于《礼记·王制》"少而无父者谓之孤,老而无子者谓之独,老而无妻者谓之矜,老而无夫者谓之寡。此四者,天民之穷而无告者也,皆有常饩。喑、聋、跛、躄、断者、侏儒、百工各以其器食之"。又见于《孟子·梁惠王》"老吾老,以及人之老;幼吾幼,以及人之幼。天下可运于掌"。这些思想与《礼记·礼运篇》中的"大同"思想是相通的,即"故人不独亲其亲,不独子其子,使老有所终,壮有所用,幼有所长,矜寡孤独废疾者,皆有所养;男有分,女有归;货恶其弃于地也,不必藏于己;力恶其不出于身也,不必为己"。(转下页)

（接上页）然康有为称泰西"鳏寡孤独皆有养"，"皆无乞丐，法制详密"，是错误的知识；同样，《王制》《孟子》《礼运篇》所言也只是设想，而不是历史事实。五、"韩起买环，子产归之，且与商人有誓，诈虞之约"，出自《左传》昭公十六年。晋国的韩起有一副玉环，其中一个在郑国商人手中，韩起到郑国聘问，向郑伯请求，被子产拒之。韩起强买于郑国商人，子产对韩起说："昔我先君桓公与商人皆出自周，庸次比耦，以艾杀此地，斩之蓬、蒿、藜、藿，而共处之；世有盟誓，以相信也，曰：'尔无我叛，我无强贾，毋或匄夺。尔有利市宝贿，我勿与知。'恃此质誓，故能相保，以至于今。今吾子以好来辱，而谓敝邑强夺商人，是教敝邑背盟誓也，毋乃不可乎！吾子得玉，而失诸侯，必不为也。若大国令，而共无艺，郑鄙邑也，亦弗为也。侨若献玉，不知所成，敢私布之。"韩起由此辞玉。这一故事虽用了"盟誓"之词，但通篇讲的是儒学的义理，与西方各国保护通商的理念是有差别的，且《左传》又是古文经。六、"吾《洪范》所谓'谋及庶人'、《孟子》所谓'国人皆曰贤'"两条，前已说明。七、"《孟子》所谓'囿与民同'、《易》所谓'七日来复'，'闭关商旅不行'"两条，前条即《孟子》"囿与民同"，前文中的叙说中已说明；后一条出自《易·复卦》"反复其道，七日来复"；"象曰：……反复其道，七日来复，天行也。""象曰：雷在地中，复；先王以至日闭关，商旅不行，后不省方。"由此来看，康有为将"七日来复"与西方的"七日一息"相对应，是牵强附会，且也不理解西方基督教义中七日一周的含义。梁启超亦将此列入《湖南时务学堂学约》第八条"摄生"，称言："……西人学堂咸有安息日，得其意矣。'七日来复'，'先王以至日闭关，商旅不行'，古意之见于经者。殆中西同俗也。""汨罗乡人"对此驳斥之：《易·复卦》象曰：'七日来复'，文王系传也；象曰：'先王以至日闭关，商旅不行'，周公系传也。二者各自为经，不相联贯……若以二千年以来之注家为不可据，则请直读经文。夫经文固未尝言'先干至七日安息'云云也。"（《翼教丛编》，上海书店出版社，第139页）八、"《礼记》则'天子当宸而立，诸侯北面而朝'，《公羊》所谓'天子见三公下阶见，卿与席，大夫抚席'"两句，前者见于《礼记·曲礼》"天子当依而立，诸侯北面而见天子曰觐。天子当宁而立，诸公东面、诸侯西面曰朝"。后者见于《公羊传》宣公六年"灵公望见赵盾，诉而再拜"。何休注云："……礼，天子为三公下阶，卿前席，大夫与席，士式几。"从这两条来看，康有为欲证明中国传统中有与西方相同的礼仪，颇动心思找证据，但西方的礼仪与儒家所讲的礼仪，有着根本性的区别。九、"《王制》所谓'刑人于市，与众弃之'"，前文中的叙说已说明。十、"《易》之利用前民"，康有为此处文字过简，其在《上清帝第四书》中说得比较清楚：《易》称：开物成务，利用前民，作成器以为天下之利。"此见于《易·系辞》："子曰：夫《易》何为者？夫《易》开物成务，冒天下之道，如斯而已者也……是以明于天之道，而察于民之故，是兴神物以前民用……备物致用，立成器以为天下利，莫大乎圣人……"康有为将圣人"兴神物""立成器"与西方的"机器代工"相比对，是不合适的。十一、"《春秋》所谓'族会'、《洪范》所谓'三人占则从二人言'"，前一条"族会"我尚不明其意，后一条前文中的叙说已说明，然何休《春秋公羊传解诂》桓公二年载："三人议，则从二人之言。"然康有为称西方"谋事必有三人"，也是一种很奇特的见解。十二、"《春秋》'卫人立晋，美得众'，《孟子》所谓'得乎丘民，为天子'"两条，前条《春秋》隐公四年记："戊申，卫州吁弑其君完。""九月，卫人杀州吁于濮。""冬，十有二月，卫人立晋。"《公羊传》对此多有解释，并称晋是卫大夫石碏所立。董仲舒《春秋繁露·王道第六》对此（转下页）

康有为引经据典有所牵强、有所附会，而这种牵强与附会，恰恰反过来说明康对西方文艺复兴以来人文精神的变化缺乏基本了解，对西方各国政治思想与制度缺乏基本了解。康没有介绍西学与西政，也没有说明西学与西政的相互关系，反而提出国家"强弱"与中国传统"经义"的逻辑关系："凡泰西之强，皆吾经义强之也，中国所以弱者，皆与经义相反者也。"

康按语的第二段为：

> 《康诰》保民如赤子，而吾吏治但闻催科书；"率作兴事"，而吾吏道惟省事卧治；《孟子》"尊贤使能，俊杰在位"，而吾尊资使格，耆老在位，以崔亮停年之格，孙丕扬抽签之制为金科玉律也。《礼》"大夫七十而致仕"，而今非七八十龙钟昏聩犹不服官政也。《中庸》称重禄劝士，《孟子》称"君十卿禄"，而吾大学士俸二百金，不及十日之费，仅比上农，知县养廉仅千，不及一幕友之修也。《大学》称"与国人交"，而吾君与臣隔绝，官与民隔绝也。《礼》称"司空以时平治道路"，而吾茀秽不治也。《王制》选俊秀、论材能而后授官，而吾鬻官也。故中国所以弱者，皆悖经义而致弱者也。吾中国法古经之治足矣，本非取于泰西，所以可取者，参考其书，以著其治强之故，正以明吾经义之可行。

康有为再次引经据典，一一批评时政。我再作一长注，以说明康论说时的思想依据。[1]从康的叙述中，可以看出其根本观念——国家治理的成

（接上页）亦作赞词："卫人杀州吁，齐人杀无知，明君臣之意，守国之正也。卫人立晋，美得众也。"后条见于《孟子·尽心下》"民为贵，社稷次之，君为轻。是故，得乎丘民而为天子；得乎天子为诸侯；得乎诸侯为大夫"。两条所言都是儒家的政治理念，与西方"众立为民主"是有差异的。此处的"众立为民主"，应指民选的总统。

[1] 康有为完全用中国的经典来批评时政，我这里只是说明其出处。其意皆比较明朗，不再解释。一、"保民如赤子"，见于《尚书·康诰》："……若保赤子，惟民其康乂。非汝封刑人杀人……"二、"率作兴事"，见于《尚书·皋陶谟》（古文经作《益稷》）："皋陶拜手稽首飏言曰：念哉！率作兴事，慎乃宪，钦哉！屡省乃成，钦哉！"三、"尊贤使能，俊杰在位"，见于《孟子·公孙丑上》："尊贤使能，俊杰在位，则天下之士皆悦，而愿立于其朝矣。"四、"大夫七十而致仕"，见于《礼记·曲礼》："大夫七十而（转下页）

败,其标准不是实际成效好坏,而在于是否合乎经义。康没有列举清朝合乎经义的事件或制度而取得的成就,只是列举清朝未遵守经义、或违背经义的事件或制度而遭受的挫败,在"中国所以弱者,皆悖经义而致弱"的分析基础上,康提出"中学"与"西学"的"功用":"吾中国法古经之治足矣,本非取于泰西",即中国的政治之学只须效法古代的经典就足够了,根本无须取法于西方,如果有所采用、有所参考,正可以用西方的强盛来证明中国"经义之可行"!根据这一逻辑,《日本书目志》中所介绍的26种"国家政治学"著作,其功能只是陪衬说明《六经》之"最美"。

康按语的第三段为:

> 近人习于国故而忘经义久矣,反以近时掌故自尊为中国之学,而诃斥外人。岂知吾之掌故,历秦、元诸霸朝,已非中国先圣经义之旧,而礼失求野,外国乃用吾经义之精。孔子之为《春秋》也,夷而进于中国则中国之。楚庄救郑则中国之,不予荀林父敌,夷狄而进于中国也。晋伐鲜虞,卫伐凡伯,杞用夷礼,则戎狄之,中国而退为夷狄也。《春秋》之义,"惟德是亲",日本未足以语是,然译泰西之书而能保养其民以自强,其政治亦可借鉴矣。吾有《日本改制考》一书,庶以为鉴而自正焉。[1]

(接上页)致仕,若不得谢,则必赐于几杖……"五、"重禄劝士",见于《礼记·中庸》:"……忠信重禄,所以劝士也"。六、"君十卿禄",见于《礼记·王制》,称公侯、次国、小国皆"君十卿禄";又见于《孟子·万章下》,称根据周朝制度,大国、次国、小国皆"君十卿禄"。七、《大学》称'与国人交',前节叙说中已说明。八、《礼》称司空以时平治道路"一句,见于《左传》襄公三十一年,子产对士匄所言:"……司空以时平易道路……"《左传》是古文经。又,《礼记·月令》季春之月记:"是月也,命司空曰:时雨将降,下水上腾,循行国邑,周视原野,修利堤防,道达沟渎,开通道路,毋有障塞。"《礼记·王制》谈到了司空的职责"度地居民""兴事任力"。九、《王制》选俊秀、论材能而后授官"一句,《礼记·王制》记此甚详:"命乡论秀士,升之司徒,曰选士。司徒论选士之秀者而升之学,曰俊士……司马辨论官材,论进士之贤者,以告于王而定其论。论定然后官之……"其中第四、六条似属断章取义;第五、六条没有考虑清朝的经济基础与财政收入,第八条是误记。还须说明的是,《礼记·王制》《孟子》等经典,所说的都是作者的思想,即所谓"经义",并非真实的历史存在。

[1] 《日本书目志》,《康南海先生遗著汇刊》,第11册,第181—183页。

康引用韩愈《原道》中的话，"诸侯用夷人则夷之，进于中国则中国之"，以楚庄王救郑、楚庄王不与荀林父继续交战之例，说明楚国已由夷狄进入中国；[1]又以晋伐鲜虞、卫伐凡伯、杞用夷礼为例，说明晋、卫、杞国的行径使之从中国退为夷狄。[2]康以"中国""夷狄"可以互为"进""退"，来说明"礼失求野"的合法性。最有意思的是康有为的总结——《春秋》之义，'惟德是亲'"典出于董仲舒的《春秋繁露·观德第三十三》，说的是"德"高于"亲"，即"其皆先其亲"。"亲"指同姓、"周之子孙"。然后是"德等也，则先亲亲"，再后是"亲等，从近者始"。康有为批评日本尚未充分理解《春秋》之义"惟德是亲"的道理，即"未足以语是"；但能够译西方各国之书，"保养其民以自强"，政治上还是可以"借鉴"的。我不知道这些日本书的作者和译者，如高田早苗、有贺长雄、石原健三等人看到康有为的这段话又会作何思想？但康的按语却说明，他没有读过这26种书，没有介绍这26种书的基本思想，也不了解此时正在急速转变中的日本"国家政治学"。

第三例：按语第36条"议院"。《日本书目志》政治门第三类为"议院"，开列书籍40种（包括"外国议院"）。康有为对此称言：

《尧典》曰：辟四门，明四目，达四聪。《盘庚》：登进厥民，命众悉至于庭。《洪范》：谋及卿士，谋及庶人。《孟子》：左右皆曰贤，诸大夫皆曰贤，未可也；国人皆曰贤，然后用之。左右皆曰可杀，诸大夫皆曰可杀，勿听；国人皆曰可杀，然后杀之。黄帝曰"合宫"，尧曰"总章"，三代曰"明堂"，中国古固有议院哉！通天下之气，会天下之心，合天下之才，政未有善于议院者也。泰西之强基此矣，日本又用之而强矣。观《国会纪原》《国会始末》《国民大会议》，可见日本变法开议院之始末矣。若其规法章程，参之泰西各国，各国议院章于是乎尽译矣。[3]

---

[1] 经义可参阅《春秋公羊传》宣公十二年，董仲舒《春秋繁露·竹林第三》。
[2] 经义可参阅《春秋公羊传》昭公十二年何休《解诂》；《春秋公羊传》隐公七年及何休《解诂》；《春秋穀梁传》隐公七年；《春秋左传》僖公二十七年。
[3] 《日本书目志》，《康南海先生遗著汇刊》，第11册，第187—188页。

我之所以选择这一条，主要原因是，戊戌变法研究的重要命题是康有为的议会思想。从以上引文可以看出，康的议会思想并非来自于西方的学说，而是得自于中国的经典——《尚书》中的《尧典》《盘庚》《洪范》和《孟子·梁惠王》。这是典型的"大同三世说"的说法，与康、梁此期言及议会的多种著述，是完全一致的。我在前文中的叙说已说明。[1] 康称"黄帝曰'合宫'，尧曰'总章'，三代曰'明堂'"一句，很可能出自《尸子》之散佚之文："黄帝曰合宫，有虞氏曰总章，殷人曰阳馆，周人曰明堂，此皆所以名休其善也。""欲观黄帝之行于合宫，观尧、舜之行于总章。"中国传统文献中出现的"合宫""总章""明堂"，皆被康武断地指认为"中国古固有议院"。[2] 而议会的功能，被康解释为"通天下之气，会天下之心，合天下之才"，这与西方议会制度的基本精神是不合拍的。康称"泰西之强基此矣"一句，颇有西方的议会"基"于中国经典（"此"）之意。康又称"若其规法章程，参之泰西各国，各国议院章于是乎尽译矣"，意为：日本的议会法规参考了西方各国，相当于西方各国议会法规都翻译了；可见康不知道日本、西方各国议会"规法章程"之间的巨大差异。我不知道康是否读过《日本书目志》该类开列的40种书，但从他的按语来看，很可能绝大多数都没有看过，只是望着书名在发议论。如果他真读过这些著作，就不会完全用中国经典来说日本和西方的议院。

还须思考的是，为什么康有为会有这么大的误解？英国的议会最初被徐继畬称之为"公会所"，下有"爵房"和"乡绅房"；后来又有"巴力门衙门"之译，巴力门是音译（parliament），衙门则与政府的职能相混了。最初将议会译成"议院"者，我尚未查清楚，很可能是传教士。从字面上来看，"议"是会议、提议、议论的意思，"院"则是一处房子。在西方政治学与政治史著作没有准确翻译传入中国之前，在"无代表不纳税""第三等级""契约关系""代议制""人民主权"等观念没有传入

---

[1] 参见本书上编第二节之《〈上清帝第一书〉与〈论时务〉》；上编第四节之"三条建策——求人才、慎左右、通下情"和下编第一章第一节《古议院考》及其思想资料的辨识"。

[2] 朱德雷：《尸子译注》，上海古籍出版社，2006年，第67页。《尸子》又另有《明堂》一篇，专讲"明王之求贤"。（同上书，第14—15页）而康有为在讲学与著述中，多次引用《尸子》。

中国之前,在英国内战、法国革命、美国独立的历史与精神没有传入中国之前,康有为望文生义,将"议院"当作讨论国事的房子,比作中国古代文献中的"合宫""总章""明堂",也是可以理解的——尽管今天的历史学家似无人可知"合宫""总章""明堂"的样式与功用,甚至可以怀疑其是否存在。

第四例:按语第49条"刑法"。《日本书目志》法律门第八类为"刑法",开列书籍21种。康有为对此称言:

> 刑罚世轻世重,孔子《春秋》立三世之法,"治乱世"与"治升平""太平之世"固异矣。夷族、车裂、炮烙,此太古虐刑也。肉刑,"据乱世"之刑也,汉文去之,隋文变之。今之杖、笞、流、徒,"升平"之刑也。"太平"则人人有士君子之行,刑措矣。其有不得已之罚,则象刑而已。泰西近去缳绞之刑,轻矣,犹未几于"太平"也。然其治狱洁,其听审众,不鞭挞以示威,以代理达愚民,犹犹乎多爱民之意矣。日人择而施用之,律有学,学有生,书有讲义、问答、难题,复吾汉世郭躬、陈宠之业,唐时律学博士、律学生之法,移吏幕之阴学而阳用之。道在一转移哉![1]

康有为先以"大同三世说"立意,说明"治乱世""升平世""太平世"刑罚之轻重;后称日本的司法教育,"复"汉代断狱名臣之"业","复"唐代律学之"法","移"清代刑名吏目、师爷的"阴学"而公开传授。他提到了西方的司法改革,如"去缳绞""不鞭挞",仍称之未达到"太平"的阶段。他提到了日本的仿效,如"律有学""书有讲义",但言辞中没有什么西学的味道,反而更像是在"择"中国的古代制度"而施用之"。

以上虽说是举例说明,但我可以肯定地说,《日本书目志》中康有为的其他按语,若涉及政治、经济、社会诸门类,其主旨与内容,亦大体如此。

---

[1]《日本书目志》,《康南海先生遗著汇刊》,第11册,第235页。郭躬(1—94)、陈宠(?—106),先后任东汉廷尉,尚断疑狱。唐代国子监有"六学":国子学、太学、四门学、律学、书学、算学,并设"律学博士"和"学生",但数量很少。

康有为的"体""用"说

最能反映康有为这一时期（光绪十六年至二十四年，成熟期）中、西学思想关系的，是他给广东大儒朱一新的信。

光绪十六年（1890）年底，朱一新读到《新学伪经考》书稿及康门弟子《日记》，进而劝诫康有为。两人之间展开了一场思想交锋，现存康有为信件五通、朱一新信件五通。[1] 其中光绪十七年夏末秋初，康有为致朱一新第四函，言及中、西学术，称言：

> 足下阅门人课部有谈西学者，遂谓仆欲嬗宋学而兴西学，且援观人于微之义，谓仆取释氏之权实互用，意谓**阳尊孔子，阴祖耶稣**耶？是何言欤！马舌牛头，何其相接之不伦也！不待自省，相去乖绝，虽正敬足下，此说实在不辨之例。然足下君子人也，求之今日，何可复得，且相交未久，未能相知，而世间或有其人耳。且辱足下之爱，不可不揭露一二，以晓足下，故复为书，不复拘文牵义，冒触而略吐其愚。窃以足下不独不知仆，且不知西人，并未尝精意穷经，于孔子之道之大，未能知之也。
>
> ……诚如足下所谓六经之道，日用所共由，如火不可缺。仆即欲叛而逃之，则行遍地球，亦如足下所谓未闻者，有所谓新奇者，如足下谓彼族无伦理，而自有义理，以为其制度，此则真所谓新奇。然西人无之，地球内无之，不知足下何所指也。考之西俗既如此，则谓仆为变义理，仆将以何变之哉？若将从其教，则彼《新约》《旧约》之浅鄙诞妄，去佛尚远，何况六经之精微深博乎？其最大义，为矫诬上天，以布命于下，亦我六经之余说，非有异论也。即使仆能悖谬，其如仆颇能穷理何？故知西人学艺，与其教绝不相蒙也。以西人之学艺政制，以孔子之学，非徒绝不相碍，而且国势既强，教藉以昌也。（原注：彼国教自教，学艺政制自学艺政制，亦绝

---

[1] 相关的研究，参见吴仰湘：《朱一新、康有为辩论新学伪经考若干史实考——基于被人遗忘的康氏两札所作的研究》，《文史哲》2010年第1期。当时的交锋虽以私人信件的方式，但双方都抄送友朋，并抄底以备刊刻。

不相蒙，譬之金元入中，何损于孔子乎？）方今四海困穷，国势微弱，仆故采用其长，门人问者，亦以告之。后生读书无多，不得其根本节目，不大斥之，则大誉之。经屡批斥，或加勒帛，且颇禁读之。缘学者不知西学，则愚暗而不达时变；稍知西学，则尊奉太过，而化为西人。故仆以为**必有宋学义理之体，而讲西学政艺之用，然后收其用也**。故仆课门人，以身心义理为先，择其将成学，然后许其读西书也。然此为当时也，非仆今学也。[1]

以上我摘录的引文较长，以避免断章取义。前一段引文，朱一新怀疑康有为"欲嬗宋学而兴西学"，认为康"阳尊孔子，阴祖耶苏"；康用"马舌牛头"强烈之词来自辩，称朱不了解康，不了解"西人"，甚至不了解"孔子之道之大"。中间我未加引用的一长段话，康说明西学与中学并无根本之矛盾，且事势已有变化，西学亦有其用处。后一段引文，康先说明自己并无叛"六经"之可能性，称基督教不如佛教，更不如"六经"；康再说明"方今四海困穷，国势微弱"，他由此而"采用"西学"其长"——对门生持开放态度，问而"告之"，然其门生因学力不足而对西学"大斥"或"大誉"时，他加以"批斥""勒帛""禁读"。康由此表白其根本态度："必有宋学义理之体，而讲西学政艺之用，然后收其用也。"

这是康有为的"体""用"说——"宋体西用"，宋学（中学）与西学两者之间的主辅关系是非常明确的。这也是中国较早版本的"中体西用"，早于孙家鼐，更早于张之洞。[2]

---

[1] 《答朱蓉生书》，《康有为遗稿·戊戌变法前后》，第228—229、232页。"择其将成学"，《康有为全集》作"待其将成学"。黑体为引者所标。康此信又称："仆昔者以治国救民为志，今知其必不见用，而热力未能销沮，又不佞佛，以为木石，必有以置吾心，故杜门来，专以发明孔子之学，俾传之四洲，行之万世为事。"即他上书不成后，失意于政治，而有心于思想与学术。欲传孔子之学到世界，即"创制立教"之意。

[2] "中体西用"的思想，早有传播者，如冯桂芬等人，但没有比较明确的说法。光绪二十二年八月二十一日，管理官书局大臣孙家鼐上奏其大学堂计划，称办学宗旨为："中国五千年来，圣神相继，政教修明，决不能如日本之舍芸人，尽弃其学而学西法。今京师创立大学堂，自应以中学为主，西学为辅，中学为体，西学为用，中学为经，西学为纬；中学有未备者，以西学补之；中学有失传者，以西学还之。以中学包西学，（转下页）

三、康有为在万木草堂及桂林讲学内容的中、西学比例关系

上引康有为致朱一新的信称：康在万木草堂的教学，"以身心义理为先，待其将成学，然后许其读西书也"。康的这一说法是否属实呢？

现存康有为资料中，有康所著《长兴学记》，有康的门生万木草堂听课笔记4种，有康在桂林讲学时所著《桂学答问》，皆是其思想成熟期之作，由此可知康的教学内容。

《长兴学记》

《长兴学记》是康有为在万木草堂初期讲学内容的汇编，初刊于光绪十七年（1891）四月，正是他与朱一新思想交锋之际。据陈千秋《跋记》，此书是应众弟子的要求而作。该书的主要内容，康说道：

> 天下道术至众，以孔子为折衷；孔子言论至多，以《论语》为可尊；《论语》之义理至广，以"志于道，据于德，依于仁，游于艺"四言为至该。今举四言为纲，分注条目，以示入德焉。志于道：一曰格物，二曰厉节，三曰辨惑，四曰慎独。据于德：一曰主静出倪，二曰养心不动，三曰变化气质，四曰检摄威仪。依于仁：一曰敦行孝弟，二曰宗尚任恤，三曰广宣教惠，四曰同体饥溺。游于艺：一曰义理之学，二四经世之学，三曰考据之学，四

（接上页）不能以西学凌驾中学。此立学宗旨也。以后分科设教，及推广各省，均需抱定此意，千变万化，语不离宗。"（《京师大学堂档案选编》，第8—13页）孙家鼐的这一奏折，主要起草人是军机章京陈炽。光绪二十四年，张之洞刊行《劝学篇》，其在《内篇·循序第七》中称："今日学者必先通经，以明我中国先圣先师立教之旨，考史，以识我中国历代之治乱，九州之风土，涉猎子、集，以通我中国之学术文章；然后择西学之可以补吾阙者用之，西政之可以起吾疾者取之，斯有其益而无其害。"又在《外篇·设学第三》中称："四书、五经、中国史事、政书、地图为旧学，西政、西艺、西史为新学。旧学为体，西学为用。"（《张之洞全集》，第12册，第168、176页）张之洞的说法，与康有为有相近之处。

曰词章之学。[1]

除了以上"纲""目"的细解外,康还讲授了"六艺之学""科举之学""讲学""说经""读书""习礼""论文""日课""四耻"等内容。从以上"纲""目"及其他讲授题目来看,康致朱一新信中称其教学"以身心义理为先",使门生"必有宋学义理之体",并非虚词。[2]细读《长兴学记》,康在"讲学"(汉、宋学)一节中提到"今与二三子通汉、宋之故,而一归于孔子";在"说经"(古、今经)一节中显现"孔子改制说"与"新学伪经说",宣布"余有《孔子改制考》","余有《新学伪经考》";在"读书"一节中提到中国传统的经、史诸书;由此可见,"康学"的体系已经初步形成。康有为在《长兴学记》中没有论"西学",也没有谈"西书"。[3]

《万木草堂口说》等记录

康有为弟子黎祖健所录《万木草堂口说》,是光绪二十二年(1896)

---

[1] 为了"纲""目"清楚,此处我引用了梁启超在湖南时务学堂刊印的本子,见《翼教丛编》,上海书店版,第102—103页;该书光绪十七年刻本,各"条目"皆分述,见姜义华、吴根樑编校:《康有为全集》,第1集,第546—567页。

[2] 光绪二十二年,康有为在万木草堂讲学时称:"段金坛为巫山令,贪劣特甚;孙渊如为山东粮道,受贿三四十万。可知汉学家专务琐碎,不知道理,心术大坏,若从宋学入手断无此事。"(黎祖健录:《万木草堂口说》,见康有为著、楼宇烈整理:《长兴学记·桂学答问·万木草堂口说》,第283页)"段金坛",段玉裁。"孙渊如",孙星衍。康的说法未必属实,但可见其注重宋学义理之功用。

[3] 以上直接引文见姜义华、吴根樑编校:《康有为全集》,第1集,第563—565页。又,《长兴学记》虽未言西学、西书,然涉及西方的内容,有以下三条:"欲复古制,切于人事,便于经世,周人'六艺'之学最美矣。但'射''御'二者,于今无用,宜酌易之。今取人事至切经世通用者'一曰图,一曰枪'补之,庶足为国家之用,不消迂疏也。""数学举目皆是,至切用矣。测天、制器,尤不可少,近儒多通之。而学者苦其繁深,其实既解归除,即可学开方、八线、椭圆矣。近用代数、微积分,尤为径捷。阿尔热八达译本东来,不必叱为远夷异学也。""……本原既举,则历朝经世之学,自廿四史外,《通鉴》著治乱之统,《通考》详沿革之故,及夷国朝掌故、外夷政俗皆宜考焉。"(同上书,第557—558、563页)"阿尔热八达",即代数(algebra,源自阿拉伯语);"东来",指从阿拉伯传至欧洲。"外夷政俗"之内容,康此书未细称,可见于《桂学答问》(后将叙述)。

他在万木草堂的听课笔记，内容详尽，价值颇高。[1]此时，康有为在北京会试中式，《上清帝第三书》已达天听；归途过南京、上海，办强学会上海分会，结交张之洞等人；正是康学术力量大爆发之际。然黎祖健所录康讲演内容的目录为：

> 学术源流（一至七）、孔子改制（一至二）、洪范、易、礼制、礼、禘袷、禘尝、礼运、王制（一至二）、中庸（一至三）、诸子（一至三）、列子、孟荀、荀子（兼言孟子）、春秋繁露、汉书百官公卿表、史记儒林传、史记两汉儒林传、汉书艺文志、律历、乐、经策、文章源流、文学（并讲八股源流）、论文、骈文、赋学、讲王介甫百年无事劄子·苏子瞻代张方平谏用兵书、八股源流、袁稿、格物、励节、辨惑、据德、主静出倪·养心不动、变化气质·检摄威仪、孝弟·任恤·宜教·同体饥溺、汉晋六朝唐宋学派、宋元学派、明国朝学派、正蒙、通书。[2]

从以上的目录可见，康有为所授内容仍是中国传统的学术，其中部分内容与《长兴学记》相同，而无"西学"的专节专论。细读《万木草堂口说》，可以明显感受到，康讲授的题目虽然宽泛，但核心内容是"孔子改制说"与"新学伪经说"，并涉及"大同三世说"。康在讲学中亦谈到西方或印度等地，相当数量的部分是他此时比较热衷的"地顶说""洪水说"，以此来解说世界各国的早期历史；[3]另有一些关于西方的言说，属奇闻逸事之类的"西洋景"，内容分散，不成体系；[4]而真正涉

---

[1] 黎祖健身世及《万木草堂口说》的版本介绍，可参见本书下编第三章第二节之"黎祖健"和第五章第一节"万木草堂中的口说：'洪水说''地顶说'"。
[2] 楼宇烈整理：《长兴学记·桂学答问·万木草堂口说》，第63—64页。又，该目录中"格物、励节、辨惑、据德、主静出倪·养心不动、变化气质·检摄威仪、孝弟·任恤·宜教·同体饥溺"，亦是康有为《长兴学记》中的题目。
[3] 相关的内容，可参见本书下编第五章第一节"万木草堂中的口说：'洪水说''地顶说'"。
[4] 《万木草堂口说》录此内容不多，以下选录4条："奥大利有石腴，由人功非天造，不知有天造而极类人功者。""英国有花长四尺，叶如剑，卷食人兽，此草木之最聪明者。""今之树木，最高者莫如巴西温士敦，有数十丈，盖近赤度故。""地球十四万万人，食饭者仅六万万，如亚非利加之食桃，蒙古外之食羊肉，皆不谷食者。"（转下页）

及"西学"者,数量少,且分散。对此,我稍加整理,分为"议会""司法""经济与财政""大同""兵役""婚祭丧服等礼制""中西学术""天文与历法""乐理"等条目,缀录于下,并加简注,以能了解康对这些问题的集中看法:

"疏仑议院"。"后世不行'谋及庶人'之制,'与众共之','与众弃之','国人皆曰可',皆西人议院之意。""孟子用贤用杀皆听'国人曰可',亦'与众共之'义也。西人议院即是。""孟子言治天下,皆曰与民同之。此真非常异义,全与西人议院民主之制同。"[1]

"租梨听讼,甚得《王制》决狱之意。外国所谓租梨,即中国绅士也。""外国有十二绅士曰租梨,必俟画押然后定,即'疑狱,汎与众共之'也,知外国亦合孔制。"[2]

"外国百里玺天德亦有以捐钱得者。""外国库氏、温氏,亦创言井田之法。库氏欲以十里之地以千人处之,任其耕读商贾,温氏欲以三十家均田。然皆不可行也。""外国国用亦由议院年计,亦是'冢宰制国用'之法。""美国金库有机器守之,今富甚,年年减赋。"[3]

(接上页)(楼宇烈整理:《长兴学记·桂学答问·万木草堂口说》,第77、85、100、112页)"赤度",北京大学藏本作"赤道"。

[1] 楼宇烈整理:《长兴学记·桂学答问·万木草堂口说》,第89、116、141、184页。北京大学藏本文字稍有异,但意思相同。"疏仑",今译梭伦(Solon,前638—前559),古希腊政治家。"谋及庶人",见于《尚书·洪范》。"与众共之""与众弃之",见《孔子家语·刑政》:"是故爵人必于朝,与众之也;刑人必于市,与众弃之也。"《礼记·王制》稍异文:"爵人于朝,与士共之。刑人于市,与众弃之。""国人皆曰可",见于《孟子·梁惠王下》。"与民同之",似指"与民偕乐""与民同乐",亦见于《孟子·梁惠王上、下》。此外,康有为称:"选举之法,汉最善。日本亦美,民情能上达。"(同上书,第107页)可知康的"选举"之词意,是指古代选官制度,与世袭制相对。

[2] 楼宇烈整理:《长兴学记·桂学答问·万木草堂口说》,第137、146页。北京大学藏本文字稍有异,但意思相同。"租梨",即jury,陪审团。"疑狱,汎与众共之",见于《礼记·王制》:"……疑狱,汎与众共之。众疑,赦之。"大意为,如果有疑问的案件,由众人进行商议。若众人存有疑问,则赦免之。

[3] 楼宇烈整理:《长兴学记·桂学答问·万木草堂口说》,第139、146页。北京大学藏本文字稍有异,但意思相同。"百里玺天德",即president,总统。"冢宰制国用",见于《礼记·王制》:"冢宰制国用,必于岁之杪。五谷皆入,然后制国用。"(转下页)

"美国人所著《百年一觉》书是大同影子,《春秋》'大小远近若一'是大同极功。"[1]

"德相卑思墨变法,举国皆兵,日本今留后兵三百余万。"[2]

"欧洲皆是期服。""英国权革拿定至亲不婚之礼。""印度、波斯与三代制度相类。""外国以未时为第二日,俄以十二月为正月,欧洲以夜半为第二日。""欧洲白统,俄赤统。""巴比伦、犹太,皆有祭天之制。""外国考出无龙凤,金人用骆驼祭天,荷兰以大鱼。""地球各国,皆有章服,惟美国无之,平等也。""印度之制,以生人殉葬,用火焚之,夫死则妻殉之。日本丧期年,子于亲、妻于夫皆然,祖父母皆百日。西国亦大略如此。""欧洲皆期服。父母期,夫妻期,日本同,祖父母百日。""今欧洲尚白,亦行孔子三统中之白统也。""欧洲吉事尚白,凶事用黑。俄吉事用红。""印度三时,无秋,以四个月为一时。缅甸二时,每时六月。欧洲英、法等国以十一月为正,俄十二月为正,皆在孔子三统之中。"[3]

"希腊之七贤,波斯之㑅乐阿士杯,印度之九十六外道,皆在周时,与周、秦诸子同。""西人甚美中国取士之制。""德国相卑士麦评论诸教,最拜服孔子。""外国之学,改制之学存焉。""英之行格里送花瓶一枚于阙里孔庙,前德相卑士麦摹孔子像而拜之。'有

(接上页)大意为:冢宰编制国家的用度,必在每年年末。待五谷入库之后,才编制国家的用度。"库氏""温氏",不详其人。

[1] 楼宇烈整理:《长兴学记·桂学答问·万木草堂口说》,第133页。《百年一觉》(*Looking Backward, 2000—1887*)是美国的一部乌托邦小说,先在《万国公报》连载节译本《回头看纪略》,光绪二十年(1894)由广学会结集出版单行本,取名《百年一觉》,并署李提摩太译。"远近大小若一",见于何休《春秋公羊传解诂》隐公元年:"……至所见之世,著治大平,夷狄进至于爵,天下远近大小若一。"这是康有为"大同三世说"的重要论据。大意是:到所见之世,政治已入太平世,"夷狄"也进入到文明阶段("爵"),天下远近大小(世界各国)已经完全一致。此即是康所称的"大同"。

[2] 楼宇烈整理:《长兴学记·桂学答问·万木草堂口说》,第145页。"卑思墨",今译俾斯麦(Otto E. L. von Bismarck, 1815—1898),"举国皆兵",指普鲁士兵役改革的征兵制。"后兵",指后役军人,当时日本并无300万之多。

[3] 楼宇烈整理:《长兴学记·桂学答问·万木草堂口说》,第68、88、105、127、133、140、192、194、197、198、207页。"权革拿",不详其人。"章服",官员的服饰制度。"三统",指黑统、白统、赤统,见董仲舒:《春秋繁露·三代改制质文》。"印度三时""缅甸二时"的"时",季节之意。

血气莫不尊亲'也。""庄、列多言至理,能知天地之大,且多与西人之说合,当为孔子后学,但兼老学耳。""墨子传教最悍,其弟子死于传教者百余人。耶氏亦然,耶氏身后十三传弟子皆死于传教。回教亦然,皆以死教人也。""墨氏绝似耶氏,墨灭而耶昌者,地中海之故也。地中海各国环绕,急则易逃,墨氏生于中国,无地中海可逃,故公孙宏等专杀侠家,侠即墨派也。""重生不重死,西人亦近杨朱。""西学多本墨子。""墨子颇似耶稣,能死、能救人、能俭。""墨子之学,远胜老子,西法之立影倒影,至元朝始考得,墨子先言之。""宋牼言寝兵,今欧洲有太平会,亦自宋牼开之矣。""希腊盛时有梭格第者,言学以修齐治平,似孔子,约己济人,似墨子。当时创教者亦有七人。""惠子卵毛、钩须之学,欧洲盛行。""波斯之造落阿士堆专以阴阳发挥义理。""公孙龙子讲名学,欧洲学派似之。"[1]

"周时,希腊巴固它拉始言地动,嘉靖五年,哥白尼大详之。""康熙间,奈端创重学。""法天文家拉固拉失以重学考出天王、

---

[1] 楼宇烈整理:《长兴学记·桂学答问·万木草堂口说》,第 77、137、162、166、175、178、179、180、181、196、200、204 页。北京大学藏本多处文字有异,但意思大体相同。"希腊之七贤",说法不一,一般认为是梭伦、泰勒斯、奇伦、毕阿斯、庇塔库斯、佩里安德、克莱俄布尔。"阼乐阿士杯",北京大学藏本作"造落阿士堆",后文亦称"造落阿士堆",指琐罗亚斯德(Zoroaster,? —前 583 年),是琐罗亚斯德教(拜火教)的创立者。"九十六外道",指印度在佛出世之前的各类教派。"取士",指中国科举取士制度。"改制之学",指"孔子改制说",康当时认为这一学说在泰西亦有所仿效。"卑士麦",今译俾斯麦。"行格里",北京大学藏本作"亨格里",不详其人。"有血气莫不尊亲",见于《礼记·中庸》:"唯天下至圣……是以声名洋溢乎中国,施及蛮貊……凡有血气者,莫不尊亲,故曰配天。"大意为:圣人之德行,洋溢于中国,并外传到异族,凡有血脉之气者,无不尊敬亲爱他。圣人的德行,可以与天相配。"耶氏",指耶稣。"宋牼",即宋钘,战国人。"禁攻寝兵",见于《庄子·天下篇》:"……见侮不辱,救民之斗,禁攻寝兵,救世之战。以此周行天下,上说下教,虽天下不取,强聒而不舍者也。""寝兵说"是当时康有为"大同三世说"的重要学理,其弟子和著述多言之,并与"弭兵会"相联系。"梭格第",北京大学藏本又作"索革底",以发音和思想论,似指苏格拉底(Socrates,前 470 年—前 399 年),但"创教者亦有七人"不知作何解,或康有为将之与"希腊之七贤"相混淆。"惠子",惠施,"卵毛、钩须之学",见于《荀子·不苟》:"山渊平,天地比,齐秦袭,入乎耳,出乎口,钩有须,卵有毛,是说之难持者也,而惠施、邓析能之。"即惠施等人能解释极不合理的现象。

海王。""重学,法国那白那失创之。""郭守敬得于回历为多,徐光启得于欧洲历为多,皆外国之历也,中学之历已亡矣。""美国贺旦有天文台,在洛基大山有天文镜甚大。""欧洲无润月,回回亦然,元朝用之九执历是也。""欧洲论日数,有三十号,二十九号则仍以月计也。""每年溢十一日零四个时。"[1]

"五声二变,外国亦同,外国半声即二变。""索拉古勒明即中国之宫商角徵羽,又有佛西二变声。""外国有三品八级。""吕阳律阴,外国分刚柔、半刚半柔、三刚八柔、二刚七柔。""欧洲乐太大,非中声。"[2]

从数量上看,《万木草堂口说》约十万言,而涉及印度、波斯和西方的内容,包括"地顶说"和"西洋景"在内,大约为三千字,由此可见比例关系之低。以上的引文,放在一起看,或会感到触目惊心,而分散到原书之中,则平淡不彰,就像一小撮盐用手指蘸着吃还是放到一锅汤里喝,味道自不相同。更为重要的是质量。虽说是学生记录口说,经常会有因不甚理解而误记,或因书写速度(当时用毛笔)来不及而过度简化,需得加以会心善意地解读。但从这些引用的内容来看,不得不指出康有为西学程度不高。这也是我不厌其详、尽量缀录的原因。康用中学(主要是儒学)的观念来解释西方的政治、法律、经济等多种制度,尤其是"议会"。康用中西学互通的理念来解读西方的"礼教"与学术,尤其是

---

[1] 楼宇烈整理:《长兴学记·桂学答问·万木草堂口说》,第 75、76、100、220、221、222 页。"巴固它拉",北京大学藏本又作"伯父地拉",马洪林指认为"毕达哥拉斯"(《康有为评传》,南京大学出版社,1998 年,第 399 页),我对此难以确认。就"地心说"而言,"巴固它拉"亦有可能指托勒密。"嘉靖五年",1526 年。"重学"(mechanics),今译为"力学"。"奈端",北京大学藏本前有"意大利",梁启超《读西学书法》称:"《奈端数理》,制造局译未成。闻理太奥赜,李壬叔亦不能译云。"(《饮冰室合集集外文》,下册,第 1160 页)由此再查制造局、李善兰翻译工作,奈端为牛顿(Isaac Newton, 1643—1727),《奈端数理》,即《自然哲学的数学原理》。"拉固拉失""那白那失",北京大学藏本又作"拉伯瑟""那白那瑟",今译拉普拉斯(Pierre-Simon Laplace, 1749—1827),法国数学家、物理学家。"贺旦",以广东话发音而论,很可能指加州旧金山湾区的圣何塞(San José),该处有当时世界上颇为著名的利克天文台(Lick Observatory),但距"洛基大山"(疑为落基山脉)有一段距离。"润月",即闰月。

[2] 楼宇烈整理:《长兴学记·桂学答问·万木草堂口说》,第 228 页。

墨子的影响力。特别奇妙的是"三统",康指认欧洲为"白统"、俄罗斯为"赤统",以能与董仲舒的学说相联系。康没有看到文艺复兴之后西方在思想领域的巨大进展,没有说明西方近代政治、经济、社会诸学说,只提到了一种西书——《百年一觉》。但是,不是这本书刺激了康的"大同三世说"思想,而是这本书证实了他的"大同三世说"思想,由此连带到何休的"著治大平",想象着"夷狄进至于爵,天下远近大小若一"的"极功"。这正是康此期"大同三世说"的基本思路。[1]以上引文的分量较大,限于篇幅,我无法再加入上下文关系,在许多场合,康的本意是说中学,附带着谈到西方或西学,以作为佐证。从以上引文的内容来看,几乎在所有言及西方或西学的领域,康都强调了中学的意义和作用,甚至是主要意义和作用,有些言词已近于"西学中源说";仅仅在两个领域,他没有强调中学的价值:一是普鲁士和日本的兵役制度改革;二是天文学与历法。这也是值得注意的比例关系。

《万木草堂讲义纲要》是康有为第四子康同凝(1909—1978)的家藏,封面署"大人丁酉夏在万木草堂之讲义抄录"。[2]"大人",指康有为。"丁酉",即1897年(光绪二十三年)。"讲义",是康本人所写或听讲者的笔记,从文字内容来看,当属听讲者的笔记。[3]由此可见,该讲义由康弟子"抄录"以送康审阅。至于康本人是否看过,则无从知晓了。

---

[1] 梁启超在《读西学书法》中称:"广学会近译有《百年一觉》……亦小说家言。悬揣地球百年以后之情形,中颇有与《礼运》大同之义相合者,可谓奇文矣。"(《饮冰室合集·集外文》,下册,第1169页)梁可能说出了康的心声。

[2] 上海市文物保管委员会编:《康有为遗稿·戊戌变法前后》最初发表该讲义,原件无标题,由编者题名为《万木草堂讲义纲要》(见该书第133—166页)。该书《出版说明》称:"一九六一年,康有为家属康同凝、康保庄、康保娥将所藏康有为遗稿、函札、电稿以及书籍、图片等捐赠上海市文物保管委员会。这些材料中有很大一部分为未刊手稿,是研究中国近代史的重要资料,现经整理编为一套《康有为遗稿》,分辑出版。"康同凝由何夫人生于香港。姜义华、吴根樑编校:《康有为全集》第2集,亦录之,改题为《万木草堂讲义》,其脚注称:"原抄毛边纸十一行,黑格毛装本。无标题,标题为编者所加。封面署'大人丁酉在万木草堂之讲义抄录'。原抄录者不详。"(见该书第559页)两书应属同一版本。

[3] 该讲义录有一句:"康先生作《万国同风考》。"(《康有为遗稿·戊戌变法前后》,第134页)由此可见其为听讲者笔记。值得注意的是,黎祖健所录《万木草堂口说》亦有相同的记载:"《万国同风考》先生著。"(楼宇烈整理:《长兴学记·桂学答问·万木草堂口说》,第90页)

其篇目为七:"七月初三夜讲源流、《中庸》、讲《王制》、讲文源流、讲《大学》、书目、百官公卿表",也没有讲西学的专节专论。康在讲授中涉及西方或西学的内容,少于黎祖健所录《万木草堂口说》。由于此类内容分量不多,故全录于下,并加简注:

"天文镜近六百里。地从日、火星出。""洪水者受天地之湿而成,非忽然而有。地之出约五万岁。""洪水之后,人、物生焉。至禹而定天下之始。通考地球自禹时始。地球由昆仑大初起而定。"

"汉朝与罗马同。康先生作《万国同风考》。""印度七千里平田。泰西三代:巴比伦、希腊、埃及。""印度祭祀于天祠。重巫犹是太古之俗,乡间甚盛。君挟民权,巫挟神权。种族、言语俱从印度出。""波斯太阳教不存。孔子者,火教也,以太阳为主。"

"礼拜七日极奇。《易经》七日一来复。血气七日一变,孔子时已知此义。""罗马废闰月。泰西废闰月八百年。天文历算日氏讲。印度、埃及文字象形。"

"希腊变出十二国来。欧洲风俗之变自希腊始。罗马以来未有国王,全世家执事。希腊立九王,此读书家不通之故也。""通泰西无立城之例。""欧洲之政皆自希腊始。泰西之文学、治术、技艺诸门,皆自希腊始,与诸教无关,不关各国。""议院之艺,疏伦所例。""泰西诸教到希腊时并出。"

"现泰西三年丧,通罗马旧制皆三年丧。""外国皆三年丧,通罗马六年丧。""三代全行西派,以短衣为尚。""伮旦制天文镜可移日在六百里。""孔子立男女之制,极仁天下也,娶异族之义甚大,至今中国皆赖之。""人中之微生物,三十三万之显镜可打出。""孔门专讲类字。波罗斯、土耳其皆孔子之教。"

"外国称中国书至称《孟子》。""耶稣近于墨子。""墨子正开西学派。墨子专言物理。欧洲甚行墨学。""墨至仁者也,以算学来讲道理。""泰西最赞中国科举之制,中国立科举先于泰西千余年。""外国宫室年换新。""外国见师始见君不拜,贤贤也,七日一见师,跪。袖经跪读。""马夏析不立主,以君而兼师。""亚洲之俗,见君全用跪。俄国半跪礼,即兼亚洲。日本改法作半跪礼,乃金朝之礼。欧洲见人君不跪,惟见师乃跪,贤贤也。"

"罗马之时,耶氏大行。耶氏是开新教。耶氏翻摩西,无条不是出于佛学。""外国亦创'已泰'之学,皆发挥未来之事。"(以上见"七月初三夜讲源流")[1]

"六宗是耶教十字架,然不如吾教之精微也。""佛氏宣亲平等,耶氏亦是索隐行怪。""泰西无四时。印度行三时。""通泰西无城。""外国攻孔子言知生不知死,谬矣。""未有火化,今中国鱼生是。泰西皆用火化。""中国十二律。泰西廿四律。""乐以人为主,泰西考色有七。""男三十而娶,女三十而嫁,泰西犹行之。""(今)[合]男女当年德,今泰西行此义。"(以上见"《中庸》")[2]

"德国亦有公、侯、伯、子、男爵。""外国虚爵,本朝王称其子,本金朝之旧。外国或称苏丹,或谓之沙。""英人考之,谓一人有二亩田极好。化学日出而地之物加倍,其权在人操。""用金,太

---

[1] 《万木草堂讲义纲要》,《康有为遗稿·戊戌变法前后》,第133—136、138、140—142、146、148页。"七月初三夜讲源流",是原篇名,但从内容来看,已占整个《讲义》近半篇幅,不可能一个晚上讲完,应理解为"七月初三夜起"之意。"波斯太阳教",似指琐罗亚斯德教(拜火教)。"七日一来复",见于《易·复卦》:"复,亨。出入无疾,朋来无咎;反复其道,七日来复。利有攸往。"《象》曰:……'反复其道,七日来复',天行也。""世家",似指诸侯。"通泰西无立城之例",似指西方没有相应的制度,以建立中国式四周有围墙的城池。此条后又言,"疏伦",梭伦。"伭旦"两字据姜义华、吴根樑编校:《康有为全集》第2集所录《万木草堂讲义》补出;但仍不详其人,黎祖健录《万木草堂口说》,称"美国贺旦有天文台"。"三十三万之显镜可打出"之"打出",似为"看出"之意。当时并没有三十三万倍显微镜,在今天也不容易制造。"波罗斯",似为"波斯"之误,据前称"孔子者,火教也,以太阳为主"。"马夏析",不详其人,但从广东话发音和"不立主",有可能指先知穆罕默德。"耶氏",耶稣。"摩西",似指"摩西五经",早期犹太教文献。"已泰",以太(ether),古希腊哲学家亚里士多德设想的物质,至19世纪科学界盛行此说,以解释光的波动。20世纪被放弃。谭嗣同对"以太"甚有兴趣,并有自我的理解。康有为关于"洪水说""地顶说"的内容与分析,可参见本书下编第五章第一节"万木草堂中的口说:'洪水说''地顶说'"。

[2] 《万木草堂讲义纲要》,《康有为遗稿·戊戌变法前后》,第152—155页。"六宗",似指佛教六宗。"泰西无四时""印度行三时"之"时",季节之意。"泰西无城",似指西方没有中国式围有城墙的城市。"鱼生",广东话,生吃的鱼,"火化",熟食之意。"律",乐律。"女三十而嫁"之"三",姜义华、吴根樑编校:《康有为全集》第2集录此称:"疑当作'二'。""今男女当年德"之"今",为"合"之误。《礼记·礼运篇》称:"合男女,颁爵位,必当年德。"大意是:(圣王)使男女婚配,授予爵位,必须与他们的年龄与德行相当。

古之制，外国用之。""外国全用孔子制。英国君主三十余万两，宰相五万两。""外国之冠高行天统，本朝亦如之。""外国之官皆几千。外国民主外行步行。""外国行助法，本朝行贡制。""外国'度地居民'。""法国制例与《王制》全同。""外国治国，用孔子之制也。'司会以岁之成质'，今英、法各国行之。"（以上"讲《王制》"）[1]

"外国话五十三度，广东三十度。作文四六，作诗五七。欧洲二十字句。"（以上"讲文源流"）[2]

"《生利分利》，今李提摩泰《富国策》，皆本此义。此谓知本二字，无误文，此谓知之至也。""'生财有大道'，发出一部《生利分利》《富国策》来。"（以上见"讲大学"）[3]

"羊皮书，外国有之。法国书四万余卷。罗马同中国六朝甚相合。六朝淫乱，比唐朝尚过之。读史宜知国政民俗。"（以上见"书目"）[4]

"明时倡折色之说，人大攻之，今泰西皆用折色。""稷播百谷，是西农部尚书。""'作纳言，出入帝命'，是议院所起。"（以上见"百官公卿表"）[5]

---

[1]《万木草堂讲义纲要》，《康有为遗稿·戊戌变法前后》，第155—158页。"或谓之沙"之"沙"，指恺撒（Cæsar），神圣罗马帝国皇帝、俄罗斯沙皇，皆用此谓。"用金，太古之制"之"用金"，似指金本位制。"外国之官皆几千"之"几千"，似指俸禄银几千两。"外国民主外行步行"之"民主"，指民选统治者（总统）。"度地居民"，典出于《礼记·王制》："凡居民，量地以制邑，度地以居民。地、邑、居民，必参相得也。无旷土，无游民。"其意指土地与居民数目要符合相应的比例。"助法"，中国古代劳役赋税。"贡制"，实物赋税。"司会以岁之成质"，典出于《礼记·王制》："司会以岁之成，质于天子，冢宰斋戒受质。"大意是：司会将一年的工作（成）上报，接受天子的审查（质）；冢宰斋戒后，接受天子的审查意见。
[2]《万木草堂讲义纲要》，《康有为遗稿·戊戌变法前后》，第160页。"外国话五十三度，广东三十度"，不解其意。"欧洲二十字句"，据"作文四六，作诗五七"，似指一种诗赋体，但欧洲似无此类文体。
[3]《万木草堂讲义纲要》，《康有为遗稿·戊戌变法前后》，第164—165页。标点有改动。李提摩太著有《生利分利之别》；"生财有大道"，典出于《礼记·大学》。后文皆将详论。
[4]《万木草堂讲义纲要》，《康有为遗稿·戊戌变法前后》，第165页。
[5]《万木草堂讲义纲要》，《康有为遗稿·戊戌变法前后》，第166页。"折色"，指将粮食类实物赋税（亦称本色），折算为银两。"纳言"，听下言、传帝命之官员。《尚书·尧典》称：舜命龙"作纳言，夙夜出纳朕命，惟允"。《汉书·百官公卿表》有"龙作纳言，出入帝命"。

以上引文，我未用缀录的方法，而是按照原来的顺序，摘录排列，以能更清楚地看出康有为的思想脉络。《万木草堂讲义纲要》篇幅较小，大约有三万余字，以上引文约全书篇幅的二十分之一，是比较低的比例关系。再从质量来看，不难看出康有为西学程度亦低，且多有错误。"地顶说""洪水说"，康依旧在讲，分量已大为减少。奇闻逸事的"西洋景"，康依旧在讲，如"三十三万之显镜""化学日出而地之物加倍"。由于记录过于简要，有些文字难解其意，如"孔门专讲类字""外国话五十三度，广东三十度"。康仍在使用中学（主要是儒学）的观念来解释西方的各种制度，如"司会以岁之成质""作纳言"。康仍在使用中西学互通的理念来解读西方的"礼教"与学术，如"外国皆三年""欧洲甚行墨学"。在一些领域，康将"外国"（欧洲）描绘成合乎儒家理想的状态，尽管他也没有见过，如"见人君不跪""见师乃跪""（今）[合]男女当年德""度地居民"。对于基督教与佛教的关系，康的说法相对武断：耶氏翻《摩西》，"无条不是出于佛学"；"六宗是耶教十字架"。对于孔子的地位，康的说法绝对武断："外国治国，用孔子之制也。"

在以上引文中，康有为提到了三种书：第一种是康自己写的《万国同风考》，说明中外在历史、制度乃至思想的相似性，甚至相同性。梁启超在湖南时务学堂授学时，对得意门生戴修礼也提到过此书（称书名为《中西同风考》），并介绍过其中一篇的内容。[1]康的中西学互通的理念，由此可以得到证实。第二、第三种分别是李提摩太（Timothy Richard，1845—1919）的《生利分利之别》和法思德的《富国策》。康之所以提到这两本书，是因为李提摩太在《生利分利之别》卷二中称：

> 《大学》言："生财之大道，一曰生之者众，一曰食之者寡，一曰为之者疾，一曰用之者舒。"盖历亿万千年、统五洲万国，凡言利者，胥准此矣。[2]

---

[1] 《湖南时务学堂初集》，长沙戊戌刻本，第3册，《札记》卷二，第53—54页。相关的叙述与分析，可参见本书下编第三章第四节"梁启超'自下'进行的思想革命"。
[2] 李提摩太：《生利分利之别》，该书于光绪二十年（1894）由广学会出版。我未查到原书，使用的是光绪二十三年武汉质学会翻刻本。见该书卷二，第1页。"生财之大道"，《大学》原文作："生财有大道。"

康并不是赞赏李提摩太的著作，而是赞赏李提摩太的著作也证明了《大学》的正确性。"知本"一语，又见于《大学》："有德此有人，有人此有土，有土此有财，有财此有用。德者本也，财者末也。"由此，康称："《生利分利》，今李提摩泰《富国策》，皆本此义"，其大意是："《生利分利之别》，是李提摩太版的《富国策》，两者皆依据《大学》这段内容之义"。法思德的《富国策》，只是被连带提到。梁启超后来又著《论生利分利》(《新民说》第十四节)，再次阐发《大学》此义。[1] 相同的事例，还有一例。康有为在讲《王制》时说："德国亦有公、侯、伯、子、男爵"，他心中所对应的，是《礼记·王制》："王者之制禄爵，公、侯、伯、子、男，凡五等"，并涉及何休《春秋公羊传解诂》桓公十一年称："文家爵五等者，法地之有五行也"。康此处称"亦有"，其本意在于说明，德国的爵位合乎(或采用)由孔子所制定的《王制》，并相应于"地之有五行"。康似乎并不知道欧洲的贵族爵位之名号只是翻译问题，与儒家的文献与教义并无关系。

康有为弟子张伯桢录有《康南海先生讲学记》，是他光绪二十二年在万木草堂的听课笔记。他录下的篇目为：

> 古今学术源流、易、书、诗、礼、乐、春秋、论语、孝经、小学、六艺、儒家、道家、阴阳家、法家、名家、墨家(原注：分二派)、纵横家、杂家、农家、小说家、诗赋家、兵家(原注：出于老子)、天文家、历谱、五行家、蓍龟家、杂占家、形法家、数术家、医家、房中、神仙、公羊、王鲁例、张三世例、通三统例、名例。

相较于黎祖健的笔记，张伯桢笔记的分量较小，仅为前者的五分之一，但其重点突出，特别是"孔子改制说""新学伪经说"，很可能经过事后的整理。在这一份笔记中，没有讨论西学的专节专论，涉及西方的内容也很少。[2] 张伯桢后又著有《南海师承记》，于1916年(民国五年)寄

---

[1] 梁启超《论生利分利》，初刊于《新民丛报》第19、20期(光绪二十八年十月初一日、十五日)，中华书局影印本，第4册，第2519—2538、2665—2682页。

[2] 《康南海先生讲学记》，姜义华、吴根樑编校：《康有为全集》，第2集，第209—252页。此笔记涉及西方者，有以下4条："老之教曰道。墨之教曰侠。近耶教借罗马之力，十二弟子传教，专在救人，创为天堂地狱之说。马虾默德谓之回，其教极悍。(转下页)

上海，请康有为亲自审定后刊刻。[1]该稿经过张的事后整理，分《学章》、卷一、卷二。其《学章》的内容，多与康有为《桂学答问》重复，当属事后加录。[2]其卷一，篇目为：

> 讲诗学、讲宋以后迄今之诗学、讲骈体诗赋源流、讲乐、讲说文、讲数学、讲仁字、讲孟荀列传、讲图书、讲公羊兼列朝制度、讲正蒙、讲周子通书、讲性理、续讲正蒙及通书、讲庄子天下篇、讲王荆公上仁宗皇帝书、讲制义。

各篇整理的痕迹非常明显，已不是当年的笔记，但各篇后都书写"丙申×月讲授"，可知康当年讲授内容的先后顺序。其卷二，篇目为：

> 讲汉书百官公卿表、讲史记儒林传、讲史记两汉儒林传、讲汉书艺文志、讲律历、讲文体、讲文章源流、讲文学、讲王介甫百年无事札子及苏子瞻代张方平谏用兵书、讲格物、讲励节、讲辨惑、

（接上页）释迦牟尼谓之佛，其教专以虚无寂灭，亦借天王之力。可知立教，皆借国家之力。""地球自洪水以前一大劫。溯洪水之初，或为日所摄，或为他行星所触，人类几绝。禹之治洪水，不过因势利导。是时日力之摄息，地球必轨平，洪水必退，禹不过疏其未退者耳。洪水之劫，通地球皆同，可知不独中国为然。观西人所考俱断于洪水后，便知。""陈群设九品中正，其意最佳，极似泰西议院之制，盖已品定于乡评。""徐光启测算阴阳之理甚合。其学出于利马豆。利马豆者，西洋葡萄牙人也。其入中国时，先到广东澳门。"（同上书，第216—218、222、236页）"耶教"，耶稣教。"马虾默德"，先知穆罕默德。"利马豆"，利玛窦，出生于今意大利，耶稣会士，非葡萄牙人。以上引文可见，从数量上看，占全文的比例关系极少；从内容上看，尚未涉及西学的精义，且以"九品中正"比拟"泰西议院"，又称"徐光启测算阴阳之理"，皆似是而非。关于《康南海先生讲学记》之版本，可参见本书下编第五章第一节"万木草堂中的口说：'洪水说''地顶说'"。

[1]《南海师承记》，姜义华、吴根樑编校：《康有为全集》，第2集，第437—558页。该篇按语称："《南海师承记》，系康有为门人张伯桢据一八九六——一八九七年间于万木草堂听讲笔记整理而成，未刊，今据上海市文物管理（保管）委员会所藏原件整理校点。"由此可知，《南海师承记》为康同凝等人于1961年捐给上海市文物保管委员会。该稿天头处有"请斧正"，当指康有为"斧正"；并称"醴泉宋伯鲁、新城王树枏同校"，可见并非万木草堂门生的宋伯鲁、王树枏也参与了此项工作。

[2] 张伯桢在《学章》最后一页注明："能将《长兴学记》附入更佳，通京师觅不得此书。若夫子处有存，乞赐一册来，俾得录入，以臻完善。"

讲主静出倪养心不动、讲变化气质检摄威仪、讲孝弟任恤宣教同体饥溺、讲汉朝六朝唐宋学派、讲宋学、讲宋元学派、讲明儒学派、讲明儒学案及国朝学案、续讲国朝学派、讲公羊。

以篇目相对，与黎祖健所录《万木草堂口说》有相似的部分，以内容相核，亦有重复。造成这一情况的原因不明。《南海师承记》卷一、卷二，从其篇目来看，没有专门讨论西学的专节专论；从其内容来看，涉及西方或西学的内容很少，且多未解西学之精义。[1]

《桂学答问》

最能反映康有为此期学术思想与政治思想底色的，是《桂学答问》。

光绪二十年（1894）冬，康有为应弟子龙泽厚之邀，去广西桂林讲学，共住40余日，著《桂学答问》。康在序言称："既居风洞月余，来问学者踵屦相接，口舌不给，门人请写出传语之。"该书因此而作。[2]

《桂学答问》的主要目的，是宣讲康有为的"孔子改制说"和"新学伪经说"，由此规定了最为经典的精读书目为：《春秋》及《公羊传》、董仲舒《春秋繁露》、何休《解诂》、《孟子》、《白虎通》。康对此称言："以上五部书，通其旨义，则已通大孔律例，一切案情，皆

---

[1] 《南海师承记》卷一，涉及西方或西学的篇目有：一、"讲乐"，言及泰西乐律。二、"讲说文"，称"西国之音皆本印度"。三、"讲数学"，谈到西方的数学成就。四、"讲公羊兼列朝制度"，谈到西方工作时间、轮船礼节、西方议会与何休之注、西方宴会"九碗菜"。五、"讲王荆公上仁宗皇帝书"，称外国实行孔子所定"各官各司一职"之制，"故能致强"。《南海师承记》卷二，涉及西方或西学者更少，主要在"讲律历""讲王介甫百年无事札子及苏子瞻代张方平谏用兵书"中，内容亦与黎祖健所录《万木草堂口说》重复，尚有一条黎祖健未录："战国时每君一相，今外国似之。孔子立三公，尚有数相。"

[2] 我所依据的版本（楼宇烈整理：《长兴学记·桂学答问·万木草堂口说》，姜义华、吴根樑编校：《康有为全集》，第2集）称："思推先中丞公修学舍惠多士之意，与桂士有雅故焉，不敢固辞，敢妄陈说所闻，以告多士。"（楼宇烈整理：《长兴学记·桂学答问·万木草堂口说》，第28页）而刘声木收藏的光绪年大同译书局版本却称："著书讲学，恐多士昧于读书门径，故疏通证明以诱之，陈说所闻，以告多士之意。"（刘声木：《苌楚斋随笔续笔三笔四笔五笔》，中华书局，1998年，下册，第780页）

可断矣。"[1] 康又称，若要通孔子律例，除以上五部书外，还研读"六经"、《史记》《五经异义》和《新学伪经考》，"一切古今是非得失，了然指掌之中"。在此之后，康开出一个需要"择读""补读""不得不读""宜读""当读""熟读""全读""可读""查考"的巨大书单。按康言之顺序排列于下：

《四库提要》经部目录。魏源：《诗古微》，阎若璩：《古文尚书疏证》，胡渭：《禹贡锥指》《易图明辨》，惠栋：《易汉学》，江永：《礼书纲目》，秦蕙田：《五礼通考》，"及一切今学经说"。

《大戴礼记》《小戴礼记》《尚书大传》《韩诗外传》。

《左传》。《礼记》，《周礼》。《尔雅》。《说文》，《广韵》。

《七经纬》。

陆贾：《新语》，贾子：《新书》《盐铁论》，刘向：《说苑》《新序》《列女传》。《太玄》《法言》《论衡》。

《老子》《管子》《吕氏春秋》《淮南子》。《国语》。《国策》(《战国策》)。《逸周书》《山海经》《穆天子传》。

"廿四史宜全读"。

《大清一统地舆图》《历代地理沿革图》《历代地理韵编》。"至天文图、地球图、五大洲图、万国全图，皆当悬置壁间。"《水经注》。《元和郡县志》《元丰九域志》《舆地广记》《大清一统志》。

《史通削繁》。《十七史商榷》《廿二史考异》《廿二史四谱》《廿二史札记》。

《资治通鉴》《续通鉴》。《左传纪事本末》《通鉴纪事本末》《宋元纪事本末》《明史纪事本末》。[2]

杜佑：《通典》，郑樵：《通志》，马端临：《文献通考》。"续三通""皇朝三通"。

---

[1] 《桂学答问》，楼宇烈整理：《长兴学记・桂学答问・万木草堂口说》，第31页。"五部书"，康有为将《春秋》与《公羊传》当作一部。康在文中又提到了陈立《公羊义疏》、刘逢禄、凌曙"说《公羊》诸书"，作为读《公羊传》的辅助读物；提到了《荀子》，作为读《孟子》的参考读物。

[2] 《宋元纪事本末》，为《宋史纪事本末》《元史纪事本末》。

《九朝东华录》《耆献汇征》《国朝先正事略》。《大清会典》《则例》,《大清通礼》《大清律例》《十朝圣训》。《经世文正续编》。《圣武记》。《吾学录》。[1]

　　《朔方备乘》《蒙古游牧记》《藩部要略》《新疆识略》《卫藏志》。《阙里文献考》。

　　《宋元学案》《明儒学案》《国朝学案小识》。《二程全书》《朱子大全集》《朱子语类》《正谊堂全书》《近思录》《小学》。《司马书仪》《朱子家礼》。

　　《困学纪闻》《日知录》《十驾斋养新录》《读书杂志》《经义述闻》《癸巳类稿》《癸巳存稿》。《颜氏家训》《黄氏日抄》。《明夷待访录》《文史通义》《校邠庐抗议》。

　　《孙子》《历代兵制》《练兵实纪》,胡文忠公(林翼):《读史兵略》。《行军测绘》《水师操练》《陆师操练》《防海新论》《御风要术》《克虏伯炮说》《炮操法》《炮表》《海战纪要》《兵船布阵》。

以上的书目,加上"五部书"和"六经"之类,共计162种,还不包括康有为另行开出的参考之书和可供查考的丛书。[2] 这么巨大的数量,其中许多种又是巨大部头,如何能够读完?对此,康称:《五经异义》"数日可了";《新学伪经考》"三数日可了";《四库提要》经部目录"十数日可了";"西汉时书""十余日可了";"诸子一二月可了";甚至称读"二十四史","资质稍鲁,加倍其日,亦三年可通全史矣"。[3] 我在这里

---

[1]《则例》为《大清会典则例》。《经世文正续编》,为《经世文编》《经世文续编》。

[2] 列出的书目,以"二十四史"为24种,共计145种;加上康有为前面强调的"五部书""六经"以及读《公羊》《孟子》的辅助书(刘逢禄、凌曙"说《公羊》诸书"作为2种),共计17种。此外,康有为在文中夹杂提到的书目有:《钦定御纂十经》《十三经注疏》;《经学汇函》《通志堂经解》;《皇清经解》《续皇清经解》;段玉裁:《说文解字注》,王筠友:《说文释例》;《说文逸字》《说文外篇》《说文新附考》《说文引经考》《说文答问》《文字蒙求》《说文检字》《说文声读表》;《小学汇函》;《唐石经》;《玉函山房辑佚书》;《钦定四库提要》《书目答问》《汇刻书目》;《广雅堂丛书》《知不足斋丛书》;《经学汇函》。共25种。

[3] 刘声木评论道:"此等自欺欺人之说,竟出自坐拥皋比,手执教鞭之口,试问古今天下读书,有如此容易者乎?……以上所列之一百四十六种,卷帙浩繁诸书,仍以资质稍鲁者读之,不足肆年即可读遍,且有熟读精考者,古今天下有是理乎。……工部(转下页)

并不是讨论受教的桂林学子能否在康的规定时间内读完这批书籍,而是强调桂林学子完成如此巨量的阅读后,才开始接触到"外国"和"外学"。康转笔写道:

"圣道既明,中国古今既通,则外国亦宜通知。譬人之有家,必有邻舍,问其家事,谱系田园,固宜熟悉,邻舍某某乃全不知,可乎?况乎相迫而来,我之所为,彼皆知之;彼之所为,我独不闻,尤非立国练才之道。今为学者略举其一二。若仅通外学而不知圣学,则多添一外国人而已,何取焉!

一、地志。宜先读《瀛寰志略》,其译音及地最正,今制造局书皆本焉。《海国图志》多谬误,不可从。余若英、法、俄、美国志皆粗略。《万国通鉴》《万国史记》《四裔年表》可一涉。(数日可了。)《日本图经》《日本新政考》,日事亦略见矣。

一、律法。《万国公法》,外国所公用。《星轺指掌》,使臣之体例,最要。(一二日可了。)

一、政俗。《列国岁计政要》《西国近事汇编》最详。《西国学校论略》《德国议院章程》《西事类编》《西俗杂志》《普法战纪》《铁轨道里表》。此外,各使游记,如《使西纪程》《曾侯日记》《环游地球日记》《四述奇书》《出使英法义比四国日记》《使东述略》,皆可观。张记最详,薛记有考据,余皆鄙琐,然皆可类观也。

一、西学。《谈天》,《地理浅识》,《天文图说》,动物学、植物学、光学、声学、电学、重学、化学,有《西学大成》辑之。有《全体新论》《化学养生论》《格致鉴原》《格致释器》《格致汇编》。(此书是丛书,各种学皆有。)《格致汇编》最佳,农桑百学皆有。

一、交涉。《夷艘寇海记》《中西纪事》《中西关系略论》,各国和约。

凡此皆旬月可毕,而天下万国烛照数计,不至暝若摘涂矣。若将制造局书全购尤佳。学至此,则圣道王制,中外古今、天文地理,

(接上页)所言,直梦呓耳!"(《苌楚斋随笔续笔三笔四笔五笔》,下册,第782页)刘声木的统计数字只是一部分。他认为不可能读完的意见,我是同意的。

皆已通矣。"[1]

康有为将外国当作"邻舍",将"外学"作为知己知彼的功夫,并没有崇尚的意思。"若仅通外学而不知圣学,则多添一外国人而已"一句,与康先前所说的"必有宋学义理之体,而讲西学政艺之用,然后收其用也",意思是相同的。

康有为提示的"外国""外学",共计有35种书,另有英、法、俄、美国志和各国和约,须一一加以辨识。先去掉与本章的论旨关系较小的9种,即康称之"西学"、今日被视为科学技术与医学者;[2] 剩下的26种和西国史地、各国和约,康分成四类:

一、"地志"(各国史地)。《瀛寰志略》(徐继畬)、《海国图志》(魏源著)是中国近代早期"看世界"的名著,作为世界史地类的著作,至此已经四十多年,资料亟需更新。其余各书,根据梁启超《西学书目表》、徐维则《增版东西学书目》,分别为《大英国志》(慕维廉 William Muirhead,1822—1900,英国公理会传教士)、《法国志略》(王韬)、《俄史辑译》(阚斐迪 Frederic Galpin,英国循道会传教士;徐景罗)、《联邦志略》(禆治文 Elijah Coleman Bridgman,1801—1861,美国公理会传教士)、《米利坚志》(冈丁彻删述)、《英法俄德四国志略》(沈敦和)、

---

[1] 《桂学答问》,楼宇烈整理:《长兴学记·桂学答问·万木草堂口说》,第38—39页。
[2] 根据梁启超《西学书目表》、徐维则《增版东西学书目》,康有为所言"西学"各书为:《谈天》,英侯失勒约翰著,伟烈亚力译,李善兰删述,徐建寅续述。《地理浅识》,似为《地学浅释》,英雷侠儿著,玛高温(Daniel Jerome Magowan,1814—1893,美国医疗传教士)译、华蘅芳述。《天文图说》,美柯雅各著,库嘉立(Caleb Cook Baldwin,1820—1911,美国公理会传教士)、薛承恩译。《全体新论》,合信(Benjamin Hobson,1816—1873,英国伦敦会派出的医疗传教士)、陈修堂同著。"全体",身体之意。《化学养生论》,似为《化学卫生论》,英真司腾著,傅兰雅(John Fryer,1839—1928,英国人,长期在江南制造局任翻译)译。《格致鉴原》,似为《格物探原》,韦廉臣(Alexander Williamson,1829—1890,英国传教士,最初由伦敦会派遣)著。《格致释器》,傅兰雅辑译。(梁启超:《西学书目表》,《饮冰室合集集外文》,下册,第1125—1126、1129、1143页;徐维则:《增版东西学书目》,熊月之主编:《晚清新学书目提要》,上海书店出版社,2014年,第93、114—115、117、123、135页)。《格致汇编》是普及科学知识的期刊,由傅兰雅主办,1876—1878、1880—1882、1890—1892年三度出版,共出60卷。《西学大成》,卢梯青、王西清辑,光绪十四年上海大同书局石印。我看到的上海醉六堂书房光绪二十一年版,共12册,分12类,收入52种著作,包括史政类的著作。

《万国史记》（冈本监辅），《万国通鉴》[谢卫楼（Davelle Z. Sheffield），1841—1913，美国公理会传教士；赵如光]，《四裔编年表》（林乐知，美国南方监理会传教士；严良勋；李凤苞），《日本图经》（傅云龙），《日本新政考》（顾厚焜）。[1] 这些书的编译者大多是来华传教士，冈千仞、冈本监辅是日本人，王韬去过法国，沈敦和留学英国，傅云龙、顾厚焜是清朝光绪十三年（1887）派往日本、巴西等国考察的官员。[2] 从学术价值来看，自是有高有低，但总体上属于介绍性的，比较简单。[3] 从分量而言，总体相加篇幅也不算太小，康有为称"可一涉"，又称"数日可了"，只能是随手翻翻而已。

二、"律法"（国际法与外交惯例）。《万国公法》，美国法学家惠顿（Henry Wheaton，1785—1848）的著作 *Elements of International Law*，由美国传教士丁韪良（长期担任京师同文馆英文教习）译成中文，同治三年（1864）出版。《星轺指掌》，德国外交官马尔顿（Charles de Martens，1790—1863）的法文著作 *Guide Diplomatique*，由京师同文馆毕业并任教的联芳、庆常等译成中文，由丁韪良审阅，光绪二年（1876）出版。[4] 这两部书对当时总理衙门的外交，起到了十分重要的作用。然而，国际法或外交惯例都不具有强制性，需要有一番"活学活用"的功夫。康称"万国所公用""使臣之体例，最要"，属其对国际知识尚有隔膜；又称

---

[1] 梁启超：《西学书目表》，《饮冰室合集集外文》，下册，第 1130—1131、1155 页；徐维则：《增版东西学书目》，《晚清新学书目提要》，2014 年，第 11、13、17—18、172—174 页。又，徐维则称："《米利坚志》四卷，日本原刻本……美格坚扶著，日本河野通之译，日本冈千仞删述。"

[2] 傅云龙、顾厚焜的身世，见王晓秋、杨纪国：《晚清中国人走向世界的一次盛举——1887 年海外游历使研究》，辽宁师范大学出版社，2004，第 43—51 页。该书对《日本图经》《日本新政考》亦有研究。

[3] 梁启超称：《万国史记》"虽甚简，然华文西史无详者，姑读之"；《万国通鉴》"教会之书"；《四裔编年表》"虽非完备，而颇便检览"；《联邦史略》"甚简"；《英法俄德四国志略》"新于前数书"。梁又称："西史之属，其专史有《大英国志》《俄史辑译》《法国志略》《米利坚志》《联邦志略》等书，俄史最佳。""通史有《万国史记》《万国通鉴》等。《通鉴》乃教会之书，其言不尽可信，不如《史记》。"（《饮冰室合集集外文》，下册，第 1130—1131、1163 页）

[4] 参见张建华：《晚清中国人的国际法知识与国家平等观念——中国不平等条约概念的起源研究》，北京大学博士论文，2003 年；傅德元：《点校者前言》，《星轺指掌》，中国政法大学出版社，2006 年。

"一二日可了",则属对国际知识的轻视了。

三、"政俗"(政治、法律与社会诸情)。《列国岁计政要》,英国出版的年鉴式手册 The Stateman's Year Book,英国驻华公使提供该书 1874 年(同治十三年)版,林乐知翻译,光绪三年(1878)出版。《西国近事汇编》(Summary of Foreign Events, 1873—1899),江南制造局翻译馆出版,周刊,每季度汇编成册,年出 4 卷。最初由传教士傅兰雅、金楷理(Carl Traugott Kreyer, 1839—1914,美国传教士,后任江南制造局翻译)、林乐知所办,后完全由中国人自办,摘译各国报刊和通讯社的消息。《西国学校论略》,似为《德国学校论略》,德国传教士花之安著,同治十二年(1873)出版。[1]《德国议院章程》,徐建寅译,光绪八年(1882)出版。《西事类编》,沈纯辑,光绪十三年由上海申报馆印。《西俗杂志》,为袁祖志《谈瀛录》中的一卷,光绪十年在上海同文书局出版。《普法战纪》,张宗良口译、王韬撰,同治十二年出版十四卷本,光绪十二年出版二十卷本。《铁轨道里表》,我难以确认,很可能指刘启彤《星轺考辙》,光绪十五年出版。[2] 康有为提到的"各使游记",即《使西纪程》(驻英国公使郭嵩焘著)、《曾侯日记》(驻法国等国公使曾纪泽著)、《四述奇书》(驻英国公使馆翻译张德彝著)、《出使英法义比四国日记》(驻英国等国公使薛福成著)、《使东述略》(驻日本公使何如璋著),是清朝官员出使各国(大多是初次)的观察记录。[3]《环游地球日记》,似为《环游地球新录》,是时任宁波税务司文案的华人雇员李圭,受总税务司赫德所派,于光绪元年参加美国费城世界博览会的游记,次年在上海出版。康

---

[1] 北京大学图书馆藏有该书广东真宝堂同治十二年刻本。梁启超《西学书目表》称:"西国学校,花之安,广州刻本"。(《饮冰室合集集外文》,下册,第 1132 页)自是该书的另一刻本。该书另有明治七年(1874)日本求志楼刻本。

[2] 梁启超在《西学书目表》中列有三书:"《火车铁路略论》,傅兰雅";"《俄罗斯铁路图表》,李家鋆;《星轺考辙》刘启彤(坊间缩印改名《铁路图考》)"。(《饮冰室合集集外文》,下册,第 1135、1158 页)《星轺考辙》卷一有《各国车道表》。刘启彤是光绪十三年清政府派往英国等国考察的官员。

[3] 曾纪泽有多种日记版本留传,此处《曾侯日记》似指《申报》馆所印的第一个版本,为光绪四至五年的日记,光绪七年(1881)出版。张德彝八次出使,共留下八部《述奇》,然其生前只刊行过《航海述奇》《四述奇》《八述奇》。此处《四述奇书》,即是张德彝以驻英公使馆翻译身份,于光绪二年至六年随郭嵩焘、刘锡鸿出使英国等国的纪录。

称:"张记最详,薛记有考据,余皆鄙琐","张"指张德彝,"薛"指薛福成,余者虽未必"鄙琐",但对西方"政俗"的了解(包括张、薛的著作),只能称属入门级的。以上"政俗"各书,康没有说明需用多少时间读完。

四、"交涉"(中外关系)。《夷艘寇海记》,记录鸦片战争的著作,很可能是魏源所作,康有为当时看到的,亦有可能是王之春(芍唐居士)的整理本。[1]《中西纪事》,夏燮著,记录两次鸦片战争及中西关系的著作。《中西关系略论》,林乐知著,有三卷本与四卷本。康所称"各国和约",应指中外条约集,梁启超《西学书目表》列入四种,似指其中的一种。[2] 以上"交涉"各书,康也没有说明需用多少时间读完。

以上四类书籍,包括6种西国史地和1种各国和约,为33种;加上"西学"(科学技术与医学)9种,一共42种;与前面提到的中学书籍162种相比,若就种数而言,自是少了许多,若就部头和篇幅而言,差距则是更大。康称:"凡此旬月可毕",即十多天一个月左右可以读完这42种书,即便是快速浏览也难以完成,可见康未将此类书籍放在心上;且如此超快的阅读速度,又怎么可能做到"天下万国烛照数计"?更为重要的是质量。以上33种书,其中17种是中国人自己写的("地志"6种,"政俗"9种,"交涉"2种),其内容是介绍性的,所谈的知识是初级的。传教士的翻译或著述,大多仅是介绍西方的历史与现状。就知识与学术含金量而言,这些"外国""外学"的书籍,与康前面提到的"圣学""中学"书籍,根本不在一个层级上!真正谈得上学术名著的,只有一部,即惠顿著、丁韪良译《万国公法》。然丁韪良将"国际法"译为"万国公法",是他的创造,也造成了许多误解——"国际法"本是真正的"私法",对"万国"并无绝对的法律约束——康有为、梁启超对"公法"就有自己独特的解读。桂林学子阅读了康有为提示的33种书籍,是

---

[1] 《夷艘寇海记》,当时以抄本流传,中国社会科学院近代史研究所图书馆藏有其抄本。光绪四年,《申报》馆排印《圣武记》,作为卷十,题名《道光洋艘征抚记》。王之春见到《夷艘寇海记》稿本,亦有整理,题名为《防海纪略》。
[2] 梁启超所言为:"《各国通商条约》同文馆本,《条约类编》保定刻本,《通商约章类纂》天津刻本(坊间翻刻改名《通商约章成案类编》),《通商约章纂要》劳乃宣。"(《西学书目表》,《饮冰室合集集外文》,下册,第1155页)

体会不到欧洲文艺复兴之后的思想变化，也感受不到西方近代政治、经济、社会诸学说的精义。康又称"若将制造局书全购尤佳"，说明了他此类书籍的主要来源，也说明了他的局限。

康有为谈完"外国""外学"之后，认为已经到达"圣道王制、中外古今、天文地理，皆已通矣"的境地，但他仍然没有结束，继续再谈"数学""辞章之学""科举之学"，又提到了书籍40种、各类名家37人；若是名家一人算1种，除去相重者，则是31种。[1] 如此全数相加，包括参考书籍和查考的丛书，康在《桂学答问》开出的书目大约有300种，相较"外国""外学"书目33种，比例关系相当悬殊。[2] 而在这么多的书籍中，"外国""外学"又处在什么样的地位之中？康有为称：

> 读书宜分数类：第一经义，第二史学，第三子学，第四宋学，第五小学及职官、天文、地理及外国书，第六词章，第七涉猎。[3]

如此而论，"外国书"被康放到了夹缝之中，名列第五类的最后一位，与小学、职官、天文、地理同属于工具性质。

---

[1] 康有为提到的书籍为：《算书十经》（《算经十书》），《四元玉鉴》《钦定数理精蕴》《梅氏丛书》《几何原本》《代数术》《微积分》《微积溯源》《代微积拾级》《数学启蒙》《行素斋数学》（《行素轩算学》）。《楚辞集注》《文选》《骈体文钞》《徐庾集》《四六丛话》《骈体正宗》，《八家四六》正、续。《古文辞类纂》《韩（集）》《柳集》《全上古三国六朝文》《唐文粹》《宋文鉴》《元文类》《明文海》。《唐宋诗醇》《杜诗镜铨》《高季迪集》《唐诗品汇》。《赋汇》《文苑英华》《吴（锡麟）顾（元熙）合稿》《词律》《词综》《六十家词钞》。《长兴学记》《艺舟双楫》《广艺舟双楫》。《微积分》一书未查到，疑书名有误。康有为提到了名家：骈文："国朝""胡、洪"。诗："王、孟、韦、柳、李、杜、韩、白、苏、陆各大家"；二李（玉溪、昌谷）；"宋之山谷，明青邱，七子"；吴梅村，朱竹坨，王渔洋。赋：王粲、黄滔。吴锡麟、顾元熙。"七子"，似指明代"前后七子"，若以此论，则为14人。而韩愈、柳宗元、杜甫、高启、吴锡麟、顾元熙前已提到其诗文集。

[2] 我这里谈到了33种，仅是就"外学"而言，若按梁启超《西学书目表》的分类法，还应加上"西学"中的9种，"兵学"中的10种，"数学"中的6种，总共58种。

[3] 《桂学答问》，楼宇烈整理：《长兴学记·桂学答问·万木草堂口说》，第41页。

四、梁启超的说法:"中学西学""折中孔子"

若要观察康有为在万木草堂和桂林讲学的实际效果,最直接的方法,是看看其门生。梁启超是康门大弟子,他在《南海康先生传》中曾这样评价过康在万木草堂的讲学方针:

> (康有为)乃尽出其所学,教授弟子,以孔学、佛学、宋明学为体,以史学、西学为用。其教旨志在激厉气节,发扬精神,以求智慧……余生平于学界稍有所知,皆先生之赐也。[1]

这一段话,梁启超写于光绪二十七年(1901),其思想已与康有为开始分离,但仍说出康在万木草堂的基本学术倾向——"西学"仅是"用",而且是排在"史学"之后。在戊戌时期,梁对康亦步亦趋,思想是一致的,即梁此处所称"皆先生之赐"之意。

《学要十五则》

康有为写完《桂学答问》后,"尚虑学者疑其繁博,属门人梁启超紬绎其条,以为新学知道之助。"[2]即让梁启超依此做出一个简本来。梁由此而作《学要十五则》(即《读书分月课程》)。

《学要十五则》仿《桂学答问》,以传授"孔子改制说""新学伪经说"为目的,梁启超制订出一个三年的读书计划:

> 一月可通《春秋》,半载可通礼学,度天下便易之事,无有过于此者矣。

---

[1]《南海康先生传·修养时代及讲学时代》,《清议报》第100册,光绪二十七年十一月十一日,中华书局影印本,第6册,第6303页。值得注意的是,梁增加了"佛学",康有为著述中讲佛学的内容并不多。

[2]《读书分月课程序》,《饮冰室合集》,中华书局版,1989年,第9册,专集之六十九,《序》第1页。

以上诸学,皆缺一不可。骤视似其繁难,然理学专求切己受用,无事贪多,则未尝繁也。经学专求大义,删除琐碎,一月半载已通,何繁之有?史学大半在证经,亦经学也。其余者,则缓求之耳。子学通其流派,知其宗旨,专读先秦诸家,亦不过数书耳。西学所举数种,为书不过二十本,亦未为多也。遵此行之,不出三年,即当卒业,已可卓然成为通儒学者。[1]

梁启超开出的《最初应读之书》,较康有为所开列者大为简要,且有先后阅读次序,往往具体到篇名。《春秋》及《公羊传》《春秋繁露》《解诂》《礼》《白虎通》,仍是阅读的重点,其余各书共24种,另有"群经""群史""群子"。[2]至于西学,梁亦仿康,称"地球万国犹比邻也",只是相当于比邻的知识,并具体说明读法:

读西书,先读《万国史记》,以知其沿革;次读《瀛环志略》,以审其形势;读《列国岁计政要》,以知其富强之原;读《西国近事汇编》,以知其近日之局。至于格致各艺,自有专门,此为初学说法,不琐及矣。[3]

---

[1]《读书分月课程序》,《饮冰室合集》,第9册,专集之六十九,第2、4页。梁启超此处所称"礼学",不太具体,既强调了今、古文之别,又称"细玩二戴记",再称"已可以《春秋》、三礼专门之学试于有司",大约是遵从自有等差,但《礼记》《周礼》《仪礼》和《大戴礼记》都要读。

[2]《读书分月课程序》,《饮冰室合集》,第9册,专集之六十九,第5—11页。梁启超所列书目,除前已提到的《春秋》及《公羊传》《春秋繁露》《解诂》《礼》《白虎通》外,另开列:《穀梁传》《大戴礼记》《五经异义》《新学伪经考》,刘逢禄《公羊释例》《左氏春秋考证》,邵懿辰《礼经通论》,魏源《诗古微》,"群经"。《史记》《汉书》《后汉书》,"群史"。《庄子》《荀子》《韩非子·显学篇》《孟子》《管子》《墨子》《老子》《列子》《吕氏春秋》《淮南子》,"群子"。《象山学案》《上蔡学案》《东林学案》《姚江学案》《泰州学案》《江右王门学案》《浙中王门学案》《白沙学案》《伊川学案》《横渠学案》《濂溪学案》《明道学案》《百源学案》《东莱学案》《南轩学案》《艮斋学案》《止斋学案》《龙川学案》《水心学案》(以上各学案,分见于《宋元学案》《明儒学案》,算2种)。《朱子语类》。以上前后顺序,引者稍有调整。"群经""群史""群子"的概念很不明确,可大可小,梁也未称具体书目,我推测梁启超的本意只是随便翻看而已。

[3]《读书分月课程序》,《饮冰室合集》,第9册,专集之六十九,第4页。又,梁启超各类书目的排列是:经学书、史学书、子学书、理学书、西学书。西学列为最后。

梁此处提到4种，又在其后的书单增加3种：《格致须知》《谈天》《地学浅识》。若以此种数而言，可见梁的中、西学比例关系；若以部头篇幅而论，两者差距更大——梁称"为书不过二十本"，指木刻（或石印）线装本，只是一部史书的分量。

《西书书目表》《读西学书法》与"中本西用说"

梁启超写《学要十五则》时，在光绪二十年（1894）冬，恰好入康门四年。光绪二十二年，梁到上海主办《时务报》，发表《变法通议》，大谈用西方的样式来改造中国，大谈翻译西书，并由《时务报》馆刊印所撰《西书书目表》和《读西学书法》。[1] 在当时许多人的心目中，年仅25周岁的梁启超成了西学的大师，就像当时许多人读了《上清帝第三书》认为康有为是西政的巨匠一样。

《西学书目表》分28类："算学"（21）、"重学"（4）、"电学"（3）、"化学"（12）、"声学"（3）、"光学"（6）、"汽学"（3）、"天学"（6）、"地学"（8）、"全体学"（11）、"动植物学"（7）、"医学"（39）、"图学"（7）、"史志"（25）、"官制"（1）、"学制"（7）、"法律"（13）、"农政"（7）、"矿政"（9）、"工政"（38）、"商政"（4）、"兵政"（56）、"船政"（9）、"游记"（8）、"报章"（6）、"格致总"（11）、"西人议论之书"（11）、"无可分类之书"（18），共录书目353种；《西学书目表附卷》分3类："通商以前西人译著各书"（86）、"近译未印之书"（90）、"中国人所著书"（120），共录书目296种。[2] 两者相加，竟达649种，数量极为庞大。

细观《西学书目表》，主要书籍属"声光化电"之类，即今自然科学

---

[1] 《饮冰室合集》将《读书分月课程》误为"光绪十八年"。梁启超在《变法通议·幼学》中称："南海先生复有《桂学答问》，甲午游粤西，告桂人士者……岁甲午，余授学于粤，曾为《读书分月课程》，以训门人。近复为《读西学书法》，以答问者。"（《时务报》，中华书局影印本，第2册，第1175页）相关的研究，可参见李国俊：《梁启超著述系年》，复旦大学出版社，1986年，第27页。

[2] 括号内该类书籍的种数。"天学"，天文。"地学"，地理。"全体学"，指关于身体的学问，今天一般称为"解剖学"。"图学"，测绘与制图。"农政""矿政"等各政，除了"商政"以外，与政治并无关系，可视为农学、矿学一类。"格致总"，即科学总论或科学诸门类之意。

与技术门类,其中又以"算学"(数学)、"医学"、"工政"(工学)、"兵政"(兵器制造与使用)为多;主要译者和出版机构为外国传教士(益智书会、广学会)、江南制造局翻译馆和京师同文馆。他们的思想取向与工作性质,决定了译书的门类和内容。欧洲的文艺复兴以及近代政治、经济、社会诸学说的产生,正是脱离了神学的轨道;西方教会与来华传教士虽受此影响,但这类政治、经济、社会学说毕竟与神学为两途。来华传教士中许多是医疗传教士,大量的医学书籍是其所译。江南制造局翻译馆的主要工作任务,是翻译兵器制造与使用的西书,同时也需要翻译数学、力学(重学)和技术类的著作。本章的目标是研究戊戌变法主要推动者康有为、梁启超的思想底色,合乎逻辑的推论是,康、梁和这场政治改革的其他推动者、指导者正需要大量"西政"类的著作。由此对照《西学书目表》,应分属"史志""官制""学制""法律""商政""游记""西人议论之书"7类,共69种,数量本不为多,能够称得上佳作的则更少。[1] 此外,在"无可分类之书""中国人所著书"中,也有一些

---

[1] 梁启超开列书目有:【史志】《万国史记》,冈本监辅;《万国通鉴》,谢卫楼、赵如光;《四裔编年表》,林乐知、严良勋、李凤苞;《欧洲史略》《希腊志略》《罗马志略》,艾约瑟(Joseph Edkins,1823—1905,英国伦敦会传教士);《俄史辑译》,阚斐迪、徐景罗;《大英国志》,慕维廉;《法国志略》,王韬;《联邦志略》,裨治文;《米利坚志》,冈千仞;《英法俄德四国志略》,沈敦和;《德国合盟本末》《美国合盟本末》,两书印成一本,徐建寅;《普法战纪》,王韬;《土国战事述略》,艾约瑟;《东方交涉记》,林乐知、瞿昂来;《英俄印度交涉书》,林乐知;《中东战纪本末》,林乐知、蔡尔康;《泰西新史揽要》,李提摩太、蔡尔康;《天下五洲各大国志要》,李提摩太;《列国变通兴盛记》,李提摩太;《列国岁计政要》,林乐知、郑昌棪;《欧洲八大帝王传》,李提摩太;《华盛顿传》,黎汉谦。【官制】《德国议院章程》,徐建寅。【学制】《西国学校》,花之安;《文学兴国策》,林乐知;《七国新学备要》,李提摩太;《肄业要览》,颜永京;《西学课程汇编》,沈敦和;《格致书院西学课程》,傅兰雅;《教化议》,花之安。【法律】《万国公法》,丁韪良;《各国交涉公法论》,傅兰雅、李凤苞、俞世爵;《公法会通》《公法便览》,丁韪良;《公法总论》,傅兰雅、汪振声;《中国古世公法》《陆地战例新选》,丁韪良;《星轺指掌》,丁韪良、联芳、庆常;《法国律例》,毕利干(Anatole Adrien. Billequin,1837—1894,京师同文馆法国教习);《英律全书》,何启;《英国水师律例》,舒高第、郑昌棪;《比国考察罪犯会纪略》,傅兰雅;《华英谳案定章考》。【商政】《富国策》,丁韪良;《富国养民策》,艾约瑟;《生利分利之别》,李提摩太;《华洋贸易总册》。【游记】《聘盟日记》,(俄)雅兰布;《探路日记》,(英)密斯耨;《柬埔寨以北探路记》,(法)晁西士;《黑蛮风土记》,(英)立温斯顿;《中亚洲俄属游记》,(英)兰斯得路;《西学考略》,丁韪良;《环游地球杂记》,潘慎文[Alvin Pierson Parker,(转下页)

价值较高的书籍，但就普遍水平而言，知识与学术的层级不算高。[1]

《读西学书法》是梁启超介绍读书门径的著作，主要部分在谈论数学、化学、医学、农学、军事等门类，而谈到历史、教育等门类时，大多仅仅是对该书的评价；而涉及西方近代政治、经济、社会各学说的著作，数量本来就很少，梁启超又于经济学（political economics）和国际法（international law），有着比较大的误读。

《西学书目表》中有三种比较重要的经济学著作：法思德的《富国策》（汪凤藻译，丁韪良阅）、晢分斯（William Stanley Jevons，1835—1882，今译杰文斯）的《富国养民策》（*Political Economy*，艾约瑟译）和伯顿（John Hill Burton，1809—1881）的《佐治刍言》（*Political Economy for Use in Schools, and for Private Instruction*，傅兰雅、应祖锡译）。法思德是古典经济学派的主要代表人物，长期任剑桥大学经济学教授，后任格拉斯哥大学（University of Glasgow）校长。晢分斯（杰文斯）是"边际革命"理论的创立者，是古典经济学派向新古典经济学派转变中的重要人物，长期担任曼彻斯特欧文斯学院（Owens College，今曼彻斯特大学）、伦敦大学学院（UCL）经济学和逻辑学教授。[2]伯顿原是律师，后从事写作，编辑过休谟（David Hume，1711—1776）的传记和边沁（Jeremy Betham，1748—1832）的著作。他是一个古典经济学派的学者，同时受到主张全球自由贸易的曼彻斯特学派的影响。《富国策》《富

（接上页）1850—1924，美国监理会传教士］；《历览纪略》，傅兰雅。【西人议论之书】《自西徂东》，花之安；《治国要务》，韦廉臣；《时事新论（附图表）》《西铎》《新政策》，李提摩太；《东方时局论略》《中西关系略论》，林乐知；《中国四大政》，李提摩太；《整顿中国条议》，福士达；《借箸筹防论略》，来春石泰（Albin von Reitzenstein，1852—1927，德国陆军少校，张之洞聘用的自强军教官）、沈敦和；《扬子江筹防刍议》，雷诺（德国军官）、张永烨。以上书目涉及西方近代政治、经济、社会诸学说者，数量非常之少。此处限于篇幅，难以一一做出评价；然在当时影响力较大者，有《泰西新史揽要》《列国岁计政要》《西国学校》《万国公法》《富国策》等。

[1] "无可分类之书"收入18种书，其中有《佐治刍言》和《百年一觉》。《百年一觉》，前文已经说明；《佐治刍言》，后将论及。"中国人所著书"收入120种，大多是观察性的，研究分析少，然黄遵宪《日本国志》、马建忠《适可斋纪言纪行》等书籍仍有相当的价值。

[2] 杰文斯的中文译名甚多，在逻辑学界，又以严复的译名"耶方斯"闻名。他也是著名的逻辑学家。

国养民策》《佐治刍言》介绍了古典经济学派的基本理论与概念，有较高的学术价值，在日本也有传播，尽管后两种属于通俗性的丛书版。梁启超在《读西学书法》中，对这三种书的评论是：

> 同文馆所译《富国策》，与税务司所译《富国养民策》，或言本属一书云，译笔皆劣，而精义甚多。其中所言商理商情，合地球人民土地，以几何公法盈虚消长之，盖非专门名家者，不能通其奥窔也。中国欲振兴商务，非有商学会聚众讲求，大明此等理法不可。[1]
>
> 《佐治刍言》，言立国之理，及人所当为之事。凡国与国相处，人与人相处之道，悉备焉。皆用几何公论，探本求原，论政治最通之书。其上半部论国与国相处，多公法家言；下半部论人与人相处，多商学家之言。[2]

梁启超并没有分清《富国策》与《富国养民策》之间的区别，称"或言本属一书"，即一部书的两个译本；他虽称"精义甚多"，但又指责"译笔甚劣"，说明他此时阅读和理解西方经济学著作的能力似有不足。这一类著作的初译，正是各种专业名词和概念建立之际，如果没有相关的背景知识或较多的阅读经历，是难以融会贯通的。[3]他虽称《佐治刍言》为"论政治最通之书"，又称"上半部论国与国相处""下半部论人与人

---

[1] 《读西学书法》，《饮冰室合集集外文》，下册，第1166页。梁启超称"同文馆所译《富国策》"，自是该书由同文馆副教习汪凤藻、总教习丁韪良所译，并由同文馆印行。梁称"税务司所译《富国养民策》"，由此可知他使用的版本为《西学启蒙十六种》（光绪十二年出版），艾约瑟此时任总税务司翻译一职，也是《富国养民策》的第一个版本。梁又称"税务司所译《西学启蒙十六种》，中有数种，为他书所未道及者，《希腊志略》《罗马志略》《辨学启蒙》《富国养民策》，皆特佳之书也"。（《读西学书法》，《饮冰室合集集外文》，下册，第1167页）相关的研究，又可参见赖某深：《叙论：晚清介绍西学的一套启蒙丛书》，艾约瑟等：《西学启蒙两种》，岳麓书社，2016年，第17—26页。

[2] 《读西学书法》，《饮冰室合集集外文》，下册，第1165页。又，梁启超在《西学书目表》中称《佐治刍言》"言政治最佳之书"。见同上书，第1144页。

[3] 相同的说法，还可以举一例。梁启超称："其《西学略述》一种，言希腊昔贤性理词章之学，足以考西学之所自出，而教之流派，亦颇详焉。惜译笔甚劣，繁芜佶屈，几不可读。"（《读西学书法》，《饮冰室合集集外文》，下册，第1167页）《西学略述》，艾约瑟的著作，为《西学启蒙十六种》之一。梁似不知道，该书非为译书。

相处",对照原书来看,似为对该书内容的解读不够细密。[1]我这里最感兴趣的是,梁称《富国策》《富国养民策》"以几何公法盈虚消长之",又称《佐治刍言》"皆用几何公论,探本求原",其上半部"多公法家言";由这些言辞可上溯到康有为的著作《实理公法全书》——以"几何公理"而推导出的人类、社会、国家、政治诸门类"公法"——梁仍在沿用康的理念,来解读法思德、晢分斯(杰文斯)、伯顿的著作。

梁启超的"公法"概念又为何?他在《读西学书法》讲了三段话。为能准确理解,以下全录之:

> 西国公法家言,皆布衣下士,持空理以著书。讲之既久,执政者渐因用之,颇有成《春秋》而乱贼惧之意。然所据者,多罗马及近世旧案,非能悉由公理;又必彼此两国文野(原注:文谓文明之国,野谓野蛮之国)之轨相近、强弱之度相等,乃能用之,否则徒为空言而已。然近数十年间,因此而免于战事者,已无虑百十事,则公法家之息兵会,与有力焉。中国与西人交涉日繁,苟明此学者渐多,则折冲尊俎,其弭患无形者,必不少也。
>
> 同文馆教习丁韪良,公法专家,故译译多法学之书。然西人治公法,有声于时者,无虑数十百家。丁译之《万国公法》,非大备之书也。局译《各国交涉公法论》,分三集,为书十六本,视馆译为优矣。(原注:闻李丹崖译有《公法书》,甚详备,未印出。)
>
> 《中国古世公法论略》,丁韪良得意之书。然以西人谭中国古事,大方见之,鲜不为笑。中国当封建之时,诸国并立,公法学之昌明,不亚于彼之希腊。若博雅君子,(衷)[裒]而补成之,可得巨帙也。西政之合于中国古世者多矣,又宁独公法耶?[2]

---

[1] 以上关于《富国策》《富国养民策》《佐治刍言》内容,我参考了森时彦的论文:《清末中国吸纳经济学(political economy)路径考:以梁启超为中心》,狭间直树等编:《近代东亚翻译概念的发生与传播》,第264—289页。

[2] 《读西学书法》,《饮冰室合集集外文》,下册,第1165页。"局译",指江南制造局。"馆译",指京师同文馆。"衷"字据汤志钧、汤仁泽编:《梁启超全集》(中国人民大学出版社,2018年)本改为"裒",见该书第1册,第166页。

由上可见，梁启超所谈论的"公法"，已经超出了"国际法"的概念，与康有为《实理公法全书》中的"公法"有相似之处，与康的门生在各类著述中所使用的"公法"概念也有相似之处。梁称"公法"由"布衣下士"自我创行，讲久了而为执政者用之，并比拟于《春秋》的功用，是对"国际法"产生过程与实际效用的误解。梁称"公法家之息兵会"，是康党内部经常谈到的"弭兵会"，也是"大同三世说"的重要学理之一。梁称中国在春秋战国期间（"当封建之时"）"公法学之昌明"，更是指明中国传统经典中已经具有"公法学"的大义。也正是在这样的"公法"概念上，梁指认《富国策》《富国养民策》"以几何公法盈虚消长之"，又指认《佐治刍言》上半部"多公法家言"。这些界限相对模糊的"公法"的概念，梁后来《上南皮张尚书书》中又有游移（后将述及）。也正是在这样的"公法"概念运用中，康有为在万木草堂的门生欧榘甲已经完成了《〈春秋〉公法》；梁启超为湖南时务学堂制定的《功课详细章程》中有"公法学"（后将述及），而他的学生戴修礼也正在探究能超越丁韪良《中国古世公法论略》水平的"公法"。[1]

我在阅读梁启超《西学书目表》《读西学书法》时，最为深刻的感受是——一个25周岁的青年，不懂外国语，也未去过外国，一下子提出649种书目，并对其中约230种做出评论，如此强大的阅读速度与能力，是何等的天才之举！然而就常识而言，梁在有限的生命刻度内不可能详细研读这么多书籍，而天才也容易以"合理想象"来解读其未知难解之物。在此情况下，梁产生诸多误读是可以理解的，更何况西学此时并不是梁的主攻方向。梁在《读西学书法》中提到了大量中国人写的著作，作者包括亲历西方的各类出使官员，随后评论道：

  近风气颇开，此种著述，亦日盛一日。然或学无本末，语无心得，互相沿袭，读之徒费时日，无宁读黄梨洲之《明夷待访录》、龚定庵之《文集》矣。[2]

---

[1] 欧榘甲与《〈春秋〉公法》、戴修礼探究"公法"，可参见本书下编第三章第二节之"欧榘甲"、下编第三章第四节"梁启超'自下'进行的思想革命"。
[2] 《读西学书法》，《饮冰室合集集外文》，下册，第1169页。

梁的这个说法，与前引康有为致朱一新信中称"后生读书无多，不得其根本节目……"一段话，意思是相近的。

我个人更为关心的，是梁启超在《西学书目表后序》中宣称"吾不忍言西学"之大段言论。梁认为，孔子学说已经包含了西学的精义，甚至远远超过之，引经据典地说道：

> 今夫六经之微言大义，其远过于彼中之宗风者，事理至赜，未能具言，请言其粗浅者。生众食寡，为疾用舒，理财之术尽矣；"百姓足，君孰与不足"，富国之策备矣；"谷与鱼鳖不可胜食，材木不可胜用"，农务、渔务、林木之利辟矣；"行旅皆欲出于其涂"，道路通矣；"通功易事，羡补不足"，商务兴矣；"使于四方，不辱君命，乃谓之士"，公法之学行矣；"以不教民战，是谓弃之"，兵学之原立矣；"国人皆曰贤"，"国人皆曰不可"，议院之制成矣。（原注：以上仅证之于《四书》，又每事仅举其一条，其详具于专书。）又如《春秋》之义，"讥世卿"以伸民权，视西人之贵爵执政，分人为数等者何如矣？（原注：古之埃及、希腊，近今之日本，皆有分人数等之弊，凡国有上议院者，皆未免此弊，盖上议院率世族盘踞也。英至今未革，俄尤甚。）"疾灭国，疾火攻"，而"无义战"，视西人之治兵修械、争城争地者何如矣？自余一切要政，更仆难尽。夫以"士无世官"之制，万国太平之会，西人今日所讲求之而未得者，而吾圣人于数千年前发之，其博深切明，为何如矣？然则孔教之至善，六经之致用，固非吾自袒其教之言也。[1]

---

[1]《西学书目表后序》，《饮冰室合集》，中华书局版，第1册，文集之一，第127—128页。梁启超引儒家经典甚多，简注于下："生众食寡，为疾用舒"，见于《礼记·大学》，前文已引。"百姓足，君孰与不足"，见于《论语·颜渊》。"谷与鱼鳖不可胜食，材木不可胜用"，见于《孟子·梁惠王》。"行旅皆欲出于其涂"，亦见于《孟子·梁惠王》，原文为"行旅皆欲出于王之涂"。"通功易事，以羡补不足"，见于《孟子·滕文公下》。"使于四方，不辱君命，乃谓之士"，见于《论语·子路》。"以不教民战，是谓弃之"，亦见于《论语·子路》。"国人皆曰贤，国人皆曰不可"，见于《孟子·梁惠王》。"议世卿"，指"讥世卿"，见于《春秋公羊传》隐公三年、宣公十年。"疾灭国，疾火攻"，即"疾始灭国""疾始火攻"，分见于《春秋公羊传》隐公二年、桓公七年，并见于何休《解诂》。"无义战"，见于《孟子·尽心下》。"士无世官"，见《孟子·告子》。

这段话的基本逻辑，即孔子学说包含西学，与前引康有为在万木草堂的诸多言论是相同的，也是康此期"大同三世说"的逻辑大前提之一。梁启超在撰写《读西学书法》之后再发此议论，可见他此期对"西学书"的总体误解。在此逻辑大前提之下，梁大声疾呼有目的、有选择地阅读中国书籍："读经、读子、读史三者，相须而成，缺一不可"，宣布读经"当知"十二大义，读子"当知"十大义，读史"当知"八大义，皆是"康学"中"孔子改制说""新学伪经说"的内容。[1] 梁由此得出最终的结论：

> 要之，舍西学而言中学者，其中学必为无用；舍中学而言西学者，其西学必为无本。无用无本，皆不足以治天下，虽庠序如林，逢掖如鲫，适以蠹国，无救危亡。[2]

从字面直解，中学离开了西学则无"用"，西学离开了中学则无"本"，中学与西学必须相结合。然在此表述中，中学、西学的主、辅关系是明确的，且与康有为"宋体西用"的说法很相似。这是梁启超版的"中本西用说"，早于张之洞，与孙家鼐同时期。

"政治学院"的设计

梁启超在《时务报》上的杰出表现，引起了张之洞的关注。光绪二十三年（1897）一月，梁应张的邀请，去了武昌，两人有着多次深入的交谈。[3] 梁受此激励，以弟子的身份写信给张，歌颂的赞词直入云霄："今海内大吏，求其通达西学、深见本原者，莫吾师若；求其博综中学、精研体要者，尤莫吾师若。"梁随后提出建议，在武昌设立"政治学院"，其教学方针为：

---

[1] 叶德辉曾著文批驳梁启超的读经"当知"十二大义，读子"当知"十大义，读史"当知"八大义。见《〈读西学书法〉书后》，《翼教丛编》，上海书店版，第124—130页。由此又可知，《西学书目表后序》在当时的传播情况。

[2] 《西学书目表后序》，《饮冰室合集》，中华书局版，第1册，文集之一，第129页。

[3] 参见拙著：《戊戌变法的另面："张之洞档案"阅读笔记》，第240—241页。

以六经、诸子为经（原注：经学必以子学相辅，然后知六经之用，诸子亦皆欲以所学治天下者也），而以西人公理公法之书辅之，以求治天下之道；以历朝掌故为纬，而以希腊、罗马古史辅之，以求古人治天下之法；以按切当今时势为用，而以各国近政近事辅之，以求治今日之天下所当有事。

梁启超提出"经""纬""用"三个领域：分别对应中国传统经典、中国历史、中国当今现实，这是为主的方面；同时又参照西方的"公理公法之书"、西方的早期历史、西方的"近政近事"，这是为辅的方面。这种主、辅关系，也是一种"体用观"，只是扩大到三个领域。在这封信中，梁还解释了与"六经、诸子"相对应的"西人公理公法"："公理（人与人相处所用，谓之公理），公法（国与国相交所用，谓之公法，实亦公理也）。"这与他在评论《佐治刍言》中的用语——"上半部论国与国相处，多公法家言；下半部论人与人相处，多商学家之言"，已有差异。梁对其"政治学院"的设计，充满信心，描绘出美好的未来：

数事并举，则学者知今日之制度，何者合于古，何者戾于古，何者当复古，何者当变古，古人制度，何者视今日为善，何者视今日为不善，何者可行于今日，何者不可行于今日，西人之制度，何者可行于中国，何者不可行于中国，何者宜缓，何者宜急，条理万端，烛照数计，成竹在胸，遇事不挠。此学若成，则真今日救时之良才也！[1]

---

[1] 《上南皮张尚书书》，《饮冰室合集》，中华书局版，第1册，文集之一，第104—106页。该书目录注"光绪二十二年"，误。梁启超在信中称："为今之计，莫若用政治学院之意以提倡天下，因两湖之旧而示以所重"，根据梁给刘光蕡的信，其意是将两湖书院改造为政治学院性质的机构。梁在信中又称："启超以为所设经学、史学、地学、算学者，皆将学焉以为时用也，故时务一门，为诸学之归宿，不必立专课，而常贯于四者之中。其经学、史学、地学、算学，则以日记以督之，以验其学业之勤惰；其时务一门，则为课卷以考之，以观其学识之浅深。讲时务而无四者之日记以督之，则无以正其本；讲经、史、算、地而无时务之课卷以考之，则无以征其用。二义并行，本末咸备，体用具举，庶于西人政治学院之规模，稍有所合，计其成就，必有可观。且时务一门，无专书可以讲授，必事事推原经、史，则侵彼两院之权；苟非如此，则专门之西学，（转下页）

梁启超对"今日之制度"的改造，存在于两种途径："复古"或"行西"。他没有强调何种途径（"古"或"西"）为主要方向，但从前面已言"经""纬""用"三个领域的主辅关系来看，中国的传统经典仍然具有相当重要的意义，更何况梁在《西学书目表后序》中已经说明，孔子学说已包含了西学的精义。

梁启超的建议，未被张之洞采用，但他没有放弃。此后，梁在给杭州知府林启、陕西味经书院山长刘光蕡的信中，再次阐发此议。[1]

湖南时务学堂的《学约》《功课详细章程》

光绪二十三年（1897）秋，梁启超因《时务报》内部矛盾，应黄遵宪等人的邀请，前往长沙主持湖南时务学堂。他为时务学堂制定《学约》十章，曰："立志""养气""治身""读书""穷理""学文""乐群""摄生""经世""行教"。从这些名目中可以看出，"宋学义理"的色彩颇重。

在"读书"一章中，梁启超认为，以往先读通中学再读西学的方法——"以数年之力，使学者于中国经史大义"，植此根基后，"以其余日肆力于西籍"——虽如此"乃可谓之学"，然中西书籍一生无法读完。梁因此制定了"速成"的办法，有目的、有选择地阅读，即"披沙拣金"，"拾其芳草"：

> 今与诸君子共发大愿，将取中国应读之书，第其诵课之先后，或读全书，或书择其篇焉；或读全篇，或篇择其句焉；专求其有关

（接上页）既非所谙，洋务之谰言，又非所屑，登堂缄口，未知所裁。"由此来看，新设立的"政治学院"以经、史、地、算四课为主，"时务"并不专门开课，而是"常贯于"四课；四课的学习方法为日记，"时务"的学习方法以"课卷"；梁认为"时务"并无"专门"，处处引经史，两者是交叉的。由此而论，梁提到的"二义并行，本末咸备，体用具举"，"二义"分别指四课（本、体）、"时务"（末、用）。这也是一种"体用观"。这些与后来梁在时务学堂的设计有相合之处。

[1]《与林迪臣太守书》《复刘古愚山长书》，《饮冰室合集》，中华书局版，第1册，文集之三，第2—3、13—14页。

于圣教、有切于时局者,而杂引外事,旁搜新义以发明之。量中材所能肆习者,定为课分,每日一课。经学、子学、史学与译出西书四者,间日为课焉。度数年之力,中国要籍一切大义,皆可了达,而旁证远引于西方诸学,亦可以知崖略矣。

梁启超称"杂引外事","旁证远引于西方诸学",又称"经学、子学、史学与译出西书四者",西书只占其四分之一,皆非为主导面。更为关键者,是何为"中国应读之书"?梁不仅选书,而且选篇、选句,由此制定了《时务学堂功课详细章程》。

在"经世"一章中,梁启超强调了治学的目的在于经世。如何以经世为目的来求学呢?梁给出了答案:

> 必深通六经制作之精意,证以周秦诸子及西人公理公法之书以为之经,以求治天下之理;必博观历朝掌故沿革得失,证以泰西希腊、罗马诸古史以为之纬,以求古人治天下之法;必细察今日天下郡国利病,知其积弱之由,及其可以图强之道,证以西国近史宪法章程之书及各国报章以为之用,以求治今日之天下所当有事。夫然后可以言经世。[1]

梁启超在这里提出的经世之途——"经""纬""用",与前文所引他给张之洞的提议是相同的。这一经世的目的,又决定了时务学堂不是类似西方普通教育性质的学校,而是如同万木草堂那样的特殊政治性质的学校。

最能说明梁启超此期学术思想与政治思想底色的,是其所撰《时务学堂功课详细章程》。该《章程》的前三节称:

> 本学堂所广之学,分为两种:一曰溥通学,二曰专门学。溥通

---

[1] 《湖南时务学堂初集》,长沙戊戌刻本,第1册,《学约》,第1—7页。梁启超在"经世"一章中还特别说明:"今中学以经义掌故为主,西学以宪法官制为归,远法胡安定经义治事之规,近采西人政治学院之意。"即模仿西方"政治学院"的样式来办时务学堂。《学约》第十章"行教",即传播孔子之教,也是值得注意的内容。

学,凡学生人人皆当通习;颛门学,每人各占一门。

溥通学之条目有四:一曰经学,二曰诸子学,三曰公理学(原注:此种学大约原本"圣经",参合算理、公法、格物诸学而成。中国向未有此学,其详别见),四曰中外史志及格、算诸学之粗浅者。

颛门学之条目有三:一曰公法学(原注:宪法、民律、刑律之类,为内公法;交涉、公法、约章之类,为外公法),二曰掌故学,三曰格算学(原注:颛门之学非尽于斯,特就所能教者举之耳。又,各专门学,非入西人专门学成不能大成。现时所教,不过就译出各书,略引端倪。学者因其性之所近,自择焉可也)。[1]

按照这一章程,共同学习者为四门,其中很奇特的一门是"公理学";分科学习又为三门,其中很奇特的一门是"公法学"。从《读西学书法》《上南皮张尚书书》到《时务学堂功课详细章程》,大约一年多的时间,梁启超的"公理""公法"的概念不断游移。

先看"公理学"。梁启超所称"原本圣经",这里的"圣经",指孔子的经典,按照"孔子改制说",即为六经(今文经)。[2]梁所称"参合算理、公法、格物诸学",这里的"算理",包括几何;这里的"公法",概念很不明确,梁在"颛门学"中谈到两个概念:一是"颛门学"中的"公法学",二是"外公法"中的"公法",不知如何对应;这里的"格物",应指理学中的"格物致知",也有可能指西学的格致(物理学)。这几门学问的"原本"再加上"参合",又能够产生何种学说?前引梁在《上南皮张尚书书》所称"人与人相处所用,谓之公理",很容易让人联

---

[1] 《时务学堂功课详细章程》,《饮冰室合集集外文》,上册,第22页。"溥"即"普",普通学。"颛"即"专",专门学。梁启超本人两字也常混用。"格算学"中的"格",格致,今译物理学。

[2] 从梁启超当时的思想来看,"圣经"指《春秋》《孟子》等经典,见其著《读〈春秋〉界说》《读〈孟子〉界说》。(《湖南时务学堂初集》,长沙戊戌刻本,第1册)但也不排斥另一种可能性,康有为在《整齐地球书籍目录公论》中称:"二曰推定圣经。万身公法之书籍,博大浩繁,非孩童所能记诵也。今复集海内之书,俟每五年于修定公法各书之后,则共以众论推定圣经数本,俾便于孩童记诵。"(《实理公法全书》,《中国文化研究集刊》,第1辑,第347页)康的"推定圣经",或与梁的"原本圣经"有关联,然该"圣经"未见编成。

想到康有为的《实理公法全书》。由于"中国向未有此学",梁在该章程所附《第一年读书分月课程表》中没有列出具体书目,只是称:"公理学——其书按次印入学校报中。学者治《春秋》,既谙诸例,即当求公理,以互相印证。"这段话的直解,是懂得相关"例"的学生,在读《春秋》时可以自我求得"公理"。[1] 这也是非常特殊的治学途径。由于未能见湖南时务学堂的"学校报",我还看不到此书(也有可能该书根本未成,学校报也未印),不知其具体内容;但仍可做出基本判断,不管梁的"公理学"内容为何,与今天我们所能见到的"西学"中的任何一门学科,都不发生关系。

再看"公法学"。梁启超将"公法"分解成"内公法"与"外公法",这与他先前《读西学书法》中的"公法"概念、《上南皮张尚书书》所称"国与国相交所用,谓之公法,实亦公理也",已经有了极大的差异,也是丁韪良将国际法译作"公法"而造成的误解。梁所称的"内公法"中的"宪法、民律、刑律","外公法"中的"交涉、公法、约章",在今天学科体系中有着明确的定位,而梁的概念与今日学科的定位,两者之间是否吻合?由此而查证梁所撰《第一年读书分月课程表》。由于湖南时务学堂前六个月只设"溥通学",第七月之后"颛门学公法门""专精之书"书目为:

第七月:《公法会通》(原注:最便学者),《公法总论》《万国公法》。

第八月:《佐治刍言》(原注:此书为内公法之书),《公法便览》(原注:凡治公法学者,皆当随时取与《春秋》相印证)。

第九月:《各国交涉公法论》,《左氏春秋》《国语》《战国策》(原注:此等例案,有可以略为引证者)。

第十月:《各国交涉公法论》《希腊志略》《罗马志略》。

---

[1] 梁启超在《变法通议·女学》中称:"公理家之言曰,凡一国之人,必当使之人人各有职业,各能自养,则国大治;其不能如是者,则以无业之民多寡,为强弱比例差。"(《时务报》第23册,光绪二十三年三月十一日,中华书局影印本,第2册,第1525页)梁此处的"公理"又有今日经济学、社会学、政治学的内容。梁又称"《佐治刍言》(此书为内公法之书)",又可见梁对"公理"与"内公法"之间并没有严格的界限。

第十一月:《各国通商条约》《通商约章类纂》《欧洲史略》。

第十二月:《通商约章及成案》《法国律例》《英律全书》。[1]

以上所引各书,大多属国际法类;《各国通商条约》,《通商约章类纂》属国际条约("约章");《希腊志略》《罗马志略》《欧洲史略》属国际关系("交涉")的基础知识;而梁将《佐治刍言》称作"内公法之书",由此可质疑他"宪法、民律、刑律"的基本概念。[2]至于梁将《公法便览》与《春秋》"相印证",又在《各国交涉公法论》之后,开列《左氏春秋》《国语》《战国策》,作为"可以略为引证"的"例案",让我联想到《读西学书法》所言:"西国公法家言,皆布衣下士,持空理以著书",梁正是"布衣下士",此时很可能有意于修纂《公法学》,而《春秋》《左传》《国语》《战国策》很可能成为梁修纂时"略为引证"的"例案"。[3]

除了《湖南时务学堂学约》《时务学堂功课详细章程》外,梁启超还为湖南时务学堂撰写了《读〈孟子〉界说》《读〈春秋〉界说》,并重印了《长兴学记》。这些文献综合起来看,梁启超所言西学、西书,较之中学、中书,比例关系还是不高的;且梁本人对西学、西书,仍有误读误解。又过了几个月,梁起草《京师大学堂章程》,再次强调

---

[1] 《时务学堂功课详细章程》,《饮冰室合集集外文》,上册,第26—30页。又,根据梁启超的《西学书目表》,各书版本为:"《各国通商条约》,同文馆本;《通商约章类纂》,天津刻本,坊间翻刻改名《通商约章成案类编》"。(《饮冰室合集集外文》,下册,第1155页)第十二月《通商约章及成案》,似为《通商约章成案类编》之笔误。其余各书,前已注明,不再注。

[2] 湖南时务学堂学生戴修礼札记称:"……公法有内外之别,《春秋》亦有内外之异。《春秋》者,泰西公法之祖也。"梁启超批语称:"近是而犹未尽。惟交涉者,乃为外公法。《春秋》之外事,非交涉也,不过所治之地,不能不有远近先后之别也。故《春秋》实如西人宪法、国律之书,实全是内公法也。外公法不过内公法中之一门耳。"(《湖南时务学堂初集》,长沙戊戌刻本,第3册,《札记》卷二,第57页)梁启超此处"内公法""外公法"的概念十分混乱,又以《春秋》比拟"西人宪法、国律",也是对西方宪法概念的曲解。

[3] 湖南时务学堂学生戴修礼在札记中,引用《春秋》、何休《解诂》、《左传》为例证,谈论或涉及"公法",梁启超作批语:"此条吾采入公法学。""极细心,极有得。此条吾采入公法学。"(《湖南时务学堂初集》,长沙戊戌刻本,第3册,《札记》卷二,第59、62页)从梁的批语来看,似有自己编纂《公法学》的意图。

"中体西用"。[1]

梁启超执掌湖南时务学堂的时间并不长，大约两个多月。至年末，学堂便歇假了，过年后又迟迟没有开堂。但在这短短的时间内，梁与康门弟子韩文举、叶湘南、欧榘甲刮起了猛烈的旋风。现存的《湖南时务学堂初集》，记录了学生的札记与梁启超等教习的批语，也记录了学生的提问与梁启超等教习的答语，十分生动。从这些札记与提问、批语与答语，可以清晰地看到湖南时务学堂的教学内容——以《孟子》《公羊传》作为主要教材，讲授"康学"，即"孔子改制说""新学伪经说"甚至"大同三世说"；西学与西书只是作为佐证而被提及。梁启超等教习的教学内容不能不激起湖南学界的猛烈反弹，也与湖南巡抚陈宝箴的办学初衷有违。由此再来看梁在湖南时务学堂为重印《长兴学记》而写的《叙》，起首便言：

---

[1] 光绪二十四年五月十四日，由军机大臣、总理衙门大臣联合上奏《京师大学堂章程》，原稿由梁启超起草，第二章《学堂功课例》称："夫中学，体也，西学，用也，二者相需，缺一不可。体用不备，安能成才？且既不讲义理，绝无根柢，则浮慕西学，必无心得，祇增习气。"又称："今略依泰西、日本通行学校功课之种别，参以中学列为一表如下：经学第一，理学第二，中外掌故学第三，诸子学第四，初级算学第五，初级格致学第六，初级政治学第七，初级地理学第八，文学第九，体操学第十。（以上皆溥通学，其应读之书，皆由上海编译局纂成功课书，按日分课，无论何种学生，三年之内必须将本局所纂之书全数卒业，始得领学成文凭……）英国语言文字学第十一，法国语言文字学第十二，俄国语言文字学第十三，德国语言文字学第十四，日本语言文字学第十五。（以上语言文字学五种，凡学生每人自认一种，与普通学同时并习，其功课悉用洋人原本。）高等纂（算）学第十六，高等格致学第十七，高等政治学第十八（法律学归此门），高等地理学第十九（测绘学归此门），农学第二十，矿学第二十一，工程学第二十二，商学第二十三，兵学第二十四，卫生学第二十五（医学归此门）。（以上十种专门学，俟溥通学既卒业后，每学生各占一门或两门，其已习西文之学生，即读西文各门读本之书，其未习西文之学生，即读编译局译出各门之书。）"（《京师大学档案选编》，第29—31页）这是现在所能看到的梁启超在戊戌政变前的最后一篇文字，尽管军机大臣、总理衙门大臣可能有修改。在中学与西学的比例关系上，梁仍强调中学，经学、理学被置于数一数二的位置；"公理学""公法学"已不提，代之为"初级政治学"。京师大学堂前三年只学普通学，第四年才分科。康有为、梁启超此时的用力之处在于"应读之书"：由梁主持"上海编译局纂成功课书"，试图将"康学"编入"功课书"中。相关的研究，可参见拙著《京师大学堂的初建：康有为派与孙家鼐派之争》，《北大史学》，第13辑，北京大学出版社，2008年；又见《戊戌变法史事考二集》，第207—283页。

> 在昔有汉学、宋学之争，于今有中学、西学之辨，究其终始，折中孔子而已。[1]

这句话虽是从康有为《长兴学记》"天下道术至众，以孔子为折衷"翻出，却展示出梁此期对中、西学的总体看法。此处的"折中孔子"，是以孔子为准之意，即司马迁在《史记·孔子世家》最后所言："孔子布衣，传十余世，学者宗之。自天子王侯，中国言六艺者，折中于夫子，可谓至圣矣！"[2] 这恰恰是"大同三世说"的逻辑大前提——孔子真正成了人世间的"素王"，中、西各门类学问（"六艺"）的最高统帅（"至圣"）。

五、结　语

本章已经写得很长，须多作数语，以为结语。

我以为，戊戌时期康有为、梁启超学术思想与政治思想的底色是中学，严格地说来是一种特殊的中学，即"康学"——"新学伪经说""孔子改制说""大同三世说"；西学不仅不占主导，且康、梁当时对西学有着众多的误读与曲解，特别是在"议会""公法"等关键概念上。我之所以能得出这样的结论，是在研究时采取了质疑的态度。这是一种逆向思维，包含着"理应如此"之类的假设；这不是对康、梁特别苛刻，而是研究目标之需要——戊戌变法作为中国近代最重要的西方化政治改革，康、梁作为这次改革最重要的推动者，他们的学术思想与政治思想的底色，即他们的理论基础，至关重要。康、梁提出的众多改革方案和具体建策，看起来是西方化的，但缺乏相应的理论基础，只有形似而得不到精神力量的足够支撑，是不可能采之有道、行之有效的。也就是说，在

---

[1]　《长兴学记叙》，《饮冰室合集集外文》，上册，第 17 页。
[2]　司马迁：《史记》，中华书局，第 6 册，第 1947 页。这段话正是《孔子世家》的最后之言，是司马迁对孔子的结论。康有为在《教学通义》《新学伪经考》《孔子改制考》多次引用过此典。

康、梁的中学（"康学"）底色的思想基础上，或可开出西方化政治改革之花，但因其先天之不足，无法结出改革成功之果。也因为如此，我对康、梁学术思想与政治思想，尤其是西学的部分，采用了解剖级的量化分析，以能获得稳妥可靠的研究结论。如果再以戊戌时期康有为、梁启超两人思想作比较，梁的西学水准高于康，阅读西书的数量也多于康。戊戌政变之后，两人也因此在思想上渐行渐远，各行各途。

我以为，康有为、梁启超的西学知识之所以未能达到足以指导大国政治改革的高度，有两个原因：其一是他们因偶然的机会而走进政治舞台的中心，以极其有限的西学知识，提出了貌似西方化的政治、经济、外交等方面的建策，而他们原本要走的道路是"创制立教"。[1] 其二是当时的中国社会无法提供足够多的思想资料，也就是说，不懂外国语、没有出过国的康、梁，他们再怎么努力也无法登堂入室，接触到西方近代政治、经济、社会诸学说的精义。这与同一时期的日本，是大不相同的。[2] 前述康有为戊戌政变后流亡日本，在东京撰写《我史》（《康南海自编年谱》），其中光绪十二年（1886）称言：

> 中国西书太少，傅兰雅所译西书，皆兵、医不切之学。其政书甚要，西学甚多新理，皆中国所无，宜开局译之，为最要事。[3]

此语作为光绪十二年康提议开局译西政之书，当属不实，此语作为光绪二十四年变法失败后康的思想反省，或说出其感慨无奈的真实心情。梁启超亦有近似的说法。光绪二十三年，梁在《时务报》上发表《变法通议·译书》，称言：

> 中国官局旧译之书，兵学几居其半。中国素未与西人相接，其相接者兵而已，于是震动于其屡败之烈，怵然以西人之兵法为可惧，

---

[1] 相关的分析，可参见本书上编第三节；下编第三章第三、四节。
[2] 相关的研究，可参阅李少军：《甲午战争前中日西学比较研究》，湖北人民出版社，2007年，尤其是第三章《"中体"锢禹域　西潮涌东瀛》。该项研究相当深入，分析亦精辟。
[3] 《我史》（《康南海自编年谱》），《丛刊·戊戌变法》，第4册，第119页。

谓彼之所以驾我者，兵也，吾但能师此长技，他不足敌也，故其所译，专以兵为主。其间及算学、电学、化学、水学诸门者，则皆将资以制造，以为强兵之用，此为宗旨剌谬之第一事。起点既误，则诸线随之。今将择书而译，当知西人之所强者兵，而所以强者不在兵，不师其所以强，而欲师其所强，是由欲前而却行也。

这番话真是清凉透彻，直接说到点子上了；但应该翻译何书，梁也不太清楚，提出要译"章程"、学堂用书、法律、西史、年鉴、农学、矿学、工学、富国学、希腊与罗马思想家……开列了一长串，两眼依然迷茫，未能说到点子上。[1]此后，他与康门弟子在上海开办大同译书局，提出的译书门类为：课本、宪法、章程、商务，仍未得要领。[2]

正是在这样的知识背景之下，才能精准地测算出严复翻译西书在中国思想史上的划时代价值：赫胥黎的《天演论》，斯密亚丹的《原富》，斯宾塞的《群学肄言》，穆勒的《群己权界论》《名学》，甄克思的《社会通诠》，孟德斯鸠的《法意》，耶方斯的《名学浅说》，展出了西学的新经典。[3]也正是在这样的知识背景之下，才能明确地感受到梁启超到日本之

---

[1] 梁启超原题为：《论学校七·变法通议三之七·译书》，《时务报》第27、29册，光绪二十三年四月二十一日、五月十一日，中华书局影印本，第2册，第1802页，第3册，第1933—1934页。梁此时将"译书"放在"学校"类。

[2] 梁启超在《大同译书局叙例》中称："本局首译各国变法之事，及将变未变之际一切情形之书，以备今日取法；译学堂各种功课书，以便诵读；译宪法书，以明立国之本；译章程书，以资办事之用；译商务书，以兴中国商学，挽回利权。大约所译，先此数类，自余各门，随时间译一二。种部繁多，无事枚举。其农书则有农学会专译，医书则有医学会译，兵书则各省官局，尚时有续译者，故暂缓焉。"（《时务报》第42册，光绪二十三年九月二十一日，中华书局版，第4册，第2845页）

[3] 赫胥黎（Thomas Henry Huxley，1825—1895），《天演论》(Evolution and Ethics and other Essays，今译本为《进化论与伦理学》)。斯密亚丹（Adam Smith，1723—1790，今译亚当·斯密），《原富》(An Inquiry into the Nature and Causes of the Wealth of Nations，今译本为《国富论》)。斯宾塞（Herbert Spencer，1820—1903），《群学肄言》(The Study of Sociology)。穆勒（John Stuart Mill，1806—1873，今译密尔），《群己权界论》(On Liberty，今译本为《论自由》)、《名学》(A System of Logic, Ratiocinative and Inductive)。甄克思（Edward Jenks，1861—1939）的《社会通诠》(A History of Politics)。孟德斯鸠（Charles Louis Montesquieu，1689—1755），《法意》(The Spirit of Laws，今译本为《论法的精神》)。耶方斯，即杰文斯，《名学浅说》(Primer of Logic)。

后接触西学在个人成长史上的思想跨越：梁撰写《霍布士学案》《斯片挪莎学案》《卢梭学案》，开始就西学而言西学，不再用中国经典去解读。[1]而梁之所以能如此巨变，是他到日本后未久，即发现问题之所在，称言：

> 日本自维新三十年来，广求智识于寰宇。其所译所著有用之书，不下数千种，而尤详于政治学、资生学（原注：即理财学，日本谓之经济学）、智学（原注：日本谓之哲学）、群学（原注：日本谓之社会学）等，皆开民智、强国基之急务也。吾中国之治西学者固微矣，其译出各书，偏重于兵学、艺学，而政治、资生等本原之学，几无一书焉。……使多有政治学等类之书，尽入而能读之，以中国人之聪明才力，其所成就，岂可量哉！[2]

梁启超发表极富天才的《读西学书法》两年多之后，此时突发"几无一书"之断言，可见其前后思想之断裂。梁又称"尽入而能读之"，"其所成就，岂可量哉"，正可视作其思想自我更新后，对戊戌失败之感慨。庚子之变将清朝推入"新政"期，西方近代政治、经济、社会诸学说如同潮水般地从日本涌入中国，形势急变。胡汉民称：

> ……不过，康有为未尝研究政治的学问，单就当时李提摩太、林乐知所译一二粗浅西籍，管窥蠡测，以为民族是要分别的，民主政体是这样的，实则似是而非，一知半解，后来不能自信，也未必不因于此。[3]

胡汉民发表此言论时（光绪三十一年，1905），正值革命、保皇两党相争，

---

[1] 霍布士，即霍布斯。斯片挪莎，即斯宾诺沙。卢梭，Jean-Jacques Rousseau，1712—1778。三学案刊于《清议报》第96—100册。

[2] 《论学日本文之益》，《清议报》第10册（光绪二十五年二月二十一日），中华书局影印本，第1册，第579—580页。

[3] 《记戊戌庚子死事诸人纪念会中之广东某君之演说》，(1905年) 九月初八日，《民报》第一号，第79页；又见《胡汉民先生文集》，(台北) 中国国民党中央委员会党史委员会印，1978年，第1册，第26页。

颇显意气,却可看出七年之后知识背景的颜色更换。[1]冬夏荏苒,又过了十多年,1920年,梁启超作《清代学术概论》,对这一时期的"学术"进行总结。他介绍了自明代徐光启到清代光绪年间译书情况后,称言:

> 光绪间所为"新学家"者,欲求知识于域外,则以此为枕中鸿秘。盖"学问饥饿",至是而极矣。甲午丧师,举国振动,年少气盛之士,疾首扼言"维新变法",而疆吏者李鸿章、张之洞辈,亦稍稍和之。而其流行语,则有所谓"中学为体,西学为用"者,张之洞最乐道之,而举国以为至言。盖当时之人,绝不承认欧美人除能制造能测量能驾驶能操练之外,更有其他学问,而在译出西书中求之,亦确无他种学问可见。康有为、梁启超、谭嗣同辈,即生育于此种"学问饥荒"之环境中,冥思枯索。欲以构成一种"不中不西即中即西"之新学派,而已为时代所不容。盖固有之旧思想,既深根固蒂,而外来之新思想,又来源浅觳,汲而易竭,其支绌灭裂,固宜然矣。[2]

这番话直接道出"康有为、梁启超、谭嗣同辈""新学家"西学知识之苍白。"学问饥饿"自是梁后来的心理感受,康、梁当时的信心绝对饱满。"不中不西即中即西"也是梁后来的估价,前引"宋体西用""折中孔子"才是他们当时的思想准则。以上引文最后一句,更是道出梁心中的痛楚——此期已译西书"来源浅觳,汲而易竭",以至于"支绌灭裂"。梁说此语时,孔家店已在青年学生的心中被打倒,中西学问的地位已经易势。

必须说明的是,若以严格的标准来衡量,戊戌时期康有为、梁启超的西学知识是不充分的,但若放在当时的社会,以大多数官员士子西学知识为平准,康、梁的西学知识则是明显地高出一截。百日维新期间,

---

[1] 此一时期译书门类与种类的变化,可参见张晓:《近代汉译西学书目提要:明末至1919》,北京大学出版社,2012年。相关的研究,又可参见章清:《学、政、教:晚清中国知识转型的基础及其变奏》,《近代史研究》2017年第5期。
[2] 梁启超:《清代学术概论》,朱维铮导读,上海古籍出版社,1998年,第97页。朱维铮所作导语,对此亦有深刻的分析,见该书第10页。值得注意的是,梁启超生前自编文集,《西学书目表》《读西学书法》皆未辑入。

光绪帝下令准许中下级官员与士子、民人直接上书,激起了他们的上书浪潮。上书者知道朝廷的政治倾向,尽可能地提出接近西方化的改革建策。我曾系统地阅读这一批上书,共计 275 件,除严复外,他们的西学水平远远低于康、梁。[1] 湖南名士叶德辉不满于康、梁的学问与为人,更不满于梁在湖南时务学堂的所作所为,在给学生的信中称:"其貌孔也,其心则夷也。"[2] 在当时许多读书人的心目中,"夷"是负面名词,叶欲借此而一棍子将其打死。而我认为,从康、梁的建策来看,实属"貌夷",从康、梁的思想来看,则是"心孔",只是康、梁所尊之"孔"与叶所翼之"孔"并不相同。叶称康、梁"貌孔心夷",此说四处流传,正说明了"叶德辉们"比康、梁更不知"夷"。

还须说明的是,由于戊戌时期康有为、梁启超西学知识来源于已译西书及报刊,就我目前的阅读范围而言,我有一种感觉:戊戌时期康有为的西学知识,比不上李鸿章,也比不上张之洞。

---

[1] 相关的研究,可参见拙著《戊戌变法史事考初集》,第 219—342 页。
[2] 叶德辉称:"康有为隐以改复原教之路得,自命欲删定六经,而先作《伪经考》,欲搅乱朝政,而又作《改制考》,其貌则孔也,其心则夷也。"(《叶吏部与刘先端、黄郁文两生书》,《翼教丛编》,上海书店版,第 165 页)"路得",马丁·路德(Martin Luther, 1483—1546)。从上下文关系来看,"心夷"也有可能指康有为模仿马丁·路德而创新教义;然"貌孔心夷"一语流传极广,皆被当作针对康此期总体思想而言。

第五章　戊戌时期康有为的"洪水说""地顶说""地运说"

——兼论《康子内外篇》的写作与完成时间

仔细观察戊戌时期康有为的政治思想与学术思想，可以发现一些非常奇特的学说，即"洪水说""地顶说""地运说"。这些学说显得非常松散，内部结构不紧密，最初看起来有点荒诞不经，康对此也没有完整的叙说，稍不注意很容易就放过去了。学术界对此尚无专门的研究。但我却以为，这些并未形成完整体系的"洪水说""地顶说""地运说"，很能反映康有为的性格特点，反映其学术思想（康学）的形成过程。解读这些学说，对总体了解和理解戊戌时期康有为学术思想与政治思想颇有助益，亦可为考证《康子内外篇》写作与完成的时间提供线索或依据。

由此，我将康有为的这些学说整理于下。

一、万木草堂中的口说："洪水说""地顶说"

戊戌时期康有为所创"新学伪经说""孔子改制说""大同三世说"，尤其是后两说，最重要的论据是孔子的口说，称《公羊传》《易》、董仲舒《繁露》、何休《解诂》等著述（甚至纬书）保存了大量孔子当年口说的内容。正因为如此，康有为在创建其学说时，也非常注重口说，尤其是

"大同三世说",传授给陈千秋、梁启超等人。[1]也因为如此,我对康在万木草堂中的讲授内容极感兴趣。康当年的讲授记录,现存有四种笔记,分别是黎祖健所录《万木草堂口说》、不署录人《万木草堂讲义纲要》和张伯桢所录《康南海先生讲学记》《南海师承记》。以下一一叙述之。

现存康有为讲授记录最详者,当属黎祖健所录《万木草堂口说》。黎祖健,字砚贻,广东番禺人,早年师从于陈荣衮。光绪二十年(1894),黎随其师陈荣衮同拜康有为为师。黎入康门较晚,在康门弟子中地位不高;但其学习勤奋,颇有著述,曾在康门控制的《知新报》上发表政论文5篇。[2]黎祖健所录《万木草堂口说》,现存两个版本,其一收藏于广东中山图书馆(丙申本,光绪二十二年),其二收藏于北京大学图书馆(丁酉本,光绪二十三年)。楼宇烈称:"现存这两份口说抄本内容及编次基本相同,似系同出一源。"此说若能成立,所录皆是光绪二十二年康在万木草堂的讲授内容。目前最方便使用的版本,是楼宇烈整理本。[3]

---

[1] 参见本书下编第一章"论戊戌时期梁启超的民主思想"、下编第三章"戊戌时期康有为'大同三世说'思想的再确认"。

[2] 黎祖健的身世及在《知新报》的著述,参见本书下编第三章第二节之"黎祖健"。

[3] 一、吴熙钊、邓中好最先校点出版《南海康先生口说》,所据版本是中山图书馆藏本,见吴熙钊、邓中好校点:《南海康先生口说》(中山大学出版社,1985年),然目录与楼宇烈整理本有异,并称:"参照《万木草堂口说》(北京大学所藏的复制本和复旦大学的复制本)和其它零散资料互订。"二、楼宇烈此后整理校勘中山图书馆藏本和北京大学图书馆藏本,并作详细说明:"广州〔东〕中山图书馆藏本,分装两册,封面中题《南海康先生口说》,右上有'孔子降生后二千四百四十七年'字一行,左方有'光绪丙申恭录'字一行。有朱钤四枚:一为细长形,刻'万木草堂学徒'六字,一为方形,刻'黎祖健印'四字,一为方形,刻'砚贻'二字,一为长方形,刻'砚贻私印'四字。页后有附白一则:'诸君借抄借读,切不可转手交与别人,恐有遗失,尤不可涂污折皱,以昭珍重。砚盦谨白'。下有'祖健'朱钤一方。正文首页有大方朱钤一枚,刻'番禺黎祖健印'。由此可见,此抄本原系黎祖健所录存者。""北京大学图书馆藏本分装为三册,字体较中山图书馆藏本为大,全书前后无任何附文,仅在每册封面右侧署有'丁酉七月'四字,估计即为抄录之年月。由此可见,中山图书馆藏本早于北京大学图书馆藏本一年。就内容和篇幅说,丙申本比丁酉本多出约四分之一,在题目节次的分合上,两本也有所不同。"(见《万木草堂口说整理杂谈》,《古籍整理与研究》,第1期,上海古籍出版社,1986年)相关的说明,又见楼宇烈整理:《长兴学记·桂学答问·万木草堂口说》(中华书局,1988年)之《点校说明》。楼宇烈整理本是最方便使用的版本,且扉页有中山图书馆藏本的照片。三、姜义华、吴根樑编校《康有为全集》第2集(上海古籍出版社,1990年)亦收录《万木草堂口说》,编者在按语中称:"系康有为(转下页)

《万木草堂口说》大约十万字,语录体,未加修饰,从中可以看出康有为在万木草堂对众弟子讲授时的汪洋恣肆、随性挥洒、不受规限。其中关于康的"洪水说""地顶说",黎祖健所录文字为:

> 现考地球所生从日出,而月从地生出。
>
> 昆仑有四大金龙池:一条额尔齐斯河,流入俄国;一条阿母新头河,流入波斯;一条印度河,流入印度;一条黄河,流入中国。(见佛书玉合经)[1]

(接上页)1896年于万木草堂讲课时的笔记,原笔记者不详。现由编者对原抄本略作整理……"未说明"原抄本"的收藏处。据楼宇烈校勘记录似为藏于北京大学的"丁酉本",或是吴熙钊、邓中好所称的"复旦大学的复制本"。

[1] "见佛书玉合经"一语,颇难解。亦有编校者加书名号,即"《玉合经》",然佛书似无"玉合经"。黎祖健后又录康有为语:"言昆仑之说者,莫精于佛书,以印度近昆仑也。《海国图志·昆仑考》甚谬。"查魏源《海国图志》卷七十四《释昆仑》上称:"……更征释典,言昆仑即阿耨达山者,始于《康泰扶南传》及《佛图调传》(并见《水经注》,阿耨达亦名无热山)。言阿耨达池出四大水注四大海者,见于《长阿含经》[经云雪山顶上有阿耨达池,纵广五十由旬。池东有恒伽河,从牛口出,从五百河入东南海。池南有新头河,从师(狮)子口出,从五百河入西南海。池西有博义河,从马口出,从五百河入西北海。池北有斯佗河,从象口出,从五百河入东北海。]"(陈华、常绍温、黄庆云、陈文源、张廷茂点校:《海国图志》,《魏源全集》,岳麓书社,2004年,第7册,第1829—1830页。又,"博义河"的"义",当为"叉",见下引《长阿含经》)魏源《释昆仑》下又称:"唐人欲合佛经四水,故以印度河当西注,以缚刍河当北注。"(同上书,第1834页)由此可推知,黎祖健记"见佛书玉合经"一语,或由《长阿含经》所误,或因"欲合佛经"之音读所记。由此再读《长阿含经》,其与四大金龙池相近者,有两条:一、"雪山埵出高百由旬,其山顶上有阿耨达池,纵广五十由旬,其水清冷,澄净无秽……阿耨达池侧皆有园观浴池,众花积聚……阿耨达池底,金沙充满,其池四边皆有梯陛……阿耨达池东有恒伽河,从牛口出,从五百河入于东海。阿耨达池南有新头河,从师子口出,从五百河入于南海。阿耨达池西有婆叉河,从马口出,从五百河入于西海。阿耨达池北有斯陀河,从象口中出,从五百河入于北海。阿耨达宫中有五柱堂。阿耨达龙王恒于中止。佛言:何故名为阿耨达,阿耨达其义云何?此阎浮提所有龙王尽有三患,唯阿耨达龙无有三患……"(卷十八,第四分·世记经·阎浮提州品第一。见恒强校注:《阿含经校注:长阿含经》,线装书局,2012年,第383—384页)二、"彼郁单曰土四面有四阿耨达池。各纵广百由旬。其水澄清,无有垢秽。以七宝堑厕砌其边,乃至无数众鸟相和悲鸣,与摩陀延池严饰无异。彼四大池各出四大河,广十由旬,其水洋顺,无有卒暴。众花覆上,泛泛徐流。挟岸两边多众树木,枝条柔弱,花果繁炽,地生濡草,盘萦右旋,色如孔翠,香犹婆师,濡若天衣。其地柔濡,以足蹈地,地凹四寸,举足还复。地平如掌,无有高下……"[卷十八,第四分·世记经·郁单(转下页)

昆仑者，地顶也。知地顶之说，而后可以知人类之始生。

现考人类之生，未过五千年，总之去洪水不远。或者，洪水以前之人皆为洪水所灭。以历国史记考之，人皆生于洪水之后。计自洪水至孔子，二千年，自孔子至光绪丙申，二千四百四十七年。印度开国最古，波斯亦开国亦早，盖近昆仑也。

凡有数千里平原，必能创造政教文字。故地球内四大域皆然……中国、印度、波斯、小亚西亚共为四大域，是开辟之始。

外国之教，以婆罗门为最古，马哈麦、佛氏、耶氏皆从它一转手。马哈麦弟子，名某亚已。老教分两门：一言丹鼎，葛稚川是也；一言符箓，张天师道陵是也。

自古至今，以地而论，则中国与印度，以人而论，则儒与佛。儒者，孔子之国号也。孔子未改制以前，皆淫逸无度，孔子以布衣整顿之……

言昆仑之说者，莫精于佛书，以印度近昆仑也。《海国图志·昆仑考》甚谬。

罗马之政教出于波斯，波斯出于印度，印度语言文字，皆本天竺，音用支歌麻韵。

古时郁珠即今之阿泽槃木者，经洪水后，在最下最肥之地。自兴安岭外，六千里皆槃木。

中国在昆仑之南。

（印度为一域，波斯为一域，小亚细亚为一域，即今土耳其，中国为一域。）亘古开国莫大于波斯。

何以日主岁功？日为地之主也。

地之大小从日火迸出时已定。

洪水者，当时地球水未干尽。

凡诸星莫不有洪水。（凡诸书莫不言洪水。）

（接上页）曰品第二。同上书，第386页］康有为所论"四大金龙池"，可能据此。然《长阿含经》对于"阿耨达池"的描写实属仙境，而清朝的军队已越过天山，清朝众多学者对于昆仑和地理形势也有了比较实际的认识。对照《长阿含经》叙述，康有为的"四大金龙池"说法已有较大的游移，且多富有自言自证的伸张。

印度之（即）白折额，为人道（人类）之始。

洪水之后，人多居昆仑左右。

日火质爆而为地。

洪水、流沙、蟠木。

昆仑为地顶，即今伊犁。

昆仑既起之后，大雪山离地至二千余丈。

印度开国甚古，当尧、舜之时，义理、政教、文字已可观。

以风水论，印度开国最先。

昆仑出天山、杭海山、大金山，走兴安岭、走大加海。

四川亦近昆仑（地顶）。

中国向东。

欧洲离昆仑远，开国迟。中国去昆仑近，开国早。

蟠木古名郁珠，亦名老林阿泽，古之所谓蟠木。

印度生在洪水之后。

山西为中国地顶，面向黄河，左氏所谓"表里山河"。

山西至今有穴居者。

洪水以前政教无可考，《禹贡》一篇，洪水既平之文。

（通地球政教文字不出四大域。）

地球诸教皆起于春秋时。

印度、波斯与三代制度相类。

歌麻为天地元音，人始生落地即曰呀，泰西声音多用歌麻韵。

白帝额过欧洲开人种。

亚当、波斯、印度俱被洪水。

外国七日礼拜出佛，印度开国早故也。

中国大禹、巴比伦、婆罗门生同时。

凡地球各国之人物，开在洪水之后，尧、舜年间。

洪水或以为七年，或以为十年，殆未至此。禹所治者，乃洪水末流耳。

黄帝至今六千年。

洪水后方有人，无五千年以上死人骨。

地球之生约四万年，分三古，曰荒古，曰远古，曰近古。

大象是洪水以前物。

各国皆言洪水，洪水后方有今日世界。

《汉书》诸西国皆在今昆仑山，不止葱岭也。佛之阿弥，即昆仑。

古之瀚海，即今戈壁。

波斯、印度、希腊及中国，约分四教。

地球之聪明大略相仿，印度开国最古，各国政教多从印度出。

埃及开国文物后，而希腊大盛。[1]

当时的笔录用毛笔，记录的速度不会很快。黎祖健的这份记录，当然只能是摘记要点，分别散列于《学术源流》之一至之七之中。有些内容，很可能黎自己也不太清楚，记录的文字似有误，如"白折额""白帝额"。

---

[1] 楼宇烈整理：《长兴学记·桂学答问·万木草堂口说》，第65—67、69—70、75—78、84—93页，括号内文字为丁酉本。"阿母新头河"，徐勤称"阿母新斯河"（详见后文），即阿姆河，该河突厥语称Amu-Dar'ya，Dar'ya是"河"的意思。"小亚西亚"，即小亚细亚。"马哈麦"，即先知穆罕默德（571—632），伊斯兰教的创教者。"某亚已"，很可能指穆罕默德的堂弟及女婿阿里，什叶派的最初领袖。"蟠木"，典出于《史记·五帝本纪》："帝颛顼高阳者，黄帝之孙而昌意之子也。静渊以有谋，疏通而知事；养材以任地，载时以象天，依鬼神以制义，治气以教化，絜诚以祭祀。北至于幽陵，南至于交阯，西至于流沙，东至于蟠木。"（《史记》，中华书局，第1册，第11页）《大戴礼记·五帝德第六十二》又称："（颛顼）乘龙而至四海，北至于幽陵，南至于交趾，西济于流沙，东至于蟠木。"康有为在《民功篇》中称："东至于蟠木。蟠木，《吕览》所谓'扶木'，又曰'攒木之所'，今吉林、黑龙江之老林窝集也，六朝、隋、唐史所谓'沃沮'也。其地有太古之木，高万千丈，其林数千里，为人迹所不通，落叶积地，深盈数丈，雨露濡浸，阏不流宣，淤为深淖，人马并没。颛顼承黄帝之威灵，舟车文字，已能遍服之，其德远矣。国朝自雅克萨定盟之后，以外兴安岭为界，精奇里江、哈滚江之流，及库页岛、费哲等部咸归我有，实抚有蟠木全境……用事者上不念祖宗缔造之艰，下不察天险美材之用，轻以蟠木割与强俄。"（《万木草堂遗稿外编》，上册，第84—85页）由此可知，康称"蟠木"指黑龙江以北、乌苏里江以东地区。"郁珠""檠木"，从康称"经洪水后，在最下最肥之地"来看，亦有可能是指阴沉木（乌木）；康有为在《我史》中称"洪水折木"，若被折之木长年被水土阴埋，即为阴沉木（后将述之）。"昆仑出天山、杭海山、大金山，走兴安岭、走大加海"一句，"杭海山"，即杭爱山；从叙述次序来看，"大金山"位于杭爱山与兴安岭之间，应在蒙古高原，具体指何山不详，也有可能为肯特山。康有为在《康子内外篇·地势篇》中又有"以日本为天山、金山之余气出"，该处的"金山"与此处"大金山"似为一处。"大加海"，从上下文意思来看，应指鞑靼海峡或鄂霍次克海，为何称"大加海"，不详。"支""歌""麻"，是韵目。"表里山河"，指太行山与黄河，见《左传》僖公二十八年。

但从这些简洁的文字中,可以大体看出康有为"洪水说""地顶说"的主要论点:

一、地球由太阳所产生("地球所生从日出","日火质爆而为地"),距今大约有四万年。早期的地球上有植物("郁珠""檠木")和动物(大象)。

二、五千年前,地球各处有巨大洪水("亚当、波斯、印度俱被洪水"),人类文明在洪水中是无法生存的,可能因此而中断;昆仑为"地顶"即地势最高处,可能保留了最早期的人类文明("洪水之后,人多居昆仑左右")。

三、洪水消退之后(大约四五千年前),人类文明从昆仑"地顶"向四周扩展;离昆仑比较近的印度、波斯、小亚细亚(土耳其)和中国有了最初的人类文明("中国大禹、巴比伦、婆罗门生同时";"印度、波斯与三代制度相类";"义理、政教、文字已可观"),发源于昆仑"四大金龙池"的四条河流(额尔齐斯河、阿母新头河即阿姆河、印度河、黄河)是文明伸展的路线,从上游而下游,逾行逾远。

四、大约在两千多年前,地球以印度和中国为中心,分别发展出高等的思想与政教体系,即中国的儒学与印度的佛教或早期的婆罗门教("自古至今,以地而论,则中国与印度,以人而论,则儒与佛");而伊斯兰教("马哈麦"即穆罕默德)、佛教、基督教("耶氏")都是从婆罗门教转变而来。

五、欧洲离昆仑远,文明发生晚,且其文明来源或受益于印度文明和波斯文明。

六、从语音来看,地球各地的文明有同源性("歌麻为天地元音"),而罗马帝国的文明来源于波斯文明,波斯文明来源于印度(古天竺)文明("音用支歌麻韵")。

从今天可以获得的自然历史与地理知识来看,康有为的观点是荒诞的。"洪水说"见于《圣经·创世记》,本属神迹神话;《尚书·禹贡》说的是九州地貌及其山川河流分布,康称之为"洪水既平之文",即说明洪水消退后情况的文献。然而,对照中东地区的自然历史,没有出现《圣经·创世记》所称的巨大洪水;对照中国的自然历史,仅可说明当时中原及附近地区有着大面积的沼泽,治水可能是先民们的河道修治或疏浚工程。康称"波斯、印度俱被洪水",似没有相应的文献史料,也得不到地质学方面的证据。康称"日火质爆而为地",即有可能接触到太阳系形成的假说,然地球产生的原因现在仍难以确定,其产生的时间绝不止康称的四五万年,很可能是四五十亿年。康称"昆仑",应指帕米尔高原及其周边地区,是很大的区域,但还不是真正的地顶(地顶为喜马拉雅山脉),四条河流的源头虽与帕米尔高原及其周边地区有着直接或间接的关系,但与文明的发生并无关系,且额尔齐斯河流域(其下游汇入鄂毕河)并没有产生人类早期文明。

从今天可以获得的人类文明史的知识来看,康有为的观点仍是荒诞的。人类早期文明在埃及、两河流域、波斯、印度、中国、希腊、中美洲等处,皆与昆仑无涉,而昆仑即帕米尔高原及其周边地区并无早期人类文明的遗存。地中海东部沿岸的各处文明,虽然有交互影响,但各有其源头,自我生长的力量仍是其生存发展的主要因素。希腊、罗马帝国的文明并不来源于波斯文明或印度文明;恰恰相反的是,波斯文明、印度文明很可能受到其他地区文明的影响,即雅利安人(高加索人种)进入伊朗高原和南亚次大陆。早期犹太教、印度教是独自发展的。

然而,在光绪二十二年(1896),在戊戌时期,在康有为时代的清帝国,能够思考地球、人类、文明起源的学者并不多,能够引发学者去思考地球、人类、文明起源的文献资料,特别是科学的实地考察或考古资料并不多。康有为正是以其过人的联想力与思辨力,将有限的文献资料和新获得的地理知识相结合,拼凑成新颖的"洪水说""地顶说"。相对于中国原有的文献记载,如光怪陆离的《山海经》、难寻确证的《史记·五帝本纪》和人神相会的《穆天子传》等书,这些具有全球性知识并稍显体系性的学说,当时对万木草堂众弟子们应有很大冲击力且具说服力。

尽管康有为的"洪水说""地顶说"将欧洲(西方)文明说成是次生级的,而此时欧洲考古学、地理学、生物学等学科正进入发展最快的时期。欧洲历史学家与考古学家已经初步完成对世界各地早期文明的考察,做出全新的解释;欧洲地理学家已经初步完成对全球自然地理的考察,写出详细的报告;而生物学的发现更是革命性的,那就是达尔文的"进化论",物种与人类发生发展的历史被改写。这些欧洲的新学说与康提出的"洪水说""地顶说"之格格不入，恰恰说明康对此时欧洲各种新学说也相当隔膜。

《万木草堂讲义纲要》是康有为第四子康同凝（1909—1978）的家藏，封面署"大人丁酉夏在万木草堂之讲义抄录"。由此可见，该讲义由康弟子"抄录"以送康审阅。至于康本人是否看过，则是无从知晓了。[1]《万木草堂讲义纲要》之"七月初三日夜讲源流"，亦有"洪水说"的内容：

> 地从日、火星出。
> 洪水者受天地之湿而成，非忽然而有。
> 地之出约五万岁。
> 洪水之后，人、物生焉。
> 至禹而定天下之始。
> 通考地球自禹时始。
> 地球由昆仑大初起而定。
> 泰西三代，巴比伦、希腊、埃及。
> 种族、言语俱从印度出。
> 通地球有四大国。

这一份记录显然要比黎祖健所录简单得多，说到了"洪水"，说到了"昆仑"，说到了"印度"，但没有说"地顶"，没有说明人类文明从昆仑通过四条河流而传播。值得注意的是，《万木草堂讲义纲要》虽称"种族、言语俱从印度出"，即讲西方的人种和语言出自印度；然又录："欧洲风俗之变从希腊始。""欧洲之政皆自希腊始。泰西文学、冶术、技艺诸门，皆自希腊始，与诸教无关，不关各国。""泰西诸教到希腊时并出。"[2]似乎是称欧洲文明是独立发展的，不那么强调其来源或受益于印度或波斯文明了。这种让人看起来比较困惑的说法，说明该记录很可能事后有所

---

[1]《康有为遗稿·戊戌变法前后》最初发表该讲义，原件无标题，由编者题名为《万木草堂讲义纲要》（见该书第133—166页）。"大人"，指康有为。"丁酉"，即1897年（光绪二十三年）。该讲义的版本情况，可参本书下编第四章第三节之《万木草堂口说》等记录。

[2]《万木草堂讲义纲要》,《康有为遗稿·戊戌变法前后》，第133—135、146页。

整理而删减。

张伯桢（1877—1949），广东东莞人，光绪二十二年正式入康有为门下，学习勤奋，对康极为忠诚，著有《南海康先生传》。《康南海先生讲学记》前有张伯桢序言，称："迨及（光绪二十二年）秋季，先生归来，昕夕讲述，放言高论"，"……余从学之余，辄为笔录，积久成帙"，即是光绪二十二年秋季的听讲笔记。《康南海先生讲学记》亦有"洪水说""地顶说"的内容：

> 孔子以前，皆讲三世。洪水时，人与水争，周公时，人与兽争；孔子时，人与人争。
>
> 地球自洪水以前一大劫。溯洪水之初，或为日所摄，或为他行星所触，人类几绝。禹之治洪水，不过因势利导。是时日力之摄息，地球之轨平，洪水必退。禹不过疏其未退者耳。洪水之劫，通地球皆同，可知不独中国为然。观西人所考俱断于洪水后，便知。
>
> ……日之黑点发出来十四万里。地约五万岁。人之生约在五千年前。以地中之物质考之，地绕日一次，地长皮约一寸。
>
> 上三千年，兽与兽争。中三千年，兽与人争。下三千年，人与人争。
>
> 葱岭四大金龙池，一口流入中国黄河，一口流入印度河，一口流入波斯，一口流入额尔齐斯河。
>
> 新疆居昆仑之顶。昆仑圆而大，落机大而长。
>
> 印度以母为姓。
>
> 满洲、蒙古字出于唐古忒，唐古忒出于天竺。[1]

谈到了"洪水"，谈到了"葱岭"和"昆仑"，谈到"四大金龙池"和四条河流，也谈到了"印度"，但没有具体说明人类文明在昆仑"地顶"的保存及洪水退后从昆仑向四周的发展。如果不对照黎祖健录本，而仅仅看到这些文字，很难理解康说的意旨。根据原编者的按语，今存张伯桢

---

[1]《康南海先生讲学记》，姜义华、吴根樑编校：《康有为全集》，第2集，第213、217—219页。标点稍有改动。"落机"似指北美地区的落基山脉（Rocky Mountains）。

《康南海先生讲学记》是其子张次溪的抄本，20世纪60年代初送当时的中国科学院广州哲学社会科学研究所历史研究室（今广东省社会科学院历史研究所）。[1]从所录内容来看，比较有条理，很可能经过事后的整理，即有记录者自我理解而作增删。

张伯桢另著有《南海师承记》，称将其光绪二十二、三年（1896—1897）两年在万木草堂的听讲笔记整理而成，共两卷，于1916年寄上海，"乞南海先生审定，仍付梨枣，以广其传"。看来康有为没有同意发表，存放在上海康家即康同凝处。《南海师承记》中完全没有"洪水说""地顶说"的内容。[2]

今存康有为弟子在万木草堂的听讲笔记，以黎祖健所录《万木草堂口说》（中山图书馆藏本，丙申本）最为原始且完整，《万木草堂讲义纲要》《康南海先生讲学记》很可能经事后整理而有所增删，不那么原始，《南海师承记》事后整理的痕迹极重；但将前三部记录合起来看，可以坐实康有为在万木草堂讲学时提出了"洪水说""地顶说"。然而，康的这些学说最终用意是什么？我在前三部记录中都看不出明确的意旨，即便是最为完整的黎祖健所录本，可以看出来的指向，仍是"孔子改制说"：中国早期文明从夏禹开始，更早的尧、舜文教之治，因为洪水而没有留存下来，即康在《万木草堂口说》中称"尧、舜如今（之滇、黔）土司头人"，其事迹皆是孔子创造出来的。[3]而我个人又以为，康的这些学说即"洪水说""地顶说"不会就那么简单，这里面似还有文章可以去做。

---

[1] 姜义华、吴根樑编校：《康有为全集》，第2集，第209页。
[2] 《南海师承记》，姜义华、吴根樑编校：《康有为全集》，第2集，第437—558页。该篇按语称："《南海师承记》，系康有为门人张伯桢据一八九六——一八九七年间于万木草堂听讲笔记整理而成，未刊，今据上海市文物管理（保管）委员会所藏原件整理校点。"由此可知，《南海师承记》为康同凝等人于1961年捐给上海市文物保管委员会。其"卷一"各节末注明张伯桢听讲时的年月，颇有参考价值。
[3] 楼宇烈整理：《长兴学记·桂学答问·万木草堂口说》，第88页，括号内文字为丁酉本。康有为亦称："中国始于黄帝而实开于夏禹，《皋陶》言蛮夷猾夏。诸子传记言华夏、诸夏。""下有孔子，上有黄帝，故制度一。""禹将黄帝制度行之九州""尧、舜皆孔子创议。""黄帝至今六千年。""夏至今四（五）千年。"（同上书，第87、90—91页）值得注意的是，康1898年称《康子内外篇》也有相应的内容，即"诸侯犹士土司"，"三代旧制旧事，尚未文明之故"。后将详述。

二、《康子内外篇》中的说法:"地势说"

康有为在戊戌政变前有两部关于其讲学内容的著作《长兴学记》与《桂学答问》,内中没有"洪水说""地顶说";康在戊戌政变前出版的所有著作,内中也没有相关的内容;由此再扩大到康生前出版的所有著作,曾简单地提到过"洪水",没有与"洪水说""地顶说"相关的实质性内容。由此可见,康生前还不想公开这些学说,或者反过来说,他想隐匿这些学说。

康有为去世后,其未刊著作陆续被发现,与"地顶说"相关的内容也开始出现,见载于《康子内外篇·地势篇》。

《康子内外篇》的写作与完成时间,我以为,还难以确定。

光绪十五年(1889),康有为写信给沈曾植称:"如吾子□中通理,广大精微,仆岂可复隐?所著《内外篇》,说天人之故,行且次之呈览。"[1]光绪十六年,康有为又将《阖辟篇》送给主持广雅书院的朱一新。[2]光绪二十四年底,康有为在日本东京写《我史》(即《康南海自编年谱》),在光绪十三年之下记:

> ……作《内外篇》,兼涉西学,以经与诸子,推明太古洪水折木之事,中国始于夏禹之理,诸侯犹今土司,帝霸乘权,皆有天下。三代旧事旧制,犹未文明之故……

据《我史》手稿本,这段话的内容虽稍有改动,但主要部分是康当时所写的。[3]康又在光绪十二年之下记:

---

[1] 《与沈刑部子培书》,《康有为遗稿·戊戌变法前后》,第211页。

[2] 康有为致朱一新(第一札),光绪十六年,《义乌朱氏论学遗札》,光绪乙未年菁华阁刻本,第27页。康有为称:"今进昔年拟上之折及代屠侍御所草折稿已上者四事,又《与沈刑部子培书》一首、《阖辟篇》一首,令意事小吏讽之,亦足以知其畴昔之所存。其它文稿固多,未敢遽上。"该件是吴仰湘提供的。

[3] 从《我史》手稿本来看,"作《内外篇》,兼涉西学"后原文是"及诸子",改为"以经与诸子",加了"经";"推明"后为"公羊□□",删去"公羊","□□"改为(转下页)

> 是岁作《内外康子篇》，内篇言天地人物之理，外篇言政教艺乐之事。又作公理书，依几何为之者。

从手稿本来看，这段话为康的添加，添在页眉上。[1] 康何时所添加，则不清楚。1899 年，梁启超主持的《清议报》在《支那哲学》栏发表了康的《阖辟篇》《未济篇》《理学篇》《爱恶篇》《性学篇》《不忍篇》《知言篇》《湿热篇》《觉识篇》，共计九篇，仅在《阖辟篇》之首加了一行小字"南海先生二十岁前旧稿"，即光绪三年之前的作品，没有说明此九篇属《康子内外篇》。[2]（此可称"《清议报》本"）康有为去世后，相当多的文稿由其次女康同璧保管。1947 年，芮沃寿（Arthur F. Wright）在康同璧家中将这些文稿拍成四个胶卷。[3] 其中有《康子内外篇》的抄本，封面写明"康子内外篇抄本，拾伍篇全"；除了《清议报》已刊出的九篇外，该抄本另有《人我篇》《仁智篇》《势祖篇》《地势篇》《理气篇》《肇域篇》六篇。（此可称"康同璧家藏本"）该胶卷存于斯坦福大学胡佛研究所图书馆，后又复制多份，分藏于世界各大图书馆。

1975 年，李三宝发表论文《〈康子内外篇〉初步分析——康南海现存最早作品》，点校该胶卷中的《康子内外篇》共十五篇，即"康同璧家藏本"。[4] 1978 年，蒋贵麟出版《万木草堂遗稿外编》，亦是点校胶卷

（接上页）"太古"、"洪水折木"补在行间；"中国始在夏禹之理"后，删去"三代犹未文"五字。该手稿本今藏于中国国家博物馆。无法识别的字，以□替代。相关的背景资料，参见拙著《戊戌变法史事考二集》，第 428—468 页。

[1] 从手稿本来看，原写是"是岁著《教学通义》"，"作《内外康子篇》"一段完全是后补在页眉上；且"内外篇"原写为"内篇外篇"，删去第一个"篇"字，另加"□□□康子"，补在侧边。

[2] 该九篇刊于《清议报》第 11、13、15、17、18 册，时间为光绪二十五年三月初一日、二十一日、四月十一日、五月初一日、十一日（1899 年 4 月 10 日、30 日、5 月 20 日、6 月 8 日、18 日）。汤志钧编《康有为政论集》（中华书局，1981 年，汤的前言写于 1978 年），刊出《阖辟篇》等九篇，并称作于 1877 年前，相信康有为在《清议报》上的说明，也未注意到台湾已出版的成果。

[3] 芮沃寿（1913—1976），汉学家，耶鲁大学讲座教授。其妻芮玛丽（Mary C. Wright 1917—1970），亦是耶鲁大学教授，中国近代史学者。

[4] （新竹）《清华学报》，第 11 卷第 1、2 期合刊（1975 年 12 月）。李三宝称其使用的是刘广京处的"胶片影印本"。

中的《康子内外篇》"康同璧家藏本",并与"《清议报》本"的九篇互校。[1]1980年,北京新创刊的《中国哲学史研究》发表《康有为遗著:内外篇》。[2]此后,《康子内外篇》有多个版本,点校亦有不同,追其原本都是"《清议报》本"和"康同璧家藏本"。[3]所有这些版本的点校者皆据康有为《我史》(即《康南海自编年谱》),称《康子内外篇》作于光绪十二三年(1886—1887)。

然而,所有《康子内外篇》"康同璧家藏本"点校者(以及引用者)应当注意而注意甚少者是,数量达十五篇之多的《康子内外篇》真正完稿时间:一、光绪十五年(1889),康有为给沈曾植信中称《内外篇》的内容为"说天人之故"。以当时人的思维概念而言,"天"指"天命""天道",有神明的意思,也有可能指"自然"(即今天的概念),"人"的指向是清楚的,指人的知觉、情感、理念和事功,包括"圣人"与"俗人"。"说天人之故",即两者之间的关联及其原由。现存《康子内外篇》十五篇,虽说也有许多这方面的内容,但不是最主要的命题,如第一篇《阖辟篇》就不怎么言"天"而多言君权之运作。即康有可能在光绪十五

---

[1]《康子内外篇》,《万木草堂遗稿外编》,上册,第3—32页;在该文前,编者蒋贵麟保留了"南海先生二十岁前旧稿"的字样。蒋又在《印行前记》中称:"《康子内外篇》,稿成于光绪十二三年间。全书十五篇,阐释仁爱与平等之精义,突破儒学传统思想,先师后日变法思想之端倪,于此可见。其中前九篇曾刊布于光绪二十五年《清议报》,顷于中研院近代史研究所所藏先生未刊文稿微卷中获见其未刊之六篇。今谨过录,使成完帙。"(《万木草堂遗稿》,台北,成文出版社,1978年,《印行前记》第3页)两处时间并不一致,应以《印行前记》为准。

[2]《中国哲学史研究》1980年第1期。该文编者按称:"康有为《内外篇》为康有为早期著作,成稿于1886—1887年间,全稿共十五篇,前九篇曾刊于1899年《清议报》……"按语中没有说明其资料来源。又据楼宇烈的介绍,该本是转载李三宝的整理本。[见楼宇烈:《康子内外篇(外六种)》,中华书局,1988年,《点校说明》,第2页]

[3] 比较重要的版本还有:一、姜义华、吴根樑校点:《康子内外篇》,见《康有为全集》第1集(上海古籍出版社,1987年)。该稿据蒋贵麟所编《万木草堂遗稿外编》和"清议报"本"互校;并称:"此外,上海市文物保管委员会藏有《性学篇》《地势篇》《知言篇》《爱恶篇》《湿势篇》等五篇手稿,今一并参校之。"但并未说明该五篇"一并参校"的结果。二、何建安校点:《康子内外篇》,见《康有为早期遗稿述评》(中山大学出版社,1988年)。该篇据蒋贵麟本和《中国哲学史研究》刊出本(即李三宝本)互校,何建安并有论文《中国近代资产阶级哲学变革的开端》。三、楼宇烈校点:《康子内外篇》,见《康子内外篇(外六种)》。该篇据蒋贵麟本、李三宝本和《清议报》本"互校。

年所言之后又增加了许多内容。二、光绪二十四年（1898），康在《我史》中说"推明太古洪水之事"，"内篇言天地人物之理，外篇政教艺乐之事"。而现存《康子内外篇》十五篇中，没有"推明太古洪水之事"，也不分"内篇""外篇"，与康在《我史》中所述不符。而"太古洪水"又牵涉"洪水说"，我在后面还会再叙述。三、光绪十六年（1890）康送《阖辟篇》给朱一新时，没有说明此为《内外篇》中的一篇。由此，我以为，我们现在看到的《康子内外篇》，包括《清议报》本和"康同璧家藏本"，康都有可能进行修改或重写。

光绪二十四年八月初五日（1898年9月20日），即戊戌政变的前一天，康有为离开北京，经天津搭船去上海。行前和途中，康对政变的消息是不知情的。八月初九日（9月24日），英国驻上海领事馆派人在吴淞口接走了康，送至香港。据英方记载，康随身的行李并不多。戊戌政变后，康在北京和广州的家都被抄过。也就是说，康若有手稿随身，应是他于九月初五日（10月19日）从香港到日本东京时所带，随行者有梁铁君、康同照、何树龄、叶湘南和两名仆人（他们有可能从广州康家中取走手稿）。但这些人（如叶湘南）都没有说明，曾在康家中取走过手稿；已在东京的梁启超也没有说明，康到达时有大量手稿随身。正因为如此，现存戊戌政变前康有为手稿资料数量极少，我对之是极其谨慎的。也因为如此，戊戌时期康、梁（尤其是梁）所宣称的康许多早期著作今天无法找到。我们现在可以看到的康有为手稿，大多是戊戌之后的，尤其是光绪二十六至二十九年（1900—1903）康在南洋槟榔屿、印度大吉岭期间所写的。

康有为指责刘歆造假，称赞孔子"改制"（亦是造假），而他自己的记录也不佳——《戊戌奏稿》作伪、《大同书》写作时间提前、《我史》制造前半部被抄后再获的谎言且准备修改。[1]《清议报》上"南海先生

---

[1] 康有为的《戊戌奏稿》完全是后来的新作，其原作经黄彰健、孔祥吉的研究，已经大体清楚，最重要的成果是孔祥吉编著：《康有为变法奏章辑考》（北京图书馆出版社，2008年）。康有为多次称《大同书》写作时期为1884年，经汤志钧、朱仲岳等人的研究，已经大体清楚，最重要的研究成果为汤志钧：《关于康有为的〈大同书〉》，《文史哲》1957年第1期；《〈大同书〉手稿及其成书年代》，《文物》1980年第7期；《再论〈大同书〉的成书年代及其评价》，《广东社会科学》2004年第4期。康有为晚年准备（转下页）

二十岁前旧稿"之语,当属出自或经过康有为之手,梁启超必不会自行添加。康将《阖辟篇》等九篇稿本交给梁启超的时间,当在光绪二十五年二月十一日(1899年3月22日)康乘船离开日本赴北美之前。然《阖辟篇》等九篇是康随身带来日本的"旧稿"吗?此时离"二十岁前"已经过了二十二年,若如果按《我史》的说法写于光绪十二三年的话,也已经过了十二年!

以我研究康有为思想的经验来看,康称"二十岁前旧稿",未必完全说谎,很可能康在二十岁前已经有了最初的想法或作品,以后不断地修改。这也是大多数思想家的写作方式。康个人独特的性格是将其创制各种思想或学说的时间尽量提前,以说明他的领悟能力,以证明他的天才气质。这是有心"创制立教"的"新圣人"所必须具备的能力与气质。从《阖辟篇》等九篇的内容来看,从康有为所能获取知识的时间段来看,不太可能是二十岁前(即光绪三年,1877年前)的作品原样。光绪二十五年,《清议报》发表《阖辟篇》等九篇时,有着两个可能性:一是康随身带有二十二年前或十二年前的"旧稿",发表前有所修改;二是康随身未带"旧稿",根据其记忆而重写。无论是修改或重写,说的都是康在光绪二十五年的思想。

既然我们可以推断康将《阖辟篇》等九篇发表时有所修改,那么,剩下的六篇是否为光绪三年前即"二十岁前"或《我史》所称光绪十二三年(1886—1887)的原样?我以为,也是不可能的。最重要的依据是:除了北京"康同璧家藏本"外,另有上海"康同凝家藏本",存有"爱恶篇""地势篇""性学篇""知言篇""湿热篇",计五篇,亦未注明属《康子内外篇》;且"康同璧家藏本"属他人的抄本,而"康同凝家藏本"则是康有为的亲笔手稿。[1]两个版本之间有异文。我以《地势篇》来说明。

(接上页)修改《我史》,曾在一抄本上记:"此书为光绪二十一年乙未(1895)前作,故叙事止于是岁,门人罗孝高不知何从得之,盖戊戌抄没,落于人间,而孝高得之也。更甡年七十记。"经茅海建、马忠文等人的研究,已经查清写作日期就在日本期间,最重要的研究成果为茅海建:《康有为自写年谱手稿本阅读报告》,《近代史研究》2007年第4期。

〔1〕上海市文物保管委员会编《康有为遗稿:戊戌变法前后》的《出版说明》称:"一九六一年,康有为家属康同凝、康保庄、康保娥将所藏康有为遗稿、函札、电稿以及(转下页)

《地势篇》未刊于《清议报》,其中谈到了"昆仑",谈到了"北龙""中龙"和"西龙"(阿姆河),谈到了"泰西之学所由出于印度"。这些正是"地顶说"的内容。故详细开列该篇康有为亲笔之件,即"康同凝家藏本",并试作解读:

> 中国之学,义学也,私学也。自尊君卑臣,重男轻女,分良别贱,尊中国而称夷狄,皆是也。诸圣人所传如此。虽然,非圣人能为之也,天为之也。

此段所言为"圣人"与"天"的关系。康有为称之"中国",与印度、伊斯兰教、欧洲相对(后将说明);称之"义",与"仁"相对;称之"私",与"公"相对;称之"圣人",与"天"相对。而"尊""卑"等义项,与"平等"相对(后将说明)。

> 天之营中国也,自昆仑发脉以来,地势东趋,江、河东流。北自天山分脉,南行为祁连、太行,东走医巫闾,内绕而为泰山;南自岷山、川、黔、闽、粤,而环抱于江、浙。前则高丽、日本横为案焉;后则藏地、重岭作护。雅鲁藏布江分印度、中国之界。龙沙江、槟榔江汇为潞江为一重,澜沧为第二重,鸦砻、金沙为第三重,皆万数千里,横亘南北,独流无支,在川、藏千里内横水横岭重重护之。崇山树其域,大海面其前,逼隘褊促于数千里间,欲稍舒张而无地矣。太行以界大塞,五岭以界闽、粤,其山水之向已有不同,故久而后得之。若滇南、交趾,则沦于边夷为多,由其地间于藏江

(接上页)书籍、图片等捐赠上海市文物保管委员会。这些材料中有很大一部分为未刊手稿,是研究中国近代史的重要资料,现经整理编为一套《康有为遗稿》,分辑出版。"康同凝,康有为第四子,由何旃理夫人生于香港。该书《编者的话》又称:"……《爱恶篇》《地势篇》《性学篇》《知言篇》《湿热篇》等文,虽刊于光绪二十五年(1899年)出版的《清议报》'支那哲学'栏,他曾辑入《万木草堂遗稿外编》,但无论在内容或文字上都与康氏手稿有较大的出入。今据手稿重行整理,收入本书。""凡康氏手稿皆用*号……"在该书目录中,《爱恶篇》等五篇后皆用*号。然该书前附康有为手迹照片中无《爱恶篇》等五篇的照片,姜义华、吴根樑编校《康有为全集》第1集,亦收录《康子内外篇》,书前附有该五篇手稿的照片(图注有排误)。由此可以认定,该五篇属康本人的亲笔手稿。

及潞江、澜沧江之间，非尽源于中国，故其君属于中国、印度之间，其师在儒、佛之际。

此段所言为"天"作"地势"，由昆仑发端向东发展的一路，即中国文明。山岭与河流的走向，决定其发展路线、地域及其规模限制。康有为的这段话，与《万木草堂口说》中的内容极其相似："昆仑有四大金龙池"，"一条黄河，流入中国"；"昆仑出天山、杭海山、大金山，走兴安岭、走大加海"；"四川亦近昆仑（地顶）"；"中国向东"；"中国去昆仑近，开国早"；"山西为中国地顶，面向黄河，左氏所谓'表里山河'"。尤其是"中国向东"一句，若未看到康的上引言论，还真不解其意。康没有直接说"黄河"，而是统称"江、河"，指长江与黄河及其上游支流。康又特别指出了雅鲁藏布江（指中下游的一段，即印度所称布拉马普特拉河）分开了中国与印度；潞江（即今怒江，下游为萨尔温江）、澜沧江（下游为湄公河）、鸦砻即雅砻江、金沙江因横断山脉而形成南北流向（著名的"三江并流"即在此地）；太行山所分开的大塞（要塞，指塞北地区）、五岭所分开的闽、粤，因地势的走向而较晚才归属于中国。"滇南"（似指云南之南部及今印度西北部、缅甸、老挝等广大区域）、"交趾"（指今越南北部）因处在藏江（即雅鲁藏布江）、潞江（怒江）、澜沧江之三江地区（康主要指三江中下游地区），政治属于中国与印度之间、文化上属于佛教与儒学之间。康的这段话，即以"天"造成的"地势"最终决定中国文明命运，自然是荒诞的，"地势"不是由"天"造成的；但从地理形势来谈中国文明的发展趋势与限制，颇有新意，尽管对照中外历史是不精准的。至于最后一点，即康对云南之南、越南北部（东南亚北部地区）的政治与文明的归属，从地理形势到政治历史皆有误，由此可知，康对这些地区的地理与历史知识也是不准确的。

朝鲜则山脉同出而水不同，故隶属之也，而不能同为内地。若日本、暹罗及南洋诸岛，则不过禀气于昆仑，绝非中国山川之支属，但以中国为东地之宗子，故来相朝宗、时奉其教而已。大漠以外山川皆为北龙，故中国亦不能服之，不宜为雄长焉。故曰：非圣人能为之也，天也。以环境皆山，气无自出，故孔子之教未尝远行。数千年未闻有如佛之高僧、耶稣之神父、牧师传教于异域者,盖地势使然。人民感其气而生,无以易之也。惟日本、高丽用我孔子之教者,以日本为天山、金山之余气出,既后矣,气既薄矣,不能复生圣人,而江、河二川长驱东驶,有飞渡之势,水流所趋,染荡自致。此日本所以用中学也。

此段所言为由"天"造成的"地势",决定了中国文明外传的范围与限制。朝鲜、日本、暹罗(今泰国)和南洋诸岛(康有为可能指苏禄、爪哇等处),因地势而只能成为藩属国,成为汉文化圈之内的国家。值得注意的是"北龙",这应是《万木草堂口说》中"昆仑有四大金龙池:一条额尔齐斯河,流入俄国"之意,康在此处变成了中国文明不可跨越到"大漠以外"的因素。康于此还得出新的结论:"天"造成的"地势"使得"孔子之教未尝远行"(康后面还会继续证明此说)。

若印度则为昆仑中龙,故能自出圣人,造为文字政教。川原平衍八千里,故其教多仁而平等也。中国地域有截,故古今常一统,少分而旋合焉。印度、泰西山水极散,气不团聚,故古今常为列国。即偶成一统,未几而散为列国焉。其师之教亦祖佛之说,而以平等为教,亦其地气为之也。夫敛者、专者、义者,皆引而入内之意也;散者、辟者、仁者,皆荡而出外之意。故二帝、三王、孔子之教,不能出中国,而佛氏、耶稣、泰西而能肆行于地球也。皆非圣人所能为也,地气为之也,天也。昔尝思西藏、印度与我疆域逾隔不远,而佛法能东来,而儒教不能西行者,何哉?盖印度之为国向南,襟带南海,海水东流,故能至中国也。中国之山川皆奔趋向东,无一向西者,故儒教大行于日本,而无一字飞出于印度,盖亦山川为之也。

康有为此处的"昆仑中龙",当为其在《万木草堂口说》中"昆仑有四大金龙池","一条印度河,流入印度"。康称印度"能自出圣人,造为文字政教",但不再说明位于"地顶"的"昆仑"是其文明的来源,不再说明作为"中龙"的"印度河"是文明的传播路线,而是宣称印度的地势造成其教"多仁而平等"。康称之为"仁",与其开篇中的"义学"相对,称之为"平等",与开篇中的"尊君卑臣,重男轻女,分良别贱"相对。平散广漫的地势,造成印度(亦包括欧洲)多国并存,难以一统。康再次说明中华文明("二帝、三王、孔子之教")不能外传的原因,是超越了"圣人"的"所能",是"地气"所为,是"天"决定的;而佛教能外传,在于印度地势向南,面对海洋,由印度洋东流而至中国。然康所说海洋传教,与小乘佛教的传播路线相近,与大乘佛教的主要传播路线似有不同。

马哈墨(河)[何]以能立教也?盖昆仑西龙阿母河水西流,山川随之,为一大都会焉。此所以自有君、师,能成一局也。

至此,康在《万木草堂口说》中"昆仑有四大金龙池"全部出现了,但他没有提到波斯或小亚细亚的早期文明,也不再说明"马哈墨"(穆罕默德)之教从婆罗门教"转手",而是径称源自"昆仑西龙"的"阿(母)[姆]河水西流"直接创造了伊斯兰教文明。

欧洲山川之散极矣,地中海备四方之向,其山亦然,此所以伊古以来诸国并立也。亚非利阿在其南,印度海西流阻于是焉,此泰西之学所由出于印度也。地中海之水怒而欲出红海,近者里息勃斯开苏夷士河,地中海水泻而东来,泰西之政教大行于亚洲必矣。亚墨利加洲山川面向于东,有朝宗欧洲之意,此欧洲之教政所以操柄风行于美洲也。若是者,亦非人为之也,天也。[1]

---

[1] 《地势篇》,《康有为遗稿·戊戌变法前后》,第24—25页。标点稍有改动。"医巫间",即医无闾,出自《周礼·夏官·职方志》:"东北曰幽州,其山镇曰医无闾。"郑玄注:"医无闾,在辽东"。然《周礼》本非为可靠之书。"潞江",即今怒江。"龙沙江、槟榔江",按上下文应指怒江上游支流,但我不能具体指认为何江。查槟榔江属大盈河的上游,最后汇入伊洛瓦底江。"鸦砻",即雅砻江。"交趾",指越南北部,秦朝时即设"交趾郡"。"二帝、三王",指尧、舜二帝及夏、商、周三朝开创之王禹、汤、文王、武王。"佛氏、耶稣、泰西"分别指佛教、基督教、欧洲文明。"阿非利阿",为"阿非利加"之误,非洲。"里息勃斯",今译"雷赛布",斐迪南·玛利·维孔特·德·雷赛布(1805—1894,Ferdinand Marie Vicomte de Lesseps),法国外交官,苏伊士运河的开凿者。"苏夷士",即苏伊士。"亚墨利加洲",即康下称为"美洲",康在如此短文中使用两个不同名称,原因不详。

康有为最后描写了欧洲的地理形势,指出"泰西之学所由出于印度",这与《万木草堂口说》是一致的。他又提出了两个新说:一、苏伊士运河的开通,"泰西之政教大行于亚洲";二、美洲的山河向东,位于其西的欧洲政教由此"操柄风行于美洲"。前者与"地势说"似有矛盾,地势是由"天"造成,圣人亦不可为;而人为的苏伊士运河却可以改变地势,使得西方文明传到亚洲来。后者的描绘并不准确,南北美洲虽是西高东低,但其主要河流走向并非全是由西向东,且此类言论不见于《万木草堂口说》《万木草堂讲义纲要》等记载之中。康在万木草堂讲到美洲时,多为奇异之事。

还需说明的是,康有为在《地势篇》中虽然说了"江河东流""北龙""中龙""西龙",但毕竟没有再提"昆仑有四大金龙池"。他可能意识到《长阿含经》中"阿耨达池""牛口""师子口""马口""象口",不可以当作可靠的地理知识,作为推论的大前提。

仔细解读《地势篇》,我的感觉是,此篇决不可能完成于"二十岁前"即光绪三年,也不可能完成于光绪十二三年;应该是完成于光绪二十五年之后,即康有为在《清议报》发表《阖辟篇》等九篇之后,即康离开日本前往北美之后。从"康学"的学理来看,"地势说"明显是由"地顶说"发展演变而来,"地顶说"的前提又是"洪水说"。至少在光绪二十四年之前,康并没有放弃"地顶说"和"洪水说"。其一是光绪二十二年黎祖健所录《万木草堂口说》。这是一个时间的坐标。黎当年录下大量"洪水说""地顶说"的言说,却丝毫不见"地势说"的痕迹。如果康于光绪二十二年已经形成了"地势说",又为何在万木草堂不说?如果康说过,以黎之手勤笔健,必会留有记录。其二是光绪二十四年底康有为在日本所写的《我史》,内称"光绪十三年……推明太古洪水折木之事,中国始于夏禹之理,诸侯犹今土司……三代旧事旧制,犹未文明之故",这与康在万木草堂所言"洪水说""地顶说"极其相似;而"折木"又似为黎祖健所录的"郁珠""檠木""蟠木",很可能是"阴沉木"(乌木)。这又是一个时间的坐标。就我研究康有为思想的经验而言,康何年所言,应视作该年的思想;即康于光绪二十四年言光绪十三年之事,应视作光绪二十四年的思想。《地势篇》中没有"洪水说",整个《康子内外篇》十五篇中皆没有"洪水说",说明"洪水说"已被康放弃;而《我史》中又没有"地势说",说明此期"地势说"尚未成型。两者互校,只能说明"地势说"产生于光绪二十五年之后。

由梁启超主持的湖南时务学堂又可以为此提供佐证。光绪二十三年,梁启超任湖南时务学堂总教习,康有为弟子韩文举任教习。湖南时务学堂学生陈其殷提问:

> 洪水之患,地球皆同。若为金星所吸,则地球不能同时被难。若流质未定,则夏巢冬窟乃逃却也。况地球成质不知几万万年,岂四千年前水尚未干耶?抑地球洪水之患在禹以前耶?

教习韩文举答曰:

> 洪水之患一定在禹以前。洪水平后,人类乃生。论地球之始,是热气一道,运动不已。热气稍减,则凝为地薄皮一层。其后热气喷动,热度又减,其气化为水,观夫水之遇热则化为气,热减则复凝为水,可知其理矣。若论金星过界,乃西人考出,地球同时被其吸力所吸,则地球同时被劫,可知也。安能必其吸某处不吸某处耶?[1]

康有为弟子在湖南时务学堂传播康的思想,继续讲授"洪水说",强调了夏禹,强调了洪水之后方有人类。而与地层加厚、水气互换相类似的说法,康在万木草堂亦有讲授。[2] 湖南时务学堂学生戴修礼问:

---

[1]《湖南时务学堂初集》,长沙戊戌刻本,第1册,《问答》,第49—50页。
[2] 康有为称:"凡物皆始于气,有气然后有理。生人生物者气也,所以能生人生物者理也。人日在气中而不知,犹鱼之日在水中而不知也。""有气即有阴阳,其热者为阳,冷者为阴。""地面之水为日力所吸,上而成雨,雨复为水,亦即轮回之义。""地质每年一层,以地动之故。木亦然,内长外长皆同。""地有八层,每一层五十里。第一层火质宛息土生蚧,二层生苔,三层鼻耳示生草木,四层生炭石,五层百邑示生兽,六层生鸟,七层生泥,八层生人,约每万年生一层。""天地之未崩坠者,惟其热也。学者亦须有热力。"(黎祖健:《万木草堂口说》,见楼宇烈整理:《长兴学记·桂学答问·万木草堂口说》,第65、69、75、88、99页)

> ……A字泰西元音耶？何二十六字母中带A独多？抑闻习西文须习拉丁文，始能译西书，其说何也？

总教习梁启超答曰：

> ……a字乃天地之元音，此语极通。a e i o u 五字为二十六字母之元音。a又为元音之元音。泰西字母导源于拉丁，拉丁导源于希腊、叙利亚，希腊、叙利亚又导源于印度，故梵文为各国字母之所溢出。叙、希、拉之后，变为今英、法、德、俄之方言，此其一派也。又由梵文变为唐古忒文，又变为蒙古文、满洲文，此又一变也。近日本僧空海所造之和文，亦本梵文，又一派也。大凡各种文，其发端第一字母，皆同此音，或读如"阿"，或读如"呀"，或读如"伊"。要之，为元音之起点同也。其理甚长，《皇朝通志·七音略》亦可略见其源流也。[1]

这是明显的西方文明来源于印度说。黎祖健录《万木草堂口说》称："罗马之政教，出于波斯，波斯出自印度，印度语言文字，皆本天竺，音用支歌麻韵。"又称："歌麻为天地元音，人始生落地即曰呀，泰西声音多用歌麻韵。"这两句话的意思不太清楚，通过梁启超的此番解读，方可明白，康有为将各类表音文字归为一个来源，即从印度发生，经过中东（波斯、叙利亚）传到欧洲。梁启超再继续说明，不仅欧洲表音文字来源于印度，蒙古文、满文及日本的假名体系之类的表音文字也都来源于印度。各类文字以a作为最主要的元音，又说明属于同类同源。这种文字即文明的传播方式，与"地顶说"相关联。而我在《湖南时务学堂初集》中没有发现任何"地势说"的痕迹。

以上所录《地势篇》"康同凝家藏本"与"康同璧家藏本"相校，文字仅小异，不影响基本意思；而最大的差别是，《地势篇》"康同凝家藏本"此后还有两段文字：

---

[1]《湖南时务学堂初集》，长沙戊戌刻本，第1册，《问答》，第36页。

墨西哥当有文字、政教之时，不知当中国何世？想必在五千年前羲、农以上世矣。何以见之？以地球论之，今日昆仑是为地顶，亚、欧二洲占地独多。当墨西哥、秘鲁盛时，其洲地必广大。迨地运过矣，田为沧海，故今日为太平海，陷于彼而突于昆仑。然则昆仑之盛，亚墨之消也。故谓墨西哥、秘鲁政教必先于印度也。

　　地球人民之盛，视其绕日之远近。当其始，与日甚近，则热太甚，人不能当之，惟有大草大木盛焉。西人谂石质层，谓地下之煤为大木所化是也。绕日渐远，大禽大兽出焉，西伯利部有巨兽骨是也。若夫人类之生，亦视地球之向日。昔者，蒙古以至西伯利部当赤道温带，时政教、文物必尝一盛。易一亦云金、水星近日，当有草木鸟兽，不当有人类。火星行亦远矣，人物亦当衰。此说似也，然乌知彼星人类不多含热质或冷质，又能生乎？若海王星者，离日甚远，望日若第六七恒星，其光甚微，其热甚少，或难生人类矣。若干冷至极，不止无人类，殆草木禽兽俱无，其仅有苔乎？[1]

这两段话，包含的意思甚多。前一段文字称墨西哥、秘鲁的文明早于印度，相当于五千年前中国伏羲氏、神农氏时代，即早于夏禹的"洪水"时代（康前称为四千年）。昆仑只是今日之"地顶"，最早的"地顶"很可能在中、南美洲一带，随着"地运"的变化而消失，当时墨西哥、秘鲁所在大洲的主要部分已经陷于海底，成了太平洋，昆仑由此突起成了新的地顶。后一段文字称地球与太阳的距离和夹角前后有变化，即最初地球离太阳较近，温度太高，以后逐渐变远；最初的赤道在蒙古到西伯

---

[1]《地势篇》,《康有为遗稿·戊戌变法前后》，第25—26页。"亚墨""亚墨利加"之简称，美洲。"西伯利部"，以"蒙古以至西伯利部"一句分析，为西伯利亚。"易一"，似为康有为的弟子何易一，即何树龄（1868—1908）;《肇域篇》"康同壁家藏本"中"易一"改为"昔"。又,《地势篇》上海"康同凝家藏本"与北京"康同璧家藏本"文字稍有异，其中最大的差别是"康同凝家藏本""太行以界大塞"一句，"康同璧家藏本"作"太川以界大塞"，很可能是抄者的笔误，草体"行"字很容易看成"川"字。而"太""大"相通，各点校本又误改为"大"。然"大川以界大塞"是读不通的，"界""塞"应是山而不是河。其余文字之异，似可以看出康有为后来稍有修改。

利亚一线，以后向南移动。太阳系各星球与太阳的距离不同而温度不同，其生命是否存在及存在形式也因之不同。金星、水星离太阳太近，火星太远，可能有人类，但这些人类可能"多含热质或冷质"，否则无法生存；海王星离太阳太远了，不仅没有人类，可能只有"苔"。康有为此处又有了新说，其中值得注意的是"地运"两字。

由此对照"康同璧家藏本"，前引这两段话在《肇域篇》之末尾，即《康子内外篇》最后一篇的最后两段。而在这两段话前，《肇域篇》还有相应的内容，录之于下：

……以地球论之，政教文物之盛，殆莫先于印度矣。印度枕昆仑，中引一脉，敷散平原，周阔万里。欧洲及亚非利加为左翼，中国及南洋诸岛为右翼。印度居中，于昆仑为最近，得地气为最先，宜其先盛也。至于佛，盖其末法矣。中国在昆仑山为东龙，先聚气于中原，自汉以后，然后跨江以至闽、粤，跨海以至日本。盖地球之运固如是也。波斯、犹太于昆仑为西龙，故其文物次于中国。欧洲最远，故最迟，至罗马而乃盛也。印度政教最先，无疑也。

就西人所引，文学政教多得于印度者。以算法言，得于印度，然则其以借根为东来法。所谓东，即印度也。印度有塔，经文多称廑阁。西人之室，多为楼塔，然则楼塔出自印度也。欧人文字左行，以音成字，与印度同。所谓我家闻根教，清净在音闻，则文字出自印度也。西人礼拜，牧师、神父以不娶行教，称师历而不称君历，出自佛教也。盖佛教不娶，人无妻子，则无所累，然后轻万里，重九译，□以行其教。故其教丕冒，最远几于舟车所至，人力所通，无不行矣。达摩挟衣钵而东来，利玛窦挟图器而西至，隋通日本，唐使新罗，咸赖僧人以通国事，其效固然矣。

以教政文物为莫先于印度，未敢知也。墨西哥、秘鲁近掘得前世城郭、殿宇、文字，其无人通之，盖已经一劫矣。科仑布未至之先，已成狂榛世界，然则又先于印度矣。观其文字，有鸟篆之遗，殿宇有中土之制，当时文物必经累圣制作而成。岂知昔所号称君相者、圣人者、礼乐政乐者、文字者，一举并灭，人民冥冥，至不知身桴。哀哉！然则灭国为小，灭教为大；灭教为小，灭民类为尤大。

然则中国累圣之政教文字，其又可恃以万世耶？印度中弱于汉，罗马中弱于唐。民皆自智而遇，近虽日智，又可恃耶？阳极则阴生，至哉《易》理！周流六虚，莫出范围矣。[1]

我没有看到《地势篇》"康同凝家藏本"之原件，不知其最后两段是同纸连前文所写，还是另纸所写。若是同纸连前文所写，则《肇域篇》是由《地势篇》最后两段发展出来的新篇；若是另纸所写，则还有一个可能，即中间有缺页，原本就是《肇域篇》之尾页。但不管结论为何，《肇域篇》的内容确实是接续《地势篇》的：一、再次谈到昆仑，但只讲了中龙、东龙、西龙，没有讲北龙；二、再次说明欧洲文明深受印度文明的影响，数学、建筑、文字和宗教教规（禁欲）。其中"欧人文字左行，以音成字，与印度同"一句，说的是表音文字，与黎祖健录《万木草堂口说》、梁启超在湖南时务学堂答问极其相似。三、提出在印度文明之前，中、南美洲已经出现了更早的文明，但该文明被中断了。从康有为对印度地理形势及文明发展的叙述来推断，《地势篇》及《肇域篇》两文可能完成于光绪二十七年（1901）康到达印度之后。从康言"墨西哥、秘鲁近掘得前世城郭、殿宇、文字，其无人通之"来判断，从康言"观其文字，有鸟篆之遗，殿宇有中土之制"来推断，两文又可能完成于光绪三十一年底或光绪三十三年康先后两次到达墨西哥之后。[2] 而到了这个

---

[1] 《肇域篇》"康同璧家藏本"，录自台北"中研院"近代史研究所图书馆所藏胶片，段落为原抄本所分，标点参考蒋贵麟录本，稍有改动。"借根"，代数。康有为在《长兴学记》中称："四曰数。数学举目皆是，至切用矣……阿尔热八达译本东来，不必叱为远夷异学也。"（姜义华、吴根樑校：《康有为全集》，第1集，第558页）"阿尔热八达"，即代数（algebra，源来阿拉伯语）；"东来"，似指从阿拉伯传至欧洲。此说康又称代数从印度传到欧洲，不知其所根据。刘桢麟亦作此语。（详见后文）"清静在音闻"，出自《楞严经》卷六，文殊所言："……此方真教体，清静在音闻。""科仑布"，今译哥伦布（Cristoforo Colombo，1451—1506），新大陆的发现者。"人民冥冥，至不知舟楫"一句，似暗指诺亚方舟的故事。"周流六虚"，见《易·系辞下》："《易》之为书也，不可远。为道也屡迁，变动不居，周流六虚，上下无常，刚柔互易，不可为典要，唯变所适。"康此处强调"变动不居"之必然。

[2] 康有为在万木草堂讲学时，已有墨西哥的历史知识，称言："墨西哥掘开古城，别有文字。"（黎祖健录《万木草堂口说》，楼宇烈整理：《长兴学记·桂学答问·万木草堂口说》，第85页）然未提秘鲁。上引《肇域篇》而论，康有为写此语时似已（转下页）

时候，康已经接触到更多的文明，获得了更多知识，不得不放弃"洪水说"——美洲和印度皆没有洪水，且须注意到中、南美洲可能具有更早的文明，可能是更早的"地顶"。而对于该处文明的消失，康称"田为沧海，故今日为太平海，陷于彼而突于昆仑"，讲的是地壳运动，即原来的美洲大陆下陷为太平洋，而昆仑由此突起。我还真难判断康从何时何处得此奇特的说法，但可以肯定，应该是康去了北美之后。值得注意的还有，康提到了"地球之运"。

我之所以认定《康子内外篇》是完成于戊戌之后的作品，最主要的

（接上页）参观过墨西哥诸多遗址，并有图书照片等资料。1913 年，康有为著《保存中国名迹古器说》，称言："乃若墨西哥之陋，其文部犹专设搜辑古物之司，岁拨百万巨帑，为搜剔古物之用。吾游其古日坛月坛，去京千里，掘地百人，搜求遗器，印之图之。墨之文部，以总统爹亚士命，赠我十册。甚矣！墨之僻陋，而文明乃若此也。"（姜义华、张荣华编校：《康有为全集》，第 10 集，第 97 页）按康有为 1905 年底、1907 年中两次到墨西哥。其称"古日坛月坛"，当指太阳金字塔、月亮金字塔，属早期文明，位于特奥蒂瓦坎，距首都墨西哥城并不远。"去京千里"，似另有所指，但不知康所指为何处。康同璧编：《南海康先生年谱续编》于 1906 年（光绪三十二年丙午）记："五月，初至胡克家，墨总统爹亚士即胡克家人……二十二日，游兵营……又游博物院……二十七日，访旧京的根刀亚之地坛神庙，管古迹官沙罗乙罗来访，赠墨古迹书七本。留墨半载，贯其南北，政治风俗考察殆遍。"（楼宇烈整理：《康南海自编年谱》外二种，中华书局，1992 年，第 130—131 页）"旧京的根刀亚"，似指阿兹特克首都特诺奇提特兰城（西班牙语 Tenochtitlan）。"地坛神庙"，似指大神庙（Templo Mayor）。然康同璧此处误记，也未记 1907 年康第二次墨西哥之行。张启祯、张启礽编：《康有为在海外·美洲辑——补南海康先生年谱 1898—1913》（商务印书馆，2018 年）称：康有为 1906 年 4 月 19 日离开墨西哥坦皮科（Tampico）前往纽约。（见该书第 105—106 页）张启祯等又称：1907 年"6 月 29 日，谒墨总统迪亚斯于前墨主避暑行宫"。（同上书，第 116 页）此可得康有为诗为证《谒墨总统爹亚士于其避暑行宫（丁未夏五月）》（上海市文物保管委员会文献研究部编：《康有为遗集·万木草堂诗集》，上海人民出版社，1996 年，第 226 页）张启祯等又称：康于 1907 年 7 月 3 日至 5 日参观墨西哥城南的霍奇米尔科地区的水利系统与博物馆，以及阿兹特克遗址。"受到博物馆副馆长赫纳罗·加西亚唐先生和德国考古学家的接待。康有为说阿兹特克人的纪念碑和象形文字像是出自那些由蒙古、西伯利亚和中国来的居民，它们的写法与玛雅人非常相似。"（张启祯等前引书，第 117 页）这项记录与康言"观其文字，有鸟篆之遗"很相似。康在墨西哥时写诗多首，记录其感受。其中一诗题称言："游吾（吾游）蒗罅，睹古王宫庙，皆五百年前物，似吾北方庙式，红墙层门，如见故国。"（《康有为遗集·万木草堂诗集》，第 222 页）这段文字与康言"殿宇有中土之制"很相似。然康游墨西哥各诗，编集时似纷乱，不能判断该诗是第一次还是第二次到墨西哥时所写。（同上书，第 220—223 页）

根据是戊戌时期康有为的"大同三世说"。康的"大同三世说",是对人类社会发展进程的一种普世性解说。按照康的说法,这一学说是由孔子创制,口传其弟子,藏于儒家诸经典和相关史传之中,以留待"后圣"之发现;泰西各国的哲人对此学说亦有所体会,有所施行。由此,康有为在万木草堂讲学时,强调西方亦在采用"孔子之教"。康称言:

> 后世不行"谋及庶人"之制,"与众共之"、"与众弃之"、"国人皆曰可",皆西人议院之意。(原注:今西人有上议院、下议院,即孔子之制。)
> 孟子用贤用杀皆听"国人曰可",亦"与众共之"义也。西人议院即是。[1]

而康有为在《日本书目志》"国家政治学"按语中对西方强盛与《六经》经义的关系,说得更加彻底:

> 政治之学最美者,莫如吾《六经》也。尝考泰西所以强者,皆暗合吾经义者也。泰西自强之本,在教民、养民、保民、通民气、同民乐,此"《春秋》重人"、《孟子》所谓"与民同欲,乐民乐,忧民忧,保民而王"也……故凡泰西之强,皆吾经义强之也,中国所以弱者,皆与经义相反者也……故中国所以弱者,皆悖经义而致弱者也。吾中国法古经之治足矣,本非取于泰西,所以可取者,参考其书,以著其治强之故,正以明吾经义之可行。[2]

梁启超在戊戌时期分别在《时务报》和湖南时务学堂宣传"大同三世说",特别强调该学说的全球适应性,也说明西方各国采用"孔子之教"。梁称言:

---

[1] 黎祖健:《万木草堂口说》,见楼宇烈整理:《长兴学记·桂学答问·万木草堂口说》,第116、141页,括号内文字为丁酉本。"谋及庶人",见于《尚书·洪范》。"与众共之""与众弃之",见于《孔子家语·刑政》:"是故爵人必于朝,与众共之也;刑人必于市,与众弃之也。"《礼记·王制》稍异文。"国人皆曰可",见于《孟子·梁惠王》。
[2] 《日本书目志》,《康南海先生遗著汇刊》,第11册,第181—183页。

> 博矣哉！《春秋》张三世之义也。治天下者有三世……此三世
> 六别者，与地球始有人类以来之年限有相关之理。未及其世，不能
> 躐之；既及其世，不能阏之。
>
> 故吾常言，以小康之道治一国，以大同之道治天下也。故我辈
> 今日立志，当两义并举。目前则以小康之道先救中国，他日则以大
> 同之道兼救全球。救全球者，仁之极也。救全球而必先从中国起点
> 者，义也……至所谓大同之道与大同之法，五百年以内，必遍行于
> 地球。南海先生穷思极虑，渊渊入微以思之，其条理极详，至纤至
> 悉，大约西人今日所行者十之一二，未行者十之八九。[1]

梁启超特别指出，康有为"穷思极虑""条理甚详"的"大同之道与大同
之法"，西方所行者不过为"十之一二"；为了达到"大同之道与大同
之法""遍行于地球"，梁为湖南时务学堂制订《学约》，其第十条为"行
教"："他日诸生学成，尚当共矢宏愿，传孔子太平大同之教于万国。"[2]
正是在梁的教导下，时务学堂学生戴修礼作札记称：

> 在讲堂听梁先生谈学术宗旨，其大意以保教、保种为志，日后
> 孔教必行于五大洲。窃谓开辟以来，中国尽心于教，泰西竭力于物。
> 迄今中国教亦日明矣，泰西物亦日格矣。泰西格物之学必东行于亚
> 洲，中国孔教亦必西传于泰西……

梁闻之大加表扬："高掌远蹠，目光如炬。然必深明于教之宗旨，然后可
以传也。诸生其勉之！"[3] 由此可见，康、梁此期对"孔子之教"的绝对
自信。[4] 而康到达北美、印度之后，发现"孔子之教"在这些地方并没

---

[1] 《论君政民政相嬗之理》，《时务报》第41册，中华书局影印本，第3册，第2771页；《湖南时务学堂初集》，长沙戊戌刻本，第2册，《札记》卷一，第2—3页。
[2] 《湖南时务学堂初集》，长沙戊戌刻本，第1册，《学约》，第7页。该学约后在《时务报》第49册发表，"行教"改为"传教"，并增加相关内容。(《时务报》，中华书局影印本，第4册，第3326页）
[3] 《湖南时务学堂初集》，长沙戊戌刻本，第3册，《札记》卷二，第31页。
[4] 相关的叙述与分析，可参见本书上编第三节之"大同三世说"；下编第一章（转下页）

有流传,且难以传播,思想开始发生变化。《地势篇》称:"以环境皆山,气无自出,故孔子之教未尝远行";又称:"夫敛者、专者、义者,皆引而入内之意也","故二帝、三王、孔子之教,不能出中国";又称:"非圣人所能为也,地气为之也,天也";即宣布"孔子之教"本身的地域限制,且是"地气""天"之所为。《肇域篇》称:"中国累圣之政教文字,其又可恃以万世耶?"对中国文明能否长期存在,亦表示怀疑态度。这些说法与康在戊戌时期的"大同三世说"是不相吻合的。

还需注意的是,《知言篇》《清议报》本以"推之泰西文字,亦尚详赘,恐人不解"为结束[1];然该篇上海"康同凝家藏本"在此之后,又有一大段话:

> 盖仁之属也。中国文词素尚裁简,义之属也。盖泰西治教出于印度,其治尚仁,中国之治尚义,故也。凡人有仁慈忠爱悲悯之质者,其言必繁;有廉直劲毅之质者,其言必简,仁义之判也。若知此者,可以知言,可以知人矣。墨子之文繁复,其人兼爱,故言而不能止也。老子之文高简,其人为我,故言而简短也。知此者,可以知言,可以知人矣。[2]

其中又提到了"泰西治教出于印度"。由此再查胶片即"康同璧家藏本",其《知言篇》的结尾与"《清议报》本"相同,也没有以上的文字。造成如此异文的原因不详。或是康有为离开日本前将《知言篇》交给梁启超在《清议报》发表之后,又有了增改?若是如此,"康同璧家藏本"为何仍如"《清议报》本",而不增加此段文字?

根据以上的考察,我以为,康有为最初写作《康子内外篇》的时间,或是"二十岁前"(即光绪三年前)或是光绪十二三年,都是有可能的;

(接上页)第三节《湖南时务学堂初集》:"开民智"的方向";下编第四章第二节之《日本书目志》按语"和下编第四章第四节"梁启超的说法:'中学西学''折中孔子'"。

[1]《知言篇》,《清议报》第17号,光绪二十五年五月初一日(1899年6月8日),中华书局影印本,第1册,第1098页。

[2]《知言篇》,《康有为遗稿·戊戌变法前后》,第29—30页,此处不分段。又,《知言篇》此段之前文字与"《清议报》本"互校,亦稍有异,但不影响理解。

但其篇章与内容决不会是现存的"《清议报》本""康同凝家藏本"或"康同璧家藏本"的样子,而是后来又经过多次的修改;《康子内外篇》"康同璧家藏本"最终完成的时间,不会早于光绪二十五年康有为从日本到达北美之前,或光绪三十一年甚至光绪三十三年康两次到达墨西哥之前,很可能会更晚。查"康同璧家藏本",是抄在"株式会社大阪国文社"稿纸上的,编有页码。封面上"康子内外篇抄本"七字模仿康有为的字体,"拾伍篇全"四字又说明已是定本。《康子内外篇》是在什么时间成为定本的?这个本子是什么时间抄录的?我的感觉是比较晚的,很可能是康有为宣统三年(1911)春重返日本之后,甚至1913年底回到中国之后。尽管这只是感觉,我还无法找到证据。[1]

我的研究课题是戊戌变法,我的目标是查明戊戌时期康有为的学术思想与政治思想,而《康子内外篇》中的内容,尤其是《地势篇》《肇域篇》,即"地势说"等新说,已不尽是戊戌时期康的想法了,对此需加小心而区别看待之。

三、康门弟子的解读:"地运说"

既然《万木草堂口说》因记录过简而不能深探康有为"洪水说""地顶说"的学理,既然《康子内外篇》中的"地势说"不能代表康在戊戌时期的思想;若要进一步去追索,还有一个办法,也是我近年常用者,去阅读康有为弟子的作品——戊戌时期《时务报》《知新报》刊出了康门弟子的诸多政论文,基本政见都来自于康有为,尤其是梁启超——即可从康门弟子的言说去追寻康本人的思想。

---

[1] 《康子内外篇》"康同璧家藏本"封面右上角有"甲甲"字样,第二页抄录十五篇的篇名,另有两行字"易杰忧忠心论""电通",皆不明其意。此时,康有为正命其弟子在上海办《不忍》杂志,很可能因此命抄录而准备发表。据康同璧称,康后因劳老夫人去世,即"以亲衷不能执笔"而停办该杂志。[《康南海先生年谱续编》,见楼宇烈整理:《康南海自编年谱(外二种)》,第167页〕

徐勤的说法

徐勤，康有为门下大弟子，地位仅次于陈千秋、梁启超。徐勤在《知新报》《时务报》上共发表了8篇政论文，其中最重要的是《地球大势公论》。[1]

《地球大势公论》是一篇类似于梁启超《变法通议》那样的大文章，分目分次刊于《知新报》，其中涉及"洪水说""地顶说"内容的，为《总序》《总论亚洲》两篇。其一为：

> 合百千万亿之星而成天界，合凝流动静之质而成地球，合铁石金土之物而成山岳，合小河巨川之水而成沧海，合古今中外之理而成圣人，合智愚上下之人而成君主，合都邑州县之地而成邦国，合贵贱远近之货而成市肆，合亲疏厚薄之杀而成宗族，合父子夫妇之伦而成家室，合孔佛耶回诸教之异、黄白黑红棕色诸种之民、欧亚非澳南北美洲之土而成一统。此亦理之自然、而势之必至者欤。庄子曰：自其大者视之，则万物皆一也。周子曰：天下，势而已。故天下之势，始于散而终于合，始于塞而终于通，始于争而终于让，始于愚而终于智，始于异而终于同。古今远矣，中外广矣，要而论之，其变有三：

> 洪水以前，鸟兽相迫。昆仑地顶，人类自出。黄帝之子孙，散居于中土。亚当之种族，漫衍于欧东。创文字，作衣冠，立君臣，重世爵，由大鸟大兽之世，而变为土司之世。其变一。

> 周秦之世，地运顿变，动力大作。争夺相杀而民贼之徒遍于时，兼弱攻昧而强有力者尊于上。嬴政无道，驱黔首以为囚；罗马暴兴，合欧西而一统。由土司之世，而变为君主之世。其变二。

> 百余年间，智学竞开，万国杂沓。（盛华顿）[华盛顿]出，而民主之义定；拿破仑兴，而君主之运衰；巴力门立，而小民之权重。由君主之世，而变为民主之世。其变三。

> 故结地球之旧俗者，亚洲也；开地球之新化者，欧洲也；成地

---

[1] 徐勤身世及其在《知新报》《时务报》的著述，可参见本书下编第三章第二节之"徐勤"。

球之美法者，美洲也……（《总序》）[1]

以上徐勤所言，宣明"大同三世说"。他的叙述方式很像康有为在万木草堂中的讲授，即从地球产生说起，一直说到"合"各种教派、各色人种、各大洲土地，正是说明未来的"世界大同"；其言"土司""君主""民主"之"三变"，正是"据乱""升平""太平"三世之变。徐谈到了"洪水"，谈到了"地顶"，仅说明文明之初始，没有展开论说。值得注意的是，徐提到了"地运"。其二为：

> 地运之转变也，由混沌而文明。人体之始生也，由童弱而老壮。圣人之立教也，由据乱而太平。士人之为学也，由愚鲁而聪智。地大而人类生，合群而才慧出，历时而教化作，天之理也。环球五大洲，列国五十余。其幅员之辽远、人类之鼻祖、户口之夥繁、教化之绵久，可以迈轶诸国、独绝于天壤者，其惟亚洲乎！
>
> 考古今青史之册、地球万国之志，人类之生，仅四千年。昆仑之山，实为地顶，中有四池，名为金龙：一曰额尔齐斯河，入于俄国；二曰阿母新斯河，入于波斯；三曰印度河，入于印度；四曰黄河，入于中国。凡此四国，号为四域，开辟之始，人类之先，而天下诸国，未有能比者也。此人类之独绝者一也。
>
> 地大物博，氓庶滋生，制作文字，创造政教。上古之时，中国有三代之盛，印度有婆罗门之道，巴勒斯坦有摩西之教，波斯有造乐阿士堆之贤。递夫中古，人智愈开，文教愈盛。周穆王九年，而佛教立于印度矣。周灵王二十一年，而孔教立于中国矣。汉平帝元始元年，而耶教立于犹太矣。唐高祖武德五年，而回（救）[教]立于麦加矣。凡地球称为声明文物之国，聪明智慧之地，欧、美、非、澳之洲，英、俄、德、法之强，于万斯年之久，政教风俗之大，语

---

[1]《地球大势公论·总序》，《知新报》第2册，光绪二十三年正月二十六日（1897年2月27日），上海社会科学院出版社影印本，上册，第10页。"则万物皆一也"一句，见《庄子·德存符》："仲尼曰：自其异视之，肝胆楚越也，自其同视之，万物皆一也。""天下，势而已"一句，见周敦颐《通书·势二十七》。"巴立门"，parliament，英国议会。

言文字之琐,智愚贤否之民,莫不步趋之,率由之,尊奉之,而罔有违越者也。此教化之独绝者二也。

土地之广,一千七百三十万方里,为地面四分之一。人民之多,八亿三千四百七十万七千口,居地球人数之半。欧洲之富庶,美洲之广远,皆不足望其肩背,相与比伦者也。此土地人民之独绝者三也。

有此三绝,立于大地,则以之言政,何政不治?以之言俗,何俗不纯?以之言国,何国不强?以之言教,何教不立?以之言民,何民不智者乎?何图千百年间,今昔不侔,形势顿改。人有黑奴之惨,地沦沙漠之忧。中、印、波、阿之旧,咸作异墟;暹、缅、韩、越之腴,悉成盗粮。古昔之教不足恃,亿兆之民不足多,万里之地不足险,千万年之古国不足贵。呜呼,是天命欤,是地运欤,抑人事之所至欤?

以上徐勤所言,揭示了"地顶说"意义,人类文明是从昆仑发源的,由此形成了繁荣的亚洲文明。徐提到了"金龙""四池",提到了四条河流造成了亚洲四大域,即俄国亚洲部分、波斯、印度与中国,是"开辟之始""人类之先"。徐继续说明亚洲另具两项优势,即"教化"和"土地人民",称亚洲有此三项优势即可"政治""俗纯""国强""教立""民智"。然而,此时亚洲各国的政治、经济局势却非常败坏,受西方列强之控制,徐勤由此提出亚洲复兴的三项决定性因素:"天命""地运"与"人事"(人的奋斗)。然若以思维逻辑推论到底,"天命"与"地运"具有同一性,即"命定论"都是超越"人事"(人的奋斗)的神秘力量。三者关系说到底,仍然是"天""人"之际,只不过"地运"具有其地理形势的特征而已。徐勤由此再推论:

从上诸说,擅三绝之美无自弱之势,既深切而著明矣。其于富强何有哉?抑吾闻之:治尚麤犷之世,以力胜;治著升平之世,以智胜;治著大同之世,以仁胜。以智胜者强,以仁胜者乐,以力胜者愚而亡。亚洲自洪水以来,四千余年,诸教并起,皆能以智胜者也,至宋元之间,成吉思汗之俗出,而力胜之世复见矣……(《总论

亚洲》）[1]

徐勤再次宣明"大同三世说"，说明"戁㒞"（据乱）、"升平""大同"（太平）三世的治理方式为"力""智""仁"。徐勤称"洪水"之后"四千余年"，亚洲各处皆是以"智"而胜，到了成吉思汗之后，又重新回到"力胜之世"。

徐勤《地球大势公论》的写作计划甚大，其《总序》称："今略举斯义，目分为五，所以开民智，保种族，存中国，新地球，五洲之棼乱，得所统宗，亿兆之愚顽，知斯趋化而已。"由此可知其宏大的主旨，且该文将分为"五目"。然徐在《知新报》第2、3、4、5、10、11、12、13、20册上，断断续续地刊出了《总序》《一、总论亚洲》《一之一、中国盛衰关于地球全局》《一之二、论俄国不能混一亚东》《一之三、论日本自强之故》之后，便结束了。即五目中的一目还都没有写完。也因为没有写完，徐的总体性观点即"地球大势"尚未展示，只能看到各章的基本观点：《中国盛衰关于地球全局》提到了英俄互争是有利的国际局势，中国若能"兴学校""开议院""改官制"诸项，即可以自立。《论俄国不能混一亚东》称俄国虽有诸多强项，但因其"霸道虐民，威权无限，议院弗立，私利其国"，不可能称霸亚洲。《论日本自强之故》强调了日本明治维新变学术、变学校、变科举（考试）。（日本自强一章似未完）这些内容大约皆属于"人事"（人的奋斗）之类。由此，我们能够从徐勤的文章中再次看到康有为"洪水说""地顶说"的内容，也可以看到"地运"的概念，但还不能解读内在的意义。

刘桢麟的说法

刘桢麟在康门的地位虽然不高，但因其在顺德同乡、澳门赌商何连

---

[1]《地球大势公论·总论亚洲》，《知新报》第3、4册，光绪二十三年二月初一日、初六日（1897年3月3、8日），上海社会科学院出版社影印本，上册，第18—19、25—26页。"造乐阿土堆"，指琐罗亚斯德（Zoroaster，？—前583年），是琐罗亚斯德教（拜火教）的创立者。"中、印、波、阿之旧"，"波"指波斯，"阿"难以确定，很可能指阿拉伯地区。"暹、缅、韩、越之胂"之"暹"，暹罗，今泰国。

旺（也是《知新报》主要出资人）家中授馆，课其子，是与《知新报》空间距离最近者，也是最主要的撰写人。刘在《知新报》上发表了15篇政论文，其数量是康门弟子最多者。[1] 其中涉及"洪水说""地顶说"者，为《地运趋于亚东论》。

《地运趋于亚东论》亦是以"星地""阴阳""轮回""世运"等宏大主旨为开篇，由此推导到"天道""地运"：

> ……庸知强不终强，弱不终弱；泰否相易，六位以之乘除；元黄继兴，三统因之代禅；而今日天道之推移，地运之趋变者哉。传曰：物莫能两大，此衰彼其兴乎？理势然矣。桢麟曰：大地之转机，百年以往，由东而趋于西焉；百年以来，由西而趋于东焉；千年以后，合东西而为一焉。百年以往，吾得观之史氏之言；千年以后，吾惟俟之蓍龟之验。语曰：夏道不亡，殷道不作，周道不亡，《春秋》不作。吾今且谬为之语曰：亚洲不蹶，美洲不兴，欧洲不亡，地球不一。今百年之运，其在斯乎，其在斯乎？

刘桢麟以上所言，与"大同三世说"相关。其言一百年之前，地运是由东往西；最近的一百年，地运是由西往东；而一千年之后，东西将合为一。这种合一，自然是"世界大同"，即地球合一之后，欧洲也会消亡之意。刘由此说明一百年前地运由东往西的具体进程：

> 圆球之肇辟也，昆仑地顶，大域所祖，洪水陆沉，人类以孳。故上古之世，地正赤线，印度为造国之初桄，类衍黄人，有鸿实华泯之鼻祖。其后或为亚当之族，或为亚闪之裔，或为雅理安之遗，或为挪亚之后，或为高加索之种，择土界居，迁宅邦壤。于是波斯、亚述、埃及、巴比伦跗背接踵，兴于中国虞、夏、商之世，域于亚细亚、小亚细［亚］之间。所谓地运由东而西者一也。中古之世，高加索之族，实徙西洲；诺威氏之伦，滨居海峡。其时巴比伦、波斯、犹太诸强国，渐次沦胥，而回回、峨特狄诸种，

---

[1] 刘桢麟身世及其在《知新报》的著述，可参见本书下编第三章第二节之"刘桢麟"。

继兴西北,肆其虎狙之性,逞其蚕食之凶,蹂躏诸部,纵横欧亚,其回部乃辟地至地中海之滨,峨特狄且雄据于英伦三岛。所谓地运由东而西者二也。近古之世,远则有土耳其灭罗马,以取希猎、地中海南岸之全土;中则有蒙古平印度,以至钦察、俱蓝、马八之境;近则有英、法人越西洋,以扩南北[阿]美利加之大陆。发千年之动力,成两洲之巨观。所谓地运由东而西者三也。抑吾闻之,欧洲教俗,半沿五印之遗;西都文明,率守犹太之旧。且算法借根,绳东来之绪焉;切字拼文,演天竺之籁焉;结室树宅,蹈犹太之轨焉;军械炮铳,获蒙古之余焉。由前而观,其势变之趋之如(比)[此];由后而观,其术业之趋之如彼。苍苍两域,如日方欹,滔滔横流,犹水就下,夫岂复知巨浸之忽起回波,大地之骤生转力哉?

由此可以再见"洪水说""地顶说"。印度是文明之初始国,其人种后繁衍为"亚当""亚闪""雅理安""挪亚""高加索"人;欧洲教俗、算法、文字,都受到了印度文明的影响。刘桢麟宣称"地运"在"中古之世"乃至"近古之世"继续由东向西,一直越过欧洲而到达美洲。刘的世界历史知识是不完整、不准确的。且不论亚当、挪亚是《圣经》中的人物,"亚闪"可能指"闪",即挪亚的长子,"雅理安"(雅利安)人即"高加索之种";奥斯曼帝国攻占的是东罗马帝国首都君士坦丁堡,蒙古的军力并没有"平印度";而"峨特狄"的历史更是难以解读。

从论题来看,刘桢麟的《地运趋于亚东论》是要说明"地运"已经到达了亚洲的东部;但他叙述了西方势力的东扩后,并没有继续说明"地运"如何"趋",而是要求"变法":

> 然则中国将何以自立于亚东乎?夫豪杰不拘牵以自敝,智者必乘便以图功。方今世变已新,地力回转,推全球屡变之运,将穷而返之古初,合五洲纵横之机,必萃而归之中土。吾友梁卓如所谓变亦变,不变亦变,与其变之在人,不如变之在己。使其振刮整顿,急起疾趋。尽举其柔愚文饰雍塞钳制之积习而扫除之,贪滑虚妄昏

惰骄寒之性情而湔涤之。力求其通明便利敏疾之新业而张陈之，力陈其俘虏败亡偿割之旧耻而激厉之。扩其智慧，注其精神，鼓其血气，奋其羞愧。五年之内，强国动色而相惊；二十年之间，万国敛手而待命。亚洲之坛，将谁主之？太平洋之枢，将谁扼之？

"变法"是"人事"（人的奋斗），是"豪杰""智者"之为。刘桢麟虽然谈到了"地力回转"，称"运"将返之"古初"（印度？），"机"将"归之中土"，但强调的还是"变之在己"，倡言"扫除""湔涤""张陈""激厉"等"人事"。他在文章的最后，继续宣传"大同三世说"，称言："又何东西之有耶？而又何趋变之有耶？"[1]即不分东西、不再趋变的"世界大同"。康有为的"洪水说""地顶说"和"地运说"的含义还是看不清楚的。

梁启超的说法

梁启超是康有为的头号门生，此时在上海主持《时务报》，宣传康的思想。在徐勤、刘桢麟的前引文章发表之后，梁在《时务报》上发表《论中国之将强》，继续宣传变法维新的思想，所言皆是"人事"——兴办各类学堂以造就人才、以勤劳和低薪从事机器加工业加入全球竞争、

---

[1]《地运趋于亚东论》，《知新报》第7、8册，光绪二十三年二月二十一日、二十六日（1897年3月23、28日），上海社会科学院出版社影印本，上册，第49—50、57—58页。"物莫能两大"一句，见《左传》庄公二十二年："物莫能两大。陈衰，此其昌乎？"指陈国衰败而陈氏后人在齐国兴起之事。"夏道不亡，殷道不作……"一句，见之于刘向《说苑·君道》，文字稍有异。康有为在万木草堂讲学时曾引用之（黎祖健：《万木草堂口说》，楼宇烈整理：《长兴学记·桂学答问·万木草堂口说》，第107页）"有鸿"，不明其意。"诺威"，似指挪威。"回回"，指伊斯兰教民族。"峩特狄"，据康有为《意大利游记》、梁启超《新罗马传奇》，为东哥特人，然刘桢麟又称"雄据于英伦三岛"，大约是泛指蛮族。又，庄帆告诉我：从梁启超的《新史学·历史与人种之关系》来看，"峩特"应指凯尔特人；查《万国史记》，"峩特"指哥特人；然《瀛寰志略》称"前五代时，罗马衰乱，峩特族、卑勒敦人据英伦，后为苏格兰之斯各多、比德斯两部所攻，孤弱不能自立，求援于安各罗。安各罗者亦峩特种……"庄帆由此认为："晚清西书中译造成误解无数，'峩特'恐怕只是其中小小的一个"；刘桢麟称"峩特狄雄踞于英伦三岛"，其知识来源很可能是《瀛寰志略》。

到南美洲殖民以获得新的发展空间——以能对抗西方的军事与政治压力，以能挽救中国而不被瓜分。随后，梁笔锋一转，谈到"地运"：

> 吾闻师之言地运也：大地之运，起于昆仑。最先兴印度，迤西而波斯，而巴比伦，而埃及。渡地中海而兴希腊，沿海股而兴罗马、意大利。循大西洋海岸，迤北兴西班牙、葡萄牙，又北而兴法兰西，穿海峡而兴英吉利。此千年以内，地运极于欧土，洋溢全洲。其中原之地，若荷兰，若瑞士，若德意志，则咸随其运之所经，而一一浮起。百年以内，运乃分达，一入波罗的海，迤东以兴俄，一渡大西洋，迤西以兴美。三十年来，西行之运，循地球一转，渡大东洋以兴日本。日本与中国接壤，运率甚速，当渡黄海、渤海兴中国。而北有高丽，南有台湾，以为之过脉，今运将及矣。东行之运，经西伯利亚达中国。十年以后，两运并交，于是中国之盛强，将甲于天下。昔终始五德之学，周、秦儒者，罔不道之，其几甚微，其理可信。此固非一孔之儒可以持目论而非毁之者也。以人事言之则如彼，以地势言之则如此。[1]

梁启超的文笔真是清楚明白，用最简单的文字一下子道出了底蕴。原来零散记录、看起来杂乱无章的"洪水说""地顶说"，一下子具有了"逻辑性"，展现出其条理与意义。"洪水说""地顶说"的最终结论是"地运说"，就像康学"新学伪经说""孔子改制说"的最后结论是"大同三世说"一样。我不知道康有为在万木草堂讲授时是否区别听众，向所有人传授"洪水说""地顶说"，而仅向梁启超、徐勤等人传授"地运说"？就像梁启超所说的那样："小康之义，门弟子皆受之"；"大同之学，门弟子受之者盖寡"。[2]

对照徐勤、刘桢麟对"地运"的描述，梁启超的叙述方法是去掉

---

[1]《论中国之将强》，《时务报》第31册，光绪二十三年六月初一日（1897年6月30日），中华书局影印本，第3册，第2073—2080页。"大东洋"，即太平洋。梁启超此时读佛书甚多，他没有说"四大金龙池"，很可能看过《长阿含经》而未加采信。

[2]《南海康先生传》，《清议报》第100册，中华书局影印本，第6册，第6313—6314页。

枝蔓,突出主线——不再提"洪水",不再提"四大金龙池",甚至也不说"地顶";山岭与河流全都省略,只说海洋与海岸;详细的历史进程全都省略,只在地图上直接画出明确的路线:从昆仑到印度,再到波斯、两河流域、埃及,跨地中海而希腊、罗马、意大利,沿地中海而西班牙、葡萄牙、法国至英国,随后进入欧洲大陆即荷兰、瑞士、德国;其后的"地运"路线最为奇特,分为两支,一入波罗的海,向东往俄罗斯,一入大西洋,向西到美洲;向东者经西伯利亚到中国,向西者经太平洋、日本到中国。"十年之后",即光绪三十三年(1907),"两运并交","地运"也将到达最终目的地,即"中国之强盛,将甲于天下"。就以上"地运"路线而言,梁的说法虽是简洁版,但说出了徐勤"世界大势"的结论,说出了刘桢麟"地运趋于亚东"的结论。若将徐、刘、梁三人的解读放在一起阅读,可以看出康有为"地运说"的基本轮廓和主要论点。

　　康有为的"地运说"虽有地理形势与交通进步的外表,但其核心是"命定论",具有超越"人事"(人的奋斗)的神秘力量。梁启超将之与"五德终始说"相连接,并称"周、秦儒者罔不道之"。梁援引《易》称"其几甚微",即其征兆极其微小,并称"其理可信"。[1] 既然是一种"命定论",不免与"人事"(人的奋斗)相冲突,梁自辩称:"以人事言之则如彼,以地势言之则如此",即"人事"与"地势"(地运)可以彼、此同时存在。

　　在戊戌的时代,康有为及其弟子在公开舆论中大力倡导变法维新,所言之主旨,皆是"人事"(人的奋斗)。梁启超的《变法通议》更是万口传颂。康有为作为一名"先知",可以知天命,可以解地运,以能"创制立教";但一旦将"地运说"说破,在此类"命定论"的观念之前,"人事"(人的奋斗)将会变得缺乏意义。且以当时人的好恶与知识水准,对多具"命定论"色彩的"地运说"可能会不感兴趣,甚至

---

[1] "其几甚微"典出于《易·系辞下》:子曰:"知几其神乎?君子上交不谄,下交不渎,其知几乎。几者,动之微,吉之先见者也,君子见几而作,不俟终日。易曰:'介于石,不终日,贞吉。'介如石焉,宁用终日,断可识矣。君子知微知彰,知柔知刚,万夫之望。"梁启超引用"其几甚微"四字,似有"见几而作,不俟终日"之意。

斥责，梁亦为此而自辩："此固非一孔之儒可以持目论而非毁之者也"。由此似可以解释，为何黎祖健《万木草堂口说》中未录"地运说"？康可能没有说，或没有多说；为何徐勤、刘桢麟没有说出"地运说"的最后结论？他们或许未能充分理解，或许不便说透。也只有像梁启超这位思想敏锐、年轻气盛者，在《论中国之将强》中打穿后壁，说出了"地运说"的底蕴，就像他在《论君政民政相嬗之理》中公开宣传"大同三世说"一样。只不过他那简洁版的言辞，在当时和后来都没有引起太多的注意。

值得注意的是，列名为康有为弟子的香山举人张寿波亦在《时务报》上发表《欧亚气运转机论》，说的是"气运"，亦谈到"转机"，论点与康门弟子所言"地运说"有较大的不同。该文主要谈航海与铁路，主张利用俄国兴建西伯利亚大铁路、与英国争夺远东商路之机，奋起维新，继而能收回权利，并没有"命定论"的色彩。[1]张寿波与康有为的关系较远，思想上也不紧跟，长期住在香山、澳门，可能没有受到康的"地运说"之传授。

四、结　语

戊戌时期康有为的"洪水说""地顶说"，宣称人类文明起源于昆仑，通过四条河流而分布四域，此即人类文明的同一性、同根性，即康所称的"万国同风"；而印度、波斯文明，沿地中海传播到欧洲，此即否定了西方文明的原生性，即西方文明只是接受了东方文明，而不占据先天性的优势。康有为的"地运说"，将同根流传的世界文明分为若干阶段性：在最初的阶段，东方占优；在最近的阶段，西方占优；在未来的阶段，

---

[1]《欧亚气运转机论》，《时务报》第17、18册，光绪二十二年十二月十一日、光绪二十三年正月二十一日（1897年1月13日、2月22日），中华书局影印本，第2册，第1124—1126、1195—1198页。该文在《时务报》刊出时，注明"香山张寿波来稿"，列在较后的版次，与梁启超、章太炎、汪康年、麦孟华等主笔的文章有等差。

东方将会复兴；而到了最后的阶段，将会"世界大同"。康否定了西方文明的独创性，实际上也否定了西方文明的基本价值。康认为深受东方影响的西方文明，虽在当时已占先机，仍不可能称霸或超越东方文明。这一说法与康的"大同三世说"相一致。康有为（包括梁启超）认为，孔子所撰《六经》，属经天行地之文，已经包含了西学（西方文明）的全部精义，是适用于全人类的。[1]

戊戌时期康有为的"洪水说""地顶说""地运说"，就学理而言，是松散的，尚未形成完整体系。这是因为康的这些学说是建立在对西方文明不了解甚至误解的基础之上，建立在众多似是而非、混杂零乱的知识或传言的基础之上，不可能构建自洽的逻辑关系，也不可能结成严谨的思维模型。正因为如此，当康有为来到日本、来到北美、来到印度、来到欧洲、来到墨西哥之后，获得了新的更可靠的知识，尤其是历史与地理知识，原先的"洪水说"因无法成立而不能不放弃，原来的"地顶说"因无法成立而被修正、演化为"地势说"，且康生前未允之发表，至于多具"命定论"色彩的"地运说"则更显荒谬，康也不再提起了。梁启超到了日本之后，接受了经日本学界转手的西学，虽仍尊康为其师，但在总体上放弃了康的学说。因此，戊戌时期康的"洪水说""地顶说""地运说"就这样悄然无声地消失了，如同当年的流风与流水一般。若非黎祖健《万木草堂口说》被发现，若非《时务报》《知新报》被重印，今人很难得知戊戌时期康还有此等奇特的思想。

流风空中无痕，流水溪中无迹。然伸手于空中，能感到风过，落脚于溪中，能感到水动。我之所以如此细微地观察戊戌时期康有为的"洪水说""地顶说""地运说"——这些已为康后来所放弃、所隐匿、几乎未留痕迹的学说，就是想能置身于光绪二十四年（1898）戊戌变法的当时，让我感受到或捕捉到那个时段康的知识水准、精神状态与思维方式，以能更加准确地了解与理解那个时段康的学术思想与政治思想。思想流动不居，即"人不能两次踏进同一条河流"；但历史学家的真正本事就是能将那些漫延的流质截分为一片片固态化的剖面，以能详加辨识，即

---

[1] 相关的叙述与分析，可参见本书下编第四章："中学或西学？——戊戌时期康有为、梁启超学术思想与政治思想之底色"。

"人莫鉴于流水,而鉴于止水。唯止能止众止"之意。只有时段的精确性,方可体现出历史的真实性。尽管我也知道,相对此期"康学"最重要的三大学说"新学伪经说""孔子改制说""大同三世说"而言,"洪水说""地顶说""地运说"只是次层级的、从属性的,不那么重要;恰恰是通过观察这类不那么显赫的细节,思考这些不那么重要的学说,让我觉得,我离康有为更近。

附 编

第一章　梁启超《变法通议》的写作计划、发表与结集

梁启超以《时务报》而声名大著，而他在《时务报》上发表最著名的政论著述是《变法通议》，部分地表达了他在戊戌变法时期的改革设想。这是他的成名作。然而，如同梁启超许多政论著述一样，《变法通议》是一部没有最终完成的作品，最后一部分是其流亡日本后所写，在《清议报》上发表。从《变法通议》最初发表的文本来看，他本有一个庞大的写作计划，其后又多次改变，最后放弃了。该论著的结集，也有其特殊性。本章的目的，在于详细介绍梁启超《变法通议》的写作计划、最初发表与历次结集的情况，以能解除一些读者和研究者于此中产生的误解。

一、《时务报》时期

光绪二十二年七月初一日（1896年8月9日），《时务报》在上海创刊。作为主笔的梁启超发表了两篇文章，其一是《论报馆有益于国事》，其二为《变法通议·自序》。梁在《自序》中称：

> ……今专标斯义，大声疾呼，上循土训、诵训之遗，下依矇讽、鼓谏之义。言之无罪，闻者足兴。为六十篇，分类十二。知我罪我，

其无辞焉。[1]

这是他最初提出的写作计划,"为六十篇,分类十二"。可是,没有过多久,他改变了。八月二十一日(9月27日),梁启超在《时务报》第6册上发表《变法通议》的第四篇《论学校一:变法通议三之一·总论 续第五册》,再次说明其写作计划:

> 吾所欲言者,采西人之意,行中国之法,采西人之法,行中国之意。其总纲三:一曰教,二曰政、三曰艺。其分目十有八:一曰学堂,二曰科举,三曰师范,四曰专门,五曰幼学,六曰女学,七曰藏书,八曰纂书,九曰译书,十曰文字,十一曰藏器,十二曰报馆,十三曰学会,十四曰教会,十五曰游历,十六曰义塾,十七曰训废疾,十八曰训罪人。所拟章程皆附于各篇之后。[2]

此中的十八"分目",似应认为是总纲中"一曰教"的部分,梁应另有总纲中"政""艺"两部分的写作之"分目"。

今天的研究者无从得知梁启超此期修改后的写作计划,但从《时务报》已刊篇目来看,他的设想相当庞大,已发表者,只是其写作计划中的一小部分:《时务报》第1册发表为《变法通议·自序》,第2册为《论不变法之害·变法通议一》,第3册为《论变法不知本原之害·变法通议二》,第5册为《论学校一:变法通议三之一·总论》,第6册为《论学校一:变法通议三之一·总论 续第五册》,第7册为《论学校二:变法通议三之二·科举》,第8册为《论学校二:变法通议三之二·科举 续第七册》,第10册为《论学校十三:变法通议三之十三·学会》,第15册为《论学校四:变法通议三之四·师范学校》,第16册为《论学校五:变法通议三之五·幼学》,第17册为《论学校五:变法通议三

---

[1] 《变法通议·自序》,《时务报》第1册,光绪二十二年七月初一日,中华书局影印本,第1册,第8页。"士训、诵训",见《周礼·地官》。

[2] 《论学校一:变法通议三之一·总论,续第五册》,《时务报》第6册,光绪二十二年八月二十一日,中华书局影印本,第1册,第342页。

之五·幼学 续第十六册》，第 18 册为《论学校五：变法通议三之五·幼学 续第十七册》，第 19 册为《论学校五：变法通议三之五·幼学 续第十八册》，第 23 册为《论学校六：变法通议三之六·女学》，第 25 册为《论学校六：变法通议三之六·女学 续第二十三册》，第 27 册为《论学校七：变法通议三之七·译书》，第 29 册为《论学校七：变法通议三之七·译书 续第二十七册》，第 33 册为《论学校七：变法通议三之七·译书 续第二十七册（误，原文如此）》，第 36 册为《学校余论：变法通议三之余》，第 39 册为《续论变法不知本原之害：变法通议二之余》，第 43 册为《论商务十：变法通议七之十·金银涨落》。

从以上篇目来看，根据"总纲三""分目十八"的原先设计，其纲目结构似为：

  自序
  变法通议一·论不变法之害
  变法通议二·论变法不知本原之害
  变法通议二之余·续论变法不知本原之害
  变法通议三之一·学校总论
  变法通议三之二·学校·科举
  ……
  变法通议三之四·学校·师范学校
  变法通议三之五·学校·幼学
  变法通议三之六·学校·女学
  变法通议三之七·学校·译书
  ……
  变法通议三之十三·学校·学会
  ……
  变法通议三之余·学校余论
  ……
  变法通议七之十·商务·论金银涨落

梁启超谈到的"十八分目"，应都在《论学校》之内，即"一曰教"。其已发表的分目与先前计划的"十八分目",略微不同,且未能写完,尚缺原拟的"专门""藏书""纂书""文字""藏器""报馆""教会""游历""义塾""训废疾""训罪人"等分目。[1] 至于梁提到的"二曰政、三曰艺",很可能还没有开始写。如果按照《时务报》已发表的篇章排列,很可能是《变法通议四·论政》《变法通议五·论艺》。梁既已写《变法通议七之十·商务·论金银涨落》,《变法通议六》的题目当已存其心,然究竟是什么内容,无法推测。

至《时务报》第43册(发行于光绪二十三年十月初一日,1897年10月26日)之后,梁启超停止了《变法通议》的写作。其主要原因,自然是《时务报》的内部分歧,他与汪康年已走向决裂。另一个重要原因是他手中的工作太多,时务学堂、大同译书局、《知新报》、各种活动与应酬以及大量的其他题目的写作,使之无法集中精力;而"二曰政、三曰艺",即政治与艺学(相当于今日之各类科学技术)都是大题目,他此时的学力与能力似也有不足之处。由此来分析,"六十篇""分类十二""总纲三""十八分目",都可以理解为这位23周岁年轻人的雄心壮志,并非已经达到全然在胸、舒展自如、随时可喷发之完美境界。

光绪二十四年二月,梁启超离开湖南,取道上海至北京。他此行的目的,是参加当年的会试。然在此时,德国占领青岛,俄国占领大连,远东国际形势大为动荡,戊戌变法由此而发生。梁启超进京后跟随康有为,参与了康的许多奏章和进呈书籍的写作,在京城兴起一阵阵改革大波。《变法通议》的写作计划,只能搁置。

光绪二十四年四月二十五日(1898年6月13日),翰林院侍读学士徐致靖上奏保举梁启超,光绪帝下令总理衙门查看。[2] 五月十五日(7月

---

[1] 十八分类中的"学堂",似为"学校总论"。"三曰师范"调整为"变法通议三之四·学校·师范学校"。"九曰译书"调整为"变法通议三之七·学校·译书"。梁启超的十八分类中,"专门"指各类专科学校;"藏书"为今图书馆之意;"藏器"为今博物馆之意;"游历"相当于今留学,但没有严格的学位要求;"纂书"是图书编写与出版机构;"报馆""义塾",与今意相同;"训废疾"与"训罪人",是为残疾人和品行不良青少年开办的学校。"文字""教会"的准确含义,我还不太清楚。

[2] 徐致靖上奏共荐举康有为、黄遵宪、谭嗣同、张元济、梁启超五人。其中关于梁启超,称言:"广东举人梁启超英才亮拔,志虑精纯,学贯天人,识周中外。其所著《变法通议》及《时务报》诸论说,风行海内外,如日本、南洋岛及泰西诸国,并皆推服。(转下页)

3日），光绪帝在颐和园召见梁启超，下旨："举人梁启超着赏给六品衔，办理译书局事务。"[1]对于这次召见，梁启超称："上命进呈所著《变法通议》，大加奖厉［励］。"[2]由此，梁启超将其在《时务报》上已发表的《变法通议》，除去《论商务十：变法通议七之十·金银涨落》一篇，加上其在《时务报》上发表的八篇和麦孟华发表的一篇政论文章以及《湖南时务学堂课程》，抄成七册进呈。[3]这应该是《变法通议》的第一次结集。

二、《清议报》时期

戊戌政变后，梁启超流亡日本，开始编《清议报》。光绪二十四年十一月十一日（1898年12月23日），《清议报》第1册在日本横滨出版，发表了梁启超《续变法通议》的题记，称言：

> 余于丙申（光绪二十二年，1896）之秋，始为《变法通议》，登

（接上页）湖南抚臣陈宝箴聘请主讲时务学堂，订立学规，切实有用。如蒙皇上召置左右，以备论思，与讲新政，或置诸大学堂，令之课士，或开译书局，令之译书，必能措施裕如，成效神速。"（《康有为变法奏章辑考》，第231—232页）其中特别提到《变法通议》一书。光绪帝为此下旨："⋯⋯广东举人梁启超著总理各国事务衙门察看具奏。"（军机处《上谕档》，光绪二十四年四月二十五日）五月十三日，总理衙门上奏《举人梁启超遵旨查看折》，光绪帝下旨："广东举人梁启超于十五日预备召见。"（军机处《随手登记档》，光绪二十四年五月十三日）

[1] 军机处《上谕档》，光绪二十四年五月十五日。
[2] 《戊戌政变记》续四库本，第214页。
[3] 梁启超将《变法通议》中的《自序》《论不变法之害》《论变法不知本原之害》和他在《时务报》上发表的《论中国积弱由于防弊》《论中国之将强》《古议院考》《论报馆有益于国事》《治始于道路说》《论加税》《丁酉列国岁计政要序》以及麦孟华的《论中国变法必自官制始》，合编为《变法通议》上下篇（2册）；将《变法通议》的《学校总论》《论科举》《论师范学堂》《论幼学》《论学会》《论翻译》《论女学》《续论变法不知本原之害》《学校余论》和在时务报上发表的《戒缠足会叙》，合编为《变法通议学校篇》（4册）；此外，另将《湖南时务学堂学约十章》和《时务学堂功课详细章程》，合编《湖南时务学堂课程》，作为《变法通议学校篇》附录（1册）。关于进呈本的具体情况，可参见本书附编第二章"梁启超《变法通议》进呈本阅读报告"。

于《时务报》。冀我后我大夫，或赐采择……乃未及两载，而学校科举之议，已一一著诸功令。且并有草莽〔莽〕臣所未敢言者，而圣天子已毅然而行之者……方今朝局一变，顽焰复炽，其艰难视丙申间殆十倍焉……用更缀述所怀，续成前作。明夷待访，期以岁年。光绪戊戌十月任公自记。

在此题记之后，刊出《论变法必自平满汉之界始：变法通议外篇一　续〈时务报〉五十册》。[1] 从文章的内容来看，当属梁启超到了日本之后所写，且为其先前的政策自辩，即称康有为、梁启超在百日维新期间已有调和满汉的政策设计。但"外篇一"一语，又提示着梁启超写作计划的再次改变，即"一曰教，二曰政，三曰艺"和《变法通议七·商务》之外，还有"外篇"的设计。光绪二十四年十一月二十一日（1899年1月2日），梁在《清议报》第2册上发表《论变法必自平满汉之界始：续变法通议外编一　续第一册》，重续前说。[2] 光绪二十四年十二月十一日（1899年1月22日），梁在《清议报》第4册上发表《论变法后安置守旧大臣之法·变法通议四·官制篇》，继续为其先前变法的举措自辩，即他们在百日维新期间已有安置守旧大臣的办法。[3] 但"变法通议四·官制篇"一语，似又可说明其先前的写作计划：先前发表的《变法通议三》，即"一曰教"，为《学校篇》；其《变法通议四》，即"二曰政"，为《官制篇》。然而，到了此时，梁启超的思想与写作目标又有了很大的变化，开始致力于《戊戌政变记》《国家论》《自由书》等新著述的写作，《变法通议》作为尚未完成的著述，此后没有继文。

从梁启超在日本所写《变法通议》最后两篇中，可以看出其思想已

---

[1]《清议报》第1册，中华书局影印本，第1册，第7—12页。其中"续《时务报》五十册"一语之意，我还不太清楚。《变法通议》最后在《时务报》上刊出为第43册，梁启超在《时务报》第49册发表《湖南时务学堂学约十章》，第51册发表《南学会叙》《俄土战记叙》，梁启超在《时务报》发表的最后一篇文章，是第55册上的《经世文新编序》（光绪二十四年三月初一日出版）。由此而论，"续《时务报》五十册"，也很有可能是梁的误记。

[2]《清议报》第2册，中华书局影印本，第1册，第67—72页。

[3]《清议报》第4册，中华书局影印本，第1册，第199—204页。

经发生了变化,最为突出的是发表在《清议报》第 2 册《论变法必自平满汉之界始:续变法通议外编一 续第一册》,起首即言:

> 圣哉!我皇上也。康南海之奏对,其政策之大宗旨,曰:满汉不分,君民同治。斯言也,满洲全部人所最不乐闻者也,而我皇上深嘉纳之,将实见诸施行焉。虽被掣肘,未能有成,然合体之义,实起点于兹矣。满人之仇视皇上也,谓皇上有私爱于汉人,有偏憎于满人。

又称:

> 夫以公天下之大义言之,则凡属国民,皆当有爱国忧国之职分焉,不容有满汉、君民之界也。即以家天下之理势言之,则如孪体之人,利害相共,尤不能有满汉、君民之界也。[1]

前已说明,该文的写作目的是回应当时的指责;然从其内容而言,却是梁启超到了日本之后的创造。康有为在戊戌变法期间根本没有提出过"满汉不分、君民同治"的建策或言论,光绪帝也绝不会同意"君民同治",更不可能"见诸施行"。[2] 此时梁正在写作《戊戌政变记》,编造了许多光绪帝、康有为的"史实";就在《论变法必自平满汉之界始》一文中,梁也编造了光绪帝"最恶内务府官吏"的"史实"。[3]

如果从这篇文章的主旨来看,说的还是满汉问题;然在后来的研究者眼中,文中"君民同治"和"不容有""不能有""君民之界"之类的

---

[1] 《清议报》第 2 册,中华书局影印本,第 1 册,第 67—68 页。
[2] 值得注意的是,康有为后来作伪的《戊戌奏稿》中,还专门有一篇是《请君民合治满汉不分折 六月》。不知这作伪的奏折,与梁启超的《论变法必自平满汉之界始》一文有无关系。
[3] 梁启超称言:"皇上最恶内务府官吏,凡内务府官吏几无一人不带处分者。故内务府之人仇视皇上尤甚。每曰:使皇上得志,吾等无啖饭处矣。故前者外廷议播皇上许多失德之事,今年传言皇上久病难痊,皆内务府之言也。"(出处同上)梁的这段话,全无根据,与梁在《戊戌政变记》中所写内廷诸事相同。而这段话若真让内务府的官员看到,会对此期已受到管束的光绪帝很不利。

词句,很容易被放大。在当时的政治术语中,这类词句一般指英国、德国、日本等君主立宪国家,很容易被研究者当作康有为、梁启超在戊戌变法期间有意建立君主立宪制国家的政治方向来看待。这就将康、梁到日本之后的思想,当作其在"百日维新"中的政治思想和政策设计,牵涉到戊戌变法性质的认定。也有一些研究者未加核对,引用这些文字,做出了错误的判断。

三、结集的过程与误读的产生

光绪二十八年(1902),正值梁启超30岁(虚岁),其朋友兼门生何擎一(天柱)编辑梁的文集《饮冰室文集》,由上海广智书局出版,为其祝寿。[1] 该文集大体按照时间顺序编辑,《变法通议》的各篇,分别编入《丙申集》《丁酉集》《戊戌集》中,使用的是原来的篇名,已经没有《变法通议》的总标题,更没有原刊在《时务报》《清议报》上诸如《论学校一:变法通议三之一》《论商务十:变法通议七之十》《变法通议外篇一》《变法通议四·官制篇》之类的副题。[2] 读者如果没有看过《时务报》和《清议报》,根本看不出各篇与《变法通议》之间的关系。

1904年(明治三十七年),下河边半五郎编《饮冰室文集类编》,在

---

[1] 该书的版权页说明:"光绪二十八年十月印刷,光绪二十九年二月发行。实价大洋六圆五角。著者:新会梁启超。编辑者:香山何天柱。印刷所:上海英界大马路同乐里广智书局活版部。发行所:上海英界大马路同乐里广智书局。"

[2] 何擎一在《编辑例》中称:"每集中略以文字之问题性质,分别部居。"然在各集中,《变法通议》的各篇并没有得以体现。其《丙申集》的编排为:"论报馆有益于国事、变法通议自序、论不变法之害、论变法不知本原之害、学校总论、论科举、论学会、古议院考、论师范、论中国积弱由于防弊、论加税……"其《丁酉集上》的编排为:"论女学、论幼学、论译书、学校余论、史记货殖列传今义、论金银涨落、治始于道路说";其《丁酉集下》的编排为:"论君政民政相嬗之理、续论变法不知本原之害、论中国之将强……"其《戊戌集》的编排为:"……纪年公理、政变原因答客难、译印政治小说序、论变法必自平满汉之界始、论戊戌八月之变乃废立而非训政、论变法后安置守旧大臣之法、康广仁论……"由此可见,除了《变法通议自序》外,所有的篇目都成了独立的文章,看不到《变法通议》的整体形象。

东京出版。[1] 其凡例称：

> 一、何（擎一）辑《饮冰室文集》，用编年体，然往往有一文而成于两年者，前后遥隔，阅者每苦不便。是编分类汇辑，取便检阅。体例高下，在所不计。
>
> 一、每类文字，略依性质，分别先后，并于每题下注明年分，俾阅之可知作者思想之进步。

该书将梁的著作分作15类，其第一类为"通论"，第一篇即是《变法通议》。[2] 其篇目排列大体按照《时务报》与《清议报》发表的次序，并注明发表的年份：变法通议自序（丙申）、论不变法之害（丙申）、论变法不知本原之害（丙申）、学校总论（丙申）、论科举（丙申）、论学会（丙申）、论师范（丙申）、论幼学（丁酉）、论女学（丁酉）、论译书（丁酉）、学校余论（丁酉）、论金银涨落（丁酉）、论变法必自平满汉之界始（戊戌）、论变法后安置守旧大臣之法（戊戌）。只是将《时务报》第39册之《续论变法不知本原之害：变法通论二之余》一篇接到《论变法不知本原之害》之后。[3] 下河边半五郎所编的这部文集，是《变法通议》梁启超进呈本之后，再一次将《变法通议》合编。他根据《时务报》《清议报》刊出情况，没有羼入进呈本中的其他文章；但他同何擎一一样，删去了原刊《时务报》《清议报》上《论学校一：变法通议三之一》《论变法必自平满汉之界始：变法通议外篇一》之类的副题，很容易让人误解为梁启超已完整地写完了这部著作。

然而，下河边半五郎所编《饮冰室文集类编》，似未得到梁启超的授

---

[1] 该书的版权页说明："明治三十七年四月二十九日印刷，明治三十七年五月二日发行。编者及发行者：下河边半五郎，日本东京市本所区龟泽町一丁目十九番地。印刷者：中野锲文郎，日本东京市京桥区南小田原町二丁目九番地。印刷所：帝国印刷株式会社，日本东京市京桥区筑地三丁目十五番地。日本，各地卖捌所。清国，各地卖捌所。"

[2] 下河边半五郎所分的类别为：通论、政治、时局、宗教、教育（书报附）、学术、学说、历史、传纪、地理、杂文、游记、谈丛、韵文、小说。前五类为上编，后十类为下编。

[3] 下河边半五郎将《续论变法不知本原之害：变法通论二之余》，接于《论变法不知本原之害》之后，没有特别注明发表在丁酉年。此后的编者多从之，亦未说明其在《时务报》刊载时分为两篇。

权。[1] 1905年（乙巳），上海广智书局编辑《分类精校饮冰室文集》，其凡例称：

> ……顷见坊间亦有翻印本集者，名为《饮冰室文集类编》，惟是只图牟利，错误极多。是编校勘精审，购者请为注意。

尽管如此，《分类精校饮冰室文集》在编排上仿效《饮冰室文集类编》。[2] 其第一类亦是"通论"，第一篇亦是《变法通议》，其篇目安排亦与《饮冰室文集类编》相同，在篇目下注明其最初发表的年份："丙申""丁酉""戊戌"。《分类精校饮冰室文集》的销售情况看来很不错，我看到的版本在版权页上注明"宣统元年（1909）十一月第十版发行"，仅是4年，已印10次，并注明"代售处：各省大书庄"，看来不是仅在租界出售。

1916年（民国五年），中华书局出版《饮冰室全集》，虽称是《全集》，实为《选集》。其例言称：

> ……兹由先生指示梗概，凡不惬意之作，以及兴到涉笔、无关宏旨者，悉从刊落……先生以文章名海内二十年矣。长篇大作，往往应报章之需要，为时事之箴言，但学术思想，与时俱进，兹集年代较远者，多付删汰……

该书亦分类，其第一类为"通论"，其第一篇为《新民说》。编者自称其

---

[1] 我个人以为，当时到日本的中国留学生很多，许多人喜欢梁启超的著作，也有一些人购买后带回国内。梁启超著作的盗印，会有相当大的市场消费。我在日本京都大学还看到一个与此完全相同但没有版权页的本子，那是明显的盗印。

[2] 该《凡例》署名为"广智书局编辑部"，署日期为"乙巳六月"，除了上引文字外，又称言："一、本局何君前辑之《饮冰室文集》，用编年体，往往一文而成于两年者，前后遥隔，阅者每苦不便。又，前辑本将已售罄，兹谋再印，用是分类汇辑，取便检阅。一、每类文字，略依性质，分别先后，并于每题下注明年分，俾阅之可知作者思想之进步……"这些话与下河边半五郎《饮冰室文集类编·凡例》极其相似。《分类精校饮冰室文集》的分类是：通论、政治、时局、宗教、教育、生计、学术、学说、历史、传纪、地理、杂文、游记、谈丛、韵文、小说。前七类为上编，后九类为下编。分类形式与下河边半五郎《饮冰室文集类编》大体相同。

得到梁启超的"指示",到了此时,《变法通议》未能收入,大约已被梁认作为"不惬意之作"或不能"与时俱进"的"年代较远者"吧。1925年4月,梁启超的侄子梁廷灿编辑《乙丑重编饮冰室文集》,1926年由中华书局出版。梁廷灿在《序例》中称:"叔父为文为坊间所裒辑者,大抵以意增删,恐读者未得叔父为文之意,因取原稿重编。"该书的第一、二卷收入《变法通议》,其篇目安排为:自序、论不变法之害、论变法不知本原之害、学校总论、论科举、论学会、论师范、论女学、论幼学、学校余论、论译书、论变法必自平满汉之界始、论变法后安置守旧大臣之法、论金银涨落、论中国宜讲求法律之学。其篇目安排与在《时务报》《清议报》上发表次序有所不同,且也增加一篇原不属于《变法通议》的《论中国宜讲求法律之学》。从全本编集的情况来看,参考了先前的各个文本,似乎不太像是"取原稿重编"的样子。更为重要的是,该书将《变法通议》各篇最初发表的年份去掉了。[1] 在《饮冰室全集》(1916年中华版)、《乙丑重编饮冰室文集》的出版前后,我亦见过多种版本的梁启超著作合集,但多为编辑专门系列或近年所著,没有收入《变法通议》。

1929年,梁启超去世。1932年,梁启超的好友林志钧(宰平)编《饮冰室合集》,分《文集》《专集》两类,共计40册,1936年由中华书局出版。《变法通议》列入《文集》第一册第一篇,极其显著。其篇目编排为:自序、论不变法之害、论变法不知本原之害、学校总论、论科举、论学会、论师范、论女学、论幼学、学校余论、论译书、论变法必自平

---

[1] 2001年,云南教育出版社出版由吴松等人点校的《饮冰室文集点校本》,该书以《乙丑重编饮冰室文集》为蓝本,其《变法通议》编排亦与《乙丑重编饮冰室文集》相同。比较有意思的是,《乙丑重编饮冰室文集》在收入《变法通议》时,因属线装书,各卷页数有限,第一卷第17—34页收入了《自序》《论不变法之害》《论变法不知本原之害》《学校总论》,第二卷起收入其他各篇,并注明"《变法通议》续前";《饮冰室文集点校本》由此将之误分为两篇,即:《变法通议》《变法通议(续前)》。《饮冰室文集点校本》注释中对《变法通议》的篇目来源亦有错误。其《变法通议》注释称:"本文分别发表于1896年8月9日至9月27日,《时务报》第1、2、3、5、6册。"(该书第30页)漏掉了《时务报》第39册上《续论变法不知本原之害:变法通论二之余》。其《变法通议(续前)》的注释称:"本文分别发表于1896年8月19日至12月25日,《时务报》第2、3、5、6、7、8、10、15册。"(该书第79页)那错得就更大了。

满汉之界始、论金银涨落、论变法后安置守旧大臣之法。可以看出，其篇目安排与梁廷灿所编稍有不同。然而，梁廷灿所编仅是未注明年份，而林志钧所编在正文中未注明年份，却在目录上注明年份："《变法通议》清光绪二十二年。"这是《变法通议》开始发表的年份，不能反映各篇发表的年份。如此标记，很容易使读者误以为该著作是梁启超一气写成的，而且是戊戌变法前两年就完成了。需要说明的是，林志钧所编的这个版本是影响力最大的版本，1989年中华书局予以重印，以后又多次加印，很长时间内成为阅读和研究梁启超著述的主要版本。[1] 2002年，华夏出版社出版何光宇评注：《变法通议》。[2] 这很可能是这部名著第一次正式出版的单行本。[3]

---

〔1〕 1990年，江苏广陵古籍刻印社影印《变法通议·【附】开明专制论》，尽管在《影印说明》中指出：《变法通议》"初在《时务报》《清议报》陆续发表"，影印的仍是1936年中华版《饮冰室合集》相关部分，只是删去了"清光绪二十二年"的字样。1999年，北京出版社出版张品兴编：《梁启超全集》，以1936年中华版《饮冰室合集》为底本，《变法通议》注明是"1896年"。

〔2〕 何光宇在《评介》中说明："……其中《自序》《论不变法之害》《论变法不知本原之害》《学校总论》《论科举》《论学会》《论师范》《论女学》《论幼学》《学校余论》《论译书》《论金银涨落》等12篇文章发表在1896年到1898年《时务报》上，《论变法必自平满汉之界始》《论变法后安置守旧大臣之法》两篇文章发表于1898年底到1899年初的《清议报》上。"这一说法大体准确，稍有小误（梁启超在《时务报》第43册上发表《变法通议》的最后一篇是《论商务十：金银涨落》，出版日期为光绪二十三年十月初一日，1897年10月26日）。然而，何光宇很可能因该书的体例所限，没有在《评介》中说明清楚梁启超的写作计划，没有对文中"六十篇""分类十二""总纲三""十八分目"进行注释。他虽然清楚《变法通议》分别发表在《时务报》和《清议报》，但没有区别这两个时期梁启超的思想差异，称言："梁启超认为变法的根本，在于改变官制……学习西方的三权分立，实行君主立宪制度……为了安抚在变法中既得利益受到损害的守旧大臣，他还详细规定了变法后安置守旧大臣的办法……"（该书第6页）这就将梁启超到达日本后的自辩，当作其"百日维新"期间的政策了；而"三权分立，实行君主立宪制度"，不是梁启超在百日维新时期的政治主张。从所录版本来看，何光宇依据的蓝本，很可能还是1936年中华版《饮冰室合集》，似未与《时务报》《清议报》细校。

〔3〕 《中国历史大辞典·清史》下编《变法通议》条目称："……清光绪二十二年起陆续在《时务报》《清议报》发表。有报馆合订本。后收入《饮冰室合集》。"（上海辞书出版社，1992年，第482页）此中的"报馆合订本"，不知何根据。王绍曾主编：《清史稿艺文志拾遗》中记录："变法通议不分卷，梁启超撰，光绪二十三年上海时务报本，光绪二十四年清议报本，饮冰室文集本。梁著"。（中华书局，2000年，下册，第1404页）从这一文字的表述，似可这样理解：光绪二十三年《时务报》第一次结集，光绪二十四年《清议报》第二次结集。然我未能找到《时务报》和《清议报》的两个（转下页）

综上所述，可以看出后来的读者与研究者对《变法通议》两大误区的来源：一、从光绪二十八年（1902）上海广智书局出版何擎一编《饮冰室文集》为始，梁启超的《变法通议》就失去了在《时务报》《清议报》上的《论学校一：变法通议三之一》之类的副标题，尽管各个版本的《变法通议》中都保留了"六十篇""十二分类""总纲三""十八分目"的字样，但读者若不与《时务报》《清议报》相对照，很难理解梁启超的写作计划及其变化。许多研究者由此误以为梁启超写此著作的主要目的是"改科举、兴学堂、办学会以及注重翻译"诸项，不了解其变法思想之宽度。二、从1926年中华书局出版梁廷灿编《乙丑重编饮冰室文集》为始，梁启超《变法通议》的各篇，不再标明其最初发表的年份，而1936年中华书局版《变法通议》更是误标为"清光绪二十二年"。这使得许多研究者不能看出梁启超思想之"进步"，甚至将《论变法必自平

（接上页）结集本，也未从《时务报》和《清议报》中发现这两个结集本的广告。前引文中的"梁著"一词，应指李国俊：《梁启超著作系年》（复旦大学出版社，1986年），而《清史稿艺文志拾遗》第38页《征引书目（附简称）》将简称误为"梁表"。由此再查李国俊著作，其在1896年中列出《变法通议》（一），包括《自序》《论不变法之害》等6篇（分8次发表），注明在《时务报》发表时的册数，并注明《饮冰室文集》（1936年中华书局版）刊出时的册数页数；其在1897年中列出《变法通议》（二），包括《论幼学》《论女学》等6篇（分12次发表），注明《时务报》的册数和《饮冰室文集》的册数页数；其在1898年中列出《变法通议》（三），即《论变法必自平满汉之界始》，注明《清议报》的册数和《饮冰室文集》的册数页数；其在1899年中列出《变法通议》（四），即《论变法后安置守旧大臣之法》，注明《清议报》的册数和《饮冰室文集》的册数页数。（该书第31—32、36、49、51页）由此可知，《清史稿艺文志拾遗》中"光绪二十三年上海时务报本，光绪二十四年清议报本"一语，不可理解为《变法通议》已由《时务报》《知新报》两次结集，而是曾在《时务报》《清议报》刊出之意，且称"光绪二十三年"，亦有小误。从常理来判断，尚未完成的著作，作者也不太会去结集。向斯编：《天禄珍藏：清宫内府本三百年》，介绍《变法通议》内府抄本（应为进呈本），称言："光绪二十二年起，此书中文章陆续在《时务报》《清议报》发表。有报馆合订本，后收入《饮冰室合集》。"（紫禁城出版社，2007年，第298页）其称《清议报》的部分，进呈本中没有；其称"报馆合订本"，很可能是从《中国历史大辞典·清史》《清史稿艺文志拾遗》之说。我在吉辰的帮助下，在中国与日本的各大图书馆进行查找，皆未发现在此之前的单行本。中国国家图书馆普通古籍部有《变法通议》之目录，称其出版时间为"民国年间""出版者不详"，编号为：152705。2015年12月23日，我与唐仕春在该馆，调出此书，发现是《时务报》第19—24册的合订本。编目者因原封面题名缺失，根据内页中的首页题目而编目，而该页恰是《变法通议三之五·幼学》，成为编目的依据。

满汉之界始》《论变法后安置守旧大臣之法》两篇梁在戊戌政变后自辩之作,当作其戊戌变法期间已拟定的政策,尤其是对"君民同治"一语的误解,已经影响到整个戊戌变法研究结论的客观性。

从以上的《饮冰室文集》的编辑过程来看,除了何擎一、下河边半五郎之外,大多数编者似无法方便地利用《时务报》与《清议报》;他们似乎是根据先前已编的梁启超文集,来重编新的文集。自1991年中华书局重新影印前述两种报刊后,情况本已改观;然从目前研究论著的发表状况来看,部分研究者对影印本虽有利用,但仍未能予以详细考订,以至于大多数研究者依旧不察,上述的两种误解(即写作计划和"君民同治")频频发生。[1]当我在故宫博物院文物库房阅览室,读到梁启超《变法通议》光绪二十四年进呈本之后,更加觉得有必要将梁的这部成名作——也是戊戌变法期间政治影响力最大的著作之一——写作计划、最初发表、多次结集的情况,仔仔细细地说个清楚。这对于分析梁启超在戊戌变法期间的政治思想与政策设计,有着相当重要的意义。[2]

---

[1] 值得注意的著作与论文有:李国俊:《梁启超著述系年》,复旦大学出版社,1986年(当是利用原刊本);董方奎:《梁启超研究著论目录》,崇文书局,2010年;申松欣:《梁启超与〈变法通议〉》,《历史教学》1995年第7期。然这些论述皆因主题所限而叙述过简。其他著述,大多未参考以上论著,也不见直接利用《时务报》《清议报》对《变法通议》进行研究、校勘和评价者。

[2] 本书编成后,又读到汤志钧、汤仁泽编:《梁启超全集》收录《变法通议》,编者是从《时务报》《清议报》上直接录文,最初的出版信息标明详细,并与《饮冰室合集》本互校。编者工作态度认真,点校亦精良。该版本对研究者十分好用。见该书第1册,第19—106页。我已来不及修改本章,特补注于此。

第二章　梁启超《变法通议》进呈本阅读报告

故宫博物院图书馆藏有梁启超《变法通议》进呈本，我是通过《天禄珍藏：清宫内府本三百年》一书而得知的。[1] 2015年11月9日、12月24日，我两次去故宫博物院的文物库查阅此书，有着不小的收获。

---

[1] 故宫博物院编：《天禄珍藏：清宫内府本三百年》，紫禁城出版社，2007年，具体负责人为向斯。该消息是吉辰告诉我的。该书的编者在介绍中称："《变法通议》，清光绪年间内府抄本……本书是变法先锋梁启超所写的宣传变法的政论集，由《变法通议自序》《论不变法之害》《论变法不知本原之害》等十余篇论文组成。以资产阶级进化论的观点阐明'变'是'古今之公理'，为'保国、保种、保教'计，必须学习西方，实行变法。主张兴学校、废科举、育人才、变官制、行立宪为变法的基本内容。进而要求清政府仿效日本明治维新，实行变法，以免遭瓜分。文字生动流畅，传诵一时，是维新运动的代表著作之一。光绪二十二年（一八九六年）起，此书中文章陆续在《时务报》《清议报》发表。有报馆合订本。后收入《饮冰室文集》。"（见该书第298页）在这一段不太长的介绍中，尚有一些不太准确之处。其一是"内府抄本"。我推测该版本是梁启超的进呈本，后文将予以说明。其二是在"《清议报》发表"，这是梁启超流亡日本后所办，梁虽在该刊发表《变法通议》题目下的两篇文章，即《论变法必自平满汉之界始》《论变法后安置守旧大臣之法》，但梁不可能录入故宫图书馆藏的版本中，且故藏本中也无这两篇。其三是对该书的评论，虽说研究者皆可执其观点，但有些内容似为不妥，如"行立宪"，梁进呈的《变法通议》并无此类内容；又如"资产阶级进化论的观念"，梁当时的武器是"变易说"，他虽然已经接触到严复所译的《天演论》，仍尚未自觉运用；再如"要求清政府仿效日本明治维新，实行变法，以免遭瓜分"，是康有为、梁启超在戊戌变法时的政治主张，但在《时务报》上发表的《变法通议》上并无明确与完整的叙述；在《变法通议》进呈本中也是如此。其四是称"有报馆合订本"，亦有误，至今尚未发现该版本，可参见本书附编第一章"梁启超《变法通议》的写作计划、发表与结集"。编者的内容介绍，似未能仔细阅读该馆所藏版本，很可能参考了《中国历史大辞典·清史》等辞书及相关著述。

一、收藏的情况

故宫博物院图书馆收藏的梁启超《变法通议》，现存有两个版本。

其一是黄纸封面、细黄丝线装订，共计一函六册。其封函题名为《变法通议全函》。为方便叙述起见，我称之为"甲本"。[1]其有标签三张，分别是：

政书类，《变法通议 附学校篇四卷》，二卷六册一函，旧藏昭仁殿，抄本，史224[2]

《变法通议 附学校篇》，6卷6册，清光绪年内府抄本，史·诏令奏议·奏议，抄10834—10839

《变法通议》，册数6，分类号325

各册封面上，皆有题名，分别是：第1册，《变法通议上篇》，包含以下各文：《自序第一》《论不变法之害第二》《论变法不知本原之害第三》《论中国积弱由于防弊第四》《论中国之将强第五》。在该卷最后一页，写明"学校通议上篇终"。[3]第2册，《变法通议下篇》，包含以下各文：《论中国变法必自官制始》《古议院考》《论报馆有益于国事》《治始于道路说》《丁酉列国岁计政要序》。在该卷的最后一页，写明"变法通议下篇始"。[4]第3册，《变法通议学校篇》卷一，包含以下内容：《学校总论第一》《论科举第二》。在该卷最后一页，写明"变法通议学校篇卷一终"。第4册，《变法通议学校篇》卷二，包含以下内容：《论师范学堂第三》《论幼学第四》。在该卷最后一页，写明"变法通议学校篇卷二终"。第5

---

[1] 由于故宫博物院的相关规定，我们无法拍照，以能进行说明。然经比对，故宫博物院编：《天禄珍藏：清宫内府本三百年》第298页所摄的照片，即是该本。

[2] "旧藏昭仁殿"一语，很值得注意。昭仁殿位于乾清宫之东侧，本是清代皇帝读书与藏书之处，但戊戌政变后，光绪帝被软禁，去昭仁殿已不太方便。这些进呈本与抄本是于何时用何种方式藏于昭仁殿的，现在难以查明。

[3] "学校"两字，似为"变法"两字之误。

[4] "始"字，似为"终"字之误。

册,《变法通议学校篇》卷三,包含以下内容:《论译书第五》《论学会第六》。在该卷最后一页,写明"变法通议学校篇卷三终"。第6册,《变法通议学校篇》卷四,包含以下内容:《论女学第七》《附戒缠足会序》《学校余论第八上》《学校余论第八下》。在该卷最后一页,并没有"变法通议学校篇卷四终"的字样。

其二是黄绫封面,黄丝线装订,分两函:一函题名为《变法通议上篇》,1册;一函题名为《变法通议学校篇》,4册;共计5册。方便起见,我这里称之为"乙本"。其标签亦有三张,分别是:

政书类,《变法通议上篇》,1册,抄本,史223,324-1,09054
《变法通议学校篇附时务学堂课程》,三、一卷,四册,一函,旧藏昭仁殿,抄本,史222,324-2,11448[1]
《变法通议附学校篇·湖南时务学堂课程》,卷数存5,册数5,清光绪年间内府抄本,史·诏令奏议·奏议,抄10829-10833

从内容来看,其《变法通议上篇》与甲本的《变法通议上篇》相同;《变法通议学校篇卷一》与甲本的《变法通议学校篇卷一》相同;《变法通议学校篇卷二》与甲本的《变法通议学校篇卷二》相同;《变法通议学校篇卷三》与甲本的《变法通议学校篇卷三》相同。[2]另有《湖南时务学堂课程》一卷一册,页内题名为《湖南时务学堂学约·读书分月课程附》,这是甲本没有的。[3]

两者对照,故宫博物院图书馆所藏《变法通议》甲本,少了《湖南

---

[1] "《变法通议学校篇附时务学堂课程》,三、一卷"一语,指学校篇三卷、时务学堂课程一卷。
[2] 以上四册,每一册最后一页,分别有"变法通议上篇终""变法通议学校篇卷一终""变法通议学校篇卷二终""变法通议学校篇卷三终"字样。
[3] 陈寅恪称:"……丁丑春,余偶游故宫博物院,见清德宗所阅旧书中,有《时务学堂章程》一册,上有烛烬及油污之迹,盖崇陵乙夜披览之余所遗留者也。归寓举以奉告先君,先君因言聘新会至长沙主讲时务学堂之本末。"(《读吴其昌撰〈梁启超传〉书后》,《寒柳堂集》,生活·读书·新知三联书店,2001年,第167页)"丁丑",1937年。"德宗""崇陵",指光绪帝。"先君",陈三立。此是陈寅恪当年所见之本,然我看到的,并无烛烬及油污,是否另有所藏?

时务学堂课程》，计一卷一册；故宫博物院图书馆所藏《变法通议》乙本，少了《变法通议下篇》《变法通议学校篇》卷四，计两卷两册。我大体可以推测，所缺的部分属当时的遗失，并非甲、乙本的原来面貌，两者应是相同的，皆为七卷七册。由此可再推测，其现有的函封应当是后来制作的。

二、进呈本与抄本的内容核查及做出相关判断的理由

我以为，故宫博物院图书馆所藏的《变法通议》，应当是戊戌变法期间梁启超进呈的。而这两个版本中，甲本很可能是进呈本，乙本很可能是内府抄本。也就是说，原题签中两个版本皆称"内府抄本"，其中甲本的题签有误。

我之所以认定故宫博物院图书馆所藏《变法通议》由梁启超进呈，证据有以下四项：

一、从甲本和乙本来看，每一卷都注明"举人臣梁启超撰"。如果是内府自行抄本，应当没有这行字。

二、梁启超在《戊戌政变记》中称："同日（光绪二十四年五月十五日，1898年7月3日）上谕：'举人梁启超着赏给六品衔，办理译书局事务。钦此。'……梁启超以是日召见，上命进呈所著《变法通议》，大加奖厉［励］，遂有是命。"[1] 根据这一说法，《变法通议》一书，是梁启超在光绪帝召见之后奉旨进呈的。

三、也是最关键的，《变法通议》是梁启超在《时务报》进行连载的论著，从第1册（光绪二十二年七月初一日）至第43册（光绪二十三年十月初一日），共有21次刊出。[2] 若将梁启超在《时务报》之所刊，与故宫博物院图书馆所藏《变法通议》相比较，两者在内容上有着不小的

---

[1] 《戊戌政变记》续四库本，第214页。
[2] 其具体刊出与发表情况，参见本书附编第一章第一节《时务报》时期"。

差别。就甲本和乙本的具体内容而言，可以看出以下情况：

甲本第1册《变法通议上篇》，除了在《时务报》第1、2、3册刊出的《变法通议·自序》《论不变法之害·变法通议一》《论变法不知本原之害·变法通议二》三篇外，另增加了《论中国积弱由于防弊第四》《论中国之将强第五》两篇，该两篇文章分别发表在《时务报》第9、31册上，发表时作为单独的政论文，并未注明与《变法通议》有关系。[1]乙本的文字与甲本相同。

甲本第2册《变法通议下篇》，收入了《论中国变法必自官制始》《古议院考》《论报馆有益于国事》《治始于道路说》《丁西列国岁计政要序》五篇文章，分别发表在《时务报》第1、10、15、22、24、33册上，皆未注明与《变法通议》的关系。[2]其中《论中国变法必自官制始》一文，在《时务报》发表时，作者署名为麦孟华，然在甲本中，"麦孟华曰"皆改为"梁启超曰"。在《治始于道路说》一文之最后，甲本还增加了一大段：

> 今之谈洋务者，不曰联俄拒英，则曰联英拒俄……故有联俄拒英之说进者，吾请与予之言波兰，有以联英拒俄之说进者，吾请与之言印度。

经细查，这一段文字，属梁启超的另一篇文章，题名《论加税》，最初发表于《时务报》第5册。[3]由此合计，《变法通议下篇》共收录与《变法通议》并无关系的六篇政论文章。乙本无此卷。

---

[1]《时务报》第1、2、3、9册发刊时间为光绪二十二年七月初一日、十一日、二十一日和九月二十一日，第31册发刊时间为光绪二十三年六月初一日。

[2]《论中国变法必自官制始》刊于《时务报》第22、24册，发刊时间分别为光绪二十三年三月初一日、二十一日，署名为麦孟华；《古议院考》刊于《时务报》第10册，发刊时间为光绪二十二年十月初一日；《论报馆有益于国事》刊于《时务报》第1册，发刊时间为光绪二十二年七月初一日；《治始于道路说》刊于《时务报》第15册，发刊时间为光绪二十二年十一月二十一日；《丁西列国岁计政要序》刊于《时务报》第33册，原题为《续译列国岁计政要叙》，发刊时间为光绪二十三年六月二十一日。

[3]该册发刊时间为光绪二十二年八月十一日。梁启超将《论加税》一文附在《治始于道路说》之后，而没有写明篇名，我反复思量，感觉是抄手的失误，梁也未能一一细察。就《变法通议下篇》而言，与《变法通议上篇》相比，篇名上已去掉了"第一""第二"的排序，抄手很容易犯错。

甲本第3册《变法通议学校篇》卷一之中,《学校总论第一》即发表在《时务报》第5、6册上的《论学校一:变法通议三之一·总论》;《论科举第二》即发表在《时务报》第7、8册上的《论学校二:变法通议三之二·科举》。[1]乙本的文字与甲本相同。

甲本第4册《变法通议学校篇》卷二之中,《论师范学堂第三》即发表在《时务报》第15册《论学校四:变法通议三之四·师范学校》;《论幼学第四》即发表在《时务报》第16、17、18册上的《论学校五:变法通议三之五·幼学》。[2]乙本的文字与甲本相同。

甲本第5册《变法通议学校篇》卷三之中,《论译书第五》即发表在《时务报》第27、29、33册上的《论学校七:变法通议三之七·译书》;《论学会第六》即发表在《时务报》第10册上的《论学校十三:变法通议三之十三·学会》。[3]乙本的文字与甲本相同。

甲本第6册《变法通议学校篇》卷四之中,《论女学第七》即发表在《时务报》第23、25册上的《论学校六:变法通议三之六·女学》,《附·戒缠足会序》附在《论女学第七》之后,即发表在《时务报》第16册上的同名之文;《学校余论第八上》即发表在《时务报》第39册上的《续论变法不知本原之害:变法通论二之余》;《学校余论第八下》即发表在《时务报》第36册上的《学校余论:变法通议三之余》。[4]乙本无此卷。

乙本《变法通议学校篇附湖南时务学堂课程》,即梁启超发表在《时务报》第49册上的《湖南时务学堂学约十章》和发表在《中西门径书七种》中的《时务学堂功课详细章程》合编而成。[5]甲本无此卷。

---

[1]《时务报》第5、6、7、8册的发刊时间为光绪二十二年八月十一日、二十一日,九月初一日、十一日。

[2]《时务报》第15、16、17、18册的发刊时间为光绪二十二年十一月二十一日,十二月初一日、十一日,光绪二十三年正月二十一日。

[3]《时务报》第27、29、33册的发刊时间为光绪二十三年四月二十一日、五月十一日、六月二十一日,第10册发刊时间为光绪二十二年十月初一日。

[4]《时务报》第23、25册的发刊时间为光绪二十三年三月十一日、四月初一日,第16册发刊时间为光绪二十二年十二月初一日,第39册发刊时间为光绪二十三年八月二十一日,第36册发刊时间为光绪二十三年七月二十一日。

[5]《时务报》第49册的发刊时间为光绪二十三年十二月初一日。《时务学堂功课详细章程》,《饮冰室合集集外文》,上册,第22—31页。

与《时务报》相对照，梁启超将《变法通议》的篇目进行了调整，没有按照其发表时间的顺序和原拟篇目题名，并加上了与《变法通议》并无关系的 11 篇政论文或课程内容，而在《时务报》第 43 册上发表的《论商务十：变法通议七之十·金银涨落》一篇，梁启超未进呈。以我个人感觉，梁未进呈该文的原因，很可能是认为与当时的变法形势不相适应，此时朝廷还来不及考虑此类技术性的问题。

　　光绪帝读过《时务报》，现存的证据有两条。其一是张元济所言。光绪二十四年六月十八日（1898 年 8 月 5 日），张元济给沈曾植信中称：光绪帝"近日阅《时务报》（诏总署按期呈进）、《官书局报》（朱批曰'平淡无奇'）、同文馆所译《新报》（嫌太少，令多译）矣"。[1] 张元济是总理衙门章京，光绪帝命总理衙门按期进呈《时务报》，他是知情者。其二是上海道台蔡钧的电报。光绪二十四年八月初二日（1898 年 9 月 17 日），总理衙门收到上海道蔡钧呈文："本年七月十一日奉宪署蒸电，内开《时务报》第五十一册所载各书目，现奉旨签出交沪关购办，希即照单开念八种迅速购齐京，幸勿稍迟是要，仍望电复……"[2] "奉旨签出"一语，说明光绪帝之交办事件。

　　"内府抄本"，应是内府书吏奉命去抄写，而这个命令应来自光绪帝。如果说光绪帝因看到《时务报》，命内府人员去抄录，必不可能抄录在《变法通议》之外的 11 篇，更不可能抄录麦孟华之作，至于《湖南时务

---

〔1〕《张元济书札》增订本，中册，第 676 页。
〔2〕《总理衙门清档·沪关道呈送旨谕购办书籍》，01-34-005-06，台北中研院近代史所档案馆藏。"念八"，即二十八。该电并称："书目列后：《南海先生五上书记》；《上古茫昧无稽考》《周末诸子并起创教考》《诸子创教改制考》《诸子改制托古考》《诸子争教互攻考》《墨老弟子后学考（表附）》《儒教为孔子所创考》《孔子为制法之王考》《孔子创儒教改制考》《六经皆孔子制所作考》《孔子改制托古考》《孔子改制法尧舜文王考》《孔子改制弟子时人据旧间问难考》《诸子攻儒考》《墨老攻儒尤盛考》《儒墨交攻考》《儒攻诸子考》《儒墨最盛并称考》《鲁国全从儒教考》《儒教遍传天下战国秦汉时尤盛考》《武帝后儒教一统考》；《春秋董氏学》（康长素著）；《春秋中国夷狄辨》（三水徐勤著）；《瑞士变政记》《俄土战记》《意大利兴国侠士传》；《经世文编》（顺德麦仲华辑）等因奉此。按照以上各种书籍一律办齐，计每种两部，分别装潢，共需价洋三十九元五角。理合敬谨装箱，具文呈文。仰祈宪台俯赐察收进呈。为此备由呈，乞照验施行。"再，又据军机处《随手档》六月二十三日记："发下《时务报》一册。（见面带下，次日带上）"这一册很可能就是第 51 册。第 51 册于光绪二十四年正月二十一日出版。

学堂章程》中的《时务学堂功课详细章程》，梁启超未刊于报刊上，内府人员也无从抄录。这就反过来证明，故宫博物院图书馆所藏的两个版本，只能是梁启超编集、提供的。

四、戊戌政变后，梁启超逃亡日本。他已成为清朝在政治上的禁忌，内府不可再去抄写梁启超的著述，慈禧太后与光绪帝似无可能下达此类旨令。即便真下有相关的谕旨，内府抄写本也不太可能每卷注明"举人臣梁启超撰"的字样。

我之所以推测故宫博物院图书馆所藏《变法通议》的甲本很可能是进呈本，乙本很可能是内府抄本，主要是依据是书的形式和抄写方式：一、甲本用黄纸面、较细的黄丝线装，装帧较简，比较符合康有为、梁启超一派在野的身份与经济能力；乙本用黄绫面、黄丝线装，装帧精美，本是内府的习惯做法。[1]二、甲本由多人抄写，字体不一致，但抄错的地方较少，说明对内容比较熟悉；乙本用当时标准的馆阁体抄写，字体比较一致，说明是专业的抄手，但抄错的地方较多，当年挖补的痕迹，因100多年来糨糊变黑而特别明显，说明对内容不熟。其中《湖南时务学堂分月读书课程》的"几何原本、形学备旨""代数术、代数难题""代数积拾级、微积溯原"等书名皆是连写，很难看出是两本不同的书籍，似为未解其意。当然，关于这一方面的推测，还需要将故宫博物院图书馆现藏的康有为《日本变政考》进呈本、《孔子改制考》（九卷）进呈本、《波兰分灭记》进呈本、《光绪二十三年列国政要比较表》进呈本，一并拿出来进行比较对照，才有可能得出相对可靠的结论来。

至于梁启超进呈《变法通议》（即甲本）之后，为何会另有一内府抄本（即乙本），其原因不明。如果可以做"大胆假设"的话，我推测，这一抄本很可能是光绪帝准备进呈慈禧太后的，以能影响其思想。康有为最初进呈的《俄彼得变政考》《日本变政考》等书，由光绪帝于光绪二十四年三月二十三日进呈慈禧太后，然从目前所能看到的档案材料来看，慈禧太后并没有发回。[2]光绪帝为此只能命康有为再次进呈《日本

---

[1] 这一条是与我同行的赵中男最先提出，我完全同意。
[2] 参见拙著《从甲午到戊戌：康有为〈我史〉鉴注》，第334—335页。

变政考》,[1]以《变法通议》的抄本进呈慈禧太后,光绪帝手上可有一自用的备份。然而,这只能是推测,我根本无法予以证明。

三、梁启超的意图

发表在《时务报》上的《变法通议》,是梁启超未写完的政论著述。他原本有一个很大的计划,称言"六十篇""分类十二",又称"其总纲有三""其分目十有八";然而,由于多种原因,他只完成了其中的一部分,主要是教育部分,也没有准备结集。光绪帝命其进呈,由于时间相对紧急,梁只能是临时编集,除了原来在《变法通议》名目下的内容外,又增加了11篇文章,调整了结构,变成了《变法通议》上篇(一卷)、下篇(一卷)、学校篇(四卷、另附一卷)。梁这么做,当然是为了影响光绪帝的思想。从现存的档案中,我还看不出梁进呈的方式与日期;但按照当时的习惯,梁启超于五月十五日觐见,进呈《变法通议》的时间不会太晚,我推测似应在六月初一日之前。[2]留给梁的时间不会太多。

由此,我们可以看一下梁启超在《变法通议》进呈本中增加了什么内容。依照进呈本之排列前后顺序,简述于下:

《论中国积弱由于防弊第四》一文,称古代官员权责明确,后为防范官员擅权,采用以官员限制官员的办法,致使官员处于无能的状态。该

---

[1] 故宫博物院图书馆现存的《日本变政考》进呈本,是康有为第二次进呈的,见紫禁城出版社1998年影印本。
[2] 光绪帝此时已命军机大臣廖寿恒为康有为进呈奏章与图书,梁启超也有可能通过廖寿恒这一途径代为进呈。而康有为最初是通过总理衙门代为进呈,总理衙门须得有相关的奏折,这可以从军机处《随手登记档》及《宫中档》《军机处录副》中查有相关记录。康有为通过廖寿恒进呈后,廖在每日军机大臣进见时直接交给光绪帝,军机处档案中也就没有记录。梁启超若通过廖寿恒,军机处档案中也会没有记录。而我之所以推测梁应在半个月之内进呈《变法通议》,主要理由是两条:一、光绪帝这类政治领导人事务太多,如果一拖时间,很可能转移兴趣;二、康有为此时进呈奏章与书籍的节奏也很快。他于光绪二十四年四月二十八日觐见,五月初一日即上奏两折,并进呈《孔子改制考》(九卷本),此后又频频上奏和进呈图书。

文对当时官制中的弊端批判甚多，主张"让权"。除了复古制外，还提到了"通下情"的"议郎"之类的官职。

《论中国之将强第五》一文，称西人欲灭他人国、灭他人种，必在其议会、报章称该国之野蛮，其技先后施之于印度、土耳其，现已论及中国，已临近于瓜分。中国须自强。而中国能将强的理由有三：其一在于人才，若中国有部分人才脱科举而习新学，必有所成，黄种人的智力与白人相差不远；其二在于人工，西方的人工会越来越贵，而华工勤俭，若效法日本，以制成品出售，由此可将强；其三为欧洲之强盛在于殖民，现殖民利益已尽，而黄种人未能绝，由此可得机会而再起。梁启超还称，康有为认为世界的"地运"起于昆仑，经印度到欧洲等地，欧、美、日本等国先得"运"先能强，十年之后，两运并交，将达于中国。[1]

《论中国变法必自官制始》一文，称此期的变法与先前办轮船、电线、船政、总理衙门等项不同，关键在于官吏的水准，目标是政治的革新。其对策为：汰冗员、官专任、官久任；然后允许官员自选属吏，破格重用人才，实行高薪，并要求停捐纳、严保举。文章虽署名麦孟华，但基本政策可见于康有为的"上清帝第二、三、四书"，也有一些内容与梁启超《论中国积弱由于防弊》相同。[2]

《古议院考》一文，说明中国古代虽无议院之名，然有其实，仍有相应的政治制度。梁启超引用中国传统典籍中诸多记载来说明之。他还指出：

> 凡国必风气已开，文学已盛，民智已成，乃可设议院。今日而开议院，取乱之道也。故强国以议院为本，议院以学校为本。

梁启超的这篇文章，是他当时政治思想的标志性阐述。《论中国积弱由于防弊》等文中对此也有零散的叙述，但不如此文如此集中和明确。他的

---

[1] 对于梁启超该文进一步的叙述与分析，可参见本书下编第二章第一节"康有为、梁启超回拒严复"和下编第五章第三节之"梁启超的说法"。
[2] 关于麦孟华及此文进一步的叙述与介绍，可参见本书下编第三章第二节之"麦孟华"和第三节"'保中国不保大清'与'自上''自下'的变法方案"。

立论方式与论据，与康有为在"上清帝第二、三书"中所述是相同的，只是论证更为具体。[1]

《论报馆有益于国事》一文，是梁启超为《时务报》写的发刊词，刊于该报第 1 册，谓"去塞求通"是报馆的功能，中国古代有陈诗观风之传统，西国报馆有通达政治、传播学术的功效。《时务报》将"广译五洲近事""详录各省新政""博搜交涉要案""旁载政治、学艺要书"……

《治始于道路说》一文，说明中国的城市，包括京城与省城，街道无不脏乱，粪便随处皆是；而西国城市道路平整清洁，人车异道，以水清洗，有电灯，有巡捕。该文要求仿效，以修整道路来推动各项，"民生以利，国体以尊，政治以修，富强以基"。[2]

《论加税》一文，说明英国与俄国皆以本国利益来考虑对华关系，联英、联俄的主张皆有其片面之处。"有以联俄拒英之说进者，吾请予之言波兰，有以联英拒俄之说进者，吾请予之言印度"。

《丁酉列国岁计政要序》一文，介绍梁启超等人组织翻译的新版《列国岁计政要》，《知新报》于第 24 册（光绪二十三年六月十一日发行）开始刊出。[3]康有为亦将该书的 13 张表，题名为《光绪二十三年列国政要比较表》，进呈光绪帝。[4]

《戒缠足会序》一文，说明缠足之害，强调了幼学与女学的重要性。戒缠足会是康有为、梁启超等人在上海等处发起的组织，并得到了湖广总督张之洞、湖南盐法道黄遵宪等人的支持。康有为亦于此时上奏光绪

---

[1] 对于梁启超该文进一步的叙述与分析，可参见本书下编第一章第一节"《古议院考》及其思想资料的辨识"。

[2] 对于梁启超该文进一步的叙述与分析，可参见本书上编第五节之"政府经济机构、专利权、删减《则例》、京师道路整治"。

[3] 《列国岁计政要》(The Statesman's Yearbook) 于 1864 年开始出版，每年皆出新版。林乐知等人翻译其 1874 年（同治十三年）版，由江南制造局出版，在中国有着相同大的影响。康有为很可能于百日维新期间进呈过该版本。1883 年（光绪九年），苏格兰记者 Sir John Scott-Keltie 接手编辑后，成为世界著名的工具书。梁启超很可能接到的是 1896 年版，由周逢源进行翻译。《知新报》第 24—42 册刊出该书的表、美国、瑞士部分，后停止刊出，原因不详。

[4] 参见姜义华、张荣华编校：《康有为全集》，第 4 集，第 347—370 页。这 13 张表格也是最初译出的部分。

帝，要求禁缠足，并将张之洞、黄遵宪主张禁缠足的两文附呈。[1]

《湖南时务学堂学约十章》一文，是梁启超为该学堂制定的学规，共有十项：立志、养心、治身、读书、穷理、学文、乐群、摄生、经世、传教。其中关于传教一项，梁称言："他日诸生学成，尚当共矢宏愿，传孔子太平大同之教于万国。"[2]

《时务学堂功课详细章程》一文，是梁启超为湖南时务学堂制订的教学计划，学习内容为"溥通学"（普通学）与"专门学"，溥通学，人人皆习，专门学，人占一门。课程分十二个月，开列了每月所习的"专精之书"与"涉猎之书"。[3]

从以上11篇文章的内容可见，梁启超增加的部分与《变法通议》的主旨是相通相连的；如果再与梁启超此期在报刊上发表的著述相比较，可以看出，《变法通议》进呈本已经包含了梁此期大多数的著述，尤其是那些脍炙人口、影响力甚大的篇章。

既然与梁启超此期报刊上发表的著述相比较，那就产生一个新问题，即还有哪些著述梁未抄录进呈？也就是说，梁有意隐瞒了什么？

从《时务报》《知新报》《湘报》即当时梁启超发表文章的报刊上细心查找对照，共有43篇文章，梁未抄录进呈。[4]

---

[1] 《康有为变法奏章辑考》，第326—337页。
[2] 相关的叙述与分析，可参见本书下编第一章第三节"《湖南时务学堂初集》：'开民智'的方向"和下编第四章第四节之"湖南时务学堂的《学约》《功课详细章程》"。
[3] 相关的叙述与分析，可参见本书下编第一章第三节"《湖南时务学堂初集》：'开民智'的方向"和下编第四章第四节之"湖南时务学堂的《学约》《功课详细章程》"。
[4] 这些文章发表在《时务报》上的有27篇：《波兰灭亡记》（第3册）、《沈氏音书序》（第4册）、《说橙》（第6册）、《西书提要农学总叙》（第7册）、《西学书目表序例》（第8册）、《日本国志后序》（第21册）、《记江西康女士》（第21册）、《农会报序》（第23册）、《蚕务条陈序》（第25册）、《试办不缠足会简明章程》（第25册）、《记自强军》（第29册）、《记尚贤堂》（第31册）、《萃报叙》（第33册）、《〈史记·货殖列传〉今义》（第35册）、《春秋中国夷狄辨序》（第36册）、《医学善会序》（第38册）、《中国工艺商业考提要》（第38册）、《记东侠》（第39册）、《知耻学会叙》（第40册）、《论君政民政相嬗之理》（第41册）、《大同译书局叙例》（第42册）、《蒙学报、演义报合叙》（第44册）、《倡设女学堂启》（第45册）、《读日本书目志书后》（第45册）、《日本中国横滨大同学校缘起》（第47册）、《俄土战记叙》（第51册）、《经世文新编序》（第55册）；发表在《知新报》上的有14篇：《知新报叙例》（第1册）、《西政丛书叙》（第17册）、《致伍星使书：论美国华工六事》（第14、15册）、《说群自序》、《说群一　群理一》（转下页）

这些未进呈的文章，其中20篇是各类"序""后序""叙例""提要"之类的介绍性文字，剩下的文章可以分下几类：一、《记江西康女士》《记自强军》《记尚贤堂》《记东侠》《三先生传》，是梁启超一组记人记事的文章，虽有倡导变法之意，但毕竟不是直接要求变法的政论。[1] 二、《试办不缠足会简明章程》《倡女学堂启》《日本横滨大同学校缘起》《万木草堂小学学记》《万木草堂书藏征捐图书启》，是康有为、梁启超倡办学校、社会团体及教书育人的若干规定与说明。[2] 三、《致伍星使书：论美国华工六事》《复陕西刘古愚山长书》《复友人论保教书》《南皮先生赐寿记》，虽有政见之展示，然皆属于私信，且最后一篇为祝寿之词。[3] 四、《说橙》《〈史记·货殖列传〉今义》《说群》，是一组说理的文章，各有其因，不便进呈。[4]

　　（接上页）（第18册）、《复陕西刘古愚山长书》（第22册）、《复友人论保教书》（第28册）、《新学伪经考叙》（第32册）、《南皮先生赐寿记》（第33册）、《三先生传》（第34册）、《万木草堂小学学记》（第35册）、《说动》（第43册）、《万木草堂书藏征捐图书启》（第46册）、《保国会演说》（第55册）；发表在《湘报》上的2篇：《论中国宜讲求法律之学》（第5号）《论湖南应办之事》（第26、27、28号）。此外，梁启超还出版了《西学书目表》《读西书法》（上海《时务报》馆，光绪二十二年）、《中西门径书七种》（大同译书局，光绪二十四年）等。

[1] 其中《三先生传》在《知新报》最初发表时，只写了"张先生""何先生"两位，没有寇连材一段。相关的叙述与分析，可参见本书下编第三章第三节"'保中国不保大清'与'自上''自下'的变法方案"。

[2] 《万木草堂小学学记》中梁将康有为之《长兴学记》，为"双遗先生之子"规定了八项学规："立志""养心""读书""穷理""经世""传教""学文""缮生"。《湖南时务学堂学约十章》与此有相似之处。"双遗先生"，似为吴德潇。"书藏"，图书馆之意。

[3] "伍星使"，清朝新任驻美公使伍廷芳，此时邀梁启超随其赴美，任公使馆馆员。"刘古愚"，刘光蕡，曾主陕西味经书院、崇实书院，此时服膺"康学"，与康、梁走得比较近。"南皮"，张之洞。

[4] 《说橙》谈地利之宜，称其家乡新会橙，名满天下，经济效益亦好，然每年十月，县官以"贡橙"而派差役下乡扰民。此文的落笔在于吏治，且无解决方案。《〈史记·货殖列传〉今义》一文，倡导当时不被重视的农工商业，强调经济的作用。此文未抄录呈送，很可能与《论商务十·金银涨落》一样，梁认为与当时的变法形势不相适应，此时朝廷还来不及考虑此类技术性问题。《说群》在《知新报》刊出时，分为《说群自序》《说群一　群理一》，从其《自序》来看，是研究个人与群体之间的政治关系，即"今夫千万人，群而成国；亿兆京垓人，群而成天下"；"据乱世之治群多以独，太平世之治群与以群"。由此可见，梁试图以"大同三世说"来谈独裁与民权，也是梁启超第一次言及"大同三世说"的文章。然而，此文刚刚开始，只是说到牛种牛粮，尚未进入实题，便中止了。

此外，还剩下六篇文章。

《波兰灭亡记》一文，康有为此时已经进呈《波兰分灭记》（七卷），该进呈本很有可能就是由梁启超起草的。[1]且《波兰分灭记》进呈本比起《波兰灭亡记》一文，增加了许多内容，更为丰富，梁再抄录进呈，自是不妥。

《保国会演说》，是梁启超于光绪二十四年闰三月初一日（1898年4月21日）在保国会第二次集会时的演说词，主旨是变法的重要性，没有涉及具体的政策。且御史潘庆澜于光绪二十四年闰三月十二日上奏弹劾保国会，光绪帝有意保全，对此未做任何处理。[2]此事康有为、梁启超已有所耳闻，梁再抄录进呈，自是不妥。

《论湖南应办之事》一文，是梁启超到达湖南之后，于光绪二十三年十二月上呈湖南巡抚陈宝箴的条陈，提出欲伸民权，先开民智，即大变科举、遍设学堂；欲兴民权，先兴绅权，即办学会以教绅士，即开绅智；而开民智、开绅智的关键点，又是开官智，即设立课吏馆。此外，梁还提议开设马路，以作为全省的交通，开设劝工博览场，以提升工艺而广励工商业。最后，梁提议在全省设立新政局，"一切新政，皆总于其中"。此文说的是地方事务，且开民智、开绅智、开官智又以"民权"作为最终的指归，自当不宜抄录进呈。[3]

《说动》一文，梁启超大谈地球的引力与动能，以此与"柔静"相对立，主张变动、变易。梁启超根据康有为的学说，称言："吾又闻之公理家言，凡生生之道，其动力大而速者，则贱种可进为良种；其动力小而迟而无者，则由文化而土番、而猿狄、而生理珍绝。"由此，梁提出了"压力""动力"与"君权""民权"之相应关系，"今夫压力之重，必自

---

[1]《波兰分灭记》（七卷）进呈本，参见姜义华、张荣华编校：《康有为全集》，第4集，第397—423页。

[2] 潘庆澜弹劾保国会的奏片，见《光绪朝朱批奏折》，第32辑，第561页。光绪帝对此的处理方式，可参见拙著：《从甲午到戊戌：康有为〈我史〉鉴注》，第371页。

[3]《湘报》第26—28号连载，光绪二十四年三月十五、十六、十七日（1898年4月5、6、7日），中华书局影印本，上册，第201—202、209—210、217—218页。对于梁启超该文进一步的叙述与分析，可参见本书下编第一章第四节"《论湖南应办之事》：通往议会的道路"。

专任君权始矣；动力之生，必自参用民权始矣"。在欧洲与日本，压力生动力，相反而相因。梁又称：

> 若夫中国则不然，压力之重，既不如从前之欧美、日本，而柔静无为之毒，已深中人心，于是压力动力，浸淫至于两无，以成今日不君权、不民权之天下。故欲收君权，必如彼得、睦仁之降尊纡贵而后可；欲参民权，必如德、意、希腊之联合民会而后可……[1]

在这篇短文中，梁启超立意太大，涉及君权与民权，是难以说透、说清楚的。

《论中国宜讲求法律之学》一文，梁启超根据康有为"大同三世说"，称言："孔子圣之神也，而后世颂其莫大功德，在作《春秋》，文成数万，其指数千，有治据乱世之律法，有治升平世之律法，有治太平世之律法，所发示法之当变，变而日进也。秦汉以来，此学中绝，于是种族日繁，法律日简，不足资约束；事理日变，而法律一成不易，守之无可守，因相率视法律如无物，于是所谓条教部勒者荡然矣。"而西方自希腊、罗马时代之后，治法律学者一直未断其传统，"章程日讲日密，使世界渐进于文明大同之域"。两者相较，西方人视中国为"三等野番之国"。由此，梁称言："吾愿发明西人法律之学，以文明我中国，又愿发明吾圣人法律之学，以文明我地球。"[2] 在康、梁的学说中，孔子的"三世说"（"圣人法律之学"）指明了世界"大同"的方向，然在此篇短文中，梁只是稍稍显示，并未充分展开叙说。

《论君政民政相嬗之理》一文，是梁启超的《古议院考》受到严复的批评后，以康有为的"大同三世说"进行辩护的政论文章：

> 博矣哉！《春秋》张三世之义也。治天下者有三世：一曰多

---

[1]《知新报》第 43 册，光绪二十四年正月二十一日（1998 年 2 月 11 日），上海社会科学院出版社影印本，上册，第 525—526 页。
[2]《湘报》第 5 号，光绪二十四年二月十九日（1898 年 3 月 11 日），中华书局影印本，上册，第 33—34 页。

> 君为政之世,二曰一君为政之世,三曰民为政之世。多君世之别又有二:一曰酋长之世,二曰封建及世卿之世。一君世之别又有二:一曰君主之世,二曰君民共主之世。民政世之别亦有二:一曰有总统之世,二曰无总统之世。多君者,据乱世之政也;一君者,升平世之政也;民者,太平世之政也。此三世六别者,与地球始有人类以来之年限有相关之理。未及其世,不能躐之;既及其世,不能阏之。

这是康有为"大同三世说"在报刊上第一次公开完整的表述。梁在该文中还正面叙述了他与严复对西方民主传统观念的差别,委婉地承认其在《古议院考》中的错误。梁进一步地指出,"三世"是各国必经之路,中西并无区别:

> 至其自今以往,同归民政,所谓及其成功一也。此犹佛法之有顿有渐,而同一法门。若夫吾中土奉一君之制,而使二千年来杀机寡于西国者,则小康之功德无算也。此孔子立三世之微意也。

"一君之政"即为"小康",中国的前途应与"西人"一样,即"同归民政"。根据这一学说,康、梁此时所进行的变法,仍是"一君之政",是将来实行"民政"的过渡。他们的最终目标是"民政",即"太平世之政",而且将会从"有总统之世"而达到"无总统之世"(世界大同)。[1]

由此可见,梁启超所隐者,应是《说动》《论中国宜讲求法律之学》《论君政民政相嬗之理》三篇文章。前两篇之立论甚大,文章太短,不易说清楚,容易引出光绪帝的误解;后一篇恰是康有为"大同三世说"的正面展示,当此光绪帝对康有为、梁启超最为见重之时,梁启超抄录了《古议院考》而不抄录此文进呈,是害怕他们的"远期"政治目标即"大同三世说"之展示,会引出朝廷上下对他们大为不利的政治后果。

---

[1] 《时务报》第41册,光绪二十三年九月十一日(1897年10月6日),中华书局影印本,第3册,第2771—2777页。相关的叙述与分析,可参见本书下编第一章第二节《论君政民政相嬗之理》:'大同三世说'中的'民主'"。

最后，我还要说明，由于故宫博物院的相关规定，我们一行虽然已经相当尽力，但要在规定的工作时间内，将一部十万字左右的名著完整仔细地校订完毕，也是不可能的。在我们已经进行的校对中，发现《变法通议》进呈本与其在《时务报》上最初发表时的文本，有一些文字的相异，并不影响其主旨。[1] 这可能是抄写时各种具体因素造成的。梁启超只是增加了内容，没有去改写。

---

[1] 我个人以为，戊戌变法期间康有为、梁启超进呈光绪帝的文献以及内府的抄本应当作为一个课题，进行统一整理，全部影印出版。其中包括：《杰士上书汇录》《孔子改制考》（九卷）进呈本、《波兰分灭记》进呈本、《光绪二十三年列国政要比较表》进呈本、《变法通议》进呈本（以上藏故宫博物院图书馆）和《我史》（藏于中国国家博物馆），已经影印的《日本变政考》也可以加进去，再次影印。这可以大大方便读者和研究者，以推动该项研究的进展。

征引文献

康有为:《戊戌奏稿》,刊本,辛亥(1911)五月印行
黄彰健编:《中研院历史语言研究所史料丛书·康有为戊戌真奏议》,1974年
孔祥吉编著:《救亡图存的蓝图:康有为变法奏议辑证》,台北联合报系文化基金会,1998年
孔祥吉编著:《康有为变法奏章辑考》,北京图书馆出版社,2008年
"康有为文稿复制胶卷",康有为次女康同璧原藏康有为文稿皆为抄件,1947年由芮沃寿拍摄为4个胶卷,原藏美国斯坦福大学
康同璧(文佩)编:《万木草堂遗稿》,油印本,后由蒋贵麟整理出版,(台北)成文出版社,1978年
蒋贵麟编:《万木草堂遗稿外编》(上下册),(台北)成文出版社,1978年。该书所收康有为早期文稿,多录自"康有为文稿复制胶卷"
蒋贵麟主编:《康南海先生遗著汇刊》(22册),(台北)宏业书局,1976年
上海市文物保管委员会编:《康有为与保皇会》,上海人民出版社,1982年
上海市文物保管委员会编:《康有为遗稿·戊戌变法前后》,上海人民出版社,1986年
上海市文物保管委员会编:《康有为遗稿·列国游记》,上海人民出版社,1995年
上海市文物保管委员会编:《康有为遗稿·万木草堂诗集》,上海人民出版社,1996年
上海市文物保管委员会编:《康有为遗稿·列国游记》,上海人民出版社,1995年
(以上五书多录自康有为第四子康同凝等人所捐赠的康有为文稿,许多是康本人的亲笔)
王刘纯等主编:《康有为手稿》(6种8册),(郑州)大象出版社,2014年。一、《大同书稿》(两册);二、《诗稿》;三、《〈论语〉注稿》;四、《〈春秋〉笔削微言

大义考》（上下两册）五、《〈礼运〉注稿》；六、《〈孟子〉微稿》
《康有为日本变政考》，紫禁城出版社影印本，1998年
汤志钧编：《康有为政论集》，中华书局，1981年
汤志钧导读：《大同书》，上海古籍出版社，2005年
周振甫、方渊校点：《康有为学术著作选·大同书》，中华书局，2012年第二版
《康有为学术著作选·孔子改制考》，中华书局，2012年第二版
《康有为学术著作选·新学伪经考》，中华书局，2012年第二版
楼宇烈整理：《康有为学术著作选·论语注》，中华书局，1984年
楼宇烈整理：《康有为学术著作选·孟子微·礼运注·中庸注》，中华书局，1987年
楼宇烈整理：《康有为学术著作选·长兴学记·桂学答问·万木草堂口说》，中华书局，1988年
楼宇烈整理：《康有为学术著作选·春秋董氏学》，中华书局，1990年
楼宇烈整理：《康有为学术著作选·诸天讲》，中华书局，1990年
楼宇烈整理：《康有为学术著作选·康子内外篇（外六种）》，中华书局，1992年
楼宇烈整理：《康有为学术著作选·康南海自编年谱（外二种）》，中华书局，1992年
姜义华、吴根樑编校：《康有为全集》，第1、2、3集，上海古籍出版社，1987年、1990年
姜义华、张荣华编校：《康有为全集》（12集），中国人民大学出版社，2007年
张荣华编：《康有为往来书信集》，中国人民大学出版社，2012年
《康有为日记》，《近代史资料》总119号，中国社会科学出版社，2009年
《实理公法全书》，复旦大学历史系中国思想文化研究室编：《中国文化研究集刊》第1辑，复旦大学出版社，1984年
《教学通议》，复旦大学历史系中国思想文化研究室编：《中国文化研究集刊》第3辑，复旦大学出版社，1986
朱维铮编：《中国现代学术经典·康有为卷》，河北教育出版社，1996年
朱维铮编：《康有为大同论二种》，香港三联书店，1998年
朱维铮、廖梅编：《孔子改制考》，生活·读书·新知三联书店，1998年
吴熙钊、邓中好校点：《南海康先生口说》，中山大学出版社，1985年

林志钧（宰平）编，梁启超著《饮冰室合集》，中华书局，1936年；中华书局影印本（12册），1989年
夏晓虹辑：《饮冰室合集集外文》（上中下册），北京大学出版社，2005年
朱维铮校注：《梁启超论清学史二种》，复旦大学出版社，1985年

朱维铮导读：《清代学术概论》，上海古籍出版社，2011年

梁启超：《戊戌政变记》，复旦大学藏清铅印本，《续修四库全书》，上海古籍出版社，1995年，第446册（本书简称《戊戌政变记》续四库本）

何擎一（天柱）编：《饮冰室文集》，上海广智书局，光绪二十八年（1902）

下河边半五郎编：《饮冰室文集类编》，日本东京市本所区龟泽町一丁目十九番地，明治三十七年（1904）

上海广智书局编：《分类精校饮冰室文集》，乙巳（1905）六月

《饮冰室全集》，中华书局，1916年（民国五年）

梁廷灿编：《乙丑重编饮冰室文集》，中华书局，1926年（民国十五年）

《变法通议·【附】开明专制论》，江苏广陵古籍刻印社影印，1990年

吴松等点校：《饮冰室文集点校本》，云南教育出版社，2001年

汤志钧、汤仁泽编：《梁启超全集》，中国人民大学出版社，2018年

《强学报·时务报》，中华书局影印本，1991年

《知新报》，上海社会科学院出版社影印本，1996年

《湘报》，中华书局影印本，2006年

《清议报》，中华书局影印本，1991年

《国闻报》，缩微胶卷

《万国公报》，（台北）华文书局影印本，1968年

《新民丛报》，中华书局影印本，2008年

《昌言报》，中华书局影印本，1991年

军机处《随手档》《上谕档》《洋务档》，《军机处录副》，中国第一历史档案馆藏

《张之洞档案》《李鸿藻档案》《顾肇新档案》，中国社会科学院近代史研究所档案馆藏

《军机处档》，（台北）故宫博物院藏

《总理衙门清档》，（台北）中研院近代史研究所档案馆藏

中国史学会主编，翦伯赞等编：《中国近代史资料丛刊·戊戌变法》，（上海）神州国光社，1953年（本书简称《丛刊·戊戌变法》）

国家档案局明清档案部编：《戊戌变法档案史料》，中华书局，1958年

北京大学、中国第一历史档案馆编：《京师大学堂档案选编》，北京大学出版社，2001年

中国第一历史档案馆编：《光绪朝朱批奏折》，中华书局，1995年

中国第一历史档案馆编:《清代军机处电报档汇编》,中国人民大学出版社,2005年
《上海图书馆藏盛宣怀档案萃编》,上海古籍出版社,2008年
中国第一历史档案馆、福建师范大学历史系合编:《清季中外使领年表》,中华书局,1997年
郑匡民、茅海建编选、翻译:《日本政府关于戊戌变法的外交档案选译》,《近代史资料》总111、113期,中国社会科学出版社,2005、2006年

赵德馨主编:《张之洞全集》,武汉出版社,2008年
吴仰湘编:《皮锡瑞全集》,中华书局,2016年
王栻主编:《严复集》,中华书局,1986年
顾廷龙等主编:《李鸿章全集》,安徽教育出版社,2008年
张謇研究中心、南通市图书馆编:《张謇全集》,江苏古籍出版社,1994年
蔡尚思、方行编:《谭嗣同全集》增订本,中华书局,1981年
赵树贵、曾丽雅编:《陈炽集》,中华书局,1997年
中国科学院历史研究所第三所主编:《刘坤一遗集》,中华书局,1959年
汪叔子等编:《陈宝箴集》,中华书局,2003年
翁万戈辑:《翁同龢文献丛编之一:新政·变法》,台北艺文印书馆,1998年
谢俊美编:《翁同龢集》,中华书局,2005年
《刘光第集》,中华书局,1986年
《龚自珍全集》,中华书局,1959年
中华书局编辑部编:《唐才常集》增订本,中华书局,2013年
黄南津等点校,《赵柏岩集》,广西人民出版社,2001年
《龚自珍全集》,中华书局,1959年
李学通整理,王鹏运:《〈半塘言事〉选录》,《近代史资料》,总65期,中国社会科学出版社,1987年
吴义雄、恽文捷编译:《美国所藏容闳文献初编》,社会科学文献出版社,2015年
《建国以来刘少奇文稿》,中央文献出版社,2008年
《胡汉民先生文集》,(台北)中国国民党中央委员会党史委员会印,1978年

翁万戈编:《翁同龢日记》,中西书局,2012年
甘慧杰译:《宗方小太郎日记》,上海人民出版社,2016年
范旭仑等整理,谭献:《复堂日记》,河北教育出版社,2001年
王贵忱整理:《张荫桓戊戌日记手稿》,澳门尚志书社,1999年

任青、马忠文整理:《张荫桓日记》,中华书局,2015年

明光整理,陈庆年:《〈横山乡人日记〉选摘》,《近代史资料》,第76号,中国社会科学出版社,1989年

明光整理,陈庆年:《戊戌己亥见闻录》,《近代史资料》,第81号,中国社会科学出版社,1992年

劳祖德整理:《郑孝胥日记》,中华书局,1993年

童扬编校:《孙宝瑄日记》,中华书局,2015年

杨宜治:《俄程日记》,《北京大学图书馆馆藏稿本丛书》,天津古籍出版社,1991年,第17册

上海图书馆编:《汪康年师友书札》,上海古籍出版社,第1、2册,1986年;第3册,1987年;第4册,1989年

张树年、张人凤编:《张元济书札》增订本(上中下三册),商务印书馆,1997年

吕顺长:《清末维新派人物致山本宪书札考释》,上海交通大学出版社,2017年

朱一新:《义乌朱氏论学遗札》,光绪乙未年菁华阁刻本

太平天国历史博物馆编:《清季名人禀牍奏稿函札:甲午中日战争新史料》,江苏人民出版社,2006年

"康有为自写年谱",中国国家博物馆藏

丁文江、赵丰田编:《梁启超年谱长编》,上海人民出版社,1983年

《章太炎先生自订年谱》,上海书店出版社,1986年

戴海斌整理、姚明辉编撰:《姚文栋年谱》,《近代史资料》总125号,中国社会科学出版社,2012年

《湖南时务学堂初集》,刻本,原书署"光绪戊戌刊于长沙"

熊希龄主持刊印:《湖南时务学堂遗编》,北京香山慈幼院,1922年

邓洪波、彭世文校补:《湖南时务学堂遗编》,湖南大学出版社影印本,2017年

朱一新:《无邪堂答问》,吕鸿儒、张长法点校本,中华书局,2000年

叶德辉辑:《觉迷要录》,清光绪三十一年刻本

陈同、宋钻友、承载点校:《翼教丛编》,上海书店出版社,2002年

宋伯鲁:《焚余草》,1924年刊本

胡思敬:《戊戌履霜录》,《续修四库全书》,上海古籍出版社,1995年,史部第446册

刘体智:《异辞录》,中华书局,1988年

恽毓鼎:《崇陵传信录》(与《乐斋漫笔》等合编),中华书局,2007年

刘声木：《苌楚斋随笔续笔三笔四笔五笔》，中华书局，1998年

冯自由：《革命逸史》，中华书局，1981年

冯自由：《中华民国开国前革命史》，广西师范大学出版社，2011年

唐才质：《唐才常与时务学堂》，《湖南历史资料》第3辑，湖南人民出版社，1958年

宁志奇：《杨锐家书暨杨聪墓志铭》，《四川文物》1985年第4期

钱仲联主编：《中国近代文学大系（1840—1919）·诗词集一》，上海书店出版社，1991年

邓之诚著，邓珂点校：《骨董琐记全编》，北京出版社，1996年

向斯编：《天禄珍藏：清宫内府本三百年》，紫禁城出版社，2007年

《陈寅恪集·寒柳堂集》，生活·读书·新知三联书店，2001年

梁鼎芬：《康有为事实》，日本外务省编纂：《日本外交文书》，第31卷，第1册，日本国际连合协会（东京），1954年

宫崎滔天著，林启彦改译、注释，《三十三年之梦》，花城出版社，1981年

李提摩太：《生利分利之别》，光绪二十三年（1897）武汉质学会翻刻本

李宪堂等译，李提摩太：《亲历晚清四十五年——李提摩太在华回忆录》，天津人民出版社，2005年

陈德正、韩薛兵校注《〈希腊志略〉〈罗马志略〉校注》（艾约瑟编译，法伊夫、克赖顿原著），商务印书馆，2014年

傅德元点校：《星轺指掌》，中国政法大学出版社，2006年

中西牛郎：《论康有为氏之理想与事业》，《太阳》，第四卷第二十三号，1898年11月20日

吉辰译，见《戊戌政变后〈太阳〉杂志关于康有为的两篇文章》，上海中山学社主办：《近代中国》第29辑，上海社会科学院出版社，2018年

不二行者（角田勤一郎）：《康有为氏的大同大平论》，《太阳》，第四卷第二十五号，1898年12月20日，第218—221页。吉辰译，出处同上

《史记》，中华书局，1959年

黎翔凤：《管子校注》，中华书局，2004年

吴则虞点校，陈立：《白虎通疏证》，中华书局，1994年

许维遹校释：《韩诗外传集释》，中华书局，1980年

陈克明点校：《周敦颐集》，中华书局，2009年

朱德雷：《尸子译注》，上海古籍出版社，2006年

赵在翰辑，钟肇鹏、萧文郁点校：《七纬》，中华书局，2012年

李剑农:《最近三十年中国政治史》,太平洋书店(上海),1930年
陈恭禄:《中国近代史》,商务印书馆(上海),1935年
蒋廷黻:《中国近代史》,沈渭滨导读,上海古籍出版社,1999年
范文澜:《中国近代史》上编第一分册,1945年初版,1947年修改,东北书店,
　　1948年
《戊戌变法六十周年纪念论文集》,中华书局,1958年
《戊戌变法六十周年纪念集》,科学出版社,1958年
《钱穆先生全集·两汉经学今古文平议》,九州出版社,2011年
柳曾符、柳定生选编:《柳诒徵史学论文集》,上海古籍出版社,1991年
蔡尚思导读,柳诒徵:《中国文化史》,上海古籍出版社,2001年
萧公权:《中国政治思想史》,新星出版社,2005年
黄彰健:《戊戌变法史研究》,台北中研院历史语言研究所专刊第五十四,1970年;
　　上海书店出版社,2007年,该书较台北版增加论文4篇
汤志钧:《康有为与戊戌变法》,中华书局,1984年
汤志钧:《乘桴新获:从戊戌到辛亥》,江苏古籍出版社,1990年
汤志钧:《戊戌时期的学会与报刊》,台湾商务印书馆,1993年
汤志钧:《近代经学与政治》,中华书局,2000年
汤志钧:《康有为的大同思想与〈大同书〉》,上海人民出版社,2016年
胡绳武主编:《戊戌维新运动史论集》,湖南人民出版社,1983年
孔祥吉:《康有为变法奏议研究》,辽宁教育出版社,1988年
孔祥吉:《戊戌维新运动新探》,湖南人民出版社,1988年
孔祥吉:《晚清史探微》,巴蜀书社,2001年
孔祥吉:《晚清佚闻丛考:以戊戌变法为中心》,巴蜀书社,1998年
孔祥吉、村田雄二郎:《罕为人知的中日结盟及其他》,巴蜀书社,2004年
孔祥吉:《清人日记研究》,广东人民出版社,2008年
李泽厚:《中国近代思想史论》,人民出版社,1979年
朱维铮:《求索真文明:晚清学术史论》,上海古籍出版社,1996年
张朋园:《梁启超与清季革命》,台北中研院近代史研究所专刊之十一,1964年
熊月之:《西学东渐与晚清社会》,上海人民出版社,1994年
熊月之主编:《晚清新学书目提要》,上海书店出版社,2014年
桑兵:《庚子勤王与晚清政局》,北京大学出版社,2004年
郑匡民:《梁启超启蒙思想的东学背景》,上海书店出版社,2003年

佐藤慎一著、刘岳兵译：《近代中国的知识分子与文明》，江苏人民出版社，2006年（该书日本文版于1996年由东京大学出版社出版）

狭间直树编：《梁启超·明治日本·西方——日本京都大学人文科学研究所共同研究报告》，社会科学文献出版社，2001年

狭间直树、石川祯浩主编：《近代东亚翻译概念的发生与传播》，社会科学文献出版社，2015年

狭间直树：《东亚近代文明史上的梁启超》，上海人民出版社，2016年

沈国威：《近代中日词汇交流研究：汉字新词的创制、容受与共享》，中华书局，2010年

李少军：《甲午战争前中日西学比较研究》，湖北人民出版社，2007年

蔡鸿生：《俄罗斯馆纪事》（增订本），中华书局，2006年

史华慈著、叶凤美译：《寻求富强：严复与西方》，江苏人民出版社，1996年，该书英文版于1964年由哈佛大学出版社出版

浦嘉珉（J. R. Pusey）著，钟永强译：《中国与达尔文》，江苏人民出版社，2008年

吴丕：《进化论与中国激进主义》，北京大学出版社，2005年

赵立人：《康有为》，广东人民出版社，2012年

赵立人：《粤海史事新说》，广东人民出版社，2017年

王中江：《进化主义在中国的兴起》（增补版），中国人民大学出版社，2010年

宋德华：《岭南维新思想述论：以康有为、梁启超为中心》，中华书局，2002年

李春馥：《戊戌时期康有为议会思想研究》，人民出版社，2010年

马洪林：《康有为评传》，南京大学出版社，1998年

廖梅：《汪康年：从民权论到文化保守主义》，上海古籍出版社，2001年

梁元生：《林乐知在华事业与〈万国公报〉》，香港中文大学出版社，1978年

王晓秋、杨纪国：《晚清中国人走向世界的一次盛举——1887年海外游历使研究》，辽宁师范大学出版社，2004

傅德元：《丁韪良与近代中西文化交流》，台湾大学出版中心，2013年

陈汉才：《康门弟子述略》，广东高等教育出版社，1991年

李吉奎：《孙中山的生平及其事业》，中山大学出版社，2001年

谢本书：《蔡锷大传》，广西师范大学出版社，2013年

曾光光：《麦孟华研究》，人民出版社，2011年。

雷家圣：《力挽狂澜——戊戌政变新探》，（台北）万卷楼图书公司，2004年。该书修订后，更名《失落的真相——晚清戊戌政变史事新探》，（台北）五南图书公司，2016年

张建华:《晚清中国人的国际法知识与国家平等观念——中国不平等条约概念的起源研究》,北京大学博士论文,2003年
李国俊:《梁启超著述系年》,复旦大学出版社,1986年
董方奎:《梁启超研究著论目录》,崇文书局,2010年
张晓:《近代汉译西学书目提要:明末至1919》,北京大学出版社,2012年
茅海建:《戊戌变法史事考初集》,生活·读书·新知三联书店,2012年
茅海建:《戊戌变法史事考二集》,生活·读书·新知三联书店,2009年
茅海建:《从甲午到戊戌:康有为〈我史〉鉴注》,生活·读书·新知三联书店,2012年
茅海建:《戊戌变法的另面:"张之洞档案"阅读笔记》,上海古籍出版社,2014年

谢兴尧:《论戊戌变法与立宪》,《新建设》1953年第11期
陈凤鸣:《康有为戊戌条陈汇录:故宫藏清光绪二十四年内府抄本〈杰士上书汇录〉简介》,《故宫博物院院刊》1981年第1期
孔祥吉:《〈戊戌奏稿〉的改篡及其原因》,《晋阳学刊》1982年第2期
孔祥吉:《晚清政治改革家的困境:陈炽〈上清帝万言书〉的发现及其意义》,《广东社会科学》2000年第2期
孔祥吉:《〈上清帝第三书〉进呈本的发现及意义》《关于康有为的一篇重要佚文》《安维峻弹劾〈新学伪经考〉辨误》,见《戊戌维新运动新探》
孔祥吉、村田雄二郎:《〈翁文恭公日记〉稿本与刊本之比较——兼论翁同龢对日记的删改》,《历史研究》2004年第3期
村田雄二郎:《康有为的日本研究及其特点:〈日本变政考〉〈日本书目志〉管见》,《近代史研究》1993年第1期
朱维铮:《康有为与朱一新》,《中国文化》1991年第5期
汤志钧:《关于康有为的〈大同书〉》,《文史哲》1957年第1期
汤志钧:《康有为早期的大同思想》,《江海学刊》1963年10月号
汤志钧:《论康有为的"大同三世"说》,《中华文史论丛》1979年第2期
汤志钧:《〈大同书〉手稿及其成书年代》,《文物》1980年第7期
汤志钧:《再论〈大同书〉的成书年代及其评价》,《广东社会科学》2004年第4期
汤志钧:《梁启超与时务学堂》,《中华文史论丛》1987年第2—3期
汤志钧:《论南学会》,《湖南师范学院学报》(哲学社会科学版)1982年第2期
汤仁泽:《"大同学"和〈礼运〉注》,《史林》1997年第4期
吴仰湘:《重论廖平、康有为的"学术公案"》,《中国社会科学》2020年第4期
吴仰湘:《朱一新、康有为辩论新学伪经考若干史实考——基于被人遗忘的康氏两

札所作的研究》,《文史哲》2010 年第 1 期

吴仰湘:《南学会若干史实考辨》,《近代史研究》2001 年第 2 期

刘巍:《刘向歆父子年谱的学术背景与初始反响》,《历史研究》2001 年第 3 期

刘巍:《〈教学通义〉与康有为的早期经学路向及其转向——兼及康氏与廖平的学术纠葛》,《历史研究》2005 年第 4 期

於梅舫:《以董生正宋儒:朱一新品析〈新学伪经考〉旨趣》,《广东社会科学》2014 年第 1 期

於梅舫:《康有为撰写〈教学通义〉之渊源、本事及旨趣》,"康有为与近代中国:第七届中国近代思想史国际学术研讨会"会议论文,2018 年 3 月

於梅舫:《朱子学与康有为成学立教之理路》(未刊)

黄开国、唐赤蓉:《从〈教学通义〉看康有为早年思想》,《四川大学学报》(哲学社会科学版),2009 年第 4 期

黄开国、唐赤蓉:《〈教学通义〉中所杂糅的康有为后来的经学思想》,《近代史研究》2010 年第 1 期

黄开国:《评康有为与廖平的思想纠葛》,《社会科学辑刊》1990 年第 5 期

黄开国:《〈孔子改制考〉与〈知圣篇〉之比较》,《孔子研究》1992 年第 3 期

黄开国:《康有为戊戌变法以后的大同三世说》,《江苏师范大学学报》2016 年第 1 期

房德邻:《维新派政治纲领之演变》,《历史研究》1989 年第 6 期

房德邻:《康有为和廖平的一桩学术公案》,《近代史研究》1990 年第 4 期

房德邻:《康有为的疑古思想及其影响》,《北京师范大学学报》(社会科学版)1994 年第 2 期

房德邻:《〈大同书〉起稿时间考——兼论康有为早期大同思想》,《历史研究》1995 年第 3 期

房德邻:《论康有为从经古文学向经今文学的转变——兼答黄开国、唐赤蓉先生》,《近代史研究》2012 年第 2 期

宋德华:《戊戌维新派政治纲领的再探讨》,《历史研究》1985 年第 5 期

宋德华:《维新派的政治纲领及其他——与房德邻同志商榷》,《华南师范大学学报》(社会科学版)1990 年第 4 期

宋德华:《早期维新派议院观若干问题辨析》,《暨南学报》(哲学社会科学)1991 年第 2 期

宋德华:《犬养毅题记与〈大同书〉手稿写作年代辨析》,《华南师范大学学报》(社会科学版)1992 年第 3 期

宋德华、刘雪琴:《辛亥前期欧榘甲革命自立主张探析:以〈新广东〉为中心》,

《南方职业教育学刊》2011年第5期

宋德华：《两考不是变法理论的代表作》，《近代岭南文化价值的演变》，中山大学出版社，2016年

李泽厚：《〈大同书〉的评价问题与写作年代——答汤志钧先生》；《文史哲》1957年第9期

张玉田：《关于〈大同书〉的写作过程及其内容发展变化的探讨——兼与李泽厚、汤志钧两先生讨论关于〈大同书〉的估价问题》，《文史哲》1959年第9期

方志钦：《关于〈大同书〉的成书年代问题——与汤志钧同志商榷》，《学术研究》1963年第6期

何哲：《〈大同书〉的成书年代及其思想实质》，《近代史研究》1980年第3期

林克光：《〈大同书〉的写作过程初探——〈大同书手稿及其成书年代〉质疑》，《福建师范大学学报》（哲学社会科学版）1981年第4期

朱仲岳：《〈大同书〉手稿南北合璧及著书年代》，《复旦学报》（社会科学版）1985年第2期

朱仲岳：《康有为〈大同书〉成书年代的新发现》，《文物》1999年第3期

王宝平：《康有为〈日本书目志〉资料来源考》，《文献》（北京）2013年第5期

吴熙钊：《戊戌维新时期康有为的进化论评议》，《学术研究》1984年第4期

佐藤慎一：《〈天演论〉以前の进化论：清末知识人の历史意识をめぐって》，《思想》第792号，1990年

苏基朗：《有法无天？严复译〈天演论〉对20世纪初中国法律的影响》，《清华法学》2012年第6卷

邬国义：《关于严复翻译〈天演论〉的时间》，《华东师范大学学报》（哲学社会科学版）1981年第3期

邬国义：《〈天演论〉陕西味经本探研》，《历史与档案》1990年第3期

邬国义：《〈天演论〉慎始基斋本探研》，《华东师范大学学报》（哲学社会科学版），1998年第5期

李冬木：《从"天演"到"进化"：以鲁迅对"进化论"之容受及其展开为中心》，《近代东亚翻译概念的发生与传播》，社会科学文献出版社，2015年

王杰秀：《康有为进化论思想的二重性》，《江西师范大学学报》（哲学社会科学版）1991年第2期

刘星、刘溪：《康有为进化论思想探析》，《湖北社会科学》2015年第9期

赵春晨：《论戊戌时期康有为的"创教""保教"主张》，《汕头大学学报》1989年3期

唐文明：《康有为的今文经学立场与其戊戌流亡前的孔教建制主张》，《敷教在宽：

康有为孔教思想申论》，中国人民大学出版社，2012年

马洪林：《再论康有为的历史评价问题》，《上海师范大学学报》（哲学社会科学版）1988年第1期

马洪林：《康有为思想本体论》，《益阳师专学报》1999年第1期

马洪林：《关于康有为著〈大同书〉"倒填年月"的商榷》，《韶关学院学报》（社会科学版）2004年第10期

陈可畏：《康有为"七上书"的进化论思想》，《浙江师范大学学报》（社会科学版）1996年第5期

佐々木扬：「戊戌变法期の「憲法」：康有為『日本変政考』を中心として」，《东洋学报》第88卷第2号，2006年9月

佐々木扬：「康有為と梁啓超の憲法観：戊戌前夜から義和団事件まで」，《经济史研究》第16号，2012年

何若钧：《〈民功篇〉的思想境界》，《广东社会科学》1988年第3期

李三宝：《〈康子内外篇〉初步分析——康南海现存最早作品》，《清华学报》（新竹）第11卷第1、2期

何建安：《中国近代资产阶级哲学变革的开端：〈康子内外篇〉评介》，《康有为早期遗稿述评》，中山大学出版社，1988年

吴熙钊：《从"几何定理"到"人类公理"的推演：〈实理公法全书〉简介》，《康有为早期遗稿述评》，中山大学出版社，1988年

陈占标：《〈新学伪经考〉初刊年月考》，《近代史研究》1989年第1期

李耀仙：《廖季平的〈古学考〉与康有为的〈新学伪经考〉》，《社会科学研究》（成都）1983年第5期

张勇：《也谈〈新学伪经考〉的影响——兼及戊戌时期的"学术之争"》，《近代史研究》1999年第3期

孟永林：《安维峻首请毁禁康有为新学伪经考补正》，《历史档案》2014年第3期

吴义雄：《重论康有为与"孔子改制论"》，《中山大学学报》（哲学社会科学版）1995年第1期

吴义雄：《古老的理想与维新的意义：试论19世纪后期的大同思想》，《孙中山与近代中国的改革》，中山大学出版社，1999年

张荣华：《康有为〈孔子改制考〉进呈本的思想宗旨》，《复旦学报》（社会科学版）2013年第1期

吴廷嘉：《论戊戌思潮的兴起及其过程》，《戊戌维新运动史论集》，湖南人民出版社，1983年

马永康:《康有为与"公理"》,《中山大学学报》2009年第3期

张翔:《从立公理之学到以大同立教:康有为奉孔子为"大地教主"的过程与方法》,《哲学动态》2015年第3期

江中孝:《关于康有为和戊戌维新的指导思想问题》,《社会科学战线》2009年第6期

江中孝:《19世纪90年代初期岭南学术界的一次思想交锋——以朱一新和康有为对〈新学伪经考〉的论辩为中心》,《广东社会科学》2006年第5期

马勇:《近代中国知识分子的悲剧:试论〈时务报〉内讧》,《安徽史学》2006年第1期

马勇:《梁启超与湖南时务学堂再研究》,《社会科学研究》2010年第5期

马勇:《湖南时务学堂内外冲突平议》,《晋阳学刊》2011年第2期

贾小叶:《戊戌时期的学术与政治:以康有为"两考"引发的不同反响为中心》,《近代史研究》2010年第6期

贾小叶:《陈宝箴与戊戌年湖南时务学堂人事变动》,《人文杂志》2011年第6期

贾小叶:《梁启超出任湖南时务学堂总教习首荐人考》,《历史档案》2013年第3期

熊月之:《论戊戌时期梁启超的民权思想——兼论梁启超与康有为思想的歧异》,《苏州大学学报》(哲学社会科学版)1984年第3期

王好立:《从戊戌到辛亥梁启超的民主政治思想》,《历史研究》1982年第1期

宝成关:《梁启超的民权观与卢梭主权在民说》,《历史研究》1994年第3期

刘振岚:《论戊戌时期梁启超的民权民智思想》,《北京师范学院学报》(社会科学版)1990年第3期

陈始强:《"兴民权""广民智""育人才"——戊戌变法期间梁启超民权思想初探》,《贵州教育学院学报》(社会科学版)1994年第1期

龚郭清:《论戊戌变法时期梁启超政治思想两大基本倾向》,《浙江师范大学学报》(社会科学版)1999年第5期。

方平:《卢梭民约论的一份中国遗产——略论梁启超的国民国家思想及其价值》,《学术研究》2002年第8期

李浴洋:《梁启超对康有为"大同学说"的选择与叙述》,《励耘学刊》2013年第1期

李文杰:《总理衙门的奏折流转及其权力运作》,《中华文史论丛》2019年第2期

申松欣:《梁启超与变法通议》,《历史教学》1995年第7期

王扬宗:《江南制造局翻译书目新考》,《中国科技史料》1995年第2期

森时彦:《清末吸纳经济学(political economy)路径考——以梁启超为中心》,《近代东亚翻译概念的发生与传播》,社会科学文献出版社,2015年

梁台根:《近代西方知识在东亚的传播及其共同文本之探索:以〈佐治刍言〉为

例》,《汉学研究》(台北),第 24 卷第 2 期(2006 年 12 月)

张登德:《〈富国策〉与西方经济学在中国的传播》,《山东师范大学学报》(人文社会科学版),2008 年第 4 期

肖承罡:《译书与康梁维新派的西学传播》,《江西社会科学》1990 年第 1 期

乔亚铭、肖小勃:《江南制造局翻译馆译书考略》,《图书馆学刊》2015 年第 7 期

王宏凯:《京师同文馆译书史略》,《首都博物馆丛刊》,1994 年

赖某深:《叙论:晚清介绍西学的一套启蒙丛书》,艾约瑟等:《西学启蒙两种》,岳麓书社,2016 年

陈德正:《艾约瑟对西方古典文化的引介和传播》,网页 http://old.cawhi.com/plus/view.php?aid=8701

朱荫贵:《梁启超与时务学堂》,《近代史研究》1984 年第 3 期

丁平一:《湖南时务学堂的教育改革》,《湖南社会科学》1990 年第 1 期

卢智:《戊戌维新时期的南学会》,《求索》1987 年第 2 期

彭平一:《戊戌南学会集会讲论活动若干史实的补正》,《中南大学学报》(社会科学版)2011 年第 4 期。

李天纲:《简论林乐知与〈万国公报〉》,《史林》(上海)1996 年第 3 期

章清:《学、政、教:晚清中国知识转型的基调及其变奏》,《近代史研究》2017 年第 5 期

郭卫东:《丁未政潮中康梁派活动考略》,《历史档案》1990 年第 1 期;

张锡勤:《麦孟华思想简论》,《求是学刊》2004 年第 1 期

赵立人:《戊戌变法时期兴中会和维新派的合作与分歧:兼论康有为早期之反清活动》,上海中山学社主办:《近代中国》第 16 辑,上海社会科学院出版社,2006 年

桑兵:《保皇会的宗旨歧变与组织离合》,《近代史研究》2002 年第 3 期,

崔志海:《论汪康年与〈时务报〉:兼论汪梁之争的性质》,《广东社会科学》1993 年第 3 期

廖梅:《〈时务报〉三题》,上海中山学社主办:《近代中国》第 4 辑,上海社会科学院出版社,1994 年

管林:《黄遵宪与陈三立的交往》,《学术研究》1995 年第 3 期

马忠文:《高燮曾疏荐康有为原因探析:兼论戊戌维新前后康、梁政治贿赂策略与活动》,《学术交流》(哈尔滨)1998 年第 1 期

马忠文:《寇连材之死与"烈宦"的诞生》,《清华大学学报》(哲学社会科学版)2012 年第 3 期

李文杰:《中国早期国债的顿挫:昭信股票发行始末》,北京大学硕士论文,2007 年

李文杰:《总理衙门章京的日常生活与仕宦生涯——〈惩斋日记〉与杨宜治其人》,《中研院近代史研究所集刊》第 70 期(2010 年 12 月)

张海荣:《津镇与芦汉之争:甲午战后中国政治的个案研究》,北京大学硕士论文,2008 年

蒋海波:《〈東亜報〉に関する初歩的研究:近代日中思想連鎖の先陣として》,日本中国现代史研究会编:《现代中国研究》第 32 号(2013 年 3 月),大阪

蒋海波:《上海大同译书局与神户〈东亚报〉初探》,"康有为与近代中国:第七届中国近代思想史国际学术研讨会"会议论文,2018 年 3 月

斋藤泰治:《康有为在东京》,"康有为与近代中国:第七届中国近代思想史国际学术研讨会"会议论文,2018 年 3 月

川崎真美:《驻清公使矢野文雄的提案及其后续发展:派遣清末留学生的契机》,大里浩秋、孙安石主编:《近现代中日留学生史研究新动态》,上海人民出版社,2014 年

蒋国宏:《康发达对我国近代蚕种改良的贡献》,《南京农业大学学报》(社会科学版)2014 年第 3 期

沈成飞:《徐勤早年活动评述》,《广东史志》2003 年第 3 期

夏晓虹:《〈新广东〉:从政治到文学》,《学术月刊》2016 年第 2 期

潘君祥、武克全:《我国第一个奖励科学发明的条例——振兴工艺给奖章程》,《上海经济研究》1981 年第 2 期